中国教育统计年鉴

EDUCATIONAL STATISTICS YEARBOOK OF CHINA

2011

中华人民共和国
教育部发展规划司

DEPARTMENT OF DEVELOPMENT & PLANNING
MINISTRY OF EDUCATION
THE PEOPLE'S REPUBLIC OF CHINA

图书在版编目（C I P）数据

中国教育统计年鉴. 2011 / 中华人民共和国教育部发展规划司编. — 北京 ：人民教育出版社，2013.6
ISBN 978-7-107-26853-3

Ⅰ. ①中… Ⅱ. ①中… Ⅲ. ①教育统计－统计资料－中国－2011－年鉴 Ⅳ. ①G526.6-54

中国版本图书馆CIP数据核字(2013)第249285号

人民教育出版社 出版发行
网址：http://www.pep.com.cn
北京新华印刷有限公司印装　全国新华书店经销
2013年 6 月第 1 版　2013年 11 月第 1 次印刷
开本：787毫米×1092毫米　1/16　印张：46
字数：970千字　　印数：0001 ~ 1200 册
定价：96.00元

如发现印、装质量问题，影响阅读，请与本社出版科联系调换。
（联系地址：北京市海淀区中关村南大街 17 号院 1 号楼　邮编：100081）

《中国教育统计年鉴》
编辑委员会名单

主　编：　谢焕忠

副主编：　张泰青

编　委：　（按姓氏笔画为序）

马晓强　王　卉　王红进　叶小贝

李燕丽　刘　洋　余少军　邵建强

张徐江　闻建东　郝　钢　段雨童

晏正春　康世联　魏　鹏

说　　明

《中国教育统计年鉴》（2011）是一本全面反映中华人民共和国教育事业发展情况的资料性年鉴，是由教育部发展规划司根据全国各省、自治区、直辖市教育委员会、教育厅填报的学校基层报表数字整理汇编而成的。教育部教育管理信息中心承担了数据的计算机处理汇总工作。

本年鉴包括以下部分：综合部分、高等教育、中等教育、初等教育、幼儿教育、特殊教育、全国各级各类学校的分布情况、办学条件、科学研究等。

本年鉴是各有关部门研究教育改革和发展的必备资料工具书，是教育界各机关、学校指导部门制定教育计划、指导教育改革必不可少的依据。

本年鉴所列资料，暂缺台湾省、香港特别行政区和澳门特别行政区的数字；凡未注明年份的均为2011年的数字。

Notes from the Compiler

The Educational Statistics Yearbook of China for 2011 is an informational yearbook com- prehensively reflecting the development of the educational undertaking of the People's Republic of China, and it was compiled by the Department of Development and Planning of Ministry of Education, based on the synthetic statistical returns relating to schools of various types and levels completed by the Educational Commissions (or the Bureaus of Education) of the provincial governments and the goverments of various autonomous regions and municipalities directly under the State Council All data were processed and calculated using Computers by the Educational Management Information Center of Ministry of Education.

The yearbook is composed of the following parts: summary tables, higher education, secondary education, primary education, pre-primary education, special education, geographical distribution of schools by type and level, Physical Facilities, Scientific Research Activities.

The yearbook is a requisite reference for all departments concerned with the study of educational reform and development, and provides indispensable factual information to the educational community (circles), the state organs, and all supervisory bodies of education (schools) engaged in curricular development and the guidance of educational reform.

The yearbook lacks the data of Taiwan Province. Hong Kong Special Administrative Region and Macao Special Administrative Region. Data in tables are for 2011, unless otherwise notified.

备　注

自2011年起，我部对教育事业统计报表进行了全面改革，贯彻实施了国家统计局首次颁布的《统计用城乡划分代码》。新的城乡划分标准，将原来的城市、县镇、农村的三个分类调整为三大类七小类，即城区（含主城区、城乡结合部）、镇区（含镇中心区、镇乡结合区、特殊区域）、乡村（含乡中心区、村庄）。

2011 年全国教育事业发展统计公报

教 育 部

2011 年是“十二五”开局之年，也是全面落实教育规划纲要、推进教育改革发展的关键一年。在党中央、国务院正确领导下，在全党全社会的共同努力下，教育事业改革发展取得重大进展。学前教育入园机会大幅提高，九年义务教育全面实现，高中阶段入学率持续提升，职业教育吸引力不断增强，高等教育大众化水平进一步提高，教育公平迈出重大步伐，教育改革有序推进，教育结构进一步优化，教师队伍建设成效显著，办学条件不断改善。

义务教育

全国共有小学 24.12 万所，比上年减少 1.62 万所；招生 1736.80 万人，比上年增加 45.10 万人；在校生 9926.37 万人，比上年减少 14.34 万人；毕业生 1662.81 万人，比上年减少 76.83 万人。小学学龄儿童净入学率达到 99.79%；其中，男女童净入学率分别为 99.78% 和 99.80%，女童高于男童 0.02 个百分点。

全国小学专任教师 560.49 万人，比上年减少 1.22 万人。小学专任教师学历合格率 99.72%，比上年提高 0.20 个百分点，小学生师比 17.71：1，与上年的 17.70：1 基本持平。

全国共有初中学校 5.41 万所（其中职业初中 54 所），比上年减少 773 所。招生 1634.73 万人，比上年减少 81.85 万人；在校生 5066.80 万人，比上年减少 212.53 万人；毕业生 1736.68 万人，比上年减少 13.67 万人。初中阶段毛入学率 100.1%，与上年持平。初中毕业生升学率 88.62%，比上年提高 1.11 个百分点。

全国初中专任教师 352.45 万人，与上年的 352.54 万人基本持平。初中专任教师学历合格率 98.91%，比上年提高 0.26 个百分点。生师比 14.38：1，比上年的 14.98：1 有所降低。

全国普通小学校舍建筑面积 56913.11 万平方米，初中校舍建筑面积 45546.31 万平方米。小学体育运动场（馆）面积达标学校比例 45.32%，体育器械配备达标学校比例 45.15%，音乐器械配备达标学校比例 42.85%，美术器械配备达标学校比例 42.41%，数学自然实验仪器达标学校比例 47.52%。初中体育运动场（馆）面积达标学校比例 62.24%，体育器械配备达标学校比例 63.92%，音乐器械配备达标学校比例 60.22%，美术器械配备达标学校比例 59.49%，理科实验仪器达标学校比例 70.91%。

全国义务教育阶段学校寄宿生 3276.51 万人，占义务教育阶段在校生总数的比例为 21.85%。其中，小学寄宿生数 1080.78 万人，所占比例为 10.89%；初中寄宿生数 2195.73 万人，所占比例为 43.34%。

全国义务教育阶段在校生中进城务工人员随迁子女共 1260.97 万人。其中，在小学就读 932.74 万人，在初中就读 328.23 万人。

全国义务教育阶段在校生中农村留守儿童共2200.32万人。其中，在小学就读1436.81万人，在初中就读763.51万人。

学前教育与特殊教育

全国共有幼儿园16.68万所，比上年增加1.63万所，在园幼儿（包括附设班）3424.45万人，比上年增加447.78万人。幼儿园园长和教师共149.60万人，比上年增加19.07万人。学前教育毛入园率达到62.3%，比上年提高5.7个百分点。

全国共有特殊教育学校1767所，比上年增加61所；特殊教育学校共有专任教师4.13万人。全国共招收特殊教育学生6.41万人，比上年减少783人；在校生39.87万人，比上年减少2.69万人。其中，在盲人学校就读的学生5.23万人，在聋人学校就读的学生10.77万人，在弱智学校及辅读班就读的学生23.88万人。普通小学、初中随班就读和附设特教班招收的学生3.64万人，在校生22.52万人，分别占特殊教育招生总数和在校生总数的56.76%和56.49%。特殊教育毕业生4.42万人，比上年减少1.47万人。

高中阶段教育

全国高中阶段教育（包括普通高中、成人高中、中等职业学校）共有学校27638所，比上年减少946所；招生1664.65万人，比上年减少42.01万人；在校学生4686.61万人，比上年增加9.28万人。高中阶段毛入学率84.0%，比上年提高1.5个百分点。

全国普通高中13688所，比上年减少370所；招生850.78万人，比上年增加14.54万人，增长1.74%；在校生2454.82万人，比上年增加27.49万人，增长1.13%；毕业生787.74万人，比上年减少6.69万人，下降0.84%。

普通高中专任教师155.68万人，比上年增加3.86万人，生师比15.77∶1，比上年的15.99∶1有所改善；专任教师学历合格率95.73%，比上年提高0.92个百分点。

普通高中共有校舍建筑面积40827.29万平方米。普通高中体育运动场（馆）面积达标学校比例76.86%，体育器械配备达标学校比例80.29%，音乐器械配备达标学校比例77.56%，美术器械配备达标学校比例77.67%，理科实验仪器达标学校比例82.11%，建立校园网学校比例77.55%。

全国成人高中857所，比上年增加203所；在校生26.45万人，比上年增加14.96万人；毕业生22.20万人，比上年增加13.18万人。成人高中教职工0.71万人，比上年增加0.25万人；专任教师0.58万人，比上年增加0.22万人。

全国中等职业教育（包括普通中等专业学校、职业高中、技工学校和成人中等专业学校）共有学校13093所，比上年减少779所；招生813.87万人，比上年减少56.55万人，占高中阶段教育招生总数的48.89%；在校生2205.33万人，比上年减少33.17万人，占高中阶段教育在校生总数的47.06%；专任教师88.19万人，比上年增加1.04万人。

全国普通中等专业学校3753所，比上年减少185所；招生299.57万人，比上年减少17.04万人；在校生855.21万人，比上年减少22.51万人；毕业生270.23万人，比上年增加5.59万人。普通中等专业学校教职工43.50万人，比上年持平；专任教师30.39万人，比上年增加0.88万人。

全国职业高中4802所，比上年减少404所；招生246.43万人，比上年减少32.25万人；在校生680.97万人，比上年减少45.36万人；毕业生217.80万人，比上年减少12.40万人。职业高中教职工40.67万人，比上年增加0.35万人；专任教师31.55万人，比上年增加0.85万人。

全国技工学校2924所，比上年减少84所；招生163.90万人，比上年增加4.88万人；在校生430.42万人，比上年增加8.37万人；毕业生119.22万人，比上年减少2.42万人。技工学校教职工26.61万人，比上年减少0.02万人；专任教师19.26万人，比上年增加0.20万人。

全国成人中等专业学校1614所，比上年减少106所；招生103.96万人，比上年减少12.15万人；在校生238.73万人，比上年增加26.33万人；毕业生53.09万人，比上年增加4.29万人。成人中等专业学校教职工8.13万人，比上年减少0.41万人；专任教师5.52万人，比上年减少0.18万人。

高等教育

全国各类高等教育总规模达到3167万人，高等教育毛入学率达到26.9%。全国共有普通高等学校和成人高等学校2762所，比上年增加39所。其中，普通高等学校2409所（含独立学院309所），比上年增加51所；成人高等学校353所，比上年减少12所。普通高校中本科院校1129所，比上年增加17所；高职（专科）院校1280所，比上年增加34所。全国共有培养研究生单位755个，其中高等学校481个，科研机构274个。

全国招收研究生56.02万人，比上年增加2.2万人，增长4.09%。其中，招收博士生6.56万人，招收硕士生49.46万人；在学研究生164.58万人，比上年增加10.74万人，增长6.98%。其中，在学博士生27.13万人，在学硕士生137.46万人；毕业研究生43.00万人，比上年增加4.64万人，增长12.09%。其中，毕业博士生5.03万人，毕业硕士生37.97万人。

普通高等教育本专科共招生681.50万人，比上年增加19.75万人，增长2.98%；在校生2308.51万人，比上年增加76.71万人，增长3.44%；毕业生608.16万人，比上年增加32.73万人，增长5.69%。

成人高等教育本专科共招生218.51万人，比上年增加10.09万人；在校生547.50万人，比上年增加11.46万人；毕业生190.66万人，比上年减少6.62万人。

全国高等教育自学考试学历教育报考922.67万人次，取得毕业证书74.28万人；非学历教育报考862.80万人次。

普通高等学校本科、高职（专科）全日制在校生平均规模9446人，其中，本科学校13564人，高职（专科）学校5813人。

普通高等学校教职工220.48万人，比上年增加4.82万人；专任教师139.27万人，比上年增加4.96万人。普通高校生师比为17.42：1。成人高等学校教职工6.90万人，比上年减少0.81万人；专任教师4.09万人，比上年减少0.50万人。

普通高等学校校舍总建筑面积78076万平方米（含非产权独立使用），比上年增加3472万平方米；教学科研仪器设备总值2555亿元，比上年增加276亿元。

成人培训与扫盲教育

全国接受各种非学历高等教育的学生405.14万人次，当年已结业677.18万人次；接受各种非学历中等教育的学生达5433.08万人次，当年已结业5842.50万人次。

全国职业技术培训机构12.95万所，比上年增加83所；教职工52.18万人；专任教师29.83

万人。

成人初等学校 1.04 万所，比上年减少 0.06 万所；毕业生 97.16 万人，比上年减少 0.88 万人；在校生 93.03 万人，比上年增加 6.45 万人。教职工 1.60 万人，比上年增加 0.06 万人；专任教师 1.05 万人，比上年增加 0.13 万人。

全国共扫除文盲 81.82 万人，比上年减少 8.44 万人；另有 74.89 万人正在参加扫盲学习，比上年减少 33.19 万人。扫盲教育教职工 4.95 万人，比上年减少 0.08 万人；专任教师 2.32 万人，比上年增加 0.38 万人。

民办教育

全国共有各级各类民办学校（教育机构）13.08 万所，比上年增加 1.26 万所；招生 1400.88 万人，比上年增加 100.43 万人；各类教育在校生达 3713.90 万人，比上年增加 320.94 万人。其中：

民办幼儿园 115404 所，比上年增加 13115 所；入园儿童 813.40 万人，比上年增加 101.76 万人；在园儿童 1694.21 万人，比上年增加 294.74 万人。

民办普通小学 5186 所，比上年减少 165 所；招生 100.83 万人，比上年增加 6.10 万人；在校生 567.83 万人，比上年增加 30.20 万人。

民办普通初中 4282 所，比上年增加 23 所；招生 153.65 万人，比上年增加 0.44 万人；在校生 442.56 万人，比上年增加 0.45 万人。

民办普通高中 2394 所，比上年减少 105 所；招生 83.54 万人，比上年增加 2.59 万人；在校生 234.98 万人，比上年增加 4.91 万人。

民办中等职业学校 2856 所，比上年减少 267 所；招生 95.74 万人。比上年减少 17.45 万人；在校生 269.25 万人，比上年减少 37.74 万人。另有非学历中等职业教育学生 37.69 万人。

民办高校 698 所（含独立学院 309 所），比上年增加 22 所；招生 153.73 万人，比上年增加 6.99 万人；在校生 505.07 万人，比上年增加 28.38 万人。其中，本科在校生 311.82 万人，专科在校生 193.25 万人；另有自考助学班学生、预科生、进修及培训学生 26.00 万人。民办的非学历高等教育机构 830 所，各类注册学生 88.14 万人。

另外，还有其他民办培训机构 21403 所，955.46 万人次接受了培训。

目　　录

第一部分　教育事业发展

一、综合部分

二、高等教育

三、中等教育

(一)高中阶段教育

(二)初中阶段教育

四、初等教育(小学)

五、工读学校

六、特殊教育

七、幼儿教育

八、各级各类学校分布情况

第二部分　办学条件

一、教育经费

二、教育基本建设投资

第三部分　科学研究活动及其他

一、自然科学与技术

二、社会科学

附表：

CONTENTS

Part Ⅰ

THE DEVELOPMENT OF THE EDUCTIONAL UNDERTAKING

Summary Tables

Higher Education

Secondary Education

Senior Secondary Education

Junior Secondary Education

Primary Education (Primary Schools)

Correctional Work-Study Schools

Special Education

Pre-Primary Education

Geographical Distribution of Schools by Type and Level

Part Ⅱ

PHYSICAL FACILITIES

Public Expenditure on Education

Capital Construction Investment in the Educational Sector

Part Ⅲ

SCIENTIFIC RESEARCH ACTIVITES & OTHER

Natural Science and Technology

Social Science

Appendixes

第一部分
Part I

教育事业发展
THE DEVELOPMENT of THE EDUCATIONAL UNDERTAKING

一、综合部分
Summary Tables

各级各类学校校数、教职工、专任教师情况

Number of Schools ,Educational Personnel and Full-time Teachers by Type and Level

	学校数(所) Schools	教职工数(人) Educational Personnel	专任教师(人) Full-time Teachers
一、高等教育 Higher Education			
(一)研究生培养机构(不计校数) Institutions Providing Postgraduate Programs	(755)		
1. 普通高校 Regular HEIs	(481)		
2. 科研机构 Research Institutes	(274)		
(二)普通高等学校 Regular HEIs	2409	2204819	1392676
1. 本科院校 HEIs Offering Degree Programs	1129	1585694	976937
其中:独立学院 of Which:Independent Institutions	309	181039	132733
2. 高职(专科)院校 Higher Vocational Colleges	1280	614717	412624
3. 其他机构(点)(不计校数) Other Institutions	(46)	4408	3115
(三)成人高等学校 Adult HEIs	353	69032	40903
(四)民办的其他高等教育机构 Other Non-government HEIs	(830)	34780	16107
二、中等教育 Secondary Education	83810	7598937	5976024
(一)高中阶段教育 Senior Secondary Education	27638	3645725	2444548
1. 高中 Senior Secondary Schools	14545	2434528	1562610
普通高中 Regular Senior Secondary Schools	13688	2427386	1556829
完全中学 Combined Secondary Schools	6357	1100491	523198
高级中学 Regular High Schools	6532	1182946	995434
十二年一贯制学校 12-year Schools	799	143949	38197
成人高中 Adult High Schools	857	7142	5781
2. 中等职业教育 Secondary Vocational Education	13093	1211197	881938
普通中专 Regular Specialized Secondary Schools	3753	435030	303864
成人中专 Adult Specialized Secondary Schools	1614	81292	55192
职业高中 Vocational High Schools	4802	406722	315472
技工学校 Skilled Workers Schools	2924	266116	192575
其他机构(教学点)(不计校数) Other Institutions	(642)	22037	14835
(二)初中阶段教育 Junior Secondary Education	56172	3953212	3531476
1. 初中 Junior Secondary Schools	54117	3944169	3524517
初级中学 Regular Junior Secondary Schools	40759	2993587	2655000
九年一贯制学校 9-year Schools	13304	948884	414894
十二年一贯制学校 12-year Schools			36824
完全中学 Combined Secondary Schools			416258
职业初中 Vocational Junior Secondary Schools	54	1698	1541
2. 成人初中 Adult Junior Secondary Schools	2055	9043	6959
三、初等教育 Primary Education	271804	5650416	5638560
(一)普通小学 Regular Primary Schools	241249	5584868	5604861
小学 Primary Schools	241249	5584868	5163882
九年一贯制学校 9-year Schools			409103
十二年一贯制学校 12-year Schools			31876
(二)成人小学 Adult Primary Schools	30555	65548	33699
其中:扫盲班 of Which: Literacy Classes	20179	49516	23233
四、工读学校 Correctional Work-Study Schools	76	2573	1764
五、特殊教育 Special Education Schools	1767	51189	41311
六、学前教育 Pre-school Education Institutions	166750	2204367	1315634

注:1. 完全中学的学校数和教职工数计入高中阶段教育,九年一贯制学校的校数和教职工数计入初中阶段教育,十二年一贯制学校的校数和教职工数计入高中阶段教育。专任教师是按照教育层次划分归类。

2. “( )”内数据为不计校数。

Note: 1. The numbers of complete secondary schools and their educational personnel are calculated into the number of senior secondary education, the numbers of Combined Primary and Lower Secondary Schools and their educational personnel are calculated into the junior secondary education, and the numbers of the Combined Primary and Secondary Schools and their educational personnel are calculated into senior secondary education. The fulltime teachers are classified by educational level.

2. The data within “( )” are not calculated as the number of schools.

各级各类学历教育学生情况

Number of Students of Formal Education by Type and Level

单位：人

unit:person

	毕业生数 Graduates	招生数 Entrants	在校生数 Enrolment
一、高等教育 Higher Education			
（一）研究生 Postgraduates	429994	560168	1645845
博　士 Doctor's Degree	50289	65559	271261
硕　士 Master's Degree	379705	494609	1374584
（二）普通本专科 Undergraduates in Regular HEIs	6081565	6815009	23085078
本　科 Normal Courses	2796229	3566411	13496577
专　科 Short-cycle Courses	3285336	3248598	9588501
（三）成人本专科 Undergraduates in Adult HEIs	1906640	2185141	5474962
本　科 Normal Courses	755402	897241	2336132
专　科 Short-cycle Courses	1151238	1287900	3138830
（四）其他各类高等学历教育 Students Enrolled in Other Formal Programs			
1. 在职人员攻读硕士学位 Master's Degree Programs for On-the-job Personnel		134061	461693
2. 网络本专科生 Web-based Undergraduates	1299253	1871519	4924833
本　科 Normal Courses	460149	643993	1754760
专　科 Short-cycle Courses	839104	1227526	3170073
二、中等教育 Secondary Education	32665962	32993759	98078540
（一）高中阶段教育 Senior Secondary Education	14702827	16646463	46866060
1. 高中 Senior Secondary Schools	8099367	8507799	24812760
普通高中 Regular Senior Secondary Schools	7877401	8507799	24548227
完全中学 Combined Secondary Schools	2618833	2950612	8391776
高级中学 Regular High Schools	5088191	5354128	15591233
十二年一贯制学校 12-year Schools	170377	203059	565218
成人高中 Adult High Schools	221966		264533
2. 中等职业教育 Secondary Vocational Education	6603460	8138664	22053300
普通中专 Regular Specialized Secondary Schools	2702302	2995725	8552071
成人中专 Adult Specialized Secondary Schools	530942	1039639	2387275
职业高中 Vocational High Schools	2178008	2464262	6809722
技工学校 Skilled Workers Schools	1192208	1639038	4304232
（二）初中阶段教育 Junior Secondary Education	17963135	16347296	51212480
1. 初中 Junior Secondary Schools	17366786	16347296	50668024
初级中学 Regular Junior Secondary Schools	13097178	12079662	37697057
九年一贯制学校 9-year Schools	1790288	1824936	5513859
十二年一贯制学校 12-year Schools	185730	196210	586326
完全中学 Combined Secondary Schools	2281767	2239280	6844816
职业初中 Vocational Junior Secondary Schools	11823	7208	25966
2. 成人初中 Adult Junior Secondary Schools	596349		544456
三、初等教育 Primary Education	18417800	17367980	100942847
（一）普通小学 Regular Primary Schools	16628054	17367980	99263674
小学 Primary Schools	15201478	15989257	91115452
九年一贯制学校 9-year Schools	1326111	1282216	7565579
十二年一贯制学校 12-year Schools	100465	96507	582643
（二）成人小学 Adult Primary Schools	1789746		1679173
其中：扫盲班 of Which: Literacy Classes	818150		748890
四、工读学校 Correctional Work-Study Schools	4378	5664	8976
五、特殊教育 Special Education Schools	44194	64086	398736
六、学前教育 Pre-school Education Institutions	11847124	18273104	34244456

注：1. 完全中学、九年一贯制学校和十二年一贯制学校的学生数按教育层次分别计入对应教育阶段的学生数中。

2. 特殊教育学生数中包括普通中小学随班就读的学生。

Note: 1. Number of the students in Combined Secondary Schools, 9-year Schools, 12-year Schools are classified by educational level.

2. Number of the Students Followed in the Regular Primary and Middle School in the Special Education.

各级各类非学历教育学生情况

Number of Students of Non-formal Education by Type and Level

单位：人
unit：person

	结业生数 Completers	注册学生数 Enrolment
总　计 Total	**65196816**	**58382188**
一、高等教育 Higher Education	6771796	4051425
（一）研究生课程进修班 Postgraduate Courses	48873	67112
（二）自考助学班 Classes run by Non-government HEIs for Students Preparing for Self-directed State-administered Examinations	242067	470423
（三）普通预科生 College-preparatory Classes		32274
（四）进修及培训 In-service Training	6480856	3481616
其中：资格证书培训 of Which：For Certificates of Vocational Qualifications	2017012	893784
岗位证书培训 For Certificates of Job-related Qualifications	1785514	976309
二、中等职业教育 Secondary Vocational Education	58425020	54330763
其中：资格证书培训 of Which：For Certificates of Vocational Qualifications	7614303	6461557
岗位证书培训 For Certificates of Job-related Qualifications	9798624	8441784
（一）中等职业学校 Secondary Vocational Schools	6959144	4119561
其中：资格证书培训 of Which：For Certificates of Vocational Qualifications	2646761	1630942
岗位证书培训 For Certificates of Job-related Qualifications	2018994	1055320
（二）职业技术培训机构 Other Vocational-technical Training Institutions	51465876	50211202
其中：资格证书培训 of Which：For Certificates of Vocational Qualifications	4967542	4830615
岗位证书培训 For Certificates of Job-related Qualifications	7779630	7386464

各级各类民办教育基本情况

Number of Non-government Schools by Type and Level

单位：人
unit：person

	学校数（所）Schools	毕业生数 Graduates	招生数 Entrants	在校生数 Enrolment	教职工数 Educational Personnel	专任教师 Full-time Teachers	另有其他学生数 Other Students
一、民办高等教育 Non-government Higher Education							
（一）民办高校 Non-government HEIs	698	1229577	1537292	5050687	371554	252441	260042
本科学生 Normal Courses		579675	883191	3118236			
专科学生 Short-cycle Courses		649902	654101	1932451			
其中：独立学院 of Which：Independent Institutions	309	542638	746028	2674448	181039	132733	29128
本科学生 Normal Courses		479562	689278	2498710			
专科学生 Short-cycle Courses		63076	56750	175738			
（二）民办其他高等教育机构 Other Non-government HEIs	（830）				34780	16107	881399
二、民办中等教育 Non-government Secondary Education							
（一）高中阶段教育 Senior Secondary Education	5250	1642019	1792777	5042345	754757	547750	
1. 民办普通高中 Regular Senior Secondary Schools	2394	724905	835370	2349833	606071	452249	
2. 民办中等职业教育 Secondary Vocational Education	2856	917114	957407	2692512	148686	95501	376946
（二）初中阶段教育 Junior Secondary Education	4282	1311881	1536479	4425616			
民办普通初中 Regular Junior Secondary Schools	4282	1311881	1536479	4425616			
三、民办普通小学 Non-government Regular Primary Schools	5186	885433	1008252	5678255	186026	134809	
四、民办幼儿园 Non-government Pre-school Education	115404	4671427	8133958	16942090	1436575	807772	
另有：民办培训机构（不计校数）Other Vocational-technical Training Institutions	（21403）				250825	147525	9554560

注：1. “另有其他学生数”包括：自考助学班学生、预科生、进修及培训学生数。
2. 民办普通高中的教职工数和专任教师数中包含民办普通初中的教职工数和专任教师数。
3. 民办中等职业教育数据中未含技工学校数据。
4. “（）”内数据为不计校数。

Note：1. Number of the other Students Followed in the Classes runby Non-government HEIs for Students Preparing for State-administered Examinatims for Self-directed Leamers，College-preparatory Classes，In-service Traning.
2. Data on Educational Personnel in Non-government Regular Junior High Schools are included in the data of Non-government General Upper Secondary Education Schools.
3. Data on non-government secondary vocational education does not include those of skilled workers schools.
4. The numbers within “（）” are not included.

各级各类学校女学生数

Number of Female Students of Schools by Type and Level

单位：人

unit：person

	总计 Total	男 Male	女学生 Female Students 人数 Number	女学生 Female Students 占学生总数的比重（%）Percentage
一、高等教育 Higher Education				
（一）研究生 Postgraduates	1645845	848345	797500	48. 46
博　士 Doctor's Degree	271261	173252	98009	36. 13
硕　士 Master's Degree	1374584	675093	699491	50. 89
（二）普通本专科 Undergraduates in Regular HEIs	23085078	11280090	11804988	51. 14
本　科 Normal Courses	13496577	6693894	6802683	50. 40
专　科 Short-cycle Courses	9588501	4586196	5002305	52. 17
（三）成人本专科 Undergraduates in Adult HEIs	5474962	2526927	2948035	53. 85
本　科 Normal Courses	2336132	1031610	1304522	55. 84
专　科 Short-cycle Courses	3138830	1495317	1643513	52. 36
（四）其他各类高等学历教育 Students Enrolled in Other Formal Programs				
1. 在职人员攻读硕士学位 Master's Degree Programs for On-the-job Personnel	461693	295054	166639	36. 09
2. 网络本专科生 Web-based Undergraduates	4924833	2569370	2355463	47. 83
本　科 Normal Courses	1754760	862720	892040	50. 84
专　科 Short-cycle Courses	3170073	1706650	1463423	46. 16
二、中等教育 Secondary Education				
（一）高中阶段教育 Senior Secondary Education				
1. 高中 Senior Secondary Schools				
普通高中 Regular Senior Secondary Schools	24548227	12524660	12023567	48. 98
成人高中 Adult High Schools	264533	114969	149564	56. 54
2. 中等职业教育 Secondary Vocational Education	22053300	11980520	10072780	45. 67
普通中专 Regular Specialized Secondary Schools	8552071	3995263	4556808	53. 28
成人中专 Adult Specialized Secondary Schools	2387275	1321456	1065819	44. 65
职业高中 Vocational High Schools	6809722	3612897	3196825	46. 95
技工学校 Skilled Workers Schools	4304232	3050904	1253328	29. 12
（二）初中阶段教育 Junior Secondary Education				
1. 初中 Junior Secondary Schools	50668024	26790605	23877419	47. 13
2. 成人初中 Adult Junior Secondary Schools	544456	266541	277915	51. 04
三、初等教育 Primary Education				
（一）普通小学 Regular Primary Schools	99263674	53370022	45893652	46. 23
（二）成人小学 Adult Primary Schools	1679173	817838	861335	51. 30
其中：扫盲班 of Which：Literacy Classes	748890	336220	412670	55. 10
四、工读学校 Correctional Work-Study Schools	8976	7576	1400	15. 60
五、特殊教育 Special Education Schools	398736	263339	135397	33. 96
六、学前教育 Pre-school Education Institutions	34244456	18455494	15788962	46. 11

各级各类学校女教师、女教职工数

Number of Female Educational Personnel and Full-time Teachers of Schools by Type and Level

单位：人
unit:person

	教职工 Educational Personnel	其中:女教职工 of Which Female Educational Personnel		专任教师 Full-time Teachers	其中:女专任教师 of Which Female Full-time Teachers	
		人数 Number	占教职工总数的比重(%) Percentage		人数 Number	占专任教师总数的比重(%) Percentage
一、高等教育 Higher Education						
(一)研究生培养机构(不计校数) Institutions Providing Postgraduate Programs						
1. 普通高校 Regular HEIs						
2. 科研机构 Research Institutes						
(二)普通高等学校 Regular HEIs	2204819	1008509	45.74	1392676	652951	46.88
1. 本科院校 HEIs Offering Degree Programs	1585694	711595	44.88	976937	444044	45.45
其中:独立学院 of Which:Independent Institutions	181039	88696	48.99	132733	64833	48.84
2. 高职(专科)院校 Higher Vocational Colleges	614717	294810	47.96	412624	207383	50.26
3. 其他机构(点)(不计校数) Other Institutions	4408	2104	47.73	3115	1524	48.92
(三)成人高等学校 Adult HEIs	69032	33246	48.16	40903	21365	52.23
(四)民办的其他高等教育机构 Other Non-government HEIs	34780	17416	50.07	16107	7845	48.71
二、中等教育 Secondary Education						
(一)高中阶段教育 Senior Secondary Education						
1. 高中 Senior Secondary Schools						
普通高中 Regular Senior Secondary Schools	2427386	1189074	48.99	1556829	752869	48.36
成人高中 Adult High Schools	7142	3245	45.44	5781	2466	42.66
2. 中等职业教育 Secondary Vocational Education	1211197	550515	45.45			
普通中专 Regular Specialized Secondary Schools	435030	202835	46.63	303864	151010	49.70
成人中专 Adult Specialized Secondary Schools	81292	37035	45.56	55192	27149	49.19
职业高中 Vocational High Schools	406722	188963	46.46	315472	156283	49.54
技工学校 Skilled Workers Schools	266116	111560	41.92			
其他机构(教学点)(不计校数) Other Institutions	22037	10122	45.93	14835	7307	49.26
(二)初中阶段教育 Junior Secondary Education						
1. 初中 Junior Secondary Schools	3944169	1915320	48.56	3524517	1766987	50.13
2. 成人初中 Adult Junior Secondary Schools	9043	3338	36.91	6959	2423	34.82
三、初等教育 Primary Education						
(一)普通小学 Regular Primary Schools	5584868	3151810	56.43	5604861	3288734	58.68
(二)成人小学 Adult Primary Schools	65548	26423	40.31	33699	14784	43.87
其中:扫盲班 of Which: Literacy Classes						
四、工读学校 Correctional Work-Study Schools	2573	958	37.23	1764	701	39.74
五、特殊教育 Special Education Schools	51189	34642	67.67	41311	29755	72.03
六、学前教育 Pre-school Education Institutions	2204367	2007004	91.05	1315634	1283522	97.56

注:普通高中的教职工数中包含普通初中的教职工数。

Note: Data on Educational Personnel in, Junior Secondary Education Schools are included in Regular Senior Secondary Education Schools.

各级各类学校少数民族学生数
Number of Minority Students of Schools by Type and Level

单位：人
unit:person

	总计 Total	少数民族学生 Minority Students	
		人数 Number	占学生总数的比重(%) Percentage
一、高等教育 Higher Education			
(一)研究生 Postgraduates	1645845	93623	5.69
博　士 Doctor's Degree	271261	14273	5.26
硕　士 Master's Degree	1374584	79350	5.77
(二)普通本专科 Undergraduates in Regular HEIs	23085078	1688365	7.31
本　科 Normal Courses	13496577	1054214	7.81
专　科 Short-cycle Courses	9588501	634151	6.61
(三)成人本专科 Undergraduates in Adult HEIs	5474962	392778	7.17
本　科 Normal Courses	2336132	176956	7.57
专　科 Short-cycle Courses	3138830	215822	6.88
(四)其他各类高等学历教育 Students Enrolled in Other Formal Programs			
1. 在职人员攻读硕士学位 Master's Degree Programs for On-the-job Personnel	461693		
2. 网络本专科生 Web-based Undergraduates	4924833	198642	4.03
本　科 Normal Courses	1754760	74402	4.24
专　科 Short-cycle Courses	3170073	124240	3.92
二、中等教育 Secondary Education			
(一)高中阶段教育 Senior Secondary Education			
1. 高中 Senior Secondary Schools			
普通高中 Regular Senior Secondary Schools	24548227	1914455	7.80
成人高中 Adult High Schools	808989	5117	0.63
2. 中等职业教育 Secondary Vocational Education			
普通中专 Regular Specialized Secondary Schools	8552071	671873	7.86
成人中专 Adult Specialized Secondary Schools	2387275	211207	8.85
职业高中 Vocational High Schools	6809722	383320	5.63
技工学校 Skilled Workers Schools			
(二)初中阶段教育 Junior Secondary Education			
1. 初中 Junior Secondary Schools	50668024	4922235	9.71
2. 成人初中 Adult Junior Secondary Schools			
三、初等教育 Primary Education			
(一)普通小学 Regular Primary Schools	99263674	10440192	10.52
(二)成人小学 Adult Primary Schools	1679173	280206	16.69
其中:扫盲班 of Which: Literacy Classes			
四、工读学校 Correctional Work-Study Schools			
五、特殊教育 Special Education Schools	398736	11825	7.06
六、学前教育 Pre-school Education Institutions	34244456	2507323	7.32

注：成人高中数据包括成人初中数据。

Note: Data on Minority Students of Adult Junior Secondary Schools are included in the data of Adult High Schools

各级各类学校少数民族教师、教职工数

Number of Minority Educational Personnel and Full-time Teachers of Schools by Type and Level

单位：人

unit：person

	教职工 Educational Personnel	少数民族教职工 Minority Educational Personnel		专任教师 Full-time Teachers	少数民族专任教师 Minority Full-time Teachers	
		人数 Number	占教职工总数的比重（%） Percentage		人数 Number	占专任教师总数的比重（%） Percentage
一、高等教育 Higher Education						
（一）研究生培养机构（不计校数） Institutions Providing Postgraduate Programs						
1. 普通高校 Regular HEIs						
2. 科研机构 Research Institutes						
（二）普通高等学校 Regular HEIs	2204819	113154	5. 13	1392676	68600	4. 93
1. 本科院校 HEIs Offering Degree Programs	1585694	83858	5. 29	976937	49548	5. 07
其中：独立学院 of Which：Independent Institutions	181039	6819	3. 77	132733	4521	3. 41
2. 高职（专科）院校 Higher Vocational Colleges	614717	29062	4. 73	412624	18936	4. 59
3. 其他机构（点）（不计校数） Other Institutions	4408	234	5. 31	3115	116	3. 72
（三）成人高等学校 Adult HEIs	69032	4510	6. 53	40903	2314	5. 66
（四）民办的其他高等教育机构 Other Non-government HEIs	34780	425	1. 22	16107	166	1. 03
二、中等教育 Secondary Education						
（一）高中阶段教育 Senior Secondary Education						
1. 高中 Senior Secondary Schools						
普通高中 Regular Senior Secondary Schools	2427386	171068	7. 05	1556829	107480	6. 90
成人高中 Adult High Schools	16185	310	1. 92	12740	146	1. 15
2. 中等职业教育 Secondary Vocational Education						
普通中专 Regular Specialized Secondary Schools	435030	26159	6. 01	303864	18512	6. 09
成人中专 Adult Specialized Secondary Schools	81292	4301	5. 29	55192	3178	5. 76
职业高中 Vocational High Schools	406722	17689	4. 35	315472	12981	4. 11
技工学校 Skilled Workers Schools						
其他机构（教学点）（不计校数） Other Institutions	22037	642	2. 91	14835	444	2. 99
（二）初中阶段教育 Junior Secondary Education						
1. 初中 Junior Secondary Schools	3944169	351263	8. 91	3524517	306284	8. 69
2. 成人初中 Adult Junior Secondary Schools						
三、初等教育 Primary Education						
（一）普通小学 Regular Primary Schools	5584868	577369	10. 34	5604861	583594	10. 41
（二）成人小学 Adult Primary Schools	65548	9712	14. 82	33699	3763	11. 17
其中：扫盲班 of Which：Literacy Classes						
四、工读学校 Correctional Work-Study Schools						
五、特殊教育 Special Education Schools	51189	3349	6. 54	41311	2810	6. 80
六、学前教育 Pre-school Education Institutions	2204367	109484	4. 97	1315634	70843	5. 38

注：1. 普通高中少数民族教职工数包括普通初中少数民族教职工数；

2. 成人高中少数民族教职工数和专任教师数包括成人初中少数民族教职工数和专任教师数。

Note：1. The number of Minority Educational Personnel employed by Regular Secondary Schools is included in that employed by Regular Senior Secondary Schools.

2. The number of Minority Educational Personnel and Full-time teachers employed by Adult Junior High Schools is included in that employed by Adult High Schools.

各级各类学校校数

Number of Schools by Type and Level

单位：所

unit：Institution

	1949	1965	1978	1980	1985	2000	2005	2009	2010	2011
一、高等教育 Higher Education										
（一）研究生培养机构（不计校数）Institutions Providing Postgraduate Programs						738	766	796	797	755
1. 普通高校 Regular HEIs						415	450	481	481	481
2. 科研机构 Research Institutes						323	316	315	316	274
（二）普通高等学校 Regular HEIs	205	434	598	675	1016	1041	1792	2305	2358	2409
1. 本科院校 HEIs Offering Degree Programs						599	701	1090	1112	1129
2. 高职（专科）院校 Higher Vocational Colleges						442	1091	1215	1246	1280
3. 其他机构（点）（不计校数）Other Institutions							428	74	56	46
（三）成人高等学校 Adult HEIs	1	964	10395	2775	1216	772	481	384	365	353
（四）民办的其他高等教育机构 Other Non-government HEIs							1077	812	836	830
二、中等教育 Secondary Education							96082	87639	85063	83810
（一）高中阶段教育 Senior Secondary Education							31532	29761	28584	27638
1. 高中 Senior Secondary Schools							17066	15360	14712	14545
普通高中 Regular Senior Secondary Schools	1597	4112	49215	31300	17318	14564	16092	14607	14058	13688
成人高中 Adult High Schools						1939	974	753	654	857
2. 中等职业教育 Secondary Vocational Education							14466	14401	13872	13093
普通中专 Regular Specialized Secondary Schools	1171	1265	2760	3069	3557	3646	3207	3789	3938	3753
成人中专 Adult Specialized Secondary Schools						4634	2582	1883	1720	1614
职业高中 Vocational High Schools						7655	5822	5652	5206	4802
技工学校 Skilled Workers Schools	3	281	2013	3305	3548	3792	2855	3077	3008	2924
其他机构（教学点）（不计校数）Other Institutions							2386	2390	2012	642
（二）初中阶段教育 Junior Secondary Education							64550	57878	56479	56172
1. 普通初中 Regular Junior Secondary Schools	2448	13990	113130	87077	75903	62704	61885	56167	54823	54063
2. 职业初中 Vocational Junior Secondary Schools						1194	601	153	67	54
3. 成人初中 Adult Junior Secondary Schools						2001	2064	1558	1589	2055
三、初等教育 Primary Education							427697	322094	290597	271804
（一）普通小学 Regular Primary Schools	346769	1681939	949323	917316	832309	553622	366213	280184	257410	241249
（二）成人小学 Adult Primary Schools					100337	156839	61484	41910	33187	30555
其中：扫盲班 of Which：Literacy Classes					176076	104863	43572	27850	22227	20179
四、工读学校 Correctional Work-Study Schools	—	—	—	...	98	74	77	72	77	76
五、特殊教育 Special Education Schools	...	266	292	292	375	1539	1593	1672	1706	1767
六、学前教育 Pre-school Education Institutions	...	19226	163952	170419	172262	175836	124402	138209	150420	166750

各级各类学历教育学生数

Number of Students of Formal Education by Type and Level

单位：万人

unit：10 thousand persons

	1949	1965	1978	1980	1985	2000	2005	2009	2010	2011
一、高等教育 Higher Education										
（一）研究生（人） Postgraduates（person）	629	4546	10934	21604	87331	301239	978610	1404942	1538416	1645845
（二）普通本专科 Undergraduates in Regular HEIs	11.65	67.44	85.63	114.37	170.31	556.09	1561.78	2144.66	2231.79	2308.51
（三）成人本专科 Undergraduates in Adult HEIs	0.01	41.30	140.80	155.40	172.50	353.64	436.07	541.35	536.04	547.50
（四）其他各类高等学历教育 Students Enrolled in Other Formal Programs										
1. 在职人员攻读硕士学位 Master's Degree Programs for On-the-job Personnel							25.47	39.43	42.03	46.17
2. 网络本专科生 Web-based Undergraduates							265.27	417.27	453.14	492.48
二、中等教育 Secondary Education							10297.15	10130.64	10019.66	9807.85
（一）高中阶段教育 Senior Secondary Education							4030.94	4640.91	4677.33	4686.60
1. 高中 Senior Secondary Schools							2430.90	2445.75	2438.83	2481.28
普通高中 Regular Senior Secondary Schools	20.72	130.82	1553.08	969.79	741.13	1201.26	2409.09	2434.28	2427.34	2454.82
成人高中 Adult High Schools				75.12	138.98	32.40	21.81	11.47	11.50	26.45
2. 中等职业教育 Secondary Vocational Education							1600.04	2195.17	2238.50	2205.33
普通中专 Regular Specialized Secondary Schools	22.88	54.74	88.92	124.34	157.11	489.52	629.77	840.43	877.71	855.21
成人中专 Adult Specialized Secondary Schools	0.01	351.80	123.90	449.40		169.26	112.55	160.99	212.40	238.73
职业高中 Vocational High Schools	—	77.50	...	31.92	184.34	414.56	582.43	778.42	726.33	680.97
技工学校 Skilled Workers Schools	0.27	10.10	38.20	70.04	74.17	140.10	275.30	415.32	422.05	430.42
（二）初中阶段教育 Junior Secondary Education							6266.21	5489.73	5342.33	5121.25
1. 普通初中 Regular Junior Secondary Schools	83.18	802.97	4995.17	4538.29	3964.83	6167.65	6171.81	5433.64	5275.91	5064.21
2. 职业初中 Vocational Junior Secondary Schools	—	365.84	...	13.45	45.23	88.64	43.14	7.30	3.42	2.60
3. 成人初中 Adult Junior Secondary Schools				302.57	273.30	18.77	51.27	48.79	63.00	54.45
三、初等教育 Primary Education							11171.83	10282.29	10135.36	10094.28
（一）普通小学 Regular Primary Schools	2439.10	11620.90	14624.00	14627.00	13370.20	13013.25	10864.07	10071.47	9940.70	9926.37
（二）成人小学 Adult Primary Schools	1326.80	823.70	6467.20	1646.10	303.23	480.88	307.76	210.82	194.66	167.92
其中：扫盲班 of Which：Literacy Classes	1326.80		1806.70	1220.90	518.98	249.32	192.44	114.86	108.08	74.89
四、工读学校 Correctional Work-Study Schools	—	—	—	...	0.65	0.77	0.84	0.92	1.07	0.90
五、特殊教育 Special Education Schools	...	2.29	3.09	3.31	4.17	37.76	36.44	42.81	42.56	39.87
六、学前教育 Pre-school Education Institutions	...	171.30	787.70	1150.80	1479.70	2244.18	2179.03	2657.81	2976.67	3424.45

各级各类学历教育招生数

Number of Entrants of Formal Education by Type and Level

单位：万人

unit：10 thousand persons

	1949	1965	1978	1980	1985	2000	2005	2009	2010	2011
一、高等教育 Higher Education										
（一）研究生（人） Postgraduates（person）	242	1456	10708	3616	46871	128484	364831	510953	538177	560168
（二）普通本专科 Undergraduates in Regular HEIs	3.06	16.42	40.15	28.12	61.92	220.61	504.46	639.49	661.76	681.50
（三）成人本专科 Undergraduates in Adult HEIs					78.78	156.15	193.03	201.48	208.43	218.51
（四）其他各类高等学历教育 Other Formal Programs										
1. 在职人员攻读硕士学位 Master's Degree Programs for On-the-job Personnel							10.17	11.60	12.49	13.41
2. 网络本专科生 Web-based Undergraduates							89.10	162.57	166.37	187.15
二、中等教育 Secondary Education							3520.98	3487.31	3423.24	3299.38
（一）高中阶段教育 Senior Secondary Education							1533.39	1698.86	1706.66	1664.65
1. 高中 Senior Secondary Schools							877.73	830.34	836.24	850.78
普通高中 Regular Senior Secondary Schools	7.11	45.89	692.91	383.40	257.51	472.69	877.73	830.34	836.24	850.78
成人高中 Adult High Schools				50.05	107.61	30.47				
2. 中等职业教育 Secondary Vocational Education							655.66	868.52	870.42	813.87
普通中专 Regular Specialized Secondary Schools	9.74	20.85	44.70	46.76	66.83	132.59	241.13	311.71	316.61	299.57
成人中专 Adult Specialized Secondary Schools				152.22		53.39	47.95	86.89	116.11	103.96
职业高中 Vocational High Schools	—	55.67	…	24.06	98.49	150.39	248.21	313.17	278.67	246.43
技工学校 Skilled Workers Schools	…	…	25.70	33.13	35.54	50.38	118.37	156.75	159.02	163.90
（二）初中阶段教育 Junior Secondary Education							1987.58	1788.45	1716.58	1634.73
1. 普通初中 Regular Junior High Schools	34.12	299.89	2005.98	1550.91	1349.40	2263.3	1976.52	1786.39	1715.49	1634.01
2. 职业初中 Vocational Junior High Schools	—	250.81	…	6.66	17.61	32.27	11.06	2.06	1.09	0.72
3. 成人初中 Adult Junior High Schools				194.81	237.02	14.67				
三、初等教育 Primary Education							1671.74	1637.80	1691.70	1736.80
（一）普通小学 Regular Primary Schools	680.00	3296.02	3315.36	2942.34	2298.17	1946.47	1671.74	1637.80	1691.70	1736.80
（二）成人小学 Adult Primary Schools				248.29	194.95	452.52				
其中：扫盲班 of Which：Literacy Classes				720.48	326.14	210.61				
四、工读学校 Correctional Work-Study Schools	—	—	—	…	0.32	0.44	0.35	0.39	0.40	0.57
五、特殊教育 Special Education Schools	…	…	0.59	0.59	0.92	5.29	4.93	6.40	6.49	6.41
六、学前教育 Pre-school Education Institutions	…					1531.11	1356.24	1546.86	1700.39	1827.31

各级各类学校教职工数

Number of Educational Personnel of Schools by Type and Level

单位：万人

unit:10 thousand persons

	1949	1965	1978	1980	1985	2000	2005	2009	2010	2011
一、高等教育 Higher Education										
(一)研究生培养机构(不计校数) Institutions Providing Postgraduate Programs										
1. 普通高校 Regular HEIs										
2. 科研机构 Research Institutes										
(二)普通高等学校 Regular HEIs	4.60	33.30	51.80	63.20	87.06	111.28	174.21	211.15	215.66	220.48
1. 本科院校 HEIs Offering Degree Programs						92.69	119.78	151.21	154.80	158.57
2. 高职(专科)院校 Higher Vocational Colleges						17.50	44.00	59.29	60.32	61.47
3. 其他机构(点)(不计校数) Other Institutions						1.08	10.43	0.64	0.54	0.44
(三)成人高等学校 Adult HEIs				6.45	14.34	18.70	14.89	8.42	7.71	6.90
(四)民办的其他高等教育机构 Other Non-government HEIs							4.81	3.81	3.81	3.48
二、中等教育 Secondary Education							685.77	709.36	709.63	759.89
(一)高中阶段教育 Senior Secondary Education							682.48	708.07	708.68	364.57
1. 高中 Senior Secondary Schools							573.16	585.15	586.39	243.45
普通高中 Regular Senior Secondary Schools	10.40	67.70	391.70	389.70	355.69	491.1	572.02	584.54	585.93	242.74
成人高中 Adult High Schools					5.65	2.17	1.13	0.61	0.47	0.71
2. 中等职业教育 Secondary Vocational Education							109.32	122.92	122.29	121.12
普通中专 Regular Specialized Secondary Schools	2.40	12.20	23.70	29.80	40.32	48.81	33.48	41.13	43.50	43.50
成人中专 Adult Specialized Secondary Schools				3.19		20.84	12.13	9.42	8.53	8.13
职业高中 Vocational High Schools	—	30.60	...	4.10	21.59	44.69	38.93	42.56	40.32	40.67
技工学校 Skilled Workers Schools	...	...	6.66	13.61	21.53	23.96	20.40	25.97	26.63	26.61
其他机构(教学点)(不计校数) Other Institutions							4.38	3.84	3.30	2.20
(二)初中阶段教育 Junior Secondary Education							3.29	1.28	0.94	395.32
1. 普通初中 Regular Junior Secondary Schools										394.25
2. 职业初中 Vocational Junior Secondary Schools							2.40	0.52	0.22	0.17
3. 成人初中 Adult Junior Secondary Schools					7.29	0.79	0.89	0.76	0.73	0.90
三、初等教育 Primary Education							624.82	621.83	617.56	565.04
(一)普通小学 Regular Primary Schools	84.90	407.50	562.00	605.40	602.10	645.49	613.22	613.55	610.98	558.49
(二)成人小学 Adult Primary Schools				2.02		16.24	11.61	8.27	6.58	6.55
其中:扫盲班 of Which: Literacy Classes				7.40		11.01	8.94	6.16	5.04	4.95
四、工读学校 Correctional Work-Study Schools	—	—	—	...	0.32	0.27	0.26	0.27	0.26	0.26
五、特殊教育 Special Education Schools	...	0.37	0.69	0.80	1.15	4.37	4.23	4.75	4.92	5.12
六、学前教育 Pre-school Education Institutions	...	16.20	46.90	61.00	79.80	114.43	115.20	157.08	184.93	220.44

各级各类学校专任教师数

Number of Full-time Teachers of Schools by Type and Level

单位：万人

unit:10 thousand persons

	1949	1965	1978	1980	1985	2000	2005	2009	2010	2011
一、高等教育 Higher Education										
(一)研究生培养机构(不计校数) Institutions Providing Postgraduate Programs										
1. 普通高校 Regular HEIs										
2. 科研机构 Research Institutes										
(二)普通高等学校 Regular HEIs	1.61	13.81	20.63	24.69	34.43	46.28	96.58	129.52	134.31	139.27
1. 本科院校 HEIs Offering Degree Programs						37.08	63.00	89.60	93.55	97.69
2. 高职(专科)院校 Higher Vocational Colleges						8.66	26.79	39.50	40.41	41.26
3. 其他机构(点)(不计校数) Other Institutions						0.53	6.80	0.42	0.35	0.31
(三)成人高等学校 Adult HEIs				3.32	6.93	9.34	8.43	5.04	4.59	4.09
(四)民办的其他高等教育机构 Other Non-government HEIs							2.25	1.79	1.78	1.61
二、中等教育 Secondary Education							555.36	588.85	592.30	597.60
(一)高中阶段教育 Senior Secondary Education							205.64	236.63	239.32	244.45
1. 高中 Senior Secondary Schools							130.66	149.77	152.17	156.26
普通高中 Regular Senior Secondary Schools	1.40	7.79	74.13	57.07	49.17	75.69	129.95	149.33	151.82	155.68
成人高中 Adult High Schools					3.23	1.35	0.71	0.44	0.35	0.58
2. 中等职业教育 Secondary Vocational Education							74.98	86.86	87.15	88.19
普通中专 Regular Specialized Secondary Schools	1.56	5.51	9.96	12.87	17.40	25.64	20.30	27.23	29.50	30.39
成人中专 Adult Specialized Secondary Schools				1.78		11.83	7.50	6.26	5.70	5.52
职业高中 Vocational High Schools	—	5.29	...	1.65	11.58	28.18	28.25	32.15	30.70	31.55
技工学校 Skilled Workers Schools	...	...	2.80	6.14	8.89	14	16.11	18.64	19.05	19.26
其他机构(教学点)(不计校数) Other Institutions							2.82	2.58	2.20	1.48
(二)初中阶段教育 Junior Secondary Education							349.72	352.23	352.97	353.15
1. 普通初中 Regular Junior Secondary Schools	5.26	37.92	244.07	244.90	215.99	324.86	347.18	351.34	352.34	352.30
2. 职业初中 Vocational Junior Secondary Schools	—	14.42	...	0.67	2.49	3.83	2.02	0.46	0.20	0.15
3. 成人初中 Adult Junior Secondary Schools					5.00	0.43	0.51	0.42	0.44	0.70
三、初等教育 Primary Education							563.71	566.75	564.58	563.86
(一)普通小学 Regular Primary Schools	83.60	385.71	522.55	549.94	537.68	586.03	559.25	563.34	561.71	560.49
(二)成人小学 Adult Primary Schools				1.65	2.87	4.76	4.47	3.40	2.87	3.37
其中:扫盲班 of Which: Literacy Classes				4.83	4.26	2.93	3.17	2.16	1.95	2.32
四、工读学校 Correctional Work-Study Schools	—	—	—	...	0.13	0.15	0.17	0.17	0.17	0.18
五、特殊教育 Special Education Schools	...	0.26	0.42	0.48	0.73	3.2	3.19	3.79	3.97	4.13
六、学前教育 Pre-school Education Institutions	...	6.18	27.75	41.07	54.99	85.65	72.16	98.59	114.42	131.56

高中阶段学生数的构成
Composition of Students in Senior Secondary Education

	合计 Total	普通高中 Regular Senior Secondary Schools	成人高中 Adult High Schools	中等职业教育 Secondary Vocational Education				
				小计 Subtotal	中等专业学校 Regular Specialized Secondary Schools	成人中专 Adult Specialized Secondary Schools	职业高中 Vocational High Schools	技工学校 Skilled Workers Schools
学生数(万人) No. of Students (10 thousand persons)								
1965	622.9	130.8		492.1	52.7	351.8	77.5	10.1
1980	1720.5	969.8	75.1	675.6	124.3	449.4	31.9	70.0
1985	1295.7	741.1	139.0	415.6	157.1		184.3	74.2
1990	1528.6	717.3	47.8	763.5	224.4	158.8	247.1	133.2
2000	2463.2	1201.3	32.4	1229.5	489.5	169.3	414.6	156.1
2001	2606.3	1405.0	31.0	1170.3	457.9	189.2	383.1	140.1
2002	2889.8	1683.8	33.5	1172.5	456.4	153.3	428.1	134.7
2003	3240.9	1964.8	21.5	1254.6	502.4	105.5	455.7	191.1
2004	3649.0	2220.4	19.4	1409.2	554.5	103.3	516.9	234.5
2005	4030.9	2409.1	21.8	1600.0	629.8	112.5	582.4	275.3
2006	4341.9	2514.5	17.5	1809.9	725.8	107.6	655.6	320.8
2007	4527.5	2522.4	18.1	1987.0	781.6	113.0	725.2	367.1
2008	4545.7	2476.3	12.7	2056.7	817.3	120.6	750.3	368.5
2009	4624.4	2434.3	11.5	2178.7	840.4	161.0	778.4	398.8
2010	4677.3	2427.3	11.5	2238.5	877.7	212.4	726.3	422.1
2011	4686.6	2454.8	26.5	2205.3	855.2	238.7	681.0	430.4
比重(%) Percentage								
1965	100	21.0		79.0	8.5	56.5	12.4	1.6
1980	100	56.4	4.4	39.3	7.2	26.1	1.9	4.1
1985	100	57.2	10.7	32.1	12.1		14.2	5.7
1990	100	46.9	3.1	49.9	14.7	10.4	16.2	8.7
2000	100	48.8	1.3	49.9	19.9	6.9	16.8	6.3
2001	100	53.9	1.2	44.9	17.6	7.3	14.7	5.4
2002	100	58.3	1.2	40.6	15.8	5.3	14.8	4.7
2003	100	60.6	0.7	38.7	15.5	3.3	14.1	5.9
2004	100	60.8	0.5	38.6	15.2	2.8	14.2	6.4
2005	100	59.8	0.5	39.7	15.6	2.8	14.4	6.8
2006	100	57.9	0.4	41.7	16.7	2.5	15.1	7.4
2007	100	55.7	0.4	43.9	17.3	2.5	16.0	8.1
2008	100	54.5	0.3	45.2	18.0	2.7	16.5	8.1
2009	100	52.6	0.2	47.1	18.2	3.5	16.8	8.6
2010	100	52.6	0.2	47.1	18.2	3.5	16.8	8.6
2011	100	52.4	0.6	47.1	18.2	5.1	14.5	9.2

教育规模
Size of Education

单位：万人
unit:10 thousand persons

年　份 Year	学校数(万所) Schools (10 thousand)	在校生数 Enrolment	教职工数 Educational Personnel	教育人口 Educational Population	教育人口比重(%) Propotion of Education Population
1985	144	21753	1261	23014	22.0
1990	136	23654	1432	25086	22.2
1996	155	30401	1549	31950	26.2
1997	157	31076	1577	32653	26.7
1998	155	31809	1580	33389	27.0
1999	159	32672	1596	34268	27.5
2000	149	32093	1592	33685	26.8
2001	135	32135	1574	33709	26.6
2002	117	31873	1579	33452	26.2
2003	96	31989	1610	33599	26.2
2004	68	32558	1597	34155	26.4
2005	65	36904	1624	38528	29.6
2006	63	31860	1652	33512	25.6
2007	66	32187	1675	33862	25.8
2008	58	32099	1692	33791	25.6
2009	55	32098	1716	33814	25.5
2010	53	32217	1741	33958	25.4
2011	53	32756	1782	34538	25.9

小学学龄儿童净入学率

Net Enrolment Ratio of School-age Children in Primary Schools

单位：万人

unit：10 thousand person

年 份 Year	学龄儿童净入学率 Net Enrolment Ratio of School-age Children		
	全国学龄儿童数 No. of School-age Children	已入学学龄儿童数 No. of School-age Childen Enrolled	净入学率(%) Net Enrolment Ratio
1965	11603.2	9829.1	84.7
1980	12219.6	11478.2	93.0
1985	10362.3	9942.8	95.9
1990	9740.7	9529.7	97.8
1999	12991.4	12872.8	99.1
2000	12445.3	12333.9	99.1
2001	11766.4	11561.2	99.1
2002	11310.4	11150.0	98.6
2003	10908.3	10761.6	98.7
2004	10548.1	10437.1	98.9
2005	10207.0	10120.3	99.2
2006	10075.5	10001.5	99.3
2007	9947.9	9896.8	99.5
2008	9772.0	9727.1	99.5
2009	9606.6	9548.6	99.4
2010	9501.5	9473.3	99.7
2011	9522.4	9502.5	99.8

注：1991 年以前的净入学率是按 7 - 11 周岁统一计算的；从 1991 年起净入学率是按各地不同入学年龄和学制分别计算的。

Note：Net Enrolment Ratio of school-age children before 1991 was calculated on the basis of primary school pupils aged 7 - 11 enroled. From 1991 onwards its calculation has taken account of the age of entry and the lenth of schooling prevailing.

各级教育毛入学率

Gross Enrolment Ratio of Education by Level

单位：%

unit：%

年 份 Year	小学 Primary Education 按各地相应学龄计算 According to Provincial Entrant Age Primary Schools Years	初中阶段 Junior Secondary Education 12 - 14 周岁 the Age of 12 - 14	高中阶段 Senior Secondary Education 15 - 17 周岁 the Age of 15 - 17		高等教育 Higher Education 18 - 22 周岁 the Age of 18 - 22
			职前 Pre. Job	全口径 Full Aperture	
1991	109.5	69.7	23.9		3.5
1992	109.4	71.8	22.6	26.0	3.9
1993	107.3	73.1	24.1	28.4	5.0
1994	108.7	73.8	26.2	30.7	6.0
1995	106.6	78.4	28.8	33.6	7.2
1996	105.7	82.4	31.4	38.0	8.3
1997	104.9	87.1	33.8	40.6	9.1
1998	104.3	87.3	34.4	40.7	9.8
1999	104.3	88.6	35.8	41.0	10.5
2000	104.6	88.6	38.2	42.8	12.5
2001	104.5	88.7	38.6	42.8	13.3
2002	107.5	90.0	38.4	42.8	15.0
2003	107.2	92.7	42.1	43.8	17.0
2004	106.6	94.1	46.5	48.1	19.0
2005	106.4	95.0	50.9	52.7	21.0
2006	106.3	97.0	57.7	59.8	22.0
2007	106.2	98.0		66.0	23.0
2008	105.7	98.5		74.0	23.3
2009	104.8	99.0		79.2	24.2
2010	104.6	100.1		82.5	26.5
2011	104.2	100.1		84.0	26.9

各级普通学校毕业生升学率
Promotion Rate of Graduates of Regular Schools by Level

单位：%

unit：%

年 份 Year	小学升初中 Promotion Rate of Primary Schools Graduates	初中升高级中学 Promotion Rate of Junior Secondary Schools Graduates	高中升高等教育 Promotion Rate of Senior Secondary Schools Graduates
1990	74.6	40.6	27.3
1991	77.7	42.6	28.7
1992	79.7	43.6	34.9
1993	81.8	44.1	43.3
1994	86.6	47.8	46.7
1995	90.8	50.3	49.9
1996	92.6	49.8	51.0
1997	93.7	51.5	48.6
1998	94.3	50.7	46.1
1999	94.4	50.0	63.8
2000	94.9	51.2	73.2
2001	95.5	52.9	78.8
2002	97.0	58.3	83.5
2003	97.9	59.6	83.4
2004	98.1	63.8	82.5
2005	98.4	69.7	76.3
2006	100.0	75.7	75.1
2007	99.9	80.5	70.3
2008	99.7	82.1	72.7
2009	99.1	85.6	77.6
2010	98.7	87.5	83.3
2011	98.3	88.9	86.5

注：高中升学率为普通高校招生数与普通高中毕业生数之比。

Note：Promotion Rate of Upper Secondary Education Schools Graduates is the Ratio of Total Number of New Entrants Admitted to HEIs (Including those Admitled into the Regular Full-time Courses run by (TRVUs) to the Total Number of Graduates of General Upper Secondary Education Schools of the Current Year).

每十万人口各级学校平均在校生数
Number of Enrolment of Per 100,000 Inhabitants by Level

单位：人

unit：person

年 份 Year	高等教育 Higher Education	高中阶段 Senior Secondary Education	初中阶段 Junior Secondary Education	小学 Primary Education	学前教育 Pre-school Education
1991	304	1355	3465	10502	1907
1992	313	1365	3518	10413	2072
1993	376	1448	3599	10656	2190
1994	433	1293	3681	10819	2219
1995	457	1610	3945	11010	2262
1996	470	1780	4180	11273	2208
1997	482	1905	4289	11435	2058
1998	519	1978	4408	11287	1944
1999	594	2032	4656	10855	1864
2000	723	2000	4969	10335	1782
2001	931	2021	5161	9937	1602
2002	1146	2283	5240	9525	1595
2003	1298	2523	5209	9100	1560
2004	1420	2824	5058	8725	1617
2005	1613	3070	4781	8358	1676
2006	1816	3321	4557	8192	1731
2007	1924	3409	4364	8037	1787
2008	2042	3463	4227	7819	1873
2009	2128	3495	4097	7584	2001
2010	2189	3504	3955	7448	2230
2011	2253	3489	3779	7403	2554

各级普通学校生师比
Pupil-Teacher Ratio of Regular Schools by Level

年　份 Year	普通小学 Regular Primary Schools	初中 Junior Secondary Schools	普通高中 Regular Senior Secondary Schools	中等职业学校 Secondary Vocational Schools	普通高校 Regular HEIs		
					全国 Total	本科院校 HEIs Offering Degree Programs	高职(专科)院校 Higher Vocational Colleges
1993	22. 37	15. 65	14. 96	13. 42	8. 00	7. 82	8. 61
1994	22. 85	16. 07	12. 16	14. 26	9. 25	9. 00	10. 10
1995	23. 30	16. 73	12. 95	15. 98	9. 83	9. 71	10. 16
1996	23. 73	17. 18	13. 45	16. 42	10. 36	10. 32	10. 20
1997	24. 16	17. 33	14. 05	16. 92	10. 87	10. 80	10. 85
1998	23. 98	17. 56	14. 60	16. 36	11. 62	11. 63	11. 09
1999	23. 12	18. 17	15. 16	15. 68	13. 37	13. 67	12. 23
2000	22. 21	19. 03	15. 87	15. 24	16. 30	16. 04	17. 65
2001	21. 64	19. 24	16. 73	15. 04	18. 22	18. 47	17. 15
2002	21. 04	19. 25	17. 80	16. 58	19. 00	20. 60	14. 20
2003	20. 50	19. 13	18. 35	17. 63	17. 00	21. 07	14. 75
2004	19. 98	18. 65	18. 65	19. 15	16. 22	17. 44	13. 15
2005	19. 43	17. 80	18. 54	21. 34	16. 85	17. 75	14. 78
2006	19. 17	17. 15	18. 13	22. 65	17. 93	17. 77	18. 26
2007	18. 82	16. 52	17. 48	23. 13	17. 28	17. 31	17. 20
2008	18. 38	16. 07	16. 78	23. 32	17. 23	17. 21	17. 27
2009	17. 88	15. 47	16. 30	25. 27	17. 27	17. 23	17. 35
2010	17. 70	14. 98	15. 99	25. 69	17. 33	17. 38	17. 21
2011	17. 71	14. 38	15. 77	25. 01	17. 42	17. 48	17. 28

普通高等学校校均规模
Average Size of Regular Higher Educational Institutions

单位:人
unit: person

	1994	1995	1996	1997	1998	1999	2000	2001	2002	2003	2004	2005	2006	2007	2008	2009	2010	2011
全　国 Total	2591	2758	2927	3112	3335	3815	5289	5870	6471	7143	7704	7666	8148	8571	8679	9086	9298	9446
本科院校 HEIs Offering Degree Programs	3418	3632	3857	4062	4418	5275	6916	8730	10454	11662	13561	13514	13937	14057	12097	12634	13100	13564
高职(专科)院校 Higher Vocational Colleges	1338	1405	1466	1594	1701	1975	2282	2337	2523	2893	3209	3909	4515	5095	5564	5903	5904	5813

各级自学考试基本情况

Basic Statistics of State-administered Examination for Self-learners by Level

	2007		2008		2009		2010		2011	
	上半年 First half year	下半年 Second half year	上半年 First half year	下半年 Second half year	上半年 First half year	下半年 Second half year	上半年 First half year	下半年 Second half year	上半年 First half year	下半年 Second half year
毕业生人数 Graduates	313301	268795	274449	277422	309921	310476	345668	341650	370579	372220
本科 Normal Course	205688	168292	187677	185223	203559	199526	230802	230103	245765	265090
专科 Short-cycle Course	107613	100503	86772	92199	106362	110950	114866	111547	124814	107130
单科合格科次数 Passed Main-courses	4108139	4061883	4884112	4441008	5244892	4946679	4980013	4476856	4939058	4248183
本科 Normal Course	2661123	2610244	3202166	2960187	3499720	3416760	3428805	2977456	3662985	3246036
专科 Short-cycle Course	1447016	1451639	1681946	1480821	1745172	1529919	1551208	1499400	1276073	1002147
报考人数 Applicants	4967159	4595587	5208544	4679628	5517385	4907514	5160123	4489937	4955069	4271640
本科 Normal Course	2924483	2744651	3121358	2900792	3426273	3144203	3325005	2784408	3407382	3008956
专科 Short-cycle Course	2042676	1850936	2087186	1778836	2091112	1763311	1835118	1705529	1547687	1262684
首次报考人数 First Time	1039306	729692	1150218	674658	1268590	640676	983545	600171	916300	553999
本科 Normal Course	619337	440522	690709	424949	798761	432287	664099	388448	667822	395108
专科 Short-cycle Course	419969	289170	459509	249709	469829	208389	319446	211723	248478	158891
报考科次 Main-courses be Examined	11460474	10812366	12249001	11179996	12870134	11842415	12144181	10883416	11588813	10015717
本科 Normal Course	6668721	6408847	7222194	6921569	7584122	7605841	7813197	6892876	8021397	7187670
专科 Short-cycle Course	4791753	4403519	5026807	4258427	5286012	4236574	4330984	3990540	3567416	2828047
实考人数 Actual Examined	3780620	3468565	3896856	3599817	4318889	3754772	4026556	3460358	4218387	3695715
本科 Normal Course	2240129	2099652	2385104	2269639	2737622	2452057	2640442	2180587	2941630	2650905
专科 Short-cycle Course	1540491	1368913	1511752	1330178	1581267	1302715	1386114	1279771	1276757	1044810
实考科次 Actual Main-courses Examined	8001314	7537852	8840627	8028150	9781330	8761276	9122514	8074603	8850467	7455512
本科 Normal Course	4705393	4534034	5278441	5068821	6188572	5725407	5958059	5182160	6267730	5489553
专科 Short-cycle Course	3295921	3003818	3562186	2959329	3592758	3035869	3164455	2892443	2582737	1965959
在档考生人数 Exmainees with Study Record	28916140	29377037	30252806	30650042	31608711	31938911	32714917	32973438	33519159	33700938
本科 Normal Course	10164459	10436689	10939721	11179447	11774649	12007410	12440707	12599052	13021109	13151127
专科 Short-cycle Course	18751681	18940348	19313085	19470595	19834062	19931501	20136081	20236257	20359921	20411682
其中:新生数 of Which: Current Session	1039306	729692	1150218	674658	1268590	640676	983545	600171	916300	553999
本科 Normal Course	619337	440522	690709	424949	798761	432287	664099	388448	667822	395108
专科 Short-cycle Course	419969	289170	459509	249709	469829	208389	319446	211723	248478	158891

二、高等教育
Higher Education

高等教育学校(机构)数
Number of Higher Education Institutions

单位：所
unit：institution

	合计 Total	中央部门 HEIs under Central Ministries & Agencies			地方 HEIs under Local Auth.				民办 Non-government
		计 Total	教育部 HEIs under MOE	其他部门 HEIs under Other Central Agencies	计 Total	教育部门 HEIs under MOE	其他部门 Run by Non-ed. Dept.	地方企业 Local Enterprises	
(一)研究生培养机构(不计校数) Institutions Providing Postgraduate Programs	755	333	73	260	422	363	58	1	
1. 普通高校 Regular HEIs	481	98	73	25	383	362	21		
2. 科研机构 Research Institutes	274	235		235	39	1	37	1	
(二)普通高等学校 Regular HEIs	2409	111	73	38	1602	969	583	50	696
1. 本科院校 HEIs Offering Degree Programs	1129	108	73	35	633	574	58	1	388
其中:独立学院 of Which:Independent Institutions	309								309
2. 高职(专科)院校 Higher Vocational Colleges	1280	3		3	969	395	525	49	308
(三)成人高等学校 Adult HEIs	353	14	1	13	337	123	169	45	2
(四)民办的其他高等教育机构 Other Non-government HEIs	830								830

普通高等学校校数

Number of Regular Higher Educational Institutions

单位:所

unit: institution

	合　计 Total	本科院校 HEIs Offering Degree Programs	高职(专科)院校 Higher Vocational Colleges	其中:高等职业技术学院 of Which: Tertiary Vocational-technical Colleges
总　计 Total	**2409**	**1129**	**1280**	**1143**
综合大学 Comprehensive University	568	262	306	302
理工院校 Natural Sciences & Technology	862	328	534	511
农业院校 Agriculture	81	41	40	38
林业院校 Forestry	20	7	13	13
医药院校 Medicine & Pharmacy	176	101	75	30
师范院校 Teacher Training	196	149	47	6
语文院校 Language & Literature	49	26	23	22
财经院校 Finance & Economics	255	116	139	127
政法院校 Political Science & Law	70	29	41	33
体育院校 Physical Culture	31	16	15	14
艺术院校 Art	83	40	43	43
民族院校 Ethnic Nationality	18	14	4	4
合计中:民办高校 of the Total: Non-government HEIs	696	388	308	301

普通高等学校在校生规模

Size of Enrolment of Regular Higher Educational Institutions

单位:所

unit: institution

	学校数 Institutions	300人及以下 300 and under	301－500人 301 to 500	501－1000人 501 to 1000	1001－1500人 1001 to 1500	1501－2000人 1501 to 2000	2001－3000人 2001 to 3000	3001－4000人 3001 to 4000	4001－5000人 4001 to 5000	5001－10000人 5001 to 10000	10001－20000人 10001 to 20000	20001－30000人 20001 to 30000	30001人及以上 30001 and over
总　计 Total	**2409**	**31**	**19**	**60**	**47**	**82**	**125**	**152**	**185**	**842**	**669**	**158**	**39**
综合大学 Comprehensive University	568	4	2	10	6	20	29	30	42	202	150	52	21
理工院校 Natural Sciences & Technology	862	12	10	18	14	27	41	59	52	311	251	55	12
农业院校 Agriculture	81					2	4	3	8	23	31	7	3
林业院校 Forestry	20	1					1		2	10	5	1	
医药院校 Medicine & Pharmacy	176	1		8	3	6	5	13	18	74	46	2	
师范院校 Teacher Training	196	2		3	1	3	3	6	11	52	85	27	3
语文院校 Language & Literature	49	1			3	1	2	5	9	18	9	1	
财经院校 Finance & Economics	255	4	3	5		7	11	16	23	103	73	10	
政法院校 Political Science & Law	70	1	1	6	3	3	12	10	13	15	6		
体育院校 Physical Culture	31	3	1	2	5	4	3		1	11	1		
艺术院校 Art	83	2	2	8	12	7	13	9	6	19	5		
民族院校 Ethnic Nationality	18					2	1	1		4	7	3	

普通高等学校设置(研究生、本科)专业数

Number of Specialities and Educational Programs Offered by Regular Higher Educational Institutions

	合计 Total	哲学 Philosophy	经济 Economics	法学 Law	教育 Education	文学 Literature	历史 History	理学 Science	工学 Engineering	农学 Agriculture	医学 Medicine	管理学 Administration	其他 other
博士 Doctor's Degree													
种数 No. of Sp.	522	10	21	41	21	35	10	68	176	41	72	25	2
点数 No. of Ed. Prog.	7128	147	353	461	176	377	208	1203	2476	429	889	406	3
硕士 Master's Degree													
种数 No. of Sp.	570	10	27	45	27	41	11	69	179	45	76	30	10
点数 No. of Ed. Prog.	24357	526	1570	2249	1151	2249	532	3163	7022	1058	2674	2147	16
普通本科 General Bachelor's Degree													
种数 No. of Sp.	699	6	21	44	45	103	8	82	239	35	54	62	
点数 No. of Ed. Prog.	40396	92	1954	1537	1728	7321	306	5575	12306	916	1589	7072	
成人本科 Adult Bachelor's Degree													
种数 No. of Sp.	364	2	14	18	31	55	5	36	106	22	31	44	
点数 No. of Ed. Prog.	11923	4	605	651	776	1860	137	1115	3032	301	828	2614	

普通高等学校设置(高职(专科))专业数

Number of Specialities and Number of Educational Programs Offered by Regular Higher Educational Institutions

	合计 Total	农林牧渔大类	交通运输大类	生化与药品大类	资源开发与测绘大类	材料与能源大类	土建大类	水利大类	制造大类	电子信息大类	环保、气象与安全大类	轻纺食品大类	财经大类	医药卫生大类	旅游大类	公共事业大类	文化教育大类	艺术设计传媒大类	公安大类	法律大类
普通专科 General Associate Bachelor's Degrees																				
种数 No. of Sp.	1060	82	92	40	67	57	53	22	89	78	26	65	64	43	21	38	86	85	23	29
点数 No. of Ed. Prog.	44129	1200	1460	1346	724	739	3582	159	5483	6465	361	1123	7191	1753	2032	759	5587	3481	167	517
成人专科 Adult Associate Bachelor's Degrees																				
种数 No. of Sp.	694	47	50	29	54	30	39	18	56	51	15	43	51	35	13	21	67	49	13	13
点数 No. of Ed. Prog.	19428	533	516	388	393	337	1314	114	2203	2144	129	303	4435	1168	695	613	2742	948	30	423

高等教育学校(机构)学生数
Number of Students in Higher Education Institutions

单位：人
unit:person

	毕(结)业生数 Graduates	授予学位数 Degree Awarded	招生数 Entrants				在校生数 Enrolment	预计毕业生数 Estimated Graduates for Next Year
			计 Total	其中 of Which				
				应届生 Autumn Session	春季招生 Spring Session	预科生转入 Preparatory Students Enrolled		
研究生 Postgraduates	429994	426778	560168	367115			1645845	595688
博　士 Doctor's Degree	50289	48551	65559	25911			271261	132384
硕　士 Master's Degree	379705	378227	494609	341204			1374584	463304
普通本专科 Undergraduates in Regular HEIs	6081565	2707934	6815009	6240674	49965	30836	23085078	6361179
本　科 Normal Courses	2796229	2707934	3566411	3129096	23488	28693	13496577	3113087
专　科 Short-cycle Courses	3285336		3248598	3111578	26477	2143	9588501	3248092
成人本专科 Undergraduates in Adult HEIs	1906640	99984	2185141				5474962	2020679
本　科 Normal Courses	755402	99984	897241				2336132	814937
专　科 Short-cycle Courses	1151238		1287900				3138830	1205742
网络本专科生 Web-based Undergraduates	1299253	30979	1871519		933173		4924833	
本　科 Normal Courses	460149	30979	643993		319887		1754760	
专　科 Short-cycle Courses	839104		1227526		613286		3170073	
在职人员攻读硕士学位 Master's Degree Programs for On-the-job Personnel		107304	134061				461693	
自考助学班 Class run by Non-government HEIs for Students Preparing for Self-directed State-administered Examination	242067						470423	
普通预科生 College-preparatory Classes							32274	
研究生课程进修班 Postgraduate Courses	48873						67112	
进修及培训 In-service Training	6480856						3481616	
留学生 Foreign Students	73693	15197	94692		26149		147549	

分部门、分计划
Number of Postgraduate Students

	学校(机构)数(所)(Schools)	毕业生数 Graduates			招生数 Entrants		
		计 Total	博士 Doctor's Degree	硕士 Master's Degree	计 Total	博士 Doctor's Degree	硕士 Master's Degree
总计 Total	**755**	**429994**	**50289**	**379705**	**560168**	**65559**	**494609**
国家任务 State-planned Programs		295731	38152	257579	404640	52187	352453
委托培养 Contractual Programs		22541	8920	13621	28363	10032	18331
自筹经费 Self-financed Programs		111722	3217	108505	127165	3340	123825
一、中央部门所属 Under Central Ministries& Agencies	**333**	**230786**	**40879**	**189907**	**299040**	**52498**	**246542**
1. 教育部 Under MOE	73	189088	30296	158792	240936	39694	201242
2. 其他部门 Under Other Central Agencies	260	41698	10583	31115	58104	12804	45300
二、地方所属 Under Local Auth.	**422**	**199208**	**9410**	**189798**	**261128**	**13061**	**248067**
1. 教育部门 Run by Edu. Dept.	363	193261	9262	183999	253021	12820	240201
2. 其他部门 Run by Non-ed. Dept.	58	5942	148	5794	8107	241	7866
3. 地方企业 Run by Local Enterprises	1	5		5			

分部门、分计划
Number of Postgraduate Students

	学校(机构)数(所)(Schools)	毕业生数 Graduates			招生数 Entrants		
		计 Total	博士 Doctor's Degree	硕士 Master's Degree	计 Total	博士 Doctor's Degree	硕士 Master's Degree
总计 Total	**481**	**415687**	**44464**	**371223**	**541077**	**58882**	**482195**
国家任务 State-planned Programs		282077	32682	249395	386319	45907	340412
委托培养 Contractual Programs		22126	8581	13545	27933	9653	18280
自筹经费 Self-financed Programs		111484	3201	108283	126825	3322	123503
一、中央部门所属 Under Central Ministries& Agencies	**98**	**217345**	**35108**	**182237**	**280893**	**45883**	**235010**
1. 教育部 Under MOE	73	189088	30296	158792	240936	39694	201242
2. 其他部门 Under Other Central Agencies	25	28257	4812	23445	39957	6189	33768
二、地方所属 Under Local Auth.	**383**	**198342**	**9356**	**188986**	**260184**	**12999**	**247185**
1. 教育部门 Run by Edu. Dept.	362	193252	9262	183990	253005	12820	240185
2. 其他部门 Run by Non-ed. Dept.	21	5090	94	4996	7179	179	7000
3. 地方企业 Run by Local Enterprises							

研究生数(总计)

by Sector and Program (Total)

单位：人

unit：person

在校生数 Enrolment			预计毕业生数 Estimated Graduates for Next Year		
计 Total	博士 Doctor's Degree	硕士 Master's Degree	计 Total	博士 Doctor's Degree	硕士 Master's Degree
1645845	**271261**	**1374584**	**595688**	**132384**	**463304**
1165882	199090	966792	405529	89975	315554
107633	56099	51534	52061	33355	18706
372330	16072	356258	138098	9054	129044
902364	**220406**	**681958**	**343385**	**108632**	**234753**
728841	171296	557545	282388	86817	195571
173523	49110	124413	60997	21815	39182
743481	**50855**	**692626**	**252303**	**23752**	**228551**
721423	50116	671307	245139	23480	221659
22049	739	21310	7159	272	6887
9		9	5		5

研究生数(普通高校)

by Sector and Program (Regular HEIs)

单位：人

unit：person

在校生数 Enrolment			预计毕业生数 Estimated Graduates for Next Year		
计 Total	博士 Doctor's Degree	硕士 Master's Degree	计 Total	博士 Doctor's Degree	硕士 Master's Degree
1588462	**248027**	**1340435**	**576163**	**122350**	**453813**
1111163	177502	933661	387153	80762	306391
105891	54541	51350	51193	32563	18630
371408	15984	355424	137817	9025	128792
847720	**197388**	**650332**	**324762**	**98684**	**226078**
728841	171296	557545	282388	86817	195571
118879	26092	92787	42374	11867	30507
740742	**50639**	**690103**	**251401**	**23666**	**227735**
721388	50116	671272	245129	23480	221649
19354	523	18831	6272	186	6086

分部门、分计划

Number of Postgraduate Students

	学校(机构)数(所) Institutions	毕业生数 Graduates			招生数 Entrants		
		计 Total	博士 Doctor's Degree	硕士 Master's Degree	计 Total	博士 Doctor's Degree	硕士 Master's Degree
总计 Total	**274**	**14307**	**5825**	**8482**	**19091**	**6677**	**12414**
国家任务 State-planned Programs		13654	5470	8184	18321	6280	12041
委托培养 Contractual Programs		415	339	76	430	379	51
自筹经费 Self-financed Programs		238	16	222	340	18	322
一、中央部门所属 Under Central Ministries& Agencies	**235**	**13441**	**5771**	**7670**	**18147**	**6615**	**11532**
1. 教育部 Under MOE							
2. 其他部门 Under Other Central Agencies	235	13441	5771	7670	18147	6615	11532
二、地方所属 Under Local Auth.	**39**	**866**	**54**	**812**	**944**	**62**	**882**
1. 教育部门 Run by Edu. Dept.	1	9		9	16		16
2. 其他部门 Run by Non-ed. Dept.	37	852	54	798	928	62	866
3. 地方企业 Run by Local Enterprises	1	5		5			

分学科研

Number of Postgraduate

	毕业生数 Graduates			招生数 Entrants		
	计 Total	博士 Doctor's Degree	硕士 Master's Degree	计 Total	博士 Doctor's Degree	硕士 Master's Degree
总计 Total	**429994**	**50289**	**379705**	**560168**	**65559**	**494609**
其中:女 of Which: Female	208342	18189	190153	281095	24903	256192
总计中:学术型学位 of the Total: Academic Degree	378755	49145	329610	400226	64116	336110
专业学位 Professional Degree	51239	1144	50095	159942	1443	158499
哲学 Philosophy	4851	756	4095	4699	814	3885
经济学 Economics	19773	2383	17390	25301	2820	22481
法学 Law	37086	2510	34576	40446	3526	36920
教育学 Education	19769	921	18848	27112	1361	25751
文学 Literature	37735	2241	35494	48042	2877	45165
历史学 History	5329	836	4493	5705	938	4767
理学 Science	47731	9881	37850	57688	12794	44894
工学 Engineering	145303	17703	127600	195082	24604	170478
农学 Agriculture	12845	2241	10604	20063	2979	17084
医学 Medicine	49039	6991	42048	60831	8110	52721
军事学 Military Science	211	34	177	261	44	217
管理学 Administrators	50322	3792	46530	74938	4692	70246

研究生数(科研机构)
by Sector and Program (Research Institutes)

单位：人
unit:person

在校生数 Enrolment			预计毕业生数 Estimated Graduates for Next Year		
计 Total	博士 Doctor's Degree	硕士 Master's Degree	计 Total	博士 Doctor's Degree	硕士 Master's Degree
57383	**23234**	**34149**	**19525**	**10034**	**9491**
54719	21588	33131	18376	9213	9163
1742	1558	184	868	792	76
922	88	834	281	29	252
54644	**23018**	**31626**	**18623**	**9948**	**8675**
54644	23018	31626	18623	9948	8675
2739	**216**	**2523**	**902**	**86**	**816**
35		35	10		10
2695	216	2479	887	86	801
9		9	5		5

究生数(总计)
Students by Academic Field (Total)

单位：人
unit:person

在校生数 Enrolment			预计毕业生数 Estimated Graduates for Next Year		
计 Total	博士 Doctor's Degree	硕士 Master's Degree	计 Total	博士 Doctor's Degree	硕士 Master's Degree
1645845	**271261**	**1374584**	**595688**	**132384**	**463304**
797500	98009	699491	274295	45527	228768
1307803	266256	1041547	505401	130962	374439
338042	5005	333037	90287	1422	88865
15482	3535	11947	6241	1864	4377
67503	11940	55563	24597	5991	18606
121760	14065	107695	44681	6729	37952
71423	4739	66684	25748	2099	23649
136101	11407	124694	46730	5592	41138
18229	3993	14236	7153	2099	5054
181072	46609	134463	66474	20855	45619
587587	111267	476320	214957	56708	158249
56119	11723	44396	21202	5855	15347
181129	28632	152497	61990	11558	50432
854	206	648	354	124	230
208586	23145	185441	75561	12910	62651

分学科研
Number of Postgraduate Students

	毕业生数 Graduates			招生数 Entrants		
	计 Total	博士 Doctor's Degree	硕士 Master's Degree	计 Total	博士 Doctor's Degree	硕士 Master's Degree
总计 Total	**415687**	**44464**	**371223**	**541077**	**58882**	**482195**
其中:女 of Which: Female	203274	16304	186970	273678	22552	251126
总计中:学术型学位 of the total: Academic Degree	364750	43320	321430	383339	57439	325900
专业学位 Professional Degree	50937	1144	49793	157738	1443	156295
哲学 Philosophy	4708	714	3994	4551	761	3790
经济学 Economics	19232	2171	17061	24680	2562	22118
法学 Law	36451	2388	34063	39581	3379	36202
教育学 Education	19706	889	18817	27027	1321	25706
文学 Literature	37496	2176	35320	47770	2786	44984
历史学 History	5258	817	4441	5623	921	4702
理学 Science	42711	7019	35692	50954	9546	41408
工学 Engineering	139653	15804	123849	187520	22462	165058
农学 Agriculture	12164	2029	10135	19115	2700	16415
医学 Medicine	48342	6777	41565	59946	7878	52068
军事学 Military Science	209	34	175	260	44	216
管理学 Administrators	49757	3646	46111	74050	4522	69528

分学科研
Number of Postgraduate Students

	毕业生数 Graduates			招生数 Entrants		
	计 Total	博士 Doctor's Degree	硕士 Master's Degree	计 Total	博士 Doctor's Degree	硕士 Master's Degree
总计 Total	**14307**	**5825**	**8482**	**19091**	**6677**	**12414**
其中:女 of Which: Female	5068	1885	3183	7417	2351	5066
总计中:学术型学位 of the total: Academic Degree	14005	5825	8180	16887	6677	10210
专业学位 Professional Degree	302		302	2204		2204
哲学 Philosophy	143	42	101	148	53	95
经济学 Economics	541	212	329	621	258	363
法学 Law	635	122	513	865	147	718
教育学 Education	63	32	31	85	40	45
文学 Literature	239	65	174	272	91	181
历史学 History	71	19	52	82	17	65
理学 Science	5020	2862	2158	6734	3248	3486
工学 Engineering	5650	1899	3751	7562	2142	5420
农学 Agriculture	681	212	469	948	279	669
医学 Medicine	697	214	483	885	232	653
军事学 Military Science	2		2	1		1
管理学 Administrators	565	146	419	888	170	718

究生数(普通高校)
by Academic Field (Regular HEIs)

单位：人
unit:person

在校生数 Enrolment			预计毕业生数 Estimated Graduates for Next Year		
计 Total	博 士 Doctor's Degree	硕 士 Master's Degree	计 Total	博 士 Doctor's Degree	硕 士 Master's Degree
1588462	**248027**	**1340435**	**576163**	**122350**	**453813**
776195	90324	685871	267440	42322	225118
1255110	243022	1012088	486783	120928	365885
333352	5005	328347	89380	1422	87958
15019	3356	11663	6086	1794	4292
65659	11098	54561	23964	5679	18285
119286	13595	105691	43844	6544	37300
71179	4611	66568	25668	2050	23618
135225	11115	124110	46422	5481	40941
17981	3922	14059	7068	2070	4998
160049	35470	124579	59152	16003	43149
564892	103418	461474	207408	53220	154188
53402	10826	42576	20297	5488	14809
178601	27887	150714	61180	11273	49907
851	206	645	353	124	229
206318	22523	183795	74721	12624	62097

究生数(科研机构)
by Academic Field (Research Institutes)

单位：人
unit:persons

在校生数 Enrolment			预计毕业生数 Estimated Graduates for Next Year		
计 Total	博 士 Doctor's Degree	硕 士 Master's Degree	计 Total	博 士 Doctor's Degree	硕 士 Master's Degree
57383	**23234**	**34149**	**19525**	**10034**	**9491**
21305	7685	13620	6855	3205	3650
52693	23234	29459	18618	10034	8584
4690		4690	907		907
463	179	284	155	70	85
1844	842	1002	633	312	321
2474	470	2004	837	185	652
244	128	116	80	49	31
876	292	584	308	111	197
248	71	177	85	29	56
21023	11139	9884	7322	4852	2470
22695	7849	14846	7549	3488	4061
2717	897	1820	905	367	538
2528	745	1783	810	285	525
3		3	1		1
2268	622	1646	840	286	554

在职人员攻读硕士学位分学科学生数

Number of On-the-job Students Studying for Master's Degree by Discipline

单位：人

unit：person

	授予学位数 Degree Awarded	招生数 Entrants	在校生数 Enrolment
总　计 Total	**107304**	**134061**	**461693**
其中：女 of Which：Female	42426	47461	166639
总计中：学术型学位 of the total：Academic Degree	15244	5723	36601
专业学位 Professional Degree	92060	128338	425092
哲学 Philosophy	149		136
经济学 Economics	1460	839	3753
法学 Law	8249	6316	24381
教育学 Education	13387	10412	43298
文学 Literature	3961	2933	11097
历史学 History	110	8	192
理学 Science	889	104	1663
工学 Engineering	48067	80361	253701
农学 Agriculture	6069	12459	36663
医学 Medicine	4324	3471	13773
军事学 Military Science	2		5
管理学 Administrators	20637	17158	73031

普通高等学校工科分大类学生数
Number of Engineering Students by Subfield of Study in Regular Higher Educational Institutions

单位：人
unit:person

	毕业生数 Graduates	招生数 Entrants	在校生数 Enrolment
总　计 Total	**884306**	**1134185**	**4275423**
地矿类 Applied Geology	19674	25936	97890
材料类 Materials Science	37343	52864	190757
机械类 Mechanical Engineering	146437	186035	709532
仪器仪表类 Instrument & Meter	16295	18782	74609
能源动力类 Thermal & Nuclear Energy	17789	24685	90123
电气信息类 Electronics & Information	359113	435263	1666206
土建类 Civil Engineering & Architcture	104298	154194	566409
水利类 Hydraulics	8599	12353	43557
测绘类 Sruvey & Measure	6951	10539	37742
环境与安全类 Environ ment and Safety	24104	29724	113309
化工与制药类 Chemical Engineering & Pharmaceutics	36231	48529	179737
交通运输类 Transportation	26705	35361	133113
海洋工程类 Oceanic	2649	3085	12674
轻工纺织食品类 Light Industry, Textile and Food	40326	52164	190777
航空航天类 Aeronautics & Astronautics	3878	5556	21174
武器类 Weaponry	3071	3254	12526
工程力学类 Engineering Mechanics	3086	4156	14839
生物工程类 Biotechnology	16000	18225	71029
农业工程类 Agriculture Engineering	5315	6804	25439
林业工程类 Forestry Engineering	2276	2821	10845
公安技术类 Public Security Technology	4166	3855	13136

普通、成人本、专科

Number of Students for Regular and Adult

	毕业生数 Graduates			招生数 Entrants	
	合计 Total	本科 Normal Courses	专科 Short-cycle Courses	合计 Total	本科 Normal Courses
普通本、专科总计 Undergraduate in Regular HEIs Total	**6081565**	**2796229**	**3285336**	**6815009**	**3566411**
中央部门所属院校 Under Central Ministries & Agencies	418001	396215	21786	450986	432878
其中:教育部所属院校 of Which: Under MOE	321013	314100	6913	336564	331965
地方所属学校 Under Local Auth.	4468660	1821567	2647093	4864016	2252298
民办 Non-government	1194904	578447	616457	1500007	881235
成人本、专科总计 Undergraduate in Adult HEIs Total	**1906640**	**755402**	**1151238**	**2185141**	**897241**
中央部门所属院校 Inst. Under SEDC	272541	154474	118067	306431	172575
其中:教育部所属院校 of Which: Under MOE	227519	131190	96329	251233	144838
地方所属学校 Under Local Auth.	1599426	599700	999726	1841425	722710
民办 Non-government	34673	1228	33445	37285	1956

普通本、专科分

Number of Students for Regular

	毕业生数 Graduates			招生数 Entrants	
	合计 Total	本科 Normal Courses	专科 Short-cycle Courses	合计 Total	本科 Normal Courses
总　计 Total	**6081565**	**2796229**	**3285336**	**6815009**	**3566411**
其中:女 of Which:Female	3124948	1385812	1739136	3567263	1892640
一、普通高等学校 Regular HEIs	**5987632**	**2793357**	**3194275**	**6753113**	**3565310**
本科院校 HEIs Offering Degree Programs	3564756	2762983	801773	4145737	3542301
其中:独立学院 of Which: Independent Institutions	540805	479101	61704	744270	688907
高职(专科)院校 Higher Vocational Colleges	2365823	857	2364966	2579318	623
其他机构(点)(不计校数) Other Institutions	57053	29517	27536	28058	22386
综合大学 Comprehensive Universities	1593523	767082	826441	1798984	976939
理工院校 Natural Sciences & Tech.	2226266	889818	1336448	2484742	1126905
农业院校 Agriculture	244573	138601	105972	267759	163450
林业院校 Forestry	48467	25255	23212	54776	29177
医药院校 Medicine & Pharmacy	319296	148359	170937	389487	195153
师范院校 Teacher Training	629466	412075	217391	703762	515621
语文院校 Language & Literature	93955	38092	55863	105994	54351
财经院校 Finance & Economics	567518	235691	331827	667696	330490
政法院校 Political Science & Law	108247	39518	68729	94111	42104
体育院校 Physical Culture	26987	19963	7024	31717	25151
艺术院校 Art	82457	41222	41235	96857	54978
民族院校 Ethnic Minorities	46877	37681	9196	57228	50991
二、成人高等学校 Adult HEIs	**93933**	**2872**	**91061**	**61896**	**1101**

分举办者学生数
Programs by Providers in HEIs

单位:人
unit: person

专科 Short-cycle Courses	在校生数 Enrolment 合计 Total	本科 Normal Courses	专科 Short-cycle Courses	预计毕业生数 Estimated Graduates for Next Year 合计 Total	本科 Normal Courses	专科 Short-cycle Courses
3248598	**23085078**	**13496577**	**9588501**	**6361179**	**3113087**	**3248092**
18108	1769584	1714584	55000	439852	420276	19576
4599	1347290	1333469	13821	333396	328240	5156
2611718	16369411	8669221	7700190	4622868	2018935	2603933
618772	4946083	3112772	1833311	1298459	673876	624583
1287900	**5474962**	**2336132**	**3138830**	**2020679**	**814937**	**1205742**
133856	772555	451739	320816	288617	156502	132115
106395	638513	381256	257257	232111	128977	103134
1118715	4597803	1878929	2718874	1697861	657023	1040838
35329	104604	5464	99140	34201	1412	32789

性质类别学生数
Programs by Type of Schools in HEIs

单位: 人
unit: person

专科 Short-cycle Courses	在校生数 Enrolment 合计 Total	本科 Normal Courses	专科 Short-cycle Courses	预计毕业生数 Estimated Graduates for Next Year 合计 Total	本科 Normal Courses	专科 Short-cycle Courses
3248598	**23085078**	**13496577**	**9588501**	**6361179**	**3113087**	**3248092**
1674623	11804988	6802683	5002305	3190236	1506553	1683683
3187803	**22888480**	**13489894**	**9398586**	**6290656**	**3110798**	**3179858**
603436	15314197	13386625	1927572	3810918	3083515	727403
55363	2669024	2497170	171854	610244	549311	60933
2578695	7440966	3074	7437892	2439553	906	2438647
5672	133317	100195	33122	40185	26377	13808
822045	6124130	3697095	2427035	1688470	859782	828688
1357837	8269087	4258395	4010692	2336923	1001836	1335087
104309	938282	625147	313135	255186	147945	107241
25599	184015	111207	72808	49999	25932	24067
194334	1352452	825400	527052	328766	161230	167536
188141	2530492	1956389	574103	662441	454109	208332
51643	346516	190563	155953	98163	43001	55162
337206	2187638	1186085	1001553	604408	266487	337921
52007	316987	155097	161890	103370	41423	61947
6566	111366	92505	18861	29905	22013	7892
41879	320244	203182	117062	84826	45854	38972
6237	207271	188829	18442	48199	41186	7013
60795	**196598**	**6683**	**189915**	**70523**	**2289**	**68234**

成人本、专科分

Number of Students for Adult

	毕业生数 Graduates			招生数 Entrants	
	合计 Total	本科 Normal Courses	专科 Short-cycle Courses	合计 Total	本科 Normal Courses
总　计 Total	**1906640**	**755402**	**1151238**	**2185141**	**897241**
其中:女 of Which:Female	1003453	406500	596953	1170727	498923
一、成人高等学校 Adult HEIs	**189852**	**18780**	**171072**	**174661**	**19286**
其中:全脱产 of Which:Full-time	89745	3773	85972	88575	7201
职工高等学校 Workers' Colleges	66501	1685	64816	63838	3507
农民高等学校 Peasants' Colleges	613		613	561	
管理干部学院 Institutes for Administration	22191	3023	19168	19312	2840
教育学院 Educational Colleges	30715	13156	17559	33898	11721
独立函授学院 Independent Correspondence Colleges					
广播电视大学 Radio/TV Universities	68714	916	67798	56881	1218
其他机构 Other Institutions	1118		1118	171	
二、普通高等学校 Regular HEIs	**1716788**	**736622**	**980166**	**2010480**	**877955**
函授 Correspondence	977319	447231	530088	1154728	520713
业余 Spare time Schools	678177	253325	424852	853737	357091
脱产 Full-time Courses for Adults	61292	36066	25226	2015	151

普通本科分学科学生数

Number of Regular Students for Normal Courses in HEIs by Discipline

单位:人

unit: person

	毕业生数 Graduates	招生数 Entrants	在校生数 Enrolment	预计毕业生数 Estimated Graduates for Next Year
总　计 Total	**2796229**	**3566411**	**13496577**	**3113087**
其中: 女 of Which: Female	1385812	1892640	6802683	1506553
哲学 Philosophy	2167	2647	9187	2178
经济学 Economics	172583	213366	805844	192504
法学 Law	117923	129428	501979	123085
教育学 Education	95140	133587	474661	105969
文学 Literature	537958	672496	2534078	596440
其中:外语 of Which:Foreign Language	185771	199946	799245	202693
艺术 Art	216458	312523	1115002	246353
历史学 History	14309	18281	67854	15802
理学 Science	279101	341487	1287275	303511
工学 Engineering	884542	1134270	4275808	1000057
农学 Agriculture	51148	60835	235342	54909
医学 Medicine	168582	217290	942912	180296
管理学 Administrators	472776	642724	2361637	538336
总计中:师范生 of the Total:Students Enrolled in Teacher Training Institutions	302990	347198	1350393	321222

性质类别学生数

Programs by Type of Schools in HEIs

单位：人

unit：person

	在校生数 Enrolment			预计毕业生数 Estimated Graduates for Next Year		
专科 Short-cycle Courses	合计 Total	本科 Normal Courses	专科 Short-cycle Courses	合计 Total	本科 Normal Courses	专科 Short-cycle Courses
1287900	**5474962**	**2336132**	**3138830**	**2020679**	**814937**	**1205742**
671804	2948035	1304522	1643513	1027147	423835	603312
155375	**428395**	**49928**	**378467**	**178944**	**19694**	**159250**
81374	192357	14104	178253	86111	4744	81367
60331	153347	6183	147164	65495	1827	63668
561	1366		1366	793		793
16472	50276	9154	41122	19508	3142	16366
22177	76249	31535	44714	29497	13046	16451
55663	146086	3056	143030	63211	1679	61532
171	1071		1071	440		440
1132525	**5046567**	**2286204**	**2760363**	**1841735**	**795243**	**1046492**
634015	2830578	1303086	1527492	1040371	455183	585188
496646	2180516	957035	1223481	772022	316109	455913
1864	35473	26083	9390	29342	23951	5391

普通专科分学科学生数

Number of Regular Students for Short-cycle Courses in HEIs by Discipline

单位：人

unit：Person

	毕业生数 Graduates	招生数 Entrants	在校生数 Enrolment	预计毕业生数 Estimated Graduates for Next Year
总　计 Total	**3285336**	**3248598**	**9588501**	**3248092**
其中：女 of Which：Female	1739136	1674623	5002305	1683683
农林牧渔大类 Agriculture, Forestry, Husbandry and Fishing	59580	57103	172439	59534
交通运输大类 Transportation and Communication	116379	142769	401420	126687
生化与药品大类 Biochemistry and Medicine	85344	76758	237580	82358
资源开发与测绘大类 Resources Development and Survey	40777	49534	140031	43760
材料与能源大类 Material and Energy	46523	45655	137167	45842
土建大类 Civil Engineering	252816	363343	950137	275026
水利大类 Water Resources	11036	14003	37400	11199
制造大类 Manufacturing	457549	422391	1279609	437201
电子信息大类 Electronic Information	394674	313628	1006014	376206
环保、气象与安全大类 Environment Protection, Meteorology and Safety	15955	15516	45397	14914
轻纺食品大类 Light, Textile and Food	64209	56745	178163	63317
财经大类 Finance	668498	689471	2032080	679657
医药卫生大类 Medical and Health	276239	311438	863942	280155
旅游大类 Tourism	106716	108430	323212	110269
公共事业大类 Public Service	32915	32815	97928	32021
文化教育大类 Culture and Education	430851	343259	1059178	392451
艺术设计传媒大类 Artistic Design and Mass Media	152434	155198	463522	153690
公安大类 Public Security	24066	11095	36524	16761
法律大类 Law	48775	39447	126758	47044
总计中：师范生 of the Total：Students Enrolled in Teacher Training Institutions	198650	179603	524926	188942

成人本科分学科学生数

Number of Adult Students for Normal Courses in HEIs by Discipline

单位:人

unit:person

	毕业生数 Graduates	招生数 Entrants	在校学生数 Enrolment	预计毕业生数 Estimated Graduates for Next Year
总　计 Total	**755402**	**897241**	**2336132**	**814937**
其中:女 of Which: Female	406500	498923	1304522	423835
哲学 Philosophy	24	20	167	91
经济学 Economics	27748	29284	84568	29674
法学 Law	50508	50039	128214	48903
教育学 Education	48594	48131	127547	47609
文学 Literature	147387	118188	346075	139744
其中:外语 of Which:Foreign Language	42499	30446	96601	40328
艺术 Art	18233	18316	53823	19529
历史学 History	3038	1681	5386	2421
理学 Science	32936	24297	70251	29182
工学 Engineering	162010	215308	541158	174241
农学 Agriculture	10885	14300	34674	11197
医学 Medicine	103188	168942	427219	139883
管理学 Administrators	169084	227051	570873	191992
总计中:师范生 of the Total:Students Enrolled in Teacher Training Institutions	144910	115096	320290	134663

成人专科分学科学生数

Number of Adult Students for Short-cycle Courses in HEIs by Discipline

单位:人

unit:person

	毕业生数 Graduates	招生数 Entrants	在校学生数 Enrolment	预计毕业生数 Estimated Graduates for Next Year
总　计 Total	**1151238**	**1287900**	**3138830**	**1205742**
其中:女 of Which: Female	596953	671804	1643513	603312
农林牧渔大类 Agriculture, Forestry, Husbandry and Fishing	17907	26044	60931	24781
交通运输大类 Transportation and Communication	35888	44458	105867	39862
生化与药品大类 Biochemistry and Medicine	13854	13913	39544	16794
资源开发与测绘大类 Resources Development and Survey	34541	37633	86914	30365
材料与能源大类 Material and Energy	19995	12548	39824	15779
土建大类 Civil Engineering	60681	92719	207279	75728
水利大类 Water Resources	5061	6144	12772	3774
制造大类 Manufacturing	155594	159569	413524	162420
电子信息大类 Electronic Information	98788	96385	258201	111675
环保、气象与安全大类 Environment Protection, Meteorology and Safety	2016	2827	6346	2333
轻纺食品大类 Light, Textile and Food	6378	8072	19124	8313
财经大类 Finance	351296	351776	853983	347782
医药卫生大类 Medical and Health	137999	189710	470064	143798
旅游大类 Tourism	16984	22201	51436	20411
公共事业大类 Public Service	32519	37450	86394	33124
文化教育大类 Culture and Education	115398	136568	308818	118701
艺术设计传媒大类 Artistic Design and Mass Media	25326	33149	74138	30903
公安大类 Public Security	2741	1260	4986	2075
法律大类 Law	18272	15474	38685	17124
总计中:师范生 of the Total: Students Enrolled in Teacher Training Institutions	61377	77317	169698	65701

网络本科分学科学生数

Number of Web-based Students for Normal Courses in HEIs by Discipline

单位:人

unit:person

	毕业生数 Graduates	招生数 Entrants	在校生数 Enrolment
总　计 Total	**460149**	**643993**	**1754760**
其中：女 of Which：Female	240217	324819	892040
哲学 Philosophy			
经济学 Economics	26685	34711	107152
法学 Law	55954	66924	209866
教育学 Education	25612	25925	59607
文学 Literature	57543	52912	175964
其中:外语 of Which:Foreign Language	11877	11781	41846
历史学 History	481	579	1167
理学 Science	6660	7369	19218
工学 Engineering	68600	120311	286590
农学 Agriculture	2335	4267	10618
医学 Medicine	26997	52344	119525
管理学 Administrators	189282	278651	765053
总计中:师范生 of the Total:Students Enrolled in Teacher Training Institutions	38806	35742	84267

高等教育学生

Changes in Enrolment of

	上学年初报表在校学生数 Enrolment at Beginning of Previous Academic Year	增加学生数 Factors of Increase					
		计 Total	招生 No. of Students Admitted	复学 Students Resuming Studies	转入 Transfers from Other Inst.	其他 Others	计 Total
博士生 Doctor's Degrees	258950	68630	65559	1055	42	1974	56319
硕士生 Master's Degrees	1279466	504490	494609	3307	2510	4064	409372
普通本科生 Students Enrolled in Normal Courses	12656132	3774316	3716344	24810	9839	23323	2933871
普通专科生 Students Enrolled in short-cycle Courses	9661797	3379569	3307379	12386	22574	37230	3452865
成人本科生 Students Enrolled in Normal Courses Provided by Adult HEIs	2250457	930647	897241	8687	5474	19245	844972
成人专科生 Students Enrolled in short-cycle Courses Provided by Adult HEIs	3109931	1344297	1287900	13393	14358	28646	1315398
网络本科生 Students Enroned in Normal Courses Provided by Web-based Programs	1640403	684562	643993	8370	14614	17585	570205
网络专科生 Students Enroned in short-cycle Courses Provided by Web-based Programs	2891040	1301247	1227526	11427	28803	33491	1022214

网络专科分学科学生数

Number of Web-based Students for Short-cycle Courses in HEIs by Discipline

单位:人
unit:person

	毕业生数 Graduates	招生数 Entrants	在校生数 Enrolment
总　计 Total	**839104**	**1227526**	**3170073**
其中:女 of Which: Female	379801	556650	1463423
农林牧渔大类 Farming, Forestry, Husbandry, and Fishing	59936	62403	189416
交通运输大类 Transportation and Communication	16932	29172	61402
生化与药品大类 Biochemistry and Medicine	2324	3484	8676
资源开发与测绘大类 Resource Development and Survey	6499	12174	23784
材料与能源大类 Material and Energy	5947	6609	14797
土建大类 Civil Engineering	48585	100235	218003
水利大类 Water Resources	3717	5941	17783
制造大类 Manufacturing	31531	55933	132861
电子信息大类 Electronic Information	41571	51214	157007
环保、气象与安全大类 Environment Protection, Meteorology and Safety	1144	1947	4388
轻纺食品大类 Light Textile and Food	904	1080	1863
财经大类 Finance	284262	383550	1022089
医药卫生大类 Medical and Health	28370	51826	149372
旅游大类 Tourism	4878	4768	16606
公共事业大类 Public Service	145321	234139	577559
文化教育大类 Culture and Education	77786	129892	301493
艺术设计传媒大类 Artistic Design and Mass Media	7754	7475	29315
公安大类 Public Security	909	1050	2195
法律大类 Law	70734	84634	241464
总计中:师范生 of the Total: Students Enrolled in Teacher Training Institutions	13973	29833	52299

数变动情况

Higher Educations

单位:人
unit:person

减少学生数 Factors of Decrease								本学年初报表在校学生数 Enrolment at Beginning of Current Academic Year
毕业 Graduates	结业 Completers of Courses without Formal Diplomas	休学 Suspended	退学 Quitting	开除 Expelled	死亡 Death	转出 Transfers to Other Inst.	其他 Others	
50289	472	1038	2289	69	48	79	2035	271261
379705	997	3301	6550	114	101	1863	16741	1374584
2796229	30387	36013	35150	1684	1098	7060	26250	13496577
3285336	21107	23977	48671	1770	589	36847	34568	9588501
755402	7908	11202	28907	246	80	3871	37356	2336132
1151238	15100	15277	49308	1202	40	11029	72204	3138830
460149	6103	14100	31775	23	19	14296	43740	1754760
839104	3095	26176	43691	173	59	36906	73010	3170073

高等教育非学历教育学生情况

Number of Students of Non-formal Education of Higher Education

单位：人

unit：person

	结业生数 Graduates		注册学生数 Enrolment	
	计 Total	其中:女 of Which:Female	计 Total	其中:女 of Which:Female
研究生课程进修班 Postgraduate Courses	48873	25315	67112	35202
自考助学班 Classes run by Non-government HEIs for Students Preparing for Self-directed State-administered Examinations	242067	131622	470423	247557
普通预科生 College-preparatory Classes			32274	16799
进修及培训 In-service Training	6480856	2840509	3481616	1581016
一个月以内 a months under	4144446	1711719	1737170	718642
一个月至三个月以内 one months to three months under	1086018	511240	733187	355467
三个月至半年以内 three months to half year under	655621	333500	465472	250310
半年至一年以内 half year to one year under	397194	181099	300947	130983
一年及以上 one year and over	197577	102951	244840	125614
总计中:资格证书培训 of the Total:For Certificates of Vocational Qualifications	2017012	871048	893784	403463
岗位证书培训 For Certificates of Job-related Qualifications	1785514	746887	976309	440998
第一产业类培训 Training for first industry	913549	394978	609949	288783
第二产业类培训 Training for Second Industry	1124501	321061	513557	149239
第三产业类培训 Training for Third Industry	4442806	2124470	2358110	1142994

高等教育学生中其他情况
Other Circumstances of Students in Higher Education

单位:人
unit: person

	共产党员 Member of C. P. A	共青团员 Member of C. Y. L	华 侨 Overseas Chinese	港澳台 From HK, Macao and Taiwan	少数民族 Minorities	残疾人 Disabled
总 计 Total	**3347439**	**24033526**	**2141**	**27828**	**2373408**	**24161**
研究生 Postgraduates	691708	697508	64	6897	93623	280
博 士 Doctor's Degree	573369	643904	48	3967	79350	242
硕 士 Master's Degree	118339	53604	16	2930	14273	38
普通本专科 Undergraduates in Regular HEIs	1695968	19608527	1275	17070	1688365	14769
本 科 Normal Courses	347781	8234817	300	202	634151	7328
专 科 Short-cycle Courses	1348187	11373710	975	16868	1054214	7441
成人本专科 Undergraduates in Adult HEIs	444686	2286813	472	3257	392778	1540
本 科 Normal Courses	186991	1424658	257	351	215822	1049
专 科 Short-cycle Courses	257695	862155	215	2906	176956	491
网络本专科生 Web-based Undergraduates	515077	1440678	330	604	198642	7572
本 科 Normal Courses	273033	948085	156	203	124240	6323
专 科 Short-cycle Courses	242044	492593	174	401	74402	1249

	毕(结)业生数 Graduates	授予学位数 Degrees Awarded	招生数 Entrants	
			计 Total	其中:春季招生 of Which: Spring term
总　计 Total	**73693**	**15197**	**94692**	**26149**
其中:女 of Which:Female	34826	6762	44020	12420
按层次分 By Level of Training				
博士研究生 Doctor's Degrees	866	737	2056	105
硕士研究生 Master's Degrees	4288	3874	7814	510
本科 Normal Courses	12139	10586	17830	1949
专科 Short-cycle Courses	258		535	52
培训 In-service Training	56142		66457	23533
分大洲 By continent				
亚洲 Asia	44486	11981	57442	16481
非洲 Africa	4844	1254	8022	2066
欧洲 Europe	14135	1198	17646	4292
北美洲 North America	8262	479	9311	2801
南美洲 South America	961	158	1216	262
大洋洲 Australia	1005	127	1055	247
分经费来源 By Sources of Support				
国际组织资助 Aided by IGOs	154	70	147	40
中国政府资助 Aided by Chinese Government	9717	3454	14041	1367
本国政府资助 Aided by Home Government	966	288	1016	284
学校间交换 Aided by inter-Institutional Exchanges	8891	503	10513	3689
自费 Self-supporting	53965	10882	68975	20769

生　情　况
International Students

单位：人、人次
unit：person

在校生数 Enrolment					
计 Total	第一年 1st Year	第二年 2nd Year	第三年 3rd Year	第四年 4th Year	第五年及以上 5th Year and Over
147549	**79127**	**26758**	**18609**	**12904**	**10151**
63057	35902	10949	7602	5217	3387
6066	1905	1578	1375	680	528
18074	7702	6112	3222	773	265
64035	16683	14003	13061	11036	9252
804	452	191	113	46	2
58570	52385	4874	838	369	104
99978	48221	18829	13697	10357	8874
14545	7107	3210	2334	1240	654
19711	14499	2690	1544	727	251
10168	7379	1434	718	408	229
1790	1074	348	195	99	74
1357	847	247	121	73	69
187	121	20	11	3	32
27333	12547	7003	4771	2382	630
2343	991	470	438	324	120
10279	8603	936	471	191	78
107407	56865	18329	12918	10004	9291

高等教育学校(机构)
Number of Educational

	计 Total	校本部 Educational Personnel			
		计 Total	专任教师		
			小计 Subtotal	正高级 Senior	副高级 Sub-senior
总　计 Total	**2273851**	**2144561**	**1433579**	**161472**	**406760**
其中:女 of Which: Female	1041755	987231	674316	44686	176410
普通高校 Regular HEIs	2204819	2077080	1392676	159691	394689
成人高校 Adult HEIs	69032	67481	40903	1781	12071

高等教育学校(机构)
Number of Educational

	计 Total	校本部 Educational Personnel			
		计 Total	专任教师		
			小计 Subtotal	正高级 Senior	副高级 Sub-senior
总　计 Total	**2204819**	**2077080**	**1392676**	**159691**	**394689**
其中:女 of Which: Female	1008509	954675	652951	43972	170497
分类型:本科院校 By Type: HEIs Offering Degree Programs	1585694	1474169	976937	143899	290431
其中:独立学院 of Which: Independent Institutions	181039	179820	132733	14884	34337
高职(专科)院校 Higher Vocational Colleges	614717	598522	412624	15599	103523
其他机构 Other Institutions	4408	4389	3115	193	735
分举办者:1. 中央部门所属 By Providers: Central Ministries & Agencies	369717	311229	178660	42983	61370
教育部 Under MOE	291315	246394	142029	35379	49424
其他部门 Other Coutral Agencies	78402	64835	36631	7604	11946
2. 地方所属 Local Authorities	1463689	1398932	961646	92131	274463
教育部门 Ed. Dept.	1145569	1089214	747203	82913	216634
其他部门 Non-Ed. Dept.	295916	288045	200819	8998	53580
地方企业 Local Enterprises	22204	21673	13624	220	4249
3. 民办 Non-government	371413	366919	252370	24577	58856

教职工情况(总计)
Personnel in HEIs(Total)

单位：人
unit：person

教职工数 Educational Personnel								
教职工 in Main Campus						科研机构人员 Personnel in Affiliated Research Org.	校办企业职工 Employees in School-run Factories & Farms	其他附设机构人员 Personnel in Others Subsidiary Units
Full-time Teachers			行政人员 Adm. Personnel	教辅人员 Supporting Staff	工勤人员 Workers			
中级 Middle	初级 Junior	未定职级 No-ranking						
566836	**226838**	**71673**	**316572**	**213305**	**181105**	**31146**	**34514**	**63630**
290470	124566	38184	142338	114329	56248	11317	10215	32992
549921	218431	69944	304026	205157	175221	30849	34193	62697
16915	8407	1729	12546	8148	5884	297	321	933

教职工情况(普通高校)
Personnel in HEIs(Regular HEIs)

单位：人
unit：person

教职工数 Educational Personnel								
教职工 in Main Campus						科研机构人员 Personnel in Affiliated Research Org.	校办企业职工 Employees in School-run Factories & Farms	其他附设机构人员 Personnel in Others Subsidiary Units
Full-time Teachers			行政人员 Adm. Personnel	教辅人员 Supporting Staff	工勤人员 Workers			
中级 Middle	初级 Junior	未定职级 No-ranking						
549921	**218431**	**69944**	**304026**	**205157**	**175221**	**30849**	**34193**	**62697**
281381	119885	37216	136971	110180	54573	11172	10088	32574
390937	116099	35571	217574	153611	126047	29345	27749	54431
50065	24930	8517	22247	11918	12922	76	510	633
157529	101714	34259	85784	51150	48964	1494	6444	8257
1455	618	114	668	396	210	10		9
63332	7454	3521	54457	44674	33438	20010	12885	25593
49591	4837	2798	43464	34199	26702	15688	11668	17565
13741	2617	723	10993	10475	6736	4322	1217	8028
397589	154665	42798	196685	131160	109441	10313	18795	35649
313024	105345	29287	152487	104506	85018	9280	15951	31124
79161	46277	12803	40884	24350	21992	861	2603	4407
5404	3043	708	3314	2304	2431	172	241	118
89000	56312	23625	52884	29323	32342	526	2513	1455

高等教育学校(机构)
Number of Educational

	合计 Total	校本部 Educational Personnel			
		计 Total	专任教师		
			小计 Subtotal	正高级 Senior	副高级 Sub-senior
总　计 Total	**69032**	**67481**	**40903**	**1781**	**12071**
其中:女 of Which: Female	33246	32556	21365	714	5913
分类型:职工高等学校 By type:Workers' Colleges	22762	22387	13711	354	4144
农民高等学校 Peasants' College	130	130	89		14
管理干部学院 Institutes for Administration	11201	11032	6794	530	2110
教育学院 Educational College	13181	12891	8789	527	2828
独立函授学院 Independent Correspondence Colleges					
广播电视大学 Radio/Tv Universities	21004	20287	11082	369	2861
其他机构 Other Institutions	754	754	438	1	114
分举办者:1. 中央部门所属	1186	1170	555	51	201
By Provider:Under Central Ministries & Agencies					
教育部 Under MOE	487	476	150	19	66
其他部门 Other Central Agencies	699	694	405	32	135
2. 地方所属 Local Auth.	67705	66170	40277	1729	11847
教育部门 Ed. Dept.	35052	34252	20841	927	5965
其他部门 Non – ed. Dept.	28002	27321	16817	770	5019
地方企业 Local Enterprises	4651	4597	2619	32	863
3. 民办 Non – government	141	141	71	1	23

教职工情况(成人高校)
Personnel in HEIs(Adult HEIs)

单位：人
unit：person

教职工数 Educational Personnel								
教职工 in Main Campus						科研机构人员 Personnel in Affiliated Research Org.	校办企业职工 Employees in School-run	其他附设机构人员 Personnel in Others Subsidiary Units
Full-time Teachers			行政人员 Adm. Personnel	教辅人员 Supporting Staff	工勤人员 Workers			
中级 Middle	初级 Junior	未定职级 No-ranking						
16915	**8407**	**1729**	**12546**	**8148**	**5884**	**297**	**321**	**933**
9089	4681	968	5367	4149	1675	145	127	418
6161	2605	447	3989	2449	2238	18	198	159
40	35		20	14	7			
2632	1294	228	1991	1180	1067	72	6	91
3304	1821	309	1916	1186	1000	149		141
4585	2523	744	4442	3242	1521	58	117	542
193	129	1	188	77	51			
255	36	12	232	274	109	11	2	3
52	5	8	102	187	37	11		
203	31	4	130	87	72	0	2	3
16628	8359	1714	12267	7868	5758	286	319	930
8453	4528	968	6520	4325	2566	107	120	573
6959	3414	655	4935	2948	2621	179	147	355
1216	417	91	812	595	571		52	2
32	12	3	47	6	17			

研究生指导
Number of Supervisors

	合计 Total	30 岁及以下 30 and under	31—35 岁 31 to 35	36—40 岁 36 to 40
总　计 Total	**272487**	**2825**	**22539**	**48651**
其中:女 of Which: Female	75005	802	6978	16389
分职称:正高级 by Rank:Senior	135374	191	1773	9179
副高级 Sub-senior	127736	1227	16463	37019
中级 Middle	9377	1407	4303	2453
分指导关系:博士导师	17548	11	249	1077
By Level of Programs Supervised: Supervisors of doctoral Programs				
其中:女 of Which: Female	2496	1	27	159
硕士导师 Supervisors of Master's Degree Programs	210197	2746	21259	43548
其中:女 of Which: Female	65787	786	6785	15504
博士、硕士导师	44742	68	1031	4026
Supervisors of Doc. & Mas. Degree Programs				
其中:女 of Which: Female	6722	15	166	726

研究生指导教
Number of Supervisors of

	合计 Total	30 岁及以下 30 and under	31—35 岁 31 to 35	36—40 岁 36 to 40
总　计 Total	**250219**	**2698**	**20832**	**44790**
其中:女 of Which: Female	71047	783	6561	15548
分职称:正高级 by Rank:Senior	119685	153	1461	7624
副高级 Sub-senior	121235	1168	15086	34726
中级 Middle	9299	1377	4285	2440
分指导关系:博士导师	13837	10	191	862
By Level of Programs Supervised: Supervisors of doctoral Programs				
其中:女 of Which: Female	1995	1	20	139
硕士导师 Supervisors of Master's Degree Programs	196335	2641	19763	40537
其中:女 of Which: Female	62822	768	6399	14772
博士、硕士导师	40047	47	878	3391
Supervisors of Doc. & Mas. Degree Programs				
其中:女 of Which: Female	6230	14	142	637

教师情况(总计)
of Postgraduate Programs (Total)

单位：人
unit: person

41—45 岁 41 to 45	46—50 岁 46 to 50	51—55 岁 51 to 55	56—60 岁 56 to 60	61—65 岁 61 to 65	66 岁及以上 66 and over
59776	**72931**	**34584**	**19553**	**6240**	**5388**
18318	19022	8108	4016	838	534
25722	47124	25729	15358	5407	4891
33314	25506	8754	4142	818	493
740	301	101	53	15	4
2604	5274	3078	1979	1329	1947
454	740	473	322	165	155
48558	52971	23960	13013	2786	1356
16397	16099	6560	3024	442	190
8614	14686	7546	4561	2125	2085
1467	2183	1075	670	231	189

师情况(普通高校)
Postgraduate Programs (Regular HEIs)

单位：人
unit: person

41—45 岁 41 to 45	46—50 岁 46 to 50	51—55 岁 51 to 55	56—60 岁 56 to 60	61—65 岁 61 to 65	66 岁及以上 66 and over
54634	**66867**	**31879**	**18084**	**5735**	**4700**
17382	18085	7655	3778	771	484
22001	41992	23295	14033	4921	4205
31900	24577	8487	4001	799	491
733	298	97	50	15	4
1990	4097	2416	1587	1099	1585
368	594	365	243	137	128
45196	49517	22526	12207	2658	1290
15676	15439	6279	2890	416	183
7448	13253	6937	4290	1978	1825
1338	2052	1011	645	218	173

分学科专任教师数(总计)
Number of Full-time Teachers by Field of Study(Total)

单位：人
unit：person

	合计 Total	正高级 Senior	副高级 Sub-Senior	中级 Middle	初级 Junior	未定职级 No-ranking
总　计 Total	**1433579**	**161472**	**406760**	**566836**	**226838**	**71673**
其中：女 of Which：Female	674316	44686	176410	290470	124566	38184
哲学 Philosophy	42879	5450	13262	16098	6039	2030
经济学 Economics	86060	9415	24880	34000	13129	4636
法学 Law	63289	6696	17517	26227	9703	3146
教育学 Education	121182	8957	33917	48227	23114	6967
其中：体育 of Which：Sport	58896	3887	17788	23681	10966	2574
文学 Literature	301023	22395	71746	129027	60150	17705
其中：外语 of Which：Foreign Language	130466	6855	29700	60765	26307	6839
艺术 Art	88968	6562	17956	36706	21545	6199
历史学 History	17305	3003	5279	6297	2046	680
理学 Science	168178	24444	54037	62743	20520	6434
工学 Engineering	386067	46446	114148	153563	54514	17396
其中：计算机 of Which：Computer	92416	6295	22761	42338	17076	3946
农学 Agriculture	35711	5979	11135	12772	4201	1624
其中：林学 of Which：Forestry	6119	823	1908	2241	892	255
医学 Medicine	102967	17761	31300	34142	15577	4187
管理学 Administrators	108918	10926	29539	43740	17845	6868

注：不含民办的其他高等教育机构数据。

Note：Date of Non-government HEIs is not Included.

分学科专任教师数(普通高校)

Number of Full-time Teachers by Field of Study (Regular HEIs)

单位：人

unit：person

	合计 Total	正高级 Senior	副高级 Sub-Senior	中级 Middle	初级 Junior	未定职级 No-ranking
总　计 Total	**1392676**	**159691**	**394689**	**549921**	**218431**	**69944**
其中:女 of Which：Female	652951	43972	170497	281381	119885	37216
哲学 Philosophy	41051	5319	12641	15376	5730	1985
经济学 Economics	82291	9190	23693	32425	12485	4498
法学 Law	60776	6553	16808	25132	9258	3025
教育学 Education	117243	8786	32775	46698	22198	6786
其中:体育 of Which:Sport	57583	3853	17466	23146	10604	2514
文学 Literature	292267	22050	69408	125411	58077	17321
其中:外语 of Which:Foreign Language	127360	6770	28926	59377	25564	6723
艺术 Art	87008	6490	17545	35902	20964	6107
历史学 History	16508	2940	4987	6005	1916	660
理学 Science	163456	24244	52417	60810	19675	6310
工学 Engineering	377044	46262	111594	149639	52594	16955
其中:计算机 of Which:Computer	88843	6220	21849	40683	16282	3809
农学 Agriculture	35178	5960	10994	12573	4043	1608
其中:林学 of Which:Forestry	6078	823	1896	2226	879	254
医学 Medicine	101434	17654	30819	33527	15295	4139
管理学 Administrators	105428	10733	28553	42325	17160	6657

分学科专任教师数(成人高校)
Number of Full-time Teachers by Field of Study(Adult HEIs)

单位：人
unit：person

	合计 Total	正高级 Senior	副高级 Sub-Senior	中级 Middle	初级 Junior	未定职级 No-ranking
总　计 Total	**40903**	**1781**	**12071**	**16915**	**8407**	**1729**
其中:女 of Which：Female	21365	714	5913	9089	4681	968
哲学 Philosophy	1828	131	621	722	309	45
经济学 Economics	3769	225	1187	1575	644	138
法学 Law	2513	143	709	1095	445	121
教育学 Education	3939	171	1142	1529	916	181
其中:体育 of Which:Sport	1313	34	322	535	362	60
文学 Literature	8756	345	2338	3616	2073	384
其中:外语 of Which:Foreign Language	3106	85	774	1388	743	116
艺术 Art	1960	72	411	804	581	92
历史学 History	797	63	292	292	130	20
理学 Science	4722	200	1620	1933	845	124
工学 Engineering	9023	184	2554	3924	1920	441
其中:计算机 of Which:Computer	3573	75	912	1655	794	137
农学 Agriculture	533	19	141	199	158	16
其中:林学 of Which:Forestry	41		12	15	13	1
医学 Medicine	1533	107	481	615	282	48
管理学 Administrators	3490	193	986	1415	685	211

分学科专任教师数(民办的其他高等教育机构)
Number of Full-time Teachers by Field of Study (Other Non-government HEIs)

单位：人
unit：person

	合计 Total	正高级 Senior	副高级 Sub-Senior	中级 Middle	初级 Junior	未定职级 No-ranking
总计 Total	**16107**	**1610**	**3513**	**5713**	**2559**	**2712**
其中:女 of Which：Female	7845	538	1550	2859	1416	1482
哲学 Philosophy	715	126	194	263	81	51
经济学 Economics	1464	197	426	504	208	129
法学 Law	683	89	185	242	108	59
教育学 Education	1290	87	230	519	267	187
其中:体育 of Which:Sport	289	6	13	105	84	81
文学 Literature	4346	325	777	1531	742	971
其中:外语 of Which:Foreign Language	1892	91	282	636	337	546
艺术 Art	1116	128	198	375	194	221
历史学 History	203	24	55	67	35	22
理学 Science	1116	135	296	393	148	144
工学 Engineering	3723	261	626	1336	627	873
其中:计算机 of Which:Computer	1920	104	272	597	282	665
农学 Agriculture	94	13	29	33	12	7
其中:林学 of Which:Forestry	20	1	3	11	2	3
医学 Medicine	895	176	264	312	88	55
管理学 Administrators	1578	177	431	513	243	214

专任教师、聘请校外教师学历情况(总计)
Number of Academic Qualifications of Full-time and Part-time Teachers in HEIs(Total)

单位:人
unit: person

	合计 Total	博士 Doctor's Degrees	硕士 Master's Degrees	本科 Normal Courses	专科及以下 shore-cycle Courses and Under
1. 专任教师 Full-time Teachers	1433579	228258	497049	684358	23914
其中:女 of Which: Female	674316	74066	260821	331002	8427
正高级 Senior	161472	69062	33938	56750	1722
副高级 Sub-senior	406760	85035	97897	217997	5831
中　级 Middle	566836	66796	242384	248821	8835
初　级 Junior	226838	1468	90750	130036	4584
未定职级 No-ranking	71673	5897	32080	30754	2942
2. 聘请校外教师 Part-time Teachers	419288	54030	133837	209031	22390
其中:女 of Which: Female	158274	13302	55444	82328	7200
外籍教师 Foreign Teachers	13191	4442	3701	4867	181
其他高校教师 Other HEI Teachers	111388	19517	46210	43710	1951
正高级 Senior	71494	26225	21669	22632	968
副高级 Sub-senior	131915	15985	41673	70197	4060
中　级 Middle	137655	9089	46216	73982	8368
初　级 Junior	40317	902	13545	22934	2936
未定职级 No-ranking	37907	1829	10734	19286	6058

注:不包含民办的其他高等教育机构数据。

Note:Date of Non-government HEIs is not Included.

专任教师、聘请校外教师学历情况(普通高校)
Number of Academic Qualifications of Full-time and Part-time Teachers in HEIs(Regular HEIs)

单位:人
unit: person

	合计 Total	博士 Doctor's Degrees	硕士 Master's Degrees	本科 Normal Courses	专科及以下 shore-cycle Courses and Under
1. 专任教师 Full-time Teachers	1392676	227400	488373	655118	21785
其中:女 of Which: Female	652951	73718	255891	315745	7597
正高级 Senior	159691	68837	33470	55669	1715
副高级 Sub-senior	394689	84675	95711	208752	5551
中　级 Middle	549921	66558	238625	236959	7779
初　级 Junior	218431	1459	89027	123978	3967
未定职级 No-ranking	69944	5871	31540	29760	2773
2. 聘请校外教师 Part-time Teachers	372684	53104	125088	174107	20385
其中:女 of Which: Female	137351	13000	51454	66481	6416
外籍教师 Foreign Teachers	13065	4439	3661	4784	181
其他高校教师 Other HEI Teachers	104203	19219	43299	39825	1860
正高级 Senior	69575	26007	21049	21594	925
副高级 Sub-senior	117958	15601	38734	59788	3835
中　级 Middle	116228	8836	42446	57558	7388
初　级 Junior	32992	852	12560	17189	2391
未定职级 No-ranking	35931	1808	10299	17978	5846

专任教师、聘请校外教师学历情况(成人高校)
Number of Academic Qualifications of Full-time and Part-time Teachers in HEIs(Adult HEIs)

单位:人
unit: person

	合计 Total	博士 Doctor's Degrees	硕士 Master's Degrees	本科 Normal Courses	专科及以下 Short-cycle Courses and Under
1. 专任教师 Full-time Teachers	40903	858	8676	29240	2129
其中:女 of Which:Female	21365	348	4930	15257	830
正高级 Senior	1781	225	468	1081	7
副高级 Sub-senior	12071	360	2186	9245	280
中　级 Middle	16915	238	3759	11862	1056
初　级 Junior	8407	9	1723	6058	617
未定职级 No-ranking	1729	26	540	994	169
2. 聘请校外教师 Part-time Teachers	46604	926	8749	34924	2005
其中:女 of Which: Female	20923	302	3990	15847	784
外籍教师 Foreign Teachers	126	3	40	83	
其他高校教师 Other HEI Teachers	7185	298	2911	3885	91
正高级 Senior	1919	218	620	1038	43
副高级 Sub-senior	13957	384	2939	10409	225
中　级 Middle	21427	253	3770	16424	980
初　级 Junior	7325	50	985	5745	545
未定职级 No-ranking	1976	21	435	1308	212

专任教师、聘请校外教师学历情况(民办的其他高等教育机构)
Number of Academic Qualifications of Full-time and Part-time Teachers in HEIs(Other Non-government HEIs)

单位:人
unit: person

	合计 Total	博士 Doctor's Degrees	硕士 Master's Degrees	本科 Normal Courses	专科及以下 Short-cycle Courses and Under
1. 专任教师 Full-time Teachers	16107	580	3343	10842	1342
其中:女 of Which:Female	7845	189	1543	5467	646
正高级 Senior	1610	208	501	863	38
副高级 Sub-senior	3513	227	943	2170	173
中　级 Middle	5713	113	1222	3923	455
初　级 Junior	2559	10	313	1917	319
未定职级 No-ranking	2712	22	364	1969	357
2. 聘请校外教师 Part-time Teachers	17053	1557	5479	9236	781
其中:女 of Which: Female	7458	504	2442	4167	345
外籍教师 Foreign Teachers	204	5	49	143	7
其他高校教师 Other HEI Teachers	3763	481	1286	1871	125
正高级 Senior	2405	560	846	953	46
副高级 Sub-senior	5842	662	1860	3184	136
中　级 Middle	5911	267	1906	3400	338
初　级 Junior	1665	27	529	950	159
未定职级 No-ranking	1230	41	338	749	102

专任教师年龄情况(总计)

Number of Full-time Teachers by Age(Total)

单位：人

unit：person

	合计 Total	30岁及以下 30 and under	31—35岁 31 to 35	36—40岁 36 to 40	41—45岁 41 to 45	46—50岁 46 to 50	51—55岁 51 to 55	56—60岁 56 to 60	61—65岁 61 to 65	66岁及以上 66 and over
总　计 Total	**1433579**	**326339**	**319396**	**238707**	**198850**	**188249**	**87796**	**51159**	**14763**	**8320**
其中:女 of Which：Female	674316	190869	167138	112049	86001	72359	29417	12198	3087	1198
正高级 Senior	161472	125	1307	9037	29947	55335	31994	20836	8007	4884
副高级 Sub-senior	406760	2077	33182	93554	106979	97270	41624	23295	5616	3163
中　级 Middle	566836	112049	225743	120573	56222	32257	12660	6114	985	233
初　级 Junior	226838	156371	49051	12580	4593	2592	1046	544	52	9
未定职级 No-ranking	71673	55717	10113	2963	1109	795	472	370	103	31

注:不含民办的其他高等教育机构数据。

Note：Data of Non-government HEIs is not included.

专任教师年龄情况(普通高校)

Number of Full-time Teachers by Age(Regular HEIs)

单位：人

unit：person

	合计 Total	30岁及以下 30 and under	31—35岁 31 to 35	36—40岁 36 to 40	41—45岁 41 to 45	46—50岁 46 to 50	51—55岁 51 to 55	56—60岁 56 to 60	61—65岁 61 to 65	66岁及以上 66 and over
总　计 Total	**1392676**	**317122**	**311658**	**231770**	**192427**	**182446**	**84609**	**49694**	**14656**	**8294**
其中:女 of Which：Female	652951	185296	162775	108355	82701	69520	28087	11954	3068	1195
正高级 Senior	159691	125	1298	8975	29604	54775	31544	20530	7969	4871
副高级 Sub-senior	394689	2052	32674	91338	103672	93871	39855	22510	5567	3150
中　级 Middle	549921	109769	220467	116565	53754	30606	11780	5781	966	233
初　级 Junior	218431	150851	47291	11984	4329	2434	974	508	51	9
未定职级 No-ranking	69944	54325	9928	2908	1068	760	456	365	103	31

专任教师年龄情况(成人高校)
Number of Full-time Teachers by Age(Adult HEIs)

单位：人
unit：person

	合计 Total	30岁及以下 30 and Under	31—35岁 31 to 35	36—40岁 36 to 40	41—45岁 41 to 45	46—50岁 46 to 50	51—55岁 51 to 55	56—60岁 56 to 60	61—65岁 61 to 65	66岁及以上 66 and Over
总　计 Total	**40903**	**9217**	**7738**	**6937**	**6423**	**5803**	**3187**	**1465**	**107**	**26**
其中:女 of Which：Female	21365	5573	4363	3694	3300	2839	1330	244	19	3
正高级 Senior	1781		9	62	343	560	450	306	38	13
副高级 Sub-senior	12071	25	508	2216	3307	3399	1769	785	49	13
中　级 Middle	16915	2280	5276	4008	2468	1651	880	333	19	
初　级 Junior	8407	5520	1760	596	264	158	72	36	1	
未定职级 No-ranking	1729	1392	185	55	41	35	16	5		

专任教师年龄情况(民办的其他高等教育机构)
Number of Full-time Teachers by Age(Other Non-government HEIs)

单位：人
unit：person

	合计 Total	30岁及以下 30 and Under	31—35岁 31 to 35	36—40岁 36 to 40	41—45岁 41 to 45	46—50岁 46 to 50	51—55岁 51 to 55	56—60岁 56 to 60	61—65岁 61 to 65	66岁及以上 66 and Over
总　计 Total	**16107**	**4256**	**3241**	**2217**	**2196**	**1356**	**1106**	**712**	**691**	**332**
其中:女 of Which：Female	7845	2501	1707	1107	1006	566	466	240	194	58
正高级 Senior	1610	18	40	95	178	260	318	248	255	198
副高级 Sub-senior	3513	15	261	580	690	621	545	352	357	92
中　级 Middle	5713	1097	1728	1113	1005	392	208	92	55	23
初　级 Junior	2559	1542	614	205	125	44	12	9	6	2
未定职级 No-ranking	2712	1584	598	224	198	39	23	11	18	17

专任教师、聘请校外教

Number of Full-time and Part-time Teachers Classified by Teaching

	专任教师中按授课内容分 Full-time Teachers classified by Teaching Content			
	合计 Total	公共课基础课 Common Required Course	专业课 Special Subjects 计 Total	专业课 Special Subjects 其中:双师型 of Which: Double-teacher Type
总　计 Total	**1391337**	**381203**	**1010134**	**194077**
其中:女 of Which: Female	656177	198147	458030	87867
正高级 Senior	157167	28789	128378	15644
副高级 Sub-senior	395861	103302	292559	75456
中级 Middle	548445	157242	391203	101968
初级 Junior	220471	71001	149470	901
未定职级 No-ranking	69393	20869	48524	108
普通高校 Regular HEIs	**1351321**	**368859**	**982462**	**187493**
其中:女 of Which: Female	635216	191375	443841	84675
正高级 Senior	155420	28370	127050	15202
副高级 Sub-senior	384040	99819	284221	72631
中级 Middle	531897	152081	379816	98651
初级 Junior	212248	68222	144026	901
未定职级 No-ranking	67716	20367	47349	108
成人高校 Adult HEIs	**40016**	**12344**	**27672**	**6584**
其中:女 of Which: Female	20961	6772	14189	3192
正高级 Senior	1747	419	1328	442
副高级 Sub-senior	11821	3483	8338	2825
中级 Middle	16548	5161	11387	3317
初级 Junior	8223	2779	5444	
未定职级 No-ranking	1677	502	1175	

注:不含民办的其他高等教育机构数据。

Note: Date of Non-government HEIs is not Included.

专任教师、聘请校外教

Number of Full-time and Part-time Teachers Classified by Teaching

	专任教师中按授课内容分 Full-time Teachers classified by Teaching Content			
	合计 Total	公共课基础课 Common Required Course	专业课 Special Subjects 计 Total	专业课 Special Subjects 其中:双师型 of Which: Double teacher Type
总　计	**15946**	**5799**	**10147**	**1652**
其中:女 of Which: Female	7778	2903	4875	736
正高级 Senior	1574	604	970	192
副高级 Sub-senior	3462	1322	2140	539
中级 Middle	5684	2138	3546	915
初级 Junior	2546	921	1625	
未定职级 No-ranking	2680	814	1866	6

师岗位分类情况(总计)
Content in HEIs (Total)

单位：人
unit：person

聘请校外教师按授课内容分 Part-time Teachers Classfied by Teaching Content				专任教师中不任课人数 Full-time Teachers by Non-teaching				
合计 Total	公共课基础课 Common Required Course	专业课 Special Subjects		合计 Total	进修 In-service	科研 Research	病休 Sick Leave	其他 Others
		计 Total	其中：双师型 of Which：Double teacher Type					
419288	**90523**	**328765**	**63641**	**42242**	**21464**	**6158**	**1809**	**12811**
158274	39249	119025	21860	18139	9421	1964	945	5809
71494	11440	60054	8107	4305	1489	1447	158	1211
131915	26771	105144	27299	10899	5635	1962	463	2839
137655	32163	105492	28033	18391	10427	2287	817	4860
40317	11802	28515	114	6367	3274	377	301	2415
37907	8347	29560	88	2280	639	85	70	1486
372684	**75046**	**297638**	**57842**	**41355**	**21347**	**5875**	**1774**	**12359**
137351	32288	105063	19648	17735	9368	1807	923	5637
69575	11005	58570	7727	4271	1488	1424	155	1204
117958	22523	95435	24869	10649	5615	1841	458	2735
116228	25206	91022	25044	18024	10365	2188	797	4674
32992	8734	24258	114	6183	3252	340	298	2293
35931	7578	28353	88	2228	627	82	66	1453
46604	**15477**	**31127**	**5799**	**887**	**117**	**283**	**35**	**452**
20923	6961	13962	2212	404	53	157	22	172
1919	435	1484	380	34	1	23	3	7
13957	4248	9709	2430	250	20	121	5	104
21427	6957	14470	2989	367	62	99	20	186
7325	3068	4257		184	22	37	3	122
1976	769	1207		52	12	3	4	33

师岗位分类情况(民办的其他高等教育机构)
Content in HEIs(Other Non-government HEIs)

单位：人
unit：person

聘请校外教师按授课内容分 Invited Teachers Classfied by Teaching Content				专任教师中不任课人数 Full-time Teachers by Non-teaching				
合计 Total	公共课基础课 Common Required Course	专业课 Special Subjects		合计 Total	进修 In-service	科研 Research	病休 Sick Leave	其他 Others
		计 Total	其中：双师型 of Which：Double teacher Type					
17053	**5111**	**11942**	**2069**	**161**	**13**	**19**	**12**	**117**
7458	2481	4977	830	67	6		6	55
2405	706	1699	345	36	2	9	1	24
5842	1739	4103	923	51	3	7	8	33
5911	1799	4112	796	29	2	3	2	22
1665	561	1104	3	13	2		1	10
1230	306	924	2	32	4			28

专任教师

Changes of Full-time

	上学年初报表专任教师数 Number of Full-time Teachers at Beginning of Previous Academic Year	增加专任 Factors of			
		合计 Total	录用毕业生 New Recruits from Current Year Graduates		
			小计 Subtotal	其中 of Which:	
				研究生 Completing Doc. & Mas. Deg.	本科 Completing Normal Courses
总　计 Total	**1388775**	**104949**	**59146**	**47324**	**5532**
其中:女 of Which: Female	647578	52353	31176	24177	2413
普通高校 Regular HEIs	**1343127**	**102763**	**58205**	**46752**	**5511**
其中:女 of Which: Female	624341	51138	30608	23817	2400
成人高校 Adult HEIs	**45648**	**2186**	**941**	**572**	**21**
其中:女 of Which: Female	23237	1215	568	360	13

注:不含民办的其他高等教育机构数据。

Note: Date of Non-government HEIs is not Included.

专任教师

Changes of Full-time Teachers in HEIs

	上学年初报表专任教师数 Number of Full-time Teachers at Beginning of Previous Academic Year	增加专任 Factors of			
		合计 Total	录用毕业生 New Recruits from Current Year Graduates		
			小计 Subtotal	其中 of Which:	
				研究生 Completing Doc. & Mas. Deg.	本科 Completing Normal Courses
总　计 Total	**16216**	**2729**	**728**	**231**	**5**
其中:女 of Which: Female	7902	1293	479	133	3

变动情况（总计）
Teachers in HEIs (Total)

单位：人
unit：person

教师数 Increase				减少专任教师数 Factors of Decrease				本学年初报表专任教师数 Number of Full-time Teachers at Beginning of Current Academic Year
外单位教师调入 Teachers Recruited from Other Units		校内、外非教师调入 Non-teaching Personnel Changed into Teachers						
小计 Subtotal	其中：高校调入 of Which：from Reg. HEIs	小计 Subtotal	其中：本校调整 of Which：with Change of Status in their Own Institutions	合计 Total	自然减员 Retired from their Posts during Previcus Academic Year	调离教师岗位 Transferred from Teaching to Non-teaching Posts	其他 Others	
23966	**11853**	**21837**	**11817**	**60145**	**19834**	**12179**	**28132**	**1433579**
10887	4957	10290	5642	25615	8574	5069	11972	674316
23272	**11715**	**21286**	**11436**	**53214**	**18808**	**11570**	**22836**	**1392676**
10598	4894	9932	5399	22528	8056	4757	9715	652951
694	**138**	**551**	**381**	**6931**	**1026**	**609**	**5296**	**40903**
289	63	358	243	3087	518	312	2257	21365

变动情况（民办的其他高等教育机构）
(Other Non-government HEIs)

单位：人
unit：person

教师数 Increase				减少专任教师数 Factors of Decrease				本学年初报表专任教师数 Number of Full-time Teachers at Beginning of Current Academic Year
外单位教师调入 Teachers Recruited from Other Units		校内、外非教师调入 Non-teaching Personnel Changed into Teachers						
小计 Subtotal	其中：高校调入 of Which：from Reg. HEIs	小计 Subtotal	其中：本校调整 of Which：with Change of Status in their Own Institutions	合计 Total	自然减员 Retired from their Posts during Previcus Academic Year	调离教师岗位 Transferred from Teaching to Non-teaching Posts	其他 Others	
1144	**365**	**857**	**138**	**2838**	**838**	**637**	**1363**	**16107**
474	123	340	43	1350	421	275	654	7845

资产

Condition of Fixed Assets

	占地面积(平方米) Area of School sites (m^2)			图书音像资料情况 Audio-visual ed. Resources	
				一般图书(万册) Books & Magazines in Libraries(10 thouand volume)	
	计 Total	其中:绿化用地面积 of Which: Green Areas	其中:运动场地面积 of Which: Sports Areas	计 Total	当年新增 Added in Current Year
学校产权 Owned by HEIs	**1613439842**	**493782068**	**121637400**	**203309. 10**	**12988. 80**
非学校产权中独立使用 Not Owned by HEIs	201199546	47296829	15363407	7002. 03	286. 25
普通高校 Regular HEIs					
学校产权 Owned by HEIs	**1578591287**	**485416852**	**118244142**	**198325. 85**	**12672. 70**
非学校产权中独立使用 Not Owned by HEIs	174737856	41323060	11796114	3251. 04	132. 87
成人高校 Adult HEIs					
学校产权 Owned by HEIs	**34848555**	**8365216**	**3393258**	**4983. 25**	**316. 10**
非学校产权中独立使用 Not Owned by HEIs	26461690	5973769	3567293	3750. 99	153. 38

资产情况

Condition of Fixed Assets

	占地面积(平方米) Area of School sites (m^2)			图书音像资料情况 Audio-visual ed. Resources	
				一般图书(万册) Books & Magazines in Libraries(10 thouand volume)	
	计 Total	其中:绿化用地面积 of Which: Green Areas	其中:运动场地面积 of Which: Sports Areas	计 Total	当年新增 Added in Current Year
学校产权 Owned by HEIs	**7286748**	**1791767**	**853993**	**1592. 49**	**118. 56**
非学校产权中独立使用 Not Owned by HEIs	21406266	5396141	2328881	5690. 12	83. 38

情况（总计）
and Teaching Resources (Total)

计算机数（台）PC (set)		多媒体教室座位数（个）No. of Seats in Multi-media Classrooms	语音实验室座位数（个）No. of Seats in Audio-Labs	固定资产值（万元）Fixed Assets (10,000 yuan)				
					其中：信息化设备资产值 of Which: Assets of Information Facilities		其中：教学、科研仪器设备资产 of Which: Teaching Equipment & Instruments	
计 Total	其中：教学用计算机 of Which: No. of Computers Used for Instruction			计 Total	小计 Subtotal	当年新增 Added in Current Year	小计 Subtotal	其中：软件 of Which: Software
8297288.00	**6385308**	**19767098**	**1818337**	**127711783.22**	**25828161.67**	**3130838.99**	**7380641.94**	**895991.25**
283534.00	225451	559103	67235	3138052.77	502790.49	33376.33	3163.63	1017.65
8071793.00	**6209722**	**19338464**	**1757376**	**125493843.64**	**25375689.20**	**3096672.40**	**7217727.72**	**883214.86**
46874.00	39129	189033	21019	1824773.17	171167.59	11091.43	3163.63	1017.65
225495.00	**175586**	**428634**	**60961**	**2217939.58**	**452472.47**	**34166.59**	**162914.22**	**12776.39**
236660.00	186322	370070	46216	1313279.60	331622.90	22284.90		

（民办的其他高等教育机构）
and Teaching Resources (Other Non-government HEIs)

计算机数（台）PC (set)		多媒体教室座位数（个）No. of Seats in Multimedia Class rooms	语音实验室座位数（个）No. of Seats in Audio-Labs	固定资产值（万元）Fixed Assets (10,000 yuan)				
					其中：教学、科研仪器设备资产 of Which: Teaching Equipment & Instruments		其中：信息化设备资产值 of Which: Assets of Information Facilities	
计 Total	其中：教学用计算机 of Which: No. of Computers Used for Instruction			计 Total	小计 Subtotal	当年新增 Added in Current Year	小计 Subtotal	其中：软件 of Which: Software
95633.00	**78899**	**140936**	**35658**	**604620.93**	**118953.95**	**11714.46**	**29369.41**	**3933.03**
42748.00	35468	81841	16798	146647.81	46992.17	1622.50	31.7	2.4

校舍情况(总计)

Conditions of School Buidings (Total)

单位:平方米
unit: m^2

	学校产权建筑面积 Floor Area of School Building Owned by HEIs				正在施工面积 Floor Area Under Construction	独立使用非学校产权建筑面积 Floor Area of School Building Not Owned by HEIs
	计 Total	其中:危房 of Which: Dilapidated Buildings	其中:当年新增 of Which: Newly Added in Current Year	其中:被外单位借用 of Which: Floor Space Hired by Other Schools or Units		
总 计 Total	**715526792**	**1790382**	**31299260**	**928701**	**48191288**	**96429222**
一、教学及辅助用房 Buildings for Instraction and Ancillary Uses	**316697048**	**726514**	**15164025**	**365273**	**24510762**	**42052489**
教室 Classroom	125863311	294588	5227967	184197	7783445	20945909
图书馆 Library	38511964	56507	1835775	68324	3965483	4353994
实验室、实习场所 Lab. and Practice Facilities	114979701	259366	5452359	89357	8372513	12939459
专用科研用房 Office Special for Research	11040426	62558	1015322	7248	1958795	404035
体育馆 Gymnasium	19482200	17623	1288126	13978	1781658	2276783
会堂 Hall	6819446	35872	344476	2169	648868	1132309
二、行政办公用房 Administritive	**43616995**	**131248**	**1895860**	**53219**	**2419288**	**5237252**
三、生活用房 Residential Buildings	**260035100**	**492105**	**11710619**	**457671**	**16037676**	**48303255**
学生宿舍(公寓) Students' Dormitories	194089549	297552	9352842	323684	11514073	39066972
学生食堂 Students' Dining Halls	28584517	32746	1129063	37116	1759835	4701136
教工单身宿舍 Apartments for Single	9625267	42927	584730	10446	1316011	1978053
教工食堂 Dining Halls for Teachers, Staff and Workers	1564256	2817	85360	600	153091	248317
生活福利及其他用房 Residential, Welfare and Anxiliary Buildings	26171511	116063	558624	85825	1294666	2308777
四、教工住宅 Residential Quarters for Teachers & Workers	**86693052**	**407663**	**1836550**	**30087**	**4217356**	
五、其他用房 Other	**8484597**	**32852**	**692206**	**22451**	**1006206**	**621535**

注:不包含民办的其他高等教育机构数据。

Note: Date of Non-government HEIs is not Included.

校舍情况(普通高校)

Conditions of School Buidings (Regular HEIs)

单位：平方米

unit：m^2

	学校产权建筑面积 Floor Area of School Building Owned by HEIs				正在施工面积 Floor Area Under Construction	独立使用非学校产权建筑面积 Floor Area of School Building Not Owned by HEIs
	计 Total	其中:危房 of Which: Dilapidated Buildings	其中:当年新增 of Which: Newly Added in Current Year	其中:被外单位借用 of Which: Floor Space Hired by Other Schools or Units		
总　计 Total	**697091398**	**1714318**	**30835636**	**895519**	**47425332**	**83670006**
一、教学及辅助用房 Buildings for Instraction and Ancillary Uses	**308380532**	**708702**	**14915332**	**351172**	**24136925**	**35196499**
教室 Classroom	121419218	281922	5077868	175456	7606246	17036260
图书馆 Library	37660450	54576	1798693	67904	3870635	3860293
实验室、实习场所 Lab. and Practice Facilities	112889720	256151	5406456	88717	8305469	11139361
专用科研用房 Office Special for Research	10984815	62558	1014322	7248	1954795	393623
体育馆 Gymnasium	18918179	17623	1281195	10478	1755474	1892545
会堂 Hall	6508150	35872	336798	1369	644306	874417
二、行政办公用房 Administritive	**41766974**	**128079**	**1868043**	**53069**	**2339440**	**3944979**
三、生活用房 Residential Buildings	**254039288**	**459551**	**11523835**	**441943**	**15760166**	**43848205**
学生宿舍(公寓) Students' Dormitories	189936515	265333	9222149	318504	11341064	35987030
学生食堂 Students' Dining Halls	27773390	32596	1095660	33356	1719688	4105501
教工单身宿舍 Apartments for Single	9479347	42742	577021	10446	1275290	1800664
教工食堂 Dining Halls for Teachers, Staff and Workers	1473571	2817	85360	300	145299	173602
生活福利及其他用房 Residential, Welfare and Anxiliary Buildings	25376465	116063	543645	79337	1278825	1781408
四、教工住宅 Residential Quarters for Teachers & Workers	**84497459**	**385134**	**1836550**	**30087**	**4202595**	
五、其他用房 Other	**8407145**	**32852**	**691876**	**19248**	**986206**	**468225**

校舍情况(成人高校)

Conditions of School Buidings (Adult HEIs)

单位：平方米

unit：m²

	学校产权建筑面积 Floor Area of School Building Owned by HEIs				正在施工面积 Floor Area Under Construction	独立使用非学校产权建筑面积 Floor Area of School Building Not Owned by HEIs
	计 Total	其中:危房 of Which: Dilapidated Buildings	其中:当年新增 of Which: Newly Added in Current Year	其中:被外单位借用 of Which: Floor Space Hired by Other Schools or Units		
总　计 Total	**18435394**	**76064**	**463624**	**33182**	**765956**	**12759216**
一、教学及辅助用房 Buildings for Instraction and Ancillary Uses	**8316516**	**17812**	**248693**	**14101**	**373837**	**6855990**
教室 Classroom	4444093	12666	150099	8741	177199	3909649
图书馆 Library	851514	1931	37082	420	94848	493701
实验室、实习场所 Lab. and Practice Facilities	2089981	3215	45903	640	67044	1800098
专用科研用房 Office Special for Research	55611		1000		4000	10412
体育馆 Gymnasium	564021		6931	3500	26184	384238
会堂 Hall	311296		7678	800	4562	257892
二、行政办公用房 Administritive	**1850021**	**3169**	**27817**	**150**	**79848**	**1292273**
三、生活用房 Residential Buildings	**5995812**	**32554**	**186784**	**15728**	**277510**	**4455050**
学生宿舍(公寓) Students' Dormitories	4153034	32219	130693	5180	173009	3079942
学生食堂 Students' Dining Halls	811127	150	33403	3760	40147	595635
教工单身宿舍 Apartments for Single	145920	185	7709		40721	177389
教工食堂 Dining Halls for Teachers, Staff and Workers	90685			300	7792	74715
生活福利及其他用房 Residential, Welfare and Anxiliary Buildings	795046		14979	6488	15841	527369
四、教工住宅 Residential Quarters for Teachers & Workers	**2195593**	**22529**			**14761**	
五、其他用房 Other	**77452**		**330**	**3203**	**20000**	**153310**

校舍情况(民办的其他高等教育机构)
Conditions of School Buidings(Other Non-government HEIs)

单位：平方米
unit：m^2

	学校产权建筑面积 Floor Area of School Building Owned by HEIs				正在施工面积 Floor Area Under Construction	独立使用非学校产权建筑面积 Floor Area of School Building Not Owned by HEIs
	计 Total	其中:危房 of Which: Dilapidated Buildings	其中:当年新增 of Which: Newly Added in Current Year	其中:被外单位借用 of Which: Floor Space Hired by Other Schools or Units		
总　计 Total	**3683801**	**5660**	**43528**	**34620**	**379202**	**5417567**
一、教学及辅助用房 Buildings for Instraction and Ancillary Uses	**1690192**	**1500**	**29533**	**15002**	**202074**	**2555305**
教室 Classroom	1128694	1500	28533	12652	140474	1668126
图书馆 Library	153082			100	24916	230311
实验室、实习场所 Lab. and Practice Facilities	222230		1000	2250	13629	378126
专用科研用房 Office Special for Research	4818				200	55244
体育馆 Gymnasium	97116				17737	145120
会堂 Hall	84252				5118	78378
二、行政办公用房 Administritive	**298923**	**2660**	**7324**	**7618**	**28349**	**365000**
三、生活用房 Residential Buildings	**1559968**	**1500**	**6410**	**12000**	**132080**	**2469476**
学生宿舍(公寓) Students' Dormitories	1120898	1500	5042	11000	98805	1924776
学生食堂 Students' Dining Halls	225542		300	1000	10711	287439
教工单身宿舍 Apartments for Single	115064		968		16284	117141
教工食堂 Dining Halls for Teachers, Staff and Workers	17531				1552	21766
生活福利及其他用房 Residential, Welfare and Anxiliary Buildings	80933		100		4728	118354
四、教工住宅 Residential Quarters for Teachers & Workers	**114358**				**10816**	**2600**
五、其他用房 Other	**20360**		**261**		**5883**	**25186**

三、中等教育
Secondary Education

(一)高中阶段教育
Senior Secondary Education

普通高中校数、班数
Number of Regular Senior Secondary Schools and Classes

	学校数(所) Schools				班数(个) Classes
	合计 Total	完全中学 Combined Secondary Schools	高级中学 Regular High Schools	十二年一贯制学校 12 - year Schools	
总　计 Total	**13688**	**6357**	**6532**	**799**	**435449**
教育部门办 Run by Ed. Dept.	11087	5222	5650	215	387044
其他部门办 Run by Non-ed. Dept.	177	70	72	35	3679
地方企业办 Run by Local Enterprises	30	18	7	5	418
民办 Non-government	2394	1047	803	544	44308
城区 Urban Area	6389	2996	2906	487	203199
教育部门办 Run by Ed. Dept.	4879	2331	2399	149	176781
其他部门办 Run by Non-ed. Dept.	97	42	34	21	1918
地方企业办 Run by Local Enterprises	12	9	3		155
民办 Non-government	1401	614	470	317	24345
其中:城乡结合区 of Which: Urban-rural Transitional Area	950	383	466	101	32277
教育部门办 Run by Ed. Dept.	640	254	376	10	26361
其他部门办 Run by Non-ed. Dept.	9	3	4	2	112
地方企业办 Run by Local Enterprises	3	2	1		25
民办 Non-government	298	124	85	89	5779
镇区 Counties & Towns Area	6451	2926	3280	245	213525
教育部门办 Run by Ed. Dept.	5549	2549	2949	51	194523
其他部门办 Run by Non-ed. Dept.	76	27	37	12	1670
地方企业办 Run by Local Enterprises	17	8	4	5	251
民办 Non-government	809	342	290	177	17081
其中:镇乡结合区 of Which: County-town Transitional Area	1773	685	994	94	59731
教育部门办 Run by Ed. Dept.	1435	552	866	17	52974
其他部门办 Run by Non-ed. Dept.	4		4		102
地方企业办 Run by Local Enterprises	2			2	17
民办 Non-government	332	133	124	75	6638
乡村 Rural Area	848	435	346	67	18725
教育部门办 Run by Ed. Dept.	659	342	302	15	15740
其他部门办 Run by Non-ed. Dept.	4	1	1	2	91
地方企业办 Run by Local Enterprises	1	1			12
民办 Non-government	184	91	43	50	2882
总计中:其他学校附设班 of the Total: Classes Attached to Other Schools					2256
独立设置少数民族学校 Inde. Sec. Schools for Minorities	2241				11019

普通高中班额情况
Size of Class in Regular Senior Secondary Schools

单位：个

unit：class

	计 Total	一年级 Grade 1	二年级 Grade 2	三年级 Grade 3
合　计 Total	**435449**	**147837**	**143170**	**144442**
城区 Urban Area				
25 人及以下 Under 25 Persons	3193	816	1034	1343
26 – 35 人 Between 26 – 35	10232	3030	3401	3801
36 – 45 人 Between 36 – 45	27393	8365	9223	9805
46 – 55 人 Between 46 – 55	73543	24783	24186	24574
56 – 65 人 Between 56 – 65	59519	20745	20010	18764
66 人及以上 Over 66 Persons	29319	10601	9423	9295
其中：城乡结合区 of Which：Urban-rural Transitional Area				
25 人及以下 Under 25 Persons	331	78	117	136
26 – 35 人 Between 26 – 35	1091	306	370	415
36 – 45 人 Between 36 – 45	3425	1098	1139	1188
46 – 55 人 Between 46 – 55	11982	4068	4034	3880
56 – 65 人 Between 56 – 65	9963	3376	3338	3249
66 人及以上 Over 66 Persons	5485	2093	1740	1652
镇区 Counties & Towns Area				
25 人及以下 Under 25 Persons	1576	282	479	815
26 – 35 人 Between 26 – 35	4123	849	1389	1885
36 – 45 人 Between 36 – 45	17974	4662	5923	7389
46 – 55 人 Between 46 – 55	69949	22813	23091	24045
56 – 65 人 Between 56 – 65	69304	24897	23006	21401
66 人及以上 Over 66 Persons	50599	19474	15898	15227
其中：镇乡结合区 of Which：County-town Transitional Area				
25 人及以下 Under 25 Persons	370	71	107	192
26 – 35 人 Between 26 – 35	993	179	337	477
36 – 45 人 Between 36 – 45	4762	1282	1557	1923
46 – 55 人 Between 46 – 55	21768	7350	7127	7291
56 – 65 人 Between 56 – 65	18735	6825	6286	5624
66 人及以上 Over 66 Persons	13103	4795	4120	4188
乡村 Rural Area				
25 人及以下 Under 25 Persons	304	56	95	153
26 – 35 人 Between 26 – 35	701	165	217	319
36 – 45 人 Between 36 – 45	2330	664	805	861
46 – 55 人 Between 46 – 55	6629	2377	2199	2053
56 – 65 人 Between 56 – 65	6096	2266	1950	1880
66 人及以上 Over 66 Persons	2665	992	841	832

普通高中学生数

Number of Students in Regular Senior Secondary Schools

单位：人

unit: person

	毕业生数 Graduates	招生数 Entrants	在校生数 Enrolment					预计毕业生数 Estimated Graduates for Next Year
			合计 Total	其中:女 of Which: Female	一年级 Grade 1	二年级 Grade 2	三年级 Grade 3	
总　计 Total	**7877401**	**8507799**	**24548227**	**12023567**	**8517155**	**8070191**	**7960881**	**7960881**
其中:女 of Which: Female	3822377	4179537	12023567		4184664	3957797	3881106	3881106
少数民族学生 Minority Students	572321	700495	1914455	939711	703365	619376	591714	591714
总计中:十二年一贯制学校 of the Total: 12-year Schools	170377	203059	565218	251846	203519	185326	176373	176373
完全中学 Combined Secondary Schools	2618833	2950612	8391776	4103495	2953662	2750552	2687562	2687562
附设普通高中班 Regular Senior School Classes Attached	37802	38781	111522	55356	38795	34771	37956	37956
独立设置少数民族学校 Independent Schools for Minority	177278	217785	589796	305204	218646	190420	180730	180730
残疾人 Schools for Handicapped	1728	4770	15576	5008	4866	4762	5948	5948
教育部门 Run by Ed. Dept.	7083189	7599180	21985780	10862556	7606902	7238559	7140319	7140319
其他部门 Run by Non-ed. Dept.	62252	66445	192639	98006	66445	63570	62624	62624
地方企业办 Run by Local Enterprises	7055	6804	19975	10260	6805	6470	6700	6700
民办 Non-government	724905	835370	2349833	1052745	837003	761592	751238	751238
城区 Urban Area	3530749	3746924	10987519	5455420	3750831	3644823	3591865	3591865
教育部门办 Run by Ed. Dept.	3122017	3286926	9664166	4851242	3290241	3211731	3162194	3162194
其他部门办 Run by Non-ed. Dept.	33057	33637	100459	50410	33637	33342	33480	33480
地方企业办 Run by Local Enterprises	3068	2595	8298	4332	2595	2780	2923	2923
民办 Non-government	372607	423766	1214596	549436	424358	396970	393268	393268
其中:城乡结合区 of Which: Urban-rural Transitional Area	560708	623217	1795726	870215	623584	596429	575713	575713
教育部门办 Run by Ed. Dept.	475338	520124	1505434	741918	520335	498771	486328	486328
其他部门办 Run by Non-ed. Dept.	1661	1826	5244	2474	1826	1819	1599	1599
地方企业办 Run by Local Enterprises	731	491	1428	730	491	471	466	466
民办 Non-government	82978	100776	283620	125093	100932	95368	87320	87320
镇区 Counties & Towns Area	4010813	4394533	12527046	6068638	4399796	4087928	4039322	4039322
教育部门办 Run by Ed. Dept.	3675414	4001881	11444593	5578541	4006152	3740228	3698213	3698213
其他部门办 Run by Non-ed. Dept.	27789	30860	87426	45092	30860	28691	27875	27875
地方企业办 Run by Local Enterprises	3843	4029	11191	5683	4030	3531	3630	3630
民办 Non-government	303767	357763	983836	439322	358754	315478	309604	309604
其中:镇乡结合区 of Which: County-town Transitional Area	1109127	1220347	3482898	1693635	1222515	1137473	1122910	1122910
教育部门办 Run by Ed. Dept.	995317	1079337	3101052	1525328	1080996	1015304	1004752	1004752
其他部门办 Run by Non-ed. Dept.	1872	2547	6307	3191	2547	2097	1663	1663
地方企业办 Run by Local Enterprises	236	194	657	332	194	259	204	204
民办 Non-government	111702	138269	374882	164784	138778	119813	116291	116291
乡村 Rural Area	335839	366342	1033662	499509	366528	337440	329694	329694
教育部门办 Run by Ed. Dept.	285758	310373	877021	432773	310509	286600	279912	279912
其他部门办 Run by Non-ed. Dept.	1406	1948	4754	2504	1948	1537	1269	1269
地方企业办 Run by Local Enterprises	144	180	486	245	180	159	147	147
民办 Non-government	48531	53841	151401	63987	53891	49144	48366	48366

	教职工数 Educational Personnel			
	合计 Total	专任教师 Full-time Teachers	行政人员 Adm. Personnel	教辅人员 Supporting Staff
总　计 Total	**6371555**	**5522325**	**256766**	**273883**
其中:女 of Which: Female	3104394	2803578	59660	127412
少数民族 Minority	522331	461542	18875	19207
教育部门 Run by Ed. Dept.	5689185	5008361	219082	241253
其他部门 Run by Non-ed. Dept.	69717	56473	3971	3011
地方企业办 Run by Local Enterprises	6582	5242	339	453
民办 Non-government	606071	452249	33374	29166
城区 Urban Area	2210884	1864928	112938	112861
教育部门办 Run by Ed. Dept.	1851012	1594289	91139	94135
其他部门办 Run by Non-ed. Dept.	24367	19920	1471	1356
地方企业办 Run by Local Enterprises	2227	1750	99	223
民办 Non-government	333278	248969	20229	17147
其中:城乡结合区 of Which: Urban-rural Transitional Area	384233	323879	16617	17868
教育部门办 Run by Ed. Dept.	289826	254608	11235	13233
其他部门办 Run by Non-ed. Dept.	2289	1896	116	77
地方企业办 Run by Local Enterprises	236	191	9	9
民办 Non-government	91882	67184	5257	4549
镇区 Counties & Towns Area	2977545	2592920	102073	129902
教育部门办 Run by Ed. Dept.	2717537	2394826	89513	118860
其他部门办 Run by Non-ed. Dept.	40944	32764	2276	1548
地方企业办 Run by Local Enterprises	3917	3159	211	203
民办 Non-government	215147	162171	10073	9291
其中:镇乡结合区 of Which: County-town Transitional Area	815286	708271	28151	35696
教育部门办 Run by Ed. Dept.	727024	641449	23797	32061
其他部门办 Run by Non-ed. Dept.	1780	1501	73	56
地方企业办 Run by Local Enterprises	220	204	8	6
民办 Non-government	86262	65117	4273	3573
乡村 Rural Area	1183126	1064477	41755	31120
教育部门办 Run by Ed. Dept.	1120636	1019246	38430	28258
其他部门办 Run by Non-ed. Dept.	4406	3789	224	107
地方企业办 Run by Local Enterprises	438	333	29	27
民办 Non-government	57646	41109	3072	2728

教职工数

General Secondary Schools

单位：人
unit：person

工勤人员 Workers	校办企业职工 Employees in School-run Factories & Farms	代课教师 Substitute Teachers	兼任教师 Part-time Teachers
312925	**5656**	**100866**	**18175**
111618	2126	59279	7815
22543	164	7261	1248
216845	3644	75728	11085
6200	62	1391	433
548		67	32
89332	1950	23680	6625
117646	2511	39692	8748
69797	1652	28855	4333
1608	12	679	180
155		34	2
46086	847	10124	4233
25463	406	5762	1682
10628	122	3346	471
200		74	3
27			
14608	284	2342	1208
149996	2654	41040	6849
112537	1801	29514	4767
4306	50	602	203
344		33	30
32809	803	10891	1849
42031	1137	12355	2077
28838	879	7636	1248
150		7	34
2		1	
13041	258	4711	795
45283	491	20134	2578
34511	191	17359	1985
286		110	50
49			
10437	300	2665	543

普通高中分课程专
Number of Full-time Teachers in Regular Senior Secondary Schools

	总计 Total	其中:女 of Which: Female	思想品德 (政治) Rirtue Education	语文 LanguAge & Literature	数学 Mathe- matics	外语 Foreign LanguAges 计 Total	英语 English	日语 Japanese	俄语 Russian	物理 Physics
合　计 Total	**1556829**	**752869**	**96368**	**246583**	**243993**	**237008**	**233486**	**540**	**505**	**137481**
其中:女 of Which: Female	752869		47630	137461	97417	168110	164363	406	349	42196
少数民族 Minorities	107480	51765	7274	17306	15930	14414	14028	208	32	9281
研究生毕业 Graduate	66976	37804	5010	11792	10158	9952	9758	43	16	5287
本科毕业 Under-graduate	1423405	692481	87825	226861	226083	218527	215386	448	470	127021
专科毕业 Associate Bachelor	64849	22180	3479	7805	7680	8448	8262	48	19	5127
高中阶段毕业 High School Graduate	1493	372	51	112	63	70	69	1		38
高中阶段以下毕业 Below High School Graduate	106	32	3	13	9	11	11			8
城区 Urban Area	723502	384385	43990	113394	112981	111029	109457	367	206	64164
其中:城乡结合区 of Which: Urban-rural Transitional Area	115833	57526	7312	18263	18093	17960	17761	39	11	10086
镇区 Counties & Towns Area	765788	338698	48038	122443	120526	115986	114141	155	284	67581
其中:镇乡结合区 of Which: County-town Transitional Area	216475	98144	13929	34346	33517	32494	31957	25	58	18735
乡村 Rural Area	67539	29786	4340	10746	10486	9993	9888	18	15	5736

普通高中专任教师专业技术
Number of Full-time Teachers in Regular

	合计 Total	其中:女 of Which: Female	25 岁及以下 25 Years and Under	26 – 30 26 to 30	31 – 35 31 to 35
合　计 Total	**1556829**	**752869**	**114295**	**354501**	**339207**
其中:女 of Which: Female	752869		71658	210842	177539
少数民族 Minorities	107480	51765	7451	23276	22589
中学高级 Senior	393706	147495	61	410	8931
中学一级 1st Grade	551468	258255	1025	50270	186914
中学二级 2nd Grade	494270	277207	49072	261963	135837
中学三级 3rd Grade	15535	7788	4744	7046	2324
未定职级 No-ranking	101850	62124	59393	34812	5201
城区 Urban Area	723502	384385	44918	158611	155138
其中:城乡结合区 of Which: Urban-rural Transitional Area	115833	57526	8891	27968	25881
镇区 Counties & Towns Area	765788	338698	63327	179503	167834
其中:镇乡结合区 of Which: County-town Transitional Area	216475	98144	19686	52811	49497
乡村 Rural Area	67539	29786	6050	16387	16235

任教师学历情况
by Subject Taught & Academic Qualifications

单位：人
unit：person

化学 Chem-istry	生物 Biology	地理 Geogr-aphy	历史 History	信息技术 Infor Techn-ology	通用技术 General Techn-ology	体育与健康 Physical Training and Healthy	艺术 Art	音乐 Music	美术 Fine Arts	综合实践活动 Composite Practice	其他 Others	当年不任课 No Teaching Load in Current Year
131897	**89303**	**79888**	**87547**	**37993**	**11152**	**74792**	**2376**	**25990**	**27946**	**2909**	**10503**	**13100**
59379	45744	36132	41786	15989	3267	14352	1174	17337	12351	1049	5613	5882
9030	5877	5567	6203	2691	515	5360	112	1982	1697	109	2658	1474
6001	5618	3158	5404	1112	215	1281	38	417	656	54	493	330
121084	80568	72969	78920	34784	10038	67370	2096	23439	25201	2524	7827	10268
4764	3081	3722	3187	2074	867	5861	236	2078	2043	296	1872	2229
40	32	32	33	22	30	277	6	53	45	34	295	260
8	4	7	3	1	2	3		3	1	1	16	13
61649	41470	37040	40546	17507	5395	35753	957	12390	13297	1261	4474	6205
9709	6775	6039	6636	2711	916	5491	155	2062	2221	178	533	693
64715	43952	39276	43106	18802	5144	35914	1283	12468	13424	1500	5347	6283
18008	12555	11282	12380	5347	1722	10165	442	3723	4164	575	1465	1626
5533	3881	3572	3895	1684	613	3125	136	1132	1225	148	682	612

职称、年龄结构情况
Senior Secondary Schools by Rank and Age

单位：人
unit:person

36－40 36 to 40	41－45 41 to 45	46－50 46 to 50	51－55 51 to 55	56－60 56 to 60	61 岁及以上 61 Years and Over
274330	**249870**	**150712**	**49960**	**21977**	**1977**
127343	101383	49183	13435	1202	284
20102	18949	10766	3161	1128	58
66942	144997	114894	38516	17226	1729
172392	94650	32181	9741	4119	176
32988	9282	3145	1444	518	21
781	324	176	97	37	6
1227	617	316	162	77	45
125720	121091	79599	25922	11149	1354
19733	17839	10519	3253	1538	211
136731	119294	66253	22317	10014	515
38302	31050	16675	5604	2617	233
11879	9485	4860	1721	814	108

普通高中专任
Changes of Full-time Teachers in

	上学年初报表专任教师数 Total Number of Full-time Teachers at Beginning of Previous Academic Year	增加教师 Factors of Increase				
		计 Total	录用毕业生 New Recruitsfrom Current Year Graduates		调入 Teachers Recruited from Other Units	校内调整 of Which: with Change of Status in Their Own Institutions
			小计 Subtotal	其中:师范生 of Which:Students Enrolled in Teacher Training Institutions		
合　计 Total	**1517268**	**145071**	**50374**	**41851**	**55782**	**27854**
其中:女 of Which: Female	723122	76774	32113	26159	26705	12187
城区 Urban Area	701686	65385	21788	18483	23504	13760
其中:女 of Which: Female	369194	36514	14447	11970	11861	6687
其中:城乡结合区 of Which: Urban-rural Transitional Area	110160	12831	4434	3697	4796	2580
其中:女 of Which: Female	53833	6911	2930	2458	2229	1186
镇区 Counties & Towns Area	748971	71257	25572	20915	28797	12870
其中:女 of Which: Female	325396	35895	15744	12658	13275	4973
其中:镇乡结合区 of Which: County-town Transitional Area	210325	22632	7903	6703	10101	3415
其中:女 of Which: Female	93954	11252	4773	3950	4632	1297
乡村 Rural Area	66611	8429	3014	2453	3481	1224
其中:女 of Which: Female	28532	4365	1922	1531	1569	527

普通高中学生、专任
Supplementary Information on Students and Full-time

	在校学生中 of Total Students			
	共产党员 Member of C. P. C.	共青团员 Member of C. Y. L.	华侨 Overseas Chinese	港澳台 From H. K, Macao and Taiwan
合　计 Total	**43092**	**16697368**	**6435**	**5235**
其中:女 of Which: Female	19819	8495051	3426	2406
城区 Urban Area	20091	7622329	2497	4826
其中:女 of Which: Female	9419	3953954	1312	2230
其中:城乡结合区 of Which: Urban-rural Transitional Area	574	1282676	141	1205
其中:女 of Which: Female	257	645060	80	518
镇区 Counties & Towns Area	21486	8387988	3276	159
其中:女 of Which: Female	9651	4197606	1777	72
其中:镇乡结合区 of Which: County-town Transitional Area	4573	2365097	348	84
其中:女 of Which: Female	1804	1183714	178	43
乡村 Rural Area	1515	687051	662	250
其中:女 of Which: Female	749	343491	337	104

教师变动情况
Regular Senior Secondary Schools

单位：人
unit：person

其他 Others	减少教师 Factors of Decrease 计 Total	自然减员 Retired from Their Posts during Previcus Academic Year	调出 Transferred from Teaching to Non-Teaching Posts	校内调整 with Change of Status in Their Own Institutions	其他 Others	本学年初报表专任教师数 Total Number of Full-time Teachers at Beginning of Current Academic Year
11061	**105510**	**9782**	**53236**	**28511**	**13981**	**1556829**
5769	47027	4420	23811	12302	6494	752869
6333	43569	5606	18382	12100	7481	723502
3519	21323	2910	8929	5648	3836	384385
1021	7158	723	3773	1558	1104	115833
566	3218	305	1682	646	585	57526
4018	54440	3790	30152	14735	5763	765788
1903	22593	1369	12794	6030	2400	338698
1213	16482	1051	8747	4759	1925	216475
550	7062	366	3830	2013	853	98144
710	7501	386	4702	1676	737	67539
347	3111	141	2088	624	258	29786

教师政治面貌及其他
Teachers of Regular Senior Secondary Schools

单位：人
unit：person

专任教师中 of Total Full-time Teachers 共产党员 Member of C. P. C.	共青团员 Member of C. Y. L.	民主党派 Member of Non-Communist Part	华侨 Overseas Chinese
513352	**165626**	**27732**	**234**
207990	92749	12240	127
269424	74626	22765	205
127138	44886	10685	111
40200	13218	2157	29
17402	7663	875	16
224182	82399	4514	27
74123	43324	1398	16
61361	24392	1179	7
20602	12783	374	6
19746	8601	453	2
6729	4539	157	

普通高中

Condition of School Buildings in

	合计 Total	城区 Urban Area	其中:城乡结合区 of Which:Urban-rural Transitional Area
总　计 Total	**408272929**	**202326674**	**37987037**
其中:危房 of Which: Floor Space of Dilapidated Buildings	15683767	5031982	455862
当年新增 New Floor Space Added in Current Year	12137531	5558734	1347513
一、教学及辅助用房 Teaching & Assistant Buildings	157776777	81745071	14345065
教室 Classroom	100707191	48998021	8768649
实验室 Laboratory	24782786	13243589	2405736
图书室 Library	12413653	6995655	1243253
微机室 PC-room	6160626	3244297	518357
语音室 Linguistic	2620351	1319919	233028
体育馆 Gymnasium	11092170	7943590	1176042
二、行政办公用房 Administritive	34156017	18488615	2919362
其中:教师办公室 of Which: for Teachers	21469965	11266059	1734813
三、生活用房 Residential and Welfare	187057797	83069158	17784294
教工宿舍 Apartments for Single	39431848	14632856	3105879
其中:教师周转宿舍 Accommodation for Circulation of Teachers	5397961	2128255	509139
学生宿舍 Students' of Which:Dormitories	100573200	44860593	9902483
食堂 Dining Halls	30377458	14375419	3119895
厕所 Toilet	7920960	4211298	730773
其他 Others	8754332	4988991	925264
四、其他用房 Rooms for Other Purposes	29282337	19023830	2938315

普通高中

Condition of School Buildings in

	占地面积(平方米) Area of School Sites (m^2)			图书(册) Books & Magazines in Libraries (volume)
	计 Total	其中 of Which:		
		绿化用地面积 Green Areas	运动场地面积 Sports Areas	
合　计 Total	**915662627**	**219902970**	**198415111**	**652181170**
城区 Urban Area	402170997	103297572	91050583	332152025
其中:城乡结合区 of Which: Urban-rural Transitional Area	81259265	22248211	16435317	51579798
镇区 Counties & Towns Area	455359309	102413821	95677433	290562606
其中:镇乡结合区 of Which: County-town Transitional Area	133272177	30713028	27153660	79150457
乡村 Rural Area	58132322	14191576	11687094	29466539

办学条件(一)
Regular Senior Secondary Schools (1)

单位：平方米
unit：m^2

镇区 Counties & Towns Area	其中：镇乡结合区 of Which：County-town Transitional Area	乡村 Rural Area
184814261	**54159886**	**21131993**
9666161	2090224	985624
5595443	1709047	983354
68819510	19921287	7212196
46732379	13551018	4976791
10551863	3184670	987334
4935627	1373353	482371
2655988	707145	260341
1186817	320874	113615
2756836	784227	391744
14196851	4120675	1470551
9282928	2689630	920978
93105258	27581999	10883382
21924853	6080200	2874139
2843626	781734	426080
50098520	15148802	5614086
14393970	4428928	1608069
3297762	980705	411901
3390154	943364	375187
8692642	2535925	1565865

办学条件(二)
Regular Senior Secondary Schools (2)

计算机数(台) PC (set)		多媒体教室座位数(个) No. of Seats in Multi-media Classrooms (seat)	固定资产总值(万元) Total Volue of Fixed Asset (10 thousand yuan)		
计 Total	其中：教学用计算机 of Which：No. of Computers Used for Instruction		计 Total	其中：教学仪器设备资产值 of Which：Total Volue of Equip & Instru. 小计 Subtotal	其中：实验设备 for Prefession
3508949	**2697619**	**9062279**	**47985093.35**	**4798365.2**	**2203253.57**
2013406	1509137	5153194	26469595.22	2807212.31	1177985.85
291743	220346	794008	4923148.27	395067.35	185839.16
1353263	1077201	3563026	19104340.66	1706062.31	902640.3
378667	298135	1015403	5729746.9	449976.86	229809.16
142280	111281	346059	2411157.47	285090.57	122627.42

普通高中办学条件(三)
Condition of School Buildings in Regular Senior Secondary Schools (3)

单位:所
unit: school

	体育运动场(馆)面积达标校数 Schools No.: Sprots Areas Reached Standard	体育器械配备达标校数 Schools No.: Sports Equip. Reached Standard	音乐器械配备达标校数 Schools No.: Musical Instru. Reached Standard	美术器械配备达标校数 Schools No.: Fine Arts Instru. Reached Standard	理科实验仪器达标校数 Schools No.: Equip. of Natural Sci. Reached Standard	建立校园网校数 Schools No.: Campus Networks Set
合 计 Total	**10521**	**10990**	**10616**	**10631**	**11239**	**10615**
城区 Urban Area	5112	5472	5350	5374	5515	5497
其中:城乡结合区 of Which: Urban-rural Transitional Area	791	804	779	785	810	783
镇区 Counties & Towns Area	4780	4884	4667	4649	5074	4584
其中:镇乡结合区 of Which: County-town Transitional Area	1343	1359	1295	1291	1409	1247
乡村 Rural Area	629	634	599	608	650	534

成人高中
Basic Statistics of

	学校数(所) Schools	教学班(点)(个) External Teaching Sites	毕(结)业生数 Graduates	
			计 Total	其中:女 of Which: Female
合 计 Total	**857**	**3712**	**221966**	**115877**
职工高中 Senior Sec. Schools for Staff & Workers	362	2426	123194	71754
农民高中 Senior Sec. Shools for Peasants	495	1286	98772	44123

中等职业学校(机构)数
Number of Secondary Vocational Schools(Institutions)

单位：人
unit：person

	计 Total	中央部门 HEIs under Central Ministries & Agencies	地方 Under Local Authorities				民办 Non-government
			计 Total	教育部门 Run by Ed. Dept.	其他部门 Run by other Dept.	地方企业 Run by Local Enterprises	
中等职业学校 Secondary Vocational Schools	10169	30	7283	5669	1510	104	2856
其中：普通中等专业学校 of Which：Reg. Specialized Sec. Schools	3753	22	2750	1711	998	41	981
成人中等专业学校 Adults Specialized Sec. Schools	1614	4	1452	1152	274	26	158
职业高中学校 Vocational High Schools	4802	4	3081	2806	238	37	1717
其他机构(教学点)(不计校数) Other Institutions	642	3	515	353	151	11	124
附设中职班(不计校数) Secondary Vocational Classes Attached	1134	2	947	603	325	19	185

注:未含技工学校数据(以后中等职业学校有关表均同)。
Note：Data on Skilled Workers are not included(Same as the Followings).

基本情况
Adult High Schools

单位：人
unit：person

注册学生数 Enrolment		教职工数 Educational Personnel		专任教师 Full-time Teacher		聘请校外教师 Part-time Teachers
计 Total	其中:女 of Which：Female	计 Total	其中:女 of Which：Female	计 Total	其中:女 of Which：Female	
264533	**149564**	**7142**	**3245**	**5781**	**2466**	**5240**
164286	100681	3255	1649	2592	1162	2219
100247	48883	3887	1596	3189	1304	3021

中等职业学校分办学类型及

Number of Students and Educational Personnel of Secondary

	合计 Total			中职全日制学生 Full-time Students of SVSs		
	毕业生数 Graduates	招生数 Entrants	在校学生数 Enrolment	毕业生数 Graduates	招生数 Entrants	在校学生数 Enrolment
总　计 Total	**5411252**	**6499626**	**17749068**	**5137008**	**5680539**	**16027900**
其中:女 of Which: Female	2656796	3189239	8819452	2543407	2832000	8067495
分办学类型:普通中专学校 Reg. Specialized Sec. Schools	2429286	2930949	8309245	2324865	2461547	7221726
成人中等专业学校 Adults Specialized Sec. Schools	283095	291946	753190	189638	171588	533387
职业高中学校 Vocational High Schools	2134574	2662266	7101297	2104334	2492341	6795979
其他机构 Other Institutions	197235	213054	512812	167614	189386	456945
附设中职班 Secondary Vocational Classes Attached	367062	401411	1072524	350557	365677	1019863
分举办者:1. 中央部门 Under Central Ministries & Agencies	12522	7890	26944	10230	5773	20818
2. 地方 Under Local Authorities	4481616	5534329	15029612	4224444	4823306	13531366
教育部门 Under Ed. Dept	3372288	4314332	11580361	3232090	3750475	10382191
其他部门 Run by Non-ed. Dept	1064836	1184069	3343517	949390	1038900	3046344
地方企业 Run by Local Enterprises	44492	35928	105734	42964	33931	102831
3. 民办 Non-government	917114	957407	2692512	902334	851460	2475716

举办者的中职学生及教职工情况

Vocational Schools by Types and Providers

单位：人
unit：person

中职非全日制学生 Part-time Students of SVSs			教职工数 Educational Personnel							聘请校外教师 Part-time Teachers
				其中：专任教师 of Which：Full-time Teachers						
毕业生数 Graduates	招生数 Entrants	在校学生数 Enrolment	计 Total	小计 Subtotal	正高级 Senior	副高级 Sub-senior	中级 Middle	初级 Junior	未定职级 No-ranking	
274244	**819087**	**1721168**	**945081**	**689363**	**4927**	**147089**	**278249**	**198996**	**60102**	**102321**
113389	357239	751957	438955	341749	1750	64477	139344	104532	31646	42144
104421	469402	1087519	435030	303864	2350	70570	118364	83927	28653	47611
93457	120358	219803	81292	55192	503	14609	25085	12428	2567	23711
30240	169925	305318	406722	315472	1923	58294	128383	98965	27907	28294
29621	23668	55867	22037	14835	151	3616	6417	3676	975	2705
16505	35734	52661								
2292	2117	6126	3786	1967	16	519	911	391	130	1697
257172	711023	1498246	792609	591895	1680	135356	243707	174775	36377	84373
140198	563857	1198170	615647	481919	898	106523	201087	145027	28384	46977
115446	145169	297173	166470	104112	721	27287	40406	28296	7402	36586
1528	1997	2903	10492	5864	61	1546	2214	1452	591	810
14780	105947	216796	148686	95501	3231	11214	33631	23830	23595	16251

中等职业学校

Number of students in Secondary

	毕业生数 Graduates		招生数 Entrants		
	计 Total	其中：获得职业资格证书 of Which：Reciptents of Vocational Qualifications	计 Total	其中：应届毕业 of Which：Graduates of Current Year 小计 Subtotal	其中：初中毕业生 of Which：Junior Secondary School Graduates
一、中职学生合计 Students of SVSs Total	5411252	3384287	6499626	5624185	5292530
其中：中职全日制学生 of Which：Full-time Students of SVSs	5137008	3286907	5680539	5234629	4978429
中职非全日制学生 Part-time Students of SVSs	274244	97380	819087	389556	314101
1. 普通中专学生 Students of Regular SSSs	2702302	1669879	2995725	2768998	2615751
2. 成人中专学生 Students of Adult SSSs	530942	208023	1039639	553134	462609
3. 职业高中学生 Students of Vocational High Schools	2178008	1506385	2464262	2302053	2214170
二、培训学生 Trainees	6959144				
三、外国留学生 Foreign Students	937				

注：SSSs = 中等专业学校

Note：SSSs = Specialized Secondary Schools

中等职业学校

Number of Female students in Secondary

	毕业生数 Graduates		招生数 Entrants		
	计 Total	其中：获得职业资格证书 of Which：Reciptents of Vocational Qualifications	计 Total	其中：应届毕业 of Which：Graduates of Current Year 小计 Subtotal	其中：初中毕业生 of Which：Junior Secondary School Graduates
一、中职学生合计 Students of SVSs Total	2656796	1605733	3189239	2760251	2595610
其中：中职全日制学生 of Which：Full-time Students of SVSs	2543407	1561996	2832000	2594254	2460619
中职非全日制学生 Part-time Students of SVSs	113389	43737	357239	165997	134991
1. 普通中专学生 Students of Regular SSSs	1403059	816310	1577100	1445791	1362448
2. 成人中专学生 Students of Adult SSSs	225003	93772	461452	244355	208055
3. 职业高中学生 Students of Vocational High Schools	1028734	695651	1150687	1070105	1025107
二、培训学生 Trainees	3073954				
三、外国留学生 Foreign Students	455				

注：SSSs = 中等专业学校

Note：SSSs = Specialized Secondary Schools

（机构）各类学生数
Vocational Schools（Institutions）

单位：人
unit：person

其中：五年制高职中职段 of Which：5-year Secondary Vocational Education	在校学生数 Enrolment 计 Total	一年级 Grade 1	二年级 Grade 2	三年级 Grade 3	四年级及以上 Over Grade 4	预计毕业生数 Estimated Graduates for Next Year 计 Total	其中：五年制高职中职段 of Which：5-year Secondary Vocational Education
285728	17749068	6510678	6018338	5113759	106293	5734745	203138
285514	16027900	5688318	5396444	4836852	106286	5208504	201550
214	1721168	822360	621894	276907	7	526241	1588
262215	8552071	3001629	2857733	2602678	90031	2717844	166320
2119	2387275	1043022	875303	467747	1203	801216	3650
21394	6809722	2466027	2285302	2043334	15059	2215685	33168
	4119561						
	718						

（机构）各类女学生数
Vocational Schools（Institutions）

单位：人
unit：person

其中：五年制高职中职段 of Which：5-year Secondary Vocational Education	在校学生数 Enrolment 计 Total	一年级 Grade 1	二年级 Grade 2	三年级 Grade 3	四年级及以上 Over Grade 4	预计毕业生数 Estimated Graduates for Next Year 计 Total	其中：五年制高职中职段 of Which：5-year Secondary Vocational Education
165472	8819452	3199219	2973357	2583871	63005	2779469	117964
165392	8067495	2841135	2703009	2460351	63000	2560195	117335
80	751957	358084	270348	123520	5	219274	629
153752	4556808	1584555	1514520	1402602	55131	1409933	101292
1187	1065819	462438	387023	215796	562	342604	1450
10533	3196825	1152226	1071814	965473	7312	1026932	15222
	1858033						
	358						

中等职业学校(机构)学生分科类情况(总计)
Number of Students by Field of Education in Secondary Vocational Schools (Institutions) (Total)

单位：人
unit：person

	毕业生数 Graduates		招生数 Entrants			在校学生数 Enrolment	预计毕业生数 Estimated Graduates for Next Year
	计 Total	其中:获得职业资格证书 of Which: Recipients of Vocational Qualifications	计 Total	其中:应届毕业 of Which: Graduates of Current Year 小计 Subtotal	其中:初中毕业生 of Which: Junior Secondary School Graduates		
总　计 Total	**5411252**	**3384287**	**6499626**	**5624185**	**5292530**	**17749068**	**5734745**
其中:女 of Which: Female	2656796	1605733	3189239	2760251	2595610	8819452	2779469
农林牧渔类 Agriculture, Forestry, Husbandry & Fisheries	351875	184656	854314	605606	548340	2259595	626085
资源环境类 Resources & Environment	55738	22605	49497	31872	27791	108134	42462
能源与新能源类 Energy Resources & New ER	39229	22050	34555	32039	28652	90926	32998
土木水利类 Civil Engineering & Water Conservancy	151897	92935	247204	221151	205421	589347	168201
加工制造类 Manufacturing	1160033	833267	1050657	928548	879150	2989952	1015674
石油化工 Petroleum & Chemical Industries	54485	37446	46351	39436	35715	128352	43913
轻纺食品 Light, Textile & Food Industries	65187	37981	78749	63902	61098	211447	79314
交通运输类 Communication & Transport.	254702	169349	398086	341819	317670	1011086	315667
信息技术类 Information Technology	1239731	831043	1218685	1081438	1028942	3420989	1202805
医药卫生类 Medicine, Pharmaceuticals & Health Care	504644	179303	530467	477459	449264	1650724	543559
休闲保健类 Recreations services & Make-up Artists	13293	7313	30896	27281	26296	89743	32340
财经商贸类 Finance, Economics, Commerce, & Trade	608103	401571	677896	603565	572633	1868180	619591
旅游服务类 Tourist Services	212307	144294	257635	231288	220987	731429	241952
文化艺术类 Culture & Arts	252848	151098	300566	274562	258920	841541	258715
体育与健身 Sports & Body-building	37201	21261	47042	44726	43587	123992	36227
教育类 Educational Services	243766	157587	495174	457976	435720	1117272	290873
司法服务类 Legal Services	27142	11330	28717	25846	21709	79001	28398
公共管理与服务类 Public Administration & Services	76038	44693	77353	68017	64398	224445	84397
其他 Others	63033	34505	75782	67654	66237	212913	71574

中等职业学校(机构)学生分科类情况(全日制学生)

Number of Students by Field of Education in Secondary Vocational Schools (Institutions) (Full-time Students)

单位：人
unit：person

	毕业生数 Graduates		招生数 Entrants			在校学生数 Enrolment	预计毕业生数 Estimated Graduates for Next Year
				其中:应届毕业 of Which: Graduates of Current Year			
	计 Total	其中:获得职业资格证书 of Which: Reciptents of Vocational Qualifications	计 Total	小计 Subtotal	其中:初中毕业生 of Which: Junior Secondary School Graduates		
总　计 Total	**5137008**	**3286907**	**5680539**	**5234629**	**4978429**	**16027900**	**5208504**
其中:女 of Which: Female	2543407	1561996	2832000	2594254	2460619	8067495	2560195
农林牧渔类 Agriculture, Forestry, Husbandry & Fisheries	279226	163546	657666	540140	498575	1860410	499148
资源环境类 Resources & Environment	37888	22318	39325	30266	26263	93308	33100
能源与新能源类 Energy Resources & New ER	34309	21778	32414	30534	27154	86875	30999
土木水利类 Civil Engineering & Water Conservancy	145316	89564	230069	210401	197457	555953	156791
加工制造类 Manufacturing	1136042	822098	929593	879167	837822	2739798	950312
石油化工 Petroleum & Chemical Industries	54144	37203	44060	38446	35281	123880	42530
轻纺食品 Light, Textile & Food Industries	61818	35819	62704	54144	51748	183853	69384
交通运输类 Communication & Transport.	247980	164932	350516	322469	302275	921261	292239
信息技术类 Information Technology	1185801	810622	1032439	971839	937722	3012654	1080477
医药卫生类 Medicine, Pharmaceuticals & Health Care	489218	170739	516012	475124	447178	1618466	530578
休闲保健类 Recreations services & Make-up Artists	13220	7255	28521	25443	24728	73960	20977
财经商贸类 Finance, Economics, Commerce & Trade	576799	387973	582306	550488	529750	1678087	556829
旅游服务类 Tourist Services	204572	142590	233199	218171	210341	669735	223977
文化艺术类 Culture & Arts	246904	148277	271882	253510	241805	777626	244939
体育与健身 Sports & Body-building	37161	21244	46755	44622	43484	123127	36091
教育类 Educational Services	233052	153477	466930	443642	425952	1057015	273774
司法服务类 Legal Services	23238	11209	24351	22920	20856	68771	25148
公共管理与服务类 Public Administration & Services	69748	41837	61758	58028	55988	186333	74956
其他 Others	60572	34426	70039	65275	64050	196788	66255

中等职业学校(机构)学生分科类情况(普通中专)

Number of Students by Field of Education in Secondary Vocational Schools(Institutions)(Regular SSSs)

单位:人
unit: person

	毕业生数 Graduates		招生数 Entrants			在校学生数 Enrolment	预计毕业生数 Estimated Graduates for Next Year
				其中:应届毕业 of Which: Graduates of Current Year			
	计 Total	其中:获得职业资格证书 of Which: Recipients of Vocational Qualifications	计 Total	小计 Subtotal	其中:初中毕业生 of Which: Junior Secondary School Graduates		
总　计 Total	**2702302**	**1669879**	**2995725**	**2768998**	**2615751**	**8552071**	**2717844**
其中:女 of Which: Female	1403059	816310	1577100	1445791	1362448	4556808	1409933
农林牧渔类 Agriculture, Forestry, Husbandry & Fisheries	84435	52753	265472	226177	203864	692657	159275
资源环境类 Resources & Environment	22348	10706	21963	17544	14706	53486	19544
能源与新能源类 Energy Resources & New ER	25251	17240	23632	22000	19373	62277	21976
土木水利类 Civil Engineering & Water Conservancy	95291	58528	152665	139870	130016	375077	103135
加工制造类 Manufacturing	560541	410080	417070	393952	373213	1296774	453112
石油化工 Petroleum & Chemical Industries	35138	24766	28783	24424	22137	78960	25370
轻纺食品 Light, Textile & Food Industries	28572	19044	24148	21892	20878	73315	25696
交通运输类 Communication & Transport.	137080	93347	193478	177811	164935	523805	166657
信息技术类 Information Technology	497869	344171	437916	410672	396192	1292300	460133
医药卫生类 Medicine, Pharmaceuticals & Health Care	430419	140942	450018	415906	391103	1427072	463998
休闲保健类 Recreations services & Make-up Artists	5814	3144	12433	11188	10980	31303	8288
财经商贸类 Finance, Economics, Commerce & Trade	339705	226748	348702	329116	315466	1007012	325900
旅游服务类 Tourist Services	86179	57267	99739	92137	87533	292022	97428
文化艺术类 Culture & Arts	108303	61390	123236	112084	106769	364370	108013
体育与健身 Sports & Body-building	26655	14048	29276	27459	26475	81924	25228
教育类 Educational Services	154462	100290	301472	285877	273864	695896	176523
司法服务类 Legal Services	11969	6149	12653	12184	11226	35313	13977
公共管理与服务类 Public Administration & Services	28756	16431	23800	21158	20277	78421	32398
其他 Others	23515	12835	29269	27547	26744	90087	31193

中等职业学校(机构)学生分科类情况(成人中专)

Number of Students by Field of Education in Secondary Vocational Schools (Institutions) (Adult SSSs)

单位：人

unit：person

	毕业生数 Graduates		招生数 Entrants			在校学生数 Enrolment	预计毕业生数 Estimated Graduates for Next Year
				其中:应届毕业 of Which：Graduates of Current Year			
	计 Total	其中:获得职业资格证书 of Which：Recipients of Vocational Qualifications	计 Total	小计 Subtotal	其中:初中毕业生 of Which：Junior Secondary School Graduates		
总　计 Total	**530942**	**208023**	**1039639**	**553134**	**462609**	**2387275**	**801216**
其中:女 of Which：Female	225003	93772	461452	244355	208055	1065819	342604
农林牧渔类 Agriculture, Forestry, Husbandry & Fisheries	111655	27984	263001	102713	80511	607123	207766
资源环境类 Resources & Environment	20331	1070	12909	2754	2676	20822	11556
能源与新能源类 Energy Resources & New ER	6464	721	3456	2818	2771	7588	4132
土木水利类 Civil Engineering & Water Conservancy	14017	6451	24996	17332	14111	52139	17199
加工制造类 Manufacturing	75069	37349	151905	76295	66597	342878	105159
石油化工 Petroleum & Chemical Industries	1299	1048	2889	1333	776	5646	1732
轻纺食品 Light, Textile & Food Industries	4812	3016	16800	10435	10027	31338	11554
交通运输类 Communication & Transport.	18534	11248	61676	31253	26754	126439	35292
信息技术类 Information Technology	129336	51767	222766	138916	118312	535738	187006
医药卫生类 Medicine, Pharmaceuticals & Health Care	25747	13117	22574	8987	8376	60537	24023
休闲保健类 Recreations services & Make-up Artists	617	141	2668	1997	1723	17425	12173
财经商贸类 Finance, Economics, Commerce & Trade	52370	23744	115477	68495	56784	244098	83123
旅游服务类 Tourist Services	13992	5437	29705	17313	14770	77497	24083
文化艺术类 Culture & Arts	14004	8182	34837	26488	21254	81699	20252
体育与健身 Sports & Body-building	374	299	824	591	567	2068	701
教育类 Educational Services	19733	8729	42082	26563	21713	90422	27071
司法服务类 Legal Services	5973	346	5704	3687	1607	12937	4701
公共管理与服务类 Public Administration & Services	11162	5170	17423	11684	10088	46010	14368
其他 Others	5453	2204	7947	3480	3192	24871	9325

中等职业学校(机构)学生分科类情况(职业高中)

Number of Students by Field of Education in Secondary Vocational Schools(Institutions)(Vocational High Schools)

单位：人

unit：person

	毕业生数 Graduates		招生数 Entrants			在校学生数 Enrolment	预计毕业生数 Estimated Graduates for Next Year
				其中:应届毕业 of Which：Graduates of Current Year			
	计 Total	其中:获得职业资格证书 of Which：Recipients of Vocational Qualifications	计 Total	小计 Subtotal	其中:初中毕业生 of Which：Junior Secondary School Graduates		
总　计 Total	**2178008**	**1506385**	**2464262**	**2302053**	**2214170**	**6809722**	**2215685**
其中:女 of Which：Female	1028734	695651	1150687	1070105	1025107	3196825	1026932
农林牧渔类 Agriculture, Forestry, Husbandry & Fisheries	155785	103919	325841	276716	263965	959815	259044
资源环境类 Resources & Environment	13059	10829	14625	11574	10409	33826	11362
能源与新能源类 Energy Resources & New ER	7514	4089	7467	7221	6508	21061	6890
土木水利类 Civil Engineering & Water Conservancy	42589	27956	69543	63949	61294	162131	47867
加工制造类 Manufacturing	524423	385838	481682	458301	439340	1350300	457403
石油化工 Petroleum & Chemical Industries	18048	11632	14679	13679	12802	43746	16811
轻纺食品 Light, Textile & Food Industries	31803	15921	37801	31575	30193	106794	42064
交通运输类 Communication & Transport.	99088	64754	142932	132755	125981	360842	113718
信息技术类 Information Technology	612526	435105	558003	531850	514438	1592951	555666
医药卫生类 Medicine, Pharmaceuticals & Health Care	48478	25244	57875	52566	49785	163115	55538
休闲保健类 Recreations services & Make-up Artists	6862	4028	15795	14096	13593	41015	11879
财经商贸类 Finance, Economics, Commerce & Trade	216028	151079	213717	205954	200383	617070	210568
旅游服务类 Tourist Services	112136	81590	128191	121838	118684	361910	120441
文化艺术类 Culture & Arts	130541	81526	142493	135990	130897	395472	130450
体育与健身 Sports & Body-building	10172	6914	16942	16676	16545	40000	10298
教育类 Educational Services	69571	48568	151620	145536	140143	330954	87279
司法服务类 Legal Services	9200	4835	10360	9975	8876	30751	9720
公共管理与服务类 Public Administration & Services	36120	23092	36130	35175	34033	100014	37631
其他 Others	34065	19466	38566	36627	36301	97955	31056

中等职业学校(机构)分年龄学生数
Number of Students by Age in Secondary Vocational Schools (Institutions)

单位：人
unit：person

	计 Total	14岁及以下 14 Years and Under	15岁 15 Years	16岁 16 Years	17岁 17 Years	18岁 18 Years	19岁 19 Years	20岁 20 Years	21岁 21 Years	22岁及以上 22 Years and Over
合 计 Total	**17749068**	**223723**	**2151828**	**4045713**	**4092165**	**2903543**	**1368915**	**706429**	**460554**	**1796198**
其中：中职全日制学生 of Which：Full-time Students of SVSs	16027900	217690	2094879	3924981	3947121	2748859	1232948	545638	330815	984969
中职非全日制学生 Part-time Students of SVSs	1721168	6033	56949	120732	145044	154684	135967	160791	129739	811229
1. 普通中专学生 Students of Regular SSSs	8552071	129932	1067987	2052039	2116494	1507971	709284	325020	193140	450204
2. 成人中专学生 Students of Adult SSSs	2387275	14204	118851	242040	264894	249268	197316	199294	159004	942404
3. 职业高中学生 Students of Vocational High Schools	6809722	79587	964990	1751634	1710777	1146304	462315	182115	108410	403590

中等职业学校(机构)分年龄女学生数
Number of Female Students by Age in Secondary Vocational Schools (Institutions)

单位：人
unit：person

	计 Total	14岁及以下 14 Years and Under	15岁 15 Years	16岁 16 Years	17岁 17 Years	18岁 18 Years	19岁 19 Years	20岁 20 Years	21岁 21 Years	22岁及以上 22 Years and Over
合 计 Total	**8819452**	**122076**	**1109025**	**2071847**	**2083928**	**1442012**	**660902**	**324555**	**212114**	**792993**
其中：中职全日制学生 of Which：Full-time Students of SVSs	8067495	119572	1083969	2016219	2016875	1373035	602915	256261	153684	444965
中职非全日制学生 Part-time Students of SVSs	751957	2504	25056	55628	67053	68977	57987	68294	58430	348028
1. 普通中专学生 Students of Regular SSSs	4556808	76569	592053	1122290	1144651	797211	368533	161709	92339	201453
2. 成人中专学生 Students of Adult SSSs	1065819	6571	56320	115084	126838	112191	84669	83785	71667	408694
3. 职业高中学生 Students of Vocational High Schools	3196825	38936	460652	834473	812439	532610	207700	79061	48108	182846

中等职业学校（机构）
Changes in Enrolment of Secondary

	上学年初报表在校学生数 Enrolment at Beginning of Previous Academic Year	增加学生数 Factors of Increase				
		计 Total	招生 No. of Students Admitted	复学 Students Resuming Studies	转入 Transfers from Other Inst.	其他 Others
合　计 Total	**18164447**	**7420837**	**6499626**	**13413**	**569916**	**337882**
其中:中职全日制学生 of Which: Full-time Students of SVSs	16839248	6468512	5680539	12813	506673	268487
中职非全日制学生 Part-time Students of SVSs	1325199	952325	819087	600	63243	69395
1. 普通中专学生 Students of Regular SSSs	8848357	3467854	2995725	4926	279084	188119
2. 成人中专学生 Students of Adult SSSs	2123710	1236418	1039639	1756	95433	99590
3. 职业高中学生 Students of Vocational High Schools	7192380	2716565	2464262	6731	195399	50173

中等职业学校（机构）
Changes in Female Enrolment of

	上学年初报表在校学生数 Enrolment at Beginning of Previous Academic Year	增加学生数 Factors of Increase				
		计 Total	招生 No. of Students Admitted	复学 Students Resuming Studies	转入 Transfers from Other Inst.	其他 Others
合　计 Total	**8969697**	**3607429**	**3189239**	**6369**	**257407**	**154414**
其中:中职全日制学生 of Which: Full-time Students of SVSs	8393744	3196181	2832000	5988	230182	128011
中职非全日制学生 Part-time Students of SVSs	575953	411248	357239	381	27225	26403
1. 普通中专学生 Students of Regular SSSs	4655866	1802603	1577100	2297	129605	93601
2. 成人中专学生 Students of Adult SSSs	942326	542821	461452	1258	40492	39619
3. 职业高中学生 Students of Vocational High Schools	3371505	1262005	1150687	2814	87310	21194

学生变动情况

Vocational Schools（Institutions）

单位：人
unit：person

减少学生数 Factors of Decrease									本学年初报表在校学生数 Total Enrolment at Beginning of Current Academic Year
计 Total	毕业 Graduates	结业 Completers of Courses without Formal Awards	休学 Suspended	退学 Quitting	开除 Expelled	死亡 Dead	转出 Transfers to Other Inst.	其他 Others	
7836216	**5411252**	**185774**	**58351**	**603131**	**10318**	**512**	**951662**	**615216**	**17749068**
7279860	5137008	153782	51766	480254	10196	511	909481	536862	16027900
556356	274244	31992	6585	122877	122	1	42181	78354	1721168
3764140	2702302	68370	28465	242298	6702	303	437563	278137	8552071
972853	530942	37476	8233	142394	185	7	128840	124776	2387275
3099223	2178008	79928	21653	218439	3431	202	385259	212303	6809722

女学生变动情况

Secondary Vocational Schools（Institutions）

单位：人
unit：person

减少学生数 Factors of Decrease									本学年初报表在校学生数 Total Enrolment at Beginning of Current Academic Year
计 Total	毕业 Graduates	结业 Completers of Courses Without Formal Awards	休学 Suspended	退学 Quitting	开除 Expelled	死亡 Dead	转出 Transfers to Other Inst.	其他 Others	
3757674	**2656796**	**85969**	**24731**	**273387**	**3001**	**145**	**433483**	**280162**	**8819452**
3522430	2543407	72043	21809	218633	2969	145	416547	246877	8067495
235244	113389	13926	2922	54754	32		16936	33285	751957
1901661	1403059	32028	13005	111750	2000	99	208075	131645	4556808
419328	225003	16008	3747	64103	40	1	56828	53598	1065819
1436685	1028734	37933	7979	97534	961	45	168580	94919	3196825

中等职业学校(机构)学生其他情况
Supplementary Information on Students in Secondary Vocational Schools (Institutions)

单位：人
unit:person

	共产党员 Member of C. P. A	共青团员 Member of C. Y. L	华侨 Overseas Chinese	港澳台 From H. K, Macao and Taiwan	少数民族 Minorities	残疾人 Disabled
合计 Total	**65310**	**10878741**	**623**	**1573**	**1266400**	**16286**
其中:女 of Which: Female	16852	4663018	227	629	528311	4922
中职全日制学生 Full-time Students of SVSs	35661	10521954	583	1293	1082376	15276
中职非全日制学生 Part-time Students of SVSs	29649	356787	40	280	184024	1010
1. 普通中专学生 Students of Regular SSSs	16781	5482818	504	913	671873	8348
2. 成人中专学生 Students of Adult SSSs	36573	656190	41	315	211207	1329
3. 职业高中学生 Students of Vocational High Schools	11956	4739733	78	345	383320	6609

中等职业学校(机构)培训学生情况
Number of Trainees in Secondary Vocational Schools(Institutions)

单位：人次
unit:person

	结业生数 Graduates		注册学生数 Enrolment	
	计 Total	其中:女 of Which: Female	计 Total	其中:女 of Which: Female
总计 Total	**6959144**	**3073954**	**4119561**	**1858033**
其中:少数民族 of Which:Minority	582587	239926	342644	126684
总计中:资格证书培训 of Which: for Certificates of Vocational Qualifications	2646761	1150120	1630942	736103
岗位证书培训 for Certificates of Job-related Qualifications	2018994	887594	1055320	504749
按产业结构分:第一产业类培训 by Industry: Training for First Industry	1594476	640951	1072876	375225
第二产业类培训 Training for Second Industry	1606847	558166	955591	352081
第三产业类培训 Training for Third Industry	3757821	1874837	2091094	1130727
一个月以内 1 month Under	3786435	1675126	1764365	765180
一个月至三个月以内 1 month to 3 months Under	1382898	632411	798116	381005
三个月至半年以内 3 months to 6 months	736175	319972	486832	208956
半年至一年以内 6 months to 1 Year	632873	279430	393485	203275
一年及以上 1 year and Over	420763	167015	676763	299617

中等职业学校（机构）外国留学生情况

Number of Foreign Students in Secondary Voactional Schools(Institutions)

单位：人

unit：person

	结业生数 Graduates		注册学生数 Enrolment	
	计 Total	其中：女 of Which：Female	计 Total	其中：女 of Which：Female
总　计 Total	**937**	**455**	**718**	**358**
按时间分 by Time				
一个月以内 1 month Under	603	273	14	11
一个月至三个月以内 One month to 3 months	56	41	63	47
三个月至半年以内 3 months to 6 months	3		6	2
半年至一年以内 6 months to 1 year	115	71	86	62
一年及以上 1 year and Over	160	70	549	236
按大洲分 by Continent				
亚洲 Asia	609	307	610	300
非洲 Africa				
欧洲 Europe	279	126	80	47
北美洲 North America	44	22	7	4
南美洲 South America	4		7	
大洋洲 Oceania	1		14	7

中等职业学校
Number of Educational Personnel in

	教职工数 Educational		
	合计 Total	校本部 Educational Personnel	
		小计 Subtotal	专任教师 Full-time Teachers
总　计 Total	**945081**	**931124**	**689363**
其中:女 of Which: Female	438955	432488	341749
正高级 Senior	6832	6757	4927
副高级 Sub-senior	177040	176636	147089
中　级 Middle	331529	329961	278249
初　级 Junior	241977	240424	198996
未定职级 No-ranking	187703	177346	60102
总计中:聘任制 of the Total: Part-time	192624	190515	144215
其中:女 of Which: Female	85378	84400	66777
正高级 Senior	1801	1780	1347
副高级 Sub-senior	29691	29670	25720
中　级 Middle	63218	63086	54850
初　级 Junior	51023	50717	43043
未定职级 No-ranking	46891	45262	19255

中等职业学校(机构)
Number of Educational Personnel in

	教职工数 Educational		
	合计 Total	校本部 Educational Personnel	
		小计 Subtotal	专任教师 Full-time Teachers
总　计 Total	**435030**	**427823**	**303864**
其中:女 of Which: Female	202835	199236	151010
正高级 Senior	3143	3116	2350
副高级 Sub-senior	83281	83160	70570
中　级 Middle	143513	142856	118364
初　级 Junior	106203	105379	83927
未定职级 No-ranking	98890	93312	28653
总计中:聘任制 of the Total: Part-time	86957	86055	62195
其中:女 of Which: Female	39504	39108	29478
正高级 Senior	866	860	678
副高级 Sub-senior	12722	12706	11127
中　级 Middle	26173	26125	22596
初　级 Junior	22294	22179	18322
未定职级 No-ranking	24902	24185	9472

(机构)教职工数(总计)
Secondary Vocational Schools (Total)

单位：人
unit：person

Personnel					
教 职 工 in Main Campus			校办企业职工 Employees in School-run Factories & Farms	其他附设机构人员 Personnel in Other Subsidiary Units	聘请校外教师 Part-time Teachers
行政人员 Adm. Personnel	教辅人员 Supporting Staff	工勤人员 Workers			
96551	**68319**	**76891**	**6678**	**7279**	**102321**
33624	32060	25055	2816	3651	42144
1563	243	24	22	53	3637
23310	5834	403	35	369	22383
28077	22421	1214	245	1323	40910
17317	22489	1622	339	1214	15992
26284	17332	73628	6037	4320	19399
16890	13498	15912	1079	1030	
5829	6094	5700	399	579	
382	42	9	6	15	
3119	751	80	4	17	
4475	3595	166	54	78	
3173	4201	300	92	214	
5741	4909	15357	923	706	

教职工数(普通中专)
Secondary Vocational Schools (Institutions) (Regular SSSs)

单位：人
unit：person

Personnel					
教 职 工 in Main Campus			校办企业职工 Employees in School-run Factories & Farms	其他附设机构人员 Personnel in Others Subsidiary Units	聘请校外教师 Part-time Teachers
行政人员 Adm. Personnel	教辅人员 Supporting Staff	工勤人员 Workers			
51792	**31137**	**41030**	**3177**	**4030**	**47611**
19345	15728	13153	1200	2399	20743
645	107	14	10	17	1650
10097	2265	228	23	98	10674
14252	9618	622	111	546	17991
10304	10287	861	124	700	8105
16494	8860	39305	2909	2669	9191
8662	6483	8715	414	488	
3290	3151	3189	114	282	
152	28	2	1	5	
1312	243	24	1	15	
1997	1461	71	7	41	
1717	2049	91	10	105	
3484	2702	8527	395	322	

中等职业学校(机构)

Number of Educational Personnel in Secondary

	教职工数 Educational		
	合计 Total	校本部 Educational Personnel	
		小计 Subtotal	专任教师 Full-time Teachers
总　计 Total	**81292**	**79923**	**55192**
其中:女 of Which: Female	37035	36360	27149
正高级 Senior	689	689	503
副高级 Sub-senior	18062	18023	14609
中　级 Middle	31708	31627	25085
初　级 Junior	16841	16743	12428
未定职级 No-ranking	13992	12841	2567
总计中:聘任制 of the Total: Part-time	14957	14810	10789
其中:女 of Which: Female	6391	6269	4844
正高级 Senior	140	140	105
副高级 Sub-senior	3187	3186	2709
中　级 Middle	5715	5710	4652
初　级 Junior	3183	3146	2375
未定职级 No-ranking	2732	2628	948

中等职业学校(机构)

Number of Educational Personnel in Secondary

	教职工数 Educational		
	合计 Total	校本部 Educational Personnel	
		小计 Subtotal	专任教师 Full-time Teachers
总　计 Total	**406722**	**401683**	**315472**
其中:女 of Which: Female	188963	186992	156283
正高级 Senior	2775	2728	1923
副高级 Sub-senior	71105	70868	58294
中　级 Middle	148323	147519	128383
初　级 Junior	113966	113344	98965
未定职级 No-ranking	70553	67224	27907
总计中:聘任制 of the Total: Part-time	86091	85042	67790
其中:女 of Which: Female	37568	37113	30971
正高级 Senior	779	764	554
副高级 Sub-senior	13012	13008	11229
中　级 Middle	29670	29591	26137
初　级 Junior	24423	24269	21413
未定职级 No-ranking	18207	17410	8457

教职工数(成人中专)
Vocational Schools (Institutions) (Adult SSSs)

单位：人
unit：person

Personnel 教职工 in Main Campus 行政人员 Adm. Personnel	教辅人员 Supporting Staff	工勤人员 Workers	校办企业职工 Employees in School-run Factories & Farms	其他附设机构人员 Personnel in Others Subsidiary Units	聘请校外教师 Part-time Teachers
10172	**8216**	**6343**	**861**	**508**	**23711**
3347	3828	2036	424	251	8235
173	12	1			1046
2635	750	29	1	38	6420
3066	3340	136	2	79	12368
1614	2533	168	30	68	2369
2684	1581	6009	828	323	1508
1530	1532	959	82	65	
459	667	299	66	56	
34	1				
346	125	6	1		
449	587	22	2	3	
288	457	26	28	9	
413	362	905	51	53	

教职工数(职业高中)
Vocational Schools (Institutions) (Vocational High Schools)

单位：人
unit：person

Personnel 教职工 in Main Campus 行政人员 Adm. Personnel	教辅人员 Supporting Staff	工勤人员 Workers	校办企业职工 Employees in School-run Factories & Farms	其他附设机构人员 Personnel in Others Subsidiary Units	聘请校外教师 Part-time Teachers
31696	**26879**	**27636**	**2400**	**2639**	**28294**
9919	11533	9257	1012	959	11922
699	97	9	12	35	868
9853	2575	146	11	226	4660
9822	8891	423	132	672	9394
4839	8985	555	185	437	5092
6483	6331	26503	2060	1269	8280
6228	5079	5945	583	466	
1941	2093	2108	219	236	
190	13	7	5	10	
1379	350	50	2	2	
1907	1476	71	45	34	
1100	1574	182	54	100	
1652	1666	5635	477	320	

中等职业学校(机构)

Number of Educational Personnel in Secondary

	教职工数 Educational		
	合计 Total	校本部 Educational Personnel	
		小计 Subtotal	专任教师 Full-time Teachers
总　计 Total	**22037**	**21695**	**14835**
其中:女 of Which: Female	10122	9900	7307
正高级 Senior	225	224	151
副高级 Sub-senior	4592	4585	3616
中　级 Middle	7985	7959	6417
初　级 Junior	4967	4958	3676
未定职级 No-ranking	4268	3969	975
总计中:聘任制 of the Total: Part-time	4619	4608	3441
其中:女 of Which: Female	1915	1910	1484
正高级 Senior	16	16	10
副高级 Sub-senior	770	770	655
中　级 Middle	1660	1660	1465
初　级 Junior	1123	1123	933
未定职级 No-ranking	1050	1039	378

教职工数(其他机构)
Vocational Schools (Institutions) (Other Institutions)

单位：人
unit：person

Personnel					
教 职 工 in Main Campus			校办企业职工 Employees in School-run Factories & Farms	其他附设机构人员 Personnel in Others Subsidiary Units	聘请校外教师 Part-time Teachers
行政人员 Adm. Personnel	教辅人员 Supporting Staff	工勤人员 Workers			
2891	**2087**	**1882**	**240**	**102**	**2705**
1013	971	609	180	42	1244
46	27			1	73
725	244			7	629
937	572	33		26	1157
560	684	38		9	426
623	560	1811	240	59	420
470	404	293		11	
139	183	104		5	
6					
82	33				
122	71	2			
68	121	1			
192	179	290		11	

中等职业学校(机构)分科专任教师数(总计)

Number of Full-time Teachers by Field of Education in Secondary Vocational Schools (Institutions) (Total)

单位：人
unit: person

	合计 Total	其中:女 of Which: Female	正高级 Senior	副高级 Sub-Senior	中级 Middle	初级 Junior	未定职级 No-ranking
总　计 Total	**689363**	**341749**	**4927**	**147089**	**278249**	**198996**	**60102**
其中:女 of Which: Female	341749		1750	64477	139344	104532	31646
文化基础课 Common Required Subject Common Required Subject General Knowledge Subjects	300516	159715	1517	70849	125054	83276	19820
专业课 Subjects	363363	173791	3259	72931	142985	107559	36629
农林牧渔类 Agriculture, Forestry, Animal Husbandry & Fisheries	21714	8685	177	5654	9512	5150	1221
资源环境类 Resources & Environment	2033	840	14	535	751	498	235
能源与新能源类 Energy Resources & New ER	3516	1382	38	1029	1268	794	387
土木水利类 Civil Engineering & Water Conservancy	9432	3903	58	2237	3613	2657	867
加工制造类 Manufacturing	52615	18675	452	11036	20787	14790	5550
石油化工类 Petroleum & Chemical Industries	2409	1121	16	676	906	599	212
轻纺食品类 Light, Textile & Food Industries	3548	1886	36	667	1296	999	550
交通运输类 Communication & Transport.	14098	3802	187	2514	5343	4080	1974
信息技术类 Information Technology	69317	32890	487	10733	28882	22464	6751
医药卫生类 Medicine, Pharmacy & Health Care	26000	15785	652	6917	9665	6468	2298
休闲保健类 Recreation Services & Make-up Artists	1175	618	6	165	539	302	163
财经商贸类 Finance, Economics, Commerce & Trade	36471	22020	195	7876	14274	10788	3338
旅游服务类 Tourist Services	16075	10211	80	2710	6070	5212	2003
文化艺术类 Culture & Arts	32891	19008	415	4934	12187	11297	4058
体育与健身 Sports & Body-building	14026	3847	50	2682	5444	4544	1306
教育类 Educational Services	31710	17178	199	7736	12592	9005	2178
司法服务类 Legal Services	1410	639	10	279	471	397	253
公共管理与服务类 Public Administration & Services	5860	2768	35	1055	2194	1848	728
其他 Others	19063	8533	152	3496	7191	5667	2557
实习指导课 Practice Guidance Lessons	25484	8243	151	3309	10210	8161	3653

中等职业学校(机构)分科专任教师数(普通中专)

Number of Full-time Teachers by Field of Education in Secondary Vocational Schools (Institutions) (Regular SSSs)

单位：人

unit: person

	合计 Total	其中:女 of Which: Female	正高级 Senior	副高级 Sub-Senior	中级 Middle	初级 Junior	未定职级 No-ranking
总　计 Total	**303864**	**151010**	**2350**	**70570**	**118364**	**83927**	**28653**
其中:女 of Which: Female	151010		802	32307	58795	43914	15192
文化基础课 Common Required Subject Common Required Subject General Knowledge Subjects	113807	61201	564	29171	45529	30310	8233
专业课 Subjects	176336	85433	1738	39603	67624	49099	18272
农林牧渔类 Agriculture, Forestry, Animal Husbandry & Fisheries	7647	2985	93	2430	3170	1476	478
资源环境类 Resources & Environment	1052	461	8	325	368	225	126
能源与新能源类 Energy Resources & New ER	2113	901	18	691	704	430	270
土木水利类 Civil Engineering & Water Conservancy	5304	2373	33	1455	1941	1408	467
加工制造类 Manufacturing	25526	9206	232	5767	10000	6795	2732
石油化工类 Petroleum & Chemical Industries	1443	702	11	470	535	318	109
轻纺食品类 Light, Textile & Food Industries	1724	917	17	351	616	454	286
交通运输类 Communication & Transport.	7119	1844	100	1371	2622	2040	986
信息技术类 Information Technology	29945	13977	193	5024	12529	9293	2906
医药卫生类 Medicine, Pharmacy & Health Care	19610	12113	466	5635	7065	4678	1766
休闲保健类 Recreation Services & Make-up Artists	444	250	2	65	183	106	88
财经商贸类 Finance, Economics, Commerce & Trade	19397	11898	74	4818	7512	5144	1849
旅游服务类 Tourist Services	6361	3947	29	1157	2381	1898	896
文化艺术类 Culture & Arts	16874	9630	279	2647	6187	5690	2071
体育与健身 Sports & Body-building	8075	2221	35	1862	3098	2411	669
教育类 Educational Services	13228	7219	74	3474	4893	3753	1034
司法服务类 Legal Services	758	377	1	157	265	187	148
公共管理与服务类 Public Administration & Services	2497	1198	12	463	913	777	332
其他 Others	7219	3214	61	1441	2642	2016	1059
实习指导课 Practice Guidance Lessons	13721	4376	48	1796	5211	4518	2148

中等职业学校(机构)分科专任教师数(成人中专)

Number of Full-time Teachers by Field of Education in Secondary Vocational Schools (Institutions) (Adult SSSs)

单位：人

unit：person

	合计 Total	其中:女 of Which: Female	正高级 Senior	副高级 Sub-Senior	中级 Middle	初级 Junior	未定职级 No-ranking
总　计 Total	**55192**	**27149**	**503**	**14609**	**25085**	**12428**	**2567**
其中:女 of Which: Female	27149		188	6300	12991	6354	1316
文化基础课 Common Required Subject Common Required Subject General Knowledge Subjects	29552	15411	185	8803	13724	5682	1158
专业课 Subjects	23873	11099	289	5545	10407	6343	1289
农林牧渔类 Agriculture, Forestry, Animal Husbandry & Fisheries	3799	1468	51	919	1822	852	155
资源环境类 Resources & Environment	148	48	4	42	64	27	11
能源与新能源类 Energy Resources & New ER	449	112	9	161	178	87	14
土木水利类 Civil Engineering & Water Conservancy	660	284	4	132	231	229	64
加工制造类 Manufacturing	1686	573	29	453	593	450	161
石油化工类 Petroleum & Chemical Industries	42	18	1	2	18	12	9
轻纺食品类 Light, Textile & Food Industries	146	45	2	33	63	37	11
交通运输类 Communication & Transport.	562	159	31	115	267	101	48
信息技术类 Information Technology	2714	1295	30	435	1316	716	217
医药卫生类 Medicine, Pharmacy & Health Care	1152	606	51	322	480	260	39
休闲保健类 Recreation Services & Make-up Artists	40	19		5	24	10	1
财经商贸类 Finance, Economics, Commerce & Trade	2336	1182	22	379	765	1082	88
旅游服务类 Tourist Services	456	253	1	53	168	162	72
文化艺术类 Culture & Arts	837	485	17	127	362	236	95
体育与健身 Sports & Body-building	318	81	2	38	89	124	65
教育类 Educational Services	6647	3597	22	1926	3130	1470	99
司法服务类 Legal Services	75	25		15	24	24	12
公共管理与服务类 Public Administration & Services	344	175	3	57	140	97	47
其他 Others	1462	674	10	331	673	367	81
实习指导课 Practice Guidance Lessons	1767	639	29	261	954	403	120

中等职业学校(机构)分科专任教师数(职业高中)

Number of Full-time Teachers by Field of Education in Secondary Vocational Schools (Institutions) (Vocational High Schools)

单位:人

unit: person

	合计 Total	其中:女 of Which: Female	正高级 Senior	副高级 Sub-Senior	中级 Middle	初级 Junior	未定职级 No-ranking
总　计 Total	**315472**	**156283**	**1923**	**58294**	**128383**	**98965**	**27907**
其中:女 of Which: Female	156283		681	24265	64420	52364	14553
文化基础课 Common Required Subject Common Required Subject General Knowledge Subjects	150577	79659	707	31113	62929	45748	10080
专业课 Subjects	155480	73564	1143	26000	61640	50176	16521
农林牧渔类 Agriculture, Forestry, Animal Husbandry & Fisheries	10039	4137	24	2252	4433	2758	572
资源环境类 Resources & Environment	788	309	2	154	311	224	97
能源与新能源类 Energy Resources & New ER	910	350	11	165	372	262	100
土木水利类 Civil Engineering & Water Conservancy	3315	1186	20	628	1352	987	328
加工制造类 Manufacturing	24342	8471	183	4573	9739	7253	2594
石油化工类 Petroleum & Chemical Industries	897	390	4	201	338	261	93
轻纺食品类 Light, Textile & Food Industries	1646	905	17	273	603	501	252
交通运输类 Communication & Transport.	6193	1726	55	978	2378	1864	918
信息技术类 Information Technology	35431	17102	253	5076	14486	12091	3525
医药卫生类 Medicine, Pharmacy & Health Care	4452	2563	109	737	1816	1370	420
休闲保健类 Recreation Services & Make-up Artists	687	347	4	95	330	185	73
财经商贸类 Finance, Economics, Commerce & Trade	14069	8577	90	2568	5670	4402	1339
旅游服务类 Tourist Services	9064	5900	49	1462	3459	3079	1015
文化艺术类 Culture & Arts	14620	8587	116	2062	5402	5198	1842
体育与健身 Sports & Body-building	5332	1457	13	708	2145	1926	540
教育类 Educational Services	10334	5530	87	1875	3908	3473	991
司法服务类 Legal Services	519	211	9	93	155	174	88
公共管理与服务类 Public Administration & Services	2897	1369	19	516	1059	964	339
其他 Others	9945	4447	78	1584	3684	3204	1395
实习指导课 Practice Guidance Lessons	9415	3060	73	1181	3814	3041	1306

中等职业学校(机构)分科专任教师数(其他机构)

Number of Full-time Teachers by Field of Education in Secondary Vocational Schools (Institutions) (Other Institutions)

单位：人

unit：person

	合计 Total	其中:女 of Which: Female	正高级 Senior	副高级 Sub-Senior	中级 Middle	初级 Junior	未定职级 No-ranking
总　计 Total	**14835**	**7307**	**151**	**3616**	**6417**	**3676**	**975**
其中:女 of Which: Female	7307		79	1605	3138	1900	585
文化基础课 Common Required Subject Common Required Subject General Knowledge Subjects	6580	3444	61	1762	2872	1536	349
专业课 Subjects	7674	3695	89	1783	3314	1941	547
农林牧渔类 Agriculture, Forestry, Animal Husbandry & Fisheries	229	95	9	53	87	64	16
资源环境类 Resources & Environment	45	22		14	8	22	1
能源与新能源类 Energy Resources & New ER	44	19		12	14	15	3
土木水利类 Civil Engineering & Water Conservancy	153	60	1	22	89	33	8
加工制造类 Manufacturing	1061	425	8	243	455	292	63
石油化工类 Petroleum & Chemical Industries	27	11		3	15	8	1
轻纺食品类 Light, Textile & Food Industries	32	19		10	14	7	1
交通运输类 Communication & Transport.	224	73	1	50	76	75	22
信息技术类 Information Technology	1227	516	11	198	551	364	103
医药卫生类 Medicine, Pharmacy & Health Care	786	503	26	223	304	160	73
休闲保健类 Recreation Services & Make-up Artists	4	2			2	1	1
财经商贸类 Finance, Economics, Commerce & Trade	669	363	9	111	327	160	62
旅游服务类 Tourist Services	194	111	1	38	62	73	20
文化艺术类 Culture & Arts	560	306	3	98	236	173	50
体育与健身 Sports & Body-building	301	88	0	74	112	83	32
教育类 Educational Services	1501	832	16	461	661	309	54
司法服务类 Legal Services	58	26		14	27	12	5
公共管理与服务类 Public Administration & Services	122	26	1	19	82	10	10
其他 Others	437	198	3	140	192	80	22
实习指导课 Practice Guidance Lessons	581	168	1	71	231	199	79

中等职业学校（机构）专任教师、聘请校外教师学历情况（合计）

Number of Full-time and Part-time Teachers by Academic Qualifications in Secondary Vocational Schools (Institutions) (Total)

单位：人

unit: person

	合计 Total	博士 研究生 Doctors	硕士 研究生 Masters	本科 Normal Courses	专科 Short-cycle Courses	高中阶段 及以下 Below High School Graduate
1. 专任教师 Full-time Teacher	689363	799	30510	557341	95513	5200
其中：女 of Which: Female	341749	331	17188	283250	39433	1547
实习指导课教师 Practice Course Teacher	25484	13	534	15907	8227	803
正高级 Senior	4927	142	754	3520	493	18
副高级 Sub-senior	147089	272	9241	126727	10551	298
中　级 Middle	278249	218	11454	228602	36158	1817
初　级 Junior	198996	85	5559	159313	32163	1876
未定职级 No-ranking	60102	82	3502	39179	16148	1191
2. 聘请校外教师 Part-time Teacher	102321	623	6972	72171	21291	1264
其中：女 of Which: Female	42144	215	3191	30731	7691	316
实习指导课教师 of Which: Practice Course Teacher	11055	39	368	7259	3142	247
外籍教师 Foreign Teachers Among Part-time Teachers ones	310	6	56	223	24	1
正高级 Senior	3637	203	775	2335	291	33
副高级 Sub-senior	22383	210	2109	17744	2205	115
中　级 Middle	40910	134	2271	29938	8251	316
初　级 Junior	15992	36	788	10601	4421	146
未定职级 No-ranking	19399	40	1029	11553	6123	654

中等职业学校(机构)专任教师、聘请校外教师学历情况(普通中专学校)

Number of Full-time and Part-time Teachers by Academic Qualifications in Secondary Vocational Schools (Institutions) (Regular SSSs)

单位：人

unit：person

	合计 Total	博士研究生 Doctors	硕士研究生 Masters	本科 Normal Courses	专科 Short-cycle Courses	高中阶段及以下 Below High School Graduate
1. 专任教师 Full-time Teacher	303864	392	19975	244799	35952	2746
其中:女 of Which：Female	151010	169	11495	124354	14195	797
实习指导课教师 Practice Course Teacher	13721	6	326	8189	4611	589
正高级 Senior	2350	69	323	1674	266	18
副高级 Sub-senior	70570	137	6186	59898	4125	224
中级 Middle	118364	99	7564	96533	13265	903
初级 Junior	83927	45	3688	67881	11424	889
未定职级 No-ranking	28653	42	2214	18813	6872	712
2. 聘请校外教师 Part-time Teacher	47611	329	4106	34908	7707	561
其中:女 of Which：Female	20743	111	1952	15648	2854	178
实习指导课教师 Practice Course Teacher	4735	35	248	3131	1195	126
外籍教师 Foreign Teachers Among Part-time Teachers ones	220	6	39	163	12	
正高级 Senior	1650	111	328	1035	143	33
副高级 Sub-senior	10674	143	1131	8400	913	87
中级 Middle	17991	55	1361	13780	2668	127
初级 Junior	8105	13	593	5764	1690	45
未定职级 No-ranking	9191	7	693	5929	2293	269

中等职业学校(机构)专任教师、聘请校外教师学历情况(成人中专学校)

Number of Full-time and Part-time Teachers by Academic Qualifications in Secondary Vocational Schools (Institutions) (Adult SSSs)

单位：人

unit: person

	合计 Total	博士研究生 Doctors	硕士研究生 Masters	本科 Normal Courses	专科 Short-cycle Courses	高中阶段及以下 Below High School Graduate
1. 专任教师 Full-time Teacher	55192	33	1494	41236	11918	511
其中:女 of Which: Female	27149	9	736	20459	5760	185
实习指导课教师 Practice Course Teacher	1767	2	24	1250	461	30
正高级 Senior	503	19	94	364	26	
副高级 Sub-senior	14609	10	540	12433	1602	24
中　级 Middle	25085	4	531	18579	5684	287
初　级 Junior	12428		187	8435	3684	122
未定职级 No-ranking	2567		142	1425	922	78
2. 聘请校外教师 Part-time Teacher	23711	62	1016	16690	5695	248
其中:女 of Which: Female	8235	12	365	5955	1862	41
实习指导课教师 Practice Course Teacher	2450	2	21	1839	542	46
外籍教师 Foreign Teachers Among Part-time Teachers ones	5		2	2	1	
正高级 Senior	1046	40	225	689	92	
副高级 Sub-senior	6420	15	427	5284	690	4
中　级 Middle	12368	4	255	8540	3433	136
初　级 Junior	2369		52	1307	967	43
未定职级 No-ranking	1508	3	57	870	513	65

中等职业学校(机构)专任教师、聘请校外教师学历情况(职业高中)

Number of Full-time and Part-time Teachers by Academic Qualifications in Secondary Vocational Schools(Institutions)(Vocational High Schools)

单位：人

unit：person

	合计 Total	博士研究生 Doctors	硕士研究生 Masters	本科 Normal Courses	专科 Short-cycle Courses	高中阶段及以下 Below High School Graduate
1. 专任教师 Full-time Teacher	315472	363	7780	259601	45875	1853
其中:女 of Which：Female	156283	151	4234	132628	18734	536
实习指导课教师 Practice Course Teacher	9415	5	164	6133	2941	172
正高级 Senior	1923	50	311	1368	194	
副高级 Sub-senior	58294	120	2153	51351	4626	44
中级 Middle	128383	113	2863	108367	16452	588
初级 Junior	98965	40	1469	80137	16486	833
未定职级 No-ranking	27907	40	984	18378	8117	388
2. 聘请校外教师 Part-time Teacher	28294	213	1480	18819	7344	438
其中:女 of Which：Female	11922	86	705	8316	2723	92
实习指导课教师 Practice Course Teacher	3456	2	87	2042	1254	71
外籍教师 Foreign Teachers Among Part-time Teachers ones	81		13	56	11	1
正高级 Senior	868	50	214	553	51	
副高级 Sub-senior	4660	37	462	3592	545	24
中级 Middle	9394	73	456	6892	1926	47
初级 Junior	5092	23	96	3277	1644	52
未定职级 No-ranking	8280	30	252	4505	3178	315

中等职业学校(机构)专任教师、聘请校外教师学历情况(其他机构)

Number of Full-time and Part-time Teachers by Academic Qualifications in Secondary Vocational Schools (Institutions) (Other Institutions)

单位：人

unit：person

	合计 Total	博士研究生 Doctors	硕士研究生 Masters	本科 Normal Courses	专科 Short-cycle Courses	高中阶段及以下 Below High School Graduate
1. 专任教师 Full-time Teacher	14835	11	1261	11705	1768	90
其中:女 of Which: Female	7307	2	723	5809	744	29
实习指导课教师 Practice Course Teacher	581		20	335	214	12
正高级 Senior	151	4	26	114	7	
副高级 Sub-senior	3616	5	362	3045	198	6
中 级 Middle	6417	2	496	5123	757	39
初 级 Junior	3676		215	2860	569	32
未定职级 No-ranking	975		162	563	237	13
2. 聘请校外教师 Part-time Teacher	2705	19	370	1754	545	17
其中:女 of Which: Female	1244	6	169	812	252	5
实习指导课教师 Practice Course Teacher	414		12	247	151	4
外籍教师 Foreign Teachers Among Part-time Teachers ones	4		2	2		
正高级 Senior	73	2	8	58	5	
副高级 Sub-senior	629	15	89	468	57	
中 级 Middle	1157	2	199	726	224	6
初 级 Junior	426		47	253	120	6
未定职级 No-ranking	420		27	249	139	5

中等职业学校(机构)

Number of Full-time Teachers by Age in

	合计 Total	30 岁及以下 30 and Under	31—35 岁 31 to 35	36—40 岁 36 to 40
总　计 Total	**689363**	**168772**	**136473**	**133447**
其中:女 of Which: Female	341749	99059	73625	67810
正高级 Senior	4927	11	10	574
副高级 Sub-senior	147089	38	3646	23067
中　级 Middle	278249	22169	69109	82231
初　级 Junior	198996	100454	56092	24552
未定职级 No-ranking	60102	46100	7616	3023
普通中专学校 Regular SSSs	303864	79466	56268	55513
其中:女 of Which: Female	151010	46854	30003	27789
正高级 Senior	2350	8	3	221
副高级 Sub-senior	70570	36	1684	11028
中　级 Middle	118364	11000	30296	33335
初　级 Junior	83927	46720	20713	9402
未定职级 No-ranking	28653	21702	3572	1527
成人中专学校 Adult SSSs	55192	7120	10200	10450
其中:女 of Which: Female	27149	3965	5383	5787
正高级 Senior	503		2	57
副高级 Sub-senior	14609		293	1520
中　级 Middle	25085	1293	4857	6830
初　级 Junior	12428	4072	4597	1861
未定职级 No-ranking	2567	1755	451	182
职业高中学校 Vocational High Schools	315472	78675	67124	64848
其中:女 of Which: Female	156283	46106	36742	32883
正高级 Senior	1923	3	5	292
副高级 Sub-senior	58294	2	1615	9972
中　级 Middle	128383	9319	32144	40301
初　级 Junior	98965	47464	29893	13004
未定职级 No-ranking	27907	21887	3467	1279
其他机构 Other Institutions	14835	3511	2881	2636
其中:女 of Which: Female	7307	2134	1497	1351
正高级 Senior	151			4
副高级 Sub-senior	3616		54	547
中　级 Middle	6417	557	1812	1765
初　级 Junior	3676	2198	889	285
未定职级 No-ranking	975	756	126	35

专任教师分年龄情况

Secondary Vocational Schools (Institutions)

单位：人

unit：person

41—45 岁 41 to 45	46—50 岁 46 to 50	51—55 岁 51 to 55	56—60 岁 56 to 60	61 岁及以上 61 and Over
116383	**80457**	**36298**	**16095**	**1438**
54003	32513	12852	1559	328
982	1097	1126	700	427
47136	42042	21000	9474	686
55989	29569	13380	5525	277
10627	6425	562	269	15
1649	1324	230	127	33
50193	37193	16929	7602	700
23395	15714	6272	837	146
406	517	610	363	222
22153	20692	10099	4547	331
22660	12759	5749	2455	110
4123	2505	306	149	9
851	720	165	88	28
11048	9329	4947	1981	117
5719	4184	1942	123	46
117	119	113	58	37
4051	4658	2802	1228	57
5771	3679	1971	661	23
1016	810	46	26	
93	63	15	8	
52513	32091	13589	6046	586
23696	11830	4352	547	127
429	395	373	261	165
19734	15670	7609	3415	277
26336	12523	5373	2253	134
5334	2985	190	89	6
680	518	44	28	4
2629	1844	833	466	35
1193	785	286	52	9
30	66	30	18	3
1198	1022	490	284	21
1222	608	287	156	10
154	125	20	5	
25	23	6	3	1

中等职业学校(机构)专任教师、

Number of Full-time and Part-time Teachers

	本学年授课专任教师 Full-time Teacher by Teaching Content			
	合计 Total	文化基础课 Common Required Subject	专业课、实习指导课 Special Subject and Practice Course	
			计 Total	其中:双师型 of Which: Double-teacher Type
总　计 Total	**684820**	**298511**	**386309**	**163423**
其中:女 of Which: Female	339715	158854	180861	68952
正高级 Senior	4874	1491	3383	1461
副高级 Sub-senior	145968	70312	75656	39550
中　级 Middle	276440	124244	152196	76383
初　级 Junior	197729	82721	115008	39874
未定职级 No-ranking	59809	19743	40066	6155
普通中专学校 Regular SSSs	302006	113112	188894	84003
其中:女 of Which: Female	150179	60901	89278	36118
正高级 Senior	2334	563	1771	833
副高级 Sub-senior	70142	28995	41147	22974
中　级 Middle	117683	45241	72442	39094
初　级 Junior	83396	30118	53278	18206
未定职级 No-ranking	28451	8195	20256	2896
成人中专学校 Adult SSSs	54665	29343	25322	5912
其中:女 of Which: Female	26885	15315	11570	2280
正高级 Senior	479	161	318	87
副高级 Sub-senior	14451	8739	5712	1607
中　级 Middle	24859	13649	11210	3095
初　级 Junior	12323	5645	6678	946
未定职级 No-ranking	2553	1149	1404	177
职业高中学校 Vocational High Schools	313487	149541	163946	70629
其中:女 of Which: Female	155423	79217	76206	29346
正高级 Senior	1910	706	1204	479
副高级 Sub-senior	57809	30830	26979	14217
中　级 Middle	127550	62516	65034	32750
初　级 Junior	98387	45439	52948	20158
未定职级 No-ranking	27831	10050	17781	3025
其他机构 Other Institutions	14662	6515	8147	2879
其中:女 of Which: Female	7228	3421	3807	1208
正高级 Senior	151	61	90	62
副高级 Sub-senior	3566	1748	1818	752
中　级 Middle	6348	2838	3510	1444
初　级 Junior	3623	1519	2104	564
未定职级 No-ranking	974	349	625	57

聘请校外教师岗位分类情况

by Teaching Course in Secondary Vocational Schools (Institutions)

单位：人

unit: person

本学年授课聘请校外教师 Part-time Teacher by Teaching Content				本学年授课专任教师 Full-time Teacher by Non – teaching			
合计 Total	文化基础课 Common Required Subject Common Required Subject	专业课、实习指导课 Special Subject and Practice Course		合计 Total	进修 In-service	病休 Sick-Leave	其他 Others
		计 Total	其中：双师型 of Which: Double-teacher Type				
102321	**26822**	**75499**	**25486**	**4543**	**510**	**643**	**3390**
42144	13311	28833	8869	2034	235	335	1464
3637	800	2837	1055	53		6	47
22383	5015	17368	7833	1121	98	105	918
40910	10496	30414	11647	1809	207	263	1339
15992	4785	11207	3129	1267	178	239	850
19399	5726	13673	1822	293	27	30	236
47611	12378	35233	12069	1858	173	282	1403
20743	6393	14350	4198	831	85	158	588
1650	251	1399	534	16		3	13
10674	2296	8378	3831	428	31	48	349
17991	4612	13379	5260	681	57	114	510
8105	2381	5724	1479	531	67	102	362
9191	2838	6353	965	202	18	15	169
23711	6435	17276	6045	527	95	16	416
8235	2636	5599	2380	264	58	7	199
1046	320	726	223	24			24
6420	1515	4905	2102	158	42	5	111
12368	3158	9210	3234	226	48	9	169
2369	802	1567	436	105	5	2	98
1508	640	868	50	14			14
28294	7266	21028	6779	1985	168	330	1487
11922	3914	8008	2079	860	60	163	637
868	213	655	273	13		3	10
4660	1051	3609	1713	485	22	47	416
9394	2424	6970	2892	833	65	136	632
5092	1484	3608	1127	578	72	129	377
8280	2094	6186	774	76	9	15	52
2705	743	1962	593	173	74	15	84
1244	368	876	212	79	32	7	40
73	16	57	25				
629	153	476	187	50	3	5	42
1157	302	855	261	69	37	4	28
426	118	308	87	53	34	6	13
420	154	266	33	1			1

中等职业学校(机构)

Changes of Full－time Teachers in Secondary

	上学年初报表专任教师数 Number of Full-time Teachers at Beginning of Previous Academic Year	合计 Total	录用毕业生 New Recruits from Current Year Graduates			增加专任 Factors of 外单位 Teachers Recruited
			小计 Subtotal	研究生 Completing Doc，& Mas. Deg. Prog.	本科生 Completing 1st Degree Courses	小计 Subtotal
总　计 Total	**677435**	**84973**	**17920**	**1962**	**14328**	**30981**
其中:女 of Which：Female	334297	41034	10425	1315	8127	14634
普通中专学校 Regular SSSs	299501	34179	8558	1200	6785	11142
其中:女 of Which：Female	147702	17116	5082	779	3892	5218
成人中专学校 Adult SSSs	56336	6197	684	71	542	3167
其中:女 of Which：Female	27560	2931	368	50	284	1531
职业高中学校 Vocational High Schools	305278	41307	8350	601	6811	15758
其中:女 of Which：Female	151047	19426	4772	416	3840	7459
其他机构 Other Institutions	16320	3290	328	90	190	914
其中:女 of Which：Female	7988	1561	203	70	111	426

专任教师变动情况
Vocational Schools（Institutions）

单位：人
unit：person

教师数 Increase				减少专任教师数 Factors of Decrease				本学年初报表专任教师数 Number of Full-time Teachers at Beginning of Current Academic Year
教师调入 from Other Units	非教师调入 Non-teaching Personnel Changed into Teachers							
其中：中职学校调入 of Which：from Other SVSs	小计 Subtotal	其中：本校调整 of Which：with Change of Status in Their Own Institutions	其他 Others	合计 Total	自然减员 Retired from Their Posts during Previcus Academic Year	调离教师岗位 Transferred from Teaching to Non-teaching Posts	其他 Others	
11898	**14248**	**9742**	**21824**	**73045**	**12675**	**14658**	**45712**	**689363**
5372	6332	4269	9643	33582	5896	6338	21348	341749
4961	5903	3764	8576	29816	6345	5469	18002	303864
2179	2698	1685	4118	13808	3002	2369	8437	151010
855	752	531	1594	7341	1238	1423	4680	55192
410	360	241	672	3342	556	588	2198	27149
5558	7106	5175	10093	31113	4849	7082	19182	315472
2561	3046	2197	4149	14190	2249	3031	8910	156283
524	487	272	1561	4775	243	684	3848	14835
222	228	146	704	2242	89	350	1803	7307

	学校占地面积(平方米) Area of School sites (m^2)			图书(册) Books (volume)	
	计 Total	其中:绿化用地面积 of Which: Green Areas	其中:运动场地面积 of Which: Sports Areas	计 Total	当年新增 New Added in Current Year
总　计 Total					
学校产权 Owned by SVSs	510964819	117674615	75694191	351644883	23715934
非学校产权中独立使用 Not Owned by SVSs	60124911	12513598	9797689	16388323	1291645
普通中专学校 Regular SSSs					
学校产权 Owned by SSSs	250021242	60618380	36016749	190361426	12254531
非学校产权中独立使用 Not Owned by SSSs	28376936	5073306	4500401	7022933	559103
成人中专学校 Adult SSSs					
学校产权 Owned by Adult SSSs	24825814	4255084	3542259	23618478	1023118
非学校产权中独立使用 Not Owned by Adult SSSs	3986638	517975	667534	1803468	45846
职业高中学校 Vocational High Schools					
学校产权 Owned by VHSs	223533185	49777959	34114452	128853258	9719525
非学校产权中独立使用 Not Owned by VHSs	26091701	6174826	4388850	6913044	655626
其他机构 Other Institutions					
学校产权 Owned by SVSs	12584578	3023192	2020731	8811721	718760
非学校产权中独立使用 Not Owned by SVSs	1669636	747491	240904	648878	31070

（机构）资产情况

Secondary Vocational Schools (Institutions)

计算机数(台) PC (set)		多媒体教室座位数(个) No. of Seats in Multimedia Class rooms (seat)	语音实验室座位数(个) No. of Seats in Audio-Labs (seat)	固定资产值(万元) Fixed Assets (10,000 yuan)		
计 Total	其中:教学用计算机 of Which: No. of Computers Used of Instruction			计 Total	其中:教学、科研仪器设备资产值 of Which: Teaching Equipment & Instruments	
					小计 Subtotal	当年新增 New Added in Current Year
2811698	2340911	3488766	671438	23172914. 45	4419580. 57	623596. 65
165123	134012	148109	34822	1101426. 46	188554. 35	30258. 28
1426724	1193187	1911339	355629	12438979. 37	2423961. 37	323295. 10
62075	51262	65158	12228	508098. 21	90738. 30	8959. 23
169839	133132	212582	53761	1127143. 39	176307. 95	22173. 38
22610	19596	17329	5116	87330. 69	19151. 37	4528. 90
1157576	967760	1268420	240533	8958504. 45	1713205. 61	261866. 06
74655	59971	60248	17247	471941. 06	74583. 55	16568. 95
57559	46832	96425	21515	648287. 22	106105. 64	16262. 11
5783	3183	5374	231	34056. 50	4081. 13	201. 20

中等职业学校(机构)教职工其他情况
Supplementary Information on Educational Personnel in Secondary Vocational Schools (Institutions)

单位:人
unit: person

	共产党员 Member of C. P. A	共青团员 Member of C. Y. L	民主党派 Member of Non-Communist Part	华侨 Overseas Chinese	港澳台 From H. K, Macao and Taiwan	少数民族 Minorities
总计 Total						
教职工 Educational Personnel	308996	85078	12869	116	40	48791
其中:女 of Which: Female	118477	44771	6459	56	26	22631
专任教师 Full-time Teachers	216102	67592	10284	71	22	35115
其中:女 of Which: Female	89722	36480	5383	38	17	16917
普通中专学校 Regular SSSs						
教职工 Educational Personnel	152959	40883	7382	77	22	26159
其中:女 of Which: Female	61437	21684	3782	35	11	11906
专任教师 Full-time Teachers	101609	31433	5961	40	10	18512
其中:女 of Which: Female	44652	17105	3186	21	7	8683
成人中专学校 Adult SSSs						
教职工 Educational Personnel	31057	4448	852	1		4301
其中:女 of Which: Female	11358	2046	432			1986
专任教师 Full-time Teachers	21480	2996	635	1		3178
其中:女 of Which: Female	8446	1333	300			1527
职业高中学校 Vocational High Schools						
教职工 Educational Personnel	116753	37939	4218	37	18	17689
其中:女 of Which: Female	42628	20141	2037	20	15	8396
专任教师 Full-time Teachers	87719	31759	3361	29	12	12981
其中:女 of Which: Female	34429	17316	1724	16	10	6443
其他机构 Other Institutions						
教职工 Educational Personnel	8227	1808	417	1		642
其中:女 of Which: Female	3054	900	208	1		343
专任教师 Full-time Teachers	5294	1404	327	1		444
其中:女 of Which: Female	2195	726	173	1		264

中等职业学校(机构)校舍情况(总计)

Conditions of School Buidings in Secondary Vocational Schools (Institutions) (Total)

单位:平方米
unit: m^2

	学校产权建筑面积 Floor Area of School Building Owned by SVSs				正在施工校舍建筑面积 Floor Area Under Construction	独立使用非学校产权校舍建筑面积 Floor Area of School Building Not Owned by SVSs
	计 Total	其中:危房 of Which: Dilapidated Buildings	其中:当年新增 of Which: Newly Added in Current Year	其中:被外单位借用 of Which: Floor Space Hired by Other Schools or Units		
总　计 Total	**204590061**	**4906042**	**7968575**	**486145**	**11045689**	**21374056**
一、教学及辅助用房 Buildings for Instruction and Ancillary Uses	96510626	2036780	4525743	198701	6052747	10476377
教室 Classroom	49767726	1316724	1643477	133694	2276534	5839856
图书馆 Library	6367847	91656	156552	7466	542016	714499
实验室、实习场所 Lab. and Practice Facilities	32493133	512753	2492710	48850	2646193	2640854
体育馆 Gymnasium	4912791	39176	143687	4720	456359	794952
会堂 Hall	2969129	76471	89317	3971	131645	486216
二、行政办公用房 Administritive	14578953	387039	426123	46405	702301	1409506
三、生活用房 Residential Buildings	76686859	2148847	2780021	200153	3729454	9228541
学生宿舍(公寓) Students´Dormitories	50414626	1313159	1906701	143122	2596105	6171738
学生食堂 Students´Dining Halls	12017754	232091	529358	13151	695237	1272453
教工宿舍(公寓) Apartments for Single	4585592	240290	181327	5555	167783	694014
教工食堂 Dining Halls for Educational Personnel	1129168	16842	40099	1329	38503	148638
生活福利及附属用房 Residential, Welfare and Anxiliary Buildings	8539719	346465	122536	36996	231826	941698
四、教工住宅 Residential Quarters for Teachers & Workers	13994385	262656	77156	4578	288081	
五、其他用房 Other	2819238	70720	159532	36308	273106	259632

中等职业学校(机构)校舍情况(普通中专学校)

Conditions of School Buidings in Secondary Vocational Schools (Institutions) (Regular SSSs)

单位：平方米

unit：m²

	学校产权建筑面积 Floor Area of School Building Owned by SSSs				正在施工校舍建筑面积 Floor Area Under Construction	独立使用非学校产权校舍建筑面积 Floor Area of School Building Not Owned by SSSs
	计 Total	其中：危房 of Which：Dilapidated Buildings	其中：当年新增 of Which：New Added in Current Year	其中：被外单位借用 of Which：Floor Space Hired by Other Schools or Units		
总　计 Total	**107575693**	**2311035**	**3483510**	**227335**	**6802207**	**10339506**
一、教学及辅助用房 Buildings for Instruction and Ancillary Uses	50032129	962613	1819417	83053	3565867	4964706
教室 Classroom	24744721	565090	771876	47135	1372104	2631972
图书馆 Library	3593227	55734	80689	4490	358451	323550
实验室、实习场所 Lab. and Practice Facilities	17147119	259470	852649	24862	1445824	1330515
体育馆 Gymnasium	3036783	33707	75622	3860	312863	443822
会堂 Hall	1510279	48612	38581	2706	76625	234847
二、行政办公用房 Administritive	6954926	160468	205108	17402	449636	627381
三、生活用房 Residential Buildings	40495526	1026764	1334135	106781	2390992	4642826
学生宿舍(公寓) Students´Dormitories	27564358	671611	968638	83750	1675305	3116469
学生食堂 Students´Dining Halls	6144243	104083	215599	2340	422755	598539
教工宿舍(公寓) Apartments for Single	2006254	81803	80192	3262	101447	332961
教工食堂 Dining Halls for Teachers, Stalf Workers	536821	6979	19976	60	14968	71935
生活福利及附属用房 Residential, Welfare and Anxiliary Buildings	4243850	162288	49730	17369	176517	522922
四、教工住宅 Residential Quarters for Teachers Workers	8852587	126169	31872	2761	222135	
五、其他用房 Other	1240525	35021	92978	17338	173577	104593

中等职业学校(机构)校舍情况(成人中专学校)
Conditions of School Buildings in Secondary Vocational Schools (Institutions) (Adult SSSs)

单位：平方米
unit：m^2

	学校产权建筑面积 Floor Area of School Building Owned by Adult SSSs				正在施工校舍建筑面积 Floor Area Under Construction	独立使用非学校产权校舍建筑面积 Floor Area of School Building Not Owned by Adult SSSs
	计 Total	其中：危房 of Which: Dilapidated Buildings	其中：当年新增 of Which: Newly Added in Current Year	其中：被外单位借用 of Which: Floor Space Hired by Other Schools or Units		
总　计 Total	**10271214**	**341612**	**429985**	**52737**	**236405**	**2000794**
一、教学及辅助用房 Buildings for Instruction and Ancillary Uses	4408876	125929	207727	25593	108852	1140119
教室 Classroom	2868446	96224	106479	24553	52460	709332
图书馆 Library	298853	5345	7977	860	15012	125773
实验室、实习场所 Lab. and Practice Facilities	863777	16673	75401	130	38772	181810
体育馆 Gymnasium	164250	765	9680	50	500	73168
会堂 Hall	213550	6922	8190		2108	50036
二、行政办公用房 Administritive	1331362	48220	31259	8610	15234	181200
三、生活用房 Residential Buildings	3615776	142727	170324	16798	101727	671770
学生宿舍(公寓) Students´Dormitories	2158986	69212	126405	11345	65002	463282
学生食堂 Students´Dining Halls	528543	15242	30127	2449	27926	99328
教工宿舍(公寓) Apartments for Single	219467	21942	10170		8286	41047
教工食堂 Dining Halls for Teachers, Stalf and Workers	86696	3360	50		100	10392
生活福利及附属用房 Residential, Welfare and Arxiliary Buildings	622084	32971	3572	3004	413	57721
四、教工住宅 Residential Quarters for Teachers & Workers	806916	20816	13387	778	1000	
五、其他用房 Other	108284	3920	7288	958	9592	7705

中等职业学校(机构)校舍情况(职业高中学校)
Conditions of School Buildings in Secondary Vocational Schools (Institutions) (Vocational High Schools)

单位:平方米
unit: m²

	学校产权建筑面积 Floor Area of School Building Owned by HEIs				正在施工校舍建筑面积 Floor Area Under Construction	独立使用非学校产权校舍建筑面积 Floor Area of School Building Not Owned by VHSs
	计 Total	其中:危房 of Which: Dilapidated Buildings	其中:当年新增 of Which: Newly Added in Current Year	其中:被外单位借用 of Which: Floor Space Hired by Other Schools or Units		
总　计 Total	**81139359**	**2218413**	**3923831**	**204992**	**3901928**	**8367507**
一、教学及辅助用房 Buildings for Instruction and Ancillary Uses	39497904	938096	2427229	89479	2341196	4057490
教室 Classroom	20745961	647690	729589	61430	832997	2342695
图书馆 Library	2282445	30462	57052	2116	166433	250516
实验室、实习场所 Lab. and Practice Facilities	13731489	234303	1543137	23858	1148578	1018642
体育馆 Gymnasium	1566019	4704	55485	810	140636	262432
会堂 Hall	1171990	20937	41966	1265	52552	183205
二、行政办公用房 Administritive	5878156	173960	181902	20393	227371	532404
三、生活用房 Residential Buildings	30582306	962372	1231078	76069	1195178	3631279
学生宿舍(公寓) Students´Dormitories	19383060	563735	775453	48027	824058	2413896
学生食堂 Students´Dining Halls	5020153	110929	279018	8362	237356	523163
教工宿舍(公寓) Apartments for Single	2256181	130803	88615	2293	57890	303093
教工食堂 Dining Halls for Teachers, Stalf and Workers	460646	6299	19358	1269	22235	57951
生活福利及附属用房 Residential, Welfare and Anxiliary Buildings	3462266	150606	68634	16118	53639	333176
四、教工住宅 Residential Quarters for Teachers & Workers	3798773	115120	24997	1039	53946	
五、其他用房 Other	1382220	28865	58625	18012	84237	146334

中等职业学校(机构)校舍情况(其他机构)

Conditions of School Buidings in Secondary Vocational Schools (Institutions)(Other Institutions)

单位：平方米

unit：m²

	学校产权建筑面积 Floor Area of School Building Owned by SVSs				正在施工校舍建筑面积 Floor Area Under Construction	独立使用非学校产权校舍建筑面积 Floor Area of School Building Not Owned by SVSs
	计 Total	其中：危房 of Which：Dilapidated Buildings	其中：当年新增 of Which：Newly Added in Current Year	其中：被外单位借用 of Which：Floor Space Hired by Other Schools or Units		
总　计 Total	**5603795**	**34982**	**131249**	**1081**	**105149**	**666249**
一、教学及辅助用房 Buildings for Instruction and Ancillary Uses	2571717	10142	71370	576	36832	314062
教室 Classroom	1408598	7720	35533	576	18973	155857
图书馆 Library	193322	115	10834		2120	14660
实验室、实习场所 Lab. And Practice Facilities	750748	2307	21523		13019	109887
体育馆 Gymnasium	145739		2900		2360	15530
会堂 Hall	73310		580		360	18128
二、行政办公用房 Administritive	414509	4391	7854		10060	68521
三、生活用房 Residential Buildings	1993251	16984	44484	505	41557	282666
学生宿舍(公寓) Students´Dormitories	1308222	8601	36205		31740	178091
学生食堂 Students´Dining Halls	324815	1837	4614		7200	51423
教工宿舍(公寓) Apartments for Single	103690	5742	2350		160	16913
教工食堂 Dining Halls for Educational Personnel	45005	204	715		1200	8360
生活福利及附属用房 Residential, Welfare and Anxiliary Buildings	211519	600	600	505	1257	27879
四、教工住宅 Residential Quarters for Teachers & Workers	536109	551	6900		11000	
五、其他用房 Other	88209	2914	641		5700	1000

职业技术培训

Basic Statistics of Vocational-Technical

	学校数（所）Schools	教学班（点）（个）External Teaching Sites (class)	结业生数 计 Total
总　计 Total	**129530**	**549298**	**51465876**
职工技术培训学校（机构）Vocational-Technical Training Schools	3049	41683	3302902
教育部门办 Run by Ed. Dept.	1392	19044	1803700
其他部门办 Run by Non-Ed. Dept.	919	17387	1140310
民办 Non-government	738	5252	358892
农村成人文化技术培训学校（机构）Technical Training Schools for Peasants	103420	299562	37946868
教育部门办 Run by Ed. Dept.	100206	289414	36791291
其中：县办 of Which：County-run	2403	22191	3092944
乡办 Township-run	16419	108687	18342746
村办 VillAge-run	81384	158536	15355601
其他部门办 Run by Non-Ed. Dept.	2434	7950	974045
民办 Non-government	780	2198	181532
其他培训机构（含社会培训机构）Others	23061	208053	10216106
教育部门办 Run by Ed. Dept.	922	8074	991477
其他部门办 Run by Non-Ed. Dept.	2254	11164	1795570
民办 Non-state/private	19885	188815	7429059
总计中：少数民族 of the Total ：Minority			3643684
培训形式：资格证书培训 Mode of Trainiing：for Certificates of Vocational Qualifications			4967542
岗位证书培训 for Certificates of Job-related Qualifications			7779630
按产业结构分：第一产业类培训 by Industry：Training for First Industry			22746647
第二产业类培训 Training for Second Industry			7543339
第三产业类培训 Training for Third Industry			21175890
一个月以内 1 month			33392698
一个月至三个月以内 1 months to 3 months			8413334
三个月至半年以内 3 months to 6 months			4631949
半年至一年以内 6 months and 1 Year			3863116
一年及以上 1 Year and Over			1164779

机构基本情况
Training Institutions

单位：人次
unit：person

Graduates	注册学生数 Enrolment		教职工数 Educational Personnel		聘请校外教师 Part-time Teachers
其中:女 of Which: Female	计 Total	其中:女 of Which: Female	计 Total	其中:专任教师 of Which: Full-time Teacher	
24526961	**50211202**	**23858071**	**521758**	**298332**	**318448**
1488349	3365040	1552893	67470	47898	18451
911511	1811091	914455	45820	33833	8870
407033	1193335	447886	12473	8002	6530
169805	360614	190552	9177	6063	3051
17762413	34969530	16464466	188523	94474	181180
17165201	34024779	15997837	180779	89546	171214
1384874	2797667	1297663	17877	11281	13606
8478710	16749524	7709549	67599	37844	69419
7301617	14477588	6990625	95303	40421	88189
510066	759777	378217	3432	1882	8725
87146	184974	88412	4312	3046	1241
5276199	11876632	5840712	265765	155960	118817
531585	1037320	566433	10872	7965	7843
978193	1830340	990145	17557	9579	13244
3766421	9008972	4284134	237336	138416	97730
1711482	3556984	1678469	13068	4404	9953
2329197	4830615	2297228			
3583447	7386464	3443457			
10269297	21591779	9908307			
3481060	7032952	3162839			
10776604	21586471	10786925			
15674353	31220141	14668739			
3991768	8036313	3966391			
2376481	4582704	2366905			
1923620	4949470	2100227			
560739	1422574	755809			

职业技术培训机构资产情况

Condition of Fixed Assets and Teaching Resources in Vocational-Technical Training Institutions

	总 计 Total	职工技术培训学校(机构) Vocational-Technical Training Schools (Institutions)	农村成人文化技术培训学校(机构) Technical Training Schools for Peasants	其他培训机构(含社会培训机构) Others
占地面积(平方米) Area of School Sites (m^2)	140676002	24185533	77249023	39241446
教学行政用房建筑面积(平方米) Administritive (m^2)	47584549	7511539	23389246	16683764
图书(册) Books (volume)	133109599	18697363	46674497	67737739
教学用计算机(台) No. of Computers Used for Instruction(set)	729593	133480	223510	372603
多媒体教室座位数(个) No. of Seats in Multimedia Class Rooms(seat)	1132142	294169	371316	466657
语音实验室座位数(个) No. of Seats in Audio - Labs(seat)	772617	216638	256506	299473
固定资产总值(万元) Fixed Assets (10,000 yuan)	5220786.92	1174395.56	1675743.12	2370648.24
其中:教学、实习仪器设备资产值 of Which: Teaching Equipment & Instruments	1619865.37	258265.12	260539.86	1101060.39

(二)初中阶段教育
Junior Secondary Education

初中校数、班数

Number of Schools, Classes of Junior Secondary Schools

	学校数(所) Schools				班数(个) Classes				
	合计 Total	初级中学 Regular Junior Secondary Schools	九年一贯制学校 9-year Schools	职业初中 Vocational Junior Secondary Schools	合计 Total	一年级 Grade 1	二年级 Grade 2	三年级 Grade 3	四年级 Grade 4
总　计 Total	**54117**	**40759**	**13304**	**54**	**977596**	**320729**	**323792**	**322053**	**11022**
教育部门 Run by Ed. Dept.	49226	39052	10121	53	884310	288443	292823	293112	9932
其他部门 Run by Non-ed. Dept.	567	218	348	1	7713	2477	2456	2504	276
地方企业办 Run by Local Enterprises	42	17	25		762	237	246	260	19
民办 Non-government	4282	1472	2810		84811	29572	28267	26177	795
城区 Urban Area	10758	7433	3321	4	285742	94308	93450	91846	6138
教育部门 Run by Ed. Dept.	8628	6772	1853	3	238689	77961	77941	77385	5402
其他部门 Run by Non-ed. Dept.	163	77	85	1	2589	844	842	874	29
地方企业办 Run by Local Enterprises	12	3	9		230	72	77	80	1
民办 Non-government	1955	581	1374		44234	15431	14590	13507	706
其中:城乡结合区 of Which: Urban-rural Transitional Area	2388	1545	843		49421	16625	16350	15821	625
教育部门 Run by Ed. Dept.	1782	1417	365		38255	12551	12598	12532	574
其他部门 Run by Non-ed. Dept.	22	15	7		259	79	77	91	12
地方企业办 Run by Local Enterprises	1	1			14	4	5	5	
民办 Non-government	583	112	471		10893	3991	3670	3193	39
镇区 Counties & Towns Area	22362	18214	4121	27	459447	150745	152946	152532	3224
教育部门 Run by Ed. Dept.	20446	17498	2921	27	422376	137945	140578	140932	2921
其他部门 Run by Non-ed. Dept.	327	111	216		4513	1434	1409	1432	238
地方企业办 Run by Local Enterprises	22	12	10		487	152	154	164	17
民办 Non-government	1567	593	974		32071	11214	10805	10004	48
其中:镇乡结合区 of Which: County-town Transitional Area	6184	5044	1131	9	123215	40817	40942	40622	834
教育部门 Run by Ed. Dept.	5512	4803	700	9	110430	36330	36647	36632	821
其他部门 Run by Non-ed. Dept.	20	13	7		218	63	72	80	3
地方企业办 Run by Local Enterprises					16	5	5	6	
民办 Non-government	652	228	424		12551	4419	4218	3904	10
乡村 Rural Area	20997	15112	5862	23	232407	75676	77396	77675	1660
教育部门 Run by Ed. Dept.	20152	14782	5347	23	223245	72537	74304	74795	1609
其他部门 Run by Non-ed. Dept.	77	30	47		611	199	205	198	9
地方企业办 Run by Local Enterprises	8	2	6		45	13	15	16	1
民办 Non-government	760	298	462		8506	2927	2872	2666	41
总计中:四年制 of the Total:4-year					50063	13326	13495	13670	9572
其他学校附设班 Classes Attached to Others Schools					6703	2206	2220	2234	43
独立设置少数民族学校 Inde. Sec. Schools for Minorities					31316	10551	10516	10168	81

初中班额情况
Size of Junior Secondary Schools Education Classes

单位:个
unit:class

	计 Total	一年级 Grade 1	二年级 Grade 2	三年级 Grade 3	四年级 Grade 4
合　计 Total	**977596**	**320729**	**323792**	**322053**	**11022**
城区 Urban Area					
25 人及以下 under 25 persons	6995	2204	1990	2252	549
26 – 35 人 between 26 – 35	27118	9073	8251	8592	1202
36 – 45 人 between 36 – 45	67294	22259	21446	21907	1682
46 – 55 人 between 46 – 55	99050	32757	33016	31695	1582
56 – 65 人 between 56 – 65	54582	18265	18050	17508	759
66 人及以上 Over 66 Persons	30703	9750	10697	9892	364
其中:城乡结合区 of Which:Urban-rural Transitional Area					
25 人及以下 under 25 persons	1043	373	311	319	40
26 – 35 人 between 26 – 35	4285	1515	1271	1425	74
36 – 45 人 between 36 – 45	11637	3840	3769	3860	168
46 – 55 人 between 46 – 55	18145	6132	6230	5599	184
56 – 65 人 between 56 – 65	8826	3007	2919	2805	95
66 人及以上 Over 66 Persons	5485	1758	1850	1813	64
镇区 Counties & Towns Area					
25 人及以下 under 25 persons	5446	2010	1577	1694	165
26 – 35 人 between 26 – 35	27406	10116	8439	8291	560
36 – 45 人 between 36 – 45	89702	30083	29420	29242	957
46 – 55 人 between 46 – 55	162946	52547	54558	54952	889
56 – 65 人 between 56 – 65	101587	32262	34039	34790	496
66 人及以上 Over 66 Persons	72360	23727	24913	23563	157
其中:镇乡结合区 of Which: County-town Transitional Area					
25 人及以下 under 25 persons	1333	469	368	459	37
26 – 35 人 between 26 – 35	7321	2740	2183	2273	125
36 – 45 人 between 36 – 45	23967	8184	7924	7578	281
46 – 55 人 between 46 – 55	43466	14045	14542	14648	231
56 – 65 人 between 56 – 65	27074	8794	9087	9090	103
66 人及以上 Over 66 Persons	20054	6585	6838	6574	57
乡村 Rural Area					
25 人及以下 under 25 persons	5928	2242	1794	1803	89
26 – 35 人 between 26 – 35	22598	7954	7277	7059	308
36 – 45 人 between 36 – 45	57980	18909	19247	19308	516
46 – 55 人 between 46 – 55	81354	25562	27566	27733	493
56 – 65 人 between 56 – 65	41389	13324	13745	14099	221
66 人及以上 Over 66 Persons	23158	7685	7767	7673	33

初　中

Number of Students in Junior

	毕业生数 Graduates	招生数 Entrants	合计 Total	其中：女 of Which：Female
总　计 Total	**17366786**	**16347296**	**50668024**	**23877419**
其中：女 of Which：Female	8272642	7661189	23877419	
少数民族学生 Minority Students	1586541	1667034	4922235	2116174
总计中：四年制 of the Total 4-year	476656	451195	1860276	857625
九年一贯制学校 9-year Schools	1790288	1824936	5513859	2514811
十二年一贯制学校 12-year Schools	185730	196210	586326	237980
完全中学 Combined Secondary Schools	2281767	2239280	6844816	3203567
附设普通初中班 Junior Sec. Classes Attached	118450	108831	333224	153047
附设职业初中班 Vocational Junior Sec. Classes Attached	2842	898	5664	2625
独立设置少数民族学校 Inde. Sec. Schools for Minorities	401961	408163	1216801	585501
进城务工人员随迁子女 Children of Migrant Workers	559508	1135588	3282303	1301881
其中：外省迁入 of Which：from Other Province	194215	451970	1205123	472899
本省外县迁入 From Other County	365293	683618	2077180	828982
农村留守儿童 Children left behind	1599514	2392725	7635141	3292983
教育部门 Run by Ed. Dept.	15931572	14694298	45876709	21876636
其他部门 Run by Non-ed. Dept.	112902	107040	335626	156574
地方企业办 Run by Local Enterprises	10431	9479	30073	14520
民办 Non-government	1311881	1536479	4425616	1829689
城区 Urban Area	4640192	4693012	14363980	6684307
教育部门 Run by Ed. Dept.	3957574	3889596	12049436	5687707
其他部门 Run by Non-ed. Dept.	39826	39427	120832	55723
地方企业办 Run by Local Enterprises	3763	3238	10300	4809
民办 Non-government	639029	760751	2183412	936068
其中：城乡结合区 of Which：Urban-rural Transitional Area	799986	828823	2486827	1133441
教育部门 Run by Ed. Dept.	650172	629542	1943737	912097
其他部门 Run by Non-ed. Dept.	3900	3523	11852	5413
地方企业办 Run by Local Enterprises	151	199	603	296
民办 Non-government	145763	195559	530635	215635
镇区 Counties & Towns Area	8553130	7939411	24674229	11661906
教育部门 Run by Ed. Dept.	7940281	7249219	22665947	10840822
其他部门 Run by Non-ed. Dept.	64038	58829	186933	87944
地方企业办 Run by Local Enterprises	6178	5795	18216	9075
民办 Non-government	542633	625568	1803133	724065
其中：镇乡结合区 of Which：County-town Transitional Area	2259560	2159786	6645298	3115156
教育部门 Run by Ed. Dept.	2054971	1914137	5938769	2838106
其他部门 Run by Non-ed. Dept.	3353	2677	9758	4554
地方企业办 Run by Local Enterprises	242	208	677	320
民办 Non-government	200994	242764	696094	272176
乡村 Rural Area	4173464	3714873	11629815	5531206
教育部门 Run by Ed. Dept.	4033717	3555483	11161326	5348107
其他部门 Run by Non-ed. Dept.	9038	8784	27861	12907
地方企业办 Run by Local Enterprises	490	446	1557	636
民办 Non-government	130219	150160	439071	169556

学　生　数
Secondary Schools

单位：人
unit：person

在校生数 Enrolment				预计毕业生数 Estimated Graduates for Next Year
一年级 Grade 1	二年级 Grade 2	三年级 Grade 3	四年级 Grade 4	
16367223	**16916682**	**16912985**	**471134**	**16904257**
7668948	7955527	8024827	228117	7946855
1670593	1653733	1589878	8031	1580341
451771	458802	479862	469841	469841
1827541	1854412	1766233	65673	1763395
196620	197878	187761	4067	187617
2243203	2287798	2273681	40134	2272824
108918	110226	112212	1868	113037
898	2478	2288		2256
408678	410452	396013	1658	396071
1178301	1117886	932679	53437	848100
466379	413922	303592	21230	273759
711922	703964	629087	32207	574341
2501223	2580128	2540661	13129	2303188
14711188	15313266	15424654	427601	15416513
107090	109514	108292	10730	109331
9479	9883	10084	627	10069
1539466	1484019	1369955	32176	1368344
4697988	4759064	4641655	265273	4626015
3892732	3986705	3935331	234668	3921192
39427	40317	39895	1193	39368
3238	3540	3498	24	3498
762591	728502	662931	29388	661957
829824	828838	799277	28888	798301
629859	645423	641440	27015	640664
3523	3644	4178	507	3712
199	189	215		215
196243	179582	153444	1366	153710
7950387	8268211	8321236	134395	8326542
7259687	7595792	7687029	123439	7691027
58849	59693	59178	9213	60787
5795	5778	6071	572	6065
626056	606948	568958	1171	568663
2161344	2225686	2222726	35542	2224675
1915532	1986168	2001842	35227	2003805
2677	3237	3718	126	3724
208	226	243		243
242927	236055	216923	189	216903
3718848	3889407	3950094	71466	3951700
3558769	3730769	3802294	69494	3804294
8814	9504	9219	324	9176
446	565	515	31	506
150819	148569	138066	1617	137724

初中学龄人口及在校学生情况
Number of School-age Population and Enrolment of Junior Secondary Schools

单位：人
unit：person

	在校学龄人口数 School-age Population		在校生数 Enrolment					
	计 Total	其中:女 of Which：Female	计 Total	其中:女 of Which：Female	一年级 Grade 1	二年级 Grade 2	三年级 Grade 3	四年级 Grade 4
合　计 Total	**44546461**	**21076977**	**50668024**	**23877419**	**16367223**	**16916682**	**16912985**	**471134**
10岁及以下 Under 10 years			20807	10226	19230	1282	294	1
11岁 11 years	276779	134181	880813	436363	850123	28764	1882	44
12岁 12 years	9143758	4349221	9906977	4729798	8949373	915801	41630	173
13岁 13 years	15571031	7370801	15571784	7371176	5457899	9123607	982911	7367
14岁 14 years	15883868	7484988	15905145	7494658	885928	5664769	9080317	274131
15岁 15 years	3670658	1737631	6947109	3215791	163346	970339	5646100	167324
16岁 16 years	367	155	1199357	521246	31710	174908	973590	19149
17岁 17 years			193129	80598	6734	29048	154804	2543
18岁及以上 Over 18 years			42903	17563	2880	8164	31457	402
城区 Urban Area	12544731	5865785	14363980	6684307	4697988	4759064	4641655	265273
10岁及以下 Under 10 years			9653	4698	8847	599	206	1
11岁 11 years	193383	93486	404465	202690	390464	13072	887	42
12岁 12 years	2980077	1411953	3179344	1511661	2750429	408902	19857	156
13岁 13 years	4474373	2092239	4475126	2092614	1308460	2739524	422336	4806
14岁 14 years	4344913	2013307	4358943	2019500	204626	1340158	2639485	174674
15岁 15 years	551985	254800	1630925	727571	28838	219666	1306609	75812
16岁 16 years			264726	110066	5032	31403	219630	8661
17岁 17 years			34447	13172	891	4655	27973	928
18岁及以上 Over 18 years			6351	2335	401	1085	4672	193
其中:城乡结合区 of Which：Urban-rural Transitional Area	2177117	997296	2486827	1133441	829824	828838	799277	28888
10岁及以下 Under 10 years			1283	544	1225	57	1	
11岁 11 years	15501	7638	51088	25202	49245	1773	69	1
12岁 12 years	485930	225009	517275	240373	464950	49850	2474	1
13岁 13 years	766212	349643	766212	349643	260003	454818	50850	541
14岁 14 years	760931	346190	762659	346875	45892	266121	435003	15643
15岁 15 years	148543	68816	322852	144124	6871	47078	257647	11256
16岁 16 years			56074	23004	1262	7927	45508	1377
17岁 17 years			8051	3168	236	964	6792	59
18岁及以上 Over 18 years			1333	508	140	250	933	10

初中学龄人口及在校学生情况(续)

Number of School-age Population and Enrolment of Junior Secondary Schools(Cont.)

单位:人

unit: person

	在校学龄人口数 School-age Population		在校学生数 Enrolment					
	计 Total	其中:女 of Which: Female	计 Total	其中:女 of Which: Female	一年级 Grade 1	二年级 Grade 2	三年级 Grade 3	四年级 Grade 4
镇区 Counties & Towns Area	21745734	10311738	24674229	11661906	7950387	8268211	8321236	134395
10岁及以下 Under 10 years			7502	3698	6991	444	67	
11岁 11 years	56450	27740	326977	161295	315936	10527	512	2
12岁 12 years	4275871	2032972	4669632	2230268	4301939	352386	15299	8
13岁 13 years	7579835	3595215	7579835	3595215	2771044	4417957	388787	2047
14岁 14 years	7838396	3707344	7843286	3709725	451091	2888042	4438003	66150
15岁 15 years	1994815	948312	3520806	1645840	83095	493960	2885209	58542
16岁 16 years	367	155	608186	266912	15456	87114	499047	6569
17岁 17 years			97517	40919	3375	13895	79303	944
18岁及以上 Over 18 years			20488	8034	1460	3886	15009	133
其中:镇乡结合区 of Which: County-town Transitional Area	5917660	2784650	6645298	3115156	2161344	2225686	2222726	35542
10岁及以下 Under 10 years			1672	839	1521	136	15	
11岁 11 years	17807	8681	89668	43125	86871	2687	110	
12岁 12 years	1260178	595499	1349748	639740	1251320	94661	3764	3
13岁 13 years	2067491	972698	2067491	972698	689621	1275464	101860	546
14岁 14 years	2104880	985441	2106822	986435	109869	713566	1263662	19725
15岁 15 years	467304	222331	858166	398608	18100	117257	710146	12663
16岁 16 years			147333	63625	3119	18732	123015	2467
17岁 17 years			20901	8583	642	2541	17591	127
18岁及以上 Over 18 years			3497	1503	281	642	2563	11
乡村 Rural Area	10255996	4899454	11629815	5531206	3718848	3889407	3950094	71466
10岁及以下 Under 10 years			3652	1830	3392	239	21	
11岁 11 years	26946	12955	149371	72378	143723	5165	483	
12岁 12 years	1887810	904296	2058001	987869	1897005	154513	6474	9
13岁 13 years	3516823	1683347	3516823	1683347	1378395	1966126	171788	514
14岁 14 years	3700559	1764337	3702916	1765433	230211	1436569	2002829	33307
15岁 15 years	1123858	534519	1795378	842380	51413	256713	1454282	32970
16岁 16 years			326445	144268	11222	56391	254913	3919
17岁 17 years			61165	26507	2468	10498	47528	671
18岁及以上 Over 18 years			16064	7194	1019	3193	11776	76

初中分课程专任

Number of Full-time Teachers in Junior Secondary

	总计 Total	其中:女 of Which: Female	思想品德(政治) Politics	语文 Language & Literature	数学 Mathe-matics	外语 Foreign Languages				科学 Science	物理 Physics
						计 Total	英语 English	日语 Japanese	俄语 Russian		
合　计 Total	**3524517**	**1766989**	**232423**	**643263**	**615695**	**550110**	**545190**	**440**	**309**	**32803**	**238786**
其中:女 of Which:Female	1766987		108242	371488	281081	408874	401543	343	245	13563	76502
少数民族 Minorities	306284	143656	22247	57642	51573	38660	37950	198	30	685	21467
研究生毕业 Graduate	30237	19624	2309	5896	4715	4980	4910	16	7	472	1872
本科毕业 Under-graduate	2374096	1296927	154622	472140	428823	400045	396430	316	228	24419	161130
专科毕业 Associate Bachelor	1081867	441931	72962	162031	178307	143126	141922	107	74	7565	74429
高中阶段毕业 High School Graduate	37429	8360	2500	3168	3821	1944	1913	1		339	1344
高中阶段以下毕业 Below High School Graduate	888	147	30	28	29	15	15			8	11
城区 Urban Area	992318	619534	61278	174974	171425	165494	163871	264	142	12110	66759
其中:城乡结合区 of Which: Urban-rural Transitional Area	170894	96642	10846	31023	29768	27995	27783	27	1	2780	10885
镇区 Counties & Towns Area	1675519	791932	112381	307212	293477	259587	257397	152	112	14973	113114
其中:镇乡结合区 of Which: County-town Transitional Area	452909	221284	30546	83311	79332	70329	69732	23	8	5112	29950
乡村 Rural Area	856680	355523	58764	161077	150793	125029	123922	24	55	5720	58913

教师学历情况
Schools by Subject Taught & Educational Attainment

单位：人
unit：person

化学 Chem-istry	生物 Biology	历史与社会 History and Soliety	地理 Geogr-aphy	历史 History	体育与健康 Physical Training and Healthy	艺术 Art	音乐 Music	美术 Fine Arts	综合实践活动 Comprehensive Practice			其他 Others	当年不任课 No Teaching Load in Current Year
									计 Total	信息技术 Information Technique	劳动与技术 Skills Teaching		
152134	**139266**	**31898**	**133047**	**170967**	**177514**	**6114**	**86256**	**82040**	**129125**	**87890**	**38626**	**45629**	**57318**
64108	68718	13729	58633	78634	33709	2857	60005	40115	44595	31673	11534	20456	21637
13821	12109	1413	11249	14529	16457	275	7842	6656	10244	7312	2666	12840	6559
1509	1379	449	1053	1763	1208	17	471	479	824	698	108	471	368
105332	84131	20067	76057	106936	112330	2883	52715	49577	74804	57742	15650	22586	25411
44569	51707	10882	53603	59909	60519	3063	31702	30578	49856	28580	20181	19889	27132
715	2026	494	2300	2326	3358	140	1343	1370	3534	856	2596	2467	4239
9	23	6	34	33	99	11	25	36	107	14	91	216	168
42444	36721	9427	34092	45496	56420	1083	25493	23684	35488	25856	8936	11155	18730
6865	6388	1980	6044	7973	8991	247	4300	4020	6134	4340	1700	1993	2654
71609	67340	14736	65093	83228	81940	3203	40295	38712	61480	40600	19599	21159	25921
18718	18316	4445	17899	22645	21552	948	10886	10412	16688	10873	5489	5239	6558
38081	35205	7735	33862	42243	39154	1828	20468	19644	32157	21434	10091	13315	12667

初中专任教师专业技术
Number of Full-time Teachers in Junior Secondary

	合 计 Total	其中:女 of Which: Female	25岁及以下 25 Years and Under	26-30 26 to 30	31-35 31 to 35
总 计 Total	**3524517**	**1766987**	**231878**	**622867**	**775568**
其中:女 of Which:Female	1766987		156797	380144	424206
少数民族 Minorities	306284	143656	19172	61347	72625
中学高级 Senior	487588	211102	68	399	6459
中学一级 1st Grade	1506197	700621	1775	57848	337848
中学二级 2nd Grade	1209665	660572	77109	445878	402991
中学三级 3rd Grade	92278	49819	26215	43621	14029
未定职级 No-ranking	228789	144873	126711	75121	14241
城区 Urban Area	992318	619534	55946	160372	205675
其中:城乡结合区 of Which: Urban-rural Transitional Area	170894	96642	11497	29928	37536
镇区 Counties & Towns Area	1675519	791930	107135	289486	370950
其中:镇乡结合区 of Which: County-town Transitional Area	452909	221284	29440	76777	103419
乡村 Rural Area	856680	355523	68797	173009	198943

职称、年龄结构情况

Schools by Prefessional Rank and Age

单位：人

unit: person

36－40 36 to 40	41－45 41 to 45	46－50 46 to 50	51－55 51 to 55	56－60 56 to 60	61岁及以上 61 Years and Over
703254	**574015**	**345341**	**181922**	**88297**	**1375**
352689	262719	133826	53507	2714	385
62912	48408	25556	11305	4905	54
70083	166797	136415	74417	32157	793
452082	336740	179378	92449	47646	431
170857	64993	26726	13489	7573	49
4126	1924	1174	745	436	8
6106	3561	1648	822	485	94
203664	183593	109398	52564	20320	786
35041	29024	16644	7815	3314	95
341030	274544	163600	85642	42736	396
94220	72409	42224	22781	11525	114
158560	115878	72343	43716	25241	193

初中专任

Changes of Full-time Teachers in

	上学年初报表专任教师数 Number of Full-time Teachers at Beginning of Previous Academic Year	增加教师 Factors of Increase					
		计 Total	录用毕业生 New Recruitsfrom CurrentYearGraduates		调入 Teachers Recruited from Other Units	校内调整 of Which: with Change of Status in their Own Institutions	其他 Others
			小计 Subtotal	其中:师范生 of Which: Students Enrolled in Teacher Training Institutions			
合 计 Total	**3522515**	**315346**	**81111**	**61989**	**155952**	**55676**	**22607**
其中:女 of Which: Female	1743326	168764	54863	41646	79363	22724	11814
城区 Urban Area	973979	95042	21317	17746	44793	18986	9946
其中:女 of Which: Female	605133	57238	15228	12686	26796	9454	5760
其中:城乡结合区 of Which: Urban-rural Transitional Area	168009	18743	4285	3439	9466	3126	1866
其中:女 of Which: Female	94233	10536	2972	2403	5196	1370	998
镇区 Counties & Towns Area	1672248	146615	34899	26533	77538	25365	8813
其中:女 of Which: Female	780806	74415	23224	17435	37617	9387	4187
其中:镇乡结合区 of Which: County-town Transitional Area	449252	42371	9289	7042	23349	7020	2713
其中:女 of Which: Female	217787	21303	6132	4549	11160	2681	1330
乡村 Rural Area	876288	73689	24895	17710	33621	11325	3848
其中:女 of Which: Female	357387	37111	16411	11525	14950	3883	1867

教师变动情况

Junior Secondary Schools

单位：人

unit：person

减少教师 Factors of Decrease					本学年初报表专任教师数 Number of Full-time Teachers at Beginning of Current Academic Year
计 Total	自然减员 Retired from their Posts during Previcus Academic Year	调出 Transferred from teaching to Non-Teaching posts	校内调整 of Which：with Change of Status in their Own Institutions	其他 Others	
313344	**34626**	**182670**	**62534**	**33514**	**3524517**
145103	15258	88089	26130	15626	1766987
76703	13035	33947	18903	10818	992318
42837	7900	19117	9915	5905	619534
15858	1816	7935	3650	2457	170894
8127	922	4299	1775	1131	96642
143344	14286	84545	29134	15379	1675519
63291	5217	40321	11215	6538	791930
38714	3804	24069	7522	3319	452909
17806	1395	11894	2973	1544	221284
93297	7305	64178	14497	7317	856680
38975	2141	28651	5000	3183	355523

初中学生、专任教师政治面貌及其他

Supplementary Information on Students and Full-time Teachers of Junior Secondary Schools

单位：人
unit：person

	在校学生中 of Total Students				专任教师中 of Total Full-time Teachers			
	共产党员 Member of C. P. C.	共青团员 Member of C. Y. L.	华侨 Overseas Chinese	港澳台 From H. K, Macao and Taiwan	共产党员 Member of C. P. C.	共青团员 Member of C. Y. L.	民主党派 Member of Non-Communist Part	华侨 Overseas Chinese
合　计 Total		**13893654**	**7763**	**9466**	**895242**	**262828**	**18031**	**130**
其中:女 of Which: Female		7149616	3863	4354	308169	154544	9924	79
城区 Urban Area		3146107	3170	8824	266067	73620	13432	93
其中:女 of Which: Female		1677485	1542	4068	138344	49210	8059	59
其中:城乡结合区 of Which: Urban-rural Transitional Area		603953	477	1890	43214	16080	1036	20
其中:女 of Which: Female		311211	274	848	18476	10203	522	10
镇区 Counties & Towns Area		7261855	3587	384	399622	116958	3122	26
其中:女 of Which: Female		3699630	1875	171	115622	66406	1337	14
其中:镇乡结合区 of Which: County-town Transitional Area		1957226	540	160	105080	31781	932	5
其中:女 of Which: Female		989009	281	71	30858	18306	422	3
乡村 Rural Area		3485692	1006	258	229553	72250	1477	11
其中:女 of Which: Female		1772501	446	115	54203	38928	528	6

初中办学条件(一)

Condition of School Buildings in Junior Secondary Schools (1)

单位:平方米

unit: m^2

	合计 Total	城区 Urban Area	其中:城乡结合区 of Which: Urban-rural Transitional Area	镇区 Counties & Towns Area	其中:镇乡结合区 of Which: County-town Transitional Area	乡村 Rural Area
总　计 Total	**455463050**	**120170523**	**25165037**	**214859531**	**59274476**	**120432997**
其中:危房 of Which: Floor Space of Dilapidated Buildings	32588184	3583748	606319	15254471	3701437	13749965
当年新增 Added in Current Year	15036083	3692880	711412	7582076	2228919	3761127
一、教学及辅助用房 Teaching & Assistant Buildings	190393144	56115921	11194852	85177864	23751183	49099360
教室 Classroom	137875420	37890893	7741809	62965158	17505518	37019369
实验室 Laboratory	26037714	8001412	1563356	11626763	3273331	6409540
图书室 Library	9191863	3178806	592477	3830338	1107597	2182719
微机室 PC-room	8513366	2392921	465283	3736127	1026456	2384318
语音室 Linguistic	3004362	947475	193763	1390263	378971	666625
体育馆 Gymnasium	5770418	3704413	638163	1629216	459310	436789
二、行政办公用房 Administritive	43025288	14201674	2472872	18629731	5306215	10193883
其中:教师办公室 of Which: for Teachers	28750180	8850145	1533304	12629543	3539438	7270492
三、生活用房 Residential and Welfare	187787684	34609108	8854214	98354586	26652664	54823990
教工宿舍 Apartments for Single	51312139	6985157	2049684	27296666	6994468	17030316
其中:教师周转宿舍 of Which Accommodation for Circulation of Teachers	6371890	767182	210176	3431852	768381	2172856
学生宿舍 Students Dormitories	82806052	13739703	3688106	45305115	12349822	23761234
食堂 Dining Halls	30237051	6844835	1712635	15387663	4364335	8004553
厕所 Toilet	12105299	3418204	704223	5322956	1489642	3364139
其他 Others	11327143	3621210	699567	5042186	1454397	2663747
四、其他用房 Rooms for Other Purposes	34256934	15243820	2643099	12697350	3564414	6315764

初中办学
Condition of School Buildings in

	占地面积(平方米) Areas Occupied(m^2)			图书(册) Books & Magazines in Libraries (volume)
	计 Total	其中 of Which		
		绿化用地面积 Green Areas	运动场地面积 Sports Areas	
合　计 Total	**1495069443**	**268289582**	**389146325**	**1071130962**
城区 Urban Area	292855698	58075322	85447786	278623396
其中:城乡结合区 of Which: Urban-rural Transitional Area	71249915	15235425	19490834	55406706
镇区 Counties & Towns Area	718199564	130930653	182946542	495770006
其中:镇乡结合区 of Which: County-town Transitional Area	194121347	35631388	49176437	138499496
乡村 Rural Area	484014180	79283606	120751997	296737560

初中办学
Condition of School Buildings in

	体育运动场(馆)面积达标校数 Schools No: Sprots Areas Reached Standard	体育器械配备达标校数 Schools No: Sports Equip. Reached Standard
合　计 Total	**33681**	**34593**
城区 Urban Area	7524	8149
其中:城乡结合区 of Which: Urban-rural Transitional Area	1655	1754
镇区 Counties & Towns Area	14507	14781
其中:镇乡结合区 of Which: County-town Transitional Area	3954	4027
乡村 Rural Area	11650	11663

条件(二)

Junior Secondary Schools (2)

计算机数(台) PC (Set)		多媒体教室座位数(个) No. of Seats in Multi-media Classrooms	固定资产总值(万元) Total Volue of Fixed Asset (10 thousand yuan)		
				其中:教学仪器设备资产值 of Which: Total Volue of Equip & Instru.	
计 Total	其中:教学用计算机 of Which: No. of Computers Used for Instruction		计 Total	小计 Subtotal	其中:实验设备 of Which: for Prefession
4537210	**3524985**	**8675900**	**40086706. 45**	**4094031. 28**	**1993806. 47**
1597880	1180090	3415527	13905133. 98	1624203. 05	685280. 68
289139	218632	634712	2819971. 87	300563. 27	150245. 34
1879411	1484316	3701749	18045305. 26	1678228. 67	891352. 42
521633	409607	1073751	5034176. 90	460997. 46	234375. 80
1059919	860579	1558624	8136267. 21	791599. 57	417173. 37

条件(三)

Junior Secondary Schools (3)

单位:所
unit: school

音乐器械配备达标校数 Schools No: Musical Instru. Reached Standard	美术器械配备达标校数 Schools No: Fine Arts Instru. Reached Standard	理科实验仪器达标校数 Schools No: Equip. of Natural Sci. Reached Standard	建立校园网校数 Schools No: Campus Networks Set
32588	**32196**	**38374**	**25266**
7900	7829	8542	7333
1682	1667	1829	1418
13876	13716	16491	10874
3772	3736	4449	2935
10812	10651	13341	7059

成人初中基本情况
Basic Statistics of Adult Junior Secondary Schools

单位：人(人次)
unit:person

	学校数(所) Schools	教学班(点)(个) External Teaching Sites	毕(结)业生数 Graduates		注册学生数 Enrolment		教职工数 Educational Personnel		专任教师 Full-time Teachers		聘请校外教师 Part-time Teachers
			计 Total	其中:女 of Which: Female	计 Total	其中:女 of Which: Female	计 Total	其中:女 of Which: Female	计 Total	其中:女 of Which: Female	
合　计 Total	**2055**	**4877**	**596349**	**276750**	**544456**	**277915**	**9043**	**3338**	**6959**	**2423**	**4685**
职工初中 Junior Secondary Schools for Staff & workers	284	830	100139	26487	110469	37132	3035	1462	2648	1067	622
农民初中 Junior Secondary Schools for Peasants	1771	4047	496210	250263	433987	240783	6008	1876	4311	1356	4063

四、初等教育(小学)

Primary Education

(Primary Schools)

小学校数、教学点数及班数

Number of Schools, Extemal Teaching Sites & Classes in Primary Schools

	学校数(所) Schools	教学点数(个) Extemal Teaching Sites	班数(个) Classes
总　计 Total	**241249**	**67422**	**2579093**
教育部门 Run by Ed. Dept.	235269	66872	2435169
其他部门 Run by Non-ed. Dept.	717	139	14535
地方企业办 Run by Local Enterprises	77	3	1364
民办 Non-government	5186	408	128025
城区 Urban Area	26227	820	553645
教育部门 Run by Ed. Dept.	24027	801	481136
其他部门 Run by Non-ed. Dept.	217	1	4340
地方企业办 Run by Local Enterprises	20		386
民办 Non-government	1963	18	67783
其中:城乡结合区 of Which: Urban-rural Transitional Area	8900	626	122179
教育部门 Run by Ed. Dept.	8231	618	98604
其他部门 Run by Non-ed. Dept.	50		579
地方企业办 Run by Local Enterprises	4		40
民办 Non-government	615	8	22956
镇区 Counties & Towns Area	45977	5630	713236
教育部门 Run by Ed. Dept.	44089	5541	665646
其他部门 Run by Non-ed. Dept.	258	22	7731
地方企业办 Run by Local Enterprises	37		780
民办 Non-government	1593	67	39079
其中:镇乡结合区 of Which: County-town Transitional Area	22687	4206	260645
教育部门 Run by Ed. Dept.	21934	4149	243284
其他部门 Run by Non-ed. Dept.	45	11	376
地方企业办 Run by Local Enterprises	5		72
民办 Non-government	703	46	16913
乡村 Rural Area	169045	60972	1312212
教育部门 Run by Ed. Dept.	167153	60530	1288387
其他部门 Run by Non-ed. Dept.	242	116	2464
地方企业办 Run by Local Enterprises	20	3	198
民办 Non-government	1630	323	21163
总计中:五年制 of Total: 5-year			66712
九年一贯制学校 9-year Schools			174351
十二年一贯制学校 12-year Schools			14258
其他学校附设 Other Primary Schools Attached			8005
独立设置的少数民族学校 Inde. Sec. Schools for Minorities	8765		86265

小学班额情况
Size of Primary Classes

单位：个

unit：class

	合计 Total	一年级 Grade 1	二年级 Grade 2	三年级 Grade 3	四年级 Grade 4	五年级 Grade 5	六年级 Grade 6	复式班 Multiple-grade Classes
合　计 Total	**2579093**	**478646**	**450550**	**422557**	**414139**	**407134**	**385372**	**20695**
城区 Urban Area								
25 人及以下 under 25 persons	31973	5409	5866	6021	5379	4920	4319	59
26 – 35 人 between 26 – 35	70856	12299	12582	12403	11787	11627	10131	27
36 – 45 人 between 36 – 45	150011	29844	26380	25152	23939	23289	21386	21
46 – 55 人 between 46 – 55	165755	31253	28859	26460	27174	26894	25073	42
56 – 65 人 between 56 – 65	85821	14791	13933	12792	14292	15273	14694	46
66 人及以上 Over 66 Persons	49229	7925	7331	6813	8642	9521	8976	21
其中：城乡结合区 of Which： Urban-rural Transitional Area								
25 人及以下 under 25 persons	15170	2654	2801	2758	2499	2276	2144	38
26 – 35 人 between 26 – 35	20055	3466	3334	3314	3278	3367	3287	9
36 – 45 人 between 36 – 45	35076	6699	5932	5556	5624	5790	5467	8
46 – 55 人 between 46 – 55	33343	6427	6008	5364	5385	5203	4948	8
56 – 65 人 between 56 – 65	13251	2450	2173	2102	2115	2203	2207	1
66 人及以上 Over 66 Persons	5284	959	838	759	878	975	875	
镇区 Counties & Towns Area								
25 人及以下 under 25 persons	75617	15380	15150	13256	11606	10165	9263	797
26 – 35 人 between 26 – 35	103443	18693	18081	17470	16900	16261	15937	101
36 – 45 人 between 36 – 45	182554	32444	30251	29403	29877	30391	30108	80
46 – 55 人 between 46 – 55	179293	30675	29158	28349	28822	30972	31216	101
56 – 65 人 between 56 – 65	100362	16896	16015	15637	16474	17510	17801	29
66 人及以上 Over 66 Persons	71967	12300	10876	10739	11965	13006	13047	34
其中：镇乡结合区 of Which： County-town Transitional Area								
25 人及以下 under 25 persons	45998	9362	9277	8101	7090	6166	5508	494
26 – 35 人 between 26 – 35	48969	8982	8443	8269	8036	7624	7544	71
36 – 45 人 between 36 – 45	67122	11991	11228	10750	10940	11171	10993	49
46 – 55 人 between 46 – 55	55153	9588	9016	8776	8892	9398	9444	39
56 – 65 人 between 56 – 65	26728	4521	4236	4021	4355	4811	4780	4
66 人及以上 Over 66 Persons	16675	2926	2529	2484	2717	3001	3010	8
乡村 Rural Area								
25 人及以下 under 25 persons	517022	111509	106406	89232	75895	63101	54199	16680
26 – 35 人 between 26 – 35	313912	57310	55246	52913	51488	49209	45979	1767
36 – 45 人 between 36 – 45	257275	45007	41382	41488	42824	43699	42273	602
46 – 55 人 between 46 – 55	143931	23906	21944	22275	23862	26279	25476	189
56 – 65 人 between 56 – 65	56185	9191	7967	8681	9253	10421	10603	69
66 人及以上 Over 66 Persons	23887	3814	3123	3473	3960	4596	4891	30

小 学

Number of Students

	毕业生数 Graduates	招生数 Entrants			
		计 Total	其中:受过学前教育 of Which: Those Received the Pre-school Education	合计 Total	其中:女 of Which: Female
总 计 Total	**16628054**	**17367980**	**16113967**	**99263674**	**45893652**
其中:女 of Which: Female	7733422	8058992	7414157	45893652	
少数民族 Minorities	1684211	1810625	1408245	10440192	4822097
总计中: 五年制 of the Total:5-year	441255	492584	487530	2283977	1069423
九年一贯制学校 9-year Schools	1326111	1282216	1196042	7565579	3403964
十二年一贯制学校 12-year Schools	100465	96507	91432	582643	237237
附设小学班 Primary School Classes	139991	31713	29325	386396	169848
复式班 Morning & Afternoon Shift Classes	5271	63335	46893	235452	110420
小学教学点 External Teaching Sites	316550	963552	827836	3529576	1658628
独立设置少数民族学校 Inde. Sec. Schools for Minorities	520185	521366	366609	3117582	1482027
进城务工人员随迁子女 Children of Migrant Workers	904432	1735380	1602884	9327416	3654318
其中:外省迁入 of Which: from Other Province	450970	880787	821150	4572371	1793180
本省外县迁入 From Other County	453464	854610	781751	4755045	1861138
农村留守儿童 Children left behind	1353795	2309765	2021460	14368088	6045956
教育部门 Run by Ed. Dept.	15629604	16257270	15069226	92964233	43297514
其他部门 Run by Non-ed. Dept.	103839	94541	88569	571292	268035
地方企业办 Run by Local Enterprises	9178	7917	7257	49894	23341
民办 Non-government	885433	1008252	948915	5678255	2304762
城区 Urban Area	4219876	4691107	4545131	26069589	11880737
教育部门 Run by Ed. Dept.	3733466	4095206	3977823	22887298	10543288
其他部门 Run by Non-ed. Dept.	35480	30968	30043	194833	91120
地方企业办 Run by Local Enterprises	2584	2452	2213	14151	6677
民办 Non-government	448346	562481	535052	2973307	1239652
其中:城乡结合区 of Which: Urban-rural Transitional Area	823846	955092	926160	5170275	2314720
教育部门 Run by Ed. Dept.	669801	747715	728886	4096362	1875797
其他部门 Run by Non-ed. Dept.	4016	3450	3343	23042	10913
地方企业办 Run by Local Enterprises	370	274	274	1624	750
民办 Non-government	149659	203653	193657	1049247	427260
镇区 Counties & Towns Area	5596606	5517580	5249227	32542101	14929808
教育部门 Run by Ed. Dept.	5235505	5181127	4933007	30421434	14084567
其他部门 Run by Non-ed. Dept.	55232	49805	46639	298544	140361
地方企业办 Run by Local Enterprises	5395	4595	4177	29508	13758
民办 Non-government	300474	282053	265404	1792615	691122
其中:镇乡结合区 of Which: County-town Transitional Area	1800223	1853993	1766702	10674101	4902061
教育部门 Run by Ed. Dept.	1671802	1727989	1647947	9894905	4598567
其他部门 Run by Non-ed. Dept.	1976	2363	2173	12252	5625
地方企业办 Run by Local Enterprises	542	326	301	3192	1120
民办 Non-government	125903	123315	116281	763752	296749
乡村 Rural Area	6811572	7159293	6319609	40651984	19083107
教育部门 Run by Ed. Dept.	6660633	6980937	6158396	39655501	18669659
其他部门 Run by Non-ed. Dept.	13127	13768	11887	77915	36554
地方企业办 Run by Local Enterprises	1199	870	867	6235	2906
民办 Non-government	136613	163718	148459	912333	373988

学　生　数

in Primary Schools

单位：人

unit：person

在校生数 Enrolment						预计毕业生数 Estimated Graduates for Next Year
一年级 Grade 1	二年级 Grade 2	三年级 Grade 3	四年级 Grade 4	五年级 Grade 5	六年级 Grade 6	
17512453	**16702129**	**16016748**	**16327996**	**16676183**	**16028165**	**16483498**
8116002	7736611	7366108	7537528	7699720	7437683	7618634
1848985	1745474	1713401	1729911	1732365	1670056	1671354
493358	454673	429701	450912	455333		455333
1289943	1204804	1181245	1247003	1321063	1321521	1376929
96609	93162	87677	95426	103328	106441	109994
32563	30865	33341	40862	64104	184661	187827
72201	75747	39377	25627	13517	8983	8253
976217	878484	625652	461561	331427	256235	257436
532846	501084	506508	519859	545447	511838	515686
1802061	1664084	1550689	1528572	1485593	1296417	1328955
911423	833561	774439	753376	712273	587299	622664
890638	830523	776250	775196	773320	709118	706291
2494789	2412619	2362446	2365070	2389431	2343733	2171185
16396613	15658386	15013244	15298259	15608018	14989713	15409181
95196	92804	91447	96274	100886	94685	101561
8131	8322	7957	8148	8636	8700	9175
1012513	942617	904100	925315	958643	935067	963581
4702886	4420883	4126309	4325712	4400266	4093533	4359578
4104689	3877746	3620497	3808855	3873890	3601621	3843836
31232	30608	30194	32548	34806	35445	35978
2454	2312	2180	2254	2375	2576	2602
564511	510217	473438	482055	489195	453891	477162
957658	890463	827638	837919	848811	807786	838549
750072	701506	655058	664632	676018	649076	671985
3454	3910	3697	3970	4111	3900	3951
274	299	235	215	249	352	352
203858	184748	168648	169102	168433	154458	162261
5563832	5345108	5182587	5329754	5571375	5549445	5650831
5225803	5014028	4848635	4979232	5194343	5159393	5252232
49913	48357	48453	50952	53267	47602	53483
4596	4956	4776	4831	5197	5152	5544
283520	277767	280723	294739	318568	337298	339572
1865411	1783133	1712431	1739733	1800112	1773281	1798183
1738770	1661133	1590597	1612995	1662782	1628628	1652745
2471	2138	2074	1824	1814	1931	1937
326	576	582	591	592	525	525
123844	119286	119178	124323	134924	142197	142976
7245735	6936138	6707852	6672530	6704542	6385187	6473089
7066121	6766612	6544112	6510172	6539785	6228699	6313113
14051	13839	12800	12774	12813	11638	12100
1081	1054	1001	1063	1064	972	1029
164482	154633	149939	148521	150880	143878	146847

小学学龄人口入学

Number on Schools-age Population

	在校学龄人口数 School-age Population		招生数 Entrants		
	计 Total	其中：女 of Which: Female	计 Total	其中：受过学前教育 of Which: Those Received the Pre-school Education	计 Total
合　计 Total	**95024662**	**43999906**	**17367980**	**16113967**	**99263674**
5 岁及以下 Under 5 years			308355		317753
6 岁 6 years	11956207	5567493	12607419		13050893
7 岁 7 years	16417603	7618171	4188510		16417612
8 岁 8 years	15663934	7243428	211294		15663935
9 岁 9 years	15939459	7376976	36253		15939459
10 岁 10 years	16250187	7510026	9435		16250187
11 岁 11 years	15471802	7143523	3989		15534297
12 岁 12 years	3325470	1540289	1663		5222435
13 岁 13 years			638		668741
14 岁 14 years			246		145958
15 岁及以上 Over 15 years			178		52404
城区 Urban Area	25014956	11423628	4691107	4545131	26069589
5 岁及以下 Under 5 years			70232		71138
6 岁 6 years	3628404	1676266	3753307		3871305
7 岁 7 years	4400577	2022029	816282		4400577
8 岁 8 years	4035875	1839666	39032		4035875
9 岁 9 years	4250245	1941910	9237		4250245
10 岁 10 years	4324326	1969648	1763		4324326
11 岁 11 years	3977566	1801056	734		4014748
12 岁 12 years	397963	173053	259		955113
13 岁 13 years			144		116895
14 岁 14 years			56		23490
15 岁及以上 Over 15 years			61		5877
其中：城乡结合区 of Which: Urban-rural Transitional Area	4919858	2208205	955092	926160	5170275
5 岁及以下 Under 5 years			15314	55	15646
6 岁 6 years	698539	318487	731492	549	755337
7 岁 7 years	875863	395889	190803	408	875863
8 岁 8 years	807798	362974	12240	33	807798
9 岁 9 years	817952	364761	3982		817952
10 岁 10 years	828091	369629	771		828091
11 岁 11 years	780329	346994	194		785922
12 岁 12 years	111286	49471	109		236120
13 岁 13 years			82		36297
14 岁 14 years			50		8880
15 岁及以上 Over 15 years			55		2369

及在校生情况
of Primary Schools

单位：人
unit：person

在校学生数 Enrolment						
其中：女 of Which：Female	一年级 Grade 1	二年级 Grade 2	三年级 Grade 3	四年级 Grade 4	五年级 Grade 5	六年级 Grade 6
45893652	**17512453**	**16702129**	**16016748**	**16327996**	**16676183**	**16028165**
156295	313241	4100	412			
6092329	12678806	364590	6835	662		
7618175	4240925	11787923	377251	10285	1228	
7243429	223800	4166576	10827401	429032	14356	2770
7376976	38463	301020	4308447	10802405	472988	16136
7510026	10090	56540	390825	4490530	10798717	503485
7171069	4270	14105	76609	467600	4723055	10248658
2359048	1764	4520	20080	93473	519091	4583507
282296	658	1808	5811	24073	108685	527706
61204	251	541	1918	6634	27161	109453
22805	185	406	1159	3302	10902	36450
11880737	4702886	4420883	4126309	4325712	4400266	4093533
37244	70403	688	47			
1792189	3762441	107287	1456	121		
2022029	818486	3470542	108198	2888	463	
1839666	39261	772807	3089155	130196	3971	485
1941910	9265	54336	834678	3202728	144783	4455
1969648	1770	12441	74120	879356	3196926	159713
1817235	737	2094	14760	88668	937117	2971372
403915	262	413	2943	17159	93293	841043
45504	144	196	683	3540	18796	93536
9079	56	45	194	792	3906	18497
2318	61	34	75	264	1011	4432
2314720	957658	890463	827638	837919	848811	807786
7699	15456	177	13			
345259	732709	22196	408	24		
395889	191889	659613	23383	770	208	
362974	12344	184566	583337	26434	968	149
364761	3994	17292	190772	576341	28596	957
369629	774	5455	22101	200251	569760	29750
349327	196	884	5884	25300	213538	540120
100807	109	166	1398	6829	26944	200674
13959	82	90	263	1545	6821	27496
3505	50	14	60	341	1598	6817
911	55	10	19	84	378	1823

小学学龄人口入学

Number on Schools-age Population

	在校学龄人口数 School-age Population		招生数 Entrants		
	计 Total	其中：女 of Which： Female	计 Total	其中：受过学前教育 of Which：never received the Pre- school Education	计 Total
镇区 Counties & Towns Area	31097130	14284509	5517580	5249227	32542101
5 岁及以下 Under 5 years			104475		107271
6 岁 6 years	3829897	1770859	4071353		4228799
7 岁 7 years	5270620	2427902	1264954		5270620
8 岁 8 years	5078787	2330488	64474		5078787
9 岁 9 years	5180829	2378652	8188		5180829
10 岁 10 years	5403706	2475833	2448		5403706
11 岁 11 years	5287205	2421106	961		5301413
12 岁 12 years	1046086	479669	554		1706175
13 岁 13 years			118		208613
14 岁 14 years			36		41995
15 岁及以上 Over 15 years			19		13893
其中：镇乡结合区 of Which：County-town Transitional Area	10263767	4721838	1853993	1766702	10674101
5 岁及以下 Under 5 years			31592		32257
6 岁 6 years	1360993	630258	1414085		1456453
7 岁 7 years	1758025	811389	385406		1758025
8 岁 8 years	1683620	773776	19232		1683620
9 岁 9 years	1698846	781908	2370		1698846
10 岁 10 years	1751666	803558	733		1751666
11 岁 11 years	1693453	775249	284		1697975
12 岁 12 years	317164	145700	227		516196
13 岁 13 years			43		62629
14 岁 14 years			12		12535
15 岁及以上 Over 15 years			9		3899
乡村 Rural Area	38912576	18291769	7159293	6319609	40651984
5 岁及以下 Under 5 years			133648		139344
6 岁 6 years	4497906	2120368	4782759		4950789
7 岁 7 years	6746406	3168240	2107274		6746415
8 岁 8 years	6549272	3073274	107788		6549273
9 岁 9 years	6508385	3056414	18828		6508385
10 岁 10 years	6522155	3064545	5224		6522155
11 岁 11 years	6207031	2921361	2294		6218136
12 岁 12 years	1881421	887567	850		2561147
13 岁 13 years			376		343233
14 岁 14 years			154		80473
15 岁及以上 Over 15 years			98		32634

及在校生情况(续)

of Primary Schools(Cont.)

单位：人

unit：person

在校学生数 Enrolment						
其中：女 of Which：Female	一年级 Grade 1	二年级 Grade 2	三年级 Grade 3	四年级 Grade 4	五年级 Grade 5	六年级 Grade 6
14929808	5563832	5345108	5182587	5329754	5571375	5549445
52961	105666	1464	141			
1962934	4099273	127293	1993	240		
2427902	1278216	3855462	133260	3325	357	
2330488	67383	1256476	3595468	153640	4867	953
2378652	8822	86140	1310759	3596055	173133	5920
2475833	2641	13159	113575	1397538	3688861	187932
2427523	1086	3384	19518	142970	1502537	3631918
764270	567	1040	5300	26483	160804	1511981
85922	122	435	1668	6678	30545	169165
17311	37	152	520	1911	7361	32014
6012	19	103	385	914	2910	9562
4902061	1865411	1783133	1712431	1739733	1800112	1773281
15561	31806	412	39			
676138	1420332	35526	496	99		
811389	389500	1329869	37574	919	163	
773776	19960	386248	1232237	43496	1214	465
781908	2472	26078	400540	1219831	48343	1582
803558	754	3554	33931	424042	1236923	52462
777298	292	935	5648	41171	453448	1196481
230053	229	264	1409	7739	47251	459304
25463	44	152	387	1804	9856	50386
5222	13	47	106	408	2117	9844
1695	9	48	64	224	797	2757
19083107	7245735	6936138	6707852	6672530	6704542	6385187
66090	137172	1948	224			
2337206	4817092	130010	3386	301		
3168244	2144223	4461919	135793	4072	408	
3073275	117156	2137293	4142778	145196	5518	1332
3056414	20376	160544	2163010	4003622	155072	5761
3064545	5679	30940	203130	2213636	3912930	155840
2926311	2447	8627	42331	235962	2283401	3645368
1190863	935	3067	11837	49831	264994	2230483
150870	392	1177	3460	13855	59344	265005
34814	158	344	1204	3931	15894	58942
14475	105	269	699	2124	6981	22456

小学教
Number of Educational Personnel in

	教 职 Educational			
	合计 Total	专任教师 Full-time Teachers	行政人员 Adm. Personnel	教辅人员 Supporting Staff
总 计 Total	**5584868**	**5163882**	**201018**	**93050**
其中:女 of Which:Female	3151810	3005012	55244	40613
少数民族 Minorities	577369	535816	18773	8153
教育部门 Run by Ed. Dept.	5368201	5003217	188631	84682
其他部门 Run by Non-ed. Dept.	27076	22853	1307	769
地方企业办 Run by Local Enterprises	3565	3003	207	117
民办 Non-government	186026	134809	10873	7482
城区 Urban Area	1346951	1216744	63261	26756
教育部门 Run by Ed. Dept.	1240888	1138329	56803	22360
其他部门 Run by Non-ed. Dept.	9811	8388	522	296
地方企业办 Run by Local Enterprises	912	737	46	77
民办 Non-government	95340	69290	5890	4023
其中:城乡结合区 of Which: Urban-rural Transitional Area	268063	243586	11751	3886
教育部门 Run by Ed. Dept.	239342	222330	9958	3013
其他部门 Run by Non-ed. Dept.	1907	1585	128	42
地方企业办 Run by Local Enterprises	136	108	4	6
民办 Non-government	26678	19563	1661	825
镇区 Counties & Towns Area	1795275	1644012	63961	39348
教育部门 Run by Ed. Dept.	1720337	1589458	59837	36280
其他部门 Run by Non-ed. Dept.	13023	10554	658	424
地方企业办 Run by Local Enterprises	2168	1828	133	37
民办 Non-government	59747	42172	3333	2607
其中:镇乡结合区 of Which: County-town Transitional Area	605082	562887	19600	9718
教育部门 Run by Ed. Dept.	580563	544994	18214	8906
其他部门 Run by Non-ed. Dept.	864	741	60	15
地方企业办 Run by Local Enterprises	114	99	6	4
民办 Non-government	23541	17053	1320	793
乡村 Rural Area	2442642	2303126	73796	26946
教育部门 Run by Ed. Dept.	2406976	2275430	71991	26042
其他部门 Run by Non-ed. Dept.	4242	3911	127	49
地方企业办 Run by Local Enterprises	485	438	28	3
民办 Non-government	30939	23347	1650	852

职工数
Primary Schools

单位：人
unit：person

工数 Personnel		代课教师 Substitute Teachers	兼任教师 Part-time Teachers
工勤人员 Workers	校办企业职工 Employees in School-run Factories & Farms		
125429	**1489**	**187701**	**17471**
50326	615	129494	10423
14523	104	23904	2098
90657	1014	175220	15156
2106	41	579	52
238		148	19
32428	434	11754	2244
39691	499	33964	4401
23115	281	30905	3403
593	12	295	26
52		19	19
15931	206	2745	953
8743	97	6434	832
4010	31	5598	630
152		19	2
18			
4563	66	817	200
47251	703	40769	4839
34290	472	35312	4228
1360	27	130	9
170		36	
11431	204	5291	602
12620	257	15622	1937
8275	174	13350	1511
48		6	1
5		23	
4292	83	2243	425
38487	287	112968	8231
33252	261	109003	7525
153	2	154	17
16		93	
5066	24	3718	689

小学分课程专任教师
Number of Full-time Teachers in Primary School

	总　计 Total	其中：女 of Which: Female	品德与生活（社会） Virtue Education	语　文 Language & Literature	数　学 Mathematics	外语 Foreign		
						计 Total	英语 English	日语 Japanese
合　　计 Total	**5604861**	**3288726**	**208617**	**2138605**	**1718953**	**351583**	**348020**	**148**
女 Female	3288734		92747	1429002	934894	284398	278197	117
少数民族 Minorities	583594	293791	21366	228588	180208	22078	21460	40
研究生毕业 Graduate	10729	7751	438	3756	2111	1540	1514	2
本科毕业 Under – graduate	1584930	1146764	41766	637036	428876	163722	162524	64
专科毕业 Associate Bachelor	3003101	1795879	108855	1158569	958884	171476	169661	80
高中阶段毕业 High School Graduate	990413	335077	56551	334342	324282	14698	14186	2
高中阶段以下毕业 Below High School Graduate	15688	3255	1007	4902	4800	147	135	

小学专任教师专业
Number of Full-time Teachers in Primary

	合　　计 Total	其中：女 of Which Female	25 岁及以下 25 Years and Under	26 – 30 26 to 30	31 – 35 31 to 35
合　　计 Total	**5604861**	**3288734**	**372613**	**878160**	**1067896**
女 Female	3288734		291784	635416	736987
少数民族 Minorities	583594	293791	36653	100859	114962
中学高级 Senior Secondary	99452	50034	56	470	3663
小学高级 Senior Primary	2943986	1592098	2198	88379	428368
小学一级 1st Grade Primary	1955379	1216722	97916	589067	573258
小学二级 2st Grade Primary	199980	127838	56109	82665	29162
小学三级 3st Grade Primary	18510	12008	6144	5794	2567
未定职级 No-ranking	387554	290034	210190	111785	30878

学历情况

by Subject Taught and Educational Attainment

单位：人
unit：person

Languages 俄语 Russian	体育 Physical	科学 Scoemce	艺术 Art	音乐 Music	美术 Fine Arts	综合实践活动 Practical Activities 计 Total	信息技术 Information Technique	劳动与技术 Skills Teaching	其他 Others	当年不任课 No Teaching Load in Current Year
60	**245666**	**173504**	**22454**	**172931**	**158313**	**167746**	**107859**	**54290**	**147637**	**98852**
41	52020	68659	13182	129460	90005	63898	37962	21916	86777	43692
21	23044	16149	1773	16307	13691	14436	8650	5006	32543	13411
	670	359	36	423	427	440	372	56	297	232
30	72380	36583	4115	59389	50119	46915	37123	8495	28098	15931
30	123142	93843	13534	87894	78758	89087	58286	27878	77078	41981
	48637	42192	4695	24927	28593	30781	11940	17503	41081	39634
	837	527	74	298	416	523	138	358	1083	1074

技术职称、年龄结构情况

Schools by Professional Rank and Age

单位：人
unit：person

36－40 36 to 40	41－45 41 to 45	46－50 46 to 50	51－55 51 to 55	56－60 56 to 60	61岁及以上 61 Years And Over
858896	**734813**	**710732**	**644565**	**335000**	**2186**
565094	445253	366948	239312	7455	485
96474	82103	71975	52452	27888	228
14167	25209	26458	20253	9024	152
545146	532596	546746	526007	273023	1523
268934	159307	126821	91287	48497	292
13396	7013	5110	3859	2639	27
1262	799	722	700	513	9
15991	9889	4875	2459	1304	183

小学专任教

Changes of Full-time

	上学年初报表专任教师数 Number of Full-time Teachers at Beginning of Previous Academic Year	增加教师 Factors of Increase				
		计 Total	录用毕业生 New Recruitsfrom Current Year Graduates		调入 Teachers Recruited from Other Units	校内调整 of Which: with Change of Status in their Own Institutions
			小计 Subtotal	其中:师范生 of Which: Students Enrolled in Teacher Training Institutions		
合　计 Total	**5616187**	**634117**	**124941**	**90668**	**348236**	**125634**
其中:女 of Which: Female	3254120	367693	95484	68847	195652	54958
城区 Urban Area	1339980	134421	29267	23525	73929	18973
其中:女 of Which: Female	1035109	97745	23737	18848	54008	11236
其中:城乡结合区 of Which: Urban-rural Transitional Area	276623	33180	6926	5522	18229	4658
其中:女 of Which: Female	194480	22915	5511	4341	12419	2638
镇区 Counties & Towns Area	1767030	204066	34469	24923	118381	39057
其中:女 of Which: Female	1135946	124359	27130	19404	71789	18134
其中:镇乡结合区 of Which: County-town Transitional Area	598959	68521	10746	7645	42071	12223
其中:女 of Which: Female	376531	41951	8477	6015	25411	5986
乡村 Rural Area	2509177	295630	61205	42220	155926	67604
其中:女 of Which: Female	1083065	145589	44617	30595	69855	25588

小学学生、教职工

Supplementary Information on Students and

	在校学生中 of Total Students			教　职 of Total Educational	
	共青团员 Member of C. Y. L.	华　侨 Overseas Chinese	港澳台 From H. K, Macao and Taiwan	共产党员 Member of C. P. C.	共青团员 Member of C. Y. L.
合　计 Total	**146259**	**16688**	**27178**	**1378744**	**318766**
其中:女 of Which: Female	67931	5986	12188	571372	234706
城区 Urban Area	34317	4768	23995	386591	117256
其中:女 of Which: Female	15760	1899	10717	255247	95241
其中:城乡结合区 of Which: Urban-rural Transitional Area	9595	1567	4055	66825	23187
其中:女 of Which: Female	4577	510	1807	35370	18281
镇区 Counties & Towns Area	56678	8225	1916	439213	98207
其中:女 of Which: Female	26164	3076	904	181518	74504
其中:镇乡结合区 of Which: County-town Transitional Area	20133	1671	657	135228	30504
其中:女 of Which: Female	8940	670	295	53150	23253
乡村 Rural Area	55264	3695	1267	552940	103303
其中:女 of Which: Female	26007	1011	567	134607	64961

师变动情况
Teachers in Primary Schools

单位：人
unit：person

其他 Others	减少教师 Factors of Decrease 计 Total	自然减员 Retired from their Posts during Previcus Academic Year	调出 Transferred from Teaching to Non-teaching Posts	校内调整 of Which：with Change of Status in their Own Institutions	其他 Others	本学年初报表专任教师数 Number of Full-time Teachers at Beginning of Current Academic Year
35306	645443	117153	354519	129560	44211	5604861
21599	333079	56493	191951	60195	24440	3288734
12252	108549	24585	54187	17377	12400	1365852
8764	75375	17981	37939	11132	8323	1057479
3367	29065	5671	15112	4926	3356	280738
2347	18764	3598	10076	3030	2060	198631
12159	175471	34313	94922	34062	12174	1795625
7306	101051	18695	57654	17541	7161	1159254
3481	65706	12143	37176	12354	4033	601774
2077	37258	6378	22257	6339	2284	381224
10895	361423	58255	205410	78121	19637	2443384
5529	156653	19817	96358	31522	8956	1072001

政治面貌及其他
Educational Personnel of Primary Schools

单位：人
unit：person

工　中 Personnel		专任教师中 of Total Full-time Teachers			
民主党派 Member of Dem. Parties	华　侨 Overseas Chinese	共产党员 Member of C. P. C.	共青团员 Member of C. Y. L.	民主党派 Member of Dem. Parties	华　侨 Overseas Chinese
13448	**306**	**1255886**	**327191**	**12604**	**289**
8721	166	540782	240584	7987	157
7960	125	346746	121461	7425	108
5909	77	235570	98459	5428	70
817	29	59783	24153	685	27
572	10	33305	19076	474	8
2883	88	397106	100666	2648	92
1794	42	173967	76198	1585	41
702	12	121989	30786	669	10
317	7	50746	23428	294	6
2605	93	512034	105064	2531	89
1018	47	131245	65927	974	46

	合计 Total	城区 Urban Area
总　计 Total	**569131054**	**136069064**
其中：危房 of Which：Floor Space of Dilapidated Buildings	57142487	5091995
当年新增 New Floor Space Added in Current Year	16793654	3904553
一、教学及辅助用房 Teaching & Assistant Buildings	322287290	73013426
教室 Classroom	275628520	59139145
实验室 Laboratory	14766354	3661897
图书室 Library	13332221	3142022
微机室 PC-room	10739399	2927876
语音室 Linguistic	2973267	1022458
体育馆 Gymnasium	4847529	3120029
二、行政办公用房 Administritive	57488756	15663122
其中：教师办公室 of Which：for Teachers	42093282	10167167
三、生活用房 Residential and Welfare	133851532	23635561
教工宿舍 Apartments for Single	49932158	5925496
其中：教师周转宿舍 Accommodation for Circulation of Teachers	5512875	682152
学生宿舍 Students Dormitories	27757534	3606527
食堂 Dining Halls	19455211	4583544
厕所 Toilet	22043862	4790533
其他 Others	14662767	4729461
四、其他用房 Rooms for Other Purposes	55503476	23756955

条件(一)
in Primary Schools (1)

单位：平方米
unit：m^2

其中:城乡结合区 of Which: Urban-rural Transitional Area	镇区 Counties & Towns Area	其中:镇乡结合区 of Which: County-town Transitional Area	乡村 Rural Area
30346176	166516202	59652825	266545788
1296516	13720776	5204480	38329717
934565	6174568	1761583	6714533
16394034	91517796	34197130	157756068
13411845	78503184	29280405	137986191
834534	4139486	1576392	6964972
725523	3550663	1427096	6639537
627404	3253079	1186404	4558444
212362	1073637	356437	877172
582365	997747	370397	729753
3087765	17142374	6264172	24683260
2064357	12246963	4601260	19679152
6094002	43334395	13846510	66881576
2032388	16088569	5130388	27918093
250424	1954149	534360	2876574
911481	10743616	2847248	13407391
1073935	6617885	2139895	8253783
1112627	5765847	2261671	11487481
963571	4118478	1467308	5814828
4770376	14521637	5345013	17224884

	占地面积(平方米) Areas Occupied			图书(册) Books & Magazines in Libraries (volume)
	计 Total	其中 of Which		
		绿化用地面积 Green Areas	运动场地面积 Sports Areas	
合　计 Total	**2255707648**	**346461072**	**652166056**	**1516907237**
城区 Urban Area	321961671	58759009	105569952	445957098
其中:城乡结合区 of Which: Urban-rural Transitional Area	99621310	19672206	32103296	86196969
镇区 Counties & Towns Area	588720865	92729932	170304214	477015648
其中:镇乡结合区 of Which: County-town Transitional Area	231010831	36285054	67749996	164312005
乡村 Rural Area	1345025112	194972131	376291890	593934491

小学办学条件(三)
Condition of School Buildings in Primary Schools (3)

单位:所
unit: School

	体育运动场(馆)面积达标校数 Schools No: Sprots Areas Reached Standard	体育器械配备达标校数 Schools No: Sports Equip. Reached Standard	音乐器械配备达标校数 Schools No: Musical Instru. Reached Standard	美术器械配备达标校数 Schools No: Fine Arts Instru. Reached Standard	教学自然实验仪器达标校数 Schools No: Equip. of Natural Sci. Reached Standard	建立校园网校数 Schools No: Campus Networks Set
合　计 Total	**109336**	**108918**	**103383**	**102307**	**114647**	**41205**
城区 Urban Area	16122	18329	18043	17833	18458	14208
其中:城乡结合区 of Which: Urban-rural Transitional Area	4979	5331	5080	5041	5409	3096
镇区 Counties & Towns Area	23697	24306	23199	22824	25413	12267
其中:镇乡结合区 of Which: County-town Transitional Area	10369	10303	9725	9601	10820	4435
乡村 Rural Area	69517	66283	62141	61650	70776	14730

条件（二）
in Primary Schools（2）

计算机数（台）PC（set）		多媒体教室座位数（个）No. of Seats in Multi-media Classrooms	固定资产总值（万元）Total Volue of Fixed Asset（10 thousand yuan）		
计 Total	其中：教学用计算机 of Which：No. of Computers Used for Institution		计 Total	其中：教学仪器设备资产值 of Which：Total Volue of Equip & Instru.	
				小计 Subtotal	其中：实验设备 of Which：for Prefession
5479869	**4192743**	**10691299**	**49804460.76**	**5351024.02**	**2293409.02**
2272158	1698372	5135265	16186324.09	2174076.06	735996.39
404899	304633	878869	3311368.27	381871.19	156718.26
1668611	1310023	3457515	15547180.94	1676887.25	785265.75
552138	430999	1082180	5491714.53	569208.43	329910.00
1539100	1184348	2098520	18070955.73	1500060.71	772146.88

成人小学基本情况
Basic Statistics of Adult Primary Schools by Province

单位：人（人次）
unit：person

	学校数（所）Schools	教学班（点）（个）External Teaching Sites	毕（结）业生数 Graduates		注册学生数 Enrolment		教职工数 Educational Personnel		专任教师 Full-time Teachers		聘请校外教师 Part-time Teachers
			计 Total	其中：女 of Which：Female	计 Total	其中：女 of Which：Female	计 Total	其中：女 of Which：Female	计 Total	其中：女 of Which：Female	
合　计 Total	**30555**	**57184**	**1789746**	**903519**	**1679173**	**861335**	**65548**	**26423**	**33699**	**14784**	**34536**
其中：少数民族 of Which：Minority	1819	6267	320912	145467	280206	149605	9712	3580	3763	1522	7534
职工小学 General Primary Schools for Staff & workers	975	1845	55464	25472	67017	31222	3524	2148	3242	2020	761
农民小学 General Primary Shools for Peasants	29580	55339	1734282	878047	1612156	830113	62024	24275	30457	12764	33775
小学班 Primary Classes	9401	15111	916132	426985	863266	417443	12508	4707	7224	2955	7315
扫盲班 Literacy Classes	20179	40228	818150	451062	748890	412670	49516	19568	23233	9809	26460

五、工读学校
Correctional Work-study Schools

工读学校基本情况

Basic Statistics of Correctional Work-study Schools

单位：人
unit：person

	学校数（所）Schools	班 数（个）Classes	离校人数 Sclools Leavers	入校人数 No. of Persons Enrolled	在校生数 Enrolment	教职工数 Educational Personnel	
						计 Total	其中：专任教师 of Which：Full-time Teachers
合 计 Total	**76**	**391**	**4378**	**5664**	**8976**	**2573**	**1764**
其中：女 of Which：Female			678	787	1400	958	701

六、特殊教育
Special Education

特殊教育

Basic Statistics of

	学校数（所）Schools	班　数（个）Classes	毕业生数 Graduates	招生数 Entrants				
					合计 Total	其中：女 of Which: Female	小学	
							一年级 Grade 1	二年级 Grade 2
总　计 Total	**1767**	**17005**	**44194**	**64086**	**398736**	**135397**	**46805**	**45483**
女 Female			14348	21994	135397		16492	15536
少数民族学生 Minority Students			2794	5456	28136	9135	4339	3628
总计中：寄宿生 of the Total Boarders			6292	13645	109268	35785	16335	13777
特殊教育学校中：寄宿生 of the Special Education Schools: Boarders			6288	13469	108866	35626	16256	13716
职业技术班 Vocational and Technical Classes			797	745	4797	1155	32	50
视力残疾 Visual	32	1172	7366	8974	52271	16571	4228	4328
听力残疾 Hearing	452	8266	13155	15501	107678	43112	12680	11449
智力残疾 Intellectual Disability	391	7284	18842	30128	189182	61352	24911	24890
其他残疾 Other Disability	892	283	4831	9483	49605	14362	4986	4816
特殊教育学校 Schools for Special Edu.		16478	18538	27711	173503	67930	26698	22112
视力残疾 Visual Impairment		1165	1423	1780	9930	3624	1343	1072
听力残疾 Hearing Impariment		8212	11074	11868	85929	36679	10613	9080
智力残疾 Intellecutual Disability		6849	5805	13242	74647	26563	13777	11478
其他残疾 Other Disability		252	236	821	2997	1064	965	482
小学附设特教班 Classes Attached to Primary Schools		495	427	629	3206	1206	620	427
视力残疾 Visual Impairment		7	12	29	90	42	35	8
听力残疾 Hearing Impariment		48	25	108	328	157	74	69
智力残疾 Intellecutual Disability		409	349	435	2529	922	451	308
其他残疾 Other Disability		31	41	57	259	85	60	42
小学随班就读 Followers in Primary Schools			12365	16402	151640	44370	19478	22934
视力残疾 Visual Impairment			1611	2288	21553	6321	2850	3248
听力残疾 Hearing Impariment			990	1637	14866	4217	1988	2292
智力残疾 Intellecutual Disability			7881	8984	87145	26025	10679	13102
其他残疾 Other Disability			1883	3493	28076	7807	3961	4292
初中附设特教班 Special Classes Attached to Junior High Schools		32	47	51	215	81	9	10
视力残疾 Visual Impairment								
听力残疾 Hearing Impariment		6	8	5	32	11	5	8
智力残疾 Intellecutual Disability		26	39	45	181	70	4	2
其他残疾 Other Disability				1	2			
初中随班就读 Followers in Junior High Schools			12817	19293	70172	21810		
视力残疾 Visual Impairment			4320	4877	20698	6584		
听力残疾 Hearing Impariment			1058	1883	6523	2048		
智力残疾 Intellecutual Disability			4768	7422	24680	7772		
其他残疾 Other Disability			2671	5111	18271	5406		
城区 Urban Area	907	10417	19585	22913	154619	56621	18444	16559
其中：城乡结合区 of Which: Urban-rural Transitional Area	133	1510	2719	3704	25281	8791	3393	2966
镇区 Counties & Towns Area	771	5888	16462	26712	150588	50899	17525	16669
其中：镇乡结合区 of Which: County-town Transitional Area	264	2067	4307	8159	47504	15609	6062	5714
乡村 Rural Area	89	700	8147	14461	93529	27877	10836	12255

基本情况
Special Education

单位：人
unit：person

在校生数 Enrolment										
阶段 Primary Education				初中阶段 Junior Secondary Education				高中阶段 Senior Secondary Education		
三年级 Grade 3	四年级 Grade 4	五年级 Grade 5	六年级 Grade 6	一年级 Grade 1	二年级 Grade 2	三年级 Grade 3	四年级 Grade 4	一年级 Grade 1	二年级 Grade 2	三年级及以上 Grade 3
46344	**46930**	**46517**	**44724**	**36664**	**37474**	**35780**	**2134**	**4019**	**3081**	**2781**
15415	15701	15297	14726	12615	12499	12261	789	1690	1274	1102
3590	3474	3149	3120	2285	2226	1889	8	180	127	121
12675	12141	11077	10654	9509	8368	7628	501	2656	2068	1879
12603	12093	11026	10602	9489	8356	7621	501	2656	2068	1879
74	64	64	112	307	263	352	103	1169	1075	1132
4559	4861	5035	5063	7062	7778	8067	52	352	347	539
11530	11788	11630	11456	10226	10042	9326	605	2753	2291	1902
25101	25087	24386	22949	13561	13103	12125	1411	899	432	327
5154	5194	5466	5256	5815	6551	6262	66	15	11	13
20174	19064	17584	16231	14802	13264	12168	1525	4019	3081	2781
996	1076	1069	875	799	719	726	17	352	347	539
8845	9035	8912	8822	8157	7786	7162	571	2753	2291	1902
9969	8713	7348	6303	5685	4604	4191	921	899	432	327
364	240	255	231	161	155	89	16	15	11	13
543	547	562	501	6						
13	13	6	15							
62	45	41	37							
437	443	481	404	5						
31	46	34	45	1						
25618	27306	28346	27958							
3550	3772	3960	4173							
2616	2705	2673	2592							
14693	15921	16536	16214							
4759	4908	5177	4979							
9	13	25	34	55	48	7	5			
7	3	4	5							
2	10	21	28	55	47	7	5			
			1		1					
				21801	24162	23605	604			
				6263	7059	7341	35			
				2069	2256	2164	34			
				7816	8452	7927	485			
				5653	6395	6173	50			
16987	17365	17190	15995	14035	13862	13214	1734	3685	2912	2637
2911	2981	3125	2844	2144	2036	2021	89	381	251	139
16266	16225	16162	16182	16659	17326	16730	319	277	118	130
5373	5186	5113	4942	4998	5248	4648	90	69	29	32
13091	13340	13165	12547	5970	6286	5836	81	57	51	14

特殊教育学

Number of Educational Personnel

	教　职 Educational		
	合计 Total	专任教师 Full-time Teachers	行政人员 Adm. Personnel
合　计 Total	**51189**	**41311**	**3612**
其中:女 of Which:Female	34642	29755	1751
少数民族 Minorities	3349	2810	229

特殊教育学校专任

Number of Full-time Teachers in Special Education

	合计 Total	按学历分 By Educational Attainment				
		研究生毕业 Graduate	本科毕业 Under-graduate	专科毕业 Associate Bachelor	高中阶段毕业 High School Graduate	高中阶段以下毕业 Below High School Graduate
合　计 Total	**41311**	**482**	**20012**	**17335**	**3340**	**142**
其中:女 of Which:Female	29755	369	14690	12536	2083	77
受过特教专业培训 Trainea in Special Education	22896	330	11874	9086	1540	66

特殊教育专任

Changes of Full-time Teachers in

	上学年初报表专任教师数 Number of Full-time Teachers at Beginning of Previous Academic Year	增　加　教　师 Factors of Increase					
		计 Total	录用毕业生 New Recruitsfrom CurrentYearGraduates		调入 Teachers Recruited from Other Units	校内调整 of Which: with Change of Status in their own Institutions	其　他 Others
			计 Total	其中:师范生 of Which: Students Enrolled in Teacher Training Institutions			
合　计 Total	**39398**	**4612**	**1249**	**935**	**2092**	**958**	**313**
其中:女 of Which: Female	28441	3123	993	737	1405	520	205

校教职工数
in Special Education Schools

单位：人
unit：person

工　数 Personnel		代课教师 Substitute Teachers	兼任教师 Part-time Teachers
教辅人员 Supporting Staff	工勤人员 Workers		
2285	**3981**	**1142**	**227**
1391	1745	772	135
108	202	64	7

教师学历、职称情况
Schools by Educational Attainment and Professional Rank

单位：人
unit：person

按职称分 By Professional Rank					
中学高级 Senior Secondary	小学高级 Senior Primary	小学一级 1st Grade Primary	小学二级 2st Grade Primary	小学三级 3st Grade Primary	未定职级 No-ranking
3099	**21041**	**12791**	**1280**	**108**	**2992**
1802	15248	9347	928	77	2353
1444	11342	7627	710	55	1718

教师变动情况
Special Education Schools

单位：人
unit：person

减　少　教　师 Factors of Decrease					本学年初报表专任教师数 Number of Full-time Teachers at Beginning of Current Academic Year
计 Total	自然减员 Retired from their Posts during Previcus Academic Year	调出 Transferred from Teaching to Non-Teaching Posts	校内调整 of Which：with Change of Status in their own Institutions	其　他 Others	
2699	**597**	**722**	**589**	**791**	**41311**
1809	420	461	367	561	29755

特殊教育学校办学条件(一)
Condition of School Buildings in Special Education Schools(1)

单位:平方米
unit: m^2

	合计 Total
总　计 Total	5744129
其中:危房 of Which:Floor Space of Dilapidated Buildings	234022
当年新增 Added in Current Year	407933
一、教学及辅助用房 Teaching & Assistant Buildings	2595833
教室 Classroom Only	1568665
专用教室 Classroom	689265
实验室 Laboratory	115733
微机室 PC-room	107580
图书室 Library	114590
二、行政办公用房 Administritive	657598
其中:教师办公室 of Which: for Teachers	400760
三、生活用房 Residential and Welfare	1650159
四、其他用房 Rooms for Other Purposes	840540

特殊教育学校办学条件(二)
Condition of School Buildings in Special Education Schools (2)

	占地面积(平方米) Areas Occupied (m^2)			图书(册) Books & Magazines in Libraries (volume)	数字资源(GB) Digital resources
	计 Total	其中 of Which			
		绿化用地面积 Green Areas	运动场地面积 Sports Areas		
总　计 Total	**13732677**	**2661632**	**2943121**	**6022592**	**248728.15**

七、幼儿教育
Pre-primary Education

幼儿园园数、班数

Number of Kindergartens, Classes in Pre-Primary Education

	园数(所) Kindergartens		班数(个) Classes
	计 Total	其中:少数民族幼儿园 of Which: Minorities	
总　计 Total	**166750**	**3419**	**1255816**
教育部门 Run by Ed. Dept.	31044	2664	498858
其他部门办 Run by Non-ed. Dept.	1805	46	19933
地方企业 Run by Local Enterprises	1384		10753
事业单位 Run by Public Institutions	3466	47	19280
部队 Run by Army	485	1	4009
集体办 Run by Communities	13162	86	64171
民办 Non-government	115404	575	638812
城区 Urban Area	53547	317	411873
教育部门 Run by Ed. Dept.	5962	124	81395
其他部门办 Run by Non-ed. Dept.	1208	4	14120
地方企业 Run by Local Enterprises	1095		8858
事业单位 Run by Public Institutions	1020	16	7626
部队 Run by Army	458	1	3844
集体办 Run by Communities	3733	11	25594
民办 Non-government	40071	161	270436
其中:城乡结合区 of Which: Urban-rural Transitional Area	11324	60	78361
教育部门 Run by Ed. Dept.	876	41	13847
其他部门办 Run by Non-ed. Dept.	50		509
地方企业 Run by Local Enterprises	74		564
事业单位 Run by Public Institutions	131	2	671
部队 Run by Army	17		116
集体办 Run by Communities	1680	2	9094
民办 Non-government	8496	15	53560

幼儿园园数、班数(续)

Number of Kindergartens, Classes in Pre-Primary Education(Cont.)

	园数(所) Kindergartens		班数(个) Classes
	计 Total	其中:少数民族幼儿园 of Which:Minorities	
镇区 Counties & Towns Area	54519	664	420164
教育部门 Run by Ed. Dept.	11144	410	165836
其他部门办 Run by Non-ed. Dept.	473	10	4897
地方企业 Run by Local Enterprises	239		1660
事业单位 Run by Public Institutions	974	17	6191
部队 Run by Army	14		99
集体办 Run by Communities	2864	14	17934
民办 Non-government	38811	213	223547
其中:镇乡结合区 of Which: County-town Transitional Area	17869	135	132779
教育部门 Run by Ed. Dept.	3137	95	53134
其他部门办 Run by Non-ed. Dept.	66	1	536
地方企业 Run by Local Enterprises	51		365
事业单位 Run by Public Institutions	297	4	1649
部队 Run by Army	2		13
集体办 Run by Communities	1468	7	7229
民办 Non-government	12848	28	69853
乡村 Rural Area	58684	2438	423779
教育部门 Run by Ed. Dept.	13938	2130	251627
其他部门办 Run by Non-ed. Dept.	124	32	916
地方企业 Run by Local Enterprises	50		235
事业单位 Run by Public Institutions	1472	14	5463
部队 Run by Army	13		66
集体办 Run by Communities	6565	61	20643
民办 Non-government	36522	201	144829
合计中:独立设置幼儿园 of Total:Inde. Kinder.			970005
附设幼儿班 Kinder. Classes Attached to School			285811

幼儿教育分年龄学生数
Number of Students in Pre-school Education by Age

单位：人
unit：person

	入园(班)人数 Entrants	在园(班)人数 Enrolment	离园(班)人数 Leavers
总　计 Total	**18273104**	**34244456**	**11847124**
其中：女 of Which：Female	8186698	15788962	5490086
少数民族 Minorities	1662486	2507323	1003471
教育部门 Run by Ed. Dept.	8721128	13744973	5962854
3岁以下 3 years under	215119	235743	5
3岁 3 years	1931561	2205695	49
4岁 4 years	1629645	3485925	246
5岁 5 years	3509522	5973340	1298508
6岁及以上 6 and over	1435281	1844270	4664046
其他部门 Run by Non-ed. Dept.	255237	635011	199394
3岁以下 3 years under	37731	42023	
3岁 3 years	108643	154290	
4岁 4 years	46141	195252	
5岁 5 years	45423	204593	45678
6岁及以上 6 and over	17299	38853	153716
地方企业 Run by Local Enterprises	114742	322264	101761
3岁以下 3 years under	21432	24576	
3岁 3 years	51046	82113	6
4岁 4 years	20911	104094	4
5岁 5 years	18395	101910	22637
6岁及以上 6 and over	2958	9571	79114
事业单位 Run by Public Institutions	290551	591981	228785
3岁以下 3 years under	19995	22795	
3岁 3 years	84308	112763	
4岁 4 years	63757	168849	
5岁 5 years	94072	231962	36006
6岁及以上 6 and over	28419	55612	192779
部队 Run by Army	45595	126229	32879
3岁以下 3 years under	10709	11542	
3岁 3 years	23282	36490	
4岁 4 years	6576	40819	
5岁 5 years	4761	34982	5781
6岁及以上 6 and over	267	2396	27098
集体 Run by Communities	711893	1881908	650024
3岁以下 3 years under	53766	62348	
3岁 3 years	363585	459883	
4岁 4 years	145764	605884	
5岁 5 years	127352	687310	87208
6岁及以上 6 and over	21426	66483	562816
民办 Non-government	8133958	16942090	4671427
3岁以下 3 years under	928605	1128258	55
3岁 3 years	2659217	3867392	69
4岁 4 years	2118068	5327767	331
5岁 5 years	2051665	5776661	1138291
6岁及以上 6 and over	376403	842012	3532681

幼儿教育分年龄学生数(城区)
Number of Students in Pre-school Education by Age (Urban Area)

单位：人
unit: person

	入园(班)人数 Entrants	在园(班)人数 Enrolment	离园(班)人数 Leavers
总　计 Total	**4805332**	**11471472**	**3458585**
其中:女 of Which:Female	2157855	5261725	1579259
少数民族 Minorities	189707	392989	138908
教育部门 Run by Ed. Dept.	1302067	2705808	1012809
3 岁以下 3 years under	84434	91279	
3 岁 3 years	527229	628887	
4 岁 4 years	190550	783477	3
5 岁 5 years	391106	1042412	239928
6 岁及以上 6 and over	108748	159753	772878
其他部门 Run by Non-ed. Dept.	165776	455498	132447
3 岁以下 3 years under	31478	35016	
3 岁 3 years	84020	121688	
4 岁 4 years	25502	143151	
5 岁 5 years	20028	139592	32396
6 岁及以上 6 and over	4748	16051	100051
地方企业 Run by Local Enterprises	88757	264815	82016
3 岁以下 3 years under	18751	21626	
3 岁 3 years	40669	68227	6
4 岁 4 years	15267	85426	4
5 岁 5 years	12351	82369	17077
6 岁及以上 6 and over	1719	7167	64929
事业单位 Run by Public Institutions	102165	250351	85871
3 岁以下 3 years under	15707	17408	
3 岁 3 years	37873	58353	
4 岁 4 years	16431	73547	
5 岁 5 years	26316	88616	18907
6 岁及以上 6 and over	5838	12427	66964
部队 Run by Army	43075	121258	31428
3 岁以下 3 years under	10276	11101	
3 岁 3 years	22170	35004	
4 岁 4 years	6039	39263	
5 岁 5 years	4339	33650	5529
6 岁及以上 6 and over	251	2240	25899
集体 Run by Communities	283490	796912	257828
3 岁以下 3 years under	33197	39080	
3 岁 3 years	147393	204992	
4 岁 4 years	51911	253538	
5 岁 5 years	46527	278973	48715
6 岁及以上 6 and over	4462	20329	209113
民办 Non-government	2820002	6876830	1856186
3 岁以下 3 years under	455765	569784	3
3 岁 3 years	964621	1609303	9
4 岁 4 years	661565	2115789	83
5 岁 5 years	632599	2288575	441198
6 岁及以上 6 and over	105452	293379	1414893

幼儿教育分年龄学生数(城乡结合区)

Number of Students in Pre-school Education by Age (Urban-rural Transitional Area)

单位：人

unit: person

	入园(班)人数 Entrants	在园(班)人数 Enrolment	离园(班)人数 Leavers
总　计 Total	**926682**	**2112653**	**664716**
其中:女 of Which:Female	412848	958349	302543
少数民族 Minorities	32709	59369	25781
教育部门 Run by Ed. Dept.	224683	377874	170148
3岁以下 3 years under	7527	8240	
3岁 3 years	54876	65030	
4岁 4 years	37821	95394	
5岁 5 years	93074	167632	40901
6岁及以上 6 and over	31385	41578	129247
其他部门 Run by Non-ed. Dept.	6910	17659	5475
3岁以下 3 years under	1034	1215	
3岁 3 years	3324	4295	
4岁 4 years	1180	5325	
5岁 5 years	1076	5611	1724
6岁及以上 6 and over	296	1213	3751
地方企业 Run by Local Enterprises	5843	16569	5347
3岁以下 3 years under	1782	2015	
3岁 3 years	2132	3881	
4岁 4 years	1071	5091	
5岁 5 years	808	4782	469
6岁及以上 6 and over	50	800	4878
事业单位 Run by Public Institutions	9523	19236	8868
3岁以下 3 years under	292	312	
3岁 3 years	2492	3110	
4岁 4 years	2569	5614	
5岁 5 years	3045	8330	2737
6岁及以上 6 and over	1125	1870	6131
部队 Run by Army	1766	3409	962
3岁以下 3 years under	356	369	
3岁 3 years	688	917	
4岁 4 years	365	1028	
5岁 5 years	323	1048	248
6岁及以上 6 and over	34	47	714
集体 Run by Communities	94057	272279	91836
3岁以下 3 years under	8607	10698	
3岁 3 years	47285	66961	
4岁 4 years	19764	87176	
5岁 5 years	16831	100046	20422
6岁及以上 6 and over	1570	7398	71414
民办 Non-government	583900	1405627	382080
3岁以下 3 years under	81291	103302	
3岁 3 years	199137	323815	
4岁 4 years	145974	441369	
5岁 5 years	137781	483928	93124
6岁及以上 6 and over	19717	53213	288956

幼儿教育分年龄学生数(镇区)

Number of Students in Pre-school Education by Age (Counties & Towns Area)

单位：人

unit: person

	入园(班)人数 Entrants	在园(班)人数 Enrolment	离园(班)人数 Leavers
总　计 Total	**7021200**	**12835047**	**4393228**
其中:女 of Which:Female	3133686	5905599	2031606
少数民族 Minorities	599440	959955	361011
教育部门 Run by Ed. Dept.	3277944	5443879	2244066
3 岁以下 3 years under	96189	105405	5
3 岁 3 years	830668	947838	30
4 岁 4 years	674287	1480123	134
5 岁 5 years	1229384	2305810	508165
6 岁及以上 6 and over	447416	604703	1735732
其他部门 Run by Non-ed. Dept.	74673	156452	58303
3 岁以下 3 years under	5903	6656	
3 岁 3 years	21759	29369	
4 岁 4 years	16856	45832	
5 岁 5 years	20449	55844	11617
6 岁及以上 6 and over	9706	18751	46686
地方企业 Run by Local Enterprises	22519	50466	17400
3 岁以下 3 years under	2288	2524	
3 岁 3 years	9308	12410	
4 岁 4 years	4887	16683	
5 岁 5 years	4989	16961	4910
6 岁及以上 6 and over	1047	1888	12490
事业单位 Run by Public Institutions	105203	193182	84116
3 岁以下 3 years under	2777	3456	
3 岁 3 years	24529	29697	
4 岁 4 years	24076	51891	
5 岁 5 years	39134	81320	9275
6 岁及以上 6 and over	14687	26818	74841
部队 Run by Army	1612	3058	801
3 岁以下 3 years under	245	249	
3 岁 3 years	691	869	
4 岁 4 years	371	952	
5 岁 5 years	301	915	152
6 岁及以上 6 and over	4	73	649
集体 Run by Communities	230745	582435	206182
3 岁以下 3 years under	13322	14813	
3 岁 3 years	117914	139005	
4 岁 4 years	47008	187493	
5 岁 5 years	42076	215524	22082
6 岁及以上 6 and over	10425	25600	184100
民办 Non-government	3308504	6405575	1782360
3 岁以下 3 years under	323865	385069	52
3 岁 3 years	1057085	1440509	58
4 岁 4 years	893333	2032942	162
5 岁 5 years	865564	2204340	444087
6 岁及以上 6 and over	168657	342715	1338001

幼儿教育分年龄学生数(镇乡结合区)

Number of Students in Pre-school Education by Age (County-town Transitional Area)

单位：人
unit：person

	入园(班)人数 Entrants	在园(班)人数 Enrolment	离园(班)人数 Leavers
总　计 Total	**2034347**	**3722633**	**1303362**
其中:女 of Which:Female	906870	1712728	604112
少数民族 Minorities	124507	195048	72766
教育部门 Run by Ed. Dept.	934986	1454133	637169
3岁以下 3 years under	20492	23064	2
3岁 3 years	212015	238631	2
4岁 4 years	186461	378770	3
5岁 5 years	382360	647728	136650
6岁及以上 6 and over	133658	165940	500512
其他部门 Run by Non-ed. Dept.	9249	20654	5434
3岁以下 3 years under	865	916	
3岁 3 years	3326	4383	
4岁 4 years	1905	6836	
5岁 5 years	2321	7106	1352
6岁及以上 6 and over	832	1413	4082
地方企业 Run by Local Enterprises	4585	11531	3649
3岁以下 3 years under	639	639	
3岁 3 years	2286	2988	
4岁 4 years	1052	4045	
5岁 5 years	595	3602	1025
6岁及以上 6 and over	13	257	2624
事业单位 Run by Public Institutions	29753	52265	19216
3岁以下 3 years under	626	754	
3岁 3 years	8101	9243	
4岁 4 years	8473	16332	
5岁 5 years	10173	21715	2483
6岁及以上 6 and over	2380	4221	16733
部队 Run by Army	79	338	139
3岁以下 3 years under	18	18	
3岁 3 years	52	81	
4岁 4 years	4	78	
5岁 5 years	4	101	20
6岁及以上 6 and over	1	60	119
集体 Run by Communities	84289	225946	83169
3岁以下 3 years under	4885	5715	
3岁 3 years	44284	53779	
4岁 4 years	17748	73621	
5岁 5 years	14409	84058	8323
6岁及以上 6 and over	2963	8773	74846
民办 Non-government	971406	1957766	554586
3岁以下 3 years under	95995	115230	4
3岁 3 years	328753	453329	5
4岁 4 years	258629	623736	38
5岁 5 years	245151	672985	127151
6岁及以上 6 and over	42878	92486	427388

幼儿教育分年龄学生数(乡村)

Number of Students in Pre-school Education by Age (Rural Area)

单位:人

unit: person

	入园(班)人数 Entrants	在园(班)人数 Enrolment	离园(班)人数 Leavers
总　计 Total	**6446572**	**9937937**	**3995311**
其中:女 of Which:Female	2895157	4621638	1879221
少数民族 Minorities	873339	1154379	503552
教育部门 Run by Ed. Dept.	4141117	5595286	2705979
3 岁以下 3 years und-er	34496	39059	
3 岁 3 years	573664	628970	19
4 岁 4 years	764808	1222325	109
5 岁 5 years	1889032	2625118	550415
6 岁及以上 6 and over	879117	1079814	2155436
其他部门 Run by Non-ed. Dept.	14788	23061	8644
3 岁以下 3 years under	350	351	
3 岁 3 years	2864	3233	
4 岁 4 years	3783	6269	
5 岁 5 years	4946	9157	1665
6 岁及以上 6 and over	2845	4051	6979
地方企业 Run by Local Enterprises	3466	6983	2345
3 岁以下 3 years under	393	426	
3 岁 3 years	1069	1476	
4 岁 4 years	757	1985	
5 岁 5 years	1055	2580	650
6 岁及以上 6 and over	192	516	1695
事业单位 Run by Public Institutions	83183	148448	58798
3 岁以下 3 years under	1511	1931	
3 岁 3 years	21906	24713	
4 岁 4 years	23250	43411	
5 岁 5 years	28622	62026	7824
6 岁及以上 6 and over	7894	16367	50974
部队 Run by Army	908	1913	650
3 岁以下 3 years under	188	192	
3 岁 3 years	421	617	
4 岁 4 years	166	604	
5 岁 5 years	121	417	100
6 岁及以上 6 and over	12	83	550
集体 Run by Communities	197658	502561	186014
3 岁以下 3 years under	7247	8455	
3 岁 3 years	98278	115886	
4 岁 4 years	46845	164853	
5 岁 5 years	38749	192813	16411
6 岁及以上 6 and over	6539	20554	169603
民办 Non-government	2005452	3659685	1032881
3 岁以下 3 years under	148975	173405	
3 岁 3 years	637511	817580	2
4 岁 4 years	563170	1179036	86
5 岁 5 years	553502	1283746	253006
6 岁及以上 6 and over	102294	205918	779787

	教职 Educational	
	合计 Total	园长 Kindergarten Heads
总　计 Total	**2204367**	**180357**
其中：女 of Which：Female	2007004	164217
少数民族 Minorities	109484	10831
学前教育专业 Pre-primary Education Programmes	986033	96549
教育部门 Run by Ed. Dept.	462667	30798
其他部门办 Run by Non-ed. Dept.	65554	3322
地方企业 Run by Local Enterprises	40714	2245
事业单位 Run by Public Institutions	38879	3089
部队 Run by Army	17364	850
集体办 Run by Communities	142614	10964
民办 Non-government	1436575	129089
城区 Urban Area	1165407	75289
教育部门 Run by Ed. Dept.	199741	9906
其他部门办 Run by Non-ed. Dept.	54204	2602
地方企业 Run by Local Enterprises	33663	1831
事业单位 Run by Public Institutions	25866	1487
部队 Run by Army	16759	810
集体办 Run by Communities	77602	4750
民办 Non-government	757572	53903
其中：城乡结合区 of Which：Urban-rural Transitional Area	182443	13657
教育部门 Run by Ed. Dept.	15505	968
其他部门办 Run by Non-ed. Dept.	1961	92
地方企业 Run by Local Enterprises	2096	109
事业单位 Run by Public Institutions	1361	123
部队 Run by Army	514	25
集体办 Run by Communities	24867	1809
民办 Non-government	136139	10531
镇区 Counties & Towns Area	713631	59772
教育部门 Run by Ed. Dept.	196190	12468
其他部门办 Run by Non-ed. Dept.	10543	634
地方企业 Run by Local Enterprises	6372	361
事业单位 Run by Public Institutions	8098	758
部队 Run by Army	309	23
集体办 Run by Communities	37924	2661
民办 Non-government	454195	42867
其中：镇乡结合区 of Which：County-town Transitional Area	201546	18270
教育部门 Run by Ed. Dept.	41997	3082
其他部门办 Run by Non-ed. Dept.	1341	88
地方企业 Run by Local Enterprises	1427	82
事业单位 Run by Public Institutions	2089	252
部队 Run by Army	45	2
集体办 Run by Communities	14371	1176
民办 Non-government	140276	13588
乡村 Rural Area	325329	45296
教育部门 Run by Ed. Dept.	66736	8424
其他部门办 Run by Non-ed. Dept.	807	86
地方企业 Run by Local Enterprises	679	53
事业单位 Run by Public Institutions	4915	844
部队 Run by Army	296	17
集体办 Run by Communities	27088	3553
民办 Non-government	224808	32319

职工数
in Kindergarten

单位：人
unit：person

工　数 Personnel				代课教师 Substitute Teachers	兼任教师 Part-time Teachers
专任教师 Full-time Teachers	保健医 Health Physician	保 育 员 Caretaker	其　他 Other		
1315634	**58875**	**344799**	**304702**	**146588**	**25928**
1283522	51843	332034	175388	133564	21323
70843	1876	13857	12077	9565	2535
838160	6283	30447	14594	53845	7846
325923	8812	51117	46017	72948	7254
36504	1860	12298	11570	3398	346
22150	1103	7554	7662	1864	291
24137	878	5534	5241	6183	2076
8816	587	3466	3645	372	127
90332	2948	18908	19462	9145	1706
807772	42687	245922	211105	52678	14128
660689	34512	208636	186281	40668	11631
131281	5111	27125	26318	18061	1920
29516	1594	10447	10045	2196	268
18348	949	6173	6362	1503	226
14567	735	4578	4499	1532	817
8461	569	3384	3535	362	127
45493	1998	12605	12756	1777	650
413023	23556	144324	122766	15237	7623
104080	5069	30848	28789	6819	2040
10630	330	1878	1699	2270	291
1122	61	351	335	84	6
1178	52	313	444	75	11
893	21	190	134	167	29
256	19	109	105	8	
14728	560	3895	3875	582	302
75273	4026	24112	22197	3633	1401
453224	16762	99742	84131	69224	8664
145308	3019	19372	16023	38377	3251
6503	250	1701	1455	1070	67
3398	145	1257	1211	334	51
5984	100	743	513	2304	801
189	7	41	49		
25724	662	4471	4406	3274	575
266118	12579	72157	60474	23865	3919
125828	4906	27833	24709	20114	2237
30810	591	4155	3359	9454	730
865	33	194	161	177	14
765	33	289	258	55	6
1519	23	176	119	846	141
33		4	6		
9722	245	1503	1725	1603	163
82114	3981	21512	19081	7979	1183
201721	7601	36421	34290	36696	5633
49334	682	4620	3676	16510	2083
485	16	150	70	132	11
404	9	124	89	27	14
3586	43	213	229	2347	458
166	11	41	61	10	
19115	288	1832	2300	4094	481
128631	6552	29441	27865	13576	2586

幼儿园园长、专任教师
Number of Kinder-garten Heads, Full-time Teachers

	合　计 Total	按学历分 By Educational Attainment				
		研究生毕业 Graduate	本科毕业 Under-graduate	专科毕业 Associate Bachelor	高中阶段毕业 High School Graduate	高中阶段以下毕业 Below High School Graduate
合　计 Total	**1495991**	**2962**	**207454**	**742087**	**496757**	**46731**
园长 Kinder-garten Heads	180357	1592	37070	91792	46044	3859
专任教师 Full-time Teachers	1315634	1370	170384	650295	450713	42872
城区 Urban Area	735978	2504	131654	396359	194494	10967
园长 Kinder-garten Heads	75289	1340	22092	38980	12129	748
专任教师 Full-time Teachers	660689	1164	109562	357379	182365	10219
其中：城乡结合区 of Which：Urban-rural Transitional Area	117737	174	10799	56079	47633	3052
园长 Kinder-garten Heads	13657	93	2502	7363	3446	253
专任教师 Full-time Teachers	104080	81	8297	48716	44187	2799
镇区 Counties & Towns Area	512996	390	60987	249223	184196	18200
园长 Kinder-garten Heads	59772	215	10713	31681	16035	1128
专任教师 Full-time Teachers	453224	175	50274	217542	168161	17072
其中：镇乡结合区 of Which：County-town Transitional Area	144098	91	14203	67111	56892	5801
园长 Kinder-garten Heads	18270	47	2832	9573	5386	432
专任教师 Full-time Teachers	125828	44	11371	57538	51506	5369
乡村 Rural Area	247017	68	14813	96505	118067	17564
园长 Kinder-garten Heads	45296	37	4265	21131	17880	1983
专任教师 Full-time Teachers	201721	31	10548	75374	100187	15581

学历、职称情况

by Educational Attainment and Professional Rank

单位：人

unit：person

按职称分 By Professional Rank					
中学高级 Senior Secondary	小学高级 Senior Primary	小学一级 1st Grade Primary	小学二级 2st Grade Primary	小学三级 3st Grade Primary	未定职级 No-ranking
11674	**190721**	**212668**	**66637**	**15910**	**998381**
5905	37324	20962	5261	1452	109453
5769	153397	191706	61376	14458	888928
7454	98063	106214	38473	9016	476758
3866	18262	9613	2645	668	40235
3588	79801	96601	35828	8348	436523
484	6711	10373	4030	1252	94887
245	1762	1616	582	127	9325
239	4949	8757	3448	1125	85562
3457	70533	77481	20572	4781	336172
1660	12455	6239	1499	452	37467
1797	58078	71242	19073	4329	298705
599	14875	19643	5710	1278	101993
321	3125	2005	468	148	12203
278	11750	17638	5242	1130	89790
763	22125	28973	7592	2113	185451
379	6607	5110	1117	332	31751
384	15518	23863	6475	1781	153700

幼儿园教职工、专任教师

Supplementary Information on Educational Personnel,

	教职工中 of Total Educational Personnel		
	共产党员 Member of C. P. C.	共青团员 Member of C. Y. L.	民主党派 Member of Dem. Parties
合　计 Total	**163382**	**515046**	**5420**
其中:女 of Which: Female	139969	488962	4593
城区 Urban Area	91701	319375	3546
其中:女 of Which: Female	81969	304393	2952
其中:城乡结合区 of Which: Urban-rural Transitional Area	7844	55597	572
其中:女 of Which: Female	6611	52794	462
镇区 Counties & Towns Area	52664	140559	1305
其中:女 of Which: Female	44899	133443	1160
其中:镇乡结合区 of Which: County-town Transitional Area	11740	41945	346
其中:女 of Which: Female	9568	39800	314
乡村 Rural Area	19017	55112	569
其中:女 of Which: Female	13101	51126	481

政治面貌及其他
Full-time Teachers of Kindergarten

单位：人
unit：person

	专任教师中 of Total Full-time Teachers			
华 侨 Overseas Chinese	共产党员 Member of C. P. C.	共青团员 Member of C. Y. L.	民主党派 Member of Dem. Parties	华 侨 Overseas Chinese
276	**98457**	**440107**	**2836**	**150**
228	90266	422260	2520	126
152	53112	273840	1699	81
132	50454	262858	1486	69
25	4055	46960	219	13
21	3758	45226	195	12
89	34456	120259	797	58
76	31354	115667	732	47
14	7166	35991	209	4
10	6412	34691	197	3
35	10889	46008	340	11
20	8458	43735	302	10

幼儿园办学条件(一)

Condition of Kindergarten Buildings (1)

单位：平方米

unit：m^2

	合计 Total	城区 Urban Area	其中：城乡结合区 of Which：Urban-rural Transitional Area	镇区 Counties & Towns Area	其中：镇乡结合区 of Which：County-town Transitional Area	乡村 Rural Area
总　计 Total	**150059974**	**73359829**	**12244058**	**50829116**	**14635520**	**25871029**
其中：危房 of Which：Floor Space of Dilapi-dated Buildings	1831129	519261	51053	784117	168707	527751
当年新增 Added in Current Year	5048261	1712117	433557	2048647	561341	1287496
一、教学及辅助用房 Teaching & Assistant Buildings	103019276	49859086	8250629	35294467	10116678	17865723
活动室 Recreational	61247133	28798999	4800487	21239311	6103677	11208823
洗手间 Toilet	7355124	3966038	642267	2365853	686473	1023233
睡眠室 Bedroom	27100709	14200687	2254108	9008126	2500629	3891896
保健室 Health Care Room	3391710	1271853	243733	1271244	391948	848613
图书室 Reading Room	3924600	1621508	310035	1409934	433952	893159
二、行政办公用房 Administritive	11039829	4848873	794222	3898539	1152789	2292417
其中：教师办公室 of Which：for Teachers	6927335	2592669	466738	2615639	785520	1719028
三、生活用房 Residential and Welfare	16427815	7952174	1412695	5481338	1563518	2994303
其中：厨房 of Which：Kitchen	7265329	3585538	613010	2346241	679625	1333550
四、其他用房 Rooms for Other Purposes	19573054	10699697	1786512	6154772	1802534	2718586

幼儿园办学条件(二)

Condition of Kindergarten Buildings (2)

	占地面积(平方米) Areas Occupied(m^2)			图书(册) Books & Magazines in Libraries(Volume)	数字资源(GB) Digital resources
	计 Total	其中 of Which			
		绿化用地面积 Green Areas	运动场地面积 Sports Areas		
合　计 Total	303498854	46452849	100327082	148815959	15960890
城区 Urban Area	118163046	19491089	39207630	73528172	11138458
其中：城乡结合区 of Which：Urban-rural Transitional Area	21412099	3551427	7171622	11213879	1555869
镇区 Counties & Towns Area	105346716	15681155	34440974	51290273	3518750
其中：镇乡结合区 of Which：County-town Transitional Area	31685233	4818835	10643666	15116992	952894
乡村 Rural Area	79989093	11280605	26678478	23997514	1303682

八、各级各类学校分布情况
Geographical Distribution of Schools by Type and Level

高等教育学校(机构)数
Number of Higher Education Institutions

单位:所
unit: institutions

地　区 Region	普通高校 Regular HEIs				成人高等学校 Adult HEIs		民办的其他高等教育机构 Other Non-government HEIs
	计 Total	其中:中央部门 of Which: HEIs under Central Ministries & Agencies	本科院校 HEIs Offering Degree Programs	高职(专科)院校 Higher Vocational Colleges	计 Total	其中:中央部门 of Which: HEIs under Central Ministries & Agencies	
总　计 Total	**2409**	**111**	**1129**	**1280**	**353**	**14**	**830**
北　京 Beijing	87	34	62	25	26	8	68
天　津 Tianjin	55	3	29	26	14		
河　北 Hebei	112	4	54	58	13		36
山　西 Shanxi	74		27	47	13		53
内蒙古 Inner Mongolia	47		14	33	3		
辽　宁 Liaoning	112	5	63	49	25	2	69
吉　林 Jilin	57	2	37	20	16		14
黑龙江 Heilongjiang	78	3	36	42	26	1	36
上　海 Shanghai	66	9	35	31	19	1	240
江　苏 Jiangsu	151	10	71	80	13	1	
浙　江 Zhejiang	102	2	55	47	10		22
安　徽 Anhui	115	2	44	71	6		7
福　建 Fujian	85	2	32	53	4		
江　西 Jiangxi	86		37	49	10		23
山　东 Shandong	138	2	62	76	17		89
河　南 Henan	117	1	47	70	14		40
湖　北 Hubei	122	8	66	56	14		19

高等教育学校(机构)数(续)
Number of Higher Education Institutions(Cont.)

单位:所
unit: institutions

地　区 Region	普通高校 Regular HEIs 计 Total	其中:中央部门 of Which: HEIs under Central Ministries & Agencies	本科院校 HEIs Offering Degree Programs	高职(专科)院校 Higher Vocational Colleges	成人高等学校 Adult HEIs 计 Total	其中:中央部门 of Which: HEIs under Central Ministries & Agencies	民办的其他高等教育机构 Other Non-government HEIs
湖　南 Hunan	120	3	46	74	14		20
广　东 Guangdong	134	4	56	78	15		31
广　西 Guangxi	70		30	40	6		
海　南 Hainan	17		6	11	1		
重　庆 Chongqing	59	2	22	37	5		8
四　川 Sichuan	93	6	45	48	26	1	15
贵　州 Guizhou	48		25	23	4		
云　南 Yunnan	64		27	37	2		
西　藏 Xizang	6		3	3	0		
陕　西 Shanxi	90	6	52	38	19		9
甘　肃 Gansu	42	2	19	23	7		31
青　海 Qinghai	9		4	5	2		
宁　夏 Ningxia	16	1	7	9	1		
新　疆 Xinjiang	37		16	21	8		

高等学校(机

Number of Postgraduate Students in

地 区 Region	毕(结)业生数 Graduates 计 Total	其中:女 of Which: Female	博 士 Doctor's Degree	硕 士 Master's Degree	授予学位数 Degree Awarded	招生数 合计 Total	其中:女 of Which: Female
总 计 Total	**429994**	**208342**	**50289**	**379705**	**426778**	**560168**	**281095**
北 京 Beijing	63780	30915	13328	50452	63541	83826	41599
天 津 Tianjin	10645	5974	1773	8872	10475	16085	8823
河 北 Hebei	9106	5311	375	8731	9007	11795	6624
山 西 Shanxi	7330	3797	297	7033	7215	8745	4829
内蒙古 Inner Mongolia	3977	2468	145	3832	3988	5548	3277
辽 宁 Liaoning	24178	12827	1990	22188	23924	30615	16469
吉 林 Jilin	14312	7718	2053	12259	14302	17988	10094
黑龙江 Heilongjiang	15247	7453	1604	13643	15204	19432	9759
上 海 Shanghai	30816	14114	4776	26040	30178	40080	18761
江 苏 Jiangsu	33388	15354	4088	29300	32763	44217	21282
浙 江 Zhejiang	13046	6086	1408	11638	12916	17565	8504
安 徽 Anhui	11106	4400	1063	10043	10211	14774	6245
福 建 Fujian	8207	4144	872	7335	8234	11561	6041
江 西 Jiangxi	5791	2713	129	5662	5983	8353	4169
山 东 Shandong	19112	10221	1508	17604	19183	24314	13555
河 南 Henan	8856	4642	205	8651	8710	10891	6183
湖 北 Hubei	31162	14427	3959	27203	31265	37118	17754
湖 南 Hunan	14338	7060	1364	12974	15183	18942	9683
广 东 Guangdong	20538	9665	2589	17949	20325	26919	13233
广 西 Guangxi	5994	3002	127	5867	5962	7920	4111
海 南 Hainan	816	396	13	803	818	1185	641
重 庆 Chongqing	12351	5856	875	11476	12351	15341	7781
四 川 Sichuan	20618	8769	2229	18389	20070	26522	11718
贵 州 Guizhou	3335	1570	80	3255	3382	4417	2248
云 南 Yunnan	6599	3274	377	6222	6578	9472	5008
西 藏 Xizang	195	69	2	193	194	317	163
陕 西 Shanxi	23045	10344	2161	20884	22895	29755	13816
甘 肃 Gansu	7160	3173	729	6431	6951	9307	4504
青 海 Qinghai	558	249	23	535	533	902	468
宁 夏 Ningxia	967	543	14	953	966	1290	804
新 疆 Xinjiang	3421	1808	133	3288	3471	4972	2949

构)研究生数(总计)

Higher Education Institutions(Regional Aggregates)

单位：人

unit：person

Entrants		在校生数 Enrolment				预计毕业生数 Estimated Graduates for Next Year			
博　士 Doctor's Degree	硕　士 Master's Degree	合计 Total	其中:女 of Which: Female	博　士 Doctor's Degree	硕　士 Master' Degree	合计 Total	其中:女 of Which: Female	博　士 Doctor's Degree	硕　士 Master's Degree
65559	**494609**	**1645845**	**797500**	**271261**	**1374584**	**595688**	**274295**	**132384**	**463304**
16598	67228	243062	114233	65258	177804	89552	41203	28618	60934
1992	14093	46052	24795	7547	38505	16803	8511	3591	13212
525	11270	34085	19195	2064	32021	11464	6274	1021	10443
452	8293	24790	13504	1981	22809	8338	4409	1092	7246
225	5323	15316	9026	967	14349	5270	3086	445	4825
2863	27752	87078	46153	12917	74161	30367	15708	4665	25702
2308	15680	55027	29874	9095	45932	19804	10371	4289	15515
2275	17157	57829	27971	9661	48168	20875	9918	5159	15716
6345	33735	119017	54201	25807	93210	44906	19736	13079	31827
5340	38877	134404	62477	23250	111154	50118	21412	11785	38333
2034	15531	51846	24094	8831	43015	18389	7451	4842	13547
1385	13389	41773	17333	4670	37103	13256	5312	1965	11291
1206	10355	33896	17113	4739	29157	11721	5654	2371	9350
190	8163	23824	11550	773	23051	7460	3326	400	7060
1954	22360	69004	37573	7871	61133	24498	12312	3820	20678
337	10554	30908	16945	1245	29663	10913	5666	585	10328
4918	32200	107167	49513	20626	86541	42746	18466	10964	31782
1986	16956	60097	28953	9790	50307	23565	10739	5892	17673
3379	23540	77579	37241	12991	64588	28736	13078	6177	22559
194	7726	22567	11468	730	21837	8016	4092	354	7662
35	1150	3358	1773	145	3213	1040	497	80	960
1217	14124	45213	22049	5245	39968	15250	7198	1674	13576
2756	23766	82857	34955	12567	70290	30861	11631	7086	23775
70	4347	12436	6211	271	12165	3905	1878	135	3770
530	8942	28042	14367	2266	25776	9327	4694	1213	8114
6	311	824	420	12	812	236	109	3	233
3235	26520	90772	40705	15453	75319	32887	14091	9016	23871
923	8384	26973	12559	3482	23491	8941	4051	1673	7268
33	869	2437	1234	99	2338	720	351	35	685
25	1265	3513	2199	68	3445	1125	681	21	1104
223	4749	14099	7816	840	13259	4599	2390	334	4265

普通高校
Number of Postgraduate Students in

地　区 Region	毕(结)业生数 Graduates				授予学位数 Degree Awarded	招生数	
	合计 Total	其中:女 of Which: Female	博　士 Doctor's Degree	硕　士 Master's Degree		合计 Total	其中:女 of Which: Female
总　计 Total	**415687**	**203274**	**44464**	**371223**	**412528**	**541077**	**273678**
北　京 Beijing	55872	27985	9946	45926	55400	73126	37317
天　津 Tianjin	10645	5974	1773	8872	10475	16085	8823
河　北 Hebei	9078	5303	375	8703	8979	11762	6616
山　西 Shanxi	7278	3780	297	6981	7163	8690	4797
内蒙古 Inner Mongolia	3970	2468	145	3825	3981	5544	3277
辽　宁 Liaoning	23661	12633	1712	21949	23409	29837	16178
吉　林 Jilin	13958	7591	1830	12128	13944	17515	9891
黑龙江 Heilongjiang	15066	7394	1587	13479	15023	19192	9674
上　海 Shanghai	29431	13647	4096	25335	28872	37971	17997
江　苏 Jiangsu	33038	15240	3993	29045	32419	43827	21137
浙　江 Zhejiang	12978	6065	1408	11570	12846	17491	8485
安　徽 Anhui	10815	4324	962	9853	9926	14425	6152
福　建 Fujian	8121	4117	833	7288	8147	11428	5985
江　西 Jiangxi	5791	2713	129	5662	5983	8353	4169
山　东 Shandong	18938	10145	1430	17508	19006	24095	13449
河　南 Henan	8779	4625	197	8582	8633	10826	6168
湖　北 Hubei	30510	14219	3763	26747	30702	36358	17468
湖　南 Hunan	14288	7048	1353	12935	15134	18881	9664
广　东 Guangdong	20109	9470	2413	17696	19932	26393	13002
广　西 Guangxi	5994	3002	127	5867	5962	7920	4111
海　南 Hainan	816	396	13	803	818	1185	641
重　庆 Chongqing	12331	5849	875	11456	12331	15322	7773
四　川 Sichuan	20110	8609	2087	18023	19567	25889	11489
贵　州 Guizhou	3283	1550	42	3241	3330	4363	2232
云　南 Yunnan	6391	3200	287	6104	6395	9163	4875
西　藏 Xizang	195	69	2	193	194	317	163
陕　西 Shanxi	22642	10232	2078	20564	22503	29270	13662
甘　肃 Gansu	6853	3092	588	6265	6679	8924	4362
青　海 Qinghai	487	228	1	486	459	818	430
宁　夏 Ningxia	967	543	14	953	966	1290	804
新　疆 Xinjiang	3292	1763	108	3184	3350	4817	2887

研究生数

Regular Higher Education Institutions

单位：人

unit：person

Entrants		在校生数 Enrolment				预计毕业生数 Estimated Graduates for Next Year			
博士 Doctor's Degree	硕士 Master's Degree	合计 Total	其中：女 of Which：Female	博士 Doctor's Degree	硕士 Master's Degree	合计 Total	其中：女 of Which：Female	博士 Doctor's Degree	硕士 Master's Degree
58882	**482195**	**1588462**	**776195**	**248027**	**1340435**	**576163**	**267440**	**122350**	**453813**
12604	60522	210787	101835	51395	159392	78387	37156	22695	55692
1992	14093	46052	24795	7547	38505	16803	8511	3591	13212
525	11237	33991	19168	2064	31927	11433	6265	1021	10412
452	8238	24651	13430	1981	22670	8302	4397	1092	7210
225	5319	15302	9026	967	14335	5265	3086	445	4820
2538	27299	84689	45314	11693	72996	29510	15428	4065	25445
2169	15346	53690	29334	8553	45137	19396	10205	4040	15356
2252	16940	57163	27737	9548	47615	20641	9836	5097	15544
5589	32382	112902	52038	23222	89680	42996	19076	11945	31051
5222	38605	133171	62049	22824	110347	49676	21268	11601	38075
2034	15457	51626	24030	8826	42800	18320	7433	4842	13478
1251	13174	40740	17062	4226	36514	12922	5222	1792	11130
1162	10266	33506	16976	4599	28907	11613	5624	2319	9294
190	8163	23824	11550	773	23051	7460	3326	400	7060
1877	22218	68354	37276	7664	60690	24273	12230	3736	20537
334	10492	30711	16907	1236	29475	10848	5649	582	10266
4706	31652	104879	48711	19905	84974	41996	18219	10659	31337
1973	16908	59883	28885	9735	50148	23480	10716	5865	17615
3184	23209	75977	36549	12327	63650	28199	12857	5894	22305
194	7726	22567	11468	730	21837	8016	4092	354	7662
35	1150	3358	1773	145	3213	1040	497	80	960
1217	14105	45152	22031	5245	39907	15229	7192	1674	13555
2586	23303	80955	34322	11987	68968	30233	11434	6848	23385
70	4293	12318	6175	271	12047	3888	1872	135	3753
406	8757	27103	13951	1872	25231	8994	4543	1055	7939
6	311	824	420	12	812	236	109	3	233
3120	26150	89236	40268	15034	74202	32341	13947	8831	23510
752	8172	25736	12152	2863	22873	8468	3915	1392	7076
6	812	2185	1123	19	2166	627	315	6	621
25	1265	3513	2199	68	3445	1125	681	21	1104
186	4631	13617	7641	696	12921	4446	2339	270	4176

地区 Region	毕(结)业生数 Graduates				授予学位数 Degree Awarded	招生数	
	计 Total	其中:女 of Which: Female	博士 Doctor's Degree	硕士 Master's Degree		计 Total	其中:女 of Which: Female
总 计 Total	**14307**	**5068**	**5825**	**8482**	**14250**	**19091**	**7417**
北 京 Beijing	7908	2930	3382	4526	8141	10700	4282
天 津 Tianjin							
河 北 Hebei	28	8		28	28	33	8
山 西 Shanxi	52	17		52	52	55	32
内蒙古 Inner Mongolia	7			7	7	4	
辽 宁 Liaoning	517	194	278	239	515	778	291
吉 林 Jilin	354	127	223	131	358	473	203
黑龙江 Heilongjiang	181	59	17	164	181	240	85
上 海 Shanghai	1385	467	680	705	1306	2109	764
江 苏 Jiangsu	350	114	95	255	344	390	145
浙 江 Zhejiang	68	21		68	70	74	19
安 徽 Anhui	291	76	101	190	285	349	93
福 建 Fujian	86	27	39	47	87	133	56
江 西 Jiangxi							
山 东 Shandong	174	76	78	96	177	219	106
河 南 Henan	77	17	8	69	77	65	15
湖 北 Hubei	652	208	196	456	563	760	286
湖 南 Hunan	50	12	11	39	49	61	19
广 东 Guangdong	429	195	176	253	393	526	231
广 西 Guangxi							
海 南 Hainan							
重 庆 Chongqing	20	7		20	20	19	8
四 川 Sichuan	508	160	142	366	503	633	229
贵 州 Guizhou	52	20	38	14	52	54	16
云 南 Yunnan	208	74	90	118	183	309	133
西 藏 Xizang							
陕 西 Shanxi	403	112	83	320	392	485	154
甘 肃 Gansu	307	81	141	166	272	383	142
青 海 Qinghai	71	21	22	49	74	84	38
宁 夏 Ningxia							
新 疆 Xinjiang	129	45	25	104	121	155	62

研究生数
Research Institutes

单位：人
unit：person

Entrants		在校生数 Enrolment				预计毕业生数 Estimated Graduates for Next Year			
博 士 Doctor's Degree	硕 士 Master's Degree	计 Total	其中:女 of Which: Female	博 士 Doctor's Degree	硕 士 Master's Degree	计 Total	其中:女 of Which: Female	博 士 Doctor's Degree	硕 士 Master's Degree
6677	**12414**	**57383**	**21305**	**23234**	**34149**	**19525**	**6855**	**10034**	**9491**
3994	6706	32275	12398	13863	18412	11165	4047	5923	5242
	33	94	27		94	31	9		31
	55	139	74		139	36	12		36
	4	14			14	5			5
325	453	2389	839	1224	1165	857	280	600	257
139	334	1337	540	542	795	408	166	249	159
23	217	666	234	113	553	234	82	62	172
756	1353	6115	2163	2585	3530	1910	660	1134	776
118	272	1233	428	426	807	442	144	184	258
	74	220	64	5	215	69	18		69
134	215	1033	271	444	589	334	90	173	161
44	89	390	137	140	250	108	30	52	56
77	142	650	297	207	443	225	82	84	141
3	62	197	38	9	188	65	17	3	62
212	548	2288	802	721	1567	750	247	305	445
13	48	214	68	55	159	85	23	27	58
195	331	1602	692	664	938	537	221	283	254
	19	61	18		61	21	6		21
170	463	1902	633	580	1322	628	197	238	390
	54	118	36		118	17	6		17
124	185	939	416	394	545	333	151	158	175
115	370	1536	437	419	1117	546	144	185	361
171	212	1237	407	619	618	473	136	281	192
27	57	252	111	80	172	93	36	29	64
37	118	482	175	144	338	153	51	64	89

高等教育

Number of Students Enrolled in Normal and

地　区 Region	毕(结)业生数 Graduates				授予学位数 Degree Awarded	招生数	
	合计 Total	其中:女 of Which: Female	本　科 Normal Courses	专　科 Short-cycle Courses		合计 Total	其中:女 of Which: Female
总　计 Total	**7988205**	**4128401**	**3551631**	**4436574**	**2807918**	**9000150**	**4737990**
北　京 Beijing	253573	136499	163625	89948	123031	264908	142268
天　津 Tianjin	137031	72059	69460	67571	55469	158589	82516
河　北 Hebei	383083	217808	150705	232378	121826	444160	253131
山　西 Shanxi	196442	107286	86424	110018	63858	244201	132630
内蒙古 Inner Mongolia	122144	62718	52029	70115	40472	150529	76784
辽　宁 Liaoning	313066	160512	170929	142137	141581	348108	178724
吉　林 Jilin	200917	100800	113616	87301	87887	232594	122976
黑龙江 Heilongjiang	264465	134176	135053	129412	109836	266296	141058
上　海 Shanghai	199617	106809	121700	77917	88477	195731	102785
江　苏 Jiangsu	596422	305015	281617	314805	227918	587316	295448
浙　江 Zhejiang	342958	189689	151237	191721	118358	378755	214523
安　徽 Anhui	313981	151560	128517	185464	105459	387071	200090
福　建 Fujian	206017	111537	95238	110779	81529	240123	130310
江　西 Jiangxi	257047	121217	97652	159395	85612	295806	140009
山　东 Shandong	617585	325140	240888	376697	180684	628430	337764
河　南 Henan	548091	288025	198572	349519	155128	568282	304511
湖　北 Hubei	456572	219109	193789	262783	154581	519268	255590
湖　南 Hunan	376791	192324	148406	228385	119247	413770	207067
广　东 Guangdong	509474	271170	207693	301781	164491	630504	341569
广　西 Guangxi	203602	109765	77447	126155	61345	250126	138500
海　南 Hainan	48297	26942	19319	28978	14859	53433	29771
重　庆 Chongqing	180696	89233	82535	98161	66514	221845	113580
四　川 Sichuan	409585	205837	166944	242641	135620	478794	252174
贵　州 Guizhou	112969	53101	55050	57919	35372	132864	70080
云　南 Yunnan	155507	81129	69710	85797	50527	222114	121523
西　藏 Xizang	11156	5742	6724	4432	5699	13080	6708
陕　西 Shanxi	316487	156534	143595	172892	117265	362338	187675
甘　肃 Gansu	125853	57319	63485	62368	50401	154465	72400
青　海 Qinghai	20706	9735	10991	9715	7238	18930	10577
宁　夏 Ningxia	28639	15933	12437	16202	9877	41174	21389
新　疆 Xinjiang	79432	43678	36244	43188	27757	96546	53860

本、专科学生数

Short-cycle Courses in Higher Education

单位：人

unit：person

Entrants		在校生数 Enrolment				预计毕业生数 Anticipated Graduates for Next Year			
本 科 Normal Courses	专 科 Short-cycle Courses	合计 Total	其中：女 of Which：Female	本 科 Normal Courses	专 科 Short-cycle Courses	合计 Total	其中：女 of Which：Female	本 科 Normal Courses	专 科 Short-cycle Courses
4463652	**4536498**	**28560040**	**14753023**	**15832709**	**12727331**	**8381858**	**4217383**	**3928024**	**4453834**
179812	85096	858183	452287	630280	227903	264938	135479	172492	92446
91222	67367	516292	266092	324763	191529	145854	73808	78231	67623
200025	244135	1409302	786120	715910	693392	400726	224852	171417	229309
116810	127391	762268	406094	399430	362838	212843	110097	95424	117419
69118	81411	459396	238710	242882	216514	134362	67814	59567	74795
194955	153153	1099204	561563	701742	397462	313561	156232	178856	134705
143041	89553	715992	369529	493173	222819	213620	104322	124043	89577
161181	105115	865453	452648	561458	303995	272684	139390	148648	124036
127207	68524	699884	370961	488877	211007	205787	104802	131976	73811
312861	274455	2087721	1044561	1174156	913565	663136	321913	320363	342773
179603	199152	1156034	632665	627515	528519	356164	191838	164596	191568
168078	218993	1153662	569406	581426	572236	334486	160598	142410	192076
121766	118357	778440	409449	441552	336888	213607	110642	105724	107883
135857	159949	963088	449323	489975	473113	270548	121243	112041	158507
292656	335774	2032070	1057021	1061678	970392	592737	300453	266100	326637
256243	312039	1756613	919526	869193	887420	537712	274777	208470	329242
246310	272958	1606275	777603	864110	742165	463536	217515	203426	260110
192207	221563	1289551	650548	666348	623203	408167	205081	163250	244917
282538	347966	1987721	1052533	1009036	978685	568573	300628	242414	326159
104384	145742	755703	409527	350244	405459	232087	120863	91985	140102
28020	25413	177285	97397	99286	77999	49920	27199	21974	27946
113755	108090	682455	341123	391547	290908	186914	89504	88299	98615
208457	270337	1448789	739348	771542	677247	422321	203590	192890	229431
69797	63067	423715	218937	246250	177465	114115	54988	54932	59183
117989	104125	671465	361699	383203	288262	181614	94920	87714	93900
7760	5320	42707	22262	26391	16316	10586	4453	6002	4584
189151	173187	1170801	592074	666043	504758	340839	166021	160709	180130
80831	73634	495646	232255	291813	203833	136680	63246	70986	65694
10637	8293	58488	31250	37181	21307	17016	8792	9675	7341
20127	21047	117509	61120	64996	52513	32756	16865	15158	17598
41254	55292	318328	179392	160709	157619	83969	45458	38252	45717

高等教育

Number of Pegular Students Enrolled in Normal and

地区 Region	毕(结)业生数 Graduates				授予学位数 Degree Awarded	招生数	
	合计 Total	其中:女 of Which: Female	本科 Normal Courses	专科 Short-cycle Courses		合计 Total	其中:女 of Which: Female
总计 Total	**6081565**	**3124948**	**2796229**	**3285336**	**2707934**	**6815009**	**3567263**
北京 Beijing	153663	79431	111248	42415	108719	156862	82385
天津 Tianjin	108723	56782	57143	51580	55244	131227	67816
河北 Hebei	311141	179434	120276	190865	117660	349000	200788
山西 Shanxi	152680	82576	65117	87563	62894	178393	99303
内蒙古 Inner Mongolia	95957	50713	41321	54636	40261	114076	59199
辽宁 Liaoning	236341	122804	140017	96324	137482	259816	134690
吉林 Jilin	141569	71198	91750	49819	86502	160052	84330
黑龙江 Heilongjiang	196075	102303	107880	88195	105945	195176	101515
上海 Shanghai	139027	74504	84174	54853	80860	137811	72964
江苏 Jiangsu	477137	241817	225510	251627	211624	436056	217157
浙江 Zhejiang	238448	125538	116841	121607	113238	267493	148148
安徽 Anhui	256135	123443	105891	150244	103187	308035	156212
福建 Fujian	173702	91784	79432	94270	79428	201449	106833
江西 Jiangxi	225802	104297	85014	140788	82914	246027	112182
山东 Shandong	472882	244543	179289	293593	176331	480753	258646
河南 Henan	432994	226139	154000	278994	150720	448850	240211
湖北 Hubei	362991	175712	157555	205436	149843	409497	203424
湖南 Hunan	284178	146231	119849	164329	117476	306088	154462
广东 Guangdong	357521	180762	162255	195266	158942	468685	239561
广西 Guangxi	151052	79470	56837	94215	55120	184639	99491
海南 Hainan	39150	21490	15805	23345	14755	46416	24995
重庆 Chongqing	130702	66639	70019	60683	66043	177615	94608
四川 Sichuan	289165	145829	137759	151406	134535	343631	181498
贵州 Guizhou	83016	43135	37849	45167	34845	106810	57128
云南 Yunnan	109531	58339	50519	59012	49226	159349	88359
西藏 Xizang	8159	4150	4553	3606	4315	9401	4702
陕西 Shanxi	258878	130792	120586	138292	116127	292105	156601
甘肃 Gansu	99042	44578	51165	47877	50288	123481	57889
青海 Qinghai	12582	5755	6029	6553	5953	13990	7540
宁夏 Ningxia	19524	10472	10028	9496	9877	28203	14721
新疆 Xinjiang	63798	34288	30518	33280	27580	74023	39905

普通本、专科学生数

Short-cycle Courses in Higher Education

单位：人

unit：person

Entrants		在校生数 Enrolment				预计毕业生数 Estimated Graduates for Next Year			
本科 Normal Courses	专科 Short-cycle Courses	合计 Total	其中：女 of Which：Female	本科 Normal Courses	专科 Short-cycle Courses	合计 Total	其中：女 of Which：Female	本科 Normal Courses	专科 Short-cycle Courses
3566411	**3248598**	**23085078**	**11804988**	**13496577**	**9588501**	**6361179**	**3190236**	**3113087**	**3248092**
120365	36497	587887	298662	475492	112395	160529	81165	118225	42304
78216	53011	449702	230448	293535	156167	116487	58524	64941	51546
151900	197100	1149252	643370	591987	557265	318931	181376	135428	183503
88076	90317	594469	317094	322153	272316	163162	82662	72495	90667
55160	58916	384440	201055	211422	173018	105869	55078	46919	58950
161560	98256	902231	460165	624546	277685	240881	119788	151556	89325
111121	48931	562831	290799	424556	138275	147616	73587	98931	48685
127229	67947	709968	366860	489535	220433	205943	107107	119330	86613
87314	50497	511283	265812	357218	154065	143309	72071	90926	52383
240461	195595	1659415	822135	968097	691318	484568	230271	239357	245211
142387	125106	907482	485936	546291	361191	253883	132695	130679	123204
138851	169184	991267	479503	518600	472667	268320	125673	116243	152077
106400	95049	674779	347210	396093	278686	183030	93008	91533	91497
113835	132192	828599	373496	428600	399999	233187	104061	95994	137193
224047	256706	1645589	845120	866358	779231	479119	243429	208738	270381
203911	244939	1500142	780476	758761	741381	436815	219979	170263	266552
210951	198546	1340298	651312	770860	569438	357818	170595	170124	187694
154020	152068	1067852	541758	593228	474624	309014	159235	134235	174779
227255	241430	1527254	770815	842347	684907	416739	209412	187075	229664
77023	107616	600094	315389	284686	315408	167226	84307	63961	103265
24023	22393	156700	83866	87927	68773	42344	22774	18157	24187
101667	75948	567813	292259	361532	206281	141690	70191	77570	64120
173813	169818	1139316	580369	683515	455801	296176	146135	160569	135607
57594	49216	344100	178663	204105	139995	87573	44281	40760	46813
90553	68796	487552	265268	295863	191689	120661	64584	60178	60483
5132	4269	32374	16377	19899	12475	7817	2984	4518	3299
167021	125084	964773	500353	595183	369590	267898	135391	135035	132863
68003	55478	405306	189444	255680	149626	104468	48403	58456	46012
8022	5968	45721	23614	29773	15948	11951	5735	6698	5253
16247	11956	87870	45000	56972	30898	21183	10755	12111	9072
34254	39769	258719	142360	141763	116956	66972	34980	32082	34890

高等教育

Number of Adult Students Enrolled in Normal and

地 区 Region	毕(结)业生数 Graduates				授予学位数 Degrees Awarded	招生数	
	合计 Total	其中:女 of Which: Female	本 科 Normal Courses	专 科 Short – cycle Courses		合计 Total	其中:女 of Which: Female
总 计 Total	**1906640**	**1003453**	**755402**	**1151238**	**99984**	**2185141**	**1170727**
北 京 Beijing	99910	57068	52377	47533	14312	108046	59883
天 津 Tianjin	28308	15277	12317	15991	225	27362	14700
河 北 Hebei	71942	38374	30429	41513	4166	95160	52343
山 西 Shanxi	43762	24710	21307	22455	964	65808	33327
内蒙古 Inner Mongolia	26187	12005	10708	15479	211	36453	17585
辽 宁 Liaoning	76725	37708	30912	45813	4099	88292	44034
吉 林 Jilin	59348	29602	21866	37482	1385	72542	38646
黑龙江 Heilongjiang	68390	31873	27173	41217	3891	71120	39543
上 海 Shanghai	60590	32305	37526	23064	7617	57920	29821
江 苏 Jiangsu	119285	63198	56107	63178	16294	151260	78291
浙 江 Zhejiang	104510	64151	34396	70114	5120	111262	66375
安 徽 Anhui	57846	28117	22626	35220	2272	79036	43878
福 建 Fujian	32315	19753	15806	16509	2101	38674	23477
江 西 Jiangxi	31245	16920	12638	18607	2698	49779	27827
山 东 Shandong	144703	80597	61599	83104	4353	147677	79118
河 南 Henan	115097	61886	44572	70525	4408	119432	64300
湖 北 Hubei	93581	43397	36234	57347	4738	109771	52166
湖 南 Hunan	92613	46093	28557	64056	1771	107682	52605
广 东 Guangdong	151953	90408	45438	106515	5549	161819	102008
广 西 Guangxi	52550	30295	20610	31940	6225	65487	39009
海 南 Hainan	9147	5452	3514	5633	104	7017	4776
重 庆 Chongqing	49994	22594	12516	37478	471	44230	18972
四 川 Sichuan	120420	60008	29185	91235	1085	135163	70676
贵 州 Guizhou	29953	9966	17201	12752	527	26054	12952
云 南 Yunnan	45976	22790	19191	26785	1301	62765	33164
西 藏 Xizang	2997	1592	2171	826	1384	3679	2006
陕 西 Shanxi	57609	25742	23009	34600	1138	70233	31074
甘 肃 Gansu	26811	12741	12320	14491	113	30984	14511
青 海 Qinghai	8124	3980	4962	3162	1285	4940	3037
宁 夏 Ningxia	9115	5461	2409	6706	0	12971	6668
新 疆 Xinjiang	15634	9390	5726	9908	177	22523	13955

成人本、专科学生数
Short-cycle Courses in Higher Education

单位：人
unit：person

Entrants		在校生数 Enrolment				预计毕业生数 Estimated Graduates for Next Year			
本 科 Normal Courses	专 科 Short-cycle Courses	合计 Total	其中:女 of Which: Female	本 科 Normal Courses	专 科 Short-cycle Courses	合计 Total	其中:女 of Which: Female	本 科 Normal Courses	专 科 Short-cycle Courses
897241	**1287900**	**5474962**	**2948035**	**2336132**	**3138830**	**2020679**	**1027147**	**814937**	**1205742**
59447	48599	270296	153625	154788	115508	104409	54314	54267	50142
13006	14356	66590	35644	31228	35362	29367	15284	13290	16077
48125	47035	260050	142750	123923	136127	81795	43476	35989	45806
28734	37074	167799	89000	77277	90522	49681	27435	22929	26752
13958	22495	74956	37655	31460	43496	28493	12736	12648	15845
33395	54897	196973	101398	77196	119777	72680	36444	27300	45380
31920	40622	153161	78730	68617	84544	66004	30735	25112	40892
33952	37168	155485	85788	71923	83562	66741	32283	29318	37423
39893	18027	188601	105149	131659	56942	62478	32731	41050	21428
72400	78860	428306	222426	206059	222247	178568	91642	81006	97562
37216	74046	248552	146729	81224	167328	102281	59143	33917	68364
29227	49809	162395	89903	62826	99569	66166	34925	26167	39999
15366	23308	103661	62239	45459	58202	30577	17634	14191	16386
22022	27757	134489	75827	61375	73114	37361	17182	16047	21314
68609	79068	386481	211901	195320	191161	113618	57024	57362	56256
52332	67100	256471	139050	110432	146039	100897	54798	38207	62690
35359	74412	265977	126291	93250	172727	105718	46920	33302	72416
38187	69495	221699	108790	73120	148579	99153	45846	29015	70138
55283	106536	460467	281718	166689	293778	151834	91216	55339	96495
27361	38126	155609	94138	65558	90051	64861	36556	28024	36837
3997	3020	20585	13531	11359	9226	7576	4425	3817	3759
12088	32142	114642	48864	30015	84627	45224	19313	10729	34495
34644	100519	309473	158979	88027	221446	126145	57455	32321	93824
12203	13851	79615	40274	42145	37470	26542	10707	14172	12370
27436	35329	183913	96431	87340	96573	60953	30336	27536	33417
2628	1051	10333	5885	6492	3841	2769	1469	1484	1285
22130	48103	206028	91721	70860	135168	72941	30630	25674	47267
12828	18156	90340	42811	36133	54207	32212	14843	12530	19682
2615	2325	12767	7636	7408	5359	5065	3057	2977	2088
3880	9091	29639	16120	8024	21615	11573	6110	3047	8526
7000	15523	59609	37032	18946	40663	16997	10478	6170	10827

高等教育网络本科、专科

Number of Web-based Students Enrolled in Normal and

地区 Region	毕(结)业生数 Graduates				授予学位数 Degree Awarded	招生
	合计 Total	其中:女 of Which: Female	本科 Normal Courses	专科 Short-cycle Courses		合计 Total
总计 Total	**1299253**	**620018**	**460149**	**839104**	**30979**	**1871519**
北京 Beijing	826298	384127	247240	579058	15035	1149949
天津 Tianjin	10446	5287	4557	5889	289	25861
河北 Hebei						
山西 Shanxi						
内蒙古 Inner Mongolia						
辽宁 Liaoning	37419	18337	19072	18347	1661	88408
吉林 Jilin	13723	8360	8637	5086	363	51591
黑龙江 Heilongjiang	17101	7260	4200	12901	469	25116
上海 Shanghai	59841	32840	17336	42505	2259	54217
江苏 Jiangsu	12089	5894	7872	4217	1845	18804
浙江 Zhejiang	13654	8242	12360	1294	1140	18113
安徽 Anhui	849	240	165	684	16	260
福建 Fujian	14264	8665	8195	6069	75	28219
江西 Jiangxi						
山东 Shandong	27821	13827	12279	15542	544	41133
河南 Henan	20307	11848	10440	9867	504	21587
湖北 Hubei	47134	19970	15818	31316	2703	72599
湖南 Hunan	20353	12080	7730	12623	281	26881
广东 Guangdong	19362	11696	10379	8983	1019	29612
广西 Guangxi						
海南 Hainan						
重庆 Chongqing	42015	20476	21190	20825	326	56295
四川 Sichuan	76917	28321	30181	46736	1094	97633
贵州 Guizhou						
云南 Yunnan						
西藏 Xizang						
陕西 Shanxi	33598	17788	19071	14527	1356	50495
甘肃 Gansu	6062	4760	3427	2635		14746
青海 Qinghai						
宁夏 Ningxia						
新疆 Xinjiang						

生学生数

Short-cycle Courses in Higher Education

单位：人
unit：person

数 Entrants			在校生数 Enrolment			
其中:女 of Which: Female	本 科 Normal Courses	专 科 Short-cycle Courses	合计 Total	其中:女 of Which: Female	本 科 Normal Courses	专 科 Short-cycle Courses
881469	**643993**	**1227526**	**4924833**	**2355463**	**1754760**	**3170073**
540234	346184	803765	3391560	1635271	1081840	2309720
13455	11067	14794	49399	25667	23015	26384
34942	41736	46672	183338	80143	92568	90770
25427	20843	30748	82792	42711	35841	46951
9875	6287	18829	54630	21021	17235	37395
32288	11973	42244	145656	70578	35531	110125
9946	9583	9221	37978	19263	20773	17205
10921	13502	4611	47980	28111	41582	6398
102	260		2289	827	840	1449
16927	15397	12822	50175	29516	28696	21479
18573	18934	22199	88702	40957	40632	48070
10224	9890	11697	52502	29892	23371	29131
28445	25304	47295	134310	55986	49161	85149
14399	10037	16844	55185	29046	20598	34587
16661	12143	17469	75117	39824	34709	40408
24796	24508	31787	110566	49671	51656	58910
40530	37844	59789	216660	84491	87122	129538
25838	22034	28461	114169	55503	51521	62648
7886	6467	8279	31825	16985	18069	13756

综合大学本科、专科生

Number of Students of

地　区 Region	毕(结)业生数 Graduates			招生数 Entrants		
	合计 Total	本　科 Normal Courses	专　科 Short-cycle Courses	合计 Total	本　科 Normal Courses	专　科 Short-cycle Courses
总　计 Total	**1593523**	**767082**	**826441**	**1798984**	**976939**	**822045**
北　京 Beijing	21058	14558	6500	18608	14628	3980
天　津 Tianjin	32643	8905	23738	36444	12499	23945
河　北 Hebei	49002	19699	29303	61666	24671	36995
山　西 Shanxi	43499	16232	27267	51910	25466	26444
内蒙古 Inner Mongolia	40188	19593	20595	48529	28594	19935
辽　宁 Liaoning	44592	21090	23502	44634	21788	22846
吉　林 Jilin	29668	25557	4111	31288	28853	2435
黑龙江 Heilongjiang	52317	28437	23880	51122	31699	19423
上　海 Shanghai	15837	13766	2071	13841	12471	1370
江　苏 Jiangsu	69562	62622	6940	74361	65781	8580
浙　江 Zhejiang	85174	29325	55849	95237	35802	59435
安　徽 Anhui	23924	15439	8485	26665	19488	7177
福　建 Fujian	58560	33552	25008	71056	45009	26047
江　西 Jiangxi	77894	23958	53936	84736	34290	50446
山　东 Shandong	233213	76770	156443	230410	98959	131451
河　南 Henan	42151	28351	13800	42365	30151	12214
湖　北 Hubei	43181	33263	9918	46193	41844	4349
湖　南 Hunan	130643	65939	64704	137162	78789	58373
广　东 Guangdong	170280	63789	106491	225848	97579	128269
广　西 Guangxi	45920	20767	25153	50691	27924	22767
海　南 Hainan	6745	6745		8419	8419	
重　庆 Chongqing	38376	23719	14657	48528	30417	18111
四　川 Sichuan	91477	36998	54479	113624	48735	64889
贵　州 Guizhou	27987	14095	13892	35765	18094	17671
云　南 Yunnan	22869	10875	11994	32942	21934	11008
西　藏 Xizang	3407	1664	1743	4048	1938	2110
陕　西 Shanxi	48145	21990	26155	59849	35799	24050
甘　肃 Gansu	19123	10957	8166	22619	13402	9217
青　海 Qinghai	3098	2610	488	4463	4043	420
宁　夏 Ningxia	6595	4572	2023	7983	5472	2511
新　疆 Xinjiang	16395	11245	5150	17978	12401	5577

学生数

Comprehensive Universities

单位：人

unit：person

在校生数 Enrolment			预计毕业生数 Estimated Graduates for Next Year		
合计 Total	本　科 Normal Courses	专　科 Short-cycle Courses	合计 Total	本　科 Normal Courses	专　科 Short-cycle Courses
6124130	**3697095**	**2427035**	**1688470**	**859782**	**828688**
73134	59134	14000	21117	15159	5958
115728	45923	69805	33936	10449	23487
196295	96460	99835	53829	22048	31781
167423	87687	79736	45305	18027	27278
166079	106923	59156	43305	23088	20217
153398	86928	66470	44598	22469	22129
119807	111849	7958	29483	26379	3104
189472	124737	64735	57579	32026	25553
58030	54083	3947	16232	14936	1296
309415	265786	43629	81828	64937	16891
307843	138182	169661	91249	33657	57592
93172	72259	20913	23752	16828	6924
244269	165753	78516	63658	38329	25329
282016	124592	157424	80506	26031	54475
783964	383943	400021	231946	92304	139642
163259	127034	36225	44925	31537	13388
170972	157122	13850	40489	35841	4648
491318	307916	183402	139412	71409	68003
712354	349703	362651	198626	76383	122243
174557	104258	70299	49523	24676	24847
29622	29622		6439	6439	
161506	111124	50382	40670	25444	15226
347739	185520	162219	88304	43317	44987
115598	64698	50900	31336	14259	17077
103439	69509	33930	26295	13898	12397
14007	7517	6490	3856	1689	2167
192274	119843	72431	52506	25432	27074
77703	53724	23979	20108	12815	7293
15641	14238	1403	3512	3025	487
26754	20358	6396	6905	4834	2071
67342	50670	16672	17241	12117	5124

高等理工院校本科

Number of Students of Institutions

地　　区 Region	毕(结)业生数 Graduates			招生数	
	合计 Total	本　科 Normal Courses	专　科 Short-cycle Courses	合计 Total	本　科 Normal Courses
总　计 Total	**2226266**	**889818**	**1336448**	**2484742**	**1126905**
北　京 Beijing	63368	46999	16369	66979	51315
天　津 Tianjin	40462	21632	18830	49508	30359
河　北 Hebei	121455	46367	75088	133797	59902
山　西 Shanxi	43667	20871	22796	54741	26466
内蒙古 Inner Mongolia	28296	5347	22949	33446	5417
辽　宁 Liaoning	103445	69694	33751	115080	79019
吉　林 Jilin	50646	25721	24925	58894	31463
黑龙江 Heilongjiang	54748	32850	21898	55632	38127
上　海 Shanghai	57989	34583	23406	58254	37009
江　苏 Jiangsu	267770	92658	175112	237047	101482
浙　江 Zhejiang	64744	36327	28417	72343	44469
安　徽 Anhui	116823	33311	83512	139762	45654
福　建 Fujian	48066	17346	30720	57427	28570
江　西 Jiangxi	72983	28716	44267	82406	41014
山　东 Shandong	117577	44391	73186	116691	52235
河　南 Henan	205662	51219	154443	209023	73296
湖　北 Hubei	223732	74666	149066	253942	102145
湖　南 Hunan	74260	28607	45653	87812	38404
广　东 Guangdong	79132	26119	53013	113668	37157
广　西 Guangxi	41820	14263	27557	56194	18760
海　南 Hainan	7533		7533	8956	
重　庆 Chongqing	43083	15955	27128	62354	24799
四　川 Sichuan	96672	44917	51755	116487	56591
贵　州 Guizhou	9626		9626	12658	
云　南 Yunnan	20534	6636	13898	29851	9167
西　藏 Xizang					
陕　西 Shanxi	116688	56351	60337	127890	74287
甘　肃 Gansu	33616	13498	20118	42060	15806
青　海 Qinghai	2416		2416	2985	
宁　夏 Ningxia	3824	774	3050	8305	3992
新　疆 Xinjiang	15629		15629	20550	

专科生学生数

of Science & Technology

单位：人
unit:person

Entrants	在校生数 Enrolment			预计毕业生数 Estimated Graduates for Next Year		
专 科 Short-cycle Courses	合计 Total	本 科 Normal Courses	专 科 Short-cycle Courses	合计 Total	本 科 Normal Courses	专 科 Short-cycle Courses
1357837	**8269087**	**4258395**	**4010692**	**2336923**	**1001836**	**1335087**
15664	248501	202069	46432	66896	49996	16900
19149	169863	113188	56675	43150	25146	18004
73895	446582	228223	218359	125066	52671	72395
28275	181593	99313	82280	50115	23679	26436
28029	101672	22101	79571	32058	5565	26493
36061	408411	306616	101795	107182	75454	31728
27431	193577	120188	73389	52651	28253	24398
17505	201231	144629	56602	57003	35616	21387
21245	215571	149513	66058	59242	37180	22062
135565	887584	407900	479684	273062	102203	170859
27874	254879	173532	81347	69690	42191	27499
94108	432953	166565	266388	122087	36636	85451
28857	191822	103414	88408	51787	22055	29732
41392	276397	150408	125989	77072	34205	42867
64456	400671	202162	198509	120455	51649	68806
135727	677371	260269	417102	205244	56784	148460
151797	803904	370531	433373	223528	81325	142203
49408	294001	148220	145781	85034	34132	50902
76511	340455	134407	206048	95647	30048	65599
37434	174252	68331	105921	48993	15957	33036
8956	26006		26006	7955		7955
37555	184541	85774	98767	47146	17641	29505
59896	381053	219633	161420	99983	52807	47176
12658	34113		34113	11250		11250
20684	88493	34477	54016	22860	7801	15059
53603	433090	271605	161485	121788	65252	56536
26254	131534	62967	68567	35602	15383	20219
2985	7898		7898	2583		2583
4313	22920	12360	10560	4855	2207	2648
20550	58149		58149	16939		16939

高等农业院校本科、
Number of Students of

地　区 Region	毕(结)业生数 Graduates			招生数	
	合计 Total	本　科 Normal Courses	专　科 Short-cycle Courses	合计 Total	本　科 Normal Courses
总　计 Total	**244573**	**138601**	**105972**	**267759**	**163450**
北　京 Beijing	6794	4756	2038	6261	4461
天　津 Tianjin	2845	2027	818	3338	2635
河　北 Hebei	11283	6788	4495	11517	8103
山　西 Shanxi	5842	5164	678	8613	8115
内蒙古 Inner Mongolia	6769	5903	866	8059	6943
辽　宁 Liaoning	11824	5390	6434	13245	6543
吉　林 Jilin	11108	7637	3471	11541	8416
黑龙江 Heilongjiang	23064	9119	13945	22822	11864
上　海 Shanghai	4719	3169	1550	4585	3071
江　苏 Jiangsu	18756	3855	14901	18451	4204
浙　江 Zhejiang	3663	3128	535	5029	3500
安　徽 Anhui	4720	4559	161	4463	4463
福　建 Fujian	11072	5711	5361	10991	5383
江　西 Jiangxi	6923	3845	3078	6888	4181
山　东 Shandong	15770	12241	3529	16599	13555
河　南 Henan	19022	5828	13194	21699	7925
湖　北 Hubei	4181	4181		4603	4603
湖　南 Hunan	9315	6039	3276	8841	6119
广　东 Guangdong	15761	15021	740	19753	19015
广　西 Guangxi	6106		6106	6659	
海　南 Hainan					
重　庆 Chongqing					
四　川 Sichuan	9765	6199	3566	11305	7507
贵　州 Guizhou					
云　南 Yunnan	6331	2529	3802	8197	4161
西　藏 Xizang	958	617	341	1710	1329
陕　西 Shanxi	10669	5235	5434	11448	5514
甘　肃 Gansu	5551	2885	2666	8313	4240
青　海 Qinghai	1243		1243	848	
宁　夏 Ningxia					
新　疆 Xinjiang	10519	6775	3744	11981	7600

专科生学生数
Institutions of Agriculture

单位：人
unit：person

Entrants	在校生数 Enrolment			预计毕业生数 Estimated Graduates for Next Year		
专 科 Short-cycle Courses	合计 Total	本 科 Normal Courses	专 科 Short-cycle Courses	合计 Total	本 科 Normal Courses	专 科 Short-cycle Courses
104309	**938282**	**625147**	**313135**	**255186**	**147945**	**107241**
1800	24306	19101	5205	6813	4828	1985
703	11505	9331	2174	2957	2199	758
3414	42136	31090	11046	10746	6874	3872
498	26825	24914	1911	5979	5279	700
1116	30715	27330	3385	7513	6330	1183
6702	42879	23791	19088	12126	5822	6304
3125	42602	32656	9946	12353	8185	4168
10958	77126	41981	35145	24425	10626	13799
1514	16770	12161	4609	4646	3119	1527
14247	60142	16688	43454	17973	3976	13997
1529	17188	13638	3550	4319	3374	945
	18159	17912	247	4616	4470	146
5608	39440	22740	16700	11469	5877	5592
2707	25679	17277	8402	7007	4116	2891
3044	60939	51047	9892	16403	12690	3713
13774	69920	29202	40718	19792	6442	13350
	18303	18303		4409	4409	
2722	34458	25082	9376	9667	6055	3612
738	77319	73987	3332	18766	17161	1605
6659	19174		19174	6159		6159
3798	41426	30943	10483	10226	7147	3079
4036	26124	13442	12682	7179	2729	4450
381	5074	4028	1046	957	614	343
5934	37164	21912	15252	10302	5382	4920
4073	27514	15921	11593	6916	3474	3442
848	2419		2419	893		893
4381	42976	30670	12306	10575	6767	3808

高等林业院校本科、
Number of Students of

地　区 Region	毕(结)业生数 Graduates			招生数	
	合计 Total	本　科 Normal Courses	专　科 Short-cycle Courses	合计 Total	本　科 Normal Courses
总　计 Total	**48467**	**25255**	**23212**	**54776**	**29177**
北　京 Beijing	3053	3053		3337	3337
天　津 Tianjin					
河　北 Hebei					
山　西 Shanxi	1369		1369	1698	
内蒙古 Inner Mongolia					
辽　宁 Liaoning	1435		1435	1598	
吉　林 Jilin					
黑龙江 Heilongjiang	8227	4198	4029	8709	4849
上　海 Shanghai					
江　苏 Jiangsu	5819	5819		6667	6667
浙　江 Zhejiang	4637	4637		4938	4938
安　徽 Anhui	526		526	1101	
福　建 Fujian	1333		1333	1829	
江　西 Jiangxi	1936		1936	2127	
山　东 Shandong					
河　南 Henan	1149		1149		
湖　北 Hubei	1774		1774	2420	
湖　南 Hunan	8774	5035	3739	9184	5510
广　东 Guangdong					
广　西 Guangxi	1889		1889	2063	
海　南 Hainan					
重　庆 Chongqing					
四　川 Sichuan					
贵　州 Guizhou					
云　南 Yunnan	3952	2513	1439	6056	3876
西　藏 Xizang					
陕　西 Shanxi					
甘　肃 Gansu	2594		2594	2833	
青　海 Qinghai					
宁　夏 Ningxia				216	
新　疆 Xinjiang					

专科生学生数
Institutions of Forestry

单位：人
unit：person

Entrants	在校生数 Enrolment			预计毕业生数 Estimated Graduates for Next Year		
专科 Short-cycle Courses	合计 Total	本科 Normal Courses	专科 Short-cycle Courses	合计 Total	本科 Normal Courses	专科 Short-cycle Courses
25599	**184015**	**111207**	**72808**	**49999**	**25932**	**24067**
	13213	13213		3252	3252	
1698	5310		5310	1893		1893
1598	4378		4378	1441		1441
3860	30771	19025	11746	8836	4523	4313
	24709	24709		5611	5611	
	19694	19694		4678	4678	
1101	2793		2793	634		634
1829	4847		4847	1511		1511
2127	5852		5852	1764		1764
2420	6358	0	6358	1893		1893
3674	32602	21028	11574	9223	4873	4350
2063	5831		5831	2022		2022
2180	19479	13538	5941	4783	2995	1788
2833	7962		7962	2458		2458
216	216		216			

高等医药院校本科、
Number of Students of Institutions

地　区 Region	毕(结)业生数 Graduates			招生数	
	合计 Total	本　科 Normal Courses	专　科 Short-cycle Courses	合计 Total	本　科 Normal Courses
总　计 Total	**319296**	**148359**	**170937**	**389487**	**195153**
北　京 Beijing	3114	1666	1448	3163	2176
天　津 Tianjin	6212	3132	3080	7794	4210
河　北 Hebei	23405	7432	15973	30721	10045
山　西 Shanxi	11132	5634	5498	8857	5772
内蒙古 Inner Mongolia	2850	1691	1159	4213	2396
辽　宁 Liaoning	15734	10506	5228	18968	13578
吉　林 Jilin	5392	2472	2920	8097	3544
黑龙江 Heilongjiang	12652	6252	6400	14258	9215
上　海 Shanghai	2589	776	1813	3440	838
江　苏 Jiangsu	15485	9324	6161	17491	10707
浙　江 Zhejiang	11678	5527	6151	12429	6183
安　徽 Anhui	17970	8020	9950	22838	10877
福　建 Fujian	10633	4234	6399	12356	4665
江　西 Jiangxi	9278	4350	4928	12054	5889
山　东 Shandong	33900	14374	19526	41541	19508
河　南 Henan	25247	6575	18672	26457	8281
湖　北 Hubei	10263	4490	5773	10511	6204
湖　南 Hunan	13327	4697	8630	16729	7045
广　东 Guangdong	18949	15395	3554	22101	17056
广　西 Guangxi	10174	4915	5259	17115	7531
海　南 Hainan	1786	1251	535	2478	1508
重　庆 Chongqing	7786	2954	4832	11115	4308
四　川 Sichuan	14217	8066	6151	15878	9865
贵　州 Guizhou	10929	5925	5004	14580	7878
云　南 Yunnan	7107	2650	4457	11324	6023
西　藏 Xizang	159	159		315	171
陕　西 Shanxi	5981	2555	3426	9187	4486
甘　肃 Gansu	4803	843	3960	6075	1736
青　海 Qinghai	1002		1002	915	
宁　夏 Ningxia	1183	837	346	1512	1116
新　疆 Xinjiang	4359	1657	2702	4975	2342

专科生学生数

of Medicine & Pharmacy

单位：人

unit：person

Entrants	在校生数 Enrolment			预计毕业生数 Estimated Graduates for Next Year		
专 科 Short-cycle Courses	合计 Total	本 科 Normal Courses	专 科 Short-cycle Courses	合计 Total	本 科 Normal Courses	专 科 Short-cycle Courses
194334	**1352452**	**825400**	**527052**	**328766**	**161230**	**167536**
987	12428	9689	2739	3060	2096	964
3584	27711	17282	10429	6660	3393	3267
20676	98395	44907	53488	23321	8035	15286
3085	38517	28102	10415	9761	5914	3847
1817	14580	9805	4775	3158	1767	1391
5390	69253	55403	13850	15011	10902	4109
4553	27959	15353	12606	6909	2975	3934
5043	52254	38273	13981	11715	7335	4380
2602	10256	3641	6615	2685	825	1860
6784	64074	44715	19359	15892	9619	6273
6246	45433	27062	18371	12557	6252	6305
11961	78972	47549	31423	19950	9509	10441
7691	40648	21736	18912	10110	4898	5212
6165	40934	24601	16333	9954	4744	5210
22033	138695	77574	61121	35476	14984	20492
18176	82031	35558	46473	23169	6592	16577
4307	37371	24809	12562	8427	4482	3945
9684	59720	31224	28496	15787	5992	9795
5045	88025	73875	14150	20323	15656	4667
9584	54700	29440	25260	12136	5210	6926
970	8875	5920	2955	2224	1169	1055
6807	35872	17337	18535	8795	2973	5822
6013	62808	46922	15886	15105	9436	5669
6702	51214	33444	17770	11560	6592	4968
5301	33764	20089	13675	6615	3003	3612
144	988	631	357	176	70	106
4701	30018	18487	11531	7127	2990	4137
4339	18347	6300	12047	4325	749	3576
915	2332		2332	715		715
396	5720	4595	1125	1163	809	354
2633	20558	11077	9481	4900	2259	2641

高等师范院校本科、

Number of Students of

地　区 Region	毕(结)业生数 Graduates			招生数	
	合计 Total	本　科 Normal Courses	专　科 Short-cycle Courses	合计 Total	本　科 Normal Courses
总　计 Total	**629466**	**412075**	**217391**	**703762**	**515621**
北　京 Beijing	4554	4554		4845	4845
天　津 Tianjin	8155	7350	805	10336	9505
河　北 Hebei	48580	23229	25351	52979	28366
山　西 Shanxi	16546	9663	6883	20367	11944
内蒙古 Inner Mongolia	9116	5325	3791	10712	7462
辽　宁 Liaoning	20388	10990	9398	21614	12221
吉　林 Jilin	21655	17729	3926	23967	20433
黑龙江 Heilongjiang	20493	15514	4979	19014	15505
上　海 Shanghai	8868	8194	674	9221	8606
江　苏 Jiangsu	45003	30295	14708	37836	31409
浙　江 Zhejiang	24397	21514	2883	26106	23638
安　徽 Anhui	49527	37545	11982	57846	46874
福　建 Fujian	20371	14379	5992	21638	16700
江　西 Jiangxi	24186	16641	7545	24967	19028
山　东 Shandong	15533	10315	5218	22287	17086
河　南 Henan	72983	46416	26567	81682	60537
湖　北 Hubei	20607	10847	9760	25001	14637
湖　南 Hunan	10256	5346	4910	11577	8764
广　东 Guangdong	22329	16201	6128	25523	19715
广　西 Guangxi	16042	9139	6903	21128	13343
海　南 Hainan	8389	4138	4251	10596	6844
重　庆 Chongqing	8647	7356	1291	10936	10323
四　川 Sichuan	32719	23197	9522	38545	26835
贵　州 Guizhou	22743	11783	10960	27017	20849
云　南 Yunnan	19308	9471	9837	25885	15251
西　藏 Xizang	676		676	840	
陕　西 Shanxi	26977	16108	10869	27762	20046
甘　肃 Gansu	16501	9758	6743	18502	14137
青　海 Qinghai	2448	1700	748	2408	2036
宁　夏 Ningxia	1630	845	785	1684	1367
新　疆 Xinjiang	9839	6533	3306	10941	7315

专科生学生数
Institutions of Teachers

单位：人
unit：person

Entrants	在校生数 Enrolment			预计毕业生数 Estimated Graduates for Next Year		
专 科 Short-cycle Courses	合计 Total	本 科 Normal Courses	专 科 Short-cycle Courses	合计 Total	本 科 Normal Courses	专 科 Short-cycle Courses
188141	**2530492**	**1956389**	**574103**	**662441**	**454109**	**208332**
	18923	18923		4656	4656	
831	40266	38320	1946	8643	7996	647
24613	178460	110523	67937	50185	26399	23786
8423	71354	47351	24003	18289	11585	6704
3250	39503	28585	10918	10540	6245	4295
9393	71038	46971	24067	19281	11743	7538
3534	87643	78574	9069	21642	18238	3404
3509	75134	63672	11462	21539	16395	5144
615	38023	36227	1796	9817	9190	627
6427	160257	126655	33602	45843	31981	13862
2468	98784	90937	7847	25085	21950	3135
10972	203741	176188	27553	51129	41107	10022
4938	77780	62918	14862	20379	15001	5378
5939	94763	77217	17546	25261	18679	6582
5201	72752	58398	14354	16899	12612	4287
21145	292886	225824	67062	78178	51233	26945
10364	83632	53852	29780	21964	12138	9826
2813	45135	33499	11636	13084	7527	5557
5808	95002	75368	19634	26391	18294	8097
7785	69718	46398	23320	16872	9365	7507
3752	36260	24987	11273	9344	5396	3948
613	40690	37791	2899	9612	8131	1481
11710	144770	109791	34979	39184	27224	11960
6168	91391	68999	22392	21760	12652	9108
10634	84120	53511	30609	21764	11947	9817
840	2547		2547			
7716	98221	74403	23818	26106	16562	9544
4365	61083	47399	13684	15258	10440	4818
372	8331	7870	461	1854	1854	
317	5880	4289	1591	1735	951	784
3626	42405	30949	11456	10147	6618	3529

高等语文院校本科、
Number of Students of Institutions

地区 Region	毕(结)业生数 Graduates			招生数	
	合计 Total	本科 Normal Courses	专科 Short-cycle Courses	合计 Total	本科 Normal Courses
总计 Total	**93955**	**38092**	**55863**	**105994**	**54351**
北京 Beijing	11056	7761	3295	12014	8737
天津 Tianjin	3632	2855	777	4380	3511
河北 Hebei	8379		8379	7495	
山西 Shanxi	3293		3293	3929	
内蒙古 Inner Mongolia				71	
辽宁 Liaoning	3865	2904	961	3885	3482
吉林 Jilin	1711	1711		1900	1900
黑龙江 Heilongjiang	1661	1659	2	2338	2338
上海 Shanghai	5534	1585	3949	5485	1475
江苏 Jiangsu					
浙江 Zhejiang	5960	2061	3899	8306	6837
安徽 Anhui	3679		3679	4903	445
福建 Fujian	1843		1843	2514	
江西 Jiangxi					
山东 Shandong	1388		1388	2015	
河南 Henan					
湖北 Hubei					
湖南 Hunan	10067		10067	10344	1730
广东 Guangdong	6984	6506	478	7249	7249
广西 Guangxi	2488		2488	3764	657
海南 Hainan	1708		1708	1250	
重庆 Chongqing	5233	3689	1544	6706	6143
四川 Sichuan	2314	2311	3	3322	2755
贵州 Guizhou					
云南 Yunnan					
西藏 Xizang					
陕西 Shanxi	10676	5050	5626	10845	7092
甘肃 Gansu	2484		2484	3279	
青海 Qinghai					
宁夏 Ningxia					
新疆 Xinjiang					

专科生学生数
of Languages & Literatures

单位：人
unit：person

Entrants	在校生数 Enrolment			预计毕业生数 Estimated Graduates for Next Year		
专 科 Short-cycle Courses	合计 Total	本 科 Normal Courses	专 科 Short-cycle Courses	合计 Total	本 科 Normal Courses	专 科 Short-cycle Courses
51643	**346516**	**190563**	**155953**	**98163**	**43001**	**55162**
3277	42402	33718	8684	11344	8472	2872
869	16677	13424	3253	4290	3182	1108
7495	21731		21731	7536		7536
3929	11730		11730	4038		4038
71	115		115			
403	15132	13220	1912	3926	3133	793
	7831	7831		1843	1843	
	8349	8349		2137	2137	
4010	17940	6039	11901	5535	1532	4003
1469	26552	20159	6393	6230	3099	3131
4458	12478	445	12033	3631		3631
2514	7096		7096	2220		2220
2015	4919		4919	1123		1123
8614	30656	2871	27785	9794		9794
	28752	28752		7153	7153	
3107	9497	657	8840	3223		3223
1250	4502		4502	1795		1795
563	23352	20909	2443	5648	4599	1049
567	12642	10685	1957	3047	2460	587
3753	35484	23504	11980	10475	5391	5084
3279	8679		8679	3175		3175

高等财经院校本科、

Number of Students of Institutions

地区 Region	毕(结)业生数 Graduates			招生数	
	合计 Total	本科 Normal Courses	专科 Short-cycle Courses	合计 Total	本科 Normal Courses
总计 Total	**567518**	**235691**	**331827**	**667696**	**330490**
北京 Beijing	22919	12653	10266	22985	15440
天津 Tianjin	10284	8569	1715	13861	11744
河北 Hebei	21648	11944	9704	25634	13904
山西 Shanxi	17836	7553	10283	21139	10313
内蒙古 Inner Mongolia	7968	3462	4506	8422	4348
辽宁 Liaoning	15726	6522	9204	19058	9429
吉林 Jilin	10894	6061	4833	13035	9670
黑龙江 Heilongjiang	16838	8637	8201	16801	12157
上海 Shanghai	31644	14161	17483	31842	16413
江苏 Jiangsu	27609	10672	16937	29501	11090
浙江 Zhejiang	30562	11945	18617	35588	14492
安徽 Anhui	31744	7017	24727	43554	11050
福建 Fujian	16897	3605	13292	19531	5976
江西 Jiangxi	23312	7504	15808	22968	8074
山东 Shandong	32237	13415	18822	31958	14376
河南 Henan	46933	15611	31322	51357	22607
湖北 Hubei	31098	15130	15968	38427	21601
湖南 Hunan	15874	4186	11688	15824	6643
广东 Guangdong	33974	14391	19583	42976	23355
广西 Guangxi	13353	3287	10066	14875	2739
海南 Hainan	11651	3671	7980	13372	7252
重庆 Chongqing	18335	10988	7347	27983	19333
四川 Sichuan	16367	4811	11556	16481	5425
贵州 Guizhou	7238	3588	3650	10503	6834
云南 Yunnan	17754	9968	7786	32734	20342
西藏 Xizang					
陕西 Shanxi	24773	6216	18557	30564	11943
甘肃 Gansu	6515	6515		10170	10170
青海 Qinghai					
宁夏 Ningxia	1926		1926	2783	
新疆 Xinjiang	3609	3609		3770	3770

专科生学生数

f Finance & Economies

单位：人

unit：person

Entrants	在校生数 Enrolment			预计毕业生数 Estimated Graduates for Next Year		
专 科 Short-cycle Courses	合计 Total	本 科 Normal Courses	专 科 Short-cycle Courses	合计 Total	本 科 Normal Courses	专 科 Short-cycle Courses
337206	**2187638**	**1186085**	**1001553**	**604408**	**266487**	**337921**
7545	84424	58128	26296	23938	13743	10195
2117	49029	43127	5902	11684	9732	1952
11730	86804	55824	30980	23110	13459	9651
10826	68902	34786	34116	19502	8011	11491
4074	29569	16678	12891	8215	3924	4291
9629	62139	34008	28131	16603	7462	9141
3365	45611	34333	11278	12091	7796	4295
4644	59147	43297	15850	16510	9327	7183
15429	113004	64600	48404	32611	15830	16781
18411	98094	45037	53057	27732	11379	16353
21096	112424	53127	59297	32178	12808	19370
32504	128059	37682	90377	35176	7693	27483
13555	54982	16719	38263	16023	3793	12230
14894	75698	32583	43115	22557	8219	14338
17582	117757	61934	55823	36173	16414	19759
28750	167517	79185	88332	50204	17675	32529
16826	125630	76242	49388	33327	17103	16224
9181	53238	21793	31445	16442	4247	12195
19621	148772	85152	63620	38503	17128	21375
12136	47584	12477	35107	14649	3502	11147
6120	47283	27398	19885	13105	5153	7952
8650	89036	64274	24762	21039	12915	8124
11056	53117	21206	31911	15072	5350	9722
3669	28570	18824	9746	6993	3892	3101
12392	92193	58742	33451	21570	11025	10545
18621	88926	36038	52888	25378	6932	18446
	37798	37798		8389	8389	
2783	7238		7238	2048		2048
	15093	15093		3586	3586	

高等政法院校本科

Number of Students of Institutions o

地　区 Region	毕(结)业生数 Graduates			招生数	
	合计 Total	本　科 Normal Courses	专　科 Short-cycle Courses	合计 Total	本　科 Normal Courses
总　计 Total	**108247**	**39518**	**68729**	**94111**	**42104**
北　京 Beijing	9256	7201	2055	9485	6729
天　津 Tianjin	826		826	573	
河　北 Hebei	9574	2794	6780	7892	2080
山　西 Shanxi	2893		2893	1775	
内蒙古 Inner Mongolia				300	
辽　宁 Liaoning	4399	2909	1490	3843	2721
吉　林 Jilin	3004		3004	2566	734
黑龙江 Heilongjiang	1111		1111	756	
上　海 Shanghai	6866	5228	1638	6011	4610
江　苏 Jiangsu	3805	1674	2131	2455	1936
浙　江 Zhejiang	3360	827	2533	2086	858
安　徽 Anhui	3301		3301	2622	
福　建 Fujian	1707	605	1102	268	97
江　西 Jiangxi	3480		3480	3083	758
山　东 Shandong	5596	2991	2605	5581	2734
河　南 Henan	7109		7109	6279	1114
湖　北 Hubei	5280	998	4282	4204	490
湖　南 Hunan	4569		4569	2637	1016
广　东 Guangdong	4145	1792	2353	4053	2069
广　西 Guangxi	1566		1566	909	
海　南 Hainan	1338		1338	1345	
重　庆 Chongqing	4456	3703	753	5841	4846
四　川 Sichuan	4428	1445	2983	3244	1615
贵　州 Guizhou	1846		1846	2209	
云　南 Yunnan	2931	1773	1158	2256	1458
西　藏 Xizang	471		471	385	
陕　西 Shanxi	5030	3107	1923	5300	3462
甘　肃 Gansu	3176	2471	705	3589	2777
青　海 Qinghai	342		342	295	
宁　夏 Ningxia	787		787	713	
新　疆 Xinjiang	1595		1595	1556	

专科生学生数
Political Science & Law

单位：人
unit:person

Entrants	在校生数 Enrolment			预计毕业生数 Estimated Graduates for Next Year		
专 科 Short-cycle Courses	合计 Total	本 科 Normal Courses	专 科 Short-cycle Courses	合计 Total	本 科 Normal Courses	专 科 Short-cycle Courses
52007	**316987**	**155097**	**161890**	**103370**	**41423**	**61947**
2756	34789	26993	7796	10315	7542	2773
573	2338		2338	1050		1050
5812	26591	8981	17610	8813	2748	6065
1775	7080		7080	2808		2808
300	866		866	279		279
1122	11513	8907	2606	3998	3005	993
1832	7918	1328	6590	2952	135	2817
756	3149		3149	1614		1614
1401	23929	19940	3989	7561	5535	2026
519	10227	7263	2964	3563	1775	1788
1228	7399	3252	4147	2820	1123	1697
2622	9303		9303	3656		3656
171	4210	2813	1397	2503	1580	923
2325	10136	1321	8815	3407		3407
2847	18015	10488	7527	5513	2939	2574
5165	19777	1689	18088	6821		6821
3714	11203	1815	9388	3419	240	3179
1621	8732	1595	7137	3157		3157
1984	10745	5678	5067	3581	1421	2160
909	2825		2825	1362		1362
1345	4152		4152	1482		1482
995	19327	17969	1358	4511	4148	363
1629	11604	6614	4990	3769	1875	1894
2209	4582		4582	1022		1022
798	7822	5299	2523	2357	1448	909
385	1059		1059	471		471
1838	17967	12638	5329	4918	3208	1710
812	12646	10514	2132	3362	2701	661
295	699		699	229		229
713	1868		1868	593		593
1556	4516		4516	1464		1464

高等体育院校本科

Number of Students of Institution

地　区 Region	毕(结)业生数 Graduates			招生数	
	合计 Total	本　科 Normal Courses	专　科 Short-cycle Courses	合计 Total	本　科 Normal Courses
总　计 Total	**26987**	**19963**	**7024**	**31717**	**25151**
北　京 Beijing	2441	2441		2811	2741
天　津 Tianjin	1328	1198	130	2170	2008
河　北 Hebei	1094	946	148	1360	1179
山　西 Shanxi	825		825	600	
内蒙古 Inner Mongolia	361		361	167	
辽　宁 Liaoning	1875	1839	36	2244	1996
吉　林 Jilin	1656	1656		1548	1548
黑龙江 Heilongjiang	1214	1214		1475	1475
上　海 Shanghai	1125	1001	124	1201	1011
江　苏 Jiangsu	507	446	61	1292	1200
浙　江 Zhejiang	218		218	267	
安　徽 Anhui	697		697	598	
福　建 Fujian	65		65	602	
江　西 Jiangxi					
山　东 Shandong	1836	1573	263	1948	1847
河　南 Henan	1062		1062	104	
湖　北 Hubei	3321	2895	426	4271	3984
湖　南 Hunan	731		731	589	
广　东 Guangdong	2072	1020	1052	3138	1916
广　西 Guangxi	323		323	502	0
海　南 Hainan					
重　庆 Chongqing					
四　川 Sichuan	1962	1962		2196	2196
贵　州 Guizhou					
云　南 Yunnan	478		478	557	
西　藏 Xizang					
陕　西 Shanxi	1796	1772	24	2077	2050
甘　肃 Gansu					
青　海 Qinghai					
宁　夏 Ningxia					
新　疆 Xinjiang					

专科生学生数
of Physical Culture

单位：人
unit: person

Entrants	在校生数 Enrolment			预计毕业生数 Estimated Graduates for Next Year		
专 科 Short-cycle Courses	合计 Total	本 科 Normal Courses	专 科 Short-cycle Courses	合计 Total	本 科 Normal Courses	专 科 Short-cycle Courses
6566	**111366**	**92505**	**18861**	**29905**	**22013**	**7892**
70	10707	10428	279	2727	2601	126
162	6807	6414	393	1522	1355	167
181	5138	4847	291	1363	1253	110
600	1324		1324	724		724
167	582		582	300		300
248	8026	7778	248	1974	1974	
	6535	6535		1699	1699	
	5572	5572		1345	1345	
190	4436	4005	431	1092	968	124
92	2940	2708	232	513	450	63
267	682		682	292		292
598	1706		1706	565		565
602	1262		1262	398		398
101	6909	6689	220	1786	1667	119
104	1467		1467	901		901
287	15619	14606	1013	3689	3308	381
589	1974		1974	852		852
1222	10238	6520	3718	3216	1570	1646
502	1732		1732	632		632
	8597	8597		2044	2044	
557	1255		1255	467		467
27	7858	7806	52	1804	1779	25

高等艺术院校本科、
Number of Students of

地　区 Region	毕(结)业生数 Graduates			招生数	
	合计 Total	本　科 Normal Courses	专　科 Short-cycle Courses	合计 Total	本　科 Normal Courses
总　计 Total	**82457**	**41222**	**41235**	**96857**	**54978**
北　京 Beijing	3323	2879	444	3571	3153
天　津 Tianjin	2000	1475	525	2788	1745
河　北 Hebei	6026	1077	4949	7196	3650
山　西 Shanxi	1128		1128	606	
内蒙古 Inner Mongolia	409		409	157	
辽　宁 Liaoning	8971	5225	3746	10526	6882
吉　林 Jilin	3282	3206	76	4615	4560
黑龙江 Heilongjiang	614		614	372	
上　海 Shanghai	3856	1711	2145	3931	1810
江　苏 Jiangsu	8353	5273	3080	7766	4884
浙　江 Zhejiang	3099	1550	1549	4188	1670
安　徽 Anhui	764		764	1023	
福　建 Fujian	1286		1286	960	
江　西 Jiangxi	2424		2424	3165	601
山　东 Shandong	3783	3219	564	4336	3747
河　南 Henan	1350		1350	1904	
湖　北 Hubei	7095	3367	3728	8393	4997
湖　南 Hunan	2705		2705	2461	
广　东 Guangdong	3895	2021	1874	4376	2144
广　西 Guangxi	2666	1221	1445	3765	2589
海　南 Hainan					
重　庆 Chongqing	1800	1655	145	1973	1498
四　川 Sichuan	7391	2884	4507	11228	4730
贵　州 Guizhou					
云　南 Yunnan	3083	1558	1525	4001	3150
西　藏 Xizang					
陕　西 Shanxi	2455	2202	253	2700	2342
甘　肃 Gansu					
青　海 Qinghai					
宁　夏 Ningxia					
新　疆 Xinjiang	699	699		856	826

专科生学生数

Institutions of Art

单位：人
unit：person

Entrants	在校生数 Enrolment			预计毕业生数 Estimated Graduates for Next Year		
专 科 Short-cycle Courses	合计 Total	本 科 Normal Courses	专 科 Short-cycle Courses	合计 Total	本 科 Normal Courses	专 科 Short-cycle Courses
41879	**320244**	**203182**	**117062**	**84826**	**45854**	**38972**
418	13813	12849	964	3608	3077	531
1043	9439	6526	2913	2291	1489	802
3546	19985	11132	8853	4614	1941	2673
606	2480		2480	822		822
157	759		759	501		501
3644	37508	26177	11331	10059	6218	3841
55	16035	15909	126	3499	3428	71
372	1291		1291	519		519
2121	13324	7009	6315	3888	1811	2077
2882	28986	19953	9033	8338	5137	3201
2518	13673	6708	6965	3806	1547	2259
1023	2230		2230	686		686
960	3376		3376	1290		1290
2564	7881	601	7280	2528		2528
589	15524	14123	1401	4291	3479	812
1904	3452		3452			
3396	27329	17142	10187	6809	3237	3572
2461	7429		7429	2848		2848
2232	15592	8905	6687	4533	2261	2272
1176	12993	9166	3827	3188	1822	1366
475	7013	6354	659	1903	1719	184
6498	34029	18103	15926	8458	3778	4680
851	13120	10274	2846	3299	2068	1231
358	9649	8947	702	2313	2107	206
30	3334	3304	30	735	735	

高等民族院校本科、

Number of Students of

地 区 Region	毕(结)业生数 Graduates			招生数	
	合计 Total	本 科 Normal Courses	专 科 Short-cycle Courses	合计 Total	本 科 Normal Courses
总 计 Total	**46877**	**37681**	**9196**	**57228**	**50991**
北 京 Beijing	2727	2727		2803	2803
天 津 Tianjin					
河 北 Hebei					
山 西 Shanxi					
内蒙古 Inner Mongolia					
辽 宁 Liaoning	2948	2948		3901	3901
吉 林 Jilin					
黑龙江 Heilongjiang	334		334	663	
上 海 Shanghai					
江 苏 Jiangsu					
浙 江 Zhejiang					
安 徽 Anhui					
福 建 Fujian					
江 西 Jiangxi					
山 东 Shandong					
河 南 Henan	746		746		
湖 北 Hubei	8240	7718	522	10446	10446
湖 南 Hunan	2618		2618	2363	
广 东 Guangdong					
广 西 Guangxi	3789	3245	544	3940	3480
海 南 Hainan					
重 庆 Chongqing					
四 川 Sichuan	7486	4969	2517	8567	7559
贵 州 Guizhou	2647	2458	189	4078	3939
云 南 Yunnan	3004	2546	458	5546	5191
西 藏 Xizang	2488	2113	375	2103	1694
陕 西 Shanxi					
甘 肃 Gansu	4238	4238		5735	5735
青 海 Qinghai	2033	1719	314	2076	1943
宁 夏 Ningxia	3579	3000	579	5007	4300
新 疆 Xinjiang					

专科生学生数
Nationalities Institutions

单位：人
unit：person

Entrants	在校生数 Enrolment			预计毕业生数 Estimated Graduates for Next Year		
专 科 Short-cycle Courses	合计 Total	本 科 Normal Courses	专 科 Short-cycle Courses	合计 Total	本 科 Normal Courses	专 科 Short-cycle Courses
6237	**207271**	**188829**	**18442**	**48199**	**41186**	**7013**
	11247	11247		2803	2803	
	14747	14747		3374	3374	
663	1752		1752	737		737
	36511	36438	73	8112	8041	71
2363	6057		6057	2540		2540
460	15329	13959	1370	3833	3429	404
1008	29822	25501	4321	6765	5131	1634
139	18632	18140	492	3652	3365	287
355	17743	16982	761	3472	3264	208
409	8699	7723	976	2357	2145	212
	21057	21057		4505	4505	
133	8401	7665	736	2165	1819	346
707	17274	15370	1904	3884	3310	574

高等职业学校本科、

Number of Students of Higher

地 区 Region	毕(结)业生数 Graduates			招生数	
	合计 Total	本 科 Normal Courses	专 科 Short-cycle Courses	合计 Total	本 科 Normal Courses
总 计 Total	**2109840**		**2109840**	**2284799**	
北 京 Beijing	26728		26728	23892	
天 津 Tianjin	43930		43930	46538	
河 北 Hebei	101195		101195	111750	
山 西 Shanxi	46481		46481	61757	
内蒙古 Inner Mongolia	42090		42090	47448	
辽 宁 Liaoning	51420		51420	55939	
吉 林 Jilin	22450		22450	25257	
黑龙江 Heilongjiang	58568		58568	51064	
上 海 Shanghai	34621		34621	32014	
江 苏 Jiangsu	218512		218512	182752	
浙 江 Zhejiang	95709		95709	106818	
安 徽 Anhui	108513		108513	129561	
福 建 Fujian	61121		61121	67295	
江 西 Jiangxi	77030		77030	78106	
山 东 Shandong	193407		193407	165642	
河 南 Henan	132444		132444	138760	
湖 北 Hubei	126209		126209	140461	
湖 南 Hunan	128434		128434	129726	
广 东 Guangdong	148910		148910	202374	
广 西 Guangxi	60618		60618	67946	
海 南 Hainan	14179		14179	15614	
重 庆 Chongqing	36294		36294	59374	
四 川 Sichuan	91103		91103	110231	
贵 州 Guizhou	23329		23329	32896	
云 南 Yunnan	28514		28514	40853	
西 藏 Xizang	1098		1098	1669	
陕 西 Shanxi	71792		71792	74670	
甘 肃 Gansu	31485		31485	41851	
青 海 Qinghai	5003		5003	5043	
宁 夏 Ningxia	7514		7514	10321	
新 疆 Xinjiang	21139		21139	27177	

专科生学生数
Vocational Colleges

单位：人
unit：person

Entrants	在校生数 Enrolment			预计毕业生数 Estimated Graduates for Next Year		
专科 Short-cycle Courses	合计 Total	本 科 Normal Courses	专 科 Short-cycle Courses	合计 Total	本 科 Normal Courses	专 科 Short-cycle Courses
2284799	**6621737**		**6621737**	**2178493**		**2178493**
23892	74098		74098	28060		28060
46538	136178		136178	44339		44339
111750	314553		314553	100764		100764
61757	177412		177412	55154		55154
47448	137404		137404	46014		46014
55939	159512		159512	50238		50238
25257	68802		68802	23017		23017
51064	166853		166853	65402		65402
32014	98450		98450	33224		33224
182752	631924		631924	221270		221270
106818	301167		301167	100092		100092
129561	361628		361628	113060		113060
67295	195890		195890	63257		63257
78106	234604		234604	77678		77678
165642	512153		512153	183813		183813
138760	416889		416889	138381		138381
140461	385156		385156	122097		122097
129726	391887		391887	139100		139100
202374	553297		553297	179129		179129
67946	195784		195784	63156		63156
15614	45236		45236	14945		14945
59374	148003		148003	39885		39885
110231	279282		279282	77587		77587
32896	88097		88097	27973		27973
40853	111500		111500	33843		33843
1669	4724		4724	1496		1496
74670	205754		205754	68824		68824
41851	109000		109000	32476		32476
5043	13348		13348	4420		4420
10321	25774		25774	7159		7159
27177	77378		77378	22640		22640

广播电视大学本、

Number of Students in Radio/TV

地 区 Region	毕业生数 Graduates			招生数	
	合 计 Total	本 科 Normal Courses	专 科 Short-cycle Courses	合 计 Total	本 科 Normal Courses
合 计 Total	**68714**	**916**	**67798**	**56881**	**1218**
北 京 Beijing	742		742	438	
天 津 Tianjin	177		177	236	
河 北 Hebei	660		660	875	
山 西 Shanxi	904		904	873	
内蒙古 Inner Mongolia	639		639	1249	
辽 宁 Liaoning	2568		2568	2578	
吉 林 Jilin	2300		2300	1999	
黑龙江 Heilongjiang	2077		2077	1602	
上 海 Shanghai					
江 苏 Jiangsu	2825	28	2797	2945	
浙 江 Zhejiang	6300		6300	4649	
安 徽 Anhui	1711	33	1678	997	53
福 建 Fujian	979		979	2395	
江 西 Jiangxi	859		859	239	
山 东 Shandong	566		566	523	
河 南 henan	4783	8	4775	1139	9
湖 北 Hubei	1223	146	1077	1968	255
湖 南 Hunan	4077		4077	1782	
广 东 Guangdong	4530		4530	4353	
广 西 Guangxi	155	4	151	304	217
海 南 Hainan	152		152	223	
重 庆 Chongqing	7396		7396	4003	
四 川 Sichuan	14573	697	13876	10303	665
贵 州 guizhou	1118		1118	2254	
云 南 Yunnan	886		886	2132	19
西 藏 Tibet					
陕 西 Shaanxi	1810		1810	2620	
甘 肃 Gansu	2273		2273	1792	
青 海 Qinghai	50		50	22	
宁 夏 Ningxia	1500		1500	1314	
新 疆 Xinjiang	881		881	1074	

专科学生数

Universities

单位：人
unit：person

Entrants	在校生数 Enrolment			预计毕业生数 Estimated Graduates for Next Year		
专 科 Short-cycle Courses	合 计 Total	本 科 Normal Courses	专 科 Short-cycle Courses	合 计 Total	本 科 Normal Courses	专 科 Short-cycle Courses
55663	**146086**	**3056**	**143030**	**63211**	**1679**	**61532**
438	1686		1686	765		765
236	1123		1123	390		390
875	2129		2129	969		969
873	1856		1856	798		798
1249	2413		2413	1153		1153
2578	4620		4620	2042		2042
1999	3550		3550	1540		1540
1602	3748		3748	1601		1601
2945	6952		6952	2446		2446
4649	11523		11523	2589		2589
944	1899	134	1765	836	15	821
2395	5099		5099	1588		1588
239	791		791	509		509
523	1220		1220	571		571
1130	3188	34	3154	2049	25	2024
1713	6104	578	5526	3791	244	3547
1782	6933		6933	3391		3391
4353	11100		11100	3802		3802
87	935	458	477	575	227	348
223	788		788	376		376
4003	13145		13145	6147		6147
9638	26983	1828	25155	14740	1163	13577
2254	4434		4434	1599		1599
2113	3202	24	3178	906	5	901
2620	7511		7511	2817		2817
1792	6640		6640	3044		3044
22	447		447	75		75
1314	3205		3205	1197		1197
1074	2862		2862	905		905

职工高等学校本、

Number of Students ir

地区 Region	毕业生数 Graduates			招生数	
	合计 Total	本科 Normal Courses	专科 Short-cycle Courses	合计 Total	本科 Normal Courses
合　计 Total	**66501**	**1685**	**64816**	**63838**	**3507**
北　京 Beijing	4820	272	4548	5223	595
天　津 Tianjin	5555		5555	4928	
河　北 Hebei	260		260	160	
山　西 Shanxi	3493	719	2774	5027	955
内蒙古 Inner Mongolia					
辽　宁 Liaoning	6432	235	6197	6711	
吉　林 Jilin	2125	412	1713	4396	1887
黑龙江 Heilongjiang	3479		3479	3379	
上　海 Shanghai	4768		4768	4002	
江　苏 Jiangsu	1103		1103	923	
浙　江 Zhejiang	3106		3106	2527	
安　徽 Anhui	110		110	768	
福　建 Fujian					
江　西 Jiangxi	710		710	1019	
山　东 Shandong	754		754	1213	
河　南 henan	8295		8295	6526	
湖　北 Hubei	313		313	27	
湖　南 Hunan	3763		3763	3839	
广　东 Guangdong	2128		2128	1973	
广　西 Guangxi	289		289	261	
海　南 Hainan					
重　庆 Chongqing	1076		1076	427	
四　川 Sichuan	6459	29	6430	4491	33
贵　州 guizhou	1048		1048	787	
云　南 Yunnan	77		77		
西　藏 Tibet					
陕　西 Shaanxi	5556	18	5538	4120	37
甘　肃 Gansu	316		316	274	
青　海 Qinghai	395		395	829	
宁　夏 Ningxia					
新　疆 Xinjiang	71		71	8	

专科学生数
Workers' Colleges

单位：人
unit：person

Entrants	在校生数 Enrolment			预计毕业生数 Estimated Graduates for Next Year		
专 科 Short-cycle Courses	合 计 Total	本 科 Normal Courses	专 科 Short-cycle Courses	合 计 Total	本 科 Normal Courses	专 科 Short-cycle Courses
60331	**153347**	**6183**	**147164**	**65495**	**1827**	**63668**
4628	12262	852	11410	5639	145	5494
4928	10620		10620	5217		5217
160	412		412	133		133
4072	10508	2437	8071	3354	752	2602
6711	15478	193	15285	5053	193	4860
2509	7004	2563	4441	2608	676	1932
3379	9150		9150	4079		4079
4002	10190		10190	4700		4700
923	2491		2491	1147		1147
2527	5103		5103	2576		2576
768	1803		1803	1035		1035
1019	1895		1895	580		580
1213	2551		2551	1148		1148
6526	16594		16594	8548		8548
27	73		73	37		37
3839	8219		8219	3950		3950
1973	6001		6001	1867		1867
261	476		476	215		215
427	1428		1428	593		593
4458	13546	86	13460	6164	53	6111
787	1630		1630	736		736
	39		39	39		39
4083	13100	52	13048	5075	8	5067
274	1000		1000	432		432
829	1565		1565	554		554
8	209		209	16		16

教育学院本、

Number of Students in

地 区 Region	毕业生数 Graduates			招生数	
	合 计 Total	本 科 Normal Courses	专 科 Short-cycle Courses	合 计 Total	本 科 Normal Courses
合 计 Total	**30715**	**13156**	**17559**	**33898**	**11721**
北 京 Beijing	2122	1058	1064	1973	570
天 津 Tianjin					
河 北 Hebei	15		15	11	
山 西 Shanxi	335		335	285	
内蒙古 Inner Mongolia					
辽 宁 Liaoning	2112	498	1614	1723	548
吉 林 Jilin	1187	937	250	902	531
黑龙江 Heilongjiang	2218	951	1267	3082	1149
上 海 Shanghai					
江 苏 Jiangsu	4086	3076	1010	3478	2040
浙 江 Zhejiang	1387	589	798	2618	1100
安 徽 Anhui					
福 建 Fujian	1962	1667	295	5028	1393
江 西 Jiangxi	1864	596	1268	4253	1878
山 东 Shandong	18		18	10	
河 南 henan	5067	1984	3083	2955	977
湖 北 Hubei	2396		2396	1271	
湖 南 Hunan	496		496	609	
广 东 Guangdong	63		63	780	
广 西 Guangxi	936	531	405	899	774
海 南 Hainan					
重 庆 Chongqing	1031	320	711	700	189
四 川 Sichuan	1279	474	805	1518	310
贵 州 guizhou					
云 南 Yunnan					
西 藏 Tibet					
陕 西 Shaanxi	932	382	550	429	45
甘 肃 Gansu					
青 海 Qinghai					
宁 夏 Ningxia					
新 疆 Xinjiang	1209	93	1116	1374	217

专科学生数

Educational Colleges

单位：人
unit：person

Entrants 专 科 Short-cycle Courses	在校生数 Enrolment 合 计 Total	 本 科 Normal Courses	 专 科 Short-cycle Courses	预计毕业生数 Estimated Graduates for Next Year 合 计 Total	 本 科 Normal Courses	 专 科 Short-cycle Courses
22177	**76249**	**31535**	**44714**	**29497**	**13046**	**16451**
1403	5321	1956	3365	1581	677	904
11	21		21	10		10
285	556		556	266		266
1175	3742	1385	2357	2019	837	1182
371	2146	1414	732	1237	876	361
1933	5995	2021	3974	2424	748	1676
1438	10835	6723	4112	4216	2691	1525
1518	5859	2615	3244	1766	608	1158
3635	9326	4007	5319	1349	1076	273
2375	9613	4436	5177	4087	1551	2536
10	37		37	27		27
1978	6692	3112	3580	3254	1894	1360
1271	2603		2603	1310		1310
609	1080		1080	471		471
780	1020		1020	104		104
125	2154	1742	412	1238	951	287
511	1185	464	721	483	273	210
1208	3923	1061	2862	2247	616	1631
384	1368	158	1210	250	24	226
1157	2773	441	2332	1158	224	934

管理干部学院本、

Number of Students in Institutes

地 区 Region	毕业生数 Graduates			招生数	
	合 计 Total	本 科 Normal Courses	专 科 Short-cycle Courses	合 计 Total	本 科 Normal Courses
合 计 Total	**22191**	**3023**	**19168**	**19312**	**2840**
北 京 Beijing	4284	200	4084	2790	422
天 津 Tianjin	102		102	124	
河 北 Hebei	192		192	98	
山 西 Shanxi	1515		1515	3178	
内蒙古 Inner Mongolia					
辽 宁 Liaoning	206	163	43	230	191
吉 林 Jilin	577	144	433	580	176
黑龙江 Heilongjiang	2494	273	2221	2693	298
上 海 Shanghai	1058		1058	362	
江 苏 Jiangsu	1939	24	1915	2506	
浙 江 Zhejiang					
安 徽 Anhui	408		408	298	
福 建 Fujian					
江 西 Jiangxi	1386	454	932	1202	513
山 东 Shandong	4593	1541	3052	3346	923
河 南 henan					
湖 北 Hubei	507	49	458	169	
湖 南 Hunan					
广 东 Guangdong	1445		1445		
广 西 Guangxi	873	175	698	719	317
海 南 Hainan					
重 庆 Chongqing					
四 川 Sichuan	370		370	760	
贵 州 guizhou					
云 南 Yunnan					
西 藏 Tibet					
陕 西 Shaanxi	242		242	257	
甘 肃 Gansu					
青 海 Qinghai					
宁 夏 Ningxia					
新 疆 Xinjiang					

专科学生数
for Administration

单位：人
unit：person

Entrants	在校生数 Enrolment			预计毕业生数 Estimated Graduates for Next Year		
专 科 Short-cycle Courses	合 计 Total	本 科 Normal Courses	专 科 Short-cycle Courses	合 计 Total	本 科 Normal Courses	专 科 Short-cycle Courses
16472	**50276**	**9154**	**41122**	**19508**	**3142**	**16366**
2368	6259	1084	5175	2956	149	2807
124	320		320	65		65
98	202		202	90		90
3178	7329		7329	1734		1734
39	512	396	116	220	143	77
404	1140	326	814	560	150	410
2395	5387	605	4782	2694	307	2387
362	1939		1939	1060		1060
2506	5930	405	5525	1763	29	1734
298	761		761	462		462
689	2342	1094	1248	931	376	555
2423	11492	3407	8085	3992	1333	2659
169	1957	842	1115	539	387	152
	495		495	495		495
402	2080	995	1085	835	268	567
760	1612		1612	852		852
257	519		519	260		260

其他机构本

Number of Students in

地　区 Region	毕业生数 Graduates			招生数	
	合　计 Total	本　科 Normal Courses	专　科 Short-cycle Courses	合　计 Total	本　科 Normal Courses
合　计 Total	**1118**		**1118**	**171**	
北　京 Beijing					
天　津 Tianjin					
河　北 Hebei					
山　西 Shanxi					
内蒙古 Inner Mongolia					
辽　宁 Liaoning	186		186		
吉　林 Jilin					
黑龙江 Heilongjiang					
上　海 Shanghai					
江　苏 Jiangsu					
浙　江 Zhejiang	8		8	21	
安　徽 Anhui					
福　建 Fujian					
江　西 Jiangxi					
山　东 Shandong					
河　南 henan	879		879	150	
湖　北 Hubei					
湖　南 Hunan	45		45		
广　东 Guangdong					
广　西 Guangxi					
海　南 Hainan					
重　庆 Chongqing					
四　川 Sichuan					
贵　州 guizhou					
云　南 Yunnan					
西　藏 Tibet					
陕　西 Shaanxi					
甘　肃 Gansu					
青　海 Qinghai					
宁　夏 Ningxia					
新　疆 Xinjiang					

专科学生数
Other Insitutes

单位：人
unit：person

Entrants	在校生数 Enrolment			预计毕业生数 Estimated Graduates for Next Year		
专　科 Short-cycle Courses	合　计 Total	本　科 Normal Courses	专　科 Short-cycle Courses	合　计 Total	本　科 Normal Courses	专　科 Short-cycle Courses
171	**1071**		**1071**	**440**		**440**
	248		248	134		134
21	69		69	13		13
150	678		678	270		270
	76		76	23		23

普通高等学校举办函授、业余、
Number of Students in Correspondence
Courses for Adults run

地区 Region	函授、业余 Divisions of Correspondence, Sparetime Schools							
	毕业生数 Graduates			招生数 Entrants			在校生数 Enrolment	
	合计 Total	本科 Normal Courses	专科 Short-cycle Courses	合计 Total	本科 Normal Courses	专科 Short-cycle Courses	合计 Total	本科 Normal Courses
合计 Total	**1655496**	**700556**	**954940**	**2008465**	**877804**	**1130661**	**5011094**	**2260121**
北京 Beijing	84322	47313	37009	97622	57860	39762	243554	149743
天津 Tianjin	21376	11993	9383	20955	13006	7949	53169	31228
河北 Hebei	68700	29040	39660	94016	48125	45891	254070	121838
山西 Shanxi	37196	20560	16636	56445	27779	28666	147187	74760
内蒙古 Inner Mongolia	24556	10544	14012	35204	13958	21246	72248	31165
辽宁 Liaoning	62413	28061	34352	77050	32656	44394	170601	73450
吉林 Jilin	52020	19896	32124	64104	29326	34778	137644	64003
黑龙江 Heilongjiang	57147	25255	31892	60364	32505	27859	130372	68502
上海 Shanghai	53146	35966	17180	53556	39893	13663	175527	130757
江苏 Jiangsu	104475	48479	55996	141408	70360	71048	398670	195523
浙江 Zhejiang	89498	31888	57610	101066	35965	65101	222837	76574
安徽 Anhui	54650	21670	32980	76973	29174	47799	157085	61854
福建 Fujian	28421	13807	14614	31251	13973	17278	88673	41237
江西 Jiangxi	23712	10928	12784	42862	19631	23231	119233	55522
山东 Shandong	134135	59485	74650	142504	67686	74818	369896	191150
河南 henan	93491	41852	51639	108662	51346	57316	228108	106637
湖北 Hubei	85770	32850	52920	106336	35104	71232	253269	90222
湖南 Hunan	82693	27895	54798	101363	38187	63176	204626	72632
广东 Guangdong	142005	44757	97248	154572	55283	99289	440633	166105
广西 Guangxi	48856	19483	29373	63304	26053	37251	149156	61605
海南 Hainan	8809	3401	5408	6794	3997	2797	19700	11262
重庆 Chongqing	34606	10167	24439	39100	11899	27201	95922	28310
四川 Sichuan	92689	23887	68802	118091	33636	84455	261342	82985
贵州 guizhou	26374	16070	10304	23013	12203	10810	72932	41590
云南 Yunnan	42697	17312	25385	60633	27417	33216	178666	85450
西藏 Tibet	2945	2119	826	3679	2628	1051	10333	6492
陕西 Shaanxi	47203	21101	26102	62807	22048	40759	182435	69618
甘肃 Gansu	23631	12056	11575	28918	12828	16090	82312	36030
青海 Qinghai	7678	4962	2716	4089	2615	1474	10755	7408
宁夏 Ningxia	7604	2399	5205	11657	3880	7777	26434	8024
新疆 Xinjiang	12678	5360	7318	20067	6783	13284	53705	18445

脱产分本专科学生数

divisions, Sparetime Schools & Short-cycle by Regular HEIs

单位：人

unit：person

	脱产 Short-cycle Courses for Adults								
	毕业生数 Graduates			招生数 Entrants			在校生数 Enrolment		
专科 Short-cycle Courses	合计 Total	本科 Normal Courses	专科 Short-cycle Courses	合计 Total	本科 Normal Courses	专科 Short-cycle Courses	合计 Total	本科 Normal Courses	专科 Short-cycle Courses
2750973	**61292**	**36066**	**25226**	**2015**	**151**	**1864**	**35473**	**26083**	**9390**
93811	3620	3534	86				1214	1153	61
21941	1098	324	774	1119		1119	1358		1358
132232	2115	1389	726				3216	2085	1131
72427	319	28	291				363	80	283
41083	992	164	828				295	295	
97151	2808	1955	853				1772	1772	
73641	526	477	49				311	311	
61870	975	694	281				833	795	38
44770	1618	1560	58				945	902	43
203147	4857	4500	357				3428	3408	20
146263	4211	1919	2292	381	151	230	3161	2035	1126
95231	967	923	44				847	838	9
47436	953	332	621				563	215	348
63711	2714	660	2054	204		204	615	323	292
178746	4637	573	4064	81		81	1285	763	522
121471	2582	728	1854				1211	649	562
163047	3372	3189	183				1971	1608	363
131994	1539	662	877	89		89	765	488	277
274528	1782	681	1101	141		141	1218	584	634
87551	1441	417	1024				808	758	50
8438	186	113	73				97	97	
67612	5885	2029	3856				2962	1241	1721
178357	5050	4098	952				2067	2067	
31342	1413	1131	282				619	555	64
93216	2316	1879	437				2006	1866	140
3841	52	52							
112817	1866	1508	358				1095	1032	63
46282	591	264	327				388	103	285
3347	1		1						
18410	11	10	1						
35260	795	273	522				60	60	

在职人员攻读硕士

Number of On-the-job

	授予学位数 Degree Awarded
合　计 Total	**107304**
北　京 Beijing	14249
天　津 Tianjin	1903
河　北 Hebei	2263
山　西 Shanxi	1554
内蒙古 Inner Mongolia	1715
辽　宁 Liaoning	5074
吉　林 Jilin	3563
黑龙江 Heilongjiang	3401
上　海 Shanghai	9650
江　苏 Jiangsu	9169
浙　江 Zhejiang	3531
安　徽 Anhui	2043
福　建 Fujian	2427
江　西 Jiangxi	1836
山　东 Shandong	6278
河　南 henan	2315
湖　北 Hubei	9099
湖　南 Hunan	3411
广　东 Guangdong	5251
广　西 Guangxi	752
海　南 Hainan	236
重　庆 Chongqing	2821
四　川 Sichuan	5129
贵　州 guizhou	633
云　南 Yunnan	2186
西　藏 Tibet	3
陕　西 Shaanxi	4687
甘　肃 Gansu	1056
青　海 Qinghai	197
宁　夏 Ningxia	159
新　疆 Xinjiang	713

学位学生数

Students Studying for Master's Degree

单位:人

unit: person

招生数(人) Entrants	在校生数(人) Enrolment
134061	**461693**
20044	67302
4606	13848
2626	7921
1425	4362
1471	5587
5921	18667
4666	13763
4603	13439
9355	35935
11674	42098
4022	16933
2871	8421
3284	11847
2137	8748
7102	24884
2386	7687
11117	37095
3432	16308
4892	17837
881	3863
418	1321
3749	11721
10128	29230
795	2453
3494	11229
3	34
4830	19861
1055	4896
87	693
272	827
715	2883

高等教育非学历

Number of Students in Non-formal Education

	毕(结)业生数 Graduates												
	自考助学班 Classes run by Non-government HEIs for Students Preparing for Self-directed State-administered Examinations	普通预科生 College-preparatory Classes	研究生课程进修班 Postgraduate Courses	进修及培训 In-service Training									
				总计 Total	其中:资格证书培训 of Which: For Certificates of Vocational Qualifications	岗位证书培训 For Certificates of Job-related Qualifications	其中:第一产业类培训 of Which: Training for first industry	第二产业类培训 Training for Second Industry	第三产业类培训 Training for Third Industry	一个月以内 a months under	一个月至三个月以内 one months to three months under	三个月至半年以内 three months to half year under	半年至一年以内 half year to one year under
合　计 Total	**123660**		**48873**	**5757813**	**1861396**	**1628840**	**854568**	**1023185**	**3880060**	**3893311**	**998368**	**457022**	**322059**
北　京 Beijing	8866		15314	940606	90491	277657	406631	93422	440553	564654	275583	54230	34676
天　津 Tianjin	3743		532	126679	39272	47842	23066	18373	85240	98163	8940	9735	8443
河　北 Hebei	216		880	86447	35863	12116	844	26656	58947	60587	2128	18619	3700
山　西 Shanxi			123	38810	22286	6057	3983	18141	16686	33267	2199	132	1198
内蒙古 Inner Mongolia			91	57743	24166	27563	10580	29539	17624	50007	7124	440	100
辽　宁 Liaoning	1620		455	141982	48991	51162	5419	43338	93225	103300	30714	4327	1539
吉　林 Jilin	1212		6801	53985	13748	27282	2186	33708	18091	48223	3957	927	363
黑龙江 Heilongjiang			240	93292	12475	33070	29051	21838	42403	71890	11874	2536	1855
上　海 Shanghai	648		3339	231605	50964	62330	233	38585	192787	139468	51162	23441	11921
江　苏 Jiangsu	10343		2215	384719	164312	82831	75339	98296	211084	246933	70040	45955	17830
浙　江 Zhejiang	5223		2214	562294	208363	139299	33788	87916	440590	464659	67750	18441	8660
安　徽 Anhui	80		883	232593	45281	17131	6655	33886	192052	73540	12111	5736	140449
福　建 Fujian	8906		537	113720	34161	24380	24800	14018	74902	65008	38319	3962	3778
江　西 Jiangxi	15240		123	58351	30694	18934	14490	10143	33718	28201	11516	6406	11432
山　东 Shandong	3997		1562	240970	113569	67665	24234	59894	156842	177632	42581	15490	3734
河　南 henan	852		2671	352423	268599	54547	7407	13231	331785	311784	35139	2935	965
湖　北 Hubei	25138		2970	253067	100465	66113	23529	102555	126983	177493	37049	17805	16335
湖　南 Hunan	5996		286	209068	125651	51943	35562	40450	133056	141755	47411	14458	3359
广　东 Guangdong	7322		3542	468140	66404	182146	12344	25564	430232	270875	75054	103707	12866
广　西 Guangxi	3998		904	148692	59078	41222	7294	37945	103453	100732	26804	15099	5837
海　南 Hainan	1070			24738	9421	2290	8315	3833	12590	8265	11072	5401	
重　庆 Chongqing	4222			85447	39105	22321	3743	21542	60162	52692	17065	5297	6405
四　川 Sichuan	4290		1402	255107	59744	80526	19920	30910	204277	164157	31041	50083	7274
贵　州 guizhou	444		138	65784	18032	40226	5079	7831	52874	32617	8415	4766	2479
云　南 Yunnan	1704		403	108191	42360	46056	30478	34178	43535	78451	28074	826	736
西　藏 Tibet				3810	2635	451	777		3033	3274	451	85	
陕　西 Shaanxi	589		378	102863	44848	18956	9215	33972	59676	64283	17617	17089	1479
甘　肃 Gansu	7371		708	182737	46767	67151	5053	5481	172203	160727	10688	2348	7073
青　海 Qinghai	104		24	15640	1979	9900	1339	7547	6754	14663	977		
宁　夏 Ningxia			107	24331	6974	17357	1532	10237	12562	16695	2880	4756	
新　疆 Xinjiang	466		31	93979	34698	32316	21682	20156	52141	69316	12633	1990	7573

教育学生情况(总计)

of HEIS (Regional Aggregates)

单位: 人

unit: person

	注册学生数 Enrolment													
				进修及培训 In-service Training										
一年及以上 one year and over	自考助学班 Classes run by Non-government HEIs for Students Preparing for Self-directed State-administered Examinations	普通预科生 College-preparatory Classes	研究生课程进修班 Postgraduate Courses	总计 Total	其中:资格证书培训 of Which: For Certificates of Vocational Qualifications	岗位证书培训 For Certificates of Job-related Qualifications	其中:第一产业类培训 of Which: Training for first industry	第二产业类培训 Training for Second Industry	第三产业类培训 Training for Third Industry	一个月以内 a months under	一个月至三个月以内 one months to three months under	三个月至半年以内 three months to half year under	半年至一年以内 half year to one year under	一年及以上 one year and over
87053	**244868**	**32274**	**67112**	**2825772**	**763494**	**848011**	**575029**	**442799**	**1807944**	**1556458**	**666722**	**282089**	**236723**	**83780**
11463	14066	2479	22581	712860	34057	249254	402479	11757	298624	398243	241568	28173	30816	14060
1398	3695	73	911	47669	21100	21263	17992	3980	25697	40191	2101	3194	1557	626
1413	1042	663	927	36079	25601	1700	2850	10615	22614	22341	7231	854	3245	2408
2014			363	8275	5164	2280	3268	738	4269	4170	1128	92	490	2395
72		1136	277	27023	11061	13213	240	15005	11778	24839	1403	450	219	112
2102	3455	1240	615	21020	12550	1574	2497	12461	6062	12688	2187	5045	85	1015
515	5268	712	362	9622	1343	1431	879	6487	2256	8404	373	616	149	80
5137	1309	183	235	20314	2198	11671	2490	1245	16579	9566	6041	1383	1117	2207
5613			4687	137665	34595	55139	285	11866	125514	51647	34293	14769	8469	28487
3961	26247	15	3269	135004	75147	34876	12067	52951	69986	89941	22078	8679	9323	4983
2784	12697		3473	287840	119321	67497	13898	55965	217977	216374	49455	9870	8287	3854
757	104	210	1402	132550	5676	6387	144	322	132084	4475	4470	1495	118597	3513
2653	9733	754	990	68624	23248	5574	21435	6088	41101	29613	29762	5139	2455	1655
796	25968	1370	390	42136	26149	14252	8781	10180	23175	24258	8405	4617	4037	819
1533	9015	192	3026	125287	50477	17274	12618	47454	65215	69515	40006	6810	7709	1247
1600	7929	2458	2618	51659	3913	14926	3007	4244	44408	38322	6502	4351	1189	1295
4385	48205	3278	3206	140541	59468	23175	7397	56702	76442	94339	20126	12572	9311	4193
2085	9741	942	758	46732	27432	6932	19800	8621	18311	15907	24313	3663	1149	1700
5638	9466	652	6999	361047	51697	154244	8717	18969	333361	177946	73156	98842	7481	3622
220	8869	974	3465	76877	37463	21723	159	35851	40867	57809	14002	3671	1159	236
	6653	120		12586	10915	1671	1254	3833	7499	9115	3471			
3988	5903	1055		54665	25330	10599	1876	7761	45028	38546	9131	2790	4176	22
2552	10070	2707	2664	117197	20695	60791	10579	19330	87288	40063	22670	48577	4889	998
17507	4409	2766	110	33981	15487	11642	4209	7520	22252	18627	7606	4899	2447	402
104	1557	1291	1327	31103	16247	12213	6573	11151	13379	12479	15080	3404	140	
			81	975	198	451	777		198	584	391			
2395	2167	500	1278	31584	19391	5949	776	3626	27182	15235	12119	1919	416	1895
1901	14550	2001	418	13110	8821	2705	3342	4979	4789	5583	2703	201	4257	366
	803	1065		2781	2701	80			2781	2781				
		3374	64	22445	6341	16104	1253	8095	13097	13420	3105	5920		
2467	1947	64	616	16521	9708	1421	3387	5003	8131	9437	1846	94	3554	1590

高等教育非学历

Number of Students in Non-formal

	毕(结)业生数 Graduates												
	自考助学班 Classes run by Non-government HEIs for Students Preparing for Self-directed State-administered Examinations	普通预科生 College-preparatory Classes	研究生课程进修班 Postgraduate Courses	进修及培训 In-service Training									
				总计 Total	其中:资格证书培训 of Which: For Certificates of Vocational Qualifications	岗位证书培训 For Certificates of Job-related qualifications	其中:第一产业类培训 of Which: Training for First Industry	第二产业类培训 Training for Second Industry	第三产业类培训 Training for Third Industry	一个月以内 a week to 1 months under	一个月至三个月以内 1 months to half year under	三个月至半年以内 2 months to half year under	半年至一年以内 half year to one year under
合　计 Total	**122664**		**48392**	**4181382**	**1296318**	**1202299**	**706496**	**890374**	**2584512**	**2830283**	**797754**	**340575**	**161775**
北　京 Beijing	8866		14845	760157	59213	239266	406440	83040	270677	432402	247210	39590	29997
天　津 Tianjin	2902		532	74853	19708	28773	1966	12634	60253	57668	2609	6724	7609
河　北 Hebei	216		880	64026	16271	9287	844	26656	36526	55919	1908	1086	3700
山　西 Shanxi			123	19253	6268	2697	3983	1195	14075	14638	1271	132	1198
内蒙古 Inner Mongolia			91	52416	18839	27563	10580	29539	12297	44680	7124	440	100
辽　宁 Liaoning	1620		455	76317	23618	20084	5419	42139	28759	61695	7360	3667	1493
吉　林 Jilin	1212		6801	25465	11475	1035	2186	8081	15198	21906	2240	617	187
黑龙江 Heilongjiang			240	54865	7629	19612	8465	16201	30199	43111	9659	710	764
上　海 Shanghai	648		3339	160829	33738	48843	233	33491	127105	101225	33007	15210	10079
江　苏 Jiangsu	10343		2215	270748	129973	60150	26907	74055	169786	165613	53366	35944	14541
浙　江 Zhejiang	5223		2214	526020	205521	128749	28583	83772	413665	432957	65513	16714	8127
安　徽 Anhui	80		883	84700	39439	15908	6455	33614	44631	65235	9779	5349	3706
福　建 Fujian	8835		537	65666	31970	18946	10566	14018	41082	46516	10878	3306	2677
江　西 Jiangxi	15159		123	54339	30441	15695	14311	10143	29885	27356	9269	6324	10594
山　东 Shandong	3997		1562	227003	112356	58865	24234	59894	142875	169996	41573	10167	3734
河　南 henan	852		2671	80802	33081	21024	6341	13231	61230	66229	9073	2935	965
湖　北 Hubei	25138		2970	250271	100210	63572	21227	102507	126537	175191	37033	17507	16155
湖　南 Hunan	5996		286	155549	86252	38785	35305	35428	84816	92966	47215	10365	2918
广　东 Guangdong	7322		3542	463814	64593	179631	12344	25564	425906	268614	73962	102854	12746
广　西 Guangxi	3998		904	122754	54856	38699	7294	37636	77824	77557	24373	14767	5837
海　南 Hainan	1070			24560	9327	2290	8315	3833	12412	8181	10978	5401	
重　庆 Chongqing	4222			52132	18198	19824	3666	20107	28359	25172	13678	3895	5399
四　川 Sichuan	4290		1390	201957	57541	41211	13869	23859	164229	145749	24461	22003	7192
贵　州 guizhou	444		138	40939	18032	15381	5079	7831	28029	24927	8415	4766	2479
云　南 Yunnan	1704		403	99221	41490	38050	21508	34178	43535	78451	19104	826	736
西　藏 Tibet				3810	2635	451	777		3033	3274	451	85	
陕　西 Shaanxi	586		378	52748	20099	4720	2203	23172	27373	39605	9522	2461	458
甘　肃 Gansu	7371		708	14225	8384	3799	5053	5481	3691	7299	2495	202	4229
青　海 Qinghai	104		24	15640	1979	9900	1339	7547	6754	14663	977		
宁　夏 Ningxia			107	23419	6974	16445	1532	9325	12562	15783	2880	4756	
新　疆 Xinjiang	466		31	62884	26208	13044	9472	12203	41209	45705	10371	1772	4155

教育学生情况(普通高校)

Education of Regular HEIs

单位：人

unit：person

一年及以上 one year and over	自考助学班 Classes run by Non-government HEIs for Students Preparing for Self-directed State-administered Examinations	普通预科生 College-preparatory Classes	研究生课程进修班 Postgraduate Courses	进修及培训 In-service Training 总计 Total	其中：资格证书培训 of Which：For Certificates of Vocational Qualifications	岗位证书培训 For Certificates of Job-related Qualifications	其中：第一产业类培训 of Which：Training for First Industry	第二产业类培训 Training for Second Industry	第三产业类培训 Training for Third Industry	一个月以内 a months under	一个月至三个月以内 one months to three months under	三个月至半年以内 three months to half year under	半年至一年以内 half year to one year under	一年及以上 one year and over
50995	**238775**	**32274**	**66492**	**2328074**	**693322**	**720902**	**525900**	**425204**	**1376970**	**1363512**	**595346**	**224079**	**99976**	**45161**
10958	14066	2479	21973	585118	21977	223804	402288	11757	171073	302363	228122	21358	19729	13546
243	3658	73	911	24711	13644	10673	485	3980	20246	19004	1791	2864	927	125
1413	1042	663	927	36079	25601	1700	2850	10615	22614	22341	7231	854	3245	2408
2014			363	8275	5164	2280	3268	738	4269	4170	1128	92	490	2395
72		1136	277	27023	11061	13213	240	15005	11778	24839	1403	450	219	112
2102	3455	1240	615	17373	11014	1477	2497	11260	3616	11750	1687	3844	85	7
515	5268	712	362	9249	1343	1058	879	6487	1883	8404		616	149	80
621	1309	183	235	14237	1993	10565	27		14210	7205	5201	748	1056	27
1308			4687	66500	20671	20401	285	5530	60685	34292	18819	4850	6918	1621
1284	26247	15	3269	123828	69953	30851	10055	47574	66199	85495	21843	7703	7316	1471
2709	12461		3473	282207	118014	66773	12679	55151	214377	212572	48344	9260	8218	3813
631	104	210	1402	13218	5676	6163	144	322	12752	4475	4025	1495	3011	212
2289	9713	754	990	31059	23117	4295	5870	6088	19101	20662	2282	5139	1685	1291
796	24257	1370	390	42136	26149	14252	8781	10180	23175	24258	8405	4617	4037	819
1533	9015	192	3026	120192	49855	16867	12618	47144	60430	64949	39923	6810	7263	1247
1600	7833	2458	2618	51659	3913	14926	3007	4244	44408	38322	6502	4351	1189	1295
4385	48205	3278	3206	140541	59468	23175	7397	56702	76442	94339	20126	12572	9311	4193
2085	9741	942	758	45762	26714	6932	19418	8381	17963	15907	23648	3663	1149	1395
5638	9466	652	6999	360253	51167	153980	8717	18969	332567	177946	72362	98842	7481	3622
220	8869	974	3465	76366	37261	21414	159	35542	40665	57486	13814	3671	1159	236
	2660	120		12586	10915	1671	1254	3833	7499	9115	3471			
3988	5903	1055		21911	6622	6485	1219	7212	13480	10985	7062	683	3159	22
2552	10070	2707	2652	79540	20245	23844	10459	19150	49931	39333	21160	13160	4889	998
352	4409	2766	110	31326	15487	8987	4209	7520	19597	15972	7606	4899	2447	402
104	1557	1291	1327	26236	14139	10132	1706	11151	13379	12479	10213	3404	140	
			81	975	198	451	777		198	584	391			
702	2167	500	1278	28244	17777	4223	17	2592	25635	13044	11133	1919	280	1868
	14550	2001	418	13110	8821	2705	3342	4979	4789	5583	2703	201	4257	366
	803	1065		2781	2701	80			2781	2781				
		3374	64	22445	6341	16104	1253	8095	13097	13420	3105	5920		
881	1947	64	616	13134	6321	1421		5003	8131	9437	1846	94	167	1590

高等教育非学历

Number of Students in Non-formal

	毕(结)业生数 Graduates												
	自考助学班 Classes run by Non-government HEIs for Students Preparing for Self-directed State-administered Examinations	普通预科生 College-preparatory Classes	研究生课程进修班 Postgraduate Courses	进修及培训 In-service Training									
				总计 Total	其中:资格证书培训 of Which: For Certificates of Vocational Qualifications	岗位证书培训 For Certificates of Job-related qualifications	其中:第一产业类培训 of Which: Training for First Industry	第二产业类培训 Training for Second Industry	第三产业类培训 Training for Third Industry	一个月以内 a week to 1 months under	一个月至三个月以内 1 months to half year under	三个月至半年以内 2 months to half year under	半年至一年以内 half year to one year under
合　计 Total	**996**			**1576431**	**565078**	**426541**	**148072**	**132811**	**1295548**	**1063028**	**200614**	**116447**	**160284**
北　京 Beijing				180449	31278	38391	191	10382	169876	132252	28373	14640	4679
天　津 Tianjin	841			51826	19564	19069	21100	5739	24987	40495	6331	3011	834
河　北 Hebei				22421	19592	2829			22421	4668	220	17533	
山　西 Shanxi				19557	16018	3360		16946	2611	18629	928		
内蒙古 Inner Mongolia				5327	5327				5327	5327			
辽　宁 Liaoning				65665	25373	31078		1199	64466	41605	23354	660	46
吉　林 Jilin				28520	2273	26247		25627	2893	26317	1717	310	176
黑龙江 Heilongjiang				38427	4846	13458	20586	5637	12204	28779	2215	1826	1091
上　海 Shanghai				70776	17226	13487		5094	65682	38243	18155	8231	1842
江　苏 Jiangsu				113971	34339	22681	48432	24241	41298	81320	16674	10011	3289
浙　江 Zhejiang				36274	2842	10550	5205	4144	26925	31702	2237	1727	533
安　徽 Anhui				147893	5842	1223	200	272	147421	8305	2332	387	136743
福　建 Fujian	71			48054	2191	5434	14234		33820	18492	27441	656	1101
江　西 Jiangxi	81			4012	253	3239	179		3833	845	2247	82	838
山　东 Shandong				13967	1213	8800			13967	7636	1008	5323	
河　南 henan				271621	235518	33523	1066		270555	245555	26066		
湖　北 Hubei				2796	255	2541	2302	48	446	2302	16	298	180
湖　南 Hunan				53519	39399	13158	257	5022	48240	48789	196	4093	441
广　东 Guangdong				4326	1811	2515			4326	2261	1092	853	120
广　西 Guangxi				25938	4222	2523		309	25629	23175	2431	332	
海　南 Hainan				178	94				178	84	94		
重　庆 Chongqing				33315	20907	2497	77	1435	31803	27520	3387	1402	1006
四　川 Sichuan				53150	2203	39315	6051	7051	40048	18408	6580	28080	82
贵　州 guizhou				24845		24845			24845	7690			
云　南 Yunnan				8970	870	8006	8970				8970		
西　藏 Tibet													
陕　西 Shaanxi	3			50115	24749	14236	7012	10800	32303	24678	8095	14628	1021
甘　肃 Gansu				168512	38383	63352			168512	153428	8193	2146	2844
青　海 Qinghai													
宁　夏 Ningxia				912		912		912		912			
新　疆 Xinjiang				31095	8490	19272	12210	7953	10932	23611	2262	218	3418

教育学生情况(成人高校)

Education of Adults HEIs

单位：人
unit：person

一年及以上 one year and over	自考助学班 Classes run by Non-government HEIs for Students Preparing for Self-directed State-administered Examinations	普通预科生 College-preparatory Classes	研究生课程进修班 Postgraduate Courses	注册学生数 Enrolment 进修及培训 In-service Training 总计 Total	其中：资格证书培训 of Which：For Certificates of Vocational Qualifications	岗位证书培训 For Certificates of Job-related Qualifications	其中：第一产业类培训 of Which：Training for first industry	第二产业类培训 Training for Second Industry	第三产业类培训 Training for Third Industry	一个月以内 a months under	一个月至三个月以内 one months to three months under	三个月至半年以内 three months to half year under	半年至一年以内 half year to one year under	一年及以上 one year and over
36058	**6093**			**497698**	**70172**	**127109**	**49129**	**17595**	**430974**	**192946**	**71376**	**58010**	**136747**	**38619**
505				127742	12080	25450	191		127551	95880	13446	6815	11087	514
1155	37			22958	7456	10590	17507		5451	21187	310	330	630	501
				3647	1536	97		1201	2446	938	500	1201		1008
				373		373			373		373			
4516				6077	205	1106	2463	1245	2369	2361	840	635	61	2180
4305				71165	13924	34738		6336	64829	17355	15474	9919	1551	26866
2677				11176	5194	4025	2012	5377	3787	4446	235	976	2007	3512
75	236			5633	1307	724	1219	814	3600	3802	1111	610	69	41
126				119332		224			119332		445		115586	3301
364	20			37565	131	1279	15565		22000	8951	27480		770	364
	1711													
				5095	622	407		310	4785	4566	83		446	
	96													
				970	718		382	240	348		665			305
				794	530	264			794		794			
				511	202	309		309	202	323	188			
	3993													
				32754	18708	4114	657	549	31548	27561	2069	2107	1017	
				37657	450	36947	120	180	37357	730	1510	35417		
17155				2655		2655			2655	2655				
				4867	2108	2081	4867				4867			
1693				3340	1614	1726	759	1034	1547	2191	986		136	27
1901														
1586				3387	3387		3387						3387	

高等教育非学历

Number of Students in Non-formal

	毕(结)业生数 Graduates												
	自考助学班 Classes run by Non-government HEIs for Students Preparing for Self-directed State-administered Examinations	普通预科生 College-preparatory Classes	研究生课程进修班 Postgraduate Courses	进修及培训 In-service Training									
				总计 Total	其中:资格证书培训 of Which: For Certificates of Vocational Qualifications	岗位证书培训 For Certificates of Job-related qualifications	其中:第一产业类培训 of Which: Training for First Industry	第二产业类培训 Training for Second Industry	第三产业类培训 Training for Third Industry	一个月以内 a week to 1 months under	一个月至三个月以内 1 months to half year under	三个月至半年以内 2 months to half year under	半年至一年以内 half year to one year under
合　计 Total			**481**										
北　京 Beijing			469										
天　津 Tianjin													
河　北 Hebei													
山　西 Shanxi													
内蒙古 Inner Mongolia													
辽　宁 Liaoning													
吉　林 Jilin													
黑龙江 Heilongjiang													
上　海 Shanghai													
江　苏 Jiangsu													
浙　江 Zhejiang													
安　徽 Anhui													
福　建 Fujian													
江　西 Jiangxi													
山　东 Shandong													
河　南 henan													
湖　北 Hubei													
湖　南 Hunan													
广　东 Guangdong													
广　西 Guangxi													
海　南 Hainan													
重　庆 Chongqing													
四　川 Sichuan			12										
贵　州 guizhou													
云　南 Yunnan													
西　藏 Tibet													
陕　西 Shaanxi													
甘　肃 Gansu													
青　海 Qinghai													
宁　夏 Ningxia													
新　疆 Xinjiang													

教育学生情况(科研机构)
Education of Research Institutes

单位：人
unit：person

一年及以上 one year and over	自考助学班 Classes run by Non-government HEIs for Students Preparing for Self-directed State-administered Examinations	普通预科生 College-preparatory Classes	研究生课程进修班 Postgraduate Courses	注册学生数 Enrolment 进修及培训 In-service Training 总计 Total	其中：资格证书培训 of Which：For Certificates of Vocational Qualifications	岗位证书培训 For Certificates of Job-related Qualifications	其中：第一产业类培训 of Which：Training for first industry	第二产业类培训 Training for Second Industry	第三产业类培训 Training for Third Industry	一个月以内 a months under	一个月至三个月以内 one months to three months under	三个月至半年以内 three months to half year under	半年至一年以内 half year to one year under	一年及以上 one year and over
			620											
			608											
			12											

高等教育非学历

Number of Students in Non-formal Educatio

	毕(结)业生数 Graduates												
				进修及培训 In-service Training									
	自考助学班 Classes run by Non-government HEIs for Students Preparing for Self-directed State-administered Examinations	普通预科生 College-preparatory Classes	研究生课程进修班 Postgraduate Courses	总计 Total	其中:资格证书培训 of Which: For Certificates of Vocational Qualifications	岗位证书培训 For Certificates of Job-related qualific ations	其中:第一产业类培训 of Which: Training for First Industry	第二产业类培训 Training for Second Industry	第三产业类培训 Training for Third Industry	一个月以内 a week to 1 months under	一个月至三个月以内 1 months to half year under	三个月至半年以内 2 months to half year under	半年至一年以内 ha year to on year unde
合　计 Total	**118407**			**723043**	**155616**	**156674**	**58981**	**101316**	**562746**	**251135**	**87650**	**198599**	**7513**
北　京 Beijing	28551			76723	12405	12388	34641	4079	38003	51951	4551	5901	1832
天　津 Tianjin													
河　北 Hebei	4237			6429	1458	1819	1942	1265	3222	1019	618	1330	2239
山　西 Shanxi	2379			2248	1001	24	60	73	2115	932	286	219	127
内蒙古 Inner Mongolia													
辽　宁 Liaoning	11506												
吉　林 Jilin	15			80			40	20	20		30	20	20
黑龙江 Heilongjiang	1467			279		123		87	192			123	
上　海 Shanghai	6278			459549	88248	92408	5175	53094	401280	138352	53605	157348	4032
江　苏 Jiangsu													
浙　江 Zhejiang	10047			21609	8973	9718	579	1981	19049	2192	7369	4770	6865
安　徽 Anhui	5965			8551	5539	2212	1046	1600	5905	448	650	1095	1599
福　建 Fujian													
江　西 Jiangxi	3106			4390	1108	90	100	100	4190		98	1008	390
山　东 Shandong	6965			76671	17614	27490	2751	31640	42280	24127	15136	17655	1553
河　南 henan	14429			10906	346	230	2281	128	8497	5551	1167	724	341
湖　北 Hubei	7718			9028	6561	2467	3335	3644	2049	4464	1607	2220	
湖　南 Hunan	9025			227			227						
广　东 Guangdong	2713			30846	9894	3214	3965	1555	25326	20083	1023	3449	1256
广　西 Guangxi													
海　南 Hainan													
重　庆 Chongqing	2059			3951	1638	807	921	1376	1654			1315	2636
四　川 Sichuan	9			4576	93	3334	715		3861	984	982	78	181
贵　州 guizhou													
云　南 Yunnan													
西　藏 Tibet													
陕　西 Shaanxi	1767			1131				372	759	681	88	210	10
甘　肃 Gansu	171			5849	738	350	1203	302	4344	351	440	1134	1780
青　海 Qinghai													
宁　夏 Ningxia													
新　疆 Xinjiang													

教育学生情况（民办的其他高等教育机构）

f Other Non-government HEIs

单位：人

unit: person

一年及以上 one year and over	自考助学班 Classes run by Non-government HEIs for Students Preparing for Self-directed State-administered Examinations	普通预科生 College-preparatory Classes	研究生课程进修班 Postgraduate Courses	进修及培训 In-service Training 总计 Total	其中:资格证书培训 of Which: For Certificates of Vocational Qualifications	岗位证书培训 For Certificates of Job-related Qualifications	其中:第一产业类培训 of Which: Training for first industry	第二产业类培训 Training for Second Industry	第三产业类培训 Training for Third Industry	一个月以内 a months under	一个月至三个月以内 one months to three months under	三个月至半年以内 three months to half year under	半年至一年以内 half year to one year under	一年及以上 one year and over
10524	**225555**			**655844**	**130290**	**128298**	**34920**	**70758**	**550166**	**180712**	**66465**	**183383**	**64224**	**161060**
12488	56060			60379	7631	5869	14273	3143	42963	26594	1043	2376	2480	27886
1223	7465			5780	1089	1462	2136	1235	2409	479	1022	1013	1812	1454
684	3649			3545	1885	17	403	60	3082	946	191	914	163	1331
	24329													
10	211			100			45	35	20		45	35	20	
156	4870			120					120					120
69917	12987			473784	89575	93483	2879	53919	416986	130147	50259	163640	39913	89825
413	19204			20400	8580	10015	690	2171	17539	2306	5018	4992	7597	487
4759	4786			8618	5702	2916	893	1860	5865	341	297	852	1960	5168
2894	4254			6168	1092	90	156	120	5892		116	615	581	4856
4221	14417			16855	5179	3223	1809	3220	11826	3317	2422	3015	3132	4969
3123	22315			14517	312		3408	142	10967	5669	2555	488	356	5449
737	21986			9217	5135	2082	3239	3290	2688	6027	1607	1133		450
227	14968			409			409							409
5035	5225			12620	2242	256	483	23	12114	3569	538	2028	885	5600
	4614			3484	1775	925	939	1292	1253			1715	1769	
2351	1180			11667	93	7960	2543		9124	984	982	176	1137	8388
142	2260			1657				248	1409			325	10	1322
2144	775			6524			615		5909	333	370	66	2409	3346

	毕(结)业生数 Graduates	授予学位数 Degrees Awarded	招生数 Entrants	
			计 Total	其中:春季招生 of Which:Spring term
合　计 Total	**73693**	**15197**	**94692**	**26149**
北　京 Beijing	23451	3539	29162	7837
天　津 Tianjin	3241	536	2707	926
河　北 Hebei	657	380	776	294
山　西 Shanxi	31	1	61	28
内蒙古 Inner Mongolia	146	108	657	51
辽　宁 Liaoning	2386	886	3886	1010
吉　林 Jilin	1594	439	2339	730
黑龙江 Heilongjiang	2375	452	2961	740
上　海 Shanghai	8089	1912	10903	2527
江　苏 Jiangsu	4861	1072	6700	2075
浙　江 Zhejiang	4445	268	5771	2051
安　徽 Anhui	376	59	490	106
福　建 Fujian	1858	548	2387	438
江　西 Jiangxi	362	79	462	85
山　东 Shandong	3756	515	4569	1714
河　南 henan	797	259	664	446
湖　北 Hubei	2259	906	3327	648
湖　南 Hunan	900	151	1483	337
广　东 Guangdong	2627	828	3571	762
广　西 Guangxi	1715	557	1950	624
海　南 Hainan	307	14	529	56
重　庆 Chongqing	1654	393	1722	438
四　川 Sichuan	1195	402	1194	295
贵　州 guizhou	38	4	224	58
云　南 Yunnan	1716	446	1884	608
西　藏 Tibet	5			
陕　西 Shaanxi	1433	249	1784	719
甘　肃 Gansu	168	33	437	82
青　海 Qinghai	105		125	42
宁　夏 Ningxia	133	3	353	135
新　疆 Xinjiang	1013	158	1614	287

学生情况
Foreign Students

单位：人

unit：person

在校生数 Enrolment					
计 Total	第一年 1st year	第二年 2nd year	第三年 3rd year	第四年 4th year	第五年及以上 5th year
147549	**79127**	**26758**	**18609**	**12904**	**10151**
39182	25023	5801	4181	2810	1367
5417	2476	1166	785	597	393
1716	561	472	274	217	192
130	77	49	4		
1585	657	281	254	230	163
6524	2912	1409	1095	660	448
4331	1810	919	739	433	430
3765	1757	717	689	417	185
18531	10164	3214	2341	1597	1215
11254	6003	1968	1174	831	1278
7930	4939	1280	656	524	531
841	481	193	31	128	8
2258	1329	385	201	156	187
1552	557	202	134	207	452
5367	3212	870	583	402	300
1676	812	231	193	185	255
7129	2713	1683	1309	949	475
2072	969	521	296	139	147
5966	2566	1295	910	562	633
3682	1699	780	607	452	144
498	321	47	31	1	98
2364	1233	503	240	150	238
2449	955	618	351	194	331
342	223	78	17	24	
3533	1811	644	491	454	133
31	23	8			
3643	1764	734	556	299	290
810	358	188	136	128	
248	126	61	34	13	14
418	218	96	22	5	77
2305	1378	345	275	140	167

高等教育学校(机构)

Number of Educational Personnel

	教职 Educational					
	计 Total	校本部 Educational Personnel				
		计 Total	专任教师 Full-time Teachers			
			小计 Subtotal	正高级 Senior	副高级 Sub-senior	中级 Middle
合 计 Total	**2273851**	**2144561**	**1433579**	**161472**	**406760**	**566836**
北 京 Beijing	134992	116413	61099	12431	20640	22994
天 津 Tianjin	47979	46293	30030	4322	9925	11139
河 北 Hebei	98369	94617	63922	8012	17773	24678
山 西 Shanxi	60920	58076	39375	2841	10335	14184
内蒙古 Inner Mongolia	37921	36861	24415	2216	7449	8755
辽 宁 Liaoning	99293	94827	61334	7931	19424	24165
吉 林 Jilin	64032	60253	37228	5232	11548	13563
黑龙江 Heilongjiang	79600	76148	46885	6742	14170	18273
上 海 Shanghai	76014	68468	40661	6489	12333	17019
江 苏 Jiangsu	163833	153408	105590	11499	31228	45655
浙 江 Zhejiang	83000	77996	53321	6812	15936	23563
安 徽 Anhui	74529	71803	51925	3822	13493	19995
福 建 Fujian	62132	59228	40359	4200	10817	15021
江 西 Jiangxi	72919	70544	51466	5020	13904	19426
山 东 Shandong	146649	140559	97352	9880	26781	39631
河 南 henan	121373	116490	84888	6575	21980	33614
湖 北 Hubei	129175	120658	80155	9410	23413	29483
湖 南 Hunan	97261	91327	62198	6530	17964	25001
广 东 Guangdong	130057	123924	85751	9849	22180	34399
广 西 Guangxi	54797	48552	34478	3143	8901	13306
海 南 Hainan	13049	12717	8094	786	1873	2678
重 庆 Chongqing	51892	49697	34127	3564	9639	14047
四 川 Sichuan	107013	100789	69679	6778	18035	28604
贵 州 guizhou	31656	31215	22169	2038	6544	8863
云 南 Yunnan	45086	43760	30447	3068	8194	11865
西 藏 Tibet	3460	3428	2288	114	575	966
陕 西 Shaanxi	102748	96875	61347	7230	16298	24814
甘 肃 Gansu	34479	31940	22461	2227	6433	8859
青 海 Qinghai	6941	6221	3897	650	1348	1157
宁 夏 Ningxia	9747	9277	6222	861	1777	2162
新 疆 Xinjiang	32935	32197	20416	1200	5850	8957

注:不含民办的其他高等教育机构数据。

Note:Date of Non-government HEIs is not Included.

教职工情况（总计）

in HEIs（Regional Aggregates）

单位：人

unit：person

工　　数

Personnel

教职工 in Main Campus					科研机构人员 Personnel in Affiliated Research Org.	校办企业职工 Employees in School-run Factories & Farms	其他附设机构人员 Personnel in Others Subsidiary Units
初级 Junior	未定职级 No-Ranking	行政人员 Adm. Personnel	教辅人员 Supporting Staff	工勤人员 Workers			
226838	**71673**	**316572**	**213305**	**181105**	**31146**	**34514**	**63630**
3235	1799	22284	17244	15786	7204	1824	9551
3659	985	7520	4806	3937	751	606	329
9797	3662	13939	8092	8664	321	1243	2188
8967	3048	7928	5811	4962	728	669	1447
4325	1670	5725	3997	2724	88	278	694
8179	1635	14859	9764	8870	955	1431	2080
6029	856	8779	6790	7456	861	1219	1699
6261	1439	11730	8092	9441	1308	794	1350
3582	1238	12039	8766	7002	2188	2925	2433
14328	2880	22461	14455	10902	2564	2194	5667
4743	2267	13085	7620	3970	1605	984	2415
11526	3089	8207	6477	5194	635	487	1604
8296	2025	9273	5916	3680	711	1508	685
10637	2479	8913	5610	4555	573	563	1239
17716	3344	19443	13004	10760	1348	3159	1583
18573	4146	12878	9161	9563	475	1142	3266
13731	4118	18194	12320	9989	1998	3149	3370
9353	3350	13668	9032	6429	707	1601	3626
10969	8354	19123	12417	6633	1219	1691	3223
5641	3487	6472	4103	3499	115	674	5456
1946	811	1982	1395	1246	102	34	196
5054	1823	7756	4167	3647	376	627	1192
12488	3774	13160	9012	8938	878	2081	3265
3383	1341	4596	2715	1735	197	199	45
5128	2192	5790	3846	3677	388	491	447
369	264	528	304	308	13	0	19
10664	2341	14934	10722	9872	1671	1919	2283
3586	1356	4102	2789	2588	589	543	1407
569	173	802	871	651	376	317	27
994	428	1485	876	694	127	0	343
3110	1299	4917	3131	3733	75	162	501

高等教育学校(机构)

Number of Female Educational Personnel

	计 Total	计 Total	专任教师 Full-time Teachers 小计 Subtotal	正高级 Senior	副高级 Sub-senior	中级 Middle
	教职 Educational	校本部 Educational				
合　计 Total	**1041755**	**987231**	**674316**	**44686**	**176410**	**290470**
北　京 Beijing	66990	57525	28845	3226	10007	12804
天　津 Tianjin	22656	22124	15028	1354	4766	6206
河　北 Hebei	49528	47958	34973	3316	9367	14175
山　西 Shanxi	30052	29001	21041	1052	5173	7695
内蒙古 Inner Mongolia	18996	18576	13341	893	3942	4982
辽　宁 Liaoning	47759	46167	32266	2840	9943	13992
吉　林 Jilin	29907	28573	19451	1906	6031	7659
黑龙江 Heilongjiang	37599	36044	24287	2627	7023	10114
上　海 Shanghai	33871	31498	18734	1155	5328	9514
江　苏 Jiangsu	72775	68526	47354	2346	12420	23070
浙　江 Zhejiang	37387	35662	23672	1531	6273	12261
安　徽 Anhui	30426	29379	21328	708	4470	8673
福　建 Fujian	28470	27404	18782	996	4384	7651
江　西 Jiangxi	30181	29209	21401	1394	5092	8379
山　东 Shandong	67055	64814	46807	2853	11563	20669
河　南 henan	54360	51911	39310	2054	9217	15752
湖　北 Hubei	56396	52949	34773	2068	9052	14090
湖　南 Hunan	43941	41637	28026	1506	7287	12275
广　东 Guangdong	60554	57384	38930	2325	9206	17529
广　西 Guangxi	26641	22625	16005	880	3717	6577
海　南 Hainan	6272	6087	3903	228	698	1363
重　庆 Chongqing	22543	21868	15201	762	3577	7043
四　川 Sichuan	47788	45355	31660	1644	7206	14046
贵　州 guizhou	15175	15028	10857	709	3276	4580
云　南 Yunnan	21921	21282	15176	949	3827	6326
西　藏 Tibet	1530	1510	1086	25	252	486
陕　西 Shaanxi	43576	41426	26777	1694	6440	11945
甘　肃 Gansu	14145	13204	9660	539	2417	4033
青　海 Qinghai	2918	2647	1966	268	699	609
宁　夏 Ningxia	4658	4512	3191	339	899	1172
新　疆 Xinjiang	15685	15346	10485	499	2858	4800

注:不含民办的其他高等教育机构数据。

Note: Date of Non-government HEIs is not Included.

女教职工情况(总计)

in HEIs(Regional Aggregates)

单位：人
unit:person

工数(人) Personnel							
教职工 Personnel in Main Campus					科研机构人员 Personnel in Affiliated Research Org.	校办企业职工 Employees in School-run Factories & Farms	其他附设机构人员 Personnel in Others Subsidiary Units
初 级 Junior	未定职级 No-Ranking	行政人员 Adm. Personnel	教辅人员 Supporting Staff	工勤人员 Workers			
124566	**38184**	**142338**	**114329**	**56248**	**11317**	**10215**	**32992**
1848	960	12339	10585	5756	3097	486	5882
2129	573	3654	2438	1004	247	115	170
5767	2348	5736	4507	2742	122	376	1072
5195	1926	3332	3347	1281	272	244	535
2600	924	2383	2133	719	35	93	292
4562	929	6658	5225	2018	331	334	927
3355	500	3524	3692	1906	369	402	563
3702	821	4909	4304	2544	555	265	735
2107	630	6407	4452	1905	764	803	806
7991	1527	10147	7478	3547	730	569	2950
2508	1099	6630	4155	1205	488	238	999
5949	1528	3236	3275	1540	174	104	769
4579	1172	4333	3097	1192	219	469	378
5461	1075	3619	2654	1535	167	237	568
9895	1827	7297	7198	3512	582	791	868
10110	2177	5254	4731	2616	145	310	1994
7413	2150	8133	6627	3416	606	1245	1596
5219	1739	6464	5046	2101	266	432	1606
5667	4203	9340	6583	2531	488	575	2107
2961	1870	3057	2171	1392	42	265	3709
1107	507	864	769	551	44	6	135
2883	936	3505	2208	954	109	125	441
6906	1858	6220	4418	3057	299	724	1410
1670	622	2150	1571	450	70	49	28
2848	1226	2586	2077	1443	173	132	334
183	140	206	153	65	6		14
5522	1176	5945	5517	3187	541	538	1071
1936	735	1462	1327	755	158	122	661
302	88	214	323	144	136	122	13
551	230	616	518	187	46		100
1640	688	2118	1750	993	36	44	259

	教职 Educational					
	计 Total	校本部 Educational Personnel				
		计 Total	专任教师 Full-time Teachers			
			小计 Subtotal	正高级 Senior	副高级 Sub-senior	中级 Middle
合　计 Total	**2204819**	**2077080**	**1392676**	**159691**	**394689**	**549921**
北　京 Beijing	131583	113055	59592	12340	20173	22213
天　津 Tianjin	45894	44208	28919	4275	9446	10704
河　北 Hebei	96315	92578	62751	7938	17458	24254
山　西 Shanxi	57849	55089	37527	2781	9680	13482
内蒙古 Inner Mongolia	37381	36321	24160	2210	7339	8654
辽　宁 Liaoning	94834	90411	58742	7815	18432	23282
吉　林 Jilin	61429	57710	35647	5123	10975	12991
黑龙江 Heilongjiang	76205	72784	44821	6611	13291	17551
上　海 Shanghai	74065	66565	39626	6461	12113	16422
江　苏 Jiangsu	161062	150722	103939	11347	30741	44919
浙　江 Zhejiang	81384	76394	52296	6783	15631	23028
安　徽 Anhui	73176	70487	51185	3811	13292	19681
福　建 Fujian	61042	58175	39747	4186	10608	14799
江　西 Jiangxi	70472	68118	49970	4862	13475	19008
山　东 Shandong	142698	136659	94621	9720	25981	38594
河　南 henan	117117	112257	82037	6478	21300	32540
湖　北 Hubei	127363	118868	78952	9378	23013	29013
湖　南 Hunan	95652	89744	61156	6508	17633	24519
广　东 Guangdong	125388	119351	82916	9798	21610	33193
广　西 Guangxi	52830	47063	33459	3069	8630	12859
海　南 Hainan	12913	12581	8027	782	1862	2649
重　庆 Chongqing	50119	47977	33110	3506	9393	13517
四　川 Sichuan	103433	97214	67448	6711	17433	27660
贵　州 guizhou	31121	30682	21855	2022	6465	8731
云　南 Yunnan	43195	41891	29501	3057	7991	11438
西　藏 Tibet	3460	3428	2288	114	575	966
陕　西 Shaanxi	99010	93213	59171	7129	15775	23826
甘　肃 Gansu	33886	31355	22066	2221	6308	8656
青　海 Qinghai	6677	5957	3735	647	1310	1076
宁　夏 Ningxia	9637	9167	6156	856	1743	2138
新　疆 Xinjiang	27629	27056	17256	1152	5013	7558

教职工情况(普通高校)
in Regular HEIs

单位:人
unit:person

工数(人) Personnel							
教职工 in Main Campus					科研机构人员 Personnel in Affiliated Research Org.	校办企业职工 Employees in School-run Factories & Farms	其他附设机构人员 Personnel in Others Subsidiary Units
		行政人员 Adm. Personnel	教辅人员 Supporting Staff	工勤人员 Workers			
初　级 Junior	未定职级 No-Ranking						
218431	**69944**	**304026**	**205157**	**175221**	**30849**	**34193**	**62697**
3109	1757	21362	16582	15519	7191	1818	9519
3518	976	7042	4510	3737	751	606	329
9529	3572	13558	7828	8441	306	1243	2188
8578	3006	7395	5468	4699	725	640	1395
4287	1670	5616	3885	2660	88	278	694
7645	1568	14109	9123	8437	955	1426	2042
5733	825	8357	6484	7222	836	1219	1664
6008	1360	11149	7744	9070	1308	763	1350
3410	1220	11685	8442	6812	2188	2900	2412
14097	2835	21967	14084	10732	2482	2194	5664
4638	2216	12776	7430	3892	1603	984	2403
11347	3054	7941	6294	5067	635	487	1567
8161	1993	8969	5834	3625	674	1508	685
10228	2397	8517	5409	4222	556	559	1239
17033	3293	18862	12683	10493	1338	3129	1572
17620	4099	12173	8738	9309	475	1119	3266
13475	4073	17870	12152	9894	1976	3149	3370
9185	3311	13372	8933	6283	700	1584	3624
10386	7929	18281	11902	6252	1196	1623	3218
5469	3432	6273	3958	3373	111	674	4982
1931	803	1934	1387	1233	102	34	196
4881	1813	7416	3911	3540	356	607	1179
11949	3695	12414	8776	8576	878	2081	3260
3308	1329	4509	2612	1706	195	199	45
4909	2106	5448	3430	3512	388	485	431
369	264	528	304	308	13		19
10161	2280	14256	10312	9474	1671	1896	2230
3529	1352	3983	2753	2553	589	537	1405
542	160	759	831	632	376	317	27
992	427	1456	870	685	127		343
2404	1129	4049	2488	3263	60	134	379

高等教育学校(机构)

Number of Female Educational

	教 职 Educational					
	计 Total	校本部 Educational Personnel				
		计 Total	专任教师 Full-time Teachers			
			小计 Subtotal	正高级 Senior	副高级 Sub-senior	中级 Middle
合　计 Total	**1008509**	**954675**	**652951**	**43972**	**170497**	**281381**
北　京 Beijing	65064	55634	27869	3191	9705	12277
天　津 Tianjin	21594	21062	14357	1335	4498	5929
河　北 Hebei	48476	46915	34250	3279	9182	13912
山　西 Shanxi	28538	27514	20052	1030	4845	7288
内蒙古 Inner Mongolia	18715	18295	13183	890	3870	4919
辽　宁 Liaoning	45509	43930	30751	2779	9380	13461
吉　林 Jilin	28544	27244	18537	1834	5718	7324
黑龙江 Heilongjiang	36047	34505	23228	2572	6590	9745
上　海 Shanghai	32913	30558	18177	1147	5238	9174
江　苏 Jiangsu	71436	67224	46532	2307	12182	22674
浙　江 Zhejiang	36650	34932	23170	1523	6140	11992
安　徽 Anhui	29854	28821	21001	706	4393	8542
福　建 Fujian	27948	26903	18470	992	4302	7512
江　西 Jiangxi	29186	28220	20748	1340	4904	8192
山　东 Shandong	65179	62968	45432	2781	11208	20121
河　南 henan	52219	49777	37726	2008	8874	15129
湖　北 Hubei	55546	52109	34179	2060	8874	13841
湖　南 Hunan	43272	40974	27550	1494	7147	12072
广　东 Guangdong	58228	55110	37459	2310	8927	16903
广　西 Guangxi	25692	21923	15506	856	3596	6353
海　南 Hainan	6208	6023	3867	227	691	1347
重　庆 Chongqing	21728	21069	14694	744	3480	6770
四　川 Sichuan	46202	43769	30616	1624	6925	13625
贵　州 guizhou	14895	14750	10690	698	3235	4510
云　南 Yunnan	21082	20449	14753	949	3751	6133
西　藏 Tibet	1530	1510	1086	25	252	486
陕　西 Shaanxi	41824	39692	25702	1656	6227	11430
甘　肃 Gansu	13893	12954	9478	538	2367	3936
青　海 Qinghai	2814	2543	1894	266	680	573
宁　夏 Ningxia	4611	4465	3163	336	885	1162
新　疆 Xinjiang	13112	12833	8831	475	2431	4049

女教职工情况(普通高校)

Personnel in Regular HEIs

单位：人
unit: person

工数 Personnel							
教职工 in Main Campus					科研机构人员 Personnel in Affiliated Research Org.	校办企业职工 Employees in School-run Factories & Farms	其他附设机构人员 Personnel in Others Subsidiary Units
		行政人员 Adm. Personnel	教辅人员 Supporting Staff	工勤人员 Workers			
初级 Junior	未定职级 No-ranking						
119885	**37216**	**136971**	**110180**	**54573**	**11172**	**10088**	**32574**
1762	934	11852	10212	5701	3090	482	5858
2028	567	3443	2296	966	247	115	170
5596	2281	5574	4391	2700	113	376	1072
4989	1900	3110	3167	1185	269	239	516
2580	924	2344	2067	701	35	93	292
4226	905	6333	4918	1928	331	333	915
3174	487	3351	3512	1844	351	402	547
3546	775	4683	4137	2457	555	252	735
2000	618	6220	4291	1870	764	790	801
7873	1496	9907	7287	3498	694	569	2949
2451	1064	6518	4069	1175	487	238	993
5849	1511	3130	3188	1502	174	104	755
4515	1149	4218	3045	1170	198	469	378
5266	1046	3472	2558	1442	163	235	568
9530	1792	7080	7044	3412	578	773	860
9574	2141	4991	4511	2549	145	303	1994
7274	2130	7994	6545	3391	596	1245	1596
5125	1712	6343	5012	2069	264	428	1606
5316	4003	8961	6314	2376	480	531	2107
2867	1834	2966	2098	1353	41	265	3463
1101	501	842	767	547	44	6	135
2770	930	3357	2076	942	99	125	435
6628	1814	5894	4301	2958	299	724	1410
1635	612	2115	1510	435	68	49	28
2740	1180	2446	1896	1354	173	131	329
183	140	206	153	65	6		14
5254	1135	5659	5280	3051	541	529	1062
1905	732	1425	1306	745	158	121	660
289	86	205	306	138	136	122	13
550	230	600	516	186	46		100
1289	587	1732	1407	863	27	39	213

高等教育学校（机构）

Number of Educational Personnel

	教　职 Educational					
	计 Total	校本部 Educational Personnel				
		计 Total	专任教师 Full-time Teachers			
			小计 Subtotal	正高级 Senior	副高级 Sub-senior	中级 Middle
合　计 Total	**69032**	**67481**	**40903**	**1781**	**12071**	**16915**
北　京 Beijing	3409	3358	1507	91	467	781
天　津 Tianjin	2085	2085	1111	47	479	435
河　北 Hebei	2054	2039	1171	74	315	424
山　西 Shanxi	3071	2987	1848	60	655	702
内蒙古 Inner Mongolia	540	540	255	6	110	101
辽　宁 Liaoning	4459	4416	2592	116	992	883
吉　林 Jilin	2603	2543	1581	109	573	572
黑龙江 Heilongjiang	3395	3364	2064	131	879	722
上　海 Shanghai	1949	1903	1035	28	220	597
江　苏 Jiangsu	2771	2686	1651	152	487	736
浙　江 Zhejiang	1616	1602	1025	29	305	535
安　徽 Anhui	1353	1316	740	11	201	314
福　建 Fujian	1090	1053	612	14	209	222
江　西 Jiangxi	2447	2426	1496	158	429	418
山　东 Shandong	3951	3900	2731	160	800	1037
河　南 henan	4256	4233	2851	97	680	1074
湖　北 Hubei	1812	1790	1203	32	400	470
湖　南 Hunan	1609	1583	1042	22	331	482
广　东 Guangdong	4669	4573	2835	51	570	1206
广　西 Guangxi	1967	1489	1019	74	271	447
海　南 Hainan	136	136	67	4	11	29
重　庆 Chongqing	1773	1720	1017	58	246	530
四　川 Sichuan	3580	3575	2231	67	602	944
贵　州 guizhou	535	533	314	16	79	132
云　南 Yunnan	1891	1869	946	11	203	427
西　藏 Tibet						
陕　西 Shaanxi	3738	3662	2176	101	523	988
甘　肃 Gansu	593	585	395	6	125	203
青　海 Qinghai	264	264	162	3	38	81
宁　夏 Ningxia	110	110	66	5	34	24
新　疆 Xinjiang	5306	5141	3160	48	837	1399

教职工情况(成人高校)

in Adults HELs

单位:人

unit: person

工数 Personnel							
教职工 in Main Campus					科研机构人员 Personnel in Affiliated Research Org.	校办企业职工 Employees in School-run Factories & Farms	其他附设机构人员 Personnel in Others Subsidiary Units
初级 Junior	未定职级 No-ranking	行政人员 Adm. Personnel	教辅人员 Supporting Staff	工勤人员 Workers			
8407	**1729**	**12546**	**8148**	**5884**	**297**	**321**	**933**
126	42	922	662	267	13	6	32
141	9	478	296	200			
268	90	381	264	223	15		
389	42	533	343	263	3	29	52
38		109	112	64			
534	67	750	641	433		5	38
296	31	422	306	234	25		35
253	79	581	348	371		31	
172	18	354	324	190		25	21
231	45	494	371	170	82		3
105	51	309	190	78	2		12
179	35	266	183	127			37
135	32	304	82	55	37		
409	82	396	201	333	17	4	
683	51	581	321	267	10	30	11
953	47	705	423	254		23	
256	45	324	168	95	22		
168	39	296	99	146	7	17	2
583	425	842	515	381	23	68	5
172	55	199	145	126	4	0	474
15	8	48	8	13			
173	10	340	256	107	20	20	13
539	79	746	236	362			5
75	12	87	103	29	2		
219	86	342	416	165		6	16
503	61	678	410	398		23	53
57	4	119	36	35		6	2
27	13	43	40	19			
2	1	29	6	9			
706	170	868	643	470	15	28	122

高等教育学校(机构)

Number of Female Educational

	计 Total	校本部 Educational Personnel				
		计 Total	专任教师 Full-time Teachers			
			小计 Subtotal	正高级 Senior	副高级 Sub-senior	中级 Middle
合　计 Total	**33246**	**32556**	**21365**	**714**	**5913**	**9089**
北　京 Beijing	1926	1891	976	35	302	527
天　津 Tianjin	1062	1062	671	19	268	277
河　北 Hebei	1052	1043	723	37	185	263
山　西 Shanxi	1514	1487	989	22	328	407
内蒙古 Inner Mongolia	281	281	158	3	72	63
辽　宁 Liaoning	2250	2237	1515	61	563	531
吉　林 Jilin	1363	1329	914	72	313	335
黑龙江 Heilongjiang	1552	1539	1059	55	433	369
上　海 Shanghai	958	940	557	8	90	340
江　苏 Jiangsu	1339	1302	822	39	238	396
浙　江 Zhejiang	737	730	502	8	133	269
安　徽 Anhui	572	558	327	2	77	131
福　建 Fujian	522	501	312	4	82	139
江　西 Jiangxi	995	989	653	54	188	187
山　东 Shandong	1876	1846	1375	72	355	548
河　南 henan	2141	2134	1584	46	343	623
湖　北 Hubei	850	840	594	8	178	249
湖　南 Hunan	669	663	476	12	140	203
广　东 Guangdong	2326	2274	1471	15	279	626
广　西 Guangxi	949	702	499	24	121	224
海　南 Hainan	64	64	36	1	7	16
重　庆 Chongqing	815	799	507	18	97	273
四　川 Sichuan	1586	1586	1044	20	281	421
贵　州 guizhou	280	278	167	11	41	70
云　南 Yunnan	839	833	423		76	193
西　藏 Tibet						
陕　西 Shaanxi	1752	1734	1075	38	213	515
甘　肃 Gansu	252	250	182	1	50	97
青　海 Qinghai	104	104	72	2	19	36
宁　夏 Ningxia	47	47	28	3	14	10
新　疆 Xinjiang	2573	2513	1654	24	427	751

女教职工情况（成人高校）

'ersonnel in Adults HEIs

单位：人

unit：person

工　数 Personnel							
教职工 in Main Campus					科研机构人员 Personnel in Affiliated Research Org.	校办企业职工 Employees in School-run Factories & Farms	其他附设机构人员 Personnel in Others Subsidiary Units
		行政人员 Adm. Personnel	教辅人员 Supporting Staff	工勤人员 Workers			
初　级 Junior	未定职级 No-ranking						
4681	**968**	**5367**	**4149**	**1675**	**145**	**127**	**418**
86	26	487	373	55	7	4	24
101	6	211	142	38			
171	67	162	116	42	9		
206	26	222	180	96	3	5	19
20	0	39	66	18			
336	24	325	307	90		1	12
181	13	173	180	62	18		16
156	46	226	167	87		13	
107	12	187	161	35		13	5
118	31	240	191	49	36		1
57	35	112	86	30	1		6
100	17	106	87	38			14
64	23	115	52	22	21		
195	29	147	96	93	4	2	
365	35	217	154	100	4	18	8
536	36	263	220	67	0	7	
139	20	139	82	25	10		
94	27	121	34	32	2	4	
351	200	379	269	155	8	44	
94	36	91	73	39	1		246
6	6	22	2	4			
113	6	148	132	12	10		6
278	44	326	117	99			
35	10	35	61	15	2		
108	46	140	181	89		1	5
268	41	286	237	136		9	9
31	3	37	21	10		1	1
13	2	9	17	6			
1		16	2	1			
351	101	386	343	130	9	5	46

高等教育学校(机构)教职工

Number of Educational Personne

	教职 Educational					
	计 Total	校本部 Educational Personnel				
		计 Total	专任教师 Full-time Teachers			
			小计 Subtotal	正高级 Senior	副高级 Sub-senior	中级 Middle
合 计 Total	**34780**	**34100**	**16107**	**1610**	**3513**	**5713**
北 京 Beijing	7062	6965	2783	408	677	973
天 津 Tianjin						
河 北 Hebei	1013	1007	563	89	168	167
山 西 Shanxi	2072	1887	1155	162	284	421
内蒙古 Inner Mongolia						
辽 宁 Liaoning	1562	1562	934	53	233	533
吉 林 Jilin	110	110	63	18	24	11
黑龙江 Heilongjiang	698	698	406	26	80	165
上 海 Shanghai	5182	5182	1506	170	301	459
江 苏 Jiangsu						
浙 江 Zhejiang	2726	2722	986	30	123	373
安 徽 Anhui	1154	1129	767	8	36	130
福 建 Fujian						
江 西 Jiangxi	653	597	295	35	69	135
山 东 Shandong	5232	5133	3167	249	617	1176
河 南 henan	1920	1836	1000	136	296	308
湖 北 Hubei	1028	1028	416	32	151	119
湖 南 Hunan	685	684	301	66	72	108
广 东 Guangdong	1227	1225	668	38	113	273
广 西 Guangxi						
海 南 Hainan						
重 庆 Chongqing	617	591	291	11	93	134
四 川 Sichuan	698	621	305	15	42	61
贵 州 guizhou						
云 南 Yunnan						
西 藏 Tibet						
陕 西 Shaanxi	729	724	305	27	68	125
甘 肃 Gansu	412	399	196	37	66	42
青 海 Qinghai	3572	3526	1320			
宁 夏 Ningxia						
新 疆 Xinjiang						

情况（民办的其他高等教育机构）

n Other Non-government HEIs

单位：人
unit：person

工　数 Personnel							
教职工 n Main Campus					科研机构人员 Personnel in Affiliated Research Org.	校办企业职工 Employees in School-run Factories & Farms	其他附设机构人员 Personnel in Others Subsidiary Units
初　级 Junior	未定职级 No-ranking	行政人员 Adm. Personnel	教辅人员 Supporting Staff	工勤人员 Workers			
2559	**2712**	**9283**	**4834**	**3876**	**44**	**334**	**302**
383	342	2104	1117	961	8	81	8
98	41	215	122	107			6
174	114	351	198	183	1	170	14
110	5	357	182	89			
7	3	25	11	11			
96	39	138	58	96			
164	412	2056	1277	343			
243	217	758	427	551	2	2	
18	575	180	83	99	7	16	2
44	12	154	69	79		41	15
653	472	1084	405	477	19	6	74
125	135	408	250	178			84
70	44	286	156	170			
40	15	220	86	77			1
116	128	310	126	121	2		
34	19	171	67	62		18	8
103	84	129	56	131			77
48	37	205	104	110	5		
33	18	132	40	31			13
		1144	646	416	4	40	2

高等教育学校(机构)

Number of Female Educational Personne

	教 职 Educational					
	计 Total	校本部 Educational Personnel				
		计 Total	专任教师 Full-time Teachers			
			小计 Subtotal	正高级 Senior	副高级 Sub-senior	中级 Middle
合　计 Total	**17416**	**17059**	**7845**	**538**	**1550**	**2859**
北　京 Beijing	3572	3526	1320	113	294	488
天　津 Tianjin						
河　北 Hebei	527	521	306	30	73	113
山　西 Shanxi	998	877	573	85	138	200
内蒙古 Inner Mongolia						
辽　宁 Liaoning	876	876	509	37	134	286
吉　林 Jilin	43	43	19	2	8	3
黑龙江 Heilongjiang	465	465	268	10	53	109
上　海 Shanghai	2834	2834	683	39	109	206
江　苏 Jiangsu						
浙　江 Zhejiang	1454	1452	579	11	62	231
安　徽 Anhui	500	489	339	2	6	39
福　建 Fujian						
江　西 Jiangxi	275	240	123	11	24	66
山　东 Shandong	2430	2380	1543	82	285	558
河　南 henan	856	822	416	31	109	159
湖　北 Hubei	520	520	188	9	56	58
湖　南 Hunan	403	403	218	44	51	83
广　东 Guangdong	537	536	266	9	33	100
广　西 Guangxi						
海　南 Hainan						
重　庆 Chongqing	269	261	129	3	32	63
四　川 Sichuan	342	300	154	3	13	31
贵　州 guizhou						
云　南 Yunnan						
西　藏 Tibet						
陕　西 Shaanxi	331	330	115	10	31	49
甘　肃 Gansu	184	184	97	7	39	17
青　海 Qinghai						
宁　夏 Ningxia						
新　疆 Xinjiang						

女教职工情况(民办的其他高等教育机构)

in Other Non-government HEIs

单位：人

unit：person

工 数 Personnel							
教职工 in Main Campus					科研机构人员 Personnel in Affiliated Research Org.	校办企业职工 Employees in School-run Factories & Farms	其他附设机构人员 Personnel in Others Subsidiary Units
初 级 Junior	未定职级 No-ranking	行政人员 Adm. Personnel	教辅人员 Supporting Staff	工勤人员 Workers			
1416	**1482**	**4843**	**2675**	**1696**	**14**	**197**	**146**
250	175	1144	646	416	4	40	2
71	19	104	65	46			6
95	55	157	86	61	1	114	6
49	3	188	123	56			
3	3	15	4	5			
72	24	96	47	54			
79	250	1166	808	177			
138	137	396	202	275	1	1	
13	279	86	28	36	1	9	1
15	7	57	24	36		27	8
327	291	503	184	150	5	2	43
62	55	216	125	65			34
44	21	164	91	77			
30	10	100	51	34			
52	72	158	68	44	1		
19	12	72	31	29		4	4
60	47	59	28	59			42
17	8	107	46	62	1		
20	14	55	18	14			

专任教师学历、职称情况(总计)
Number of Full-time Teacher by Academic Qualification and Professional Rank(Regional Aggregates)

单位：人
unit：person

	计 Total	按学历分 By Academic Qualification				按职称分 By Professional Rank				
		博士 Doctor's Degrees	硕士 Master's Degrees	本科 Normal Courses	专科及以下 Short-cycle Courses and Under	正高级 Senior	副高级 Sub-Senior	中级 Middle	初级 Junior	未定职级 No-ranking
合计 Total	**1433579**	**228258**	**497049**	**684358**	**23914**	**161472**	**406760**	**566836**	**226838**	**71673**
北京 Beijing	61099	27588	18522	14183	806	12431	20640	22994	3235	1799
天津 Tianjin	30030	7581	10128	11941	380	4322	9925	11139	3659	985
河北 Hebei	63922	6079	21517	35412	914	8012	17773	24678	9797	3662
山西 Shanxi	39375	2932	12774	22630	1039	2841	10335	14184	8967	3048
内蒙古 Inner Mongolia	24415	1855	8212	13657	691	2216	7449	8755	4325	1670
辽宁 Liaoning	61334	9792	22456	28213	873	7931	19424	24165	8179	1635
吉林 Jilin	37228	5793	13870	17014	551	5232	11548	13563	6029	856
黑龙江 Heilongjiang	46885	7582	14901	23984	418	6742	14170	18273	6261	1439
上海 Shanghai	40661	15576	13524	10829	732	6489	12333	17019	3582	1238
江苏 Jiangsu	105590	20795	35831	47948	1016	11499	31228	45655	14328	2880
浙江 Zhejiang	53321	11115	18327	23266	613	6812	15936	23563	4743	2267
安徽 Anhui	51925	5324	20929	25067	605	3822	13493	19995	11526	3089
福建 Fujian	40359	6210	13856	19699	594	4200	10817	15021	8296	2025
江西 Jiangxi	51466	4420	14803	31334	909	5020	13904	19426	10637	2479
山东 Shandong	97352	12661	34645	48580	1466	9880	26781	39631	17716	3344
河南 henan	84888	8236	30172	45396	1084	6575	21980	33614	18573	4146
湖北 Hubei	80155	13848	28411	36383	1513	9410	23413	29483	13731	4118
湖南 Hunan	62198	7660	19093	34359	1086	6530	17964	25001	9353	3350
广东 Guangdong	85751	15683	31688	36736	1644	9849	22180	34399	10969	8354
广西 Guangxi	34478	3082	13989	16936	471	3143	8901	13306	5641	3487
海南 Hainan	8094	772	2739	4473	110	786	1873	2678	1946	811
重庆 Chongqing	34127	5032	12874	15577	644	3564	9639	14047	5054	1823
四川 Sichuan	69679	8979	25189	33151	2360	6778	18035	28604	12488	3774
贵州 guizhou	22169	1407	7135	12903	724	2038	6544	8863	3383	1341
云南 Yunnan	30447	3205	10234	16209	799	3068	8194	11865	5128	2192
西藏 Tibet	2288	124	927	1177	60	114	575	966	369	264
陕西 Shaanxi	61347	10415	22813	27511	608	7230	16298	24814	10664	2341
甘肃 Gansu	22461	2405	8236	11503	317	2227	6433	8859	3586	1356
青海 Qinghai	3897	209	899	2618	171	650	1348	1157	569	173
宁夏 Ningxia	6222	481	1828	3764	149	861	1777	2162	994	428
新疆 Xinjiang	20416	1417	6527	11905	567	1200	5850	8957	3110	1299

注：不含民办的其他高等教育机构数据。

Note：Date of Non-government HEIs is not Included.

专任教师学历、职称情况(普通高校)

Number of Full-time Teacher by Academic Qualification and Professional Rank (Regular HEIs)

单位：人

unit: person

	计 Total	按学历分 By Academic Qualification				按职称分 By Professional Rank				
		博士 Doctor's Degrees	硕士 Master's Degrees	本科 Normal Courses	专科及以下 Short-cycle Courses and Under	正高级 Senior	副高级 Sub-Senior	中级 Middle	初级 Junior	未定职级 No-ranking
合计 Total	**1392676**	**227400**	**488373**	**655118**	**21785**	**159691**	**394689**	**549921**	**218431**	**69944**
北京 Beijing	59592	27411	17987	13407	787	12340	20173	22213	3109	1757
天津 Tianjin	28919	7540	9964	11082	333	4275	9446	10704	3518	976
河北 Hebei	62751	6068	21203	34605	875	7938	17458	24254	9529	3572
山西 Shanxi	37527	2925	12485	21176	941	2781	9680	13482	8578	3006
内蒙古 Inner Mongolia	24160	1855	8174	13442	689	2210	7339	8654	4287	1670
辽宁 Liaoning	58742	9769	22091	26207	675	7815	18432	23282	7645	1568
吉林 Jilin	35647	5758	13447	15956	486	5123	10975	12991	5733	825
黑龙江 Heilongjiang	44821	7568	14683	22252	318	6611	13291	17551	6008	1360
上海 Shanghai	39626	15550	13222	10143	711	6461	12113	16422	3410	1220
江苏 Jiangsu	103939	20681	35296	47000	962	11347	30741	44919	14097	2835
浙江 Zhejiang	52296	11067	18113	22537	579	6783	15631	23028	4638	2216
安徽 Anhui	51185	5321	20783	24500	581	3811	13292	19681	11347	3054
福建 Fujian	39747	6195	13674	19301	577	4186	10608	14799	8161	1993
江西 Jiangxi	49970	4385	14527	30165	893	4862	13475	19008	10228	2397
山东 Shandong	94621	12632	33759	46832	1398	9720	25981	38594	17033	3293
河南 henan	82037	8193	29658	43215	971	6478	21300	32540	17620	4099
湖北 Hubei	78952	13841	28106	35521	1484	9378	23013	29013	13475	4073
湖南 Hunan	61156	7657	18968	33525	1006	6508	17633	24519	9185	3311
广东 Guangdong	82916	15636	31092	34735	1453	9798	21610	33193	10386	7929
广西 Guangxi	33459	3043	13650	16302	464	3069	8630	12859	5469	3432
海南 Hainan	8027	772	2731	4414	110	782	1862	2649	1931	803
重庆 Chongqing	33110	4977	12520	15073	540	3506	9393	13517	4881	1813
四川 Sichuan	67448	8945	24744	31779	1980	6711	17433	27660	11949	3695
贵州 guizhou	21855	1405	7086	12669	695	2022	6465	8731	3308	1329
云南 Yunnan	29501	3197	10163	15395	746	3057	7991	11438	4909	2106
西藏 Tibet	2288	124	927	1177	60	114	575	966	369	264
陕西 Shaanxi	59171	10393	22255	26017	506	7129	15775	23826	10161	2280
甘肃 Gansu	22066	2403	8192	11194	277	2221	6308	8656	3529	1352
青海 Qinghai	3735	209	880	2517	129	647	1310	1076	542	160
宁夏 Ningxia	6156	481	1828	3701	146	856	1743	2138	992	427
新疆 Xinjiang	17256	1399	6165	9279	413	1152	5013	7558	2404	1129

专任教师学历、职称情况(成人高校)

Number of Full-time Teacher by Academic Qualification and Professional Rank (Adults HEIs)

单位：人

unit: person

	计 Total	按学历分 By Academic Qualification				按职称分 By Professional Rank				
		博　士 Doctor's Degrees	硕　士 Master's Degrees	本　科 Normal Courses	专科及以下 Short-cycle Courses and Under	正高级 Senior	副高级 Sub-Senior	中　级 Middle	初　级 Junior	未定职级 No-ranking
合　计 Total	**40903**	**858**	**8676**	**29240**	**2129**	**1781**	**12071**	**16915**	**8407**	**1729**
北　京 Beijing	1507	177	535	776	19	91	467	781	126	42
天　津 Tianjin	1111	41	164	859	47	47	479	435	141	9
河　北 Hebei	1171	11	314	807	39	74	315	424	268	90
山　西 Shanxi	1848	7	289	1454	98	60	655	702	389	42
内蒙古 Inner Mongolia	255		38	215	2	6	110	101	38	
辽　宁 Liaoning	2592	23	365	2006	198	116	992	883	534	67
吉　林 Jilin	1581	35	423	1058	65	109	573	572	296	31
黑龙江 Heilongjiang	2064	14	218	1732	100	131	879	722	253	79
上　海 Shanghai	1035	26	302	686	21	28	220	597	172	18
江　苏 Jiangsu	1651	114	535	948	54	152	487	736	231	45
浙　江 Zhejiang	1025	48	214	729	34	29	305	535	105	51
安　徽 Anhui	740	3	146	567	24	11	201	314	179	35
福　建 Fujian	612	15	182	398	17	14	209	222	135	32
江　西 Jiangxi	1496	35	276	1169	16	158	429	418	409	82
山　东 Shandong	2731	29	886	1748	68	160	800	1037	683	51
河　南 henan	2851	43	514	2181	113	97	680	1074	953	47
湖　北 Hubei	1203	7	305	862	29	32	400	470	256	45
湖　南 Hunan	1042	3	125	834	80	22	331	482	168	39
广　东 Guangdong	2835	47	596	2001	191	51	570	1206	583	425
广　西 Guangxi	1019	39	339	634	7	74	271	447	172	55
海　南 Hainan	67		8	59		4	11	29	15	8
重　庆 Chongqing	1017	55	354	504	104	58	246	530	173	10
四　川 Sichuan	2231	34	445	1372	380	67	602	944	539	79
贵　州 guizhou	314	2	49	234	29	16	79	132	75	12
云　南 Yunnan	946	8	71	814	53	11	203	427	219	86
西　藏 Tibet										
陕　西 Shaanxi	2176	22	558	1494	102	101	523	988	503	61
甘　肃 Gansu	395	2	44	309	40	6	125	203	57	4
青　海 Qinghai	162		19	101	42	3	38	81	27	13
宁　夏 Ningxia	66			63	3	5	34	24	2	1
新　疆 Xinjiang	3160	18	362	2626	154	48	837	1399	706	170

专任教师学历、职称情况(民办的其他高等教育机构)

Number of Full-time Teacher by Academic Qualification and Professional Rank(Other Non-government HEIs)

单位:人

unit: person

	计 Total	按学历分 By Academic Qualification				按职称分 By Professional Rank				
		博士 Doctor's Degrees	硕士 Master's Degrees	本科 Normal Courses	专科及以下 Short-cycle Courses and Under	正高级 Senior	副高级 Sub-Senior	中级 Middle	初级 Junior	未定职级 No-ranking
合计 Total	**16107**	**580**	**3343**	**10842**	**1342**	**1610**	**3513**	**5713**	**2559**	**2712**
北京 Beijing	2783	180	869	1630	104	408	677	973	383	342
天津 Tianjin										
河北 Hebei	563	16	78	391	78	89	168	167	98	41
山西 Shanxi	1155	47	299	684	125	162	284	421	174	114
内蒙古 Inner Mongolia										
辽宁 Liaoning	934		187	725	22	53	233	533	110	5
吉林 Jilin	63	28	9	19	7	18	24	11	7	3
黑龙江 Heilongjiang	406		19	323	64	26	80	165	96	39
上海 Shanghai	1506	93	367	935	111	170	301	459	164	412
江苏 Jiangsu										
浙江 Zhejiang	986	14	187	771	14	30	123	373	243	217
安徽 Anhui	767	7	84	621	55	8	36	130	18	575
福建 Fujian										
江西 Jiangxi	295	6	74	188	27	35	69	135	44	12
山东 Shandong	3167	70	400	2305	392	249	617	1176	653	472
河南 henan	1000	5	141	681	173	136	296	308	125	135
湖北 Hubei	416	43	187	176	10	32	151	119	70	44
湖南 Hunan	301	24	92	139	46	66	72	108	40	15
广东 Guangdong	668	20	142	455	51	38	113	273	116	128
广西 Guangxi										
海南 Hainan										
重庆 Chongqing	291		20	252	19	11	93	134	34	19
四川 Sichuan	305	2	25	258	20	15	42	61	103	84
贵州 guizhou										
云南 Yunnan										
西藏 Tibet										
陕西 Shaanxi	305	23	129	134	19	27	68	125	48	37
甘肃 Gansu	196	2	34	155	5	37	66	42	33	18
青海 Qinghai										
宁夏 Ningxia										
新疆 Xinjiang										

聘请校外教师学历情况(总计)

Number of Part-time Teacher by Academic Qualification(Regional Aggregates)

单位：人

unit：person

	计 Total	博士 Doctor's Degrees	硕士 Master's Degrees	本科 Normal Courses	专科及以下 Short-cycle Courses and Under
合　计 Total	**419288**	**54030**	**133837**	**209031**	**22390**
北　京 Beijing	15023	4320	4967	5111	625
天　津 Tianjin	9262	865	2708	5211	478
河　北 Hebei	16925	1570	5234	9076	1045
山　西 Shanxi	7194	600	1926	4265	403
内蒙古 Inner Mongolia	7568	417	2016	4678	457
辽　宁 Liaoning	14713	1983	5443	6877	410
吉　林 Jilin	8012	1260	2155	4159	438
黑龙江 Heilongjiang	14029	3524	3827	6300	378
上　海 Shanghai	13393	3171	4751	5019	452
江　苏 Jiangsu	36326	4562	12268	17407	2089
浙　江 Zhejiang	22228	2076	5395	12800	1957
安　徽 Anhui	16142	2196	6624	7008	314
福　建 Fujian	10965	1443	3022	5697	803
江　西 Jiangxi	12095	1147	4150	6295	503
山　东 Shandong	33103	3830	9911	17444	1918
河　南 henan	21321	1732	7851	11355	383
湖　北 Hubei	26733	4640	10420	10299	1374
湖　南 Hunan	17485	2190	5269	9579	447
广　东 Guangdong	26268	1900	7177	14092	3099
广　西 Guangxi	9692	758	2688	5500	746
海　南 Hainan	2104	313	602	1100	89
重　庆 Chongqing	11245	1396	4467	5112	270
四　川 Sichuan	20802	2774	6257	10598	1173
贵　州 guizhou	4157	292	1208	2490	167
云　南 Yunnan	8327	770	2752	3816	989
西　藏 Tibet	232	50	74	75	33
陕　西 Shaanxi	18381	2574	6851	8543	413
甘　肃 Gansu	7512	1098	1851	4190	373
青　海 Qinghai	484	7	56	324	97
宁　夏 Ningxia	1237	16	314	856	51
新　疆 Xinjiang	6330	556	1603	3755	416

注：不含民办的其他高等教育机构数据。

Note：Date of Non-government HEIs is not Included.

聘请校外教师学历情况（普通高校）

Number of Part-timeTeacher by Academic Qualification（Regular HEIs）

单位：人

unit：person

	计 Total	博　士 Doctor's Degrees	硕　士 Master's Degrees	本　科 Normal Courses	专科及以下 Short-cycle Courses and Under
合　计 Total	**372684**	**53104**	**125088**	**174107**	**20385**
北　京 Beijing	14394	4269	4741	4774	610
天　津 Tianjin	6758	853	2438	3026	441
河　北 Hebei	15405	1552	4957	7992	904
山　西 Shanxi	5607	588	1777	2919	323
内蒙古 Inner Mongolia	7445	417	1993	4578	457
辽　宁 Liaoning	12953	1964	5080	5518	391
吉　林 Jilin	6609	1240	2039	2960	370
黑龙江 Heilongjiang	12527	3497	3635	5051	344
上　海 Shanghai	12921	3139	4561	4770	451
江　苏 Jiangsu	32217	4467	11666	14066	2018
浙　江 Zhejiang	18040	2016	4624	9539	1861
安　徽 Anhui	15870	2190	6505	6861	314
福　建 Fujian	9664	1365	2751	4888	660
江　西 Jiangxi	11806	1147	4061	6095	503
山　东 Shandong	32164	3811	9622	16824	1907
河　南 henan	19039	1704	7498	9515	322
湖　北 Hubei	26472	4626	10310	10168	1368
湖　南 Hunan	17010	2188	5154	9243	425
广　东 Guangdong	21662	1862	6430	10603	2767
广　西 Guangxi	9063	754	2584	4984	741
海　南 Hainan	2073	312	588	1084	89
重　庆 Chongqing	10046	1365	3745	4666	270
四　川 Sichuan	15158	2573	5257	6499	829
贵　州 guizhou	3896	292	1160	2277	167
云　南 Yunnan	7991	768	2689	3654	880
西　藏 Tibet	232	50	74	75	33
陕　西 Shaanxi	14263	2471	5677	5854	261
甘　肃 Gansu	5021	1094	1731	2018	178
青　海 Qinghai	444	7	56	302	79
宁　夏 Ningxia	1138	15	311	761	51
新　疆 Xinjiang	4796	508	1374	2543	371

聘请校外教师学历情况(成人高校)

Number of Part-timeTeacher by Academic Qualification(Adults HEIs)

单位:人

unit: person

	计 Total	博　士 Doctor's Degrees	硕　士 Master's Degrees	本　科 Normal Courses	专科及以下 Short-cycle Courses and Under
合　计 Total	**46604**	**926**	**8749**	**34924**	**2005**
北　京 Beijing	629	51	226	337	15
天　津 Tianjin	2504	12	270	2185	37
河　北 Hebei	1520	18	277	1084	141
山　西 Shanxi	1587	12	149	1346	80
内蒙古 Inner Mongolia	123		23	100	
辽　宁 Liaoning	1760	19	363	1359	19
吉　林 Jilin	1403	20	116	1199	68
黑龙江 Heilongjiang	1502	27	192	1249	34
上　海 Shanghai	472	32	190	249	1
江　苏 Jiangsu	4109	95	602	3341	71
浙　江 Zhejiang	4188	60	771	3261	96
安　徽 Anhui	272	6	119	147	
福　建 Fujian	1301	78	271	809	143
江　西 Jiangxi	289	0	89	200	
山　东 Shandong	939	19	289	620	11
河　南 henan	2282	28	353	1840	61
湖　北 Hubei	261	14	110	131	6
湖　南 Hunan	475	2	115	336	22
广　东 Guangdong	4606	38	747	3489	332
广　西 Guangxi	629	4	104	516	5
海　南 Hainan	31	1	14	16	
重　庆 Chongqing	1199	31	722	446	
四　川 Sichuan	5644	201	1000	4099	344
贵　州 guizhou	261		48	213	
云　南 Yunnan	336	2	63	162	109
西　藏 Tibet					
陕　西 Shaanxi	4118	103	1174	2689	152
甘　肃 Gansu	2491	4	120	2172	195
青　海 Qinghai	40			22	18
宁　夏 Ningxia	99	1	3	95	
新　疆 Xinjiang	1534	48	229	1212	45

聘请校外教师学历情况（民办的其他高等教育机构）

Number of Part-timeTeacher by Academic Qualification（Other Non-government HEIs）

单位：人
unit：person

	计 Total	博　士 Doctor's Degrees	硕　士 Master's Degrees	本　科 Normal Courses	专科及以下 Short-cycle Courses and Under
合　计 Total	**17053**	**1557**	**5479**	**9236**	**781**
北　京 Beijing	2521	294	973	1174	80
天　津 Tianjin					
河　北 Hebei	354	9	129	202	14
山　西 Shanxi	766	66	169	475	56
内蒙古 Inner Mongolia					
辽　宁 Liaoning	505	47	160	298	
吉　林 Jilin	62	28	8	25	1
黑龙江 Heilongjiang	206		32	165	9
上　海 Shanghai	5350	533	1306	3215	296
江　苏 Jiangsu					
浙　江 Zhejiang	561	20	225	312	4
安　徽 Anhui	349	39	103	205	2
福　建 Fujian					
江　西 Jiangxi	167	33	48	79	7
山　东 Shandong	1593	119	546	768	160
河　南 henan	1665	60	390	1081	134
湖　北 Hubei	793	115	429	249	
湖　南 Hunan	586	14	327	243	2
广　东 Guangdong	376	55	133	183	5
广　西 Guangxi					
海　南 Hainan					
重　庆 Chongqing	208	4	91	113	
四　川 Sichuan	220	14	102	97	7
贵　州 guizhou					
云　南 Yunnan					
西　藏 Tibet					
陕　西 Shaanxi	442	86	167	185	4
甘　肃 Gansu	329	21	141	167	
青　海 Qinghai					
宁　夏 Ningxia					
新　疆 Xinjiang					

资产情况(学校

Condition of Fixed Assets and Teaching

	占地面积(平方米) Area of School Sites(m^2)			图书(万册) Books & Magazines in Libraries(10 thouand volume)	
	计 Total	其中:绿化用地面积 of Which: Green Areas	其中:运动场地面积 of Which: Sports Areas	计 Total	当年新增 Added in Current Year
合　计 Total	**1613439842**	**493782068**	**121637400**	**203309. 1**	**12988. 8**
北　京 Beijing	42301007	13174158	3541526	9852. 68	437. 26
天　津 Tianjin	33636122	9299936	2610511	4461. 38	210. 73
河　北 Hebei	66496238	17298653	5815574	8489. 4900	478. 31
山　西 Shanxi	28931846	6477737	2723312	4911	209. 96
内蒙古 Inner Mongolia	34818428	7844998	2665258	3091. 55	232. 24
辽　宁 Liaoning	61357997	17038560	5270452	7722. 66	316. 66
吉　林 Jilin	38795722	10179063	4912185	5185. 04	204. 96
黑龙江 Heilongjiang	56275837	13702203	4392463	6610. 49	403. 09
上　海 Shanghai	35202664	12932154	2862904	6535. 93	256. 47
江　苏 Jiangsu	123713672	42712426	8419835	14743. 09	906. 92
浙　江 Zhejiang	52310342	16992941	4820785	8388. 02	543. 01
安　徽 Anhui	61985693	19154905	5074061	7305. 85	543. 96
福　建 Fujian	47113064	14328318	3588375	5667. 9	465. 65
江　西 Jiangxi	69202481	26284317	5077750	7388. 69	407. 15
山　东 Shandong	127088699	40156927	9014106	14703	881. 76
河　南 henan	101071112	28155515	7087172	12329. 49	912. 98
湖　北 Hubei	86510004	29675199	6545003	11477. 29	851. 58
湖　南 Hunan	71104550	21632146	4956486	9085. 85	432. 71
广　东 Guangdong	93601374	30903055	6271977	12163. 74	962. 6
广　西 Guangxi	39012444	11272890	2725841	4775. 93	441. 61
海　南 Hainan	13386199	4744853	779535	1217. 74	132. 73
重　庆 Chongqing	46414420	15524427	2744361	4749. 41	345. 08
四　川 Sichuan	81148916	23521406	5362555	9317. 87	679. 82
贵　州 guizhou	31308024	10062721	1903810	3083. 71	253. 13
云　南 Yunnan	37001152	10659933	2766682	4225. 52	479. 49
西　藏 Tibet	2916247	795099	245413	285. 69	14. 69
陕　西 Shaanxi	57282056	13995510	4366835	8851. 35	521. 29
甘　肃 Gansu	24861837	7425532	1802689	2788. 25	209. 54
青　海 Qinghai	4074567	1385984	348932	456. 9	9. 24
宁　夏 Ningxia	11199560	3920812	811148	747. 29	34. 07
新　疆 Xinjiang	33317568	12529690	2129864	2696. 3	210. 11

注:不含民办的其他高等教育机构数据。

Note: Date of Non-government HEIs is not Included.

产权)(总计)

Resources (Owned by HEIs)(Regional Aggregates)

计算机数(台) No. of Computers Used for Instruction		多媒体教室座位数(个) No. of Seats in Multimedia Class rooms	语音实验室座位数(个) No. of Seats in Audio-Labs	固定资产值(万元) Fixed Assets (10,000 yuan)				
					其中:教学、科研仪器设备资产 of Which: Teaching Equipment & Instruments		其中:信息化设备资产值 of Which: Assets of Information Facilities	
计 Total	其中:教学用计算机 of Which: No. of Computers Used for Instruction			合计 Total	小计 Subtotal	当年新增 Added in Current Year	小计 Subtotal	其中:软件 of Which: Software
8297288	**6385308**	**19767098**	**1818337**	**127711783. 22**	**25828161. 67**	**3130838. 99**	**7380641. 94**	**895991. 25**
571277	362177	968312	60529	9571586. 19	2790304. 21	458271. 58	795867. 92	140083. 85
177268	130045	376923	34016	2585393. 77	661313. 15	92118. 77	174960. 88	20659. 05
309861	255011	857319	78678	4249257. 1	829990. 96	81524. 27	195518. 81	14067
141805	117467	384364	35545	2002734. 42	454215. 12	44524. 58	103465. 24	9016. 51
112123	95681	312728	22655	1854341. 44	337551. 48	46384. 23	87667. 71	7655. 17
350365	287883	660301	91735	5428767. 27	914012. 68	105093. 99	323106. 04	28851. 64
203913	149230	391050	52636	3124661. 93	633201. 48	60331. 26	188633. 28	10861. 86
255224	210649	530003	45506	4375078. 09	908334. 14	94242. 24	208862. 89	19516. 11
360193	263959	648883	39257	5535713. 27	1478656. 84	193564. 38	370747. 62	60926. 75
771752	599212	1786267	192094	12118236. 54	2227498. 2	261324. 77	702755. 25	75264. 52
439569	320103	1013990	61562	6144173. 7	1299913. 31	176340. 95	440044. 01	48766. 23
245524	197468	647792	55887	3792256. 11	782664. 81	95174. 77	158505. 35	11556. 88
246880	192028	632812	62898	3693233. 5	702076. 75	81583. 77	213082. 36	31075. 21
277856	229679	617598	91435	3648327. 69	617158. 01	51496. 91	185386. 04	17045. 6
513180	410014	1418166	105702	8584215. 87	1546276. 01	174246. 56	434692. 58	39852. 29
406536	331200	1104377	111239	5589433. 73	980143. 35	111063. 88	280120. 68	21906. 51
470780	355459	1183426	80061	6853128. 49	1388196. 09	161848. 17	354909. 45	38649. 42
327688	259290	772753	107560	4704823. 65	889289. 6	90728. 21	257387. 2	27652. 4
518108	403878	1576736	84038	8087517. 04	1555604. 04	165871. 64	495218. 14	70331. 85
169704	147628	418850	47045	2102688. 13	459574. 97	56182. 48	113372. 72	11275. 58
40832	33115	133573	16675	754137. 52	124373. 86	23807. 24	24497. 14	2914. 26
198230	151112	568621	36695	3857567. 68	507712. 66	67780. 18	177890. 55	21310. 05
345760	262447	977285	90025	5696628. 64	1170352. 9	130818. 48	354633. 81	92977. 44
98308	80406	245164	29397	1194110. 14	248066. 81	25632. 8	86152. 09	9800. 59
149396	113151	416768	35607	2801532. 04	346249. 6	42433. 12	127538. 05	10453. 83
8499	7012	32586	1743	183356. 68	30878. 19	1143. 65	10954. 12	1493. 29
348514	237025	608063	102673	5718412. 95	1189350. 67	118288. 68	310962. 29	33783. 36
103144	75474	208989	18040	1555909. 7	355313. 79	58084. 85	88107. 93	5746. 91
14673	12195	27287	2870	150211. 52	44929. 57	6433. 12	12534. 26	476. 09
32250	26142	62887	4780	508727. 85	94049. 94	18497. 69	32200. 15	4838. 22
88076	69168	183225	19754	1245620. 57	260908. 48	36001. 77	70867. 38	7182. 78

资产情况(学校

Condition of Fixed Assets and Teaching

	占地面积(平方米) Area of School Sites(m^2)			图书(万册) Books & Magazines in Libraries(10 thouand volume)	
	计 Total	其中:绿化用地面积 of Which: Green Areas	其中:运动场地面积 of Which: Sports Areas	计 Total	当年新增 Added in Current Year
合　计 Total	**1578591287**	**485416852**	**118244142**	**198325. 85**	**12672. 7**
北　京 Beijing	41071572	12912074	3452597	9640. 29	432. 95
天　津 Tianjin	33027615	9172177	2464353	4279. 64	208. 95
河　北 Hebei	65278907	17024943	5764908	8327. 63	466. 01
山　西 Shanxi	28038677	6278076	2576472	4699. 53	196. 69
内蒙古 Inner Mongolia	34534241	7811338	2633958	3052. 6	231. 94
辽　宁 Liaoning	59945864	16776306	5025892	7458. 66	302. 88
吉　林 Jilin	37593568	9822116	4780637	5013. 17	195. 55
黑龙江 Heilongjiang	55213138	13499910	4254061	6388. 13	399. 95
上　海 Shanghai	34394284	12827818	2809006	6362. 3	255. 12
江　苏 Jiangsu	122276348	42346931	8220578	14476. 18	897. 07
浙　江 Zhejiang	51776016	16843856	4757069	8262. 78	540. 08
安　徽 Anhui	61276638	19038748	5019271	7216. 6	542. 46
福　建 Fujian	46810465	14275183	3571253	5584. 75	457. 43
江　西 Jiangxi	66329231	25299944	4898816	7147. 61	396. 36
山　东 Shandong	123130879	39296418	8806228	14368. 63	872. 11
河　南 henan	98379831	27721441	6783479	11921. 8	866. 5
湖　北 Hubei	85659095	29480783	6472081	11321. 71	845. 32
湖　南 Hunan	70384607	21441789	4887839	8950. 58	418. 06
广　东 Guangdong	92667502	30660788	6205105	12047. 6	961. 31
广　西 Guangxi	38435958	11147658	2681462	4618. 36	390. 86
海　南 Hainan	13313831	4712288	777015	1209. 54	132. 53
重　庆 Chongqing	44947821	15056099	2607477	4602. 57	329. 19
四　川 Sichuan	78795618	22788771	5052682	9046. 71	676. 4
贵　州 guizhou	30807981	9957935	1870558	3032. 8	240. 08
云　南 Yunnan	36676574	10520178	2763059	4134. 47	478. 99
西　藏 Tibet	2916247	795099	245413	285. 69	14. 69
陕　西 Shaanxi	55093323	13475142	4101394	8566. 57	511. 21
甘　肃 Gansu	24657446	7386092	1795091	2746. 6	209. 36
青　海 Qinghai	3991599	1369690	328823	445. 16	9. 14
宁　夏 Ningxia	11177083	3914012	807528	743. 99	33. 97
新　疆 Xinjiang	29989328	11763249	1830037	2373. 2	159. 54

产权)(普通高校)

Resources (Owned by HEIs) (Regular HEIs)

计算机数(台) No. of Computers Used for Instruction		多媒体教室座位数(个) No. of Seats in Multimedia Class rooms	语音实验室座位数(个) No. of Seats in Audio-Labs	固定资产值(万元) Fixed Assets (10,000 yuan)				
计 Total	其中:教学用计算机 of Which: No. of Computers Used for Instruction			合计 Total	其中:教学、科研仪器设备资产 of Which: Teaching Equipment & Instruments		其中:信息化设备资产值 of Which: Assets of Information Facilities	
					小计 Subtotal	当年新增 Added in Current Year	小计 Subtotal	其中:软件 of Which: Software
8071793	**6209722**	**19338464**	**1757376**	**125493843. 64**	**25375689. 2**	**3096672. 4**	**7217727. 72**	**883214. 86**
558177	353193	941413	59159	9351944. 72	2761083. 13	455207. 92	777726. 49	139459. 74
170358	124859	365731	33046	2543945. 69	646752. 26	91865. 3	170350. 26	20476. 08
302949	249870	831900	77162	4208325. 74	817051. 34	80859. 07	192680. 82	14001. 07
134622	111628	375912	32548	1943225. 66	437563. 68	43468. 58	99447. 57	8711. 48
109525	93913	310500	22319	1842179. 24	334239. 28	45955. 03	86010. 01	7553. 42
334645	275329	635523	88964	5322229. 84	893257. 41	103681. 75	315493. 54	28071. 08
198272	145117	382346	47953	3060612. 19	616007. 34	57691. 58	184476. 95	10574. 06
248301	205123	520648	44159	4318927. 07	896826. 62	93981. 19	203528. 51	19067. 21
346176	252888	626402	37562	5410914. 72	1448619. 52	191416. 22	355977. 55	59816. 11
754504	584897	1752438	189327	11963202. 69	2206683. 25	259428. 19	689000. 42	73658. 67
432599	315298	994760	60341	6094196. 6	1288669. 82	175211. 75	431797. 66	48058. 43
241411	194313	641782	55377	3758450. 73	776310. 92	95020. 77	155793. 85	11499. 98
243471	190000	627544	57698	3655780. 08	691760. 66	81038. 9	211740. 02	30858. 29
269157	222097	599039	88159	3552048. 94	598602. 16	50174. 36	180255. 87	16589. 74
502176	401376	1389866	103459	8415841. 37	1516774. 56	172461. 63	428469. 5	38952. 77
393701	320832	1072156	107900	5475394. 03	953317. 33	109120. 44	272653. 68	21269. 99
466844	352079	1172623	78961	6810193. 17	1377079. 32	161607. 32	352542. 13	38598. 08
321021	253179	765832	106400	4658312. 53	875805. 21	90293. 32	255577. 22	27541. 7
506561	394823	1552819	79697	8019605. 39	1529534. 17	164752. 03	483020. 66	69818. 35
164103	143060	405283	46238	2077814. 78	452466. 17	55449. 95	110295. 33	11209. 17
40328	32846	133525	15715	750279. 88	122919. 73	23772. 56	23072. 2	2897. 26
190806	145385	543428	35059	3684015. 9	493487. 35	66096. 93	170657. 01	20762. 3
334807	253984	956113	87107	5545500. 42	1144399. 6	129944. 98	348868. 78	92273. 12
95499	78188	240590	29103	1127498. 02	241274. 81	25378. 42	82221. 33	9626. 39
144468	110394	413448	30927	2777386. 7	338244. 56	42433. 12	125113. 65	10333. 83
8499	7012	32586	1743	183356. 68	30878. 19	1143. 65	10954. 12	1493. 29
339261	229852	593157	100304	5595449. 79	1164936. 74	116625. 99	306073. 26	33295. 01
101004	73823	207654	17784	1543335. 56	352432. 78	57987. 22	85594. 49	5626. 25
13736	11476	26561	2778	146709. 52	43656. 57	6377. 12	11984. 26	446. 09
31486	25395	62051	4635	506339. 92	93406. 34	18397. 45	31741. 15	4700. 74
73326	57493	164834	15792	1150826. 07	231648. 38	29829. 66	64609. 43	5975. 16

资产情况(学校

Condition of Fixed Assets and Teaching

	占地面积(平方米) Area of School Sites (m^2)			图书(万册) Books & Magazines in Libraries (10 thoueand volume)	
	计 Total	其中:绿化用地面积 of Which: Green Areas	其中:运动场地面积 of Which: Sports Areas	计 Total	当年新增 Added in Current Year
合　计 Total	**34848555**	**8365216**	**3393258**	**4983.25**	**316.1**
北　京 Beijing	1229435	262084	88929	212.39	4.31
天　津 Tianjin	608507	127759	146158	181.74	1.78
河　北 Hebei	1217331	273710	50666	161.86	12.3
山　西 Shanxi	893169	199661	146840	211.47	13.27
内蒙古 Inner Mongolia	284187	33660	31300	38.95	0.3
辽　宁 Liaoning	1412133	262254	244560	264	13.78
吉　林 Jilin	1202154	356947	131548	171.87	9.41
黑龙江 Heilongjiang	1062699	202293	138402	222.36	3.14
上　海 Shanghai	808380	104336	53898	173.63	1.35
江　苏 Jiangsu	1437324	365495	199257	266.91	9.85
浙　江 Zhejiang	534326	149085	63716	125.24	2.93
安　徽 Anhui	709055	116157	54790	89.25	1.5
福　建 Fujian	302599	53135	17122	83.15	8.22
江　西 Jiangxi	2873250	984373	178934	241.08	10.79
山　东 Shandong	3957820	860509	207878	334.37	9.65
河　南 henan	2691281	434074	303693	407.69	46.48
湖　北 Hubei	850909	194416	72922	155.58	6.26
湖　南 Hunan	719943	190357	68647	135.27	14.65
广　东 Guangdong	933872	242267	66872	116.14	1.29
广　西 Guangxi	576486	125232	44379	157.57	50.75
海　南 Hainan	72368	32565	2520	8.2	0.2
重　庆 Chongqing	1466599	468328	136884	146.84	15.89
四　川 Sichuan	2353298	732635	309873	271.16	3.42
贵　州 guizhou	500043	104786	33252	50.91	13.05
云　南 Yunnan	324578	139755	3623	91.05	0.5
西　藏 Tibet					
陕　西 Shaanxi	2188733	520368	265441	284.78	10.08
甘　肃 Gansu	204391	39440	7598	41.65	0.18
青　海 Qinghai	82968	16294	20109	11.74	0.1
宁　夏 Ningxia	22477	6800	3620	3.3	0.1
新　疆 Xinjiang	3328240	766441	299827	323.1	50.57

权)(成人高校)
esources (Owned by HEIs)(Adults HEIs)

计算机数(台) No. of Computers Used for Instruction		多媒体教室座位数(个) No. of Seats in Multimedia Class rooms	语音实验室座位数(个) No. of Seats in Audio-Labs	固定资产值(万元) Fixed Assets (10,000 yuan)				
计 Total	其中:教学用计算机 of Which: No. of Computers Used for Instruction			合计 Total	其中:教学、科研仪器设备资产 of Which: Teaching Equipment & Instruments		其中:信息化设备资产值 of Which: Assets of Information Facilities	
					小计 Subtotal	当年新增 Added in Current Year	小计 Subtotal	其中:软件 of Which: Software
225495	**175586**	**428634**	**60961**	**2217939.58**	**452472.47**	**34166.59**	**162914.22**	**12776.39**
13100	8984	26899	1370	219641.47	29221.08	3063.66	18141.43	624.11
6910	5186	11192	970	41448.08	14560.89	253.47	4610.62	182.97
6912	5141	25419	1516	40931.36	12939.62	665.2	2837.99	65.93
7183	5839	8452	2997	59508.76	16651.44	1056	4017.67	305.03
2598	1768	2228	336	12162.2	3312.2	429.2	1657.7	101.75
15720	12554	24778	2771	106537.43	20755.27	1412.24	7612.5	780.56
5641	4113	8704	4683	64049.74	17194.14	2639.68	4156.33	287.8
6923	5526	9355	1347	56151.02	11507.52	261.05	5334.38	448.9
14017	11071	22481	1695	124798.55	30037.32	2148.16	14770.07	1110.64
17248	14315	33829	2767	155033.85	20814.95	1896.58	13754.83	1605.85
6970	4805	19230	1221	49977.1	11243.49	1129.2	8246.35	707.8
4113	3155	6010	510	33805.38	6353.89	154	2711.5	56.9
3409	2028	5268	5200	37453.42	10316.09	544.87	1342.34	216.92
8699	7582	18559	3276	96278.75	18555.85	1322.55	5130.17	455.86
11004	8638	28300	2243	168374.5	29501.45	1784.93	6223.08	899.52
12835	10368	32221	3339	114039.7	26826.02	1943.44	7467	636.52
3936	3380	10803	1100	42935.32	11116.77	240.85	2367.32	51.34
6667	6111	6921	1160	46511.12	13484.39	434.89	1809.98	110.7
11547	9055	23917	4341	67911.65	26069.87	1119.61	12197.48	513.5
5601	4568	13567	807	24873.35	7108.8	732.53	3077.39	66.41
504	269	48	960	3857.64	1454.13	34.68	1424.94	17
7424	5727	25193	1636	173551.78	14225.31	1683.25	7233.54	547.75
10953	8463	21172	2918	151128.22	25953.3	873.5	5765.03	704.32
2809	2218	4574	294	66612.12	6792	254.38	3930.76	174.2
4928	2757	3320	4680	24145.34	8005.04		2424.4	120
9253	7173	14906	2369	122963.16	24413.93	1662.69	4889.03	488.35
2140	1651	1335	256	12574.14	2881.01	97.63	2513.44	120.66
937	719	726	92	3502	1273	56	550	30
764	747	836	145	2387.93	643.6	100.24	459	137.48
14750	11675	18391	3962	94794.5	29260.1	6172.11	6257.95	1207.62

资产情况(学校

Condition of Fixed Assets and Teachin

	占地面积(平方米) Area of School Sites(m^2)			图书(万册) Books & Magazines in Libraries (10 thouand volume)	
	计 Total	其中:绿化用地面积 of Which: Green Areas	其中:运动场地面积 of Which: Sports Areas	计 Total	当年新增 Added in Current Year
合　计 Total	**7286748**	**1791767**	**853993**	**1592.49**	**118.56**
北　京 Beijing	864766	246797	43998	273.90	22.02
天　津 Tianjin					
河　北 Hebei	263322	81055	24663	39.65	3.85
山　西 Shanxi	579208	90373	89677	130.83	33.89
内蒙古 Inner Mongolia					
辽　宁 Liaoning	131950	25402	15300	238.00	
吉　林 Jilin	26200	1550	3600	36.00	0.30
黑龙江 Heilongjiang	23042	2000	5000	16.66	0.87
上　海 Shanghai	67911	10907	5750	56.70	2.48
江　苏 Jiangsu					
浙　江 Zhejiang	162195	91148	21785	57.53	1.96
安　徽 Anhui	375613	86915	23844	71.30	1.78
福　建 Fujian					
江　西 Jiangxi	674262	177767	148211	137.38	15.73
山　东 Shandong	2031541	452872	194006	227.46	9.55
河　南 henan	854149	229105	99110	76.78	8.21
湖　北 Hubei	302076	78090	32706	23.80	2.35
湖　南 Hunan				21.67	1.55
广　东 Guangdong	278931	53220	29060	68.76	5.90
广　西 Guangxi					
海　南 Hainan					
重　庆 Chongqing	304331	91901	60933	39.23	3.62
四　川 Sichuan	117198	25865	25600	21.30	0.40
贵　州 guizhou					
云　南 Yunnan					
西　藏 Tibet					
陕　西 Shaanxi	226000	45800	29750	37.42	0.72
甘　肃 Gansu	4053	1000	1000	18.12	3.38
青　海 Qinghai					
宁　夏 Ningxia					
新　疆 Xinjiang					

产权)(民办的其他高等教育机构)

Resources (Owned by HEIs) (Other Non-government HEIs)

计算机数(台) No. of Computers Used for Instruction		多媒体教室座位数(个) No. of Seats in Multimedia Class rooms	语音实验室座位数(个) No. of Seats in Audio-Labs	固定资产值(万元) Fixed Assets (10,000 yuan)				
计 Total	其中:教学用计算机 of Which: No. of Computers Used for Instruction			合计 Total	其中:教学、科研仪器设备资产 of Which: Teaching Equipment & Instruments		其中:信息化设备资产值 of Which: Assets of Information Facilities	
					小计 Subtotal	当年新增 Added in Current Year	小计 Subtotal	其中:软件 of Which: Software
95633	**78899**	**140936**	**35658**	**604621**	**118953.95**	**11714.46**	**29369.41**	**3933.03**
20238	16328	45510	4129	208229	24088.40	2201.16	7784.36	629.5
2195	1792	4478	1132	7155	2391.34	92.72	637.61	93
5298	4563	6990	2058	38144	7004.73	953.38	902.17	124.66
445	302	26	116	14055	3953.00	5.00	55.00	
424	368	575	20	636	272.00	0.00	31.00	
1433	1286	1613	613	2433	839.60	71.00	94.21	13.19
9144	6969	16328	2232	20502	7110.83	762.61	1457.40	90.05
6687	6003	10201	1304	35276	8404.04	468.72	1960.23	221.2
8203	7279	5860	1136	14159.8	6365.60	80.00	3054.00	151.8
3313	2954	2568	1842	20443.75	5158.93	640.00	786.19	113
15325	12298	14388	6447	83259.77	18816.48	1399.51	2491.16	466.44
5194	4083	7780	5425	38361.25	9356.70	800.27	6074.21	795.58
2509	1852	3105	604	35500.25	5236.78	2299.90	981.20	632.7
2275	1689	3154	715	2713	1321.00	273.00	450.00	108
5918	5372	11541	2243	22939.83	6264.68	202.43	645.06	41.1
2629	2204	3220	334	29012.06	4602.65	254.80	932.36	416.46
1643	1520	1255	2020	7688.06	2318.77	172.67	698.50	10
2330	1730	2106	3159	22200.59	5074.62	1032.80	285.00	24
430	307	238	129	1912.58	373.80	4.49	49.75	2.35

资产情况

Condition of Fixed Assets and Teaching

	占地面积(平方米) Area of School Sites(m^2)			图书(万册) Books & Magazines in Libraries (10 thouand volume)	
	计 Total	其中:绿化用地面积 of Which: Green Areas	其中:运动场地面积 of Which: Sports Areas	计 Total	当年新增 Added in Current Year
合　计 Total	**201199546**	**47296829**	**15363407**	**7002.03**	**286.25**
北　京 Beijing	6140944	2196007	588548	2.2	
天　津 Tianjin	1542704	354283	296022	189.73	8.62
河　北 Hebei	6378502	1003570	463843	260.52	8.51
山　西 Shanxi	8031001	1487207	755344	259.13	6.43
内蒙古 Inner Mongolia	2209068	483905	88060	109.7	1.86
辽　宁 Liaoning	6084294	817486	627844	266.36	8.26
吉　林 Jilin	5956565	1124424	215976	90.76	2.2
黑龙江 Heilongjiang	6355874	1070007	720731	205.67	8.61
上　海 Shanghai	4703887	1713374	288486	313.45	9.19
江　苏 Jiangsu	17127732	5760531	1588093	466.47	41.36
浙　江 Zhejiang	8954839	2168802	792352	330.72	22.61
安　徽 Anhui	4355223	725094	270086	173.78	2.42
福　建 Fujian	7091568	1701020	601573	380.78	22.28
江　西 Jiangxi	9001892	1100732	442466	181.67	7.66
山　东 Shandong	14243286	3814209	807509	296.53	5
河　南 henan	4795150	826110	450512	352.13	1.13
湖　北 Hubei	10453442	1682318	561252	307.89	8.57
湖　南 Hunan	7650146	1970092	348503	560.28	14.08
广　东 Guangdong	26365880	6974278	1869583	836.25	32.17
广　西 Guangxi	6714274	1764665	560003	135.4	17.09
海　南 Hainan	875906	172090	11400		
重　庆 Chongqing	4924162	1333520	155678	29.31	0.89
四　川 Sichuan	10214702	2408370	1091318	167.24	3.47
贵　州 guizhou	988517	345855	59900	377	12
云　南 Yunnan	3573568	351622	179867	64.05	12
西　藏 Tibet					
陕　西 Shaanxi	12775788	3188004	1126877	348.32	19.4
甘　肃 Gansu	3005815	606902	338171	206.11	9.4
青　海 Qinghai	11020				
宁　夏 Ningxia	317815	88494	30310	53.43	0.99
新　疆 Xinjiang	355982	63858	33100	37.15	0.05

注:不含民办的其他高等教育机构数据。

Note:Date of Non-government HEIs is not Included.

(非学校产权独立使用)(总计)
Resources (Not Owned by HEIs) (Regional Aggregates)

计算机数(台) No. of Computers Used for Instruction		多媒体教室座位数(个) No. of Seats in Multimedia Class rooms	语音实验室座位数(个) No. of Seats in Audio-Labs	固定资产值(万元) Fixed Assets (10,000 yuan)				
计 Total	其中:教学用计算机 of Which: No. of Computers Used for Instruction			合计 Total	其中:教学、科研仪器设备资产 of Which: Teaching Equipment & Instruments		其中:信息化设备资产值 of Which: Assets of Information Facilities	
					小计 Subtotal	当年新增 Added in Current Year	小计 Subtotal	其中:软件 of Which: Software
283534	**225451**	**559103**	**67235**	**3138052.77**	**502790.49**	**33376.33**	**3163.63**	**1017.65**
189	131	10559	635	22721	2589	39		
11194	9785	13770	2056	48989.41	18003.95	489.31		
11377	9700	22885	1726	109243.8	30449.78	1412.4		
8938	7919	10564	1857	44312.25	10905.23	347.61		
1510	1115	934	282	23641.63	3788.03	30.5		
10327	8052	13561	2983	260592.24	26033.43	1086.41		
4827	3641	2411	1111	109045.44	12237.79	736.3		
8917	7361	9026	2298	45434.67	10874.22	629.54		
3827	3328	18790	1100	300815.37	10926.57	1901.78		
26803	21683	42149	5921	307915.03	50056.78	4291.64		
29656	22457	88335	4969	240302.66	42541.3	3543.51		
9210	7749	36252	2648	78516.99	19157.04	1540.07		
14908	12840	27783	3577	122569.46	26470.48	1619.01	833.62	540
5335	3349	7787	1224	91657.87	8750.29	484.62		
2310	1963	6625	1326	140022.88	12559.09	605	1240	400
10936	8427	17275	2741	83128.28	21455.85	1168		
11844	9390	12906	3014	109364.59	17620.94	861.2	64	64
3561	2892	13783	1078	63743.65	7763.05	1301		
55928	43852	138023	11029	525435.21	88455.34	6730.49		
6293	3905	3693	883	83494.7	34194.3	1504.74		
819	555	9740	1892	13356.08	4489.52	147.62		
13541	10415	13038	5966	144462.41	14138.19	641.99		
				4203.61	1489.91	81.5	300	
2224	1980	8243	516	21067.64	2238.7	714.61		
13295	11181	13454	3970	63115.18	7102.15	102.2	726.01	13.65
14959	11065	15425	2127	68299.15	15794.4	1096.04		
413	413	1592	106	12546.57	2650.16	250.24		
393	303	500	200	55	55	20		

资产情况

Condition of Fixed Assets and Teaching

	占地面积(平方米) Area of School Sites(m^2)			图书(万册) Books & Magazines in Libraries (10 thouand volume)	
	计 Total	其中:绿化用地面积 of Which: Green Areas	其中:运动场地面积 of Which: Sports Areas	计 Total	当年新增 Added in Current Year
合 计 Total	**174737856**	**41323060**	**11796114**	**3251.04**	**132.87**
北 京 Beijing	6044441	2134007	580548		
天 津 Tianjin	716810	201882	161248	14	3
河 北 Hebei	5738816	823798	408789	144.41	6.79
山 西 Shanxi	7786052	1412957	722474	197.79	4
内蒙古 Inner Mongolia	2209068	483905	88060	109.7	1.86
辽 宁 Liaoning	5139686	700634	417802	69.92	1.6
吉 林 Jilin	5279859	1057244	105990		
黑龙江 Heilongjiang	5391282	971525	499632	42.2	
上 海 Shanghai	4689107	1712874	288186	313.45	9.19
江 苏 Jiangsu	13152303	4658011	927622	43.5	0.5
浙 江 Zhejiang	5749531	1293468	359675	5.7	0.39
安 徽 Anhui	2604839	492350	168282	78.5	
福 建 Fujian	6564142	1689212	554149	122.75	19.03
江 西 Jiangxi	8939432	1084594	437566	181.67	7.66
山 东 Shandong	14243286	3814209	807509	296.53	5
河 南 henan	3073988	339175	326650	28.19	1.13
湖 北 Hubei	8433577	1352727	389379	10	
湖 南 Hunan	7598486	1945092	348503	552.08	14.08
广 东 Guangdong	22511787	5890961	1225043	233.6	6.07
广 西 Guangxi	6559264	1741684	534175	68.15	15.54
海 南 Hainan	875906	172090	11400		
重 庆 Chongqing	4909365	1333520	155678	29.31	0.89
四 川 Sichuan	9047326	2213406	951088	44	
贵 州 guizhou	988517	345855	59900	377	12
云 南 Yunnan	3515211	346778	176561	61.2	12
西 藏 Tibet					
陕 西 Shaanxi	11407694	2787272	960561	139.26	11.15
甘 肃 Gansu	925994	180624	78234		
青 海 Qinghai	11020				
宁 夏 Ningxia	317815	88494	30310	53.43	0.99
新 疆 Xinjiang	313252	54712	21100	34.7	

（非学校产权独立使用）（普通高校）

Resources（Not Owned by HEIs）（Regular HEIs）

计算机数（台）No. of Computers Used for Instruction		多媒体教室座位数（个）No. of Seats in Multimedia Class rooms	语音实验室座位数（个）No. of Seats in Audio-Labs	固定资产值（万元）Fixed Assets（10,000 yuan）				
				合计 Total	其中：教学、科研仪器设备资产 of Which: Teaching Equipment & Instruments		其中：信息化设备资产值 of Which: Assets of Information Facilities	
计 Total	其中：教学用计算机 of Which: No. of Computers Used for Instruction				小计 Subtotal	当年新增 Added in Current Year	小计 Subtotal	其中：软件 of Which: Software
46874	**39129**	**189033**	**21019**	**1824773.17**	**171167.59**	**11091.43**	**3163.63**	**1017.65**
139	127	10299	635	22681	2584	39		
		1700	192	2799.74				
2560	2305	7891	516	50951	17645	902		
4736	4670	8805	1054	32232	8318	200		
1510	1115	934	282	23641.63	3788.03	30.5		
1594	1349	3975	1548	181459.92	2158	330		
				67425	3769.8	324.8		
747	734	2720	80	3618.47	621.27	1.77		
3827	3328	18790	1100	300815.37	10926.57	1901.78		
2039	1739	15110	276	142134.05	6546.23	230		
113	113	17294	678	63955.93	242.05	14.64		
590	590	20191	984	9474.6	5774			
6900	5999	13285	1902	83261.88	16673.06	1370.06	833.62	540
5335	3349	7787	1224	91657.87	8750.29	484.62		
2310	1963	6625	1326	140022.88	12559.09	605	1240	400
1280	1192	610	440	8430	1140	70		
				43076.61	3631.31	292.8	64	64
3293	2624	13121	1030	60942.65	6628	1211		
416	411	10424	534	234387.81	9838.18	583.25		
1768	496	250		58770.76	29315.72	1201.04		
819	555	9740	1892	13356.08	4489.52	147.62		
1435	1321	4813	3558	96017.79	2593.73	4		
				3550.8	1385.6	80.5	300	
1819	1685	7833	396	16763.14	1749.7	714.61		
3071	2891	4994	1146	59324.42	6107.96	102.2	726.01	13.65
				1475.2	1282.32			
413	413	1592	106	12546.57	2650.16	250.24		
160	160	250	120					

资产情况
Condition of Fixed Assets and Teaching

	占地面积(平方米) Area of School Sites(m^2)			图书(万册) Books & Magazines in Libraries (10 thouand volume)	
	计 Total	其中:绿化用地面积 of Which: Green Areas	其中:运动场地面积 of Which: Sports Areas	计 Total	当年新增 Added in Current Year
合　计 Total	**26461690**	**5973769**	**3567293**	**3750.99**	**153.38**
北　京 Beijing	96503	62000	8000	2.2	
天　津 Tianjin	825894	152401	134774	175.73	5.62
河　北 Hebei	639686	179772	55054	116.11	1.72
山　西 Shanxi	244949	74250	32870	61.34	2.43
内蒙古 Inner Mongolia					
辽　宁 Liaoning	944608	116852	210042	196.44	6.66
吉　林 Jilin	676706	67180	109986	90.76	2.2
黑龙江 Heilongjiang	964592	98482	221099	163.47	8.61
上　海 Shanghai	14780	500	300		
江　苏 Jiangsu	3975429	1102520	660471	422.97	40.86
浙　江 Zhejiang	3205308	875334	432677	325.02	22.22
安　徽 Anhui	1750384	232744	101804	95.28	2.42
福　建 Fujian	527426	11808	47424	258.03	3.25
江　西 Jiangxi	62460	16138	4900		
山　东 Shandong					
河　南 henan	1721162	486935	123862	323.94	
湖　北 Hubei	2019865	329591	171873	297.89	8.57
湖　南 Hunan	51660	25000		8.2	
广　东 Guangdong	3854093	1083317	644540	602.65	26.1
广　西 Guangxi	155010	22981	25828	67.25	1.55
海　南 Hainan					
重　庆 Chongqing	14797				
四　川 Sichuan	1167376	194964	140230	123.24	3.47
贵　州 guizhou					
云　南 Yunnan	58357	4844	3306	2.85	
西　藏 Tibet					
陕　西 Shaanxi	1368094	400732	166316	209.06	8.25
甘　肃 Gansu	2079821	426278	259937	206.11	9.4
青　海 Qinghai					
宁　夏 Ningxia					
新　疆 Xinjiang	42730	9146	12000	2.45	0.05

(非学校产权独立使用)(成人高校)

Resources (Not Owned by HEIs) (Adults HEIs)

计算机数(台) No. of Computers Used for Instruction		多媒体教室座位数(个) No. of Seats in Multimedia Class rooms	语音实验室座位数(个) No. of Seats in Audio-Labs	固定资产值(万元) Fixed Assets (10,000 yuan)				
计 Total	其中:教学用计算机 of Which: No. of Computers Used for Instruction			合计 Total	其中:教学、科研仪器设备资产 of Which: Teaching Equipment & Instruments		其中:信息化设备资产值 of Which: Assets of Information Facilities	
					小计 Subtotal	当年新增 Added in Current Year	小计 Subtotal	其中:软件 of Which: Software
236660	**186322**	**370070**	**46216**	**1313279.6**	**331622.9**	**22284.9**		
50	4	260		40	5			
11194	9785	12070	1864	46189.67	18003.95	489.31		
8817	7395	14994	1210	58292.8	12804.78	510.4		
4202	3249	1759	803	12080.25	2587.23	147.61		
8733	6703	9586	1435	79132.32	23875.43	756.41		
4827	3641	2411	1111	41620.44	8467.99	411.5		
8170	6627	6306	2218	41816.2	10252.95	627.77		
24764	19944	27039	5645	165780.98	43510.55	4061.64		
29543	22344	71041	4291	176346.73	42299.25	3528.87		
8620	7159	16061	1664	69042.39	13383.04	1540.07		
8008	6841	14498	1675	39307.58	9797.42	248.95		
9656	7235	16665	2301	74698.28	20315.85	1098		
11844	9390	12906	3014	66287.98	13989.63	568.4		
268	268	662	48	2801	1135.05	90		
55512	43441	127599	10495	291047.4	78617.16	6147.24		
4525	3409	3443	883	24723.94	4878.58	303.7		
12106	9094	8225	2408	48444.62	11544.46	637.99		
				652.81	104.31	1		
405	295	410	120	4304.5	489			
10224	8290	8460	2824	3790.76	994.19			
14959	11065	15425	2127	66823.95	14512.08	1096.04		
233	143	250	80	55	55	20		

	占地面积(平方米) Area of School Sites(m^2)			图书(万册) Books & Magazines in Libraries (10 thouand volume)	
	计 Total	其中:绿化用地面积 of Which: Green Areas	其中:运动场地面积 of Which: Sports Areas	计 Total	当年新增 Added in Current Year
合　计 Total	**10314929**	**2667383**	**1090905**	**378.92**	**17.10**
北　京 Beijing	3066618	726161	331009	16.17	0.98
天　津 Tianjin					
河　北 Hebei	206590	15162	26519	5.98	0.30
山　西 Shanxi	1114165	89700	56821	22.71	3.01
内蒙古 Inner Mongolia					
辽　宁 Liaoning	80186	5790	8950	2.53	
吉　林 Jilin	19000	4700	7550	10.30	0.10
黑龙江 Heilongjiang	345374	128998	31166	10.00	
上　海 Shanghai	332649	124252	39056	39.17	8.02
江　苏 Jiangsu					
浙　江 Zhejiang	515635	120373	56500	2.00	0.02
安　徽 Anhui	199610	45592	20100	7.80	0.10
福　建 Fujian					
江　西 Jiangxi	357476	327021	15732	107.36	0.33
山　东 Shandong	1840728	577027	243647	110.60	2.79
河　南 henan	683816	175462	87135	25.20	1.30
湖　北 Hubei	251852	110929	26065	6.10	0.05
湖　南 Hunan	274104	980	22600	11.00	
广　东 Guangdong	405091	64418	62392	2.00	0.10
广　西 Guangxi					
海　南 Hainan					
重　庆 Chongqing	240631	67059	32550		
四　川 Sichuan	74226	3280	5015		
贵　州 guizhou					
云　南 Yunnan					
西　藏 Tibet					
陕　西 Shaanxi	277510	76081	12198		
甘　肃 Gansu	29668	4398	5900		
青　海 Qinghai					
宁　夏 Ningxia					
新　疆 Xinjiang					

（非学校产权独立使用）（民办的其他高等教育机构）

Resources（Not Owned by HEIs）(Other Non-government HEIs）

计算机数（台） No. of Computers Used for Instruction		多媒体教室座位数（个） No. of Seats in Multimedia Class rooms	语音实验室座位数（个） No. of Seats in Audio-Labs	固定资产值（万元） Fixed Assets（10,000 yuan）				
计 Total	其中：教学用计算机 of Which: No. of Computers Used for Instruction			合计 Total	其中：教学、科研仪器设备资产 of Which: Teaching Equipment & Instruments		其中：信息化设备资产值 of Which: Assets of Information Facilities	
					小计 Subtotal	当年新增 Added in Current Year	小计 Subtotal	其中：软件 of Which: Software
17109	**14096**	**26551**	**6185**	**93071**	**14158.18**	**772.82**	**29.00**	**1.2**
1848	1652	2399	208	5089	502.16	112.02	29.00	1.2
774	698	980	70	259	164.10	5.00		
974	859	791	294	7766	408.65	27.50		
2140	1458	500		4519	1825.50	16.50		
120	110	100						
182	160	108	120	123	123.00			
2278	1858	7075	815	2133	1575.89	61.75		
255	255			813	177.30	20.95		
		900	500					
335	244	358	218	2425.2	2387.20	0.90		
4808	3919	2856	2951	53027.99	3789.26	296.20		
1242	997	2878	223	6958	802.28	82.00		
782	722	3232	326	8099.77	716.00			
354	191	350	110	1140	1140.00			
710	678	2394	100	330	180.00	50.00		
				11.84	11.84			
60	50	1260	200	344	344.00	100.00		
247	245	370	50	31	11.00			

校舍情况(总计)

Conditions of School Buildings(Regional Aggregates)

单位：平方米

unit：m^2

	学校产权建筑面积 Floor Area of School Building Owned by HEIs				正在施工面积 Floor Area Under Construction	独立使用非学校产权建筑面积 Floor Area of School Building Not Owned by HEIs
	合计 Total	其中：危房 of Which：Dilapidated Buildings	其中：当年新增 of Which：Newly Added in Current Year	其中：被外单位借用 of Which：Floor Space Hired by Other Schools or Units		
合　计 Total	**715526792**	**1790382**	**31299260**	**928701**	**48191288**	**96429222**
北　京 Beijing	32096941	99579	616842	66349	2009213	2278789
天　津 Tianjin	15001549		1345755		436382	1149847
河　北 Hebei	31418615	12157	1059809		1768755	2784827
山　西 Shanxi	16598188	26370	334811	13590	1369803	2662788
内蒙古 Inner Mongolia	12263207	23309	631353	6000	1227289	756329
辽　宁 Liaoning	25624138	37167	1145801	2048	2073207	3778591
吉　林 Jilin	17910074	1740	495048	1024	549066	1810222
黑龙江 Heilongjiang	24536850	59991	828876	17505	625060	1694266
上　海 Shanghai	18052376		545246	41894	545830	3778403
江　苏 Jiangsu	51287906	85289	1696583	209928	2523769	9110806
浙　江 Zhejiang	25467090	185	756211	111121	2358799	6886391
安　徽 Anhui	28189610	90007	1361923	209178	1527829	2010150
福　建 Fujian	17781979	6271	547254		1764279	4434179
江　西 Jiangxi	30032954	4549	1084247	10561	1560618	1849110
山　东 Shandong	53715552	164862	2359076	25186	1406948	5828515
河　南 henan	48484120	58782	3028357	5040	1929309	3233603
湖　北 Hubei	44042401	39110	1951728	24959	1582118	6151929
湖　南 Hunan	32173046	177465	906077	10308	1559389	4052639
广　东 Guangdong	36024275	18352	1199608	11900	3189333	12195913
广　西 Guangxi	15476437	53518	938821	3362	2346389	3633819
海　南 Hainan	3721271	20389	368602		790477	1295793
重　庆 Chongqing	19931034	86618	1893599	14000	1417957	916903
四　川 Sichuan	32603993	66973	1575257		1774280	4452913
贵　州 guizhou	10076850	7248	759841	19001	2140381	669783
云　南 Yunnan	13665631	78069	1966756	30723	3389265	2488125
西　藏 Tibet	1047028	14403	14133		20797	
陕　西 Shaanxi	32558584	348828	972533	51902	4129581	4805890
甘　肃 Gansu	10909238	81058	526302	27508	1219100	1527673
青　海 Qinghai	1731095	23398	65752		120260	7800
宁　夏 Ningxia	2863939		100246	6589	371011	35599
新　疆 Xinjiang	10240821	104695	222813	9025	464794	147627

注：不含民办的其他高等教育机构数据。

Note：Date of Non-government HEIs is not Included.

校舍情况(普通高校)
Conditions of School Buidings (Regular HEIs)

单位:平方米
unit: m^2

	学校产权建筑面积 Floor Area of School Building Owned by HEIs				正在施工面积 Floor Area Under Construction	独立使用非学校产权建筑面积 Floor Area of School Building Not Owned by HEIs
	合计 Total	其中:危房 of Which: Dilapidated Buildings	其中:当年新增 of Which: Newly Added in Current Year	其中:被外单位借用 of Which: Floor Space Hired by Other Schools or Units		
合 计 Total	**697091398**	**1714318**	**30835636**	**895519**	**47425332**	**83670006**
北 京 Beijing	31245983	99579	609797	66349	1969213	2260512
天 津 Tianjin	14639636		1345755		436382	586637
河 北 Hebei	30842922	12157	1059809		1746629	2329121
山 西 Shanxi	15843007	26370	334811	13590	1216389	2618696
内蒙古 Inner Mongolia	12168569	23309	631353	6000	1227289	756329
辽 宁 Liaoning	24856942	37167	1145801	2048	2051817	3303183
吉 林 Jilin	17215070	243	494229	1024	476079	1562072
黑龙江 Heilongjiang	23834199	59991	820876	2790	619860	1208974
上 海 Shanghai	17422066		545246	34617	542167	3720937
江 苏 Jiangsu	50420923	85289	1696583	207868	2516169	7558883
浙 江 Zhejiang	25146868		752221	111121	2303409	5237203
安 徽 Anhui	27773996	90007	1361923	209178	1506961	1540725
福 建 Fujian	17599625	6271	537027		1764279	4134585
江 西 Jiangxi	28930832	4549	971909	8881	1506918	1813435
山 东 Shandong	52334360	164862	2356476	25186	1325636	5828515
河 南 henan	46887905	58782	3028357	5040	1929309	1936903
湖 北 Hubei	43580091	39110	1945670	20759	1582118	5337755
湖 南 Hunan	31674852	177465	900302	10308	1559389	4035264
广 东 Guangdong	35560773	18352	1199608	11900	3189333	10235597
广 西 Guangxi	15019922	6214	872581	3362	2315889	3510935
海 南 Hainan	3687131	20389	368602		770477	1295793
重 庆 Chongqing	19239353	86618	1888609	14000	1417957	912479
四 川 Sichuan	31163944	61973	1505393		1662297	3973881
贵 州 guizhou	9806799	7248	632117	19001	2124381	548503
云 南 Yunnan	13545241	76118	1966756	30723	3389265	2320193
西 藏 Tibet	1047028	14403	14133		20797	
陕 西 Shaanxi	31212556	348828	952771	51902	4129581	4182236
甘 肃 Gansu	10773707	81058	520602	27508	1219100	746178
青 海 Qinghai	1698640	23398	65752		120260	7800
宁 夏 Ningxia	2835068		100246	6589	371011	35599
新 疆 Xinjiang	9083390	84568	210321	5775	414971	131083

校舍情况(成人高校)

Conditions of School Buidings (Adults HEIs)

单位:平方米

unit: m²

	学校产权建筑面积 Floor Area of School Building Owned by HEIs				正在施工面积 Floor Area Under Construction	独立使用非学校产权建筑面积 Floor Area of School Building Not Owned by HEIs
	合计 Total	其中:危房 of Which: Dilapidated Buildings	其中:当年新增 of Which: Added in Current Year	其中:被外单位借用 of Which: Floor Space Hired by Other Schools or Units		
合 计 Total	**18435394**	**76064**	**463624**	**33182**	**765956**	**12759216**
北 京 Beijing	850958		7045		40000	18277
天 津 Tianjin	361913					563210
河 北 Hebei	575693				22126	455706
山 西 Shanxi	755181				153414	44092
内蒙古 Inner Mongolia	94638					
辽 宁 Liaoning	767196				21390	475408
吉 林 Jilin	695004	1497	819		72987	248150
黑龙江 Heilongjiang	702651		8000	14715	5200	485292
上 海 Shanghai	630310			7277	3663	57466
江 苏 Jiangsu	866983			2060	7600	1551923
浙 江 Zhejiang	320222	185	3990		55390	1649188
安 徽 Anhui	415614				20868	469425
福 建 Fujian	182354		10227			299594
江 西 Jiangxi	1102122		112338	1680	53700	35675
山 东 Shandong	1381192		2600		81312	
河 南 henan	1596215					1296700
湖 北 Hubei	462310		6058	4200		814174
湖 南 Hunan	498194		5775			17375
广 东 Guangdong	463502					1960316
广 西 Guangxi	456515	47304	66240		30500	122884
海 南 Hainan	34140				20000	
重 庆 Chongqing	691681		4990			4424
四 川 Sichuan	1440049	5000	69864		111983	479032
贵 州 guizhou	270051		127724		16000	121280
云 南 Yunnan	120390	1951				167932
西 藏 Tibet						
陕 西 Shaanxi	1346028		19762			623654
甘 肃 Gansu	135531		5700			781495
青 海 Qinghai	32455					
宁 夏 Ningxia	28871					
新 疆 Xinjiang	1157431	20127	12492	3250	49823	16544

校舍情况(民办的其他高等教育机构)
Conditions of School Buidings(Other Non-government HEIs)

单位:平方米
unit: m^2

	学校产权建筑面积 Floor Area of School Building Owned by HEIs				正在施工面积 Floor Area Under Construction	独立使用非学校产权建筑面积 Floor Area of School Building Not Owned by HEIs
	合计 Total	其中:危房 of Which: Dilapidated Buildings	其中:当年新增 of Which: Added in Current Year	其中:被外单位借用 of Which: Floor Space Hired by Other Schools or Units		
合　计 Total	**3683801**	**5660**	**43528**	**34620**	**379202**	**7987855**
北　京 Beijing	577447		546		13680	1806170
天　津 Tianjin						
河　北 Hebei	169863				120416	237347
山　西 Shanxi	306005		25095	4000	13410	426917
内蒙古 Inner Mongolia						
辽　宁 Liaoning	188560					287551
吉　林 Jilin	32324					26820
黑龙江 Heilongjiang	10951					134054
上　海 Shanghai	56477		5245	1000	7963	850261
江　苏 Jiangsu						
浙　江 Zhejiang	191420					685045
安　徽 Anhui	239185					183075
福　建 Fujian						
江　西 Jiangxi	260041					127219
山　东 Shandong	674331	5660	9442	20	60000	1025865
河　南 henan	281298		3200		163733	621119
湖　北 Hubei	190311					354720
湖　南 Hunan						233866
广　东 Guangdong	145181					387720
广　西 Guangxi						
海　南 Hainan						
重　庆 Chongqing	165081			29600		106954
四　川 Sichuan	59870					162079
贵　州 guizhou						
云　南 Yunnan						
西　藏 Tibet						
陕　西 Shaanxi	133692					287709
甘　肃 Gansu	1764					43364
青　海 Qinghai						
宁　夏 Ningxia						
新　疆 Xinjiang						

普通高中校数、班数(总计)
Number of Schools and Classes in Regular Senior Secondary Schools (Regional Aggregates)

	学校数(所) Schools				班数(个) Classes			
	合计 Total	完全中学 Combined Secondary Schools	高级中学 Regular High Schools	十二年一贯制学校 12 - year Schools	合计 Total	一年级 Grade 1	二年级 Grade 2	三年级 Grade 3
合　计 Total	**13688**	**6357**	**6532**	**799**	**435449**	**147837**	**143170**	**144442**
北　京 Beijing	290	203	42	45	5605	1816	1898	1891
天　津 Tianjin	209	125	79	5	4056	1312	1360	1384
河　北 Hebei	598	206	369	23	21379	6702	6972	7705
山　西 Shanxi	519	237	253	29	15371	5206	5065	5100
内蒙古 Inner Mongolia	279	124	144	11	9034	3014	2995	3025
辽　宁 Liaoning	422	81	333	8	13489	4468	4504	4517
吉　林 Jilin	248	70	172	6	8425	2896	2777	2752
黑龙江 Heilongjiang	411	122	273	16	11285	3694	3747	3844
上　海 Shanghai	247	94	134	19	4597	1480	1527	1590
江　苏 Jiangsu	618	214	362	42	25597	8222	8528	8847
浙　江 Zhejiang	569	91	445	33	18328	6093	6107	6128
安　徽 Anhui	734	436	242	56	22239	7703	7326	7210
福　建 Fujian	559	429	108	22	14275	4787	4789	4699
江　西 Jiangxi	438	262	135	41	13925	5205	4362	4358
山　东 Shandong	565	112	427	26	28059	9926	9307	8826
河　南 Henan	792	177	573	42	28400	9440	9138	9822
湖　北 Hubei	585	112	442	31	19228	6070	6299	6859
湖　南 Hunan	594	234	323	37	17724	6098	5931	5695
广　东 Guangdong	1012	617	327	68	38635	13500	12911	12224
广　西 Guangxi	446	189	245	12	12580	4422	4092	4066
海　南 Hainan	102	79	9	14	2843	1007	924	912
重　庆 Chongqing	263	247	15	1	10863	3721	3576	3566
四　川 Sichuan	740	568	136	36	24826	8442	8128	8256
贵　州 Guizhou	447	257	162	28	11449	4388	3606	3455
云　南 Yunnan	444	289	138	17	11839	4187	3884	3768
西　藏 Tibet	30	6	22	2	831	303	266	262
陕　西 Shaanxi	544	239	271	34	16026	5364	5199	5463
甘　肃 Gansu	436	251	171	14	11081	3731	3574	3776
青　海 Qinghai	112	55	37	20	2089	664	699	726
宁　夏 Ningxia	67	27	40	0	2616	928	823	865
新　疆 Xinjiang	368	204	103	61	8755	3048	2856	2851

普通高中校数、班数(城区)

Number of Schools and Classes in Regular Senior Secondary Schools(Urban Area)

	学校数(所) Schools				班数(个) Classes			
	合计 Total	完全中学 Combined Secondary Schools	高级中学 Regular High Schools	十二年一贯制学校 12 - year Schools	合计 Total	一年级 Grade 1	二年级 Grade 2	三年级 Grade 3
合　计 Total	**6389**	**2996**	**2906**	**487**	**203199**	**68340**	**67277**	**67582**
北　京 Beijing	251	176	33	42	4868	1574	1641	1653
天　津 Tianjin	151	108	39	4	2822	906	956	960
河　北 Hebei	254	119	121	14	8825	2781	2855	3189
山　西 Shanxi	246	153	80	13	6342	2151	2107	2084
内蒙古 Inner Mongolia	147	70	71	6	4699	1533	1587	1579
辽　宁 Liaoning	309	70	237	2	9421	3126	3129	3166
吉　林 Jilin	154	40	109	5	5746	1989	1907	1850
黑龙江 Heilongjiang	238	67	158	13	6615	2136	2198	2281
上　海 Shanghai	218	87	113	18	3977	1289	1317	1371
江　苏 Jiangsu	329	115	191	23	12993	4160	4346	4487
浙　江 Zhejiang	279	52	205	22	9357	3112	3106	3139
安　徽 Anhui	240	143	77	20	7513	2596	2503	2414
福　建 Fujian	204	147	45	12	5818	1958	1937	1923
江　西 Jiangxi	145	100	31	14	4613	1716	1441	1456
山　东 Shandong	277	62	204	11	14166	5011	4729	4426
河　南 Henan	338	105	210	23	10988	3662	3571	3755
湖　北 Hubei	313	68	223	22	10331	3264	3419	3648
湖　南 Hunan	200	98	82	20	6289	2142	2094	2053
广　东 Guangdong	582	321	205	56	23227	8032	7778	7417
广　西 Guangxi	179	80	92	7	5169	1819	1692	1658
海　南 Hainan	53	38	5	10	1739	601	568	570
重　庆 Chongqing	113	110	3		4619	1555	1528	1536
四　川 Sichuan	248	179	45	24	9419	3178	3115	3126
贵　州 Guizhou	142	65	63	14	3610	1309	1172	1129
云　南 Yunnan	132	85	37	10	3595	1240	1194	1161
西　藏 Tibet	10	2	6	2	300	106	93	101
陕　西 Shaanxi	239	145	69	25	5715	1881	1874	1960
甘　肃 Gansu	150	82	62	6	3510	1158	1137	1215
青　海 Qinghai	38	15	14	9	590	192	196	202
宁　夏 Ningxia	38	14	24		1535	539	513	483
新　疆 Xinjiang	172	80	52	40	4788	1624	1574	1590

普通高中校数、班数（城乡结合区）
Number of Schools and Classes in Regular Senior Secondary Schools（Urban-rural Transitional Area）

	学校数（所）Schools				班数（个）Classes			
	合计 Total	完全中学 Combined Secondary Schools	高级中学 Regular High Schools	十二年一贯制学校 12 – year Schools	合计 Total	一年级 Grade 1	二年级 Grade 2	三年级 Grade 3
合　计 Total	**950**	**383**	**466**	**101**	**32277**	**11019**	**10738**	**10520**
北　京 Beijing	14	4	3	7	226	76	78	72
天　津 Tianjin	9	7	2		200	68	67	65
河　北 Hebei	46	10	31	5	1844	599	613	632
山　西 Shanxi	34	15	19		799	272	266	261
内蒙古 Inner Mongolia	7	3	4		206	65	73	68
辽　宁 Liaoning	35	8	27		1184	419	394	371
吉　林 Jilin	10	4	5	1	253	93	86	74
黑龙江 Heilongjiang	25	9	15	1	646	210	211	225
上　海 Shanghai	15	6	5	4	213	70	69	74
江　苏 Jiangsu	41	13	24	4	1920	600	649	671
浙　江 Zhejiang	74	9	58	7	2445	812	813	820
安　徽 Anhui	34	24	7	3	784	282	269	233
福　建 Fujian	43	33	6	4	1147	383	377	387
江　西 Jiangxi	13	7	3	3	520	191	169	160
山　东 Shandong	58	10	45	3	2964	1081	997	886
河　南 Henan	66	13	46	7	2265	751	724	790
湖　北 Hubei	45	13	30	2	1540	461	506	573
湖　南 Hunan	34	15	15	4	1133	389	388	356
广　东 Guangdong	160	81	57	22	6360	2254	2138	1968
广　西 Guangxi	38	20	14	4	1158	417	376	365
海　南 Hainan	3	3			59	19	18	22
重　庆 Chongqing	7	6	1		468	148	155	165
四　川 Sichuan	35	20	9	6	1245	446	406	393
贵　州 Guizhou	22	9	11	2	562	206	182	174
云　南 Yunnan	26	18	6	2	878	306	298	274
西　藏 Tibet								
陕　西 Shaanxi	28	13	11	4	718	231	235	252
甘　肃 Gansu	6	3	2	1	86	26	29	31
青　海 Qinghai	5	2	3		58	19	17	22
宁　夏 Ningxia	4	1	3		117	38	39	40
新　疆 Xinjiang	13	4	4	5	279	87	96	96

普通高中校数、班数(镇区)
Number of Schools and Classes in Regular Senior Secondary Schools (Counties & Towns Area)

	学校数(所) Schools				班数(个) Classes			
	合计 Total	完全中学 Combined Secondary Schools	高级中学 Regular High Schools	十二年一贯制学校 12 - year Schools	合计 Total	一年级 Grade 1	二年级 Grade 2	三年级 Grade 3
合　计 Total	**6451**	**2926**	**3280**	**245**	**213525**	**72977**	**69786**	**70762**
北　京 Beijing	30	21	6	3	546	185	189	172
天　津 Tianjin	51	14	36	1	1084	357	354	373
河　北 Hebei	312	76	230	6	11804	3690	3865	4249
山　西 Shanxi	226	63	151	12	7645	2574	2507	2564
内蒙古 Inner Mongolia	122	50	68	4	4115	1405	1340	1370
辽　宁 Liaoning	105	10	91	4	3873	1279	1311	1283
吉　林 Jilin	82	23	58	1	2490	840	808	842
黑龙江 Heilongjiang	162	47	112	3	4489	1497	1495	1497
上　海 Shanghai	26	5	20	1	564	173	192	199
江　苏 Jiangsu	278	95	165	18	12325	3980	4091	4254
浙　江 Zhejiang	247	30	210	7	7958	2643	2660	2655
安　徽 Anhui	433	258	146	29	13370	4620	4397	4353
福　建 Fujian	311	243	60	8	7663	2546	2586	2531
江　西 Jiangxi	266	145	100	21	8925	3335	2807	2783
山　东 Shandong	259	47	204	8	12761	4510	4203	4048
河　南 Henan	415	66	331	18	16862	5588	5391	5883
湖　北 Hubei	222	38	175	9	7187	2262	2320	2605
湖　南 Hunan	335	114	206	15	10302	3544	3461	3297
广　东 Guangdong	365	256	103	6	13229	4684	4416	4129
广　西 Guangxi	250	99	147	4	7064	2473	2290	2301
海　南 Hainan	45	39	4	2	1040	384	333	323
重　庆 Chongqing	140	127	12	1	5848	2023	1913	1912
四　川 Sichuan	464	366	88	10	14878	5080	4833	4965
贵　州 Guizhou	276	172	93	11	7431	2907	2314	2210
云　南 Yunnan	272	176	92	4	7674	2744	2501	2429
西　藏 Tibet	12	3	9		366	128	124	114
陕　西 Shaanxi	260	73	179	8	9169	3098	2961	3110
甘　肃 Gansu	241	132	102	7	7000	2383	2245	2372
青　海 Qinghai	66	34	21	11	1352	423	453	476
宁　夏 Ningxia	26	12	14		947	341	271	335
新　疆 Xinjiang	152	92	47	13	3564	1281	1155	1128

普通高中校数、班数(镇乡结合区)

Number of Schools and Classes in Regular Senior Secondary Schools(County-town Transitional Area)

	学校数(所) Schools				班数(个) Classes			
	合计 Total	完全中学 Combined Secondary Schools	高级中学 Regular High Schools	十二年一贯制学校 12 - year Schools	合计 Total	一年级 Grade 1	二年级 Grade 2	三年级 Grade 3
合　计 Total	**1773**	**685**	**994**	**94**	**59731**	**20502**	**19534**	**19695**
北　京 Beijing	13	10	1	2	183	64	64	55
天　津 Tianjin	22	3	18	1	485	162	157	166
河　北 Hebei	126	37	86	3	4588	1418	1480	1690
山　西 Shanxi	96	23	64	9	3058	1048	999	1011
内蒙古 Inner Mongolia	10	2	6	2	315	111	105	99
辽　宁 Liaoning	19	3	16		692	227	239	226
吉　林 Jilin	2	2			51	15	12	24
黑龙江 Heilongjiang	17	2	14	1	486	167	162	157
上　海 Shanghai	5	1	3	1	70	20	24	26
江　苏 Jiangsu	53	16	31	6	2423	796	811	816
浙　江 Zhejiang	102	13	85	4	3189	1066	1069	1054
安　徽 Anhui	107	54	39	14	3116	1113	1025	978
福　建 Fujian	98	80	14	4	2209	727	760	722
江　西 Jiangxi	42	19	18	5	1349	548	404	397
山　东 Shandong	123	20	99	4	6185	2196	2021	1968
河　南 Henan	160	20	132	8	5975	1941	1922	2112
湖　北 Hubei	63	10	49	4	1916	616	623	677
湖　南 Hunan	102	34	61	7	2892	1013	970	909
广　东 Guangdong	143	87	54	2	5568	1937	1879	1752
广　西 Guangxi	38	12	26		1034	366	335	333
海　南 Hainan	9	9			250	93	79	78
重　庆 Chongqing	32	30	2		1647	571	533	543
四　川 Sichuan	75	47	25	3	2658	907	878	873
贵　州 Guizhou	79	51	22	6	1657	656	504	497
云　南 Yunnan	85	46	37	2	2719	981	874	864
西　藏 Tibet	3	1	2		88	27	35	26
陕　西 Shaanxi	83	22	58	3	3130	1073	997	1060
甘　肃 Gansu	34	17	17		1029	373	325	331
青　海 Qinghai	7	5	1	1	147	49	45	53
宁　夏 Ningxia	3	1	2		91	27	30	34
新　疆 Xinjiang	22	8	12	2	531	194	173	164

普通高中校数、班数(乡村)

Number of Schools and Classes in Regular Senior Secondary Schools (Rural Area)

	学校数(所) Schools				班数(个) Classes			
	合计 Total	完全中学 Combined Secondary Schools	高级中学 Regular High Schools	十二年一贯制学校 12 - year Schools	合计 Total	一年级 Grade 1	二年级 Grade 2	三年级 Grade 3
合　计 Total	**848**	**435**	**346**	**67**	**18725**	**6520**	**6107**	**6098**
北　京 Beijing	9	6	3		191	57	68	66
天　津 Tianjin	7	3	4		150	49	50	51
河　北 Hebei	32	11	18	3	750	231	252	267
山　西 Shanxi	47	21	22	4	1384	481	451	452
内蒙古 Inner Mongolia	10	4	5	1	220	76	68	76
辽　宁 Liaoning	8	1	5	2	195	63	64	68
吉　林 Jilin	12	7	5		189	67	62	60
黑龙江 Heilongjiang	11	8	3		181	61	54	66
上　海 Shanghai	3	2	1		56	18	18	20
江　苏 Jiangsu	11	4	6	1	279	82	91	106
浙　江 Zhejiang	43	9	30	4	1013	338	341	334
安　徽 Anhui	61	35	19	7	1356	487	426	443
福　建 Fujian	44	39	3	2	794	283	266	245
江　西 Jiangxi	27	17	4	6	387	154	114	119
山　东 Shandong	29	3	19	7	1132	405	375	352
河　南 Henan	39	6	32	1	550	190	176	184
湖　北 Hubei	50	6	44		1710	544	560	606
湖　南 Hunan	59	22	35	2	1133	412	376	345
广　东 Guangdong	65	40	19	6	2179	784	717	678
广　西 Guangxi	17	10	6	1	347	130	110	107
海　南 Hainan	4	2		2	64	22	23	19
重　庆 Chongqing	10	10			396	143	135	118
四　川 Sichuan	28	23	3	2	529	184	180	165
贵　州 Guizhou	29	20	6	3	408	172	120	116
云　南 Yunnan	40	28	9	3	570	203	189	178
西　藏 Tibet	8	1	7		165	69	49	47
陕　西 Shaanxi	45	21	23	1	1142	385	364	393
甘　肃 Gansu	45	37	7	1	571	190	192	189
青　海 Qinghai	8	6	2		147	49	50	48
宁　夏 Ningxia	3	1	2		134	48	39	47
新　疆 Xinjiang	44	32	4	8	403	143	127	133

普通高中学生数(总计)

Number of Students in Regular Senior Secondary Schools (Regional Aggregates)

单位:人

unit: person

	毕业生数 Graduates	招生数 Entrants	在校生数 Enrolment					预计毕业生数 Estimated Graduates for Next Year
			合 计 Total	其中:女 of Which: Female	一年级 Grade 1	二年级 Grade 2	三年级 Grade 3	
合 计 Total	**7877401**	**8507799**	**24548227**	**12023567**	**8517155**	**8070191**	**7960881**	**7960881**
北 京 Beijing	58275	64146	195072	101939	64350	66006	64716	64716
天 津 Tianjin	60204	60705	185461	96820	60758	62360	62343	62343
河 北 Hebei	427876	397819	1233223	645444	397885	411000	424338	424338
山 西 Shanxi	270072	286680	852689	433114	286775	280844	285070	285070
内蒙古 Inner Mongolia	168114	169674	493476	254111	169737	161681	162058	162058
辽 宁 Liaoning	233805	236157	712632	367827	236236	236884	239512	239512
吉 林 Jilin	155349	168965	478783	246277	169033	157732	152018	152018
黑龙江 Heilongjiang	204287	207742	622251	320659	207742	206536	207973	207973
上 海 Shanghai	58523	52224	161056	84560	52529	53738	54789	54789
江 苏 Jiangsu	466131	408844	1286951	600801	409460	431629	445862	445862
浙 江 Zhejiang	277131	300521	899016	453947	300746	300465	297805	297805
安 徽 Anhui	424199	441743	1278903	575024	442845	423429	412629	412629
福 建 Fujian	226312	240621	709515	345395	240887	238969	229659	229659
江 西 Jiangxi	251060	308930	783497	325551	309568	241508	232421	232421
山 东 Shandong	501759	560488	1564212	766196	560489	518836	484887	484887
河 南 Henan	665464	646263	1895068	914595	646277	608987	639804	639804
湖 北 Hubei	429063	361978	1167697	525996	364041	388722	414934	414934
湖 南 Hunan	325598	369889	1013814	489478	370023	338268	305523	305523
广 东 Guangdong	630863	777547	2204135	1075036	778007	737248	688880	688880
广 西 Guangxi	238408	283282	773562	402067	283425	249412	240725	240725
海 南 Hainan	51487	60609	168529	77777	60757	54499	53273	53273
重 庆 Chongqing	189652	226743	648720	330330	226780	214400	207540	207540
四 川 Sichuan	452646	535394	1512025	758252	535659	495466	480900	480900
贵 州 Guizhou	180203	277290	689042	330129	277298	213890	197854	197854
云 南 Yunnan	192310	243767	660291	344864	244066	217306	198919	198919
西 藏 Tibet	13165	16720	44676	23998	16720	13939	14017	14017
陕 西 Shaanxi	309328	336071	969167	462069	336301	314598	318268	318268
甘 肃 Gansu	202234	221551	657086	304744	221796	213028	222262	222262
青 海 Qinghai	36114	35377	106911	53434	35578	34279	37054	37054
宁 夏 Ningxia	48291	53562	148043	76349	53623	45916	48504	48504
新 疆 Xinjiang	129478	156497	432724	236784	157764	138616	136344	136344

普通高中学生数(城区)

Number of Students in Regular Senior Secondary Schools (Urban Area)

单位:人
unit: person

	毕业生数 Graduates	招生数 Entrants	在校生数 Enrolment					预计毕业生数 Estimated Graduates for Next Year
			合 计 Total	其中:女 of Which: Female	一年级 Grade 1	二年级 Grade 2	三年级 Grade 3	
合 计 Total	**3530749**	**3746924**	**10987519**	**5455420**	**3750831**	**3644823**	**3591865**	**3591865**
北 京 Beijing	51524	55216	168218	87908	55383	56556	56279	56279
天 津 Tianjin	39832	38645	119633	62654	38688	40254	40691	40691
河 北 Hebei	167115	158629	488490	256062	158681	164559	165250	165250
山 西 Shanxi	108208	116899	346918	175940	116937	115656	114325	114325
内蒙古 Inner Mongolia	88253	84857	253351	131249	84900	84728	83723	83723
辽 宁 Liaoning	160225	158667	481538	248287	158695	159412	163431	163431
吉 林 Jilin	104379	115986	327227	168485	116016	108473	102738	102738
黑龙江 Heilongjiang	118221	119175	360929	186056	119175	119713	122041	122041
上 海 Shanghai	48920	44935	136755	71745	45140	45656	45959	45959
江 苏 Jiangsu	225273	199333	627017	301996	199617	209278	218122	218122
浙 江 Zhejiang	141814	151781	452733	229565	151866	150830	150037	150037
安 徽 Anhui	133487	144975	418892	194840	145013	140637	133242	133242
福 建 Fujian	88338	96622	284201	142193	96748	95034	92419	92419
江 西 Jiangxi	85268	100651	258058	107514	100766	79152	78140	78140
山 东 Shandong	242562	280578	781186	385799	280579	260693	239914	239914
河南 Henan	237217	229697	679344	332481	229711	221436	228197	228197
湖 北 Hubei	219472	184335	596728	274500	184562	201083	211083	211083
湖 南 Hunan	113336	124008	350428	171207	124008	117203	109217	109217
广 东 Guangdong	386507	455839	1304073	638078	456259	436880	410934	410934
广 西 Guangxi	94605	112411	310481	159880	112455	101151	96875	96875
海 南 Hainan	30990	35340	102060	46638	35484	33564	33012	33012
重 庆 Chongqing	79785	89317	262942	137586	89351	87443	86148	86148
四 川 Sichuan	169930	195397	565756	287530	195459	187253	183044	183044
贵州 Guizhou	57925	79347	210444	103921	79349	67114	63981	63981
云 南 Yunnan	59346	70403	200128	106706	70420	66729	62979	62979
西 藏 Tibet	4766	5716	15867	8379	5716	4699	5452	5452
陕 西 Shaanxi	102243	107651	327593	157909	107819	108437	111337	111337
甘 肃 Gansu	60552	65042	197144	92398	65142	64341	67661	67661
青 海 Qinghai	9914	9871	29414	14776	9994	9488	9932	9932
宁 夏 Ningxia	26683	30824	85315	43728	30885	28107	26323	26323
新 疆 Xinjiang	74059	84777	244656	129410	86013	79264	79379	79379

普通高中学生数(城乡结合区)
Number of Students in Regular Senior Secondary Schools (Urban-rural Transitional Area)

单位:人
unit: person

	毕业生数 Graduates	招生数 Entrants	在校生数 Enrolment					预计毕业生数 Estimated Graduates for Next Year
			计 Total	其中:女 of Which: Female	一年级 Grade 1	二年级 Grade 2	三年级 Grade 3	
合 计 Total	**560708**	**623217**	**1795726**	**870215**	**623584**	**596429**	**575713**	**575713**
北 京 Beijing	1973	2882	7908	4111	2889	2602	2417	2417
天 津 Tianjin	2955	3112	9233	4998	3112	3157	2964	2964
河 北 Hebei	36779	33637	102759	53912	33637	34587	34535	34535
山 西 Shanxi	13775	15101	44030	21771	15101	14229	14700	14700
内蒙古 Inner Mongolia	3428	3463	10900	5633	3463	3930	3507	3507
辽 宁 Liaoning	18458	21486	60970	30705	21488	19947	19535	19535
吉 林 Jilin	3721	5333	13249	6667	5333	4271	3645	3645
黑龙江 Heilongjiang	11078	11209	33812	17318	11209	10945	11658	11658
上 海 Shanghai	2658	2462	7480	4033	2477	2425	2578	2578
江 苏 Jiangsu	31666	29100	94191	43521	29100	31734	33357	33357
浙 江 Zhejiang	36853	39780	118957	59332	39793	39853	39311	39311
安 徽 Anhui	13871	15454	43539	20506	15456	15197	12886	12886
福 建 Fujian	17885	19030	56902	26498	19039	19060	18803	18803
江 西 Jiangxi	8446	11881	28814	10142	11981	8782	8051	8051
山 东 Shandong	49746	60825	163871	79814	60825	54482	48564	48564
河 南 Henan	52741	51165	151373	71941	51168	49182	51023	51023
湖 北 Hubei	36808	25043	89288	40204	25165	30366	33757	33757
湖 南 Hunan	20434	23578	65037	30993	23578	22104	19355	19355
广 东 Guangdong	99515	129192	359161	171244	129224	120075	109862	109862
广 西 Guangxi	21541	26753	71548	35859	26773	23303	21472	21472
海 南 Hainan	1206	1260	3634	1167	1260	1060	1314	1314
重 庆 Chongqing	8399	9421	29329	15037	9425	9834	10070	10070
四 川 Sichuan	21038	26460	71441	36668	26493	23074	21874	21874
贵 州 Guizhou	7751	12452	32469	16248	12454	10488	9527	9527
云 南 Yunnan	15424	19047	53333	27770	19050	18232	16051	16051
西 藏 Tibet								
陕 西 Shaanxi	13893	14772	44412	20160	14772	14174	15466	15466
甘 肃 Gansu	1280	1480	4365	2091	1480	1412	1473	1473
青 海 Qinghai	1035	887	2816	1354	887	807	1122	1122
宁 夏 Ningxia	2100	2127	6382	3268	2127	2150	2105	2105
新 疆 Xinjiang	4251	4825	14523	7250	4825	4967	4731	4731

普通高中学生数(镇区)
Number of Students in Regular Senior Secondary Schools(Counties & Towns Area)

单位:人
unit: person

	毕业生数 Graduates	招生数 Entrants	在校生数 Enrolment					预计毕业生数 Estimated Graduates for Next Year
			合 计 Total	其中:女 of Which: Female	一年级 Grade 1	二年级 Grade 2	三年级 Grade 3	
合 计 Total	**4010813**	**4394533**	**12527046**	**6068638**	**4399796**	**4087928**	**4039322**	**4039322**
北 京 Beijing	4910	7026	20798	11051	7058	7281	6459	6459
天 津 Tianjin	18008	19533	58214	30166	19543	19507	19164	19164
河 北 Hebei	244131	225422	700898	365931	225436	231724	243738	243738
山 西 Shanxi	137444	144266	429129	219147	144323	139749	145057	145057
内蒙古 Inner Mongolia	75548	80243	227147	116517	80263	72631	74253	74253
辽 宁 Liaoning	70377	73984	220779	114441	74035	74082	72662	72662
吉 林 Jilin	47532	49574	141827	72650	49612	46227	45988	45988
黑龙江 Heilongjiang	83018	85560	251337	129525	85560	83489	82288	82288
上 海 Shanghai	8776	6628	22140	11640	6717	7357	8066	8066
江 苏 Jiangsu	234844	205377	645611	292538	205709	217793	222109	222109
浙 江 Zhejiang	120200	132791	397968	200305	132928	133122	131918	131918
安 徽 Anhui	263694	269019	781384	343925	270061	257646	253677	253677
福 建 Fujian	125563	130575	386895	186711	130714	130738	125443	125443
江 西 Jiangxi	157805	199267	504496	209956	199775	156526	148195	148195
山 东 Shandong	238555	257590	721132	349463	257590	237932	225610	225610
河 南 Henan	415968	405158	1184503	567268	405158	377939	401406	401406
湖 北 Hubei	169153	144925	465734	207310	146761	152616	166357	166357
湖 南 Hunan	190094	221463	600670	288621	221597	200362	178711	178711
广 东 Guangdong	213931	276993	777504	376153	277032	260048	240424	240424
广 西 Guangxi	137557	162638	442153	231633	162737	141691	137725	137725
海 南 Hainan	19542	24072	63214	29776	24076	19850	19288	19288
重 庆 Chongqing	102885	128376	362103	180963	128379	119119	114605	114605
四 川 Sichuan	273940	329313	917506	455777	329516	298604	289386	289386
贵 州 Guizhou	117178	188060	457456	215768	188065	140701	128690	128690
云 南 Yunnan	123737	161628	428675	221526	161850	140013	126812	126812
西 藏 Tibet	5392	6866	19172	10150	6866	6563	5743	5743
陕 西 Shaanxi	184801	204526	574242	272085	204563	184631	185048	185048
甘 肃 Gansu	132069	146010	427815	197078	146155	137703	143957	143957
青 海 Qinghai	23800	22754	69782	34728	22795	22249	24738	24738
宁 夏 Ningxia	20001	19612	54642	28349	19612	15557	19473	19473
新 疆 Xinjiang	50360	65284	172120	97487	65310	54478	52332	52332

普通高中学生数(镇乡结合区)

Number of Students in Regular Senior Secondary Schools (County-town Transitional Area)

单位:人
unit: person

	毕业生数 Graduates	招生数 Entrants	在校生数 Enrolment					预计毕业生数 Estimated Graduates for Next Year
			合 计 Total	其中:女 of Which: Female	一年级 Grade 1	二年级 Grade 2	三年级 Grade 3	
合 计 Total	**1109127**	**1220347**	**3482898**	**1693635**	**1222515**	**1137473**	**1122910**	**1122910**
北 京 Beijing	1581	2250	6372	3237	2255	2217	1900	1900
天 津 Tianjin	7668	8836	25812	13578	8836	8616	8360	8360
河 北 Hebei	96492	85511	268934	140314	85511	88381	95042	95042
山 西 Shanxi	53130	57475	167978	86535	57526	54042	56410	56410
内蒙古 Inner Mongolia	5194	5664	16289	8018	5664	5372	5253	5253
辽 宁 Liaoning	12027	12742	38559	20432	12786	13245	12528	12528
吉 林 Jilin	1180	714	2624	1345	714	739	1171	1171
黑龙江 Heilongjiang	8472	8950	26049	13379	8950	8548	8551	8551
上 海 Shanghai	892	796	2683	1282	799	895	989	989
江 苏 Jiangsu	43539	41626	128345	56108	41926	43535	42884	42884
浙 江 Zhejiang	44716	52495	157471	78992	52555	53118	51798	51798
安 徽 Anhui	57755	62018	177546	77240	62572	58620	56354	56354
福 建 Fujian	37279	37100	111990	52603	37137	38507	36346	36346
江 西 Jiangxi	22333	32138	75936	30372	32152	22402	21382	21382
山 东 Shandong	118129	125395	351148	171185	125395	115488	110265	110265
河 南 Henan	151549	138084	409790	199023	138084	131470	140236	140236
湖 北 Hubei	42973	37913	120527	54290	38767	39298	42462	42462
湖 南 Hunan	53632	64716	170923	81847	64769	56884	49270	49270
广 东 Guangdong	87156	114106	324211	155855	114135	108963	101113	101113
广 西 Guangxi	18631	24205	64744	34798	24205	20816	19723	19723
海 南 Hainan	5423	6105	16868	7892	6105	5489	5274	5274
重 庆 Chongqing	27084	35704	101517	50817	35704	33253	32560	32560
四 川 Sichuan	47450	56631	158379	81348	56657	52215	49507	49507
贵 州 Guizhou	24379	42435	100872	47775	42439	30303	28130	28130
云 南 Yunnan	45313	56955	152077	78386	57042	48455	46580	46580
西 藏 Tibet	1440	1742	5338	2907	1742	2103	1493	1493
陕 西 Shaanxi	63616	71435	198628	94314	71446	62714	64468	64468
甘 肃 Gansu	18728	22787	63662	28666	22787	19923	20952	20952
青 海 Qinghai	2599	2452	6793	3377	2486	1983	2324	2324
宁 夏 Ningxia	1527	1445	4896	2364	1445	1598	1853	1853
新 疆 Xinjiang	7240	9922	25937	15356	9924	8281	7732	7732

普通高中学生数(乡村)

Number of Students in Regular Senior Secondary Schools (Rural Area)

单位:人
unit: person

	毕业生数 Graduates	招生数 Entrants	在校生数 Enrolment 合计 Total	其中:女 of Which: Female	一年级 Grade 1	二年级 Grade 2	三年级 Grade 3	预计毕业生数 Estimated Graduates for Next Year
合 计 Total	**335839**	**366342**	**1033662**	**499509**	**366528**	**337440**	**329694**	**329694**
北 京 Beijing	1841	1904	6056	2980	1909	2169	1978	1978
天 津 Tianjin	2364	2527	7614	4000	2527	2599	2488	2488
河 北 Hebei	16630	13768	43835	23451	13768	14717	15350	15350
山 西 Shanxi	24420	25515	76642	38027	25515	25439	25688	25688
内蒙古 Inner Mongolia	4313	4574	12978	6345	4574	4322	4082	4082
辽 宁 Liaoning	3203	3506	10315	5099	3506	3390	3419	3419
吉 林 Jilin	3438	3405	9729	5142	3405	3032	3292	3292
黑龙江 Heilongjiang	3048	3007	9985	5078	3007	3334	3644	3644
上 海 Shanghai	827	661	2161	1175	672	725	764	764
江 苏 Jiangsu	6014	4134	14323	6267	4134	4558	5631	5631
浙 江 Zhejiang	15117	15949	48315	24077	15952	16513	15850	15850
安 徽 Anhui	27018	27749	78627	36259	27771	25146	25710	25710
福 建 Fujian	12411	13424	38419	16491	13425	13197	11797	11797
江 西 Jiangxi	7987	9012	20943	8081	9027	5830	6086	6086
山 东 Shandong	20642	22320	61894	30934	22320	20211	19363	19363
河 南 Henan	12279	11408	31221	14846	11408	9612	10201	10201
湖 北 Hubei	40438	32718	105235	44186	32718	35023	37494	37494
湖 南 Hunan	22168	24418	62716	29650	24418	20703	17595	17595
广 东 Guangdong	30425	44715	122558	60805	44716	40320	37522	37522
广 西 Guangxi	6246	8233	20928	10554	8233	6570	6125	6125
海 南 Hainan	955	1197	3255	1363	1197	1085	973	973
重 庆 Chongqing	6982	9050	23675	11781	9050	7838	6787	6787
四 川 Sichuan	8776	10684	28763	14945	10684	9609	8470	8470
贵 州 Guizhou	5100	9883	21142	10440	9884	6075	5183	5183
云 南 Yunnan	9227	11736	31488	16632	11796	10564	9128	9128
西 藏 Tibet	3007	4138	9637	5469	4138	2677	2822	2822
陕 西 Shaanxi	22284	23894	67332	32075	23919	21530	21883	21883
甘 肃 Gansu	9613	10499	32127	15268	10499	10984	10644	10644
青 海 Qinghai	2400	2752	7715	3930	2789	2542	2384	2384
宁 夏 Ningxia	1607	3126	8086	4272	3126	2252	2708	2708
新 疆 Xinjiang	5059	6436	15948	9887	6441	4874	4633	4633

普通高中女学生数

Number of Female Students in Regular Senior Secondary Schools

单位：人
unit：person

	毕业生数 Graduates	招生数 Entrants	在校生数 Enrolment				预计毕业生数 Estimated Graduates for Next Year
			计 Total	一年级 Grade 1	二年级 Grade 2	三年级 Grade 3	
合　计 Total	**3822377**	**4179537**	**12023567**	**4184664**	**3957797**	**3881106**	**3881106**
北　京 Beijing	31589	33140	101939	33271	34645	34023	34023
天　津 Tianjin	31381	31634	96820	31640	32630	32550	32550
河　北 Hebei	225275	207566	645444	207784	216241	221419	221419
山　西 Shanxi	136033	146298	433114	146339	141549	145226	145226
内蒙古 Inner Mongolia	86422	86741	254111	86773	84045	83293	83293
辽　宁 Liaoning	121348	121955	367827	122101	121875	123851	123851
吉　林 Jilin	79827	86627	246277	86725	81985	77567	77567
黑龙江 Heilongjiang	104721	107161	320659	107161	106723	106775	106775
上　海 Shanghai	30619	27495	84560	27595	27813	29152	29152
江　苏 Jiangsu	214063	192941	600801	193094	201117	206590	206590
浙　江 Zhejiang	139931	151586	453947	151666	151962	150319	150319
安　徽 Anhui	187112	201966	575024	202305	189196	183523	183523
福　建 Fujian	110189	116938	345395	117024	116574	111797	111797
江　西 Jiangxi	103789	129158	325551	129578	100537	95436	95436
山　东 Shandong	239549	277107	766196	277108	254691	234397	234397
河　南 Henan	323207	315386	914595	315966	292568	306061	306061
湖　北 Hubei	194958	162465	525996	163270	175096	187630	187630
湖　南 Hunan	156622	176418	489478	176471	164369	148638	148638
广　东 Guangdong	302054	382153	1075036	382480	359020	333536	333536
广　西 Guangxi	123150	145983	402067	146135	130589	125343	125343
海　南 Hainan	22610	28293	77777	28296	25208	24273	24273
重　庆 Chongqing	95628	114759	330330	114771	110081	105478	105478
四　川 Sichuan	222386	268250	758252	268340	249490	240422	240422
贵　州 Guizhou	83640	133300	330129	133302	103680	93147	93147
云　南 Yunnan	97779	128719	344864	128809	113277	102778	102778
西　藏 Tibet	7054	8847	23998	8847	7622	7529	7529
陕　西 Shaanxi	148830	160533	462069	160900	150185	150984	150984
甘　肃 Gansu	90126	104875	304744	104957	98616	101171	101171
青　海 Qinghai	18148	17719	53434	17792	17067	18575	18575
宁　夏 Ningxia	24087	27719	76349	27719	23643	24987	24987
新　疆 Xinjiang	70250	85805	236784	86445	75703	74636	74636

中学学校教职工数(总计)

Number of Educational Personnel in General Secondary Schools (Regional Aggregates)

单位:人
unit: person

	教职工数 Educational Personnel						代课教师 Substitute Teachers	兼任教师 Part-time Teachers
	合计 Total	专任教师 Full-time Teachers	行政人员 Adm. Personnel	教辅人员 Supporting Staff	工勤人员 Workers	校办企业职工 Employees in School-run Factories & Farms		
合 计 Total	**6371555**	**5522325**	**256766**	**273883**	**312925**	**5656**	**100866**	**18175**
北 京 Beijing	77282	56039	8729	7976	4374	164	1097	340
天 津 Tianjin	53063	42536	4774	3622	2053	78	221	543
河 北 Hebei	314819	268933	12725	18496	14280	385	9769	400
山 西 Shanxi	219910	187943	7167	10133	13778	889	17216	1358
内蒙古 Inner Mongolia	132907	104225	7995	10632	9853	202	3287	367
辽 宁 Liaoning	209409	174588	24271	4225	6289	36	458	44
吉 林 Jilin	134235	105011	10836	12362	5839	187	1656	274
黑龙江 Heilongjiang	186020	155479	10810	9555	10009	167	1177	792
上 海 Shanghai	75230	58398	5694	6357	4723	58	884	538
江 苏 Jiangsu	351095	300761	10713	19138	20246	237	1262	350
浙 江 Zhejiang	226257	198366	7367	8812	11535	177		1684
安 徽 Anhui	278940	245719	9125	7848	16147	101	5967	878
福 建 Fujian	177154	155987	6625	6712	7652	178	932	297
江 西 Jiangxi	201437	184160	3595	4423	9145	114	2523	641
山 东 Shandong	462765	396102	16245	30214	19918	286	3666	675
河 南 Henan	455176	402597	16658	15700	20015	206	10747	1433
湖 北 Hubei	270838	236025	8528	11827	14046	412	7953	273
湖 南 Hunan	312162	268602	11636	14926	16613	385	2418	666
广 东 Guangdong	515063	451711	21138	16755	24930	529	5721	1241
广 西 Guangxi	197141	168116	7233	9526	12146	120	1671	1194
海 南 Hainan	47905	40545	1227	1340	4661	132	896	225
重 庆 Chongqing	132969	118219	4738	3991	5944	77	785	431
四 川 Sichuan	381750	343335	10212	8809	19156	238	4832	1137
贵 州 Guizhou	171950	158170	5162	2934	5658	26	1608	480
云 南 Yunnan	188154	169004	3369	4603	11101	77	968	188
西 藏 Tibet	13374	12684	167	82	441		73	45
陕 西 Shaanxi	210135	181246	11060	9809	7914	106	4533	348
甘 肃 Gansu	144584	132841	3416	4260	4037	30	2036	707
青 海 Qinghai	30108	28048	481	621	950	8	2374	90
宁 夏 Ningxia	32995	29973	554	1337	1115	16	545	89
新 疆 Xinjiang	166728	146962	4516	6858	8357	35	3591	447

中学学校教职工数(城区)

Number of Educational Personnel in General Secondary Schools (Urban Area)

单位:人

unit: person

	教职工数 Educational Personnel						代课教师 Substitute Teachers	兼任教师 Part-time Teachers
	合计 Total	专任教师 Full-time Teachers	行政人员 Adm. Personnel	教辅人员 Supporting Staff	工勤人员 Workers	校办企业职工 Employees in School-run Factories & Farms		
合　计 Total	**2210884**	**1864928**	**112938**	**112861**	**117646**	**2511**	**39692**	**8748**
北　京 Beijing	59869	43913	6910	5545	3345	156	1052	331
天　津 Tianjin	32904	25600	3192	2576	1471	65	200	534
河　北 Hebei	94651	79778	4108	5834	4677	254	3004	78
山　西 Shanxi	69964	57752	3324	3972	4747	169	5494	822
内蒙古 Inner Mongolia	48964	39135	4123	3248	2427	31	1986	203
辽　宁 Liaoning	103549	86808	11866	1753	3103	19	128	17
吉　林 Jilin	59427	46455	4464	5340	3002	166	1177	165
黑龙江 Heilongjiang	80686	67751	4828	4320	3763	24	707	305
上　海 Shanghai	60898	47125	4465	5546	3707	55	827	480
江　苏 Jiangsu	153635	132226	5283	8207	7856	63	836	214
浙　江 Zhejiang	100382	86551	3572	4279	5889	91		999
安　徽 Anhui	65050	56795	2390	2241	3594	30	2533	429
福　建 Fujian	58705	50810	2291	2404	3157	43	587	126
江　西 Jiangxi	46302	42096	1182	959	2003	62	705	267
山　东 Shandong	168741	142861	6852	12106	6750	172	592	362
河　南 Henan	124889	106703	6639	5530	5948	69	3448	379
湖　北 Hubei	101691	86932	4067	5325	5166	201	2790	161
湖　南 Hunan	72464	59584	3045	4349	5390	96	906	242
广　东 Guangdong	272618	232292	11778	11621	16499	428	5313	854
广　西 Guangxi	49641	42036	2056	2530	3013	6	732	383
海　南 Hainan	19179	15662	650	712	2101	54	556	107
重　庆 Chongqing	41672	36492	1550	1493	2101	36	350	257
四　川 Sichuan	93181	79922	3319	3735	6111	94	1076	338
贵　州 Guizhou	34003	29794	1464	849	1883	13	517	118
云　南 Yunnan	33169	28682	1040	1342	2064	41	29	25
西　藏 Tibet	2599	2341	91	22	145		69	45
陕　西 Shaanxi	55375	45749	4519	2466	2614	27	1442	103
甘　肃 Gansu	32649	28624	1341	1250	1428	6	540	156
青　海 Qinghai	6603	6076	146	128	253		322	53
宁　夏 Ningxia	12911	11653	286	509	448	15	335	18
新　疆 Xinjiang	54513	46730	2097	2670	2991	25	1439	177

中学学校教职工数(城乡结合区)

Number of Educational Personnel in General Secondary Schools (Urban－rural Transitional Area)

单位:人
unit: person

	教职工数 Educational Personnel						代课教师 Substitute Teachers	兼任教师 Part-time Teachers
	合计 Total	专任教师 Full-time Teachers	行政人员 Adm. Personnel	教辅人员 Supporting Staff	工勤人员 Workers	校办企业职工 Employees in School-run Factories & Farms		
合 计 Total	**384233**	**323879**	**16617**	**17868**	**25463**	**406**	**5762**	**1682**
北 京 Beijing	5194	3531	589	569	475	30	5	14
天 津 Tianjin	2571	1869	308	302	91	1	2	1
河 北 Hebei	21449	18137	703	1311	1277	21	381	12
山 西 Shanxi	8050	6880	314	402	443	11	1001	235
内蒙古 Inner Mongolia	3126	2397	221	284	211	13	50	10
辽 宁 Liaoning	11264	9434	1321	146	358	5	3	14
吉 林 Jilin	3573	2668	290	373	242		24	7
黑龙江 Heilongjiang	7934	6439	500	433	562		42	9
上 海 Shanghai	3867	3130	269	231	234	3	55	37
江 苏 Jiangsu	20717	17925	632	1079	1069	12	71	2
浙 江 Zhejiang	26702	22736	966	967	2004	29		512
安 徽 Anhui	8545	7249	318	268	705	5	307	73
福 建 Fujian	14061	11750	507	594	1201	9	146	21
江 西 Jiangxi	6438	5620	199	138	481		52	22
山 东 Shandong	35376	30275	1160	2310	1610	21	178	58
河 南 Henan	27060	23545	1142	1082	1259	32	701	132
湖 北 Hubei	14227	11983	450	841	929	24	266	1
湖 南 Hunan	14998	12000	618	808	1562	10	63	47
广 东 Guangdong	86812	73623	3613	3346	6072	158	1694	272
广 西 Guangxi	10190	8513	368	566	743		171	95
海 南 Hainan	901	639	23	48	183	8	45	11
重 庆 Chongqing	4524	4009	179	108	227	1	42	
四 川 Sichuan	14855	12130	546	598	1576	5	89	18
贵 州 Guizhou	5827	5094	294	118	321		141	16
云 南 Yunnan	7273	6288	165	273	547		8	12
西 藏 Tibet								
陕 西 Shaanxi	9341	7687	703	400	549	2	10	27
甘 肃 Gansu	2640	2452	49	31	108			6
青 海 Qinghai	817	763	17	11	26		40	1
宁 夏 Ningxia	1566	1449	27	46	44		25	
新 疆 Xinjiang	4335	3664	126	185	354	6	150	17

中学学校教职工数（镇区）
Number of Educational Personnel in General Secondary Schools（Counties & Towns Area）

单位：人
unit：person

	教职工数 Educational Personnel						代课教师 Substitute Teachers	兼任教师 Part-time Teachers
	合计 Total	专任教师 Full-time Teachers	行政人员 Adm. Personnel	教辅人员 Supporting Staff	工勤人员 Workers	校办企业职工 Employees in School-run Factories & Farms		
合　计 Total	**2977545**	**2592920**	**102073**	**129902**	**149996**	**2654**	**41040**	**6849**
北　京 Beijing	11483	8036	1044	1761	634	8	28	8
天　津 Tianjin	14406	11981	1116	824	475	10	7	9
河　北 Hebei	163515	139053	5985	10462	7899	116	4020	182
山　西 Shanxi	104856	90823	2568	4771	6057	637	8118	410
内蒙古 Inner Mongolia	68373	52919	3111	6213	5971	159	1089	158
辽　宁 Liaoning	77162	63681	8795	2061	2611	14	266	11
吉　林 Jilin	47724	37096	3823	4745	2053	7	296	48
黑龙江 Heilongjiang	74162	60809	4209	3994	5093	57	339	389
上　海 Shanghai	12236	9609	1064	698	862	3	45	51
江　苏 Jiangsu	177446	151393	4764	9951	11169	169	361	133
浙　江 Zhejiang	101247	89763	2958	3801	4644	81		507
安　徽 Anhui	140403	121894	4658	4594	9202	55	2237	354
福　建 Fujian	85363	75578	2937	3375	3364	109	210	133
江　西 Jiangxi	109917	99590	1758	2936	5583	50	1117	200
山　东 Shandong	223238	191839	7470	13898	9917	114	2712	253
河　南 Henan	226535	199845	7256	8473	10854	107	6354	743
湖　北 Hubei	119012	104519	3037	4822	6458	176	3254	73
湖　南 Hunan	149911	127811	5253	8355	8232	260	750	277
广　东 Guangdong	190947	173213	6961	4333	6419	21	325	241
广　西 Guangxi	113167	96294	3728	5775	7273	97	649	604
海　南 Hainan	25117	21762	509	569	2203	74	301	102
重　庆 Chongqing	76070	67896	2597	2329	3208	40	326	168
四　川 Sichuan	202022	182652	4701	4532	10002	135	1893	621
贵　州 Guizhou	87932	80722	2400	1788	3010	12	657	278
云　南 Yunnan	97276	87093	1464	2631	6053	35	334	159
西　藏 Tibet	7452	7174	48	36	194		4	
陕　西 Shaanxi	112990	98409	4433	5957	4122	69	2093	176
甘　肃 Gansu	65787	59869	1404	2553	1938	23	742	284
青　海 Qinghai	15384	14054	291	410	621	8	1339	37
宁　夏 Ningxia	13618	12181	223	679	534	1	119	47
新　疆 Xinjiang	62794	55362	1508	2576	3341	7	1055	193

中学学校教职工数(镇乡结合区)

Number of Educational Personnel in General Secondary Schools (County-town Transitional Area)

单位:人
unit: person

	教职工数 Educational Personnel						代课教师 Substitute Teachers	兼任教师 Part-time Teachers
	合计 Total	专任教师 Full-time Teachers	行政人员 Adm. Personnel	教辅人员 Supporting Staff	工勤人员 Workers	校办企业职工 Employees in School-run Factories & Farms		
合 计 Total	**815286**	**708271**	**28151**	**35696**	**42031**	**1137**	**12355**	**2077**
北 京 Beijing	3740	2549	422	590	179		13	2
天 津 Tianjin	5521	4578	453	315	175		7	8
河 北 Hebei	67068	57310	2434	3922	3381	21	1212	32
山 西 Shanxi	37755	32378	875	1832	2158	512	3140	203
内蒙古 Inner Mongolia	7042	5281	329	692	710	30	121	1
辽 宁 Liaoning	11444	9449	1311	323	357	4	184	11
吉 林 Jilin	4630	3543	391	412	284		21	4
黑龙江 Heilongjiang	6799	5839	356	340	261	3	54	17
上 海 Shanghai	3103	2446	250	137	270		1	5
江 苏 Jiangsu	40848	34986	1128	2114	2559	61	113	26
浙 江 Zhejiang	37931	33609	1041	1428	1789	64		94
安 徽 Anhui	38172	32045	1417	1266	3436	8	285	179
福 建 Fujian	26366	23365	985	935	1078	3	82	45
江 西 Jiangxi	20049	17565	409	667	1395	13	180	49
山 东 Shandong	95107	81407	3286	6178	4184	52	1511	142
河 南 Henan	87635	77113	2918	3289	4234	81	2228	290
湖 北 Hubei	29891	26076	846	1059	1846	64	1014	17
湖 南 Hunan	48491	41300	1800	2450	2821	120	300	194
广 东 Guangdong	64972	58537	2502	1549	2365	19	130	68
广 西 Guangxi	20439	17522	613	1076	1228		143	201
海 南 Hainan	3976	3421	83	99	371	2	67	70
重 庆 Chongqing	17989	16187	520	570	709	3	73	22
四 川 Sichuan	35557	31902	1121	758	1735	41	412	118
贵 州 Guizhou	21048	19216	568	341	923		294	52
云 南 Yunnan	26110	23111	354	844	1801		141	53
西 藏 Tibet	1077	1022	4	18	33		4	
陕 西 Shaanxi	32266	27953	1393	1785	1104	31	389	94
甘 肃 Gansu	8585	7783	175	384	238	5	35	21
青 海 Qinghai	2355	2293	14	30	18		117	
宁 夏 Ningxia	2333	2141	35	76	81		9	13
新 疆 Xinjiang	6987	6344	118	217	308		75	46

中学学校教职工数(乡村)

Number of Educational Personnel in General Secondary Schools (Rural Area)

单位:人
unit: person

	教职工数 Educational Personnel						代课教师 Substitute Teachers	兼任教师 Part-time Teachers
	合计 Total	专任教师 Full-time Teachers	行政人员 Adm. Personnel	教辅人员 Supporting Staff	工勤人员 Workers	校办企业职工 Employees in School-run Factories & Farms		
合　计 Total	**1183126**	**1064477**	**41755**	**31120**	**45283**	**491**	**20134**	**2578**
北　京 Beijing	5930	4090	775	670	395		17	1
天　津 Tianjin	5753	4955	466	222	107	3	14	
河　北 Hebei	56653	50102	2632	2200	1704	15	2745	140
山　西 Shanxi	45090	39368	1275	1390	2974	83	3604	126
内蒙古 Inner Mongolia	15570	12171	761	1171	1455	12	212	6
辽　宁 Liaoning	28698	24099	3610	411	575	3	64	16
吉　林 Jilin	27084	21460	2549	2277	784	14	183	61
黑龙江 Heilongjiang	31172	26919	1773	1241	1153	86	131	98
上　海 Shanghai	2096	1664	165	113	154		12	7
江　苏 Jiangsu	20014	17142	666	980	1221	5	65	3
浙　江 Zhejiang	24628	22052	837	732	1002	5		178
安　徽 Anhui	73487	67030	2077	1013	3351	16	1197	95
福　建 Fujian	33086	29599	1397	933	1131	26	135	38
江　西 Jiangxi	45218	42474	655	528	1559	2	701	174
山　东 Shandong	70786	61402	1923	4210	3251		362	60
河　南 Henan	103752	96049	2763	1697	3213	30	945	311
湖　北 Hubei	50135	44574	1424	1680	2422	35	1909	39
湖　南 Hunan	89787	81207	3338	2222	2991	29	762	147
广　东 Guangdong	51498	46206	2399	801	2012	80	83	146
广　西 Guangxi	34333	29786	1449	1221	1860	17	290	207
海　南 Hainan	3609	3121	68	59	357	4	39	16
重　庆 Chongqing	15227	13831	591	169	635	1	109	6
四　川 Sichuan	86547	80761	2192	542	3043	9	1863	178
贵　州 Guizhou	50015	47654	1298	297	765	1	434	84
云　南 Yunnan	57709	53229	865	630	2984	1	605	4
西　藏 Tibet	3323	3169	28	24	102			
陕　西 Shaanxi	41770	37088	2108	1386	1178	10	998	69
甘　肃 Gansu	46148	44348	671	457	671	1	754	267
青　海 Qinghai	8121	7918	44	83	76		713	
宁　夏 Ningxia	6466	6139	45	149	133		91	24
新　疆 Xinjiang	49421	44870	911	1612	2025	3	1097	77

中学学校女教职工数
Number of Female Educational Personnel in General Secondary Schools

单位:人
unit: person

	教职工数 Educational Personnel						代课教师 Substitute Teachers	兼任教师 Part-time Teachers
	合计 Total	专任教师 Full-time Teachers	行政人员 Adm. Personnel	教辅人员 Supporting Staff	工勤人员 Workers	校办企业职工 Employees in School-run Factories & Farms		
合　计 Total	**3104394**	**2803578**	**59660**	**127412**	**111618**	**2126**	**59279**	**7815**
北　京 Beijing	51399	41140	4271	4519	1395	74	754	216
天　津 Tianjin	32719	28377	1711	2085	522	24	168	359
河　北 Hebei	188360	171865	2480	9297	4572	146	6845	220
山　西 Shanxi	130009	116979	1809	5187	5695	339	10528	637
内蒙古 Inner Mongolia	73414	63325	2361	4981	2691	56	1843	158
辽　宁 Liaoning	126016	114233	8089	2341	1351	2	358	33
吉　林 Jilin	77517	66916	2877	5827	1859	38	1063	145
黑龙江 Heilongjiang	108981	97367	3478	4368	3675	93	821	416
上　海 Shanghai	48901	40670	2790	4052	1375	14	533	324
江　苏 Jiangsu	161682	145725	1705	7440	6720	92	776	153
浙　江 Zhejiang	119853	108017	1694	4652	5438	52		920
安　徽 Anhui	100048	89403	1331	3363	5918	33	2844	210
福　建 Fujian	77735	69950	1291	3322	3100	72	525	64
江　西 Jiangxi	76510	70446	574	1875	3575	40	1478	207
山　东 Shandong	214869	196407	2657	11115	4585	105	1735	182
河　南 Henan	227945	210868	3503	7133	6350	91	5994	694
湖　北 Hubei	101939	90771	1371	4674	4953	170	4080	112
湖　南 Hunan	129718	116510	1203	6028	5821	156	1394	264
广　东 Guangdong	268298	242721	3978	9796	11650	153	3182	353
广　西 Guangxi	92261	81322	1174	4226	5471	68	1090	517
海　南 Hainan	22645	19282	336	797	2162	68	578	91
重　庆 Chongqing	57992	54014	875	1665	1423	15	454	164
四　川 Sichuan	163956	151978	2020	4299	5546	113	2977	426
贵　州 Guizhou	65749	61019	945	1318	2453	14	787	123
云　南 Yunnan	86651	78605	657	2192	5166	31	530	91
西　藏 Tibet	6223	5944	63	47	169		2	19
陕　西 Shaanxi	105510	96007	2343	4300	2824	36	2717	162
甘　肃 Gansu	55745	52468	419	1628	1221	9	917	233
青　海 Qinghai	14884	14098	115	261	407	3	1438	51
宁　夏 Ningxia	15410	14397	75	576	358	4	387	40
新　疆 Xinjiang	101455	92754	1465	4048	3173	15	2481	231

中学学校教职工总数中

Number of General Secondary Schools Educational

	教职工数 Educational Personnel		
	合计 Total	专任教师 Full-time Teachers	行政人员 Adm. Personnel
合　计 Total	**606071**	**452249**	**33374**
北　京 Beijing	7275	4774	939
天　津 Tianjin	2271	1444	281
河　北 Hebei	27949	21261	1324
山　西 Shanxi	38568	28269	1807
内蒙古 Inner Mongolia	4871	3612	446
辽　宁 Liaoning	7730	6589	732
吉　林 Jilin	7471	5412	447
黑龙江 Heilongjiang	8105	6355	557
上　海 Shanghai	7834	5786	553
江　苏 Jiangsu	39698	31504	1307
浙　江 Zhejiang	37219	27862	1460
安　徽 Anhui	44569	32287	2377
福　建 Fujian	21205	16109	1269
江　西 Jiangxi	20920	14637	1024
山　东 Shandong	28367	21808	1670
河南 Henan	54904	42752	3047
湖　北 Hubei	20338	14421	1056
湖　南 Hunan	25833	17787	1302
广　东 Guangdong	95846	73385	5016
广　西 Guangxi	13042	9269	849
海　南 Hainan	7456	4933	390
重　庆 Chongqing	7229	5352	375
四　川 Sichuan	28311	20611	1470
贵州 Guizhou	13771	10138	875
云　南 Yunnan	8108	6193	537
西　藏 Tibet	44	36	2
陕　西 Shaanxi	19078	13714	1746
甘　肃 Gansu	3349	2607	227
青　海 Qinghai	371	265	31
宁　夏 Ningxia	805	668	47
新　疆 Xinjiang	3534	2409	211

民办教职工数

Personnel Maintained by the Communties

单位:人
unit:person

教辅人员 Supporting Staff	工勤人员 Workers	校办企业职工 Employees in School-run Factories & Farms	代课教师 Substitute Teachers	兼任教师 Part-time Teachers
29166	**89332**	**1950**	**23680**	**6625**
688	836	38	8	40
341	205		192	342
1505	3813	46	491	178
1868	6442	182	6717	776
205	604	4	300	103
244	165		4	10
483	1128	1	200	16
256	852	85	79	135
760	735		499	367
1835	5026	26	215	105
2121	5710	66		1271
2237	7632	36	1988	464
970	2735	122	268	111
922	4285	52	291	263
1472	3325	92	1996	88
1999	6970	136	5332	271
942	3876	43	796	48
1675	4927	142		308
3726	13242	477	2084	575
565	2271	88	83	380
254	1845	34	2	28
316	1180	6	30	10
1711	4350	169	242	199
260	2485	13	385	155
316	1021	41	97	96
	6			
1103	2479	36	956	138
147	366	2	248	46
17	58		8	37
25	58	7	78	2
203	705	6	91	63

普通高中专任教师

Number of Full-time Teachers in Regular Senior Secondary School

	合计 Total	其中：女 of Which: Female	按学历分 By Academic Qualification			
			研究生毕业 Graduate	本科毕业 Under-graduate	专科毕业 Associate Bachelor	高中阶段毕业 High School Graduate
合 计 Total	**1556829**	**752869**	**66976**	**1423405**	**64849**	**1493**
北 京 Beijing	20317	14237	2954	17181	178	4
天 津 Tianjin	15160	10259	1221	13506	406	27
河 北 Hebei	83476	50766	2638	77087	3706	45
山 西 Shanxi	56150	32747	2241	51028	2801	67
内蒙古 Inner Mongolia	31304	17704	1454	28379	1442	29
辽 宁 Liaoning	45965	30247	2310	42722	873	58
吉 林 Jilin	27554	17149	1843	25143	552	15
黑龙江 Heilongjiang	41698	25729	1424	38691	1543	39
上 海 Shanghai	16596	10565	1516	15035	44	
江 苏 Jiangsu	97149	45152	6507	89009	1608	24
浙 江 Zhejiang	63360	31398	3149	59461	724	26
安 徽 Anhui	69577	24550	2395	64003	3100	77
福 建 Fujian	52375	23784	1588	48305	2430	51
江 西 Jiangxi	47583	17000	1908	41401	4204	69
山 东 Shandong	113427	54616	3936	106619	2785	84
河 南 henan	104288	48967	5517	94043	4612	116
湖 北 Hubei	71333	26298	3709	63696	3735	169
湖 南 Hunan	67552	25959	1291	63540	2632	50
广 东 Guangdong	137112	68482	7768	123176	6089	77
广 西 Guangxi	43069	20528	1916	38895	2204	53
海 南 Hainan	9865	4707	218	9037	599	11
重 庆 Chongqing	34234	15200	1102	32083	994	49
四 川 Sichuan	82768	34349	1796	76539	4351	81
贵 州 guizhou	36223	14186	519	33649	2011	43
云 南 Yunnan	42935	19874	973	40549	1374	37
西 藏 Tibet	3398	1505	112	3153	128	5
陕 西 Shaanxi	55444	27483	2896	50102	2400	46
甘 肃 Gansu	38593	13850	900	34420	3195	75
青 海 Qinghai	7702	3623	225	6509	942	25
宁 夏 Ningxia	9364	4399	435	8623	305	1
新 疆 Xinjiang	31258	17556	515	27821	2882	40

学历、职称情况(总计)

by Academic Qualification and Professional Rank (Regional Aggregates)

单位:人

unit: person

	按职称分 By Professional Rank				
高中阶段毕业以下 Below High School Graduate	中学高级 Senior Secondary	中学一级 1st Grade	中学二级 2st Grade	中学三级 3st Grade	未定职级 No-ranking
106	**393706**	**551468**	**494270**	**15535**	**101850**
	6842	6807	5281	26	1361
	5652	6121	2956	13	418
	16938	31566	28617	1118	5237
13	10230	15733	22391	1345	6451
	10250	9356	9459	356	1883
2	16325	15179	10615	299	3547
1	7239	11641	7050	198	1426
1	13243	14392	11527	625	1911
1	5308	7670	3233	6	379
1	27950	36369	28829	304	3697
	18064	24593	16397	342	3964
2	18920	21919	21154	1220	6364
1	13926	19455	17104	250	1640
1	16082	16528	11780	762	2431
3	23695	38239	45711	749	5033
	21425	32685	41827	2455	5896
24	21043	26613	19337	983	3357
39	19334	29359	16529	480	1850
2	27636	54969	38687	759	15061
1	8350	18217	13589	491	2422
	2590	2912	3522	39	802
6	7463	11172	12009	179	3411
1	22800	29431	25031	362	5144
1	8247	11702	12450	387	3437
2	11352	12992	15802	144	2645
	331	1120	1471	46	430
	11662	17523	21247	695	4317
3	6693	12426	16238	416	2820
1	2683	2734	1690	113	482
	2687	2835	2877	72	893
	8746	9210	9860	301	3141

普通高中专任教师

Number of Full-time Teachers in Regular Senior Secondary Schools

	合 计 Total	其中:女 of Which: Female	按学历分 By Academic Qualifications			
			研究生毕业 Graduate	本科毕业 Under-graduate	专科毕业 Associate Bachelor	高中阶段毕业 High School Graduate
合 计 Total	**723502**	**384385**	**46297**	**656706**	**20053**	**432**
北 京 Beijing	17555	12436	2644	14745	162	4
天 津 Tianjin	10579	7447	1109	9157	294	19
河 北 Hebei	32669	20838	1297	30251	1111	10
山 西 Shanxi	21968	13490	1095	20051	811	11
内蒙古 Inner Mongolia	15745	9346	1003	14188	544	10
辽 宁 Liaoning	32481	21980	1949	30031	473	28
吉 林 Jilin	17983	11472	1541	16155	278	8
黑龙江 Heilongjiang	24760	15788	1139	22756	855	9
上 海 Shanghai	14208	9150	1352	12818	37	
江 苏 Jiangsu	49863	24836	4380	44858	609	15
浙 江 Zhejiang	32672	16621	2090	30276	295	11
安 徽 Anhui	23023	9722	1227	21098	691	7
福 建 Fujian	21133	11328	1100	19381	628	23
江 西 Jiangxi	16742	7031	978	14567	1181	15
山 东 Shandong	57026	29418	2597	53257	1128	41
河 南 henan	39285	19723	3109	35272	890	14
湖 北 Hubei	38552	15595	2973	34053	1482	44
湖 南 Hunan	23530	10059	717	22177	630	6
广 东 Guangdong	82950	43188	6861	73777	2270	41
广 西 Guangxi	17110	8850	1221	15183	687	19
海 南 Hainan	6071	3062	154	5683	232	2
重 庆 Chongqing	15420	7322	783	14304	324	9
四 川 Sichuan	31290	14000	1090	29023	1144	32
贵 州 guizhou	11773	5752	282	11068	414	8
云 南 Yunnan	12401	6397	546	11628	224	3
西 藏 Tibet	1164	524	45	1078	38	3
陕 西 Shaanxi	18627	10035	1640	16419	556	12
甘 肃 Gansu	12263	5200	562	10999	694	6
青 海 Qinghai	2254	1185	63	1934	244	13
宁 夏 Ningxia	5558	2815	341	5107	110	
新 疆 Xinjiang	16847	9775	409	15412	1017	9

学历、职称情况(城区)

by Academic Qualification and Professional Rank (Urban Area)

单位:人

unit: person

高中阶段毕业以下 Below High School Graduate	按职称分 By Professional Rank				
	中学高级 Senior Secondary	中学一级 1st Grade	中学二级 2st Grade	中学三级 3st Grade	未定职级 No-ranking
14	**217202**	**259326**	**199437**	**4438**	**43099**
	6139	6044	4284	18	1070
	4136	4174	1977	8	284
	7914	12817	9880	274	1784
	4988	6161	7489	436	2894
	5631	4644	4300	194	976
	11838	11109	7034	192	2308
1	5156	7401	4323	130	973
1	8571	8494	6417	333	945
1	4719	6699	2452	3	335
1	17008	18780	12270	52	1753
	10725	12513	7296	129	2009
	6933	7341	6347	197	2205
1	6578	7290	6442	104	719
1	6279	5856	3687	153	767
3	13054	19571	21813	257	2331
	10115	12468	14317	350	2035
	13504	13398	9578	406	1666
	8357	10174	4267	86	646
1	20414	32689	22137	298	7412
	4218	6834	4781	197	1080
	1756	1823	2002	25	465
	4223	5113	4859	6	1219
1	10080	11473	7931	97	1709
1	3668	3625	3516	77	887
	4297	3937	3424	22	721
	168	446	431	3	116
	5324	6459	5592	110	1142
2	3364	4299	3825	76	699
	938	803	370	48	95
	1797	1699	1537	13	512
	5310	5192	4859	144	1342

普通高中专任教师

Number of Full-time Teachers in Regular Senior Secondary Schools

	合 计 Total	其中:女 of Which: Female	按学历分 By Academic Qualifications			
			研究生毕业 Graduate	本科毕业 Under-graduate	专科毕业 Associate Bachelor	高中阶段毕业 High School Graduate
合 计 Total	**115833**	**57526**	**6471**	**105844**	**3455**	**61**
北 京 Beijing	855	538	60	775	20	
天 津 Tianjin	709	498	44	650	14	1
河 北 Hebei	7371	4608	214	6930	222	5
山 西 Shanxi	2740	1629	128	2470	139	3
内蒙古 Inner Mongolia	656	357	64	569	23	
辽 宁 Liaoning	4006	2583	205	3751	46	4
吉 林 Jilin	860	496	109	733	18	
黑龙江 Heilongjiang	2398	1514	118	2165	114	1
上 海 Shanghai	733	461	49	680	4	
江 苏 Jiangsu	7103	3253	401	6637	65	
浙 江 Zhejiang	8434	4349	536	7836	59	3
安 徽 Anhui	2511	892	80	2278	152	1
福 建 Fujian	4325	2169	168	4045	100	12
江 西 Jiangxi	1686	600	42	1534	110	
山 东 Shandong	11751	5717	592	10762	382	13
河 南 henan	8516	4091	703	7588	222	3
湖 北 Hubei	5677	2103	371	5130	174	2
湖 南 Hunan	4060	1550	135	3780	145	
广 东 Guangdong	22619	11161	1682	20136	795	6
广 西 Guangxi	3840	1955	159	3559	121	1
海 南 Hainan	152	44	2	146	4	
重 庆 Chongqing	1481	711	65	1393	23	
四 川 Sichuan	4117	1837	152	3818	147	
贵 州 guizhou	1751	775	41	1619	89	2
云 南 Yunnan	3033	1476	103	2873	56	1
西 藏 Tibet						
陕 西 Shaanxi	2475	1224	211	2200	64	
甘 肃 Gansu	335	113	4	284	47	
青 海 Qinghai	205	92	4	190	9	2
宁 夏 Ningxia	485	221	14	461	10	
新 疆 Xinjiang	949	509	15	852	81	1

学历、职称情况(城乡结合区)

y Academic Qualification and Professional Rank (Urban-rural Transitional Area)

单位:人

unit: person

高中阶段毕业以下 Below High School Graduate	按职称分 By Professional Rank				
	中学高级 Senior Secondary	中学一级 1st Grade	中学二级 2st Grade	中学三级 3st Grade	未定职级 No-ranking
2	**29473**	**41470**	**35146**	**929**	**8815**
	251	260	277	4	63
	240	273	171		25
	1522	3031	2281	71	466
	406	675	963	34	662
	272	165	144	25	50
	1473	1383	850	24	276
	263	344	230	2	21
	912	668	596	98	124
	284	307	119	1	22
	2074	2604	1992	32	401
	2470	3248	2036	69	611
	520	623	848	21	499
	1225	1548	1406	22	124
	521	577	415	32	141
2	2164	3995	4917	64	611
	1825	2636	3449	132	474
	1853	2149	1361	50	264
	1429	1691	807	18	115
	4748	9194	6142	126	2409
	679	1425	1411	54	271
	19	37	82		14
	511	400	453	1	116
	1133	1380	1131	5	468
	485	492	648	2	124
	1013	919	906	5	190
	587	778	924	8	178
	112	131	74	1	17
	65	99	32	4	5
	212	192	61		20
	205	246	420	24	54

普通高中专任教师

Number of Full-time Teachers in Regular Senior Secondary School

	合计 Total	其中:女 of Which: Female	按学历分 By Academic Qualification			
			研究生毕业 Graduate	本科毕业 Under-graduate	专科毕业 Associate Bachelor	高中阶段毕业 High School Graduate
合　计 Total	**765788**	**338698**	**18795**	**705425**	**40511**	**975**
北　京 Beijing	2050	1342	247	1790	13	
天　津 Tianjin	4057	2511	88	3855	107	7
河　北 Hebei	47819	28247	1269	44178	2338	34
山　西 Shanxi	29278	16547	940	26643	1653	38
内蒙古 Inner Mongolia	14758	7969	429	13469	842	18
辽　宁 Liaoning	12885	7902	338	12118	397	30
吉　林 Jilin	8780	5224	288	8262	223	7
黑龙江 Heilongjiang	16222	9551	275	15276	641	30
上　海 Shanghai	2153	1273	142	2006	5	
江　苏 Jiangsu	46012	19776	2098	42938	968	8
浙　江 Zhejiang	27268	13151	952	25930	373	13
安　徽 Anhui	42495	13503	1118	39129	2178	68
福　建 Fujian	28291	11379	446	26163	1655	27
江　西 Jiangxi	29675	9609	909	25948	2764	54
山　东 Shandong	51840	22824	1204	49109	1486	41
河　南 henan	62470	28188	2253	56571	3552	94
湖　北 Hubei	26573	8603	525	23947	1962	116
湖　南 Hunan	39388	14279	513	37152	1649	35
广　东 Guangdong	46200	21598	621	42219	3328	31
广　西 Guangxi	24660	11073	686	22525	1414	34
海　南 Hainan	3586	1554	54	3166	357	9
重　庆 Chongqing	17725	7419	319	16737	628	35
四　川 Sichuan	49579	19522	674	45847	3010	48
贵　州 guizhou	23265	8074	227	21496	1507	35
云　南 Yunnan	28519	12672	404	27041	1039	33
西　藏 Tibet	1437	604	49	1347	41	
陕　西 Shaanxi	33164	15623	1078	30429	1629	28
甘　肃 Gansu	24403	8021	311	21720	2305	66
青　海 Qinghai	4934	2212	152	4139	631	11
宁　夏 Ningxia	3330	1345	85	3058	186	1
新　疆 Xinjiang	12972	7103	101	11217	1630	24

学历、职称情况（镇区）

by Academic Qualification and Professional Rank（Counties & Towns Area）

单位：人

unit：person

高中阶段毕业以下 Below High School Graduate	按职称分 By Professional Rank				
	中学高级 Senior Secondary	中学一级 1st Grade	中学二级 2st Grade	中学三级 3st Grade	未定职级 No-ranking
82	**164537**	**268596**	**270693**	**9754**	**52208**
	526	555	708	6	255
	1354	1680	887	4	132
	8528	17674	17605	775	3237
4	4594	8266	13066	685	2667
	4364	4427	4930	153	884
2	4342	3875	3416	102	1150
	1925	3839	2508	56	452
	4457	5665	4873	290	937
	514	878	715	2	44
	10605	17133	16154	218	1902
	6662	10821	7923	163	1699
2	11318	13440	13180	952	3605
	6783	11014	9566	124	804
	9530	10331	7756	527	1531
	9794	17106	22077	388	2475
	10998	19451	26225	2068	3728
23	6334	10816	7666	389	1368
39	10012	17027	10992	303	1054
1	6181	18962	14449	356	6252
1	3978	10915	8190	286	1291
	760	1025	1468	14	319
6	3097	5736	6727	168	1997
	12266	17221	16523	251	3318
	4320	7701	8466	295	2483
2	6674	8431	11528	115	1771
	119	507	691	7	113
	5713	10041	14210	497	2703
1	3158	7605	11429	302	1909
1	1616	1729	1182	47	360
	839	1060	1167	59	205
	3176	3665	4416	152	1563

普通高中专任教师

Number of Full-time Teachers in Regular Senior Secondary Schools

	合 计 Total	其中:女 of Which: Female	按学历分 By Academic Qualifications			
			研究生毕业 Graduate	本科毕业 Under-graduate	专科毕业 Associate Bachelor	高中阶段毕业 High School Graduate
合 计 Total	**216475**	**98144**	**5208**	**199930**	**11075**	**258**
北 京 Beijing	670	413	91	574	5	
天 津 Tianjin	1755	1066	37	1669	43	6
河 北 Hebei	18693	11012	500	17227	950	16
山 西 Shanxi	11911	6800	309	10981	608	11
内蒙古 Inner Mongolia	1107	582	37	977	93	
辽 宁 Liaoning	2175	1354	46	2072	53	4
吉 林 Jilin	161	88	3	139	19	
黑龙江 Heilongjiang	1618	905	42	1542	34	
上 海 Shanghai	242	143	19	221	2	
江 苏 Jiangsu	8881	3840	453	8321	107	
浙 江 Zhejiang	10735	5135	332	10198	197	8
安 徽 Anhui	9839	3185	307	9092	429	11
福 建 Fujian	7890	3170	116	7217	555	2
江 西 Jiangxi	4166	1315	128	3566	472	
山 东 Shandong	25230	11163	486	24012	716	16
河 南 henan	22894	10466	846	20863	1125	60
湖 北 Hubei	6873	2104	118	6329	409	17
湖 南 Hunan	10980	4031	148	10160	665	7
广 东 Guangdong	19048	9064	313	17118	1598	18
广 西 Guangxi	3532	1657	128	3213	187	4
海 南 Hainan	935	406	7	821	98	9
重 庆 Chongqing	4989	2158	72	4755	149	13
四 川 Sichuan	8748	3632	126	8184	426	12
贵 州 guizhou	5097	1705	36	4681	375	5
云 南 Yunnan	10192	4700	110	9794	273	14
西 藏 Tibet	374	154	11	351	12	
陕 西 Shaanxi	11206	5243	309	10172	717	8
甘 肃 Gansu	3668	1212	28	3200	427	13
青 海 Qinghai	651	283	28	543	79	1
宁 夏 Ningxia	297	140	1	288	8	
新 疆 Xinjiang	1918	1018	21	1650	244	3

学历、职称情况（镇乡结合区）

by Academic Qualification and Professional Rank（County-town Transitional Area）

单位：人

unit：person

	按职称分 By Professional Rank				
高中阶段毕业以下 Below High School Graduate	中学高级 Senior Secondary	中学一级 1st Grade	中学二级 2st Grade	中学三级 3st Grade	未定职级 No-ranking
4	**41657**	**74529**	**79934**	**3258**	**17097**
	137	174	216		143
	548	719	412	3	73
	3201	6532	7226	382	1352
2	1688	3327	5456	411	1029
	325	361	354		67
	628	661	470	20	396
	18	87	44	7	5
	448	563	440	82	85
	55	104	72		11
	2088	3337	2944	93	419
	2264	4333	3344	43	751
	2368	2846	2844	328	1453
	1691	3046	2782	70	301
	1191	1323	1204	166	282
	4424	8375	11186	140	1105
	3936	7342	9603	661	1352
	1750	2633	1922	155	413
	2629	4646	3172	129	404
1	2725	7834	5809	120	2560
	534	1562	1187	11	238
	232	270	365		68
	777	1508	1786	49	869
	2126	2897	3073	20	632
	838	1698	1940	75	546
1	2183	3110	4238	42	619
	43	130	151		50
	1904	3216	4873	183	1030
	364	1015	1802	51	436
	150	208	211		82
	68	80	120	5	24
	324	592	688	12	302

普通高中专任教师

Number of Full-time Teachers in Regular Senior Secondary Schools

	合计 Total	其中:女 of Which: Female	按学历分 By Academic Qualifications			
			研究生毕业 Graduate	本科毕业 Under-graduate	专科毕业 Associate Bachelor	高中阶段毕业 High School Graduate
合　计 Total	**67539**	**29786**	**1884**	**61274**	**4285**	**86**
北　京 Beijing	712	459	63	646	3	
天　津 Tianjin	524	301	24	494	5	1
河　北 Hebei	2988	1681	72	2658	257	1
山　西 Shanxi	4904	2710	206	4334	337	18
内蒙古 Inner Mongolia	801	389	22	722	56	1
辽　宁 Liaoning	599	365	23	573	3	
吉　林 Jilin	791	453	14	726	51	
黑龙江 Heilongjiang	716	390	10	659	47	
上　海 Shanghai	235	142	22	211	2	
江　苏 Jiangsu	1274	540	29	1213	31	1
浙　江 Zhejiang	3420	1626	107	3255	56	2
安　徽 Anhui	4059	1325	50	3776	231	2
福　建 Fujian	2951	1077	42	2761	147	1
江　西 Jiangxi	1166	360	21	886	259	
山　东 Shandong	4561	2374	135	4253	171	2
河　南 henan	2533	1056	155	2200	170	8
湖　北 Hubei	6208	2100	211	5696	291	9
湖　南 Hunan	4634	1621	61	4211	353	9
广　东 Guangdong	7962	3696	286	7180	491	5
广　西 Guangxi	1299	605	9	1187	103	
海　南 Hainan	208	91	10	188	10	
重　庆 Chongqing	1089	459		1042	42	5
四　川 Sichuan	1899	827	32	1669	197	1
贵　州 guizhou	1185	360	10	1085	90	
云　南 Yunnan	2015	805	23	1880	111	1
西　藏 Tibet	797	377	18	728	49	2
陕　西 Shaanxi	3653	1825	178	3254	215	6
甘　肃 Gansu	1927	629	27	1701	196	3
青　海 Qinghai	514	226	10	436	67	1
宁　夏 Ningxia	476	239	9	458	9	
新　疆 Xinjiang	1439	678	5	1192	235	7

学历、职称情况(乡村)

by Academic Qualification and Professional Rank(Rural Area)

单位:人

unit: person

高中阶段毕业以下 Below High School Graduate	按职称分 By Professional Rank				
	中学高级 Senior Secondary	中学一级 1st Grade	中学二级 2st Grade	中学三级 3st Grade	未定职级 No-ranking
10	**11967**	**23546**	**24140**	**1343**	**6543**
	177	208	289	2	36
	162	267	92	1	2
	496	1075	1132	69	216
9	648	1306	1836	224	890
	255	285	229	9	23
	145	195	165	5	89
	158	401	219	12	1
	215	233	237	2	29
	75	93	66	1	1
	337	456	405	34	42
	677	1259	1178	50	256
	669	1138	1627	71	554
	565	1151	1096	22	117
	273	341	337	82	133
	847	1562	1821	104	227
	312	766	1285	37	133
1	1205	2399	2093	188	323
	965	2158	1270	91	150
	1041	3318	2101	105	1397
	154	468	618	8	51
	74	64	52		18
	143	323	423	5	195
	454	737	577	14	117
	259	376	468	15	67
	381	624	850	7	153
	44	167	349	36	201
	625	1023	1445	88	472
	171	522	984	38	212
	129	202	138	18	27
	51	76	173		176
	260	353	585	5	236

普通高中办学

Condition of School Buildings in Regular Senior

	校舍建筑面积 Floor Space	教学及辅助用房 Teaching & Assistant Buildings							行政办公用房 Administritive	
		计 Total	其中 of Which:						计 Total	其中:教师办公室 of Which: for Teachers
			教室 Classroom	实验室 Laboratory	图书室 Library	微机室 PC-room	语音室 Linguistic	体育馆 Gymnasium		
合　计 Total	**408272929**	**157776777**	**100707191**	**24782786**	**12413653**	**6160626**	**2620351**	**11092170**	**34156017**	**21469965**
北　京 Beijing	7732331	2471318	1389562	430950	217796	106468	23915	302627	765117	426084
天　津 Tianjin	4111434	1600247	869632	255613	137771	67304	30929	238998	445000	296345
河　北 Hebei	19412476	7835565	4953024	1455392	660307	299873	135260	331709	1659904	1209299
山　西 Shanxi	14375120	5178360	3384052	822106	459921	208065	93863	210353	1331671	896013
内蒙古 InnerMongolia	7448248	2991822	1903056	386630	234550	124866	72597	270123	751288	550385
辽　宁 Liaoning	9483171	3600339	2131574	493897	335445	158810	75936	404678	1049331	558244
吉　林 Jilin	5228753	2107824	1385860	234916	126312	81421	38208	241107	613977	331366
黑龙江 Heilongjiang	7424769	3419858	2210947	437781	206849	125312	66300	372669	851015	571084
上　海 Shanghai	6002689	2335551	1138243	406703	232979	97349	40339	419938	601400	286066
江　苏 Jiangsu	27353829	11464568	6558404	1909040	1142726	521436	194115	1138848	2566074	1634275
浙　江 Zhejiang	20682204	8054678	4106639	1478006	918380	253339	121724	1176590	1575197	996852
安　徽 Anhui	19369588	7605634	5235494	1131699	506245	296083	124309	311804	1438172	871395
福　建 Fujian	15787729	6842475	3839599	1495340	766627	241305	96892	402712	1213891	652680
江　西 Jiangxi	13457372	5423444	3776155	685678	373224	209572	107225	271590	1025614	682290
山　东 Shandong	24676470	8452050	5234009	1516814	647577	341494	156374	555782	2287008	1354627
河　南 Henan	25400954	9236213	6243951	1316245	738966	359377	140227	437447	2295631	1677296
湖　北 Hubei	17527237	5801080	3883976	853414	410579	217049	109653	326407	1412472	844847
湖　南 Hunan	20739150	7646222	4901805	1085878	629209	279074	126674	623582	1252712	735488
广　东 Guangdong	40923282	16227844	10287867	2621274	1201167	564484	252599	1300453	2968735	1672458
广　西 Guangxi	12119836	4033123	2740849	569620	312221	163541	63483	183409	727412	488277
海　南 Hainan	3466891	1464673	1090846	178659	84850	51232	19334	39752	196705	114725
重　庆 Chongqing	11203573	4029054	2833939	570724	222819	153674	49505	198393	768253	444356
四　川 Sichuan	23594677	9028870	6364036	1191578	540512	349110	152085	431549	1606201	1024853
贵　州 Guizhou	8017495	3227727	2270169	483793	206834	117564	39089	110278	642948	409563
云　南 Yunnan	11149657	4515888	3033083	721975	330128	190317	66175	174210	737493	450989
西　藏 Tibet	914167	293311	201324	41685	18386	6347	3958	21611	74475	39062
陕　西 Shaanxi	12081563	4737398	3239440	776375	281936	200877	89039	149731	1312276	858546
甘　肃 Gansu	7772683	3428086	2415467	505609	184018	151425	51615	119952	835433	622681
青　海 Qinghai	1468682	636087	454251	83545	32481	29149	11580	25081	163495	107291
宁　夏 Ningxia	2415274	1138281	640451	225492	88436	59194	29887	94821	294121	220408
新　疆 Xinjiang	6931626	2949189	1989487	416356	164402	135515	37463	205966	692996	442120

条件(一)(总计)

Secondary Schools (1) (Regional Aggregates)

单位:平方米

unit: m²

生活用房 Residential and Welfare							其他用房 Rooms for Other Purposes	校舍面积中 of the Floor Space	
计 Total	教工宿舍 Apartments for Single 小计 Subtotal	其中:教师周转宿舍 of Which: Accommodation for Circulation of Teachers	学生宿舍 Students' Dormitories	食堂 Dining Halls	厕所 Toilet	其他 Others		危房面积 Floor Space of Dilapidated Buildings	当年新增 New Added in Current Year
187057797	**39431848**	**5397961**	**100573200**	**30377458**	**7920960**	**8754332**	**29282337**	**15683767**	**12137531**
2373804	363891	48158	1014697	470753	218777	305686	2122092	48543	120420
1260505	97498	7132	603532	266080	125665	167730	805682	23282	49608
8979992	1200183	163089	5411330	1567701	327093	473685	937015	521215	357075
6719088	1194569	109614	3601882	1204585	311397	406655	1146001	150526	626991
3132441	136228	29950	1977812	605844	171038	241519	572697	219178	429640
3878274	240853	29711	2353661	804343	227991	251426	955227	125697	175297
2035200	60790	2124	1170491	440797	156331	206791	471752	223393	64013
2521722	110993	23541	1589297	520654	154557	146221	632174	372506	52656
1895241	113446	22128	913276	399416	200601	268502	1170497		89668
11423214	1790353	236751	6382697	2347832	408515	493816	1899973		586793
9440919	1319166	207433	5437910	1884107	398265	401471	1611410	10036	191029
9494598	2577035	180032	4889006	1363869	353894	310794	831184	578027	833116
6507652	1890572	223510	3212378	961916	206715	236071	1223711	279839	402884
6435904	1485842	155400	3484605	1050693	187199	227565	572410	1034745	426012
12278602	2361299	461938	6479065	2261491	536372	640375	1658810	105456	441367
12788550	2453914	258911	7317455	2115713	486395	415073	1080560	497501	319208
9436088	3153381	313288	4384104	1286927	276489	335187	877597	839288	222814
10591646	3357866	497012	4845631	1649364	346963	391822	1248570	703478	253867
17751533	4716187	711486	9128941	2400926	764537	740942	3975171	243821	1685494
6850116	2094009	243709	3588809	768718	188759	209820	509186	1193611	283529
1657755	699853	115547	703369	160812	50378	43343	147758	179628	97071
5807572	1679954	179247	2972416	792330	164612	198260	598694	462061	313228
11985253	2325498	500001	6950287	1817987	492498	398983	974353	1101516	1635336
3625797	763981	106778	2014709	520325	164985	161797	521023	50151	433590
5356437	1088266	199527	3008670	741438	230557	287506	539839	2996765	454809
480900	187375	102205	209522	66391	10709	6903	65481		41370
5256980	1255508	153973	2759067	734261	257995	250150	774909	145876	433542
3055506	419825	42012	1744212	416255	229376	245838	453658	3369048	387540
562619	83891	17909	307450	77544	47601	46133	106481	127738	159638
884216	21512	7731	574913	197670	50558	39563	98656	14702	169792
2589673	188110	48114	1542005	480716	174138	204705	699767	66140	400134

普通高中办学

Condition of School Buildings in Regular Senior

	校舍建筑面积 Floor Space	教学及辅助用房 Teaching & Assistant Buildings							行政办公用房 Administritive	
		计 Total	其中 of Which:						计 Total	其中：教师办公室 of Which: for Teachers
			教室 Classroom	实验室 Laboratory	图书室 Library	微机室 PC-room	语音室 Linguistic	体育馆 Gymnasium		
合　计 Total	**202326674**	**81745071**	**48998021**	**13243589**	**6995655**	**3244297**	**1319919**	**7943590**	**18488615**	**11266059**
北　京 Beijing	6639312	2128317	1193308	355101	191968	90513	19845	277582	670816	369054
天　津 Tianjin	3177825	1249925	651896	194821	111083	52625	21663	217837	348918	233787
河　北 Hebei	8579180	3673543	2227911	673150	338397	143690	57847	232548	795567	586144
山　西 Shanxi	6168018	2314775	1505856	353899	207577	90509	36591	120343	672832	434287
内蒙古 InnerMongolia	3993521	1623893	994500	205472	117918	69425	37527	199051	421381	293791
辽　宁 Liaoning	6610211	2593352	1459260	377458	245620	118540	54833	337642	758324	378872
吉　林 Jilin	3677515	1519701	968746	161573	97427	56357	25625	209973	444635	227719
黑龙江 Heilongjiang	4409099	2049543	1289226	254417	131427	69145	35412	269916	514328	329750
上　海 Shanghai	5232507	2080203	1004656	357275	208836	82572	36448	390416	496697	248585
江　苏 Jiangsu	15017557	6590243	3570479	1136289	697225	304736	107483	774033	1466782	931265
浙　江 Zhejiang	11889522	4697412	2305624	847975	536776	155332	70372	781333	886373	550282
安　徽 Anhui	6305100	2854366	1785876	486681	217752	118029	43225	202803	575835	358505
福　建 Fujian	6480889	3055003	1614380	696002	362578	99714	35290	247039	542714	320396
江　西 Jiangxi	4552202	1996600	1278625	284162	160241	72420	43680	157472	388620	284542
山　东 Shandong	12301396	4354924	2565461	842337	379691	187875	86060	293500	1222836	722575
河　南 Henan	10879458	4424644	2830753	681506	387980	149068	56477	318860	1046707	686172
湖　北 Hubei	9521220	3461116	2209507	540594	261940	130389	65251	253433	838035	519126
湖　南 Hunan	7851448	3231706	1981774	484495	271506	125725	50919	317287	534436	292056
广　东 Guangdong	26251262	10298501	6095404	1741879	835535	389517	155202	1080965	2065802	1152891
广　西 Guangxi	5021923	1853831	1182714	266767	151332	84524	34174	134320	343824	224667
海　南 Hainan	2278768	1037133	769456	125573	63548	33332	13428	31796	130006	82946
重　庆 Chongqing	5230969	2006492	1363774	289034	142446	81152	21491	108595	430764	238123
四　川 Sichuan	9627753	3894632	2605220	516039	256874	156536	64287	295676	712859	443042
贵　州 Guizhou	2922878	1163828	732217	182299	98269	43820	17073	90150	272116	171051
云　南 Yunnan	4095906	1637246	983235	277003	139996	76067	23329	137616	331129	185102
西　藏 Tibet	294219	108153	69299	11703	8103	2142	1160	15746	21415	5386
陕　西 Shaanxi	4698608	1915644	1268126	311928	113505	79816	39620	102649	538048	297413
甘　肃 Gansu	2769500	1310732	867131	203452	88834	55890	23254	72171	349813	249702
青　海 Qinghai	510730	228011	137773	35291	17477	9827	5079	22564	73807	43501
宁　夏 Ningxia	1494768	705018	398283	130283	62273	36045	13891	64243	200284	151672
新　疆 Xinjiang	3843412	1686585	1087552	219132	91521	78965	23384	186031	392913	253655

条件(一)(城区)
Secondary Schools (1) (Urban Area)

单位:平方米
unit: m²

计 Total	生活用房 Residential and Welfare: 教工宿舍 Apartments for Single: 小计 Subtotal	其中:教师周转宿舍 of Which: Accommodation for Circulation of Teachers	学生宿舍 Students' Dormitories	食堂 Dining Halls	厕所 Toilet	其他 Others	其他用房 Rooms for Other Purposes	校舍面积中 of the Floor Space: 危房面积 Floor Space of Dilapidated Buildings	当年新增 New Added in Current Year
83069158	**14632856**	**2128255**	**44860593**	**14375419**	**4211298**	**4988991**	**19023830**	**5031982**	**5558734**
1886929	287500	45230	732714	392956	194121	279638	1953250	300	78878
828542	58102	2852	362992	187693	96829	122926	750440	23282	43505
3586208	425212	80795	2119794	632643	144483	264076	523862	195011	130510
2631783	518731	43955	1332398	468407	125597	186650	548628	78901	397099
1579608	77535	26441	967848	290991	95717	147517	368639	56677	281136
2496242	174082	20366	1452443	538395	173821	157501	762293	103730	120625
1342070	52630	2014	725644	282839	112612	168345	371109	96533	42198
1408610	64626	3571	848536	302289	102157	91002	436618	297288	17457
1597955	83052	21128	752353	335546	177944	249060	1057652		45638
5742747	552407	89578	3379655	1255924	251035	303725	1217785		201912
5281257	678513	119679	3030086	1064623	223500	284535	1024480	7072	60221
2495120	453676	24382	1395224	397166	125352	123702	379779	151884	313199
2291442	507619	72335	1214356	355185	89191	125091	591730	50119	160477
1913862	482656	75554	969604	299518	75358	86726	253120	165543	123176
5773531	861513	227310	3092897	1137739	290797	390585	950105	7916	207858
4803978	778600	127242	2750236	891328	206821	176993	604129	169984	168836
4687308	1460399	130673	2182784	661405	161983	220737	534761	319272	128466
3486704	963937	172967	1655477	572754	141142	153394	598602	149106	63753
10908142	2513680	408825	5792404	1596828	518885	486346	2978817	139878	1127290
2633317	713040	78052	1470978	296454	79949	72895	190952	221988	160699
1009755	388248	70702	457738	101657	31158	30954	101874	116020	65963
2403498	656136	23446	1236151	305007	81073	125131	390215	213789	117294
4482972	710608	106366	2633430	751577	214959	172398	537290	214444	912995
1212778	217491	19938	686850	181049	54333	73055	274156	13784	77769
1804972	325500	37489	996881	265395	87570	129626	322559	914808	112486
139193	45771	21609	66989	19757	2888	3788	25458		2463
1738164	380084	24834	900824	247585	118651	91020	506752	36755	67930
888316	77402	5622	490757	132462	85337	102358	220639	1220600	104487
148066	641		88739	17107	24796	16783	60846	26130	6809
507987	16238	7731	306248	122860	36354	26287	81479	14702	116685
1358102	107227	37569	767563	270280	86885	126147	405812	26466	100920

普通高中办学

Condition of School Buildings in Regular Senior

	校舍建筑面积 Floor Space	教学及辅助用房 Teaching & Assistant Buildings							行政办公用房 Administritive	
		计 Total	其中 of Which:						计 Total	其中:教师办公室 of Which: for Teachers
			教室 Classroom	实验室 Laboratory	图书室 Library	微机室 PC-room	语音室 Linguistic	体育馆 Gymnasium		
合　计 Total	**37987037**	**14345065**	**8768649**	**2405736**	**1243253**	**518357**	**233028**	**1176042**	**2919362**	**1734813**
北　京 Beijing	392256	113882	67050	12500	9422	4999	2873	17038	33959	19741
天　津 Tianjin	211368	68052	37406	13651	6983	2712	1046	6254	18137	11732
河　北 Hebei	2252357	949686	574891	188258	78776	27603	14961	65197	150232	108000
山　西 Shanxi	769205	284439	200472	45414	25006	7896	3828	1823	70207	57864
内蒙古 Inner Mongolia	332288	108582	61797	16761	6952	3274	11598	8200	28367	22045
辽　宁 Liaoning	1044303	369916	208639	49917	33592	18050	7065	52653	83438	42010
吉　林 Jilin	399408	118652	65858	13981	10534	2479	1484	24316	28175	19410
黑龙江 Heilongjiang	453434	224686	176360	18593	9623	5572	3846	10692	48278	29681
上　海 Shanghai	594840	229300	126649	28991	25194	6837	3568	38061	55451	28143
江　苏 Jiangsu	2418058	1061973	612553	199179	104826	48888	17802	78725	245057	140444
浙　江 Zhejiang	3490471	1344178	680503	240296	163062	36173	15304	208840	224866	137926
安　徽 Anhui	813859	300656	212242	44906	19114	6152	3439	14803	61715	38888
福　建 Fujian	1690727	726061	411685	172750	87244	21387	7455	25540	104557	54366
江　西 Jiangxi	541319	210759	148739	27099	19772	5500	4435	5214	29895	23825
山　东 Shandong	2868416	1026691	592538	225390	79964	50124	24842	53833	230400	136301
河　南 Henan	2596817	975586	674500	129194	80605	33030	11872	46385	223694	153833
湖　北 Hubei	1540699	499638	327047	64792	40584	18958	9860	38397	119480	72906
湖　南 Hunan	1662107	657904	398909	111061	60396	19525	5531	62482	92452	49429
广　东 Guangdong	8043439	2930311	1789896	479688	228928	104682	52074	275044	559465	298759
广　西 Guangxi	1089679	371405	270082	42130	24489	15937	6296	12471	61753	41909
海　南 Hainan	76526	21851	16575	2712	1466	380	718		4712	2557
重　庆 Chongqing	468196	181405	121694	33087	10209	7584	1643	7188	54455	13664
四　川 Sichuan	1520267	556545	352110	72531	39171	24785	7804	60144	111168	57682
贵　州 Guizhou	534892	206179	118378	44737	17016	8935	3387	13726	53328	33305
云　南 Yunnan	996494	364342	207772	74655	35262	16966	3284	26403	94501	46190
西　藏 Tibet										
陕　西 Shaanxi	625939	213053	149864	25999	12788	11479	4500	8423	54939	33838
甘　肃 Gansu	88352	40122	34456	3333	921	1099	313	0	8759	5052
青　海 Qinghai	29018	12194	8765	1251	538	909	405	326	4438	2765
宁　夏 Ningxia	149498	53623	31570	10592	3798	1771	1325	4567	42719	39267
新　疆 Xinjiang	292805	123394	89650	12288	7018	4671	470	9297	20765	13281

条件(一)(城乡结合区)

Secondary Schools (1) (Urban-rural Transitional Area)

单位:平方米

unit: m^2

生活用房 Residential and Welfare							其他用房 Rooms for Other Purposes	校舍面积中 of the Floor Space	
计 Total	教工宿舍 Apartments for Single 小计 Subtotal	其中:教师周转宿舍 of Which: Accommodation for Circulation of Teachers	学生宿舍 Students' Dormitories	食堂 Dining Halls	厕所 Toilet	其他 Others		危房面积 Floor Space of Dilapidated Buildings	当年新增 New Added in Current Year
17784294	**3105879**	**509139**	**9902483**	**3119895**	**730773**	**925264**	**2938315**	**455862**	**1347513**
175725	41494	542	88448	25782	11811	8190	68690		
80017	17168	888	38055	15698	6706	2390	45162	1320	5414
1021993	131216	19764	606960	174579	32138	77100	130446	35126	59703
367494	53114	1043	177181	97669	18968	20562	47065	3981	40501
154196	4868	0	80265	21148	3964	43951	41143		5929
466128	39933	4639	294325	87756	24578	19536	124821	10121	48756
173250	4493	1424	116635	36836	8961	6325	79331	1424	
157381	8900	280	96218	31295	5088	15880	23089	4252	
268043	21504	7939	150964	41928	30902	22745	42046		10893
1023469	67808	20315	639251	238635	38107	39668	87559		65692
1649361	224286	43532	969033	322186	54899	78957	272066	3709	16960
393481	71463	2112	230211	70040	12502	9265	58007	29022	56586
726722	181147	24480	368967	116275	17703	42630	133387	1752	28008
278851	64046	14226	141798	52210	6629	14168	21814	38950	33150
1381011	146277	22221	765145	263358	62368	143863	230314		111862
1314633	207953	31490	759649	253560	54275	39196	82904	10188	12000
873734	261364	41615	422789	125917	24972	38692	47847	54423	150
762450	158717	47413	415535	148638	17207	22353	149301	12000	31784
3589997	853849	143443	1876397	550794	169953	139005	963664	19599	361788
620519	139469	34843	364179	75046	19761	22063	36003	53911	64410
49324	13065	780	26086	5841	3317	1015	639		
207674	35914		127625	27627	7066	9442	24662		4463
786452	114375	20675	484466	142541	33732	11338	66102	6595	320925
253466	49643	5279	131196	39136	11647	21844	21919		47934
458321	89564	15355	253095	74013	22540	19109	79330	121190	5643
332250	89468	642	168762	39430	13109	21481	25697	2389	6024
38386	3243	120	22842	6821	3058	2422	1085	41462	
6676	71		5543	79	752	231	5710	2642	
46446	350		20528	10533	5638	9397	6710		2600
126844	11117	4079	60335	24524	8422	22446	21802	1806	6338

普通高中办学

Condition of School Buildings in Regular Senior

	校舍建筑面积 Floor Space	教学及辅助用房 Teaching & Assistant Buildings							行政办公用房 Administritive	
		计 Total	其中 of Which：						计 Total	其中：教师办公室 of Which：for Teachers
			教室 Classroom	实验室 Laboratory	图书室 Library	微机室 PC-room	语音室 Linguistic	体育馆 Gymnasium		
合　计 Total	**184814261**	**68819510**	**46732379**	**10551863**	**4935627**	**2655988**	**1186817**	**2756836**	**14196851**	**9282928**
北　京 Beijing	834089	278618	160550	59569	20230	12903	3296	22070	66511	43007
天　津 Tianjin	825091	308048	187080	56298	25527	13379	6654	19110	83897	56333
河　北 Hebei	10025572	3882189	2524808	751493	303452	145056	71557	85823	809209	581647
山　西 Shanxi	6548846	2406301	1572095	407880	203709	98943	44827	78847	545331	374672
内蒙古 Inner Mongolia	3196826	1313734	872197	174195	113761	52411	32228	68942	300051	239848
辽　宁 Liaoning	2526493	901127	600251	106809	79065	35140	18741	61121	275228	170481
吉　林 Jilin	1416017	535322	376238	66338	27465	22910	11237	31134	154378	96419
黑龙江 Heilongjiang	2842415	1289586	867815	176271	71475	53218	29142	91665	319835	227907
上　海 Shanghai	704132	234405	123901	46383	20659	13761	3479	26222	99722	35939
江　苏 Jiangsu	11975731	4712778	2894655	746222	424334	212604	85099	349864	1057650	674612
浙　江 Zhejiang	7588577	2935904	1567590	564833	345272	86551	46036	325622	593751	378754
安　徽 Anhui	11688132	4328549	3126843	593040	266024	159976	74342	108324	783802	470159
福　建 Fujian	8038884	3306074	1905627	714731	359140	125047	55825	145704	597033	303735
江　西 Jiangxi	8162608	3165427	2284795	382065	201468	130365	60681	106053	597728	378656
山　东 Shandong	10892180	3640311	2433313	605365	223343	133670	62293	182327	948882	559268
河　南 Henan	13984938	4642361	3277444	617697	344938	200989	82826	118467	1189056	949661
湖　北 Hubei	6566585	1871653	1320410	262017	127795	73889	39867	47675	481287	279947
湖　南 Hunan	11455208	3977499	2605951	546227	331330	139819	65645	288527	642827	398916
广　东 Guangdong	12276409	5017058	3558909	747996	313494	151196	86826	158637	750506	429082
广　西 Guangxi	6758923	2076693	1475981	293184	156429	76058	28493	46548	375132	256573
海　南 Hainan	1038578	392405	301490	48454	18879	16868	5294	1420	57434	26180
重　庆 Chongqing	5595838	1932753	1403969	268565	76830	67161	26430	89798	322742	195735
四　川 Sichuan	13222879	4878708	3574170	635902	269350	183803	84609	130874	849442	554408
贵　州 Guizhou	4659857	1897634	1419853	278747	92800	65615	20611	20008	340260	218467
云　南 Yunnan	6387140	2633795	1865886	409382	180764	104496	37913	35354	373150	245547
西　藏 Tibet	396982	110627	74825	21619	7378	2998	2160	1647	40802	26836
陕　西 Shaanxi	6364831	2397765	1699548	399009	135814	104982	40912	17500	688628	505803
甘　肃 Gansu	4493616	1923847	1399368	278495	89305	85891	25732	45056	423627	323439
青　海 Qinghai	863100	365394	284060	42302	13741	16973	5801	2517	82153	56832
宁　夏 Ningxia	784291	373542	203796	78173	23961	21158	15936	30518	82821	60152
新　疆 Xinjiang	2699493	1089404	768961	172602	67895	48159	12325	19462	263975	163913

条件(一)(镇区)

Secondary Schools (1) (Counties & Towns Area)

单位:平方米

unit: m^2

	生活用房 Residential and Welfare						其他用房 Rooms for Other Purposes	校舍面积中 of the Floor Space	
	教工宿舍 Apartments for Single								
计 Total	小计 Subtotal	其中:教师周转宿舍 of Which: Accommodation for Circulation of Teachers	学生宿舍 Students' Dormitories	食堂 Dining Halls	厕所 Toilet	其他 Others		危房面积 Floor Space of Dilapidated Buildings	当年新增 New Added in Current Year
93105258	**21924853**	**2843626**	**50098520**	**14393970**	**3297762**	**3390154**	**8692642**	**9666161**	**5595443**
374299	58334	2878	228705	61158	17425	8677	114661	48243	38341
385935	34799	3648	216871	68421	25078	40766	47211		4517
4962469	662500	71808	3051111	885665	167252	195941	371705	322280	206595
3233477	525650	42667	1794649	582792	137113	193273	363737	51296	86823
1409204	52167	3509	931619	285517	69193	70708	173837	162501	148504
1209053	48531	6815	788980	233037	46584	91921	141085	21967	46772
641189	7846	110	412260	148093	39968	33022	85128	116119	17679
1045910	43263	19914	695320	203218	49844	54265	187084	62712	33509
276195	22781	800	158656	55793	20206	18759	93810		44030
5539153	1218403	146439	2921788	1060420	154318	184224	666150		304128
3576136	514873	77269	2102545	706612	153336	98770	482786	2964	128213
6176717	1866371	140537	3084229	860427	203863	161827	399064	387577	485127
3599005	1168168	134134	1716270	511768	100704	102095	536772	190943	212284
4122462	925612	75285	2273336	693750	100794	128970	276991	804517	274509
5826574	1356062	216214	3024115	1000808	211743	233846	476413	97540	233509
7691183	1592374	130439	4423115	1179496	269277	226921	462338	270579	149982
3912292	1437519	138968	1777722	512279	92137	92635	301353	480694	72556
6258055	2055911	267052	2846972	953381	182839	218952	576827	480162	126339
5716106	1862911	212850	2781618	659308	190973	221296	792739	85507	504552
3995773	1314070	160601	2000777	452358	104108	124460	311325	923022	119810
563570	288047	43595	202821	46118	16320	10264	25169	61608	31108
3138646	950075	139934	1586377	454639	78568	68987	201697	232212	181394
7084263	1523397	371238	4076373	1004582	261596	218315	410466	851579	610234
2217404	499754	77448	1221673	307967	102700	85310	204559	32244	294017
3179545	643489	147500	1815936	441400	132464	146256	200650	1769916	326173
215177	93255	42604	85246	30143	5788	745	30376		29571
3044461	725623	111952	1637962	437476	122109	121292	233977	95573	215175
1932898	284873	32422	1126252	253941	132286	135546	213244	1986444	219888
372212	74937	15395	198603	51902	20991	25779	43341	100330	140877
311009	5274		215591	64653	13235	12256	16919		17709
1094886	67984	9601	701029	186848	74950	64076	251228	27632	291518

普通高中办学

Condition of School Buildings in Regular Senior

	校舍建筑面积 Floor Space	教学及辅助用房 Teaching & Assistant Buildings							行政办公用房 Administritive	
		计 Total	其中 of Which:						计 Total	其中：教师办公室 of Which: for Teachers
			教室 Classroom	实验室 Laboratory	图书室 Library	微机室 PC-room	语音室 Linguistic	体育馆 Gymnasium		
合　计 Total	**54159886**	**19921287**	**13551018**	**3184670**	**1373353**	**707145**	**320874**	**784227**	**4120675**	**2689630**
北　京 Beijing	413119	120321	76353	27729	7709	4967	1399	2164	26791	16147
天　津 Tianjin	292255	103031	72680	19332	4155	4489	2191	184	29688	20880
河　北 Hebei	3945931	1500849	1026981	281066	92274	51172	25007	24349	310483	226210
山　西 Shanxi	2930915	1184342	799501	180234	80563	43393	19122	61529	253231	173138
内蒙古 Inner Mongolia	353663	161464	99708	28528	12541	2850	932	16905	18033	16771
辽　宁 Liaoning	438676	133742	90526	19133	10734	8758	2041	2550	47256	32997
吉　林 Jilin	36291	13290	11359	811	288	554	278		4561	2869
黑龙江 Heilongjiang	376731	164199	109192	29492	6506	9327	2209	7473	44574	30919
上　海 Shanghai	92309	28792	21946	2964	1515	1166	500	701	11094	7787
江　苏 Jiangsu	2342534	938999	575863	162584	86554	37936	10868	65194	196479	126758
浙　江 Zhejiang	2953016	1143424	660774	205046	125814	31305	19933	100552	238778	154738
安　徽 Anhui	3079257	1138546	870110	138033	65860	35917	21363	7263	216984	119930
福　建 Fujian	2570596	1012784	583267	224334	99022	30505	13177	62479	198575	92496
江　西 Jiangxi	1293195	439201	314352	56863	23858	22923	8957	12248	80302	55004
山　东 Shandong	5545930	1875735	1259218	316532	100123	63216	28164	108482	461158	276874
河　南 Henan	5190669	1683673	1178336	246426	127147	75063	23307	33394	390865	318809
湖　北 Hubei	1778477	515554	360824	76061	37952	20964	15957	3796	129306	68030
湖　南 Hunan	3409031	1128281	747287	156677	93313	40201	17280	73523	206028	136390
广　东 Guangdong	4733235	2116526	1486731	297831	143368	56434	36572	95590	327716	183551
广　西 Guangxi	991270	324415	234470	50267	17499	11070	6043	5066	47126	34509
海　南 Hainan	231135	90914	69333	12285	3955	3321	820	1200	10147	6490
重　庆 Chongqing	1609872	503198	367798	76273	21422	19605	8145	9955	107004	61543
四　川 Sichuan	2511174	879074	604317	121882	52693	33670	11985	54527	171100	118534
贵　州 Guizhou	1095595	449171	350816	57370	12972	12489	4630	10894	73465	49660
云　南 Yunnan	2275043	883574	608214	152910	64728	32586	10067	15069	138096	90366
西　藏 Tibet	96830	29817	22432	3031	2598	933	823		6100	6100
陕　西 Shaanxi	2231430	826834	569920	154922	45343	35810	18084	2755	246836	183569
甘　肃 Gansu	686293	284313	211792	42059	14346	9763	5834	519	60095	48270
青　海 Qinghai	137701	45690	36070	4310	1558	1720	1590	442	8476	6361
宁　夏 Ningxia	74060	37899	30460	4198	464	464	1946	367	12924	7084
新　疆 Xinjiang	443653	163635	100388	35487	16479	4574	1650	5057	47404	16846

条件(一)(镇乡结合区)

eccondary Schools (1) (County-town Transitional Area)

单位:平方米

unit: m²

计 Total	生活用房 Residential and Welfare: 教工宿舍 Apartments for Single: 小计 Subtotal	其中:教师周转宿舍 of Which: Accommodation for Circulation of Teachers	学生宿舍 Students' Dormitories	食堂 Dining Halls	厕所 Toilet	其他 Others	其他用房 Rooms for Other Purposes	校舍面积中 of the Floor Space: 危房面积 Floor Space of Dilapidated Buildings	当年新增 New Added in Current Year
27581999	**6080200**	**781734**	**15148802**	**4428928**	**980705**	**943364**	**2535925**	**2090224**	**1709047**
224742	47735	2504	135444	31824	6880	2859	41265	48243	31851
143455	17017	1668	82655	27082	8350	8351	16081		4517
2015280	272623	23532	1244754	350305	69033	78565	119319	98236	74091
1379354	198948	14705	780387	242881	57098	100040	113988	14206	40703
159646	10230	2436	98768	31114	5283	14251	14520	8192	2045
215217	7114	2320	134508	46655	8655	18285	42461	10546	
14333			10648	2229	1163	293	4107		
158056	16219	8795	103305	29700	5299	3533	9902	11084	2460
42559	5734		24945	8743	2576	561	9864		
1090764	235427	24140	567764	218220	32908	36445	116292		112275
1380538	194869	33047	805898	279837	60643	39291	190276	870	57390
1628593	407231	16186	898879	236831	51878	33774	95134	75113	85496
1210737	393015	55723	603593	165408	29887	18834	148500	79235	35147
739258	167497	14150	421810	124398	16574	8979	34434	128013	47985
2962063	651051	93036	1599459	515761	101141	94651	246974	41359	157447
2946139	588502	57847	1717088	445676	99244	95629	169992	144781	41205
1039176	339768	19180	495207	147458	28325	28418	94441	113156	29145
1861986	524321	62867	892977	307079	67741	69868	212736	141006	76926
1970409	548294	76592	991763	272049	86223	72080	318584	57172	177573
584173	181521	3916	303849	70212	10957	17634	35556	134165	28767
129154	76341	24156	36794	9532	4253	2234	920	6790	18083
917433	258116	55662	473945	129174	24138	32060	82237	85921	59286
1356913	275882	67199	801588	188912	47877	42654	104087	46112	134537
525478	109462	18784	277906	96186	26530	15394	47481	8529	50165
1160291	224571	49360	668868	171742	43898	51212	93082	621450	136223
57433	18437		28755	7101	2496	644	3480		
1079049	235138	38631	603998	166699	37883	35331	78711	29787	36755
299120	47389	5029	166871	51668	22382	10810	42765	178095	67741
71824	16594	10269	36111	12845	4108	2166	11711	8163	55832
21407			13932	6118	634	723	1830		4700
197419	11154		126333	35489	16648	7795	35195		140702

普通高中办学

Condition of School Buildings in Regular Senio

	校舍建筑面积 Floor Space	教学及辅助用房 Teaching & Assistant Buildings							行政办公用房 Administritive	
		计 Total	其中 of Which:						计 Total	其中:教师办公室 of Which: for Teachers
			教室 Classroom	实验室 Laboratory	图书室 Library	微机室 PC-room	语音室 Linguistic	体育馆 Gymnasium		
合 计 Total	**21131993**	**7212196**	**4976791**	**987334**	**482371**	**260341**	**113615**	**391744**	**1470551**	**920978**
北 京 Beijing	258930	64383	35704	16280	5598	3052	774	2975	27790	14023
天 津 Tianjin	108518	42274	30656	4494	1161	1300	2612	2051	12185	6225
河 北 Hebei	807724	279833	200305	30749	18458	11127	5856	13338	55128	41508
山 西 Shanxi	1658256	457284	306101	60327	48635	18613	12445	11163	113508	87054
内蒙古 Inner Mongolia	257901	54195	36359	6963	2871	3030	2842	2130	29856	16746
辽 宁 Liaoning	346467	105860	72063	9630	10760	5130	2362	5915	15779	8891
吉 林 Jilin	135221	52801	40876	7005	1420	2154	1346		14964	7228
黑龙江 Heilongjiang	173255	80729	53906	7093	3947	2949	1746	11088	16852	13427
上 海 Shanghai	66050	20943	9686	3045	3484	1016	412	3300	4981	1542
江 苏 Jiangsu	360541	161547	93271	26529	21167	4096	1533	14951	41642	28398
浙 江 Zhejiang	1204105	421362	233425	65198	36332	11456	5316	69635	95073	67816
安 徽 Anhui	1376356	422719	322775	51978	22469	18078	6742	677	78535	42731
福 建 Fujian	1267956	481398	319592	84607	44909	16544	5777	9969	74144	28549
江 西 Jiangxi	742562	261417	212735	19451	11515	6787	2864	8065	39266	19092
山 东 Shandong	1482894	456815	235235	69112	44543	19949	8021	79955	115290	72784
河 南 Henan	536558	169208	135754	17042	6048	9320	924	120	59868	41463
湖 北 Hubei	1439432	468311	354059	50803	20844	12771	4535	25299	93150	45774
湖 南 Hunan	1432494	437017	314080	55156	26373	13530	10110	17768	75449	44516
广 东 Guangdong	2395612	912285	633554	131399	52138	23772	10571	60851	152427	90485
广 西 Guangxi	338990	102599	82154	9669	4460	2959	816	2541	8456	7037
海 南 Hainan	149545	35135	19900	4632	2423	1032	612	6536	9265	5599
重 庆 Chongqing	376766	89809	66196	13125	3543	5361	1584		14747	10498
四 川 Sichuan	744045	255530	184646	39637	14288	8771	3189	4999	43900	27403
贵 州 Guizhou	434760	166265	118099	22747	15765	8129	1405	120	30572	20045
云 南 Yunnan	666611	244847	183962	35590	9368	9754	4933	1240	33214	20340
西 藏 Tibet	222966	74531	57200	8363	2905	1207	638	4218	12258	6840
陕 西 Shaanxi	1018124	423989	271766	65438	32617	16079	8507	29582	85600	55330
甘 肃 Gansu	509567	193507	148968	23662	5879	9644	2629	2725	61993	49540
青 海 Qinghai	94852	42682	32418	5952	1263	2349	700		7535	6958
宁 夏 Ningxia	136215	59721	38372	17036	2202	1991	60	60	11016	8584
新 疆 Xinjiang	388720	173200	132974	24622	4986	8391	1754	473	36108	24552

条件(一)(乡村)

Secondary Schools (1) (Rural Area)

单位:平方米
unit: m²

	生活用房 Residential and Welfare						其他用房 Rooms for Other Purposes	校舍面积中 of the Floor Space	
	教工宿舍 Apartments for Single								
计 Total	小计 Subtotal	其中:教师周转宿舍 of Which: Accommodation for Circulation of Teachers	学生宿舍 Students' Dormitories	食堂 Dining Halls	厕所 Toilet	其他 Others		危房面积 Floor Space of Dilapidated Buildings	当年新增 New Added in Current Year
10883382	**2874139**	**426080**	**5614086**	**1608069**	**411901**	**375187**	**1565865**	**985624**	**983354**
112576	18057	50	53278	16639	7231	17371	54181		3201
46028	4597	632	23669	9966	3758	4038	8031		1586
431315	112471	10486	240425	49393	15358	13668	41448	3924	19970
853828	150188	22992	474835	153386	48687	26732	233636	20329	143069
143629	6526		78345	29336	6128	23294	30221		
172979	18240	2530	112238	32911	7586	2004	51849		7900
51941	314		32587	9865	3751	5424	15515	10741	4136
67202	3104	56	45441	15147	2556	954	8472	12506	1690
21091	7613	200	2267	8077	2451	683	19035		
141314	19543	734	81254	31488	3162	5867	16038		80753
583526	125780	10485	305279	112872	21429	18166	104144		2595
822761	256988	15113	409553	106276	24679	25265	52341	38566	34790
617205	214785	17041	281752	94963	16820	8885	95209	38777	30123
399580	77574	4561	241665	57425	11047	11869	42299	64685	28327
678497	143724	18414	362053	122944	33832	15944	232292		
293389	82940	1230	144104	44889	10297	11159	14093	56938	390
836488	255463	43647	423598	113243	22369	21815	41483	39322	21792
846887	338018	56993	343182	123229	22982	19476	73141	74210	63775
1127285	339596	89811	554920	144790	54680	33300	203615	18436	53652
221026	66899	5056	117054	19906	4702	12465	6909	48601	3020
84430	23558	1250	42810	13037	2900	2125	20715	2000	
265428	73743	15867	149888	32684	4971	4142	6782	16060	14540
418018	91493	22397	240484	61828	15943	8270	26597	35493	112107
195615	46736	9392	106186	31309	7952	3432	42308	4123	61804
371920	119277	14538	195853	34643	10523	11624	16630	312041	16150
126530	48349	37992	57287	16491	2033	2370	9647		9336
474355	149801	17187	220281	49200	17235	37838	34180	13548	150437
234292	57550	3968	127203	29852	11753	7934	19775	162004	63165
42341	8313	2514	20108	8535	1814	3571	2294	1278	11952
65220			53074	10157	969	1020	258		35398
136685	12899	944	73413	23588	12303	14482	42727	12042	7696

普通高中办

Condition of School Buildings in Regular Senior

	占地面积(平方米) Areas of School Sites(m^2)			图书(册) Books & Magazines in Libraries (volume)	计算机数(台) PC (Set)	
	计 Total	其中 of Which			计 Total	其中:教学用计算机 of Which: No. of Computers Used for Instruction
		绿化用地面积 Green Areas	运动场地面积 Sports Areas			
合　计 Total	**915662627**	**219902970**	**198415111**	**652181170**	**3508949**	**2697619**
北　京 Beijing	12569344	2398470	3743420	16886021	139161	108769
天　津 Tianjin	8328378	1191599	2248855	8211440	54180	33862
河　北 Hebei	43633869	7369547	9634811	28122111	163474	129702
山　西 Shanxi	31213127	4744962	6429893	18296382	104691	87432
内蒙古 Inner Mongolia	20124535	2921377	5159527	9692700	54723	43333
辽　宁 Liaoning	21685955	3676752	5880901	13639614	94924	64089
吉　林 Jilin	12542567	2355821	3578036	8718802	51284	39274
黑龙江 Heilongjiang	20734132	2991349	5682876	7636697	72663	58228
上　海 Shanghai	9435589	2896001	2322620	12163805	99277	76786
江　苏 Jiangsu	56025425	17604715	12284275	47606222	283208	208660
浙　江 Zhejiang	43177065	13263182	9591570	34773210	200588	152277
安　徽 Anhui	50142411	10593998	9844360	28331787	146179	116228
福　建 Fujian	35570530	9184581	9476945	37615822	150434	114377
江　西 Jiangxi	34583468	9782362	6502251	20716889	101231	81858
山　东 Shandong	57363262	15497556	13056975	36948630	236115	166674
河　南 Henan	56493951	10845718	10854813	31277419	143667	115198
湖　北 Hubei	37157033	8990861	7371920	18150325	106470	81982
湖　南 Hunan	45061761	13140429	8362703	26377718	137124	109404
广　东 Guangdong	83096160	25817495	15929755	87182363	366107	274385
广　西 Guangxi	29412312	7045195	5659977	20253256	82098	61779
海　南 Hainan	8945549	2613907	2064358	3880866	23916	19077
重　庆 Chongqing	20498115	5761281	4297935	12275421	82405	62493
四　川 Sichuan	46134009	10829857	10260583	34443454	157521	123087
贵　州 Guizhou	21200622	3884062	4041695	16888939	59990	46086
云　南 Yunnan	31030359	8579899	5340068	16080865	85432	72026
西　藏 Tibet	2839298	332957	254403	990358	4535	3258
陕　西 Shaanxi	23571152	4312153	6284116	23270353	118114	96848
甘　肃 Gansu	17721355	2694917	4847936	14791568	78999	64251
青　海 Qinghai	4520896	618926	947210	2954962	18918	14651
宁　夏 Ningxia	7094984	2139366	1355134	3626509	23919	18696
新　疆 Xinjiang	23755415	5823676	5105191	10376662	67602	52849

多媒体教室座位数(个) No. of Seats in Multi-media Classrooms(seat)	固定资产总值(万元) Total Volue of Fixed Asset (10 thousand yuan)		
	计 Total	其中:教学仪器设备资产值 of Which:Total Volue of Equip & Instru.	
		小计 Subtotal	其中:实验设备 of Which: for Prefession
9062279	**47985093. 35**	**4798365. 20**	**2203253. 57**
480416	1440883. 35	242041. 38	45485. 98
84106	472526. 41	53921. 89	20800. 33
552335	1867031. 97	154860. 73	78987. 64
259361	1590419. 14	154802. 20	84104. 58
189802	801129. 65	76406. 00	38585. 11
147480	1119094. 83	131693. 24	65956. 49
88439	632270. 74	59337. 39	32028. 73
86029	805598. 03	97614. 19	55514. 40
51164	1416767. 98	214719. 33	68049. 94
841681	4443100. 30	413749. 67	156252. 92
666530	2973803. 21	247409. 79	79699. 55
307025	2068301. 95	162655. 56	89558. 27
629588	1686056. 23	174026. 30	102802. 25
250962	1134539. 01	96178. 79	49314. 62
567011	3308049. 74	279526. 58	99350. 37
234888	2112815. 92	135732. 71	77011. 31
250064	2007859. 87	251179. 79	169480. 95
477454	2209741. 27	199444. 27	104837. 89
904889	4661849. 81	565982. 45	261960. 19
230909	954115. 19	83128. 01	43588. 61
70452	337810. 68	35719. 75	17716. 34
280641	1294575. 05	112119. 25	36296. 71
280448	2650253. 82	228660. 45	108691. 38
123073	1027604. 33	76874. 90	44082. 30
235166	1370390. 51	84165. 66	40869. 65
4194	120208. 21	8390. 30	6203. 45
347961	1462433. 35	254885. 81	124216. 26
187261	851464. 12	92908. 12	53135. 73
34657	132435. 30	15576. 57	8459. 69
88746	273587. 14	23701. 58	9944. 84
109547	758376. 22	70952. 53	30267. 09

普通高中办

Condition of School Buildings in Regular Senior

	占地面积(平方米) Areas of School Sites(m^2)			图书(册) Books & Magazines in Libraries (volume)	计算机数(台) PC (set)	
	计 Total	其中 of Which			计 Total	其中:教学用计算机 of Which: No. of Computers Used for Instruction
		绿化用地面积 Green Areas	运动场地面积 Sports Areas			
合　计 Total	**402170997**	**103297572**	**91050584**	**332152025**	**2013406**	**1509137**
北　京 Beijing	9664494	1739144	2968014	15270278	124870	97814
天　津 Tianjin	5675879	851790	1534756	6356632	42475	27024
河　北 Hebei	16414274	2897900	3602282	13200072	82625	64487
山　西 Shanxi	12185481	1942557	2745247	9093638	53579	43342
内蒙古 Inner Mongolia	9371938	1444466	2380430	5249399	30631	23255
辽　宁 Liaoning	14770605	2558249	3995458	10401526	72734	49580
吉　林 Jilin	7968773	1585686	2150542	6115225	35911	27118
黑龙江 Heilongjiang	10653802	1611991	2971457	4550681	45439	36017
上　海 Shanghai	7887751	2402207	1949778	10885834	88366	69457
江　苏 Jiangsu	29192098	9650666	6255241	25241417	164733	119522
浙　江 Zhejiang	23037992	7152568	4953334	18702583	114932	86030
安　徽 Anhui	14193590	3626708	2914795	10272234	56065	43225
福　建 Fujian	12248760	3291356	3235465	15798563	75018	54762
江　西 Jiangxi	11048952	3559043	2176200	6888433	43847	35284
山　东 Shandong	27928200	7444893	6501651	19791125	135625	91879
河　南 Henan	22016472	4809119	4422099	14292124	72600	57218
湖　北 Hubei	19725345	5313122	4157679	10632888	62671	47879
湖　南 Hunan	14666720	4292867	2961394	9442644	57977	44657
广　东 Guangdong	46084384	14751941	9502799	53437554	263342	191188
广　西 Guangxi	11222914	2920949	2305994	8434946	42730	31755
海　南 Hainan	4630480	1401704	1135971	2007246	15860	12413
重　庆 Chongqing	8620175	2724537	1910569	5848967	45155	33263
四　川 Sichuan	17306249	4114391	3996925	12296195	71854	54973
贵　州 Guizhou	6415144	1453506	1276735	4986344	24431	18082
云　南 Yunnan	8480046	2751099	1616331	6129361	34447	28439
西　藏 Tibet	895101	127319	91378	425413	2090	1491
陕　西 Shaanxi	8084276	1503502	2290476	11038754	55243	43660
甘　肃 Gansu	5348103	939748	1496699	6122839	33694	27152
青　海 Qinghai	1256786	238747	314955	1079063	8277	5893
宁　夏 Ningxia	4265654	1391599	824566	2252241	15390	11464
新　疆 Xinjiang	10910560	2804200	2411364	5907806	40795	30814

学条件(二)(城区)

Secondary Schools (2) (Urban Area)

多媒体教室座位数(个) No. of Seats in Multi-media Classrooms(seat)	固定资产总值(万元) Total Volue of Fixed Asset (10 thousand yuan)		
	计 Total	其中:教学仪器设备资产值 of Which:Total Volue of Equip & Instru.	
		小计 Subtotal	其中:实验设备 of Which: for Prefession
5153194	**26469595. 22**	**2807212. 31**	**1177985. 85**
420066	1272689. 55	220038. 37	40266. 46
64056	365855. 50	42144. 79	15586. 50
298840	885570. 23	76881. 17	39115. 98
118041	721381. 63	82492. 19	45681. 21
100547	431447. 84	46448. 09	24122. 18
120867	862846. 78	100906. 94	52551. 09
60150	444632. 70	43375. 74	23148. 27
59642	525413. 41	61298. 68	33195. 86
43687	1224512. 57	199594. 10	61727. 74
482522	2874951. 37	272730. 80	89728. 25
369151	1727103. 54	141542. 45	39535. 18
136882	723664. 55	56461. 00	29072. 12
315519	822550. 25	88681. 64	52720. 30
102336	439417. 02	41381. 85	20231. 04
281189	1856651. 43	167669. 23	51864. 05
145449	824437. 57	69493. 42	37312. 92
165757	1109596. 36	99964. 62	47673. 21
208411	971870. 79	87801. 93	49194. 82
610361	3202632. 63	383325. 18	180733. 49
113073	432446. 98	46221. 59	20560. 55
46944	217298. 02	23315. 15	11121. 33
167350	711829. 38	61633. 94	18995. 03
120865	1163711. 34	108209. 09	50241. 09
49496	591503. 79	40031. 41	21736. 95
112867	515208. 87	40149. 18	17601. 37
3494	37745. 93	2939. 25	1920. 80
203537	517313. 09	86374. 42	45340. 96
80956	344800. 44	53431. 20	28522. 60
12012	43717. 22	6313. 08	3648. 97
73979	156391. 58	14891. 02	6011. 03
65148	450402. 86	41470. 79	18824. 51

普通高中办

Condition of School Buildings in Regular Senio

	占地面积(平方米) Areas of School Sites(m^2)			图书(册) Books & Magazines in Libraries (volume)	计算机数(台) PC (set)	
		其中 of Which				其中:教学用计算机 of Which: No. o Computers Usec for Instruction
	计 Total	绿化用地面积 Green Areas	运动场地面积 Sports Areas		计 Total	
合　计 Total	**81259265**	**22248211**	**16435317**	**51579798**	**291743**	**220346**
北　京 Beijing	1232485	190902	228679	439678	4255	2694
天　津 Tianjin	483488	38500	145240	361867	2183	1822
河　北 Hebei	4319391	871093	877559	2195813	15030	12825
山　西 Shanxi	1443101	155099	355080	959170	6568	5714
内蒙古 Inner Mongolia	694561	186007	120989	228358	1145	795
辽　宁 Liaoning	2339021	459669	540956	975028	9007	6581
吉　林 Jilin	919191	238653	186434	470593	1632	1034
黑龙江 Heilongjiang	1315019	304581	381462	522019	4878	3794
上　海 Shanghai	1052175	364963	182798	613984	6346	4910
江　苏 Jiangsu	5180622	1698750	919379	3648027	22793	15963
浙　江 Zhejiang	7068641	2018694	1455514	4500564	28817	20629
安　徽 Anhui	2236243	566957	412932	1087619	5317	4205
福　建 Fujian	3299628	961056	899196	3350536	14566	10611
江　西 Jiangxi	1569416	416111	298223	803231	3715	2846
山　东 Shandong	7348094	2124591	1559140	3779858	26479	19504
河　南 Henan	6074602	1229162	1002541	2550925	12965	10295
湖　北 Hubei	3613541	1117758	651675	1451393	8415	6522
湖　南 Hunan	3407327	1034929	632065	1788136	11890	9036
广　东 Guangdong	15113189	4784028	2807763	14844561	61448	46231
广　西 Guangxi	2179434	517959	493813	1474441	8287	6136
海　南 Hainan	242097	67477	65667	117999	657	645
重　庆 Chongqing	757073	392719	160629	410269	3671	2883
四　川 Sichuan	3015431	821924	716554	1205872	10025	8032
贵　州 Guizhou	1390379	295483	208608	677516	3548	2411
云　南 Yunnan	2211936	780735	362038	1084560	6621	5455
西　藏 Tibet						
陕　西 Shaanxi	1311407	308261	401578	1179703	6211	5039
甘　肃 Gansu	214410	16647	78268	206517	897	718
青　海 Qinghai	106312	21534	20120	89444	573	435
宁　夏 Ningxia	404140	77472	85500	252383	884	764
新　疆 Xinjiang	716911	186497	184917	309734	2920	1817

学条件(二)(城乡结合区)

Secondary Schools (2) (Urban-rural Transitional Area)

多媒体教室座位数(个) No. of Seats in Multi-media Classrooms(seat)	固定资产总值(万元) Total Volue of Fixed Asset(10 thousand yuan)		
	计 Total	其中:教学仪器设备资产值 of Which:Total Volue of Equip & Instru.	
		小计 Subtotal	其中:实验设备 of Which: for Prefession
794008	**4923148.27**	**395067.35**	**185839.16**
23308	66132.95	3235.12	995.74
1572	40550.60	2951.45	1909.01
33616	183451.31	15683.87	9166.42
13717	80896.95	9894.18	2975.19
2389	24423.39	1145.47	535.24
9502	158607.03	15591.74	7981.94
1028	31483.31	2492.88	794.44
5903	51368.05	10099.64	4081.18
4884	79527.61	12358.40	6150.17
58235	467864.31	33967.10	13656.93
95789	497537.18	41668.71	10212.73
20944	65349.90	5343.77	1889.13
68242	183823.58	14235.44	8472.92
13983	91576.08	3444.21	1990.61
78391	546337.97	23356.35	12240.48
28709	193464.31	14064.37	7624.18
30480	201024.08	11864.13	5821.71
37406	283975.71	18022.44	11859.75
156553	965421.82	97622.22	48161.85
20098	87433.97	7260.04	5206.66
1066	10961.00	1647.00	380.00
10562	96309.66	4805.56	1916.21
18213	203264.08	14914.77	6165.70
10674	51455.61	4852.85	2451.26
17680	144463.03	7845.65	5502.75
21818	54955.10	8398.23	4881.13
2210	9536.70	852.70	230.87
486	3236.22	283.44	116.89
3592	9420.07	662.24	479.28
2958	39296.70	6503.37	1988.79

普通高中办

Condition of School Buildings in Regular Senior

	占地面积(平方米) Areas of School Sites(m^2)			图书(册) Books & Magazines in Libraries (volume)	计算机数(台) PC (set)	
	计 Total	其中 of Which			计 Total	其中:教学用计算机 of Which: No. of Computers Used for Instruction
		绿化用地面积 Green Areas	运动场地面积 Sports Areas			
合　计 Total	**455359308**	**102413821**	**95677433**	**290562606**	**1353263**	**1077201**
北　京 Beijing	2024605	396664	567287	1195959	10336	7739
天　津 Tianjin	2328074	263049	618667	1558302	10667	6257
河　北 Hebei	24637745	3929002	5539280	13777053	74353	60034
山　西 Shanxi	15501977	2102883	3032022	7722854	43110	37149
内蒙古 Inner Mongolia	9744035	1289466	2537273	4254162	22835	18980
辽　宁 Liaoning	6166499	931577	1781436	2933500	20684	13611
吉　林 Jilin	3960562	668558	1253701	2341241	14152	11152
黑龙江 Heilongjiang	9569393	1309308	2559026	2916856	25649	20723
上　海 Shanghai	1383995	471074	344576	1073810	9404	6696
江　苏 Jiangsu	25915845	7662931	5863086	21876584	115406	86596
浙　江 Zhejiang	17275882	5186002	3976474	14318186	75214	58409
安　徽 Anhui	31319735	6229326	6144494	16215275	82046	66631
福　建 Fujian	20084026	5142870	5492413	19210576	66111	52354
江　西 Jiangxi	21451933	5742753	3828466	13151859	54278	44106
山　东 Shandong	25579455	6592980	5795915	15224389	91191	68198
河　南 Henan	32834217	5747445	6113581	16277876	67908	55890
湖　北 Hubei	14261720	2967055	2526950	5933069	35435	27476
湖　南 Hunan	27100344	8027516	4845329	15095081	71177	58259
广　东 Guangdong	30256961	8747181	5318856	29376821	87150	71036
广　西 Guangxi	17191669	3906623	3175377	11353813	37134	28335
海　南 Hainan	3736641	1049614	702685	1765504	7310	6107
重　庆 Chongqing	11078571	2795732	2262375	6087044	34981	27605
四　川 Sichuan	27321109	6303959	5952309	21113040	80051	63980
贵　州 Guizhou	13483935	2174438	2572184	11199595	32897	26007
云　南 Yunnan	20072009	5280429	3284010	9001648	46030	39329
西　藏 Tibet	1244882	119828	103139	494672	1677	1385
陕　西 Shaanxi	13117072	2542901	3363946	10747245	55501	47187
甘　肃 Gansu	10988372	1554058	2994626	7791495	40631	33040
青　海 Qinghai	2914890	307487	582435	1772405	9652	7966
宁　夏 Ningxia	2353380	629267	415252	1252568	7931	6664
新　疆 Xinjiang	10459776	2341845	2130264	3530124	22362	18300

学条件(二)(镇区)

Secondary Schools (2) (Counties & Towns Area)

多媒体教室座位数(个) No. of Seats in Multi-media Classrooms(seat)	固定资产总值(万元) Total Volue of Fixed Asset (10 thousand yuan)		
	计 Total	其中:教学仪器设备资产值 of Which: Total Volue of Equip & Instru.	
		小计 Subtotal	其中:实验设备 of Which: for Prefession
3563026	**19104340.66**	**1706062.31**	**902640.30**
47150	131834.10	16102.10	3832.97
17514	95282.92	9981.50	5065.43
235834	936734.73	74043.18	38113.58
118414	672481.20	55732.02	29811.33
79670	342811.72	28377.96	13997.81
26340	228777.05	26655.30	12546.40
26144	136508.03	13582.25	8519.50
25429	266550.52	34501.67	20990.70
6929	180321.77	12560.23	4140.55
348049	1502333.54	137373.63	64840.82
271984	1078026.81	96808.02	36254.23
156865	1215019.31	96009.25	55101.51
283984	710936.23	70561.30	44083.69
140941	650387.21	52516.63	27944.54
252994	1249728.46	101639.10	43674.61
81583	1257237.66	64807.30	38868.01
75673	776495.31	136145.77	115741.78
244177	1129471.74	99687.41	50484.10
255181	1212738.18	161033.57	72983.20
114687	510756.56	35844.72	22244.36
20348	100541.25	10150.59	5762.73
109215	554392.88	47601.88	16241.68
141300	1414872.67	114153.78	55672.02
71106	395153.77	33989.03	20086.81
111527	780071.33	36909.29	19899.92
444	47415.68	1561.45	889.05
127244	621330.63	59975.99	34252.17
96398	449111.76	35948.63	22655.56
22073	82684.60	8881.49	4612.54
14139	100260.31	8478.11	3668.81
39690	274072.73	24449.18	9659.90

普通高中办

Condition of School Buildings in Regular Senior

	占地面积(平方米) Areas of School Sites(m^2)			图书(册) Books & Magazines in Libraries (volume)	计算机数(台) PC (set)	
	计 Total	其中 of Which			计 Total	其中:教学用计算机 of Which: No. of Computers Used for Instruction
		绿化用地面积 Green Areas	运动场地面积 Sports Areas			
合　计 Total	**133272177**	**30713028**	**27153660**	**79150457**	**378667**	**298135**
北　京 Beijing	881246	130112	254419	421790	3778	2782
天　津 Tianjin	935777	80833	285190	569953	3979	2478
河　北 Hebei	9888882	1434874	2300599	5213442	27042	21652
山　西 Shanxi	7499545	1019131	1285567	3387126	18421	15249
内蒙古 Inner Mongolia	950779	84457	142105	388196	1633	1458
辽　宁 Liaoning	1193705	147959	332804	380523	3783	2799
吉　林 Jilin	153062	31800	38352	60835	291	231
黑龙江 Heilongjiang	1219769	109920	284028	349612	3021	2429
上　海 Shanghai	174526	58695	55157	84959	1445	665
江　苏 Jiangsu	5415524	1633576	1225704	4101687	24140	16975
浙　江 Zhejiang	6909207	2104648	1533101	5590427	27872	20965
安　徽 Anhui	8085411	1861050	1717887	3642442	18786	14949
福　建 Fujian	6520908	1628272	1686406	5729324	19913	15589
江　西 Jiangxi	3157703	810969	521964	1601675	6868	5545
山　东 Shandong	12783500	3257193	2888554	7498407	44243	33478
河　南 Henan	13357559	2007418	2395890	6071281	25997	20207
湖　北 Hubei	4080576	921197	714908	1542928	10762	8785
湖　南 Hunan	8570412	2986021	1470161	4055948	20151	16237
广　东 Guangdong	10922849	3307381	2031135	11313217	35076	28737
广　西 Guangxi	2696067	735394	488592	1417000	5497	4215
海　南 Hainan	545201	142119	119344	406043	1311	1137
重　庆 Chongqing	3358070	881943	551540	1480959	8399	6710
四　川 Sichuan	4979831	1201473	1096363	3292140	15252	12438
贵　州 Guizhou	3363007	580297	652627	2613354	7878	6460
云　南 Yunnan	6649826	1877193	1062684	2761044	14345	11964
西　藏 Tibet	337172	42844	40246	130000	473	438
陕　西 Shaanxi	4558759	913419	1058349	3297389	19089	16174
甘　肃 Gansu	1789394	224864	508886	1195842	5635	4233
青　海 Qinghai	308383	50691	60721	179588	1029	883
宁　夏 Ningxia	220110	56986	45019	130999	460	390
新　疆 Xinjiang	1765417	390299	305358	242327	2098	1883

学条件(二)(镇乡结合区)

Secondary Schools (2)(County-Town Transitional Area)

多媒体教室座位数(个) No. of Seats in Multi-media Classrooms(seat)	固定资产总值(万元) Total Volue of Fixed Asset(10 thousand yuan)		
	计 Total	其中:教学仪器设备资产值 of Which: Total Volue of Equip & Instru.	
		小计 Subtotal	其中:实验设备 of Which: for Prefession
1015403	**5729746.90**	**449976.86**	**229809.16**
17648	62175.61	6589.70	1917.76
6525	25671.92	3169.79	1484.45
96957	350959.51	25656.98	13413.07
45812	266614.81	18871.34	9669.67
11642	41282.30	2128.00	595.40
9104	60135.30	5928.00	3091.00
426	2222.50	58.50	14.80
2005	49122.22	5025.10	3691.10
650	26184.03	1824.86	882.24
62179	355506.02	32326.39	17178.40
105734	435092.29	33777.51	11884.03
30559	338207.25	22819.70	12504.42
85167	230789.45	20192.17	14071.07
16631	149541.40	9884.10	5158.96
117870	612632.05	49693.49	23194.98
32384	391444.16	23831.74	16049.11
13222	170689.69	12533.52	5985.64
56684	351380.79	29760.97	12591.31
95588	440412.18	41759.05	24484.04
19846	55689.92	5737.84	3451.86
2130	19317.00	1896.10	1248.00
25885	140375.76	17634.86	5593.42
45245	324329.87	25173.80	10572.74
13396	91098.32	8494.91	5386.12
36510	346053.30	15200.74	9530.16
132	7159.00	428.00	298.00
45962	226734.44	19846.82	12025.45
12330	73894.61	4413.73	1960.70
1090	20635.48	916.28	354.60
129	4683.90	748.50	460.40
5961	59711.82	3654.37	1066.26

普通高中办

Condition of School Buildings in Regular Senior

	占地面积(平方米) Areas of School Sites(m^2)			图书(册) Books & Magazines in Libraries (volume)	计算机数(台) PC (set)	
		其中 of Which				其中:教学用计算机 of Which: No. of Computers Used for Instruction
	计 Total	绿化用地面积 Green Areas	运动场地面积 Sports Areas		计 Total	
合　计 Total	**58132322**	**14191576**	**11687094**	**29466539**	**142280**	**111281**
北　京 Beijing	880245	262662	208119	419784	3955	3216
天　津 Tianjin	324425	76760	95432	296506	1038	581
河　北 Hebei	2581850	542645	493249	1144986	6496	5181
山　西 Shanxi	3525669	699522	652624	1479890	8002	6941
内蒙古 Inner Mongolia	1008562	187445	241824	189139	1257	1098
辽　宁 Liaoning	748851	186926	104007	304588	1506	898
吉　林 Jilin	613232	101577	173793	262336	1221	1004
黑龙江 Heilongjiang	510937	70050	152393	169160	1575	1488
上　海 Shanghai	163843	22720	28266	204161	1507	633
江　苏 Jiangsu	917482	291118	165948	488221	3069	2542
浙　江 Zhejiang	2863191	924612	661762	1752441	10442	7838
安　徽 Anhui	4629086	737964	785071	1844278	8068	6372
福　建 Fujian	3237744	750355	749067	2606683	9305	7261
江　西 Jiangxi	2082583	480566	497585	676597	3106	2468
山　东 Shandong	3855607	1459683	759409	1933116	9299	6597
河　南 Henan	1643262	289154	319133	707419	3159	2090
湖　北 Hubei	3169968	710684	687291	1584368	8364	6627
湖　南 Hunan	3294697	820046	555980	1839993	7970	6488
广　东 Guangdong	6754815	2318373	1108100	4367988	15615	12161
广　西 Guangxi	997729	217623	178606	464497	2234	1689
海　南 Hainan	578428	162589	225702	108116	746	557
重　庆 Chongqing	799369	241012	124991	339410	2269	1625
四　川 Sichuan	1506651	411507	311349	1034219	5616	4134
贵　州 Guizhou	1301543	256118	192776	703000	2662	1997
云　南 Yunnan	2478304	548371	439727	949856	4955	4258
西　藏 Tibet	699315	85810	59886	70273	768	382
陕　西 Shaanxi	2369805	265750	629694	1484354	7370	6001
甘　肃 Gansu	1384880	201111	356611	877234	4674	4059
青　海 Qinghai	349220	72692	49820	103494	989	792
宁　夏 Ningxia	475950	118500	115316	121700	598	568
新　疆 Xinjiang	2385079	677631	563563	938732	4445	3735

学条件(二)(乡村)

Secondary Schools (2) (Rural Area)

多媒体教室座位数(个) No. of Seats in Multi-media Classrooms (seat)	固定资产总值(万元) Total Value of Fixed Asset (10 thousand yuan)		
	计 Total	其中:教学仪器设备资产值 of Which: Total Volue of Equip & Instru.	
		小计 Subtotal	其中:实验设备 of Which: for Prefession
346059	**2411157.47**	**285090.57**	**122627.42**
13200	36359.70	5900.92	1386.55
2536	11387.99	1795.60	148.40
17661	44727.01	3936.38	1758.08
22906	196556.32	16577.99	8612.04
9585	26870.09	1579.95	465.12
273	27471.00	4131.00	859.00
2145	51130.01	2379.40	360.96
958	13634.10	1813.84	1327.84
548	11933.64	2565.00	2181.65
11110	65815.39	3645.25	1683.85
25395	168672.86	9059.32	3910.14
13278	129618.09	10185.31	5384.64
30085	152569.75	14783.36	5998.27
7685	44734.78	2280.31	1139.04
32828	201669.85	10218.25	3811.71
7856	31140.69	1431.99	830.38
8634	121768.20	15069.40	6065.96
24866	108398.74	11954.93	5158.97
39347	246479.00	21623.70	8243.50
3149	10911.65	1061.70	783.70
3160	19971.41	2254.01	832.28
4076	28352.79	2883.43	1060.00
18283	71669.81	6297.58	2778.27
2471	40946.77	2854.46	2258.54
10772	75110.31	7107.19	3368.36
256	35046.60	3889.60	3393.60
17180	323789.63	108535.40	44623.13
9907	57551.93	3528.29	1957.58
572	6033.48	382.00	198.18
628	16935.25	332.45	265.00
4709	33900.63	5032.56	1782.68

中等职业学

Number of Secondary

地　区 Region	中等职业学校 Secondary Vocational Schools				普通中等专业学校 Reg. Specialized Sec. Schools			
	计 Total	中央部门 HEIs under Central Ministries& Agencies	地方部门 HEIs under Local Auth.	民　办 Non-government	计 Total	中央部门 HEIs under Central Ministries& Agencies	地方部门 HEIs under Local Auth.	民　办 Non-government
合　计 Total	**10169**	**30**	**7283**	**2856**	**3753**	**22**	**2750**	**981**
北　京 Beijing	102	7	75	20	35	6	29	
天　津 Tianjin	89		82	7	40		39	1
河　北 Hebei	696	1	461	234	302	1	105	196
山　西 Shanxi	461		354	107	93		78	15
内蒙古 Inner Mongolia	283		201	82	90		43	47
辽　宁 Liaoning	339		239	100	121		111	10
吉　林 Jilin	313		231	82	49		47	2
黑龙江 Heilongjiang	395		323	72	75		42	33
上　海 Shanghai	117	3	108	6	64	2	59	3
江　苏 Jiangsu	309		281	28	169		155	14
浙　江 Zhejiang	382		273	109	46		42	4
安　徽 Anhui	500		353	147	112		97	15
福　建 Fujian	262	1	209	52	262	1	209	52
江　西 Jiangxi	465	1	287	177	68	1	55	12
山　东 Shandong	591		436	155	245		200	45
河　南 henan	778	4	520	254	143	3	129	11
湖　北 Hubei	341	3	247	91	246	3	175	68
湖　南 Hunan	567		298	269	36		35	1
广　东 Guangdong	538		404	134	409		295	114
广　西 Guangxi	327		219	108	327		219	108
海　南 Hainan	85		53	32	26		23	3
重　庆 Chongqing	164		132	32	23		22	1
四　川 Sichuan	540		293	247	273		87	186
贵　州 guizhou	227		165	62	86		75	11
云　南 Yunnan	400	3	341	56	89	2	74	13
西　藏 Tibet	6		6		6		6	
陕　西 Shaanxi	361	3	213	145	47	1	44	2
甘　肃 Gansu	271	1	237	33	121		116	5
青　海 Qinghai	40		34	6	34		30	4
宁　夏 Ningxia	36		34	2	20		18	2
新　疆 Xinjiang	184	3	174	7	96	2	91	3

校(机构)数
Vocational Schools

单位:人
unit: person

成人中等专业学校 Adults Specialized Sec. Schools				职业高中学校 Vocational High Schools			
计 Total	中央部门 HEIs under Central Ministries& Agencies	地方部门 HEIs under Local Auth.	民办 Non-government	计 Total	中央部门 HEIs under Central Ministries& Agencies	地方部门 HEIs under Local Auth.	民办 Non-government
1614	**4**	**1452**	**158**	**4802**	**4**	**3081**	**1717**
11	1	9	1	56		37	19
22		22		27		21	6
169		155	14	225		201	24
120		120		248		156	92
62		62		131		96	35
1		1		217		127	90
81		81		183		103	80
163		157	6	157		124	33
25	1	23	1	28		26	2
54		51	3	86		75	11
44		43	1	292		188	104
72		62	10	316		194	122
91		91		306		141	165
102		80	22	244		156	88
183		126	57	452	1	265	186
15		12	3	80		60	20
92		72	20	439		191	248
16		16		113		93	20
5		5		54		25	29
52		48	4	89		62	27
26		15	11	241		191	50
15		12	3	126		78	48
129	1	128		182		139	43
8		8		306	2	161	143
34	1	31	2	116		90	26
2		2		4		2	2
3		3		13		13	
17		17		71	1	66	4

中等职业学校

Number of students in Secondary

地 区 Region	毕业生数 Graduates		招生数 Entrants			
	计 Total	其中：获得职业资格证书 of Which：Recipients of Vocational Qualifications	计 Total	其中：应届毕业 of Which：Graduates of Current Year		其中：五年制高职中职段 of Which：5 - year Secondary Vocational Education
				小计 Subtotal	其中：初中毕业生 of Which：Junior Secondary School Graduates	
合 计 Total	**5411252**	**3384287**	**6499626**	**5624185**	**5292530**	**285728**
北 京 Beijing	51112	28439	61507	47859	47052	3390
天 津 Tianjin	40355	18597	35046	30268	29336	3179
河 北 Hebei	355816	180710	356853	285872	265692	9189
山 西 Shanxi	193887	115261	176188	141054	132033	3879
内蒙古 Inner Mongolia	91335	43558	105862	89756	79836	8740
辽 宁 Liaoning	142226	68826	134577	117887	108398	7648
吉 林 Jilin	96934	40878	91656	72579	63372	2564
黑龙江 Heilongjiang	123316	54093	109287	80578	73244	1961
上 海 Shanghai	51325	40509	48149	43796	43530	995
江 苏 Jiangsu	290081	196954	307406	293654	291765	56473
浙 江 Zhejiang	188650	164371	238150	228829	227662	12535
安 徽 Anhui	289204	203690	405504	350727	337393	23737
福 建 Fujian	162006	123509	251705	169635	149085	4197
江 西 Jiangxi	193413	108136	211902	184947	174644	15310
山 东 Shandong	386564	251782	444703	393683	367160	25824
河 南 henan	529025	296117	569553	519231	479241	23135
湖 北 Hubei	307701	192697	212318	205816	196914	2172
湖 南 Hunan	225490	157944	279918	230450	219031	23325
广 东 Guangdong	366543	245112	550297	487380	454252	6634
广 西 Guangxi	180013	117351	317077	202184	181633	3577
海 南 Hainan	32182	16293	57964	45068	41202	1354
重 庆 Chongqing	118634	78477	146484	139815	137160	5177
四 川 Sichuan	340512	244196	523302	479117	461920	11927
贵 州 guizhou	90966	58055	148242	139380	133013	2265
云 南 Yunnan	129480	80941	184875	170846	165927	7108
西 藏 Tibet	8625	2574	5368	5368	4850	137
陕 西 Shaanxi	207571	130317	236407	215140	194043	14956
甘 肃 Gansu	102760	56560	119116	110030	105238	786
青 海 Qinghai	21620	15147	29600	23070	21596	880
宁 夏 Ningxia	29398	15113	50433	41342	37592	454
新 疆 Xinjiang	64508	38080	90177	78824	68716	2220

(机构)学生数

Vocational Education (Institutions)

单位:人
unit: person

在校学生数 Enrolment					预计毕业生数 Estimated Graduates for Next Year	
计 Total	一年级 Grade 1	二年级 Grade 2	三年级 Grade 3	四年级及以上 Grade 4 and over	计 Total	其中:五年制高职中职段 of Which: 5 - year Secondary Vocational Education
17749068	**6510678**	**6018338**	**5113759**	**106293**	**5734745**	**203138**
168982	61738	51191	41742	14311	57886	3646
108094	35049	38366	34092	587	38588	2751
1065994	357632	364244	341214	2904	392227	6914
508529	176189	171391	159834	1115	188591	4898
307919	105969	100500	100006	1444	110039	3174
407577	134776	133933	130098	8770	139150	6307
265952	91656	99172	74739	385	88556	1642
323219	109302	109548	103422	947	126828	1288
154008	48343	45416	42252	17997	45260	
926984	307551	327215	281543	10675	255029	18086
652001	238239	215595	195888	2279	205125	10270
947984	405649	299107	237574	5654	287795	16243
573082	251869	163822	155785	1606	196742	5453
587317	212004	187667	186801	845	197055	9772
1177130	445174	395353	324974	11629	380641	22741
1567770	572816	538370	454379	2205	545275	22788
720915	212321	243706	263011	1877	285419	1562
778750	280369	271201	219097	8083	252298	13407
1520525	552516	552076	413614	2319	453448	13453
841953	317653	316473	206982	845	232763	1053
148743	58147	46297	43988	311	43113	540
379534	146552	115958	114832	2192	115026	2862
1266229	523440	396908	344190	1691	382662	8669
379908	148242	124632	106683	351	113255	1968
578273	184908	233032	159880	453	163840	2468
19767	5428	5922	8392	25	9267	172
603772	236648	204794	161423	907	194465	14625
332561	119118	118929	93329	1185	104269	1041
80057	29603	25542	24786	126	25540	2192
112500	50499	33944	28022	35	32480	617
243039	91278	88034	61187	2540	72113	2536

中等职业学校

Number of Female students in Secondary

地　区 Region	毕业生数 Graduates		招生数 Entrants			
	计 Total	其中：获得职业资格证书 of Which: Recipients of Vocational Qualifications	计 Total	其中：应届毕业 of Which: Graduates of Current Year		其中：五年制高职中职段 of Which: 5-year Secondary Vocational Education
				小计 Subtotal	其中：初中毕业生 of Which: Junior Secondary School Graduates	
合　计 Total	**2656796**	**1605733**	**3189239**	**2760251**	**2595610**	**165472**
北　京 Beijing	27146	15507	31029	21017	20522	1087
天　津 Tianjin	17920	7959	15210	13268	12681	1356
河　北 Hebei	177719	83492	180921	134215	123291	5520
山　西 Shanxi	95803	61774	86531	74114	69925	2414
内蒙古 Inner Mongolia	44162	19616	49942	42154	37162	4180
辽　宁 Liaoning	68078	30349	65340	57889	54485	4971
吉　林 Jilin	42082	18939	40124	33210	29309	2011
黑龙江 Heilongjiang	55991	25953	52554	41924	38941	1091
上　海 Shanghai	24508	18525	22082	19343	19253	384
江　苏 Jiangsu	135888	91098	148584	140011	138854	31856
浙　江 Zhejiang	92658	79346	110468	106089	105239	6287
安　徽 Anhui	138817	90639	189547	167596	161287	15236
福　建 Fujian	78877	58871	116768	77878	69629	2521
江　西 Jiangxi	97794	56250	112194	98824	93389	9833
山　东 Shandong	180823	110339	208877	181398	167237	14878
河　南 henan	268306	146401	292240	262161	239348	14105
湖　北 Hubei	149745	86592	101843	99628	97154	1136
湖　南 Hunan	116213	79699	141324	117656	110712	12481
广　东 Guangdong	186198	122240	280622	249811	234465	3889
广　西 Guangxi	82997	49182	139006	94040	85870	1827
海　南 Hainan	16782	9703	29955	24625	21924	811
重　庆 Chongqing	57917	36968	74617	70982	69057	3521
四　川 Sichuan	168424	115691	262784	238771	225629	7417
贵　州 guizhou	44722	28606	77003	71845	69319	1580
云　南 Yunnan	67589	40075	93242	83846	80790	4016
西　藏 Tibet	4073	1309	2602	2542	2340	59
陕　西 Shaanxi	108434	63663	120233	110127	100888	8900
甘　肃 Gansu	52776	27415	63098	57281	54819	644
青　海 Qinghai	10051	6134	12867	10359	9819	592
宁　夏 Ningxia	14085	6953	25976	20549	19280	202
新　疆 Xinjiang	30218	16445	41656	37098	32992	667

(机构)女学生数
Vocational Education (Institutions)

单位:人
unit: person

在校学生数 Enrolment					预计毕业生数 Estimated Graduates for Next Year	
计 Total	一年级 Grade 1	二年级 Grade 2	三年级 Grade 3	四年级及以上 Grade 4 and over	计 Total	其中:五年制高职中职段 of Which: 5 - year Secondary Vocational Education
8819452	**3199219**	**2973357**	**2583871**	**63005**	**2779469**	**117964**
85549	31189	26284	19983	8093	27456	1312
48895	15212	16996	16333	354	17550	1082
533603	181475	179191	171763	1174	191080	4361
263246	86722	90572	85272	680	93208	3642
146344	50639	48145	46634	926	50829	1741
202839	65475	66014	63727	7623	64389	4208
121760	40161	43866	37425	308	39535	1128
154756	52612	50473	51235	436	58247	771
72055	22147	21636	19280	8992	20854	
454125	148646	158405	139291	7783	118928	9590
309914	110486	102283	96327	818	99591	5135
456873	189774	145506	118735	2858	137021	10276
272872	116781	77947	77500	644	89930	2808
307530	112682	97324	97185	339	100087	6355
568841	209676	190538	162873	5754	177793	13203
809469	293288	275147	239905	1129	275227	12930
349568	101849	117898	128651	1170	135655	1339
398592	141538	138320	113876	4858	124819	8362
777296	282413	277242	216085	1556	232186	7714
376928	139720	140801	95883	524	102578	642
75491	30077	23781	21451	182	21274	369
189625	74635	58684	55250	1056	55723	2072
637642	263545	199062	173829	1206	188652	5491
193289	77065	62697	53284	243	55119	1284
295198	93281	119205	82376	336	83603	1211
8933	2633	2474	3812	14	3815	69
317828	120777	107154	89148	749	101889	8011
178458	63162	63273	51109	914	53008	403
35991	12867	11515	11522	87	11048	1048
56910	26027	17818	13040	25	15274	336
119032	42665	43106	31087	2174	33101	1071

普通中等
Number of Students in Reg.

地 区 Region	毕业生数 Graduates		招生数 Entrants			
	计 Total	其中:获得职业资格证书 of Which: Reciptents of Vocational Qualifications	计 Total	其中:应届毕业 of Which: Graduates of Current Year 小计 Subtotal	其中:初中毕业生 of Which: Junior Secondary School Graduates	其中:五年制高职中职段 of Which:5 - year Secondary Vocational Education
合 计 Total	**2702302**	**1669879**	**2995725**	**2768998**	**2615751**	**262215**
北 京 Beijing	17896	8571	15186	14246	14217	3161
天 津 Tianjin	24702	11234	22163	21560	20958	2399
河 北 Hebei	169515	80174	166887	142986	131169	8510
山 西 Shanxi	77950	52783	66613	57562	53242	3879
内蒙古 Inner Mongolia	43639	16146	47181	42444	40392	7454
辽 宁 Liaoning	66918	35557	61592	55403	49600	7648
吉 林 Jilin	28630	13368	34766	29090	26927	2564
黑龙江 Heilongjiang	35264	18164	42931	34293	30524	1961
上 海 Shanghai	31371	25170	27767	27544	27459	915
江 苏 Jiangsu	195458	124822	204005	203303	202243	54759
浙 江 Zhejiang	29644	25327	39392	39190	39020	4195
安 徽 Anhui	102608	71037	95480	90567	85266	22702
福 建 Fujian	124052	101122	130337	123238	119837	4197
江 西 Jiangxi	75625	48490	86894	79203	77427	15208
山 东 Shandong	203004	124429	232774	214633	200783	24724
河 南 henan	216554	123715	255354	231080	207564	23019
湖 北 Hubei	227997	142275	168943	164164	156897	2172
湖 南 Hunan	57186	36803	76254	63235	59599	19846
广 东 Guangdong	272701	191239	349488	327818	312776	6206
广 西 Guangxi	149250	102025	149348	139664	133289	3376
海 南 Hainan	18757	9227	34686	24359	20785	1010
重 庆 Chongqing	31397	18971	44577	42434	41224	4991
四 川 Sichuan	171899	110795	223100	214494	204313	11281
贵 州 guizhou	53443	31253	73376	69577	65253	2265
云 南 Yunnan	69277	42195	101843	94422	91749	6569
西 藏 Tibet	8625	2574	5286	5286	4850	137
陕 西 Shaanxi	50610	15629	48872	42242	38521	13033
甘 肃 Gansu	63007	32108	70450	67200	63504	480
青 海 Qinghai	21199	15147	25554	21366	20022	880
宁 夏 Ningxia	16753	9633	33957	31418	27907	454
新 疆 Xinjiang	47371	29896	60669	54977	48434	2220

专业学生数

Specialized Sec. Schools

单位：人

unit：person

在校学生数 Enrolment					预计毕业生数 Estimated Graduates for Next Year	
计 Total	一年级 Grade 1	二年级 Grade 2	三年级 Grade 3	四年级及以上 Grade 4 and over	计 Total	其中：五年制高职中职段 of Which：5 - year Secondary Vocational Education
8552071	**3001629**	**2857733**	**2602678**	**90031**	**2717844**	**166320**
63107	15252	17685	18369	11801	16941	2948
72204	22166	24872	24904	262	26132	2005
488720	167578	178895	139350	2897	168668	6500
193884	66614	60261	65894	1115	73729	4898
149648	47279	51656	49269	1444	51361	2457
193828	61612	63554	60680	7982	64704	6307
94586	34766	34336	25255	229	27960	1642
119458	42934	38789	36788	947	37570	1288
102230	27924	29098	28552	16656	28802	0
633220	204150	221321	197267	10482	159761	16774
114566	39412	37746	36153	1255	35589	2470
277122	95574	91337	85211	5000	89677	14235
372436	130501	117271	123058	1606	129873	5453
240788	86894	78009	75362	523	75847	7089
623798	233245	207835	175510	7208	188989	20609
692532	255355	235373	199855	1949	225563	20580
547980	168946	176357	200886	1791	207301	1337
201482	76337	63855	55469	5821	61320	9879
955584	351700	315059	286506	2319	302350	8899
426320	149715	138974	136786	845	139091	660
92396	34717	28971	28481	227	27936	505
111065	44645	33254	32101	1065	32304	2591
600070	223146	196172	179069	1683	182716	7665
205025	73376	69933	61379	337	63411	1797
301505	101863	118798	80404	440	83012	1673
19446	5346	5837	8238	25	9113	172
142527	48872	47538	45704	413	47975	10534
206354	70450	70613	64139	1152	69658	939
70061	25557	22559	21819	126	22943	2192
78472	33957	23930	20550	35	21219	617
161657	61746	57845	39670	2396	46329	1605

普通中等专业

Number of Female students in Reg.

地区 Region	毕业生数 Graduates		招生数 Entrants			
	计 Total	其中:获得职业资格证书 of Which: Recipients of Vocational Qualifications	计 Total	其中:应届毕业 of Which: Graduates of Current Year		其中:五年制高职中职段 of Which: 5 – year Secondary Vocational Education
				小计 Subtotal	其中:初中毕业生 of Which: Junior Secondary School Graduates	
合 计 Total	**1403059**	**816310**	**1577100**	**1445791**	**1362448**	**153752**
北 京 Beijing	8897	4565	7146	6560	6550	969
天 津 Tianjin	11101	4518	9488	9217	8972	927
河 北 Hebei	85003	37513	84185	65784	58852	5246
山 西 Shanxi	45564	30028	37217	33194	31095	2414
内蒙古 Inner Mongolia	21997	6732	22012	19076	18141	3507
辽 宁 Liaoning	33946	15689	31301	28342	26651	4971
吉 林 Jilin	15208	6853	18193	15877	14472	2011
黑龙江 Heilongjiang	18260	9133	22484	19067	17603	1091
上 海 Shanghai	15360	12015	12790	12587	12587	357
江 苏 Jiangsu	91598	60888	100966	99116	98409	30903
浙 江 Zhejiang	16093	13971	21259	20650	20557	2797
安 徽 Anhui	55102	32725	53291	50758	47332	14805
福 建 Fujian	62304	48627	62359	59709	57671	2521
江 西 Jiangxi	43160	27090	53212	48533	47339	9770
山 东 Shandong	104694	58859	118758	107218	101382	14278
河 南 henan	119558	65983	142488	124666	109986	14096
湖 北 Hubei	113100	63520	81996	80367	78316	1136
湖 南 Hunan	34785	21280	47579	39650	37110	10591
广 东 Guangdong	142985	97364	183567	172981	166044	3699
广 西 Guangxi	72398	43992	73514	69065	65781	1754
海 南 Hainan	9527	5708	19011	14658	12110	747
重 庆 Chongqing	17861	10734	25964	24640	23635	3450
四 川 Sichuan	88435	52727	122682	117048	108098	6998
贵 州 guizhou	27545	16165	40592	38279	36397	1580
云 南 Yunnan	40160	22356	57860	52990	50655	3701
西 藏 Tibet	4073	1309	2568	2508	2340	59
陕 西 Shaanxi	29171	7074	27203	23284	21761	7520
甘 肃 Gansu	33464	15439	38849	36796	34726	393
青 海 Qinghai	9779	6134	11084	9359	8875	592
宁 夏 Ningxia	8189	4739	16563	15632	14469	202
新 疆 Xinjiang	23742	12580	30919	28180	24532	667

学校女学生数
Specialized Sec. Schools

单位:人
unit: person

在校学生数 Enrolment					预计毕业生数 Estimated Graduates for Next Year	
计 Total	一年级 Grade 1	二年级 Grade 2	三年级 Grade 3	四年级及以上 Grade 4 and over	计 Total	其中:五年制高职中职段 of Which: 5 - year Secondary Vocational Education
4556808	**1584555**	**1514520**	**1402602**	**55131**	**1409933**	**101292**
30483	7229	8155	8683	6416	8070	989
32435	9490	10882	11911	152	12159	685
243914	84553	86966	71226	1169	81566	4194
114703	37395	36603	40025	680	41376	3642
73145	22709	25369	24141	926	24440	1468
104913	31415	33578	32863	7057	31679	4208
50616	18223	17726	14476	191	14454	1128
64160	22519	20697	20508	436	19845	771
48028	12854	13671	13196	8307	13319	
317601	101028	109202	99780	7591	75318	8945
63172	21260	21329	20068	515	19875	1744
158679	53487	52467	50183	2542	52062	9492
182517	62372	57329	62172	644	62444	2808
145800	53394	46857	45288	261	45191	4813
333388	119555	112345	97197	4291	99049	12134
392492	142620	129935	118894	1043	126801	12331
268819	82002	87103	98605	1109	99098	1234
129481	47656	40627	37376	3822	38644	6490
504388	185329	167196	150307	1556	155140	5470
210806	74124	67578	68580	524	68231	571
48206	19024	15195	13820	167	13716	362
63871	25964	20125	17186	596	17487	1960
328772	123361	107412	96799	1200	97723	5105
110200	40654	36483	32829	234	33360	1211
171450	57874	65549	47702	325	48323	937
8841	2599	2454	3774	14	3777	69
83122	27404	28164	27238	316	28057	6157
116066	38876	39639	36664	887	36600	332
31408	11084	10392	9845	87	9547	1048
38034	16573	12437	8999	25	9091	336
87298	31928	31055	22267	2048	23491	658

地　区 Region	毕业生数 Graduates		招生数 Entrants			
	计 Total	其中：获得职业资格证书 of Which: Recipitents of Vocational Qualifications	计 Total	其中：应届毕业 of Which: Graduates of Current Year		其中：五年制高职中职段 of Which: 5 - year Secondary Vocational Education
				小计 Subtotal	其中：初中毕业生 of Which: Junior Secondary School Graduates	
合　计 Total	**530942**	**208023**	**1039639**	**553134**	**462609**	**2119**
北　京 Beijing	12365	8043	24688	13116	12858	186
天　津 Tianjin	6429	665	4183	1027	897	
河　北 Hebei	30446	10506	48224	22782	20493	266
山　西 Shanxi	27382	1394	21790	1359	1359	
内蒙古 Inner Mongolia	5978	4236	12101	6577	2109	
辽　宁 Liaoning	6298	831	10043	6002	4278	
吉　林 Jilin	21240	1145	14503	7441	2654	
黑龙江 Heilongjiang	46499	5128	27175	10894	8448	
上　海 Shanghai	7630	4243	8038	3912	3731	
江　苏 Jiangsu	19496	11418	38711	25910	25504	218
浙　江 Zhejiang	14763	10003	17245	8608	7834	363
安　徽 Anhui	23456	9833	114258	74211	69367	260
福　建 Fujian	37954	22387	121368	46397	29248	
江　西 Jiangxi	5782	1290	10405	2489	1641	
山　东 Shandong	33280	19215	43984	26744	24715	541
河　南 henan	61990	20196	42422	29287	24248	
湖　北 Hubei	18101	3563	4959	4664	3534	
湖　南 Hunan	27989	19371	52361	24648	22338	
广　东 Guangdong	28887	6809	122049	89145	73109	
广　西 Guangxi	30763	15326	167729	62520	48344	201
海　南 Hainan			344			
重　庆 Chongqing	14595	6981	6565	5239	4920	
四　川 Sichuan	26164	17690	80820	56251	52115	84
贵　州 guizhou	2293	1482	8130	5360	4615	
云　南 Yunnan	3278	1453	1695	187	70	
西　藏 Tibet			82	82		
陕　西 Shaanxi	1223	454	4974	1257	1241	
甘　肃 Gansu	5234	1108	14408	11174	10697	
青　海 Qinghai	289		3782	1502	1372	
宁　夏 Ningxia	4257	2101	4872	668	465	
新　疆 Xinjiang	6881	1152	7731	3681	405	

专业学生数
Specialized Sec. Schools

单位：人
unit：person

在校学生数 Enrolment					预计毕业生数 Estimated Graduates for Next Year	
计 Total	一年级 Grade 1	二年级 Grade 2	三年级 Grade 3	四年级及以上 Grade 4 and over	计 Total	其中：五年制高职中职段 of Which：5－year Secondary Vocational Education
2387275	**1043022**	**875303**	**467747**	**1203**	**801216**	**3650**
41802	24706	13550	3031	515	20748	
8922	4183	4127	612		3786	
126680	48312	34393	43968	7	59782	36
44104	21790	12386	9928		21998	
24298	12101	3545	8652		14428	
28880	10043	11373	7464		10979	
32494	14503	14411	3580		8874	
81419	27175	32734	21510		42659	
16679	8042	5211	3242	184	5441	
88497	38711	30480	19113	193	29645	
36060	17245	14499	4316		13640	424
181965	114258	50662	17045		49085	66
200646	121368	46551	32727		66869	
18219	10405	4422	3392		6304	
123400	43984	49701	29497	218	42215	617
117472	45420	45354	26698		59662	768
30908	4959	17572	8291	86	21486	129
142012	52361	54557	35094		50709	45
341234	122049	155766	63419		85160	1125
415633	167938	177499	70196		93672	393
1820	344	452	1024		1024	
24552	6565	8103	9884		9932	32
141131	80820	38534	21777		48517	
23097	8130	9301	5666		7914	15
4499	1695	1774	1030		2156	
321	82	85	154		154	
16125	4974	8071	3080		3831	
37995	14408	17271	6316		8381	
9052	3782	2744	2526		2453	
6711	4938	1773			1805	
20648	7731	8402	4515		7907	

地区 Region	毕业生数 Graduates		招生数 Entrants			
	计 Total	其中:获得职业资格证书 of Which: Recipients of Vocational Qualifications	计 Total	其中:应届毕业 of Which: Graduates of Current Year		其中:五年制高职中职段 of Which: 5 - year Secondary Vocational Education
				小计 Subtotal	其中:初中毕业生 of Which: Junior Secondary School Graduates	
合　计 Total	**225003**	**93772**	**461452**	**244355**	**208055**	**1187**
北　京 Beijing	7942	5687	13146	4508	4350	93
天　津 Tianjin	2113	166	1477	407	308	
河　北 Hebei	14945	3927	27270	11890	10665	85
山　西 Shanxi	4981	290	6428	850	850	
内蒙古 Inner Mongolia	2803	2218	5409	3131	652	
辽　宁 Liaoning	2480	224	4173	2417	1690	
吉　林 Jilin	5649	292	4979	2272	808	
黑龙江 Heilongjiang	18061	2481	11360	5597	4369	
上　海 Shanghai	3583	1642	3856	1466	1376	
江　苏 Jiangsu	9596	5007	17304	10692	10470	213
浙　江 Zhejiang	7725	4687	8954	5382	4946	178
安　徽 Anhui	11133	4135	45900	30543	28903	140
福　建 Fujian	16573	10244	54409	18169	11958	
江　西 Jiangxi	2504	760	4444	1108	701	
山　东 Shandong	16046	8716	19468	10846	10041	353
河　南 henan	27389	8463	19502	14197	11672	
湖　北 Hubei	8244	1782	2110	1959	1851	
湖　南 Hunan	12613	8736	23769	11049	10122	
广　东 Guangdong	12911	3726	59831	43834	36515	
广　西 Guangxi	10599	5190	65492	24975	20089	73
海　南 Hainan			221			
重　庆 Chongqing	6687	3364	3275	2847	2699	
四　川 Sichuan	12995	9423	39877	27293	25026	52
贵　州 guizhou	1014	633	3975	2352	2215	
云　南 Yunnan	966	466	350	67	23	
西　藏 Tibet			34	34		
陕　西 Shaanxi	408	220	1508	458	452	
甘　肃 Gansu	1725	309	6190	4143	3962	
青　海 Qinghai	178		1676	916	860	
宁　夏 Ningxia	1635	628	3219	391	303	
新　疆 Xinjiang	1505	356	1846	562	179	

专业女学生数
in Adults Specialized Sec. Schools

单位：人
unit：person

在校学生数 Enrolment					预计毕业生数 Estimated Graduates for Next Year	
计 Total	一年级 Grade 1	二年级 Grade 2	三年级 Grade 3	四年级及以上 Grade 4 and over	计 Total	其中：五年制高职中职段 of Which：5－year Secondary Vocational Education
1065819	**462438**	**387023**	**215796**	**562**	**342604**	**1450**
22764	13177	7993	1393	201	9530	
3313	1477	1483	353		1364	
67253	27290	18171	21787	5	28839	14
14364	6428	4446	3490		7230	
11043	5409	1523	4111		7308	
11611	4173	4544	2894		4449	
10705	4979	4512	1214		2171	
33976	11368	12646	9962		17110	
7811	3856	2550	1322	83	2624	
41934	17304	14623	9815	192	14003	
19007	8954	7296	2757		6537	297
73745	45900	21338	6507		17761	7
90355	54409	20618	15328		27486	
7989	4444	1733	1812		2502	
56341	19468	22960	13893	20	18520	375
55520	20206	22334	12980		25669	41
14881	2110	7892	4818	61	9967	70
62977	23814	24174	14989		20621	25
166000	59831	71317	34852		44694	541
166122	65596	73223	27303		34347	71
1116	221	325	570		670	
11659	3275	4015	4369		4417	9
67616	39877	17625	10114		22327	
10526	3975	4225	2326		2781	
1170	350	687	133		796	
92	34	20	38		38	
5693	1508	3045	1140		1140	
16350	6223	7547	2580		3108	
4168	1676	1010	1482		1458	
4122	3260	862			1186	
5596	1846	2286	1464		1951	

职业高中

Number of Students in

地 区 Region	毕业生数 Graduates		招生数 Entrants			
	计 Total	其中:获得职业资格证书 of Which: Recipitents of Vocational Qualifications	计 Total	其中:应届毕业 of Which: Graduates of Current Year		其中:五年制高职中职段 of Which: 5 - year Secondary Vocational Education
				小计 Subtotal	其中:初中毕业生 of Which: Junior Secondary School Graduates	
合 计 Total	**2178008**	**1506385**	**2464262**	**2302053**	**2214170**	**21394**
北 京 Beijing	20851	11825	21633	20497	19977	43
天 津 Tianjin	9224	6698	8700	7681	7481	780
河 北 Hebei	155855	90030	141742	120104	114030	413
山 西 Shanxi	88555	61084	87785	82133	77432	
内蒙古 Inner Mongolia	41718	23176	46580	40735	37335	1286
辽 宁 Liaoning	69010	32438	62942	56482	54520	
吉 林 Jilin	47064	26365	42387	36048	33791	
黑龙江 Heilongjiang	41553	30801	39181	35391	34272	
上 海 Shanghai	12324	11096	12344	12340	12340	80
江 苏 Jiangsu	75127	60714	64690	64441	64018	1496
浙 江 Zhejiang	144243	129041	181513	181031	180808	7977
安 徽 Anhui	163140	122820	195766	185949	182760	775
福 建 Fujian						
江 西 Jiangxi	112006	58356	114603	103255	95576	102
山 东 Shandong	150280	108138	167945	152306	141662	559
河 南 henan	250481	152206	271777	258864	247429	116
湖 北 Hubei	61603	46859	38416	36988	36483	
湖 南 Hunan	140315	101770	151303	142567	137094	3479
广 东 Guangdong	64955	47064	78760	70417	68367	428
广 西 Guangxi						
海 南 Hainan	13425	7066	22934	20709	20417	344
重 庆 Chongqing	72642	52525	95342	92142	91016	186
四 川 Sichuan	142449	115711	219382	208372	205492	562
贵 州 guizhou	35230	25320	66736	64443	63145	
云 南 Yunnan	56925	37293	81337	76237	74108	539
西 藏 Tibet						
陕 西 Shaanxi	155738	114234	182561	171641	154281	1923
甘 肃 Gansu	34519	23344	34258	31656	31037	306
青 海 Qinghai	132		264	202	202	
宁 夏 Ningxia	8388	3379	11604	9256	9220	
新 疆 Xinjiang	10256	7032	21777	20166	19877	

学生数
Vocational High Schools

单位：人
unit: person

在校学生数 Enrolment					预计毕业生数 Estimated Graduates for Next Year	
计 Total	一年级 Grade 1	二年级 Grade 2	三年级 Grade 3	四年级及以上 Grade 4 and over	计 Total	其中：五年制高职中职段 of Which: 5 – year Secondary Vocational Education
6809722	**2466027**	**2285302**	**2043334**	**15059**	**2215685**	**33168**
64073	21780	19956	20342	1995	20197	698
26968	8700	9367	8576	325	8670	746
450594	141742	150956	157896		163777	378
270541	87785	98744	84012		92864	
133973	46589	45299	42085		44250	717
184869	63121	59006	61954	788	63467	
138872	42387	50425	45904	156	51722	
122342	39193	38025	45124		46599	
35099	12377	11107	10458	1157	11017	
205267	64690	75414	65163		65623	1312
501375	181582	163350	155419	1024	155896	7376
488897	195817	157108	135318	654	149033	1942
328310	114705	105236	108047	322	114904	2683
429932	167945	137817	119967	4203	149437	1515
757766	272041	257643	227826	256	260050	1440
142027	38416	49777	53834		56632	96
435256	151671	152789	128534	2262	140269	3483
223707	78767	81251	63689		65938	3429
54527	23086	16874	14483	84	14153	35
243917	95342	74601	72847	1127	72790	239
525028	219474	162202	143344	8	151429	1004
151786	66736	45398	39638	14	41930	156
272269	81350	112460	78446	13	78672	795
445120	182802	149185	112639	494	142659	4091
88212	34260	31045	22874	33	26230	102
944	264	239	441		144	
27317	11604	8241	7472		9456	
60734	21801	21787	17002	144	17877	931

职业高中

Number of Female Students

地　区 Region	毕业生数 Graduates		招生数 Entrants			
	计 Total	其中:获得职业资格证书 of Which: Recipients of Vocational Qualifications	计 Total	其中:应届毕业 of Which: Graduates of Current Year		其中:五年制高职中职段 of Which: 5-year Secondary Vocational Education
				小计 Subtotal	其中:初中毕业生 of Which: Junior Secondary School Graduates	
合　计 Total	**1028734**	**695651**	**1150687**	**1070105**	**1025107**	**10533**
北　京 Beijing	10307	5255	10737	9949	9622	25
天　津 Tianjin	4706	3275	4245	3644	3401	429
河　北 Hebei	77771	42052	69466	56541	53774	189
山　西 Shanxi	45258	31456	42886	40070	37980	
内蒙古 Inner Mongolia	19362	10666	22521	19947	18369	673
辽　宁 Liaoning	31652	14436	29866	27130	26144	
吉　林 Jilin	21225	11794	16952	15061	14029	
黑龙江 Heilongjiang	19670	14339	18710	17260	16969	
上　海 Shanghai	5565	4868	5436	5290	5290	27
江　苏 Jiangsu	34694	25203	30314	30203	29975	740
浙　江 Zhejiang	68840	60688	80255	80057	79736	3312
安　徽 Anhui	72582	53779	90356	86295	85052	291
福　建 Fujian						
江　西 Jiangxi	52130	28400	54538	49183	45349	63
山　东 Shandong	60083	42764	70651	63334	55814	247
河　南 henan	121359	71955	130250	123298	117690	9
湖　北 Hubei	28401	21290	17737	17302	16987	
湖　南 Hunan	68815	49683	69976	66957	63480	1890
广　东 Guangdong	30302	21150	37224	32996	31906	190
广　西 Guangxi						
海　南 Hainan	7255	3995	10723	9967	9814	64
重　庆 Chongqing	33369	22870	45378	43495	42723	71
四　川 Sichuan	66994	53541	100225	94430	92505	367
贵　州 guizhou	16163	11808	32436	31214	30707	
云　南 Yunnan	26463	17253	35032	30789	30112	315
西　藏 Tibet						
陕　西 Shaanxi	78855	56369	91522	86385	78675	1380
甘　肃 Gansu	17587	11667	18059	16342	16131	251
青　海 Qinghai	94		107	84	84	
宁　夏 Ningxia	4261	1586	6194	4526	4508	
新　疆 Xinjiang	4971	3509	8891	8356	8281	

女学生数
in Vocational High Schools

单位:人
unit: person

在校学生数 Enrolment					预计毕业生数 Estimated Graduates for Next Year	
计 Total	一年级 Grade 1	二年级 Grade 2	三年级 Grade 3	四年级及以上 Grade 4 and over	计 Total	其中:五年制高职中职段 of Which: 5 - year Secondary Vocational Education
3196825	**1152226**	**1071814**	**965473**	**7312**	**1026932**	**15222**
32302	10783	10136	9907	1476	9856	323
13147	4245	4631	4069	202	4027	397
222436	69632	74054	78750		80675	153
134179	42899	49523	41757		44602	
62156	22521	21253	18382		19081	273
86315	29887	27892	27970	566	28261	
60439	16959	21628	21735	117	22910	
56620	18725	17130	20765		21292	
16216	5437	5415	4762	602	4911	
94590	30314	34580	29696		29607	645
227735	80272	73658	73502	303	73179	3094
224449	90387	71701	62045	316	67198	777
153741	54844	48734	50085	78	52394	1542
179112	70653	55233	51783	1443	60224	694
361457	130462	122878	108031	86	122757	558
65868	17737	22903	25228		26590	35
206134	70068	73519	61511	1036	65554	1847
106908	37253	38729	30926		32352	1703
26169	10832	8261	7061	15	6888	7
114095	45396	34544	33695	460	33819	103
241254	100307	74025	66916	6	68602	386
72563	32436	21989	18129	9	18978	73
122578	35057	52969	34541	11	34484	274
229013	91865	75945	60770	433	72692	1854
46042	18063	16087	11865	27	13300	71
415	107	113	195		43	
14754	6194	4519	4041		4997	
26138	8891	9765	7356	126	7659	413

中等职业学校(机

Number of Students by Age in Secondary

地　区 Region	计 Total	14岁及以下 14 years and under	15岁 15 years	16岁 16 years	17岁 17 years
合　计 Total	**17749068**	**223723**	**2151828**	**4045713**	**4092165**
北　京 Beijing	168982	4774	19832	35831	36281
天　津 Tianjin	108094	523	7550	23350	31079
河　北 Hebei	1065994	10394	85716	187040	232679
山　西 Shanxi	508529	6549	69009	120356	119879
内蒙古 Inner Mongolia	307919	2092	16988	49630	61959
辽　宁 Liaoning	407577	9692	38276	87013	102706
吉　林 Jilin	265952	2693	14780	42173	55005
黑龙江 Heilongjiang	323219	2499	18721	52387	64628
上　海 Shanghai	154008	1179	20904	39329	40938
江　苏 Jiangsu	926984	8594	138525	239177	247769
浙　江 Zhejiang	652001	6590	105552	189294	188999
安　徽 Anhui	947984	10759	159345	242452	224544
福　建 Fujian	573082	3247	42493	96430	113961
江　西 Jiangxi	587317	15521	106775	155118	136169
山　东 Shandong	1177130	10856	135198	268269	262432
河　南 henan	1567770	18772	221627	375208	368755
湖　北 Hubei	720915	11041	127504	178051	191085
湖　南 Hunan	778750	18777	138420	196425	165823
广　东 Guangdong	1520525	11018	117047	339587	378541
广　西 Guangxi	841953	5830	36982	105784	126126
海　南 Hainan	148743	1810	12516	29176	30203
重　庆 Chongqing	379534	7261	60665	106078	93412
四　川 Sichuan	1266229	25187	231321	371785	297499
贵　州 guizhou	379908	4641	45273	92763	84835
云　南 Yunnan	578273	5332	52622	116342	121201
西　藏 Tibet	19767	1076	2050	3698	4562
陕　西 Shaanxi	603772	6774	62056	146965	147769
甘　肃 Gansu	332561	3275	22612	67875	75539
青　海 Qinghai	80057	1701	7501	15244	14771
宁　夏 Ningxia	112500	1093	11792	21782	22153
新　疆 Xinjiang	243039	4173	22176	51101	50863

构）分年龄学生数

Vocational Education (Institutions)

单位：人

unit: person

18 岁 18 years	19 岁 19 years	20 岁 20years	21 岁 21 years	22 岁及以上 22 years and over
2903543	**1368915**	**706429**	**460554**	**1796198**
26728	9176	3230	1675	31455
26528	9102	3551	3040	3371
175129	90703	43353	23502	217478
73048	24353	10879	6149	78307
50858	29287	18378	14213	64514
78606	38624	17568	9041	26051
44020	29514	20206	13545	44016
55621	34121	19895	16592	58755
31499	13088	1780	544	4747
163277	62053	20035	10151	37403
110036	32985	4589	1506	12450
138974	66630	45919	13900	45461
90385	50695	28200	21329	126342
75494	36603	18401	14083	29153
199942	100550	55033	39263	105587
248359	115655	58537	42019	118838
119033	41195	17971	9122	25913
101747	47022	33611	31826	45099
295171	139686	75293	48220	115962
118231	74508	53279	44176	277037
24888	15332	7391	5182	22245
65056	21756	7115	5726	12465
181765	71389	29712	17831	39740
61025	30943	15667	8444	36317
93597	48204	22292	13478	105205
2841	2133	1219	981	1207
114618	55190	28334	15226	26840
65705	32722	17799	11390	35644
12831	8372	5842	3689	10106
17897	9688	5426	3281	19388
40634	27636	15924	11430	19102

中等职业学校(机构)
Number of Female Students by Age in

	计 Total	14 岁及以下 14 years and under	15 岁 15 years	16 岁 16 years
合　计 Total	**8819452**	**122076**	**1109025**	**2071847**
北　京 Beijing	85549	3123	10526	17610
天　津 Tianjin	48895	285	3609	10728
河　北 Hebei	533603	5231	44084	96597
山　西 Shanxi	263246	3494	36249	66675
内蒙古 Inner Mongolia	146344	1106	8577	24025
辽　宁 Liaoning	202839	6042	19746	44398
吉　林 Jilin	121760	1314	7019	22770
黑龙江 Heilongjiang	154756	1423	9983	26239
上　海 Shanghai	72055	689	9045	17980
江　苏 Jiangsu	454125	4656	67842	116548
浙　江 Zhejiang	309914	3102	49826	90042
安　徽 Anhui	456873	5702	80060	121499
福　建 Fujian	272872	1657	21844	48460
江　西 Jiangxi	307530	8183	61096	82623
山　东 Shandong	568841	5963	69048	135360
河　南 henan	809469	9765	115855	197946
湖　北 Hubei	349568	6163	65315	87903
湖　南 Hunan	398592	9696	75130	103407
广　东 Guangdong	777296	6448	59148	178605
广　西 Guangxi	376928	3446	18363	51960
海　南 Hainan	75491	1019	6912	16332
重　庆 Chongqing	189625	4095	32391	52455
四　川 Sichuan	637642	14450	116183	188220
贵　州 guizhou	193289	2648	24458	48620
云　南 Yunnan	295198	2823	29289	62136
西　藏 Tibet	8933	277	809	1819
陕　西 Shaanxi	317828	3954	33472	79506
甘　肃 Gansu	178458	1853	12864	39437
青　海 Qinghai	35991	977	3836	7058
宁　夏 Ningxia	56910	529	5587	10653
新　疆 Xinjiang	119032	1963	10859	24236

分年龄女学生数

Secondary Vocational Education（Institutions）

单位:人

unit: person

17 岁 17 years	18 岁 18 years	19 岁 19 years	20 岁 20years	21 岁 21 years	22 岁及以上 22 years and over
2083928	**1442012**	**660902**	**324555**	**212114**	**792993**
17326	12450	4430	1328	872	17884
14428	12311	4041	1222	1199	1072
122423	88536	45560	20295	11224	99653
66990	40784	12560	4720	2211	29563
30754	24793	13321	8468	6074	29226
52482	39443	18870	7594	3965	10299
25662	20215	13326	8316	5906	17232
33583	29174	15929	8935	7392	22098
18859	14841	6426	859	308	3048
122567	81190	31190	9186	4320	16626
90715	52906	15936	2042	792	4553
110105	68411	30310	17448	6637	16701
58277	44097	24343	11952	8916	53326
70908	37285	18102	10161	7059	12113
130072	95016	43832	23580	16091	49879
190605	124208	58630	30186	21145	61129
94591	55615	17378	6698	3955	11950
85422	49445	23405	16612	15753	19722
198218	150516	68421	35592	23176	57172
61307	55978	34383	23975	19268	108248
16321	12751	7617	3354	2614	8571
48010	31191	10482	3576	2685	4740
150452	89953	35447	15222	8257	19458
45008	31067	15104	7077	3693	15614
62937	48867	24834	10474	6254	47584
2229	1242	1031	532	501	493
79011	59849	27912	13651	7785	12688
41341	34086	16212	8629	5064	18972
6881	6171	3373	2211	1397	4087
11089	9550	4838	2409	1700	10555
25355	20071	13659	8251	5901	8737

中等职业学校(机

Number of Graduates in Secondary

地 区 Region	结业生数					
	计 Total	其中:女 of Which: Female	其中:少数民族 of Which: Minority	其中:资格证书培训 of Which: Vocational Qualifications Training	其中:岗位证书培训 of Which: Job Certificate Training	其中:第一产业类培训 of Which: Training for First Industry
合 计 Total	**6959144**	**3073954**	**582587**	**2646761**	**2018994**	**1594476**
北 京 Beijing	52335	28395	1001	21761	13632	4259
天 津 Tianjin	43070	18002	887	34045	3941	12159
河 北 Hebei	414133	222074	26161	112514	120773	123868
山 西 Shanxi	213718	80775	15	59701	54747	38530
内蒙古 Inner Mongolia	128005	61574	29445	45414	43346	24450
辽 宁 Liaoning	311553	80217	80643	132844	98690	112872
吉 林 Jilin	46806	18503	3390	13595	5409	13844
黑龙江 Heilongjiang	112004	55055	3587	30014	53504	39662
上 海 Shanghai	123906	54321	8	43368	56579	8128
江 苏 Jiangsu	516566	254339	699	207192	169021	68447
浙 江 Zhejiang	424400	194892	6272	181224	131170	50718
安 徽 Anhui	367411	158825	567	138695	149388	104263
福 建 Fujian	217514	93532	1202	118580	40657	44330
江 西 Jiangxi	180490	88641	63	55424	56928	42926
山 东 Shandong	426880	168568	1534	139239	125213	75573
河 南 henan	510514	232014	3226	156311	161632	109002
湖 北 Hubei	496100	135024	54328	80432	48698	159549
湖 南 Hunan	274619	126272	17876	134592	97540	71961
广 东 Guangdong	274745	134845	1922	153764	106525	39478
广 西 Guangxi	182486	84597	69293	89164	31664	44701
海 南 Hainan	51690	32800	1321	16128	7791	13410
重 庆 Chongqing	129152	59416	8642	60491	43575	25902
四 川 Sichuan	301099	140097	5655	153482	74823	62369
贵 州 guizhou	164627	70017	57498	52372	75982	42469
云 南 Yunnan	470645	219778	132264	224506	117352	140799
西 藏 Tibet	2883	615	2787	1694	1189	
陕 西 Shaanxi	195502	95648	579	58926	38701	39449
甘 肃 Gansu	120802	64576	10140	47868	43401	42232
青 海 Qinghai	28964	10967	6590	9567	17816	4520
宁 夏 Ningxia	63932	33334	17678	24884	9370	9946
新 疆 Xinjiang	112593	56241	37314	48970	19937	24660

构)培训结业学生情况

Vocational Schools(Institutions)

单位:人
unit: person

Graduates

其中:第二产业类培训 of Which: Training for Second Industry	其中:第三产业类培训 of Which: Training for Third Industry	一个月以内 1 Month under	一个月至三个月以内 1 Month to 3 Months	三个月至半年以内 3 Months to 6 months	半年至一年以内 6 months to 1 year	一年及以上 1 year and over
1606847	**3757821**	**3786435**	**1382898**	**736175**	**632873**	**420763**
8482	39594	21895	19310	5316	3110	2704
13607	17304	12213	8577	16475	2223	3582
70260	220005	227028	73419	46227	44644	22815
27007	148181	105419	26059	6392	68214	7634
23187	80368	77119	26875	12905	8855	2251
59654	139027	216830	46482	22917	19297	6027
8901	24061	28831	10110	3835	1750	2280
12342	60000	67708	14977	9456	15421	4442
11398	104380	57262	26232	21808	11190	7414
141330	306789	236470	135346	61295	59267	24188
108913	264769	201960	107366	36496	52534	26044
86233	176915	204624	93266	31558	23984	13979
37749	135435	129363	18922	17880	16747	34602
31772	105792	86825	30978	17727	36081	8879
136844	214463	221127	98219	43991	29704	33839
143477	258035	257490	94547	68337	52480	37660
147906	188645	244641	36376	109840	36453	68790
64278	138380	117461	72932	48102	21882	14242
74362	160905	126113	80784	27587	23675	16586
31673	106112	104614	56984	11726	6742	2420
4163	34117	24073	8598	58	18961	
28116	75134	86764	23952	6839	4325	7272
108541	130189	155651	59694	20245	28509	37000
50337	71821	118133	32407	8831	3786	1470
57453	272393	353036	60028	27426	15025	15130
	2883	1344	1071	100	368	
60965	95088	82249	59071	29190	16534	8458
22019	56551	82705	18397	12645	3828	3227
7435	17009	15081	5334	3124	2178	3247
11049	42937	46723	13846	2350	188	825
17394	70539	75683	22739	5497	4918	3756

中等职业学校（机

Number of Enrolment in Secondary

地 区 Region	注册学生数					
	计 Total	其中：女 of Which: Female	其中：少数民族 of Which: Minority	其中：资格证书培训 of Which: Vocational Qualifications Training	其中：岗位证书培训 of Which: Job Certificate Training	其中：第一产业类培训 of Which: Training for First Industry
合 计 Total	**4119561**	**1858033**	**342644**	**1630942**	**1055320**	**1072876**
北 京 Beijing	37167	18720	498	14548	10747	1327
天 津 Tianjin	38992	16363	529	33172	2652	3427
河 北 Hebei	190920	98200	3265	60891	38509	57250
山 西 Shanxi	72605	39433	15	32119	22932	21492
内蒙古 Inner Mongolia	102358	45145	21166	39609	35050	19009
辽 宁 Liaoning	107925	28838	46497	64013	17689	57169
吉 林 Jilin	24808	9161	999	5943	7499	7210
黑龙江 Heilongjiang	51540	28805	2501	20531	16060	23347
上 海 Shanghai	57611	24063	18	26288	20422	774
江 苏 Jiangsu	325171	166365	6028	154928	94503	43012
浙 江 Zhejiang	232551	105211	1670	114324	86504	22207
安 徽 Anhui	200517	100334	1298	84107	68441	58466
福 建 Fujian	149758	58871	1522	78711	17286	30594
江 西 Jiangxi	102231	50665	88	36689	31749	26419
山 东 Shandong	200651	81969	744	91644	57555	34429
河 南 henan	332555	166853	2221	116037	101503	78346
湖 北 Hubei	458822	106224	48916	43419	22805	286601
湖 南 Hunan	158668	79594	7739	55867	38112	47791
广 东 Guangdong	192271	98753	2002	105081	75746	28842
广 西 Guangxi	122387	57904	41581	57532	19543	25033
海 南 Hainan	31135	26122	1825	11194	825	2727
重 庆 Chongqing	78283	34051	4576	40235	27906	7459
四 川 Sichuan	222197	108525	4273	110043	37417	55690
贵 州 guizhou	151804	67352	48539	37614	94071	29597
云 南 Yunnan	165013	79191	50178	73402	38437	32726
西 藏 Tibet	2402	303	2277	1798	604	48
陕 西 Shaanxi	136133	68653	719	48633	32121	31759
甘 肃 Gansu	69045	35578	8140	22190	23668	27493
青 海 Qinghai	7110	2960	2031	2534	3058	313
宁 夏 Ningxia	49981	28922	13708	19088	5652	6172
新 疆 Xinjiang	46950	24905	17081	28758	6254	6147

构）培训注册学生情况

Vocational Schools（Institutions）

单位：人

unit：person

Enrolment

其中：第二产业类培训 of Which: Training for Second Industry	其中：第三产业类培训 of Which: Training for Third Industry	一个月以内 1 Month under	一个月至三个月以内 1 Month to 3 Months	三个月至半年以内 3 Months to 6 months	半年至一年以内 6 months to 1 year	一年及以上 1 year and over
955591	**2091094**	**1764365**	**798116**	**486832**	**393485**	**676763**
7867	27973	15159	15840	3153	2687	328
8125	27440	18081	4757	10528	1649	3977
26322	107348	46970	21251	19697	37356	65646
16617	34496	41278	11150	1451	6906	11820
28583	54766	57058	17307	6306	11802	9885
23153	27603	70567	19849	4239	6366	6904
8584	9014	14664	6520	182	904	2538
3881	24312	19482	10080	9354	5254	7370
8268	48569	20247	12122	11918	5642	7682
88859	193300	103834	94830	41295	50351	34861
58311	152033	93713	65226	19332	25081	29199
48147	93904	102672	51789	18185	11953	15918
26835	92329	74879	7356	11466	15579	40478
19177	56635	38263	21659	13819	16893	11597
77252	88970	76777	46699	15644	14889	46642
62170	192039	132512	57466	42424	42334	57819
66909	105312	226180	18635	110348	16756	86903
34427	76450	51727	21744	26771	17136	41290
43040	120389	61348	65419	22806	15117	27581
25216	72138	64445	40230	10098	4051	3563
896	27512	8320	3579	55	18947	234
24202	46622	32703	14822	8184	4306	18268
77727	88780	62109	39566	19923	26226	74373
67346	54861	95991	29287	16068	1707	8751
30667	101620	87105	25439	19130	10331	23008
	2354	788	962		604	48
37460	66914	41473	36856	18560	16907	22337
14710	26842	45484	10391	3829	3140	6201
3512	3285	2493	800	200	450	3167
7938	35871	37886	11835	112	148	
9390	31413	20157	14650	1755	2013	8375

中等职业学校(机构)

Changes of Enrolment in Secondary

	上学年初报表在校学生数 Enrolment at Beginning of Previous Academic Year	增加学生数 Factors of Increase			
		计 Total	招生 No. of Students Admitted	复学 Students Resuming Studies	转入 Transfers from Other Inst.
合计 Total	**18164447**	**7420837**	**6499626**	**13413**	**569916**
北京 Beijing	161806	66671	61507	87	4491
天津 Tianjin	116107	40904	35046	18	1107
河北 Hebei	1120517	460891	356853	742	78248
山西 Shanxi	575210	196054	176188	83	5597
内蒙古 Inner Mongolia	334720	126014	105862	43	12014
辽宁 Liaoning	427773	139668	134577	151	1409
吉林 Jilin	292359	104561	91656	20	10881
黑龙江 Heilongjiang	360023	114122	109287	26	4189
上海 Shanghai	163878	53220	48149	264	4425
江苏 Jiangsu	1020381	388129	307406	193	73041
浙江 Zhejiang	642238	248058	238150	140	7410
安徽 Anhui	872733	461948	405504	856	30905
福建 Fujian	536047	273495	251705	344	5952
江西 Jiangxi	618065	227401	211902	664	4029
山东 Shandong	1131621	546386	444703	562	63569
河南 henan	1636004	690353	569553	779	83007
湖北 Hubei	903834	225468	212318	113	9247
湖南 Hunan	764796	347832	279918	1145	49491
广东 Guangdong	1547785	579593	550297	739	14526
广西 Guangxi	809508	329629	317077	449	4502
海南 Hainan	136905	62544	57964	71	944
重庆 Chongqing	391601	152409	146484	159	2020
四川 Sichuan	1236943	635843	523302	2489	65547
贵州 guizhou	375740	164263	148242	1985	5395
云南 Yunnan	575301	198341	184875	429	9640
西藏 Tibet	22613	6031	5368	48	106
陕西 Shaanxi	628261	247174	236407	373	4098
甘肃 Gansu	347376	148781	119116	355	10063
青海 Qinghai	79105	31773	29600	1	80
宁夏 Ningxia	101878	53567	50433	7	211
新疆 Xinjiang	233319	99714	90177	78	3772

学生数变动情况

Vocational Schools(Institutions)

单位：人
unit：person

	减少学生数 Factors of Decrease									本学年初报表在校学生数 Enrolment at Beginning of Current Academic Year
其 他 Others	计 Total	毕业 Graduates	结业 Completers of Courses without Formal Awards	休学 Suspended	退学 Quitting	开除 Expelled	死亡 Dead	转出 Transfers to Other Inst.	其他 Others	
337882	**7836216**	**5411252**	**185774**	**58351**	**603131**	**10318**	**512**	**951662**	**615216**	**17749068**
586	59495	51112	168	177	3027	37	9	3058	1907	168982
4733	48917	40355	73	93	2770	17	4	483	5122	108094
25048	515414	355816	2939	469	25057	127	11	100008	30987	1065994
14186	262735	193887	4716	910	11399	200	4	19951	31668	508529
8095	152815	91335	8046	409	19115	181	13	24685	9031	307919
3531	159864	142226	842	619	8951	439	9	1834	4944	407577
2004	130968	96934	4230	374	9723	435	4	12762	6506	265952
620	150926	123316	673	942	8077	158	2	13387	4371	323219
382	63090	51325	514	364	3866		13	4382	2626	154008
7489	481526	290081	8013	802	12255	228	23	149677	20447	926984
2358	238295	188650	1320	1543	17039	267	28	22318	7130	652001
24683	386697	289204	15899	2182	12818	92	17	39979	26506	947984
15494	236460	162006	10333	3402	18302	452	11	13645	28309	573082
10806	258149	193413	6701	1431	17084	725	9	12255	26531	587317
37552	500877	386564	5611	1248	20148	267	23	72275	14741	1177130
37014	758587	529025	16077	2315	23515	476	10	132319	54850	1567770
3790	408387	307701	10276	1378	23775	293	27	39990	24947	720915
17278	333878	225490	8513	2945	19436	388	25	52572	24509	778750
14031	606853	366543	7507	6432	138774	529	37	42843	44188	1520525
7601	297184	180013	11278	6675	37127	692	26	18257	43116	841953
3565	50706	32182	898	484	6161	225	8	5014	5734	148743
3746	164476	118634	2493	2115	23253	223	29	5386	12343	379534
44505	606557	340512	41217	6824	50716	1206	56	88242	77784	1266229
8641	160095	90966	3935	2334	20578	722	31	10674	30855	379908
3397	195369	129480	1110	9529	26155	826	47	13684	14538	578273
509	8877	8625	32	29	96	12		29	54	19767
6296	271663	207571	8555	844	11256	310	7	29745	13375	603772
19247	163596	102760	2212	260	11705	175	4	14247	32233	332561
2092	30821	21620	974	34	3104	77	5	1730	3277	80057
2916	42945	29398	316	134	5417	72	2	1926	5680	112500
5687	89994	64508	303	1054	12432	467	18	4305	6907	243039

中等职业学校(机构)

Changes of Female Enrolment in Secondary

	上学年初报表在校学生数 Total Enrolment at Beginning of Previous Academic Year	增加学生数 Factors of Increase			
		计 Total	招生 No. of Students Admitted	复学 Students Resuming Studies	转入 Transfers from Other Inst.
合 计 Total	**8969697**	**3607429**	**3189239**	**6369**	**257407**
北 京 Beijing	82429	33951	31029	33	2685
天 津 Tianjin	52503	17619	15210	8	302
河 北 Hebei	555345	229403	180921	488	36161
山 西 Shanxi	293634	96212	86531	60	2544
内蒙古 Inner Mongolia	157965	58730	49942	19	5325
辽 宁 Liaoning	210557	67696	65340	56	428
吉 林 Jilin	133048	44873	40124	2	3972
黑龙江 Heilongjiang	170543	53476	52554	12	691
上 海 Shanghai	76937	23625	22082	107	1302
江 苏 Jiangsu	498019	187472	148584	92	34892
浙 江 Zhejiang	306319	113733	110468	45	2718
安 徽 Anhui	426472	212130	189547	190	13347
福 建 Fujian	256295	125494	116768	112	2864
江 西 Jiangxi	318003	118051	112194	313	1646
山 东 Shandong	539782	260431	208877	183	31757
河 南 henan	837279	351567	292240	546	41864
湖 北 Hubei	442178	106354	101843	46	3131
湖 南 Hunan	393463	173300	141324	558	23778
广 东 Guangdong	778105	293002	280622	371	4771
广 西 Guangxi	367613	144206	139006	173	2339
海 南 Hainan	66476	32908	29955	38	624
重 庆 Chongqing	192374	76620	74617	82	784
四 川 Sichuan	614333	311596	262784	1222	24627
贵 州 guizhou	184525	84031	77003	1004	2028
云 南 Yunnan	293435	99206	93242	153	4229
西 藏 Tibet	10432	2738	2602	1	2
陕 西 Shaanxi	328366	125142	120233	177	1627
甘 肃 Gansu	181155	76546	63098	236	5072
青 海 Qinghai	36522	13758	12867		17
宁 夏 Ningxia	50040	28072	25976	3	166
新 疆 Xinjiang	115550	45487	41656	39	1714

女学生数变动情况
Vocational Schools (Institutions)

单位:人
unit: person

	减少学生数 Factors of Decrease									本学年初报表在校学生数 Total Enrolment at Beginning of Current Academic Year
其他 Others	计 Total	毕业 Graduates	结业 Completers of Courses without Formal Awards	休学 Suspended	退学 Quitting	开除 Expelled	死亡 Dead	转出 Transfers to Other Inst.	其他 Others	
154414	**3757674**	**2656796**	**85969**	**24731**	**273387**	**3001**	**145**	**433483**	**280162**	**8819452**
204	30831	27146	53	49	1137	8	1	1639	798	85549
2099	21227	17920	30	61	1229	2		91	1894	48895
11833	251145	177719	1093	144	10890	27	3	48037	13232	533603
7077	126600	95803	2018	301	5693	64		8574	14147	263246
3444	70351	44162	3350	179	8087	88	2	10439	4044	146344
1872	75414	68078	343	263	4256	161	3	890	1420	202839
775	56161	42082	1761	161	3970	164		4432	3591	121760
219	69263	55991	182	533	3688	50	1	7147	1671	154756
134	28507	24508	210	142	1427		3	1234	983	72055
3904	231366	135888	4665	313	5084	56	14	75580	9766	454125
502	110138	92658	339	573	6309	37	8	7811	2403	309914
9046	181729	138817	7942	1031	5902	25	5	16008	11999	456873
5750	108917	78877	4210	1206	7665	157		5696	11106	272872
3898	128524	97794	3625	465	7592	94	6	5805	13143	307530
19614	231372	180823	2661	296	8633	70	9	31630	7250	568841
16917	379377	268306	7117	880	11845	133	1	64554	26541	809469
1334	198964	149745	5365	573	11159	74	8	19787	12253	349568
7640	168171	116213	4319	1347	9815	180	6	25594	10697	398592
7238	293811	186198	3504	3280	60946	89	11	19406	20377	777296
2688	134891	82997	4493	2417	17537	150	6	4013	23278	376928
2291	23893	16782	54	138	2025	80	3	2002	2809	75491
1137	79369	57917	991	1183	10487	69	12	2776	5934	189625
22963	288287	168424	19301	3166	23588	344	12	36357	37095	637642
3996	75267	44722	1777	967	8616	256	7	4587	14335	193289
1582	97443	67589	249	4155	13517	190	13	5493	6237	295198
133	4237	4073	32	27	39	8		29	29	8933
3105	135680	108434	4059	326	5616	127	2	12554	4562	317828
8140	79243	52776	1339	80	6095	53	2	6790	12108	178458
874	14289	10051	591	18	1282	8	2	1371	966	35991
1927	21202	14085	124	60	2799	3	1	1199	2931	56910
2078	42005	30218	172	397	6459	234	4	1958	2563	119032

中等职业学校（机

Number of Foreign Students in Secondary

地　　区 Region	结业生数 计 Total	其中：女 of Which：Female	分时间 一个月以内 1 month under	一个月至三个月以内 1 month to 3	三个月至半年以内 3 month to 6 months
合　计 Total	**937**	**455**	**603**	**56**	**3**
北　京 Beijing	623	280	562		3
天　津 Tianjin					
河　北 Hebei	34	13	34		
山　西 Shanxi					
内蒙古 Inner Mongolia	6	5			
辽　宁 Liaoning	3				
吉　林 Jilin					
黑龙江 Heilongjiang					
上　海 Shanghai	32	25	7	24	
江　苏 Jiangsu					
浙　江 Zhejiang					
安　徽 Anhui					
福　建 Fujian					
江　西 Jiangxi					
山　东 Shandong					
河　南 henan					
湖　北 Hubei					
湖　南 Hunan					
广　东 Guangdong	79	61			
广　西 Guangxi	106	56		32	
海　南 Hainan					
重　庆 Chongqing	2				
四　川 Sichuan					
贵　州 guizhou					
云　南 Yunnan	21	5			
西　藏 Tibet					
陕　西 Shaanxi					
甘　肃 Gansu					
青　海 Qinghai					
宁　夏 Ningxia					
新　疆 Xinjiang	31	10			

构)外国留学生情况
Vocational Schools (Institutions)

单位:人
unit: person

Graduates by Time 半年至一年以内 6 months to 1 year	一年及以上 1 year and over	分地区 by Continent 亚洲 Asia	非洲 Africa	欧洲 Europe	北美洲 North America	南美洲 South America	大洋洲 Australia
115	**160**	**609**		**279**	**44**	**4**	**1**
	58	365		209	44	4	1
				34			
	6	6					
3		3					
	1	1		31			
77	2	78		1			
4	70	102		4			
	2	2					
	21	21					
31		31					

Number of Educational Personnel in Secondary

	教职工数 Educational		
	合计 Total	校本部教职工 Educational	
		计 Total	专任教师 Full-time Teachers
合　计 Total	**945081**	**931124**	**689363**
北　京 Beijing	13332	13172	7787
天　津 Tianjin	10662	10558	7437
河　北 Hebei	64403	63963	48323
山　西 Shanxi	34321	33634	24471
内蒙古 Inner Mongolia	20970	20714	15127
辽　宁 Liaoning	32101	31876	21801
吉　林 Jilin	26978	26832	18533
黑龙江 Heilongjiang	25402	25165	17967
上　海 Shanghai	13750	13668	8175
江　苏 Jiangsu	56101	55726	43909
浙　江 Zhejiang	37905	37202	30998
安　徽 Anhui	41908	40767	32112
福　建 Fujian	22712	22519	17781
江　西 Jiangxi	26458	25512	19026
山　东 Shandong	74232	73224	53569
河　南 henan	79010	77157	58334
湖　北 Hubei	36980	36261	26208
湖　南 Hunan	40070	39556	27977
广　东 Guangdong	60632	60038	45993
广　西 Guangxi	30433	28920	20610
海　南 Hainan	6484	6400	4289
重　庆 Chongqing	18307	18226	13911
四　川 Sichuan	54691	54067	39933
贵　州 guizhou	15680	15425	11635
云　南 Yunnan	27879	27625	20989
西　藏 Tibet	740	740	595
陕　西 Shaanxi	30029	29714	20582
甘　肃 Gansu	21334	21068	15886
青　海 Qinghai	3222	3174	2549
宁　夏 Ningxia	3419	3371	2474
新　疆 Xinjiang	14936	14850	10382

(机构)教职工数

Vocational Education (Institutions)

单位:人

unit: person

Personnel					
Personnel in Main Campus			校办企业职工 Employees in School-run Factories & Farms	其他附设机构人员 Personnel in Others Subsidiary Units	聘请校外教师 Part-time Teachers
行政人员 Adm. Personnel	教辅人员 Supporting Staff	工勤人员 Workers			
96551	**68319**	**76891**	**6678**	**7279**	**102321**
2607	1179	1599	18	142	1534
1685	657	779	56	48	1049
6418	4607	4615	239	201	4130
3608	2674	2881	270	417	4012
2191	1892	1504	139	117	1305
4535	2457	3083	159	66	3745
3651	2802	1846	71	75	1333
2969	1843	2386	176	61	1636
2178	1501	1814	80	2	1290
3668	3788	4361	230	145	5773
2155	2242	1807	176	527	6249
3297	2376	2982	396	745	3994
2003	1380	1355	56	137	4144
2987	1371	2128	740	206	3255
7792	6763	5100	669	339	3659
7414	5749	5660	807	1046	8649
4113	2879	3061	439	280	4641
4891	3426	3262	325	189	3437
5631	3668	4746	208	386	6879
2884	2146	3280	388	1125	4237
783	493	835	9	75	666
1738	1196	1381	62	19	2799
5158	3631	5345	301	323	5112
1953	661	1176	188	67	3671
1978	1526	3132	120	134	5254
50	51	44			119
4217	2604	2311	182	133	3569
1913	1424	1845	78	188	1476
225	174	226	40	8	526
294	236	367	33	15	496
1565	923	1980	23	63	3682

中等职业学校（机

Number of Female Educational Personnel in Secondary

	教职工数 Educational		
	合计 Total	校本部教职工 Educational	
		计 Total	专任教师 Full-time Teachers
合　计 Total	**438955**	**432488**	**341749**
北　京 Beijing	7869	7812	5299
天　津 Tianjin	5901	5852	4546
河　北 Hebei	34983	34813	29096
山　西 Shanxi	18091	17723	14208
内蒙古 Inner Mongolia	10550	10439	8355
辽　宁 Liaoning	17598	17451	13380
吉　林 Jilin	14489	14437	10952
黑龙江 Heilongjiang	13327	13273	10437
上　海 Shanghai	7126	7103	4913
江　苏 Jiangsu	26719	26552	22264
浙　江 Zhejiang	19259	18906	16442
安　徽 Anhui	14943	14443	11626
福　建 Fujian	10224	10151	8313
江　西 Jiangxi	10420	9968	7668
山　东 Shandong	32059	31621	25269
河　南 henan	35822	35032	28473
湖　北 Hubei	14823	14531	10687
湖　南 Hunan	16781	16539	12506
广　东 Guangdong	28582	28275	22391
广　西 Guangxi	13692	12642	9178
海　南 Hainan	2721	2697	1900
重　庆 Chongqing	8103	8081	6629
四　川 Sichuan	23090	22867	17680
贵　州 guizhou	6706	6524	5053
云　南 Yunnan	12753	12659	9870
西　藏 Tibet	296	296	236
陕　西 Shaanxi	13444	13365	9999
甘　肃 Gansu	8375	8299	6453
青　海 Qinghai	1366	1351	1153
宁　夏 Ningxia	1496	1483	1119
新　疆 Xinjiang	7347	7303	5654

构）女教职工数

Vocational Education (Institutions)

单位：人

unit: person

Personnel					
Personnel in Main Campus			校办企业职工 Employees in School-run Factories & Farms	其他附设机构人员 Personnel in Others Subsidiary Units	聘请校外教师 Part-time Teachers
行政人员 Adm. Personnel	教辅人员 Supporting Staff	工勤人员 Workers			
33624	**32060**	**25055**	**2816**	**3651**	**42144**
1383	635	495	10	47	852
690	393	223	10	39	437
2088	2168	1461	89	81	2082
1230	1342	943	90	278	2036
737	919	428	49	62	640
1908	1319	844	115	32	1811
1432	1510	543	22	30	639
1214	935	687	26	28	918
1025	755	410	22	1	581
1184	1820	1284	100	67	2416
705	1072	687	73	280	2040
1022	933	862	215	285	1369
660	696	482	24	49	1470
926	535	839	377	75	1156
2276	2815	1261	214	224	1424
2343	2562	1654	393	397	3673
1500	1251	1093	136	156	1654
1424	1371	1238	158	84	1217
1979	1966	1939	75	232	2682
983	1083	1398	215	835	1505
291	201	305	2	22	326
585	530	337	13	9	1322
1775	1563	1849	92	131	2192
779	281	411	156	26	1251
703	771	1315	22	72	1781
16	25	19			40
1408	1143	815	48	31	1492
563	733	550	38	38	640
72	58	68	14	1	203
93	123	148	8	5	259
630	552	467	10	34	2036

普通中等专业学

Number of Educational Personnel in Regular Specialized

	教职工数 Educational		
		校本部教职工 Educational	
	合计 Total	计 Total	专任教师 Full-time Teachers
合　计 Total	**435030**	**427823**	**303864**
北　京 Beijing	4717	4577	2460
天　津 Tianjin	7036	6946	4755
河　北 Hebei	23376	23104	15588
山　西 Shanxi	12658	12226	7877
内蒙古 Inner Mongolia	7420	7349	4973
辽　宁 Liaoning	15664	15607	10390
吉　林 Jilin	6442	6415	4502
黑龙江 Heilongjiang	7462	7389	4349
上　海 Shanghai	8906	8861	4974
江　苏 Jiangsu	34267	34055	27106
浙　江 Zhejiang	6129	6076	4958
安　徽 Anhui	13180	12806	9561
福　建 Fujian	22712	22519	17781
江　西 Jiangxi	8194	8078	5660
山　东 Shandong	35441	34766	25371
河　南 henan	23616	22886	16439
湖　北 Hubei	27436	26768	18936
湖　南 Hunan	5111	5017	3408
广　东 Guangdong	46679	46103	34471
广　西 Guangxi	30377	28864	20597
海　南 Hainan	2927	2880	1708
重　庆 Chongqing	3808	3807	2564
四　川 Sichuan	27827	27516	17985
贵　州 guizhou	6980	6959	5016
云　南 Yunnan	11058	10948	7586
西　藏 Tibet	740	740	595
陕　西 Shaanxi	6029	6028	3779
甘　肃 Gansu	13370	13210	9755
青　海 Qinghai	2912	2864	2306
宁　夏 Ningxia	1897	1849	1204
新　疆 Xinjiang	10659	10610	7210

校(机构)教职工数

Secondary Vocational Schools (Institutions)

单位:人

unit: person

Personnel					
Personnel in Main Campus			校办企业职工 Employees in School-run Factories & Farms	其他附设机构人员 Personnel in Others Subsidiary Units	聘请校外教师 Part-time Teachers
行政人员 Adm. Personnel	教辅人员 Supporting Staff	工勤人员 Workers			
51792	**31137**	**41030**	**3177**	**4030**	**47611**
1137	350	630		140	718
1211	461	519	47	43	388
3486	1765	2265	180	92	1959
2024	1035	1290	76	356	1448
1161	555	660	29	42	751
2336	1196	1685	48	9	1442
967	387	559		27	75
1162	771	1107	62	11	1032
1684	904	1299	43	2	924
2325	2181	2443	126	86	3350
385	420	313	13	40	783
1347	796	1102	82	292	1572
2003	1380	1355	56	137	4144
1150	625	643	74	42	1528
4061	2768	2566	458	217	2219
2601	1680	2166	471	259	1486
3267	2118	2447	423	245	2668
867	261	481	41	53	330
4771	2864	3997	205	371	6157
2857	2134	3276	388	1125	4237
487	337	348		47	424
545	323	375	1		766
3637	2365	3529	166	145	2868
1048	298	597		21	1231
1171	706	1485	27	83	1534
50	51	44			119
1077	652	520		1	1010
1305	783	1367	65	95	645
190	165	203	40	8	465
221	138	286	33	15	232
1259	668	1473	23	26	1106

普通中等专业学

Number of Female Educational Personnel in Regular

	教职工数 Educational		
		校本部教职工 Educational	
	合计 Total	计 Total	专任教师 Full-time Teachers
合　计 Total	**202835**	**199236**	**151010**
北　京 Beijing	2555	2508	1565
天　津 Tianjin	3793	3749	2797
河　北 Hebei	11964	11868	8867
山　西 Shanxi	6496	6215	4577
内蒙古 Inner Mongolia	3854	3820	2866
辽　宁 Liaoning	8635	8599	6462
吉　林 Jilin	3453	3437	2716
黑龙江 Heilongjiang	3824	3800	2561
上　海 Shanghai	4416	4404	2920
江　苏 Jiangsu	17039	16955	14265
浙　江 Zhejiang	3268	3247	2726
安　徽 Anhui	5263	5064	3995
福　建 Fujian	10224	10151	8313
江　西 Jiangxi	3513	3452	2538
山　东 Shandong	15349	15110	12060
河　南 henan	11093	10716	8302
湖　北 Hubei	10984	10734	7684
湖　南 Hunan	2190	2133	1617
广　东 Guangdong	21852	21550	16669
广　西 Guangxi	13669	12619	9173
海　南 Hainan	1283	1261	851
重　庆 Chongqing	1688	1687	1238
四　川 Sichuan	11849	11750	7975
贵　州 guizhou	3233	3220	2374
云　南 Yunnan	5397	5350	3907
西　藏 Tibet	296	296	236
陕　西 Shaanxi	2714	2714	1881
甘　肃 Gansu	5483	5420	4244
青　海 Qinghai	1240	1225	1046
宁　夏 Ningxia	878	865	587
新　疆 Xinjiang	5340	5317	3998

校(机构)女教职工数

Specialized Secondary Schools (Institutions)

单位:人

unit: person

Personnel					
Personnel in Main Campus			校办企业职工 Employees in School-run Factories & Farms	其他附设机构人员 Personnel in Others Subsidiary Units	聘请校外教师 Part-time Teachers
行政人员 Adm. Personnel	教辅人员 Supporting Staff	工勤人员 Workers			
19345	**15728**	**13153**	**1200**	**2399**	**20743**
597	186	160		47	429
481	307	164	10	34	205
1369	879	753	63	33	994
755	552	331	30	251	827
474	293	187	13	21	382
1041	680	416	32	4	797
375	242	104		16	12
476	432	331	17	7	637
785	414	285	11	1	436
831	1091	768	38	46	1389
174	233	114	6	15	396
438	356	275	36	163	564
660	696	482	24	49	1470
418	274	222	39	22	570
1194	1249	607	103	136	848
903	907	604	231	146	733
1234	939	877	127	123	1155
274	120	122	25	32	141
1692	1554	1635	75	227	2402
973	1075	1398	215	835	1505
181	123	106		22	229
207	158	84	1		429
1352	1090	1333	42	57	1296
482	159	205		13	477
479	431	533	3	44	723
16	25	19			40
399	295	139			484
416	387	373	27	36	298
63	56	60	14	1	182
79	85	114	8	5	127
527	440	352	10	13	566

成人中等专业学校教

Number of Educational Personnel in

		教职工数 Educational	
		校本部教职工 Educational	
	合计 Total	计 Total	专任教师 Full-time Teachers
合　计 Total	**81292**	**79923**	**55192**
北　京 Beijing	637	635	330
天　津 Tianjin	777	772	514
河　北 Hebei	7193	7191	5300
山　西 Shanxi	4595	4558	3209
内蒙古 Inner Mongolia	2307	2246	1739
辽　宁 Liaoning	541	541	390
吉　林 Jilin	6213	6200	4406
黑龙江 Heilongjiang	6844	6757	5238
上　海 Shanghai	643	643	327
江　苏 Jiangsu	3665	3649	2233
浙　江 Zhejiang	1838	1830	1185
安　徽 Anhui	3176	3127	2212
福　建 Fujian			
江　西 Jiangxi	2331	1792	1473
山　东 Shandong	5061	4930	3340
河　南 henan	13788	13515	8917
湖　北 Hubei	1735	1735	962
湖　南 Hunan	4662	4597	3024
广　东 Guangdong	1029	1029	761
广　西 Guangxi			
海　南 Hainan	209	202	152
重　庆 Chongqing	2511	2502	1635
四　川 Sichuan	1628	1600	1053
贵　州 guizhou	1781	1758	1233
云　南 Yunnan	3374	3364	2654
西　藏 Tibet			
陕　西 Shaanxi	1436	1436	777
甘　肃 Gansu	1773	1769	943
青　海 Qinghai	220	220	168
宁　夏 Ningxia	185	185	100
新　疆 Xinjiang	1140	1140	917

职工数
Adults Specialized Sec. Schools

单位：人
unit：person

Personnel					聘请校外教师 Part-time Teachers
Personnel in Main Campus			校办企业职工 Employees in School-run Factories & Farms	其他附设机构人员 Personnel in Others Subsidiary Units	
行政人员 Adm. Personnel	教辅人员 Supporting Staff	工勤人员 Workers			
10172	**8216**	**6343**	**861**	**508**	**23711**
159	76	70		2	387
125	60	73		5	576
895	528	468		2	409
416	519	414		37	1150
198	191	118	61		7
90	39	22			1268
772	741	281	2	11	52
675	432	412	57	30	235
122	103	91			176
460	389	567	11	5	1508
311	213	121		8	2938
356	314	245	17	32	684
153	85	81	536	3	36
634	459	497	78	53	450
1922	1684	992	25	248	4021
309	307	157			1421
601	601	371	47	18	633
94	59	115			160
16	11	23	7		
345	304	218	9		291
234	171	142		28	172
303	100	122	4	19	1458
243	160	307	7	3	2339
300	226	133			836
304	359	163		4	386
31	8	13			55
45	21	19			107
59	56	108			1956

成人中等专业学校女

Number of Female Educational Personnel in

	教职工数 Educational		
		校本部教职工 Educational	
	合计 Total	计 Total	专任教师 Full-time Teachers
合　计 Total	**37035**	**36360**	**27149**
北　京 Beijing	360	360	193
天　津 Tianjin	344	339	254
河　北 Hebei	3899	3899	3257
山　西 Shanxi	2508	2487	1880
内蒙古 Inner Mongolia	1118	1102	937
辽　宁 Liaoning	272	272	213
吉　林 Jilin	3251	3249	2531
黑龙江 Heilongjiang	3542	3521	2941
上　海 Shanghai	290	290	153
江　苏 Jiangsu	1355	1354	945
浙　江 Zhejiang	766	761	515
安　徽 Anhui	1184	1177	901
福　建 Fujian			
江　西 Jiangxi	950	657	575
山　东 Shandong	2166	2058	1527
河　南 henan	6125	5992	4284
湖　北 Hubei	690	690	397
湖　南 Hunan	1692	1661	1126
广　东 Guangdong	424	424	312
广　西 Guangxi			
海　南 Hainan	63	61	49
重　庆 Chongqing	1059	1057	705
四　川 Sichuan	678	662	465
贵　州 guizhou	724	722	513
云　南 Yunnan	1459	1451	1151
西　藏 Tibet			
陕　西 Shaanxi	635	635	376
甘　肃 Gansu	843	841	420
青　海 Qinghai	86	86	68
宁　夏 Ningxia	68	68	44
新　疆 Xinjiang	484	484	417

教职工数

Adults Specialized Sec. Schools

单位：人

unit：person

Personnel					
Personnel in Main Campus			校办企业职工 Employees in School-run Factories & Farms	其他附设机构人员 Personnel in Others Subsidiary Units	聘请校外教师 Part-time Teachers
行政人员 Adm. Personnel	教辅人员 Supporting Staff	工勤人员 Workers			
3347	**3828**	**2036**	**424**	**251**	**8235**
86	46	35			201
46	25	14		5	179
219	248	175			253
141	296	170		21	476
48	96	21	16		2
37	19	3			501
252	394	72		2	15
270	210	100	8	13	101
54	54	29			79
148	152	109	1		651
116	79	51		5	456
115	108	53	5	2	175
33	30	19	292	1	18
195	191	145	57	51	176
649	758	301	6	127	1568
103	121	69			238
151	232	152	28	3	127
42	30	40			57
3	5	4	2		
130	162	60	2		99
69	71	57		16	82
124	38	47		2	391
65	79	156	7	1	596
117	92	50			250
92	257	72		2	204
9	2	7			16
9	9	6			35
24	24	19			1289

	教职工数 Educational		
		校本部教职工 Educational	
	合计 Total	计 Total	专任教师 Full-time Teachers
合　计 Total	**406722**	**401683**	**315472**
北　京 Beijing	7978	7960	4997
天　津 Tianjin	2849	2840	2168
河　北 Hebei	30845	30744	25458
山　西 Shanxi	16434	16216	13030
内蒙古 Inner Mongolia	11028	10904	8365
辽　宁 Liaoning	15896	15728	11021
吉　林 Jilin	12528	12433	8461
黑龙江 Heilongjiang	11015	10938	8324
上　海 Shanghai	4201	4164	2874
江　苏 Jiangsu	15034	14891	12254
浙　江 Zhejiang	28801	28176	24093
安　徽 Anhui	23327	22821	18949
福　建 Fujian			
江　西 Jiangxi	15768	15477	11760
山　东 Shandong	31905	31703	23614
河　南 henan	40305	39461	32025
湖　北 Hubei	6732	6691	5507
湖　南 Hunan	28946	28591	20716
广　东 Guangdong	11611	11593	9820
广　西 Guangxi			
海　南 Hainan	3312	3282	2397
重　庆 Chongqing	11133	11079	9194
四　川 Sichuan	24313	24028	20239
贵　州 guizhou	6868	6657	5354
云　南 Yunnan	12899	12765	10377
西　藏 Tibet			
陕　西 Shaanxi	22540	22226	16005
甘　肃 Gansu	6068	5966	5094
青　海 Qinghai	90	90	75
宁　夏 Ningxia	1159	1159	1046
新　疆 Xinjiang	3137	3100	2255

校教职工数
in Vocational High Schools

单位：人
unit：person

Personnel					
Personnel in Main Campus			校办企业职工 Employees in School-run Factories & Farms	其他附设机构人员 Personnel in Others Subsidiary Units	聘请校外教师 Part-time Teachers
行政人员 Adm. Personnel	教辅人员 Supporting Staff	工勤人员 Workers			
31696	**26879**	**27636**	**2400**	**2639**	**28294**
1311	753	899	18		429
349	136	187	9		85
1639	2053	1594	58	43	1313
1033	1006	1147	194	24	1406
767	1091	681	49	75	372
2109	1222	1376	111	57	1035
1643	1481	848	69	26	1183
1123	628	863	57	20	354
372	494	424	37		190
578	945	1114	89	54	409
1316	1512	1255	153	472	2169
1314	1098	1460	91	415	1451
1668	655	1394	130	161	1691
2888	3264	1937	133	69	929
2735	2299	2402	305	539	2972
458	359	367	6	35	520
3103	2462	2310	237	118	2357
634	608	531	3	15	393
278	143	464	2	28	242
734	487	664	49	5	1669
1166	1029	1594	135	150	1908
583	263	457	184	27	977
502	630	1256	86	48	1352
2837	1726	1658	182	132	1717
285	279	308	13	89	413
4	1	10			6
20	56	37			132
247	199	399		37	620

职业高中学校女

Number of Female Educational Personnel

	教职工数 Educational		
		校本部教职工 Educational	
	合计 Total	计 Total	专任教师 Full-time Teachers
合　计 Total	**188963**	**186992**	**156283**
北　京 Beijing	4954	4944	3541
天　津 Tianjin	1764	1764	1495
河　北 Hebei	17596	17549	15809
山　西 Shanxi	8846	8780	7583
内蒙古 Inner Mongolia	5468	5407	4521
辽　宁 Liaoning	8691	8580	6705
吉　林 Jilin	6758	6727	4936
黑龙江 Heilongjiang	5924	5915	4907
上　海 Shanghai	2420	2409	1840
江　苏 Jiangsu	6873	6793	5912
浙　江 Zhejiang	14663	14346	12787
安　徽 Anhui	7578	7445	6218
福　建 Fujian			
江　西 Jiangxi	5904	5806	4512
山　东 Shandong	13788	13697	11094
河　南 henan	18018	17739	15410
湖　北 Hubei	2761	2728	2323
湖　南 Hunan	12310	12156	9411
广　东 Guangdong	5666	5661	4919
广　西 Guangxi			
海　南 Hainan	1364	1364	992
重　庆 Chongqing	4965	4955	4452
四　川 Sichuan	10178	10070	8959
贵　州 guizhou	2723	2556	2147
云　南 Yunnan	5645	5606	4626
西　藏 Tibet			
陕　西 Shaanxi	10084	10005	7731
甘　肃 Gansu	2008	1997	1758
青　海 Qinghai	40	40	39
宁　夏 Ningxia	451	451	417
新　疆 Xinjiang	1523	1502	1239

教职工数

in Vocational High Schools

单位：人
unit: person

Personnel					聘请校外教师 Part-time Teachers
Personnel in Main Campus			校办企业职工 Employees in School-run Factories & Farms	其他附设机构人员 Personnel in Others Subsidiary Units	
行政人员 Adm. Personnel	教辅人员 Supporting Staff	工勤人员 Workers			
9919	**11533**	**9257**	**1012**	**959**	**11922**
700	403	300	10		222
163	61	45			53
365	909	466	25	22	568
285	476	436	60	6	733
184	496	206	20	41	154
830	620	425	83	28	513
698	762	331	22	9	596
466	288	254	1	8	172
186	287	96	11		66
109	440	332	59	21	129
373	716	470	62	255	992
379	398	450	15	118	567
471	227	596	46	52	568
846	1267	490	54	37	373
744	866	719	155	124	1291
143	143	119		33	251
855	970	920	105	49	908
197	308	237		5	163
106	71	195			97
194	166	143	7	3	766
303	374	434	50	58	762
166	84	159	156	11	380
140	252	588	12	27	450
892	756	626	48	31	757
45	89	105	11		120
		1			5
	16	18			85
79	88	96		21	181

其他机构

Number of Educational Personnel

	教职工数 Educational		
		校本部教职工 Educational	
	合计 Total	计 Total	专任教师 Full-time Teachers
合　计 Total	**22037**	**21695**	**14835**
北　京 Beijing			
天　津 Tianjin			
河　北 Hebei	2989	2924	1977
山　西 Shanxi	634	634	355
内蒙古 Inner Mongolia	215	215	50
辽　宁 Liaoning			
吉　林 Jilin	1795	1784	1164
黑龙江 Heilongjiang	81	81	56
上　海 Shanghai			
江　苏 Jiangsu	3135	3131	2316
浙　江 Zhejiang	1137	1120	762
安　徽 Anhui	2225	2013	1390
福　建 Fujian			
江　西 Jiangxi	165	165	133
山　东 Shandong	1825	1825	1244
河　南 henan	1301	1295	953
湖　北 Hubei	1077	1067	803
湖　南 Hunan	1351	1351	829
广　东 Guangdong	1313	1313	941
广　西 Guangxi	56	56	13
海　南 Hainan	36	36	32
重　庆 Chongqing	855	838	518
四　川 Sichuan	923	923	656
贵　州 guizhou	51	51	32
云　南 Yunnan	548	548	372
西　藏 Tibet			
陕　西 Shaanxi	24	24	21
甘　肃 Gansu	123	123	94
青　海 Qinghai			
宁　夏 Ningxia	178	178	124
新　疆 Xinjiang			

教职工数
in Other Institutions

单位：人
unit：person

Personnel					
Personnel in Main Campus			校办企业职工 Employees in School-run Factories & Farms	其他附设机构人员 Personnel in Others Subsidiary Units	聘请校外教师 Part-time Teachers
行政人员 Adm. Personnel	教辅人员 Supporting Staff	工勤人员 Workers			
2891	**2087**	**1882**	**240**	**102**	**2705**
398	261	288	1	64	449
135	114	30			8
65	55	45			175
269	193	158		11	23
9	12	4			15
305	273	237	4		506
143	97	118	10	7	359
280	168	175	206	6	287
16	6	10			
209	272	100			61
156	86	100	6		170
79	95	90	10		32
320	102	100			117
132	137	103			169
27	12	4			
2	2				
114	82	124	3	14	73
121	66	80			164
19					5
62	30	84			29
3					6
19	3	7			32
8	21	25			25

	教职工数 Educational		
		校本部教职工 Educational	
	合计 Total	计 Total	专任教师 Full-time Teachers
合　计 Total	**10122**	**9900**	**7307**
北　京 Beijing			
天　津 Tianjin			
河　北 Hebei	1524	1497	1163
山　西 Shanxi	241	241	168
内蒙古 Inner Mongolia	110	110	31
辽　宁 Liaoning			
吉　林 Jilin	1027	1024	769
黑龙江 Heilongjiang	37	37	28
上　海 Shanghai			
江　苏 Jiangsu	1452	1450	1142
浙　江 Zhejiang	562	552	414
安　徽 Anhui	918	757	512
福　建 Fujian			
江　西 Jiangxi	53	53	43
山　东 Shandong	756	756	588
河　南 henan	586	585	477
湖　北 Hubei	388	379	283
湖　南 Hunan	589	589	352
广　东 Guangdong	640	640	491
广　西 Guangxi	23	23	5
海　南 Hainan	11	11	8
重　庆 Chongqing	391	382	234
四　川 Sichuan	385	385	281
贵　州 guizhou	26	26	19
云　南 Yunnan	252	252	186
西　藏 Tibet			
陕　西 Shaanxi	11	11	11
甘　肃 Gansu	41	41	31
青　海 Qinghai			
宁　夏 Ningxia	99	99	71
新　疆 Xinjiang			

教职工数
Personnel in Other Institutions

单位:人
unit: person

Personnel					聘请校外教师 Part-time Teachers
Personnel in Main Campus			校办企业职工 Employees in School-run Factories & Farms	其他附设机构人员 Personnel in Others Subsidiary Units	
行政人员 Adm. Personnel	教辅人员 Supporting Staff	工勤人员 Workers			
1013	**971**	**609**	**180**	**42**	**1244**
135	132	67	1	26	267
49	18	6			
31	34	14			102
107	112	36		3	16
2	5	2			8
96	137	75	2		247
42	44	52	5	5	196
90	71	84	159	2	63
4	4	2			
41	108	19			27
47	31	30	1		81
20	48	28	9		10
144	49	44			41
48	74	27			60
10	8				
1	2				
54	44	50	3	6	28
51	28	25			52
7					3
19	9	38			12
					1
10					18
5	13	10			12

中等职业学校(机构)专
Number of Full-time Teachers By Professional Rank and Academic

地　区 Region	合计 Total	按职称分 By Professional Rank		
		正高级 Senior	副高级 Sub-Senior	中级 Middle
合　计 Total	**689363**	**4927**	**147089**	**278249**
北　京 Beijing	7787	49	1947	3248
天　津 Tianjin	7437	74	2742	2829
河　北 Hebei	48323	448	10121	21276
山　西 Shanxi	24471	187	3468	9089
内蒙古 Inner Mongolia	15127	73	4239	5487
辽　宁 Liaoning	21801	368	6859	8115
吉　林 Jilin	18533	222	5403	8058
黑龙江 Heilongjiang	17967	107	5847	7073
上　海 Shanghai	8175	28	1632	4365
江　苏 Jiangsu	43909	96	9879	18415
浙　江 Zhejiang	30998	40	6222	11965
安　徽 Anhui	32112	155	7174	12255
福　建 Fujian	17781	14	3764	7133
江　西 Jiangxi	19026	234	4643	7097
山　东 Shandong	53569	388	12671	20012
河　南 henan	58334	353	10894	23976
湖　北 Hubei	26208	212	5746	11960
湖　南 Hunan	27977	298	5782	13091
广　东 Guangdong	45993	77	6711	20266
广　西 Guangxi	20610	240	2785	8994
海　南 Hainan	4289	19	699	1192
重　庆 Chongqing	13911	134	2804	5141
四　川 Sichuan	39933	553	7686	14797
贵　州 guizhou	11635	68	2101	4605
云　南 Yunnan	20989	55	5370	8044
西　藏 Tibet	595		29	232
陕　西 Shaanxi	20582	345	3423	7840
甘　肃 Gansu	15886	60	2739	5838
青　海 Qinghai	2549	4	738	935
宁　夏 Ningxia	2474	16	611	841
新　疆 Xinjiang	10382	10	2360	4080

任教师职称、学历情况

Qualifications in Secondary Vocational Education (Institutions)

单位:人

unit: person

		按学历分 By Academic Qualifications				
初级 Junior	未定职级 No-ranking	博士研究生 Doctor's Degree	硕士研究生 Master's Degree	本科 Normal Courses	专科 Short-cycle Courses	高中阶段及以下 Below High School Graduate
198996	**60102**	**799**	**30510**	**557341**	**95513**	**5200**
1944	599	23	703	6572	424	65
1566	226	2	481	6173	680	101
12924	3554	17	1440	39750	6815	301
9538	2189	6	754	19247	4226	238
3988	1340	38	487	11937	2550	115
4906	1553	13	1225	17882	2472	209
4120	730	26	838	15120	2428	121
3869	1071	140	359	14736	2640	92
1898	252	23	908	6828	365	51
12725	2794	28	3787	37362	2553	179
9377	3394	3	1165	27722	1974	134
8819	3709	10	869	26318	4801	114
5368	1502	55	597	14757	2207	165
5369	1683	29	819	14083	3926	169
16698	3800	109	2795	44913	5327	425
19480	3631	58	2872	47260	7925	219
6856	1434	12	959	20351	4550	336
6661	2145	55	934	22424	4445	119
13342	5597	26	2820	37130	5603	414
6072	2519	6	984	15983	3399	238
1415	964	1	117	3434	703	34
4318	1514	10	404	11559	1856	82
11552	5345	49	940	30177	8352	415
3492	1369	7	431	8675	2389	133
5509	2011	3	753	16993	3025	215
294	40		35	491	61	8
7025	1949	42	926	14854	4601	159
5778	1471	2	557	12639	2528	160
556	316		32	1750	676	91
678	328	1	139	2004	303	27
2859	1073	5	380	8217	1709	71

普通中等专业学校专任

Number of Full-time Teachers By Professional Rank and Academic

地　区 Region	合计 Total	按职称分 By Professional Rank 正高级 Senior	副高级 Sub-Senior	中级 Middle
合　计 Total	**303864**	**2350**	**70570**	**118364**
北　京 Beijing	2460	29	656	1038
天　津 Tianjin	4755	9	1730	1784
河　北 Hebei	15588	348	3613	5782
山　西 Shanxi	7877	47	1829	2795
内蒙古 Inner Mongolia	4973	64	1535	1705
辽　宁 Liaoning	10390	235	3428	3745
吉　林 Jilin	4502	30	1754	1648
黑龙江 Heilongjiang	4349	44	1415	1216
上　海 Shanghai	4974	22	1145	2513
江　苏 Jiangsu	27106	68	6290	10988
浙　江 Zhejiang	4958	17	1121	1820
安　徽 Anhui	9561	49	2680	3168
福　建 Fujian	17781	14	3764	7133
江　西 Jiangxi	5660	18	1518	1911
山　东 Shandong	25371	220	7181	9410
河　南 henan	16439	96	4150	6591
湖　北 Hubei	18936	163	4337	8370
湖　南 Hunan	3408	21	1090	1338
广　东 Guangdong	34471	70	4851	14807
广　西 Guangxi	20597	240	2782	8985
海　南 Hainan	1708		364	496
重　庆 Chongqing	2564	25	678	1017
四　川 Sichuan	17985	385	3251	6513
贵　州 guizhou	5016	41	1212	1952
云　南 Yunnan	7586	27	2266	2418
西　藏 Tibet	595		29	232
陕　西 Shaanxi	3779	40	1109	1418
甘　肃 Gansu	9755	9	2053	3675
青　海 Qinghai	2306	3	690	828
宁　夏 Ningxia	1204	12	312	312
新　疆 Xinjiang	7210	4	1737	2756

教师职称、学历情况
Qualifications in Reg. Specialized Sec. Schools

单位:人
unit: person

		按学历分 By Academic Qualifications				
初级 Junior	未定职级 No-ranking	博士研究生 Doctor's Degree	硕士研究生 Master's Degree	本科 Normal Courses	专科 Short-cycle Courses	高中阶段及以下 Below High School Graduate
83927	**28653**	**392**	**19975**	**244799**	**35952**	**2746**
578	159	19	471	1770	159	41
1058	174	1	346	3864	474	70
3899	1946	13	697	11763	2943	172
2415	791	6	559	6436	784	92
1185	484	16	332	3777	808	40
2481	501	13	900	8602	773	102
976	94	10	328	3736	406	22
1081	593	2	234	3659	439	15
1137	157	21	752	3875	281	45
7993	1767	28	3054	22575	1324	125
1543	457	3	248	4454	215	38
2852	812	6	394	7912	1212	37
5368	1502	55	597	14757	2207	165
1777	436	5	453	4428	734	40
6969	1591	67	1644	21298	2199	163
4708	894	23	1626	13511	1154	125
4903	1163	5	704	14786	3234	207
769	190	2	224	2932	229	21
10073	4670	25	2273	27769	4065	339
6071	2519	6	984	15970	3399	238
545	303		53	1546	99	10
555	289	1	155	2181	214	13
4543	3293	46	707	12886	4099	247
1349	462	5	362	3936	676	37
1871	1004	3	581	6377	561	64
294	40		35	491	61	8
894	318	6	339	2957	437	40
3332	686		479	8114	1083	79
494	291		32	1566	617	91
331	237		79	963	141	21
1883	830	5	333	5908	925	39

成人中等专业学校专任

Number of Full-time Teachers By Professional Rank and Academi

地　区 Region	合计 Total	按职称分 By Professional Rank		
		正高级 Senior	副高级 Sub-Senior	中级 Middle
合　计 Total	**55192**	**503**	**14609**	**25085**
北　京 Beijing	330	2	92	142
天　津 Tianjin	514	6	198	202
河　北 Hebei	5300	19	1477	2714
山　西 Shanxi	3209	37	411	1710
内蒙古 Inner Mongolia	1739	1	776	630
辽　宁 Liaoning	390	19	98	195
吉　林 Jilin	4406	9	1428	2288
黑龙江 Heilongjiang	5238	53	2208	2253
上　海 Shanghai	327	4	41	232
江　苏 Jiangsu	2233	11	462	979
浙　江 Zhejiang	1185	8	425	498
安　徽 Anhui	2212	12	460	982
福　建 Fujian				
江　西 Jiangxi	1473	5	683	606
山　东 Shandong	3340	39	969	1250
河　南 henan	8917	135	1564	3528
湖　北 Hubei	962	20	142	504
湖　南 Hunan	3024	32	834	1633
广　东 Guangdong	761		110	312
广　西 Guangxi				
海　南 Hainan	152		70	56
重　庆 Chongqing	1635	63	558	598
四　川 Sichuan	1053	9	106	322
贵　州 guizhou	1233	11	146	643
云　南 Yunnan	2654	2	790	1335
西　藏 Tibet				
陕　西 Shaanxi	777		93	360
甘　肃 Gansu	943	2	177	490
青　海 Qinghai	168	1	31	88
宁　夏 Ningxia	100		25	51
新　疆 Xinjiang	917	3	235	484

教师职称、学历情况
Qualifications in Adults Specialized Sec. Schools

单位:人
unit: person

		按学历分 By Academic Qualifications				
初级 Junior	未定职级 No-ranking	博士研究生 Doctor's Degree	硕士研究生 Master's Degree	本科 Normal Courses	专科 Short-cycle Courses	高中阶段及以下 Below High School Graduate
12428	**2567**	**33**	**1494**	**41236**	**11918**	**511**
82	12	2	14	284	27	3
99	9		9	417	84	4
976	114	1	117	3988	1139	55
1010	41		32	2126	1022	29
312	20		30	1349	349	11
64	14		8	260	119	3
631	50		69	3340	945	52
647	77	2	49	3971	1170	46
43	7	1	24	276	25	1
587	194		120	1793	304	16
159	95		95	969	121	
455	303		37	1645	521	9
157	22		19	1096	329	29
832	250	2	106	2757	435	40
3078	612	9	320	6787	1789	12
278	18		27	511	350	74
431	94	4	87	2264	659	10
233	106		58	541	141	21
23	3		7	120	25	
314	102	8	119	1352	144	12
355	261	2	15	669	339	28
363	70	1	23	905	298	6
497	30		46	1849	720	39
292	32		10	384	383	
249	25		27	651	256	9
47	1			123	45	
21	3	1	7	70	22	
193	2		19	739	157	2

职业高中学校专任教

Number of Full-time Teachers By Professional Rank and Academic

地 区 Region	合计 Total	按职称分 By Professional Rank		
		正高级 Senior	副高级 Sub-Senior	中级 Middle
合 计 Total	**315472**	**1923**	**58294**	**128383**
北 京 Beijing	4997	18	1199	2068
天 津 Tianjin	2168	59	814	843
河 北 Hebei	25458	28	4392	12051
山 西 Shanxi	13030	102	1149	4449
内蒙古 Inner Mongolia	8365	8	1925	3140
辽 宁 Liaoning	11021	114	3333	4175
吉 林 Jilin	8461	150	1799	3690
黑龙江 Heilongjiang	8324	7	2202	3582
上 海 Shanghai	2874	2	446	1620
江 苏 Jiangsu	12254	14	2498	5338
浙 江 Zhejiang	24093	15	4498	9305
安 徽 Anhui	18949	93	3752	7478
福 建 Fujian				
江 西 Jiangxi	11760	209	2404	4510
山 东 Shandong	23614	123	4238	8895
河 南 henan	32025	116	5008	13441
湖 北 Hubei	5507	19	1114	2650
湖 南 Hunan	20716	228	3626	9704
广 东 Guangdong	9820	5	1582	4614
广 西 Guangxi				
海 南 Hainan	2397	19	256	627
重 庆 Chongqing	9194	44	1471	3361
四 川 Sichuan	20239	152	4220	7669
贵 州 guizhou	5354	16	742	1990
云 南 Yunnan	10377	26	2278	4204
西 藏 Tibet				
陕 西 Shaanxi	16005	305	2218	6052
甘 肃 Gansu	5094	48	491	1630
青 海 Qinghai	75		17	19
宁 夏 Ningxia	1046		234	438
新 疆 Xinjiang	2255	3	388	840

师职称、学历情况

Qualifications in Vocational High Schools

单位：人

unit：person

		按学历分 By Academic Qualifications				
初级 Junior	未定职级 No-ranking	博士研究生 Doctor's Degree	硕士研究生 Master's Degree	本科 Normal Courses	专科 Short-cycle Courses	高中阶段及以下 Below High School Graduate
98965	**27907**	**363**	**7780**	**259601**	**45875**	**1853**
1284	428	2	218	4518	238	21
409	43	1	126	1892	122	27
7630	1357	2	347	22394	2647	68
5978	1352		151	10454	2326	99
2456	836	22	122	6774	1383	64
2361	1038		317	9020	1580	104
2253	569	16	327	7068	1008	42
2136	397	136	75	7065	1017	31
718	88	1	132	2677	59	5
3672	732		393	11124	709	28
7499	2776		784	21647	1569	93
5097	2529	4	320	15697	2864	64
3412	1225	24	313	8461	2862	100
8454	1904	39	967	19866	2528	214
11435	2025	26	854	26206	4860	79
1524	200	1	146	4521	792	47
5316	1842	46	577	16513	3492	88
2877	742	1	401	8067	1302	49
837	658	1	57	1757	558	24
3273	1045	1	113	7657	1371	52
6465	1733	1	204	16125	3777	132
1769	837	1	46	3812	1405	90
2987	882		118	8467	1686	106
5831	1599	36	575	11495	3780	119
2191	734	2	48	3803	1169	72
15	24			61	14	
303	71		21	890	130	5
783	241		28	1570	627	30

其他机构专任教师

Number of Full-time Teachers By Professional Rank and Academic

地区 Region	合计 Total	按职称分 By Professional Rank		
		正高级 Senior	副高级 Sub-Senior	中级 Middle
合 计 Total	**14835**	**151**	**3616**	**6417**
北 京 Beijing				
天 津 Tianjin				
河 北 Hebei	1977	53	639	729
山 西 Shanxi	355	1	79	135
内蒙古 Inner Mongolia	50		3	12
辽 宁 Liaoning				
吉 林 Jilin	1164	33	422	432
黑龙江 Heilongjiang	56	3	22	22
上 海 Shanghai				
江 苏 Jiangsu	2316	3	629	1110
浙 江 Zhejiang	762		178	342
安 徽 Anhui	1390	1	282	627
福 建 Fujian				
江 西 Jiangxi	133	2	38	70
山 东 Shandong	1244	6	283	457
河 南 henan	953	6	172	416
湖 北 Hubei	803	10	153	436
湖 南 Hunan	829	17	232	416
广 东 Guangdong	941	2	168	533
广 西 Guangxi	13		3	9
海 南 Hainan	32		9	13
重 庆 Chongqing	518	2	97	165
四 川 Sichuan	656	7	109	293
贵 州 guizhou	32		1	20
云 南 Yunnan	372		36	87
西 藏 Tibet				
陕 西 Shaanxi	21		3	10
甘 肃 Gansu	94	1	18	43
青 海 Qinghai				
宁 夏 Ningxia	124	4	40	40
新 疆 Xinjiang				

职称、学历情况
Qualifications in Other Institutions

单位：人
unit：person

		按学历分 By Academic Qualifications				
初级 Junior	未定职级 No-ranking	博士研究生 Doctor's Degree	硕士研究生 Master's Degree	本科 Normal Courses	专科 Short-cycle Courses	高中阶段及以下 Below High School Graduate
3676	975	11	1261	11705	1768	90
419	137	1	279	1605	86	6
135	5		12	231	94	18
35			3	37	10	
260	17		114	976	69	5
5	4		1	41	14	
473	101		220	1870	216	10
176	66		38	652	69	3
415	65		118	1064	204	4
23			34	98	1	
443	55	1	78	992	165	8
259	100		72	756	122	3
151	53	6	82	533	174	8
145	19	3	46	715	65	
159	79		88	753	95	5
1				13		
10				11	21	
176	78		17	369	127	5
189	58		14	497	137	8
11				22	10	
154	95		8	300	58	6
8			2	18	1	
6	26		3	71	20	
23	17		32	81	10	1

中等职业学校(机构)

Condition of Fixed Assets and Teaching Resources in Secondary

地 区 Region	学校占地面积(平方米) Area of School Sites (m^2)			图书(册) Books (volume)	
	计 Total	其中:绿化用地面积 of Which: Green Areas	其中:运动场地面积 of Which: Sports Areas	计 Total	当年新增 New Added in Current Year
合 计 Total	**510964819**	**117674615**	**75694191**	**351644883**	**23715934**
北 京 Beijing	5142867	891549	968157	4782937	68573
天 津 Tianjin	4143765	696908	576813	4481884	91146
河 北 Hebei	24577162	4059124	4643355	23116038	1323286
山 西 Shanxi	13979702	2043806	1941067	8338482	520812
内蒙古 Inner Mongolia	11990535	1894521	1923290	5152382	239402
辽 宁 Liaoning	11963128	1749228	2770232	9959433	302151
吉 林 Jilin	7156142	1496357	1625994	6155456	159723
黑龙江 Heilongjiang	9977436	1402596	1674438	5087567	294876
上 海 Shanghai	3440826	1157600	739920	7182603	151371
江 苏 Jiangsu	35896353	9385938	5165456	26570952	1820125
浙 江 Zhejiang	19977826	5511182	3591677	14108591	677881
安 徽 Anhui	32258936	7397401	4682377	22255355	1731536
福 建 Fujian	13004712	3437199	2158999	10443507	517288
江 西 Jiangxi	25079769	9310513	2570993	11364200	799651
山 东 Shandong	42159273	11090938	6286893	24860993	2666136
河 南 henan	36931747	6949771	5690834	33475858	1653556
湖 北 Hubei	20209433	5516998	2553882	13724118	541919
湖 南 Hunan	25102142	5730752	3337110	14795523	781541
广 东 Guangdong	30820902	9252033	5175017	25638478	2055223
广 西 Guangxi	25204729	5257080	2376062	14795364	2273951
海 南 Hainan	2990375	712405	508762	1760582	232320
重 庆 Chongqing	10216483	2969377	1617703	6448960	588889
四 川 Sichuan	25968214	5587070	4123314	17798779	1626136
贵 州 guizhou	9818071	2188312	1197845	5699084	445112
云 南 Yunnan	15956182	3165108	1825082	9227804	523578
西 藏 Tibet	694823	105900	35983	167252	6000
陕 西 Shaanxi	16207413	2219715	2020250	10620137	617884
甘 肃 Gansu	10806936	1972824	1533853	7067165	375845
青 海 Qinghai	2085131	365658	333791	979197	151057
宁 夏 Ningxia	4838026	1130489	407809	1095573	161603
新 疆 Xinjiang	12365780	3026263	1637233	4490629	317363

资产情况(学校产权)
Vocational Education (Institutions) (Owned by SVSs)

计算机数(台) PC (set)		多媒体教室座位数(个) No. of Seats in Multimedia Class Rooms (seat)	语音实验室座位数(个) No. of Seats in Audio-Labs (seat)	固定资产值(万元) Fixed Assets (10,000 yuan)		
计 Total	其中:教学用计算机 of Which: No. of Computers Used of Instruction			计 Total	其中:教学、科研仪器设备资产值 of Which: Teaching Equipment & Instruments 小计 Subtotal	当年新增 New Added in Current Year
2811698	**2340911**	**3488766**	**671438**	**23172914. 45**	**4419580. 57**	**623596. 65**
49431	40957	113030	5590	417297. 28	133760. 09	16688. 04
35016	30283	29253	2794	216874. 85	61966. 99	3090. 18
146623	125930	191314	35146	1100000. 28	208387. 94	23243. 43
64186	56229	88006	17183	475198. 75	90846. 25	14953. 87
43647	33995	57739	11359	333382. 57	58670. 26	12740. 80
93869	76830	82761	17613	668620. 49	148055. 07	15841. 35
46137	34715	51128	9208	386810. 21	70633. 50	8475. 08
45435	37374	44970	12690	394690. 89	60850. 43	7846. 51
67273	54900	31140	11462	675010. 93	154152. 31	15952. 77
200845	170210	336239	36492	2396422. 07	403204. 78	38075. 88
150523	123448	301840	16362	1279032. 53	254834. 47	36426. 00
119384	100955	124115	29802	1195108. 99	245067. 97	41238. 34
90069	75450	147920	12931	604489. 16	129808. 10	13589. 82
79913	67279	88101	18156	723121. 50	113932. 15	18594. 05
183085	147781	224085	47281	1933251. 34	312905. 03	42099. 49
203285	168973	246788	51297	1370003. 09	248548. 29	29171. 91
112450	93212	104498	27014	862450. 53	146824. 11	21632. 65
157625	130335	158316	48117	1118426. 05	191112. 75	28387. 63
260689	223095	336818	120339	1913697. 00	423834. 00	61357. 00
109492	88324	119612	20130	692998. 34	203305. 93	32238. 55
16539	14164	27784	3123	178747. 98	29866. 04	5171. 16
67834	57397	90920	16178	616470. 09	88083. 20	13256. 42
155180	128133	141298	32671	1140220. 12	189077. 96	39942. 38
53625	44484	63519	10623	340939. 35	71026. 70	15905. 98
75577	65075	77815	13166	603152. 61	87037. 79	16500. 03
1571	1212	1176	248	23171. 55	4984. 46	838. 89
75823	63074	80743	19815	659116. 11	116563. 23	18786. 82
52214	43976	62116	9295	385378. 43	71335. 59	11793. 14
9356	7528	8026	970	71928. 56	17542. 42	3712. 10
12115	9966	12795	4456	100374. 01	17727. 05	4775. 09
32887	25627	44901	9927	296528. 79	65635. 69	11271. 28

中等职业学校(机构)

Condition of Fixed Assets and Teaching Resources in Secondary

地 区 Region	学校占地面积(平方米) Area of School Sites (m^2)			图书(册) Books (volume)	
	计 Total	其中:绿化用地面积 of Which: Green Areas	其中:运动场地面积 of Which: Sports Areas	计 Total	当年新增 New Added in Current Year
合 计 Total	**60124911**	**12513598**	**9797689**	**16388323**	**1291645**
北 京 Beijing	495960	75671	92678	244107	30964
天 津 Tianjin	1193758	48052	104386	169436	2000
河 北 Hebei	3234718	343813	628186	1217128	83023
山 西 Shanxi	1954339	225172	327358	418100	81010
内蒙古 Inner Mongolia	897832	177811	294075	230230	
辽 宁 Liaoning	1039379	190403	264031	102248	4366
吉 林 Jilin	770742	152016	213567	371445	3800
黑龙江 Heilongjiang	1427168	166720	286764	530657	8489
上 海 Shanghai	183298	47273	35307	39920	
江 苏 Jiangsu	961492	208257	148459	181465	16155
浙 江 Zhejiang	2108789	585109	386548	514057	19132
安 徽 Anhui	1584739	353504	292957	936025	66190
福 建 Fujian	1294495	364644	215950	76938	4901
江 西 Jiangxi	3912355	1661298	609197	1107793	143097
山 东 Shandong	5763017	1674291	764600	1181339	91418
河 南 henan	4889853	760068	709794	1725382	138089
湖 北 Hubei	2096041	463512	358268	708770	44220
湖 南 Hunan	2952918	693870	469372	836984	52562
广 东 Guangdong	3270234	610205	647145	246427	37500
广 西 Guangxi	3471179	649308	367810	1331335	137080
海 南 Hainan	341378	22501	39766	33728	3250
重 庆 Chongqing	1177421	219235	177960	186261	10828
四 川 Sichuan	5105398	824201	888878	1288011	85638
贵 州 guizhou	2422429	322182	259947	802115	94447
云 南 Yunnan	3256022	817957	400150	490072	18542
西 藏 Tibet					
陕 西 Shaanxi	2313844	438495	455163	1076370	104594
甘 肃 Gansu	1428881	176272	252897	158571	5850
青 海 Qinghai	20198	1860	7000	33126	
宁 夏 Ningxia	130034	31229	19056	78064	2000
新 疆 Xinjiang	427000	208669	80420	72219	2500

资产情况(非学校产权中独立使用)

Vocational Education (Institutions)(Not Owned by SVSs)

计算机数(台) PC (set)		多媒体教室座位数(个) No. of Seats in Multimedia Class Rooms (seat)	语音实验室座位数(个) No. of Seats in Audio-Labs (seat)	固定资产值(万元) Fixed Assets (10,000 yuan)		
计 Total	其中:教学用计算机 of Which: No. of Computers Used of Instruction			计 Total	其中:教学、科研仪器设备资产值 of Which: Teaching Equipment & Instruments 小计 Subtotal	当年新增 New Added in Current Year
165123	**134012**	**148109**	**34822**	**1101426.46**	**188554.35**	**30258.28**
2400	1613	3335	470	22101.00	5103.50	80.00
3356	2620	325	276	12665.63	2689.45	206.00
12153	8962	9101	3613	42326.41	12427.58	1103.28
3353	2762	1567	364	29402.46	4090.00	2215.00
70	50	30		2970.00	160.00	60.00
1854	1556	2292	916	21402.36	1796.30	165.30
3507	2301	3421	860	27823.56	3004.24	774.53
4666	3916	4214	1151	41061.10	10410.99	2384.58
1086	943	418	425	95.26	27.10	3.35
3440	1205	4381	283	18601.38	2157.77	327.86
6793	5823	10664	615	59765.25	8671.66	2187.04
5174	4568	4702	1309	42227.00	8870.60	1982.00
1406	1319	1382	276	8060.55	914.40	64.85
8043	7002	6403	3003	53039.75	11157.06	1393.34
11125	8634	12904	2860	140210.73	21592.79	1297.89
22378	19967	13047	4201	82025.22	16439.65	2349.46
5749	4556	7687	1206	55897.03	12161.57	1225.71
16115	10619	11549	3386	44935.60	7778.62	1274.12
6317	4927	8976	1158	49898.00	9593.00	503.00
6381	6106	8817	700	27786.75	7333.28	1310.04
689	607	1181	90	887.14	285.00	78.00
4524	3704	1952	397	61253.44	3709.69	604.97
11913	10913	8222	3212	115221.75	15307.13	2222.11
5592	5096	6302	727	24355.58	3894.89	799.88
4974	4357	6278	799	54212.03	6262.94	2539.74
8211	6756	6296	1955	39029.09	7122.51	1721.16
2367	1753	1577	440	14921.86	2351.28	190.50
242	180	80		2394.00	235.00	100.00
419	419	176		2654.48	971.20	875.90
826	778	830	130	4202.05	2035.15	218.67

地　　区 Region	学校占地面积(平方米) Area of School Sites (m^2)			图书(册) Books (volume)	
	计 Total	其中:绿化用地面积 of Which: Green Areas	其中:运动场地面积 of Which: Sports Areas	计 Total	当年新增 New Added in Current Year
合　计 Total	**250021242**	**60618380**	**36016749**	**190361426**	**12254531**
北　京 Beijing	1678195	440521	381727	1979051	24523
天　津 Tianjin	3110480	621632	413754	2644989	24461
河　北 Hebei	8160350	1376897	1469291	11206329	625552
山　西 Shanxi	6291020	975569	777568	4575549	126707
内蒙古 Inner Mongolia	5041693	929342	650656	2261480	56790
辽　宁 Liaoning	5548252	1066017	1370673	5625694	38446
吉　林 Jilin	2385375	614910	477075	1788096	66089
黑龙江 Heilongjiang	2859894	470927	436258	2489827	224246
上　海 Shanghai	2122437	715172	447686	4931316	70862
江　苏 Jiangsu	22395411	6320960	3069064	17079093	1179440
浙　江 Zhejiang	3263384	936292	508445	2180204	170915
安　徽 Anhui	12194824	3067894	2052151	8412259	520504
福　建 Fujian	13004712	3437199	2158999	10443507	517288
江　西 Jiangxi	5771712	2182628	722995	3453478	232599
山　东 Shandong	20709685	5173584	2931930	13293808	1610768
河　南 henan	13229547	2973651	2107909	13842706	502806
湖　北 Hubei	14963847	3692645	1992712	11265072	438318
湖　南 Hunan	2590545	829259	453872	2646745	23260
广　东 Guangdong	23114027	7249754	3926831	20552442	1683568
广　西 Guangxi	25111455	5255260	2375252	14785244	2273951
海　南 Hainan	1205742	303595	189568	974006	138070
重　庆 Chongqing	2227709	693758	267996	1908101	46124
四　川 Sichuan	13679572	2930327	1968260	10183157	473347
贵　州 guizhou	5536630	1326243	686931	3258997	158077
云　南 Yunnan	7387559	1434120	808741	5246746	247367
西　藏 Tibet	694823	105900	35983	167252	6000
陕　西 Shaanxi	4147787	635696	529762	2731307	55091
甘　肃 Gansu	7915293	1518330	994894	5450653	210225
青　海 Qinghai	1923908	363698	316724	849124	145557
宁　夏 Ningxia	2755887	653428	235503	589321	82653
新　疆 Xinjiang	8999487	2323172	1257539	3545873	280927

资产情况(学校产权)
Resources in Regular SSSs(Owned by SSSs)

计算机数(台) PC (set)		多媒体教室座位数(个) No. of Seats in Multimedia Class Rooms (seat)	语音实验室座位数(个) No. of Seats in Audio-Labs (seat)	固定资产值(万元) Fixed Assets (10,000 yuan)		
计 Total	其中:教学用计算机 of Which: No. of Computers Used of Instruction			计 Total	其中:教学、科研仪器设备资产值 of Which: Teaching Equipment & Instruments 小计 Subtotal	当年新增 New Added in Current Year
1426724	**1193187**	**1911339**	**355629**	**12438979. 37**	**2423961. 37**	**323295. 10**
18700	15887	54827	1600	208925. 72	67270. 54	8422. 87
22032	18628	26105	1681	176534. 51	47452. 04	2423. 29
60889	51696	70495	15108	359949. 70	83452. 17	10541. 60
28241	24475	47196	5201	258787. 81	50464. 95	4779. 43
17293	14338	27721	3938	137481. 35	26072. 72	4804. 66
49022	39950	50478	7449	336417. 28	76522. 54	6363. 98
12978	9502	16163	2621	99681. 59	17952. 96	1363. 91
17076	14490	23704	3950	227742. 38	25963. 69	3764. 60
39128	32342	21924	8841	444536. 19	98381. 08	12622. 35
134105	115075	247405	26375	1792378. 04	287986. 79	27416. 33
22062	18019	45759	1826	219797. 22	43420. 51	5283. 29
47042	39720	56486	9469	418392. 00	95721. 78	14488. 35
90069	75450	147920	12931	604489. 16	129808. 10	13589. 82
31157	26720	39616	6196	325052. 01	47229. 53	4657. 06
94934	76945	126635	25753	951580. 24	167764. 30	22947. 36
70215	60969	108289	19125	594148. 51	108250. 11	9092. 17
85924	72490	77215	21564	690659. 09	117211. 48	17116. 78
14712	11509	21601	6546	179343. 56	25209. 40	2541. 51
200699	174897	265545	100045	1607048. 00	333786. 00	47670. 00
109322	88174	118752	20130	683110. 34	193467. 93	32238. 55
8950	7758	15699	1857	81507. 79	14269. 92	2331. 96
12008	10362	17483	1009	91548. 03	16277. 73	2787. 90
83361	65203	88497	19137	570744. 50	98984. 56	19091. 66
27582	23308	39112	7557	159686. 73	39306. 40	9330. 22
34515	29210	38627	5565	330307. 32	43124. 10	7960. 20
1571	1212	1176	248	23171. 55	4984. 46	838. 89
19400	15725	28944	2562	259414. 57	37664. 08	6542. 93
34613	28594	40464	6943	263746. 53	50246. 26	7438. 37
8737	7263	7617	970	66798. 91	16738. 42	3556. 10
5944	4356	5762	1815	63455. 01	8518. 50	2434. 46
24443	18920	34122	7617	212543. 74	50458. 33	8854. 50

普通中专学校资产

Condition of Fixed Assets and Teaching

地　区 Region	学校占地面积(平方米) Area of School Sites (m^2)			图书(册) Books (volume)	
	计 Total	其中:绿化用地面积 of Which: Green Areas	其中:运动场地面积 of Which: Sports Areas	计 Total	当年新增 New Added in Current Year
合　计 Total	**28376936**	**5073306**	**4500401**	**7022933**	**559103**
北　京 Beijing	72644	11250	19500	13527	
天　津 Tianjin	871441	21575	30560	44294	
河　北 Hebei	2296518	267732	437325	801726	66012
山　西 Shanxi	700607	72703	76717	600	600
内蒙古 Inner Mongolia	498363	86522	116445	30230	
辽　宁 Liaoning	230359	40744	52985	31250	
吉　林 Jilin	181189	41040	64709	125557	
黑龙江 Heilongjiang	452760	47460	98146	118950	4200
上　海 Shanghai	164217	46473	34160	27420	
江　苏 Jiangsu	538106	138179	103727	89025	9020
浙　江 Zhejiang	470512	104149	101513	145012	3929
安　徽 Anhui	208389	58830	50137	128497	45000
福　建 Fujian	1294495	364644	215950	76938	4901
江　西 Jiangxi	682944	211433	116025	335000	55000
山　东 Shandong	2670863	646535	392931	770923	40218
河　南 henan	524520	80827	81314	270086	1000
湖　北 Hubei	1662802	352108	305109	565810	25220
湖　南 Hunan	46809	22468	2961		
广　东 Guangdong	3033429	554348	595980	224867	36600
广　西 Guangxi	3471179	649308	367810	1331335	137080
海　南 Hainan	201359	2983	16616	4500	
重　庆 Chongqing	77369	20439	18168		
四　川 Sichuan	4297191	719836	723708	1000133	68738
贵　州 guizhou	1476519	132863	119835	461769	42700
云　南 Yunnan	1122767	202967	157882	245139	385
西　藏 Tibet					
陕　西 Shaanxi	313205	49958	70044	57000	16000
甘　肃 Gansu	625969	98165	109190	50000	
青　海 Qinghai	13538	860	5000	1126	
宁　夏 Ningxia	21960	7245	1256		
新　疆 Xinjiang	154913	19662	14698	72219	2500

情况(非学校产权中独立使用)

Resources in Regular SSSs (Not Owned by SSSs)

计算机数(台) PC (set)		多媒体教室座位数(个) No. of Seats in Multimedia Class Rooms (seat)	语音实验室座位数(个) No. of Seats in Audio-Labs (seat)	固定资产值(万元) Fixed Assets (10,000 yuan)		
计 Total	其中:教学用计算机 of Which: No. of Computers Used of Instruction			计 Total	其中:教学、科研仪器设备资产值 of Which: Teaching Equipment & Instruments	
					小计 Subtotal	当年新增 New Added in Current Year
62075	**51262**	**65158**	**12228**	**508098.21**	**90738.30**	**8959.23**
56	40	640	54	5720.00		
1949	1332	100	36	7933.00	1954.00	112.00
8800	6332	5252	2985	24417.20	9716.32	835.60
231	211	130	30	9208.00	40.00	
30	30	30		120.00	60.00	60.00
205	168	1029	514	7686.80	741.00	10.00
586	526	500	40	3070.00	326.00	77.00
707	658	786	80	13176.79	4073.52	1320.98
800	723	286	223			
710	582	1930	202	7390.80	956.60	205.06
1128	832	2602	222	7946.00	883.00	174.00
1134	1024	720		5911.00	230.00	34.00
1406	1319	1382	276	8060.55	914.40	64.85
826	786	777	110	6509.00	2790.00	90.00
7338	5562	5346	588	79190.07	14795.41	349.56
1803	1494	779	537	23895.00	5508.00	68.00
4891	3858	7067	1126	48252.50	10710.86	1001.00
501	465	950	55	3500.00	430.00	
6058	4688	8592	1116	45786.00	8125.00	474.00
6381	6106	8817	700	27786.75	7333.28	1310.04
330	300	735	60	257.34	97.00	38.00
				12700.00	662.00	
9599	8775	7664	2281	103629.65	13828.22	2028.61
1995	1878	2970	423	10343.00	1452.00	249.00
1967	1707	3420	410	28688.80	792.10	37.70
1032	754	944		9100.66	1310.59	217.83
723	280	880	70	3800.00	1000.00	
135	120			70.00	35.00	
12	12					
742	700	830	90	3949.30	1974.00	202.00

成人中专学校

Condition of Fixed Assets and Teaching

地 区 Region	学校占地面积(平方米) Area of School Sites (m^2)			图书(册) Books (volume)	
	计 Total	其中:绿化用地面积 of Which: Green Areas	其中:运动场地面积 of Which: Sports Areas	计 Total	当年新增 New Added in Current Year
合 计 Total	**24825814**	**4255084**	**3542259**	**23618478**	**1023118**
北 京 Beijing	131911	10290	15076	97404	5360
天 津 Tianjin	79371	8180	7100	202964	160
河 北 Hebei	1294093	130198	227079	1689934	57332
山 西 Shanxi	408628	49326	35190	583665	15205
内蒙古 Inner Mongolia	688918	134937	114484	820851	9815
辽 宁 Liaoning	44508	2970	14027	153055	16305
吉 林 Jilin	679117	94868	123865	1623623	21169
黑龙江 Heilongjiang	1781843	226882	244519	989172	21096
上 海 Shanghai	96179	32387	10247	249636	654
江 苏 Jiangsu	2942391	222082	141372	1182639	135005
浙 江 Zhejiang	500179	119377	74149	679929	12080
安 徽 Anhui	1102289	213302	150784	1350498	60149
福 建 Fujian					
江 西 Jiangxi	911413	184043	70691	734759	4099
山 东 Shandong	1984123	321541	514927	1132752	29805
河 南 henan	3811008	561481	619466	5230698	210728
湖 北 Hubei	365425	114916	60436	368158	49540
湖 南 Hunan	3671521	759243	378726	2063563	170730
广 东 Guangdong	699983	318808	130386	341727	15240
广 西 Guangxi					
海 南 Hainan	67487	12963	7486	46990	1210
重 庆 Chongqing	712746	159677	129999	933898	14250
四 川 Sichuan	686542	234911	254140	563263	61605
贵 州 guizhou	393592	53875	32060	635699	59904
云 南 Yunnan	1089935	145993	106880	1023374	25315
西 藏 Tibet					
陕 西 Shaanxi	137383	12266	21200	309522	1670
甘 肃 Gansu	310653	92521	41473	233668	17461
青 海 Qinghai	23563	910	1200	111287	
宁 夏 Ningxia	44770	5435	9390	62386	2100
新 疆 Xinjiang	166243	31702	5907	203364	5131

资产情况(学校产权)
Resources in Adult SSSs(Owned by Adult SSSs)

计算机数(台) PC (set)		多媒体教室座位数(个) No. of Seats in Multimedia Class Rooms (seat)	语音实验室座位数(个) No. of Seats in Audio-Labs (seat)	固定资产值(万元) Fixed Assets (10,000 yuan)		
计 Total	其中:教学用计算机 of Which: No. of Computers Used of Instruction			计 Total	其中:教学、科研仪器设备资产值 of Which: Teaching Equipment & Instruments	
					小计 Subtotal	当年新增 New Added in Current Year
169839	**133132**	**212582**	**53761**	**1127143.39**	**176307.95**	**22173.38**
1946	1647	3039	316	10326.00	3603.00	102.00
2385	2157	760	196	6545.93	1450.40	122.90
13329	11235	22313	7890	65399.84	11016.19	1035.85
4705	4032	4210	819	14013.72	2346.71	190.66
6449	3576	4169	1740	17695.05	3028.61	158.80
1001	763	595	155	5233.63	956.00	21.00
5694	3321	6830	1897	30194.34	5475.34	372.45
6650	5197	7920	1762	39501.83	8316.12	243.24
2805	2344	2616	482	13582.16	3678.19	139.07
8955	6942	10123	1150	109832.37	10166.17	196.39
7659	6131	19634	2252	49881.90	7756.87	485.89
7599	6545	6130	3888	79890.63	16802.60	3922.68
2837	2030	4074	769	14965.13	1513.38	100.80
10607	8648	13409	3780	100101.72	14566.37	1544.96
32759	25927	42153	8813	161304.82	29223.84	3246.21
2680	2207	2373	518	21453.13	2741.51	585.91
14454	12972	17229	4427	84737.34	12003.32	3936.08
3528	2621	7397	5721	23185.00	9042.00	894.00
371	290	1111	180	3100.75	575.00	55.00
9950	6682	13728	2797	76395.16	7872.31	1152.82
4793	3985	4964	957	18167.97	4312.18	934.70
3755	2548	3005	85	72190.60	6766.47	1156.60
6521	5625	7883	2446	33041.51	4137.19	393.77
2004	1470	1861	318	41754.29	3720.84	403.00
2749	1902	1655	325	21217.31	3383.99	596.69
427	80	55		2157.00	350.00	42.00
1151	1072	430		1029.88	259.69	35.87
2076	1183	2916	78	10244.38	1243.66	104.05

地　　区 Region	学校占地面积(平方米) Area of School Sites (m^2)			图书(册) Books (volume)	
	计 Total	其中:绿化用地面积 of Which: Green Areas	其中:运动场地面积 of Which: Sports Areas	计 Total	当年新增 New Added in Current Year
合　计 Total	**3986638**	**517975**	**667534**	**1803468**	**45846**
北　京 Beijing	6004	1000	1500	30000	
天　津 Tianjin	15178	205	500	15000	2000
河　北 Hebei	184552	9661	23606	180930	3561
山　西 Shanxi	32550	829	3995	33150	
内蒙古 Inner Mongolia	29470	2840	5830		
辽　宁 Liaoning	23200	1600	12000	19000	3000
吉　林 Jilin	52405	21173	5973	47578	
黑龙江 Heilongjiang	312863	80644	72333	264854	1789
上　海 Shanghai	14581	540	200	2500	
江　苏 Jiangsu	85970	18489	4150	45173	15
浙　江 Zhejiang	53826	4300	8100	37106	350
安　徽 Anhui	261946	25630	47230	197000	1000
福　建 Fujian					
江　西 Jiangxi	51914	9916	4950	60845	200
山　东 Shandong	278234	51113	88877	65074	200
河　南 henan	1343031	138476	157502	349711	20800
湖　北 Hubei	12405	769	1097	2000	
湖　南 Hunan	374581	70540	77971	213650	10550
广　东 Guangdong	7700	3000	1900	500	
广　西 Guangxi					
海　南 Hainan					
重　庆 Chongqing	156327	30830	34040	63023	1278
四　川 Sichuan	251217	18360	54397	1500	100
贵　州 guizhou	109631	3500	28500	25000	150
云　南 Yunnan	15593	360	2283	41624	253
西　藏 Tibet					
陕　西 Shaanxi	48195	5000	6600	48750	
甘　肃 Gansu	258071	18200	22000	27500	600
青　海 Qinghai	6660	1000	2000	32000	
宁　夏 Ningxia	534				
新　疆 Xinjiang					

资产情况(非学校产权中独立使用)

Resources in Adult SSSs (Not Owned by Adult SSSs)

计算机数(台) PC (set)		多媒体教室座位数(个) No. of Seats in Multimedia Class Rooms (seat)	语音实验室座位数(个) No. of Seats in Audio-Labs (seat)	固定资产值(万元) Fixed Assets (10,000 yuan)		
					其中:教学、科研仪器设备资产值 of Which: Teaching Equipment & Instruments	
计 Total	其中:教学用计算机 of Which: No. of Computers Used of Instruction			计 Total	小计 Subtotal	当年新增 New Added in Current Year
22610	**19596**	**17329**	**5116**	**87330.69**	**19151.37**	**4528.90**
368	260	395	130	1190.00	374.00	
333	245	60		677.00	104.00	
1613	1078	1270	344	4825.03	738.12	139.68
472	393	103		1354.60	719.00	136.00
40	20			350.00		
218	180	120	120	410.00	190.00	120.00
326	265	80		1238.00	221.00	142.00
1713	1361	1530	569	12890.30	4295.00	714.00
156	130	100	202	80.00	20.00	
231	165	1208		2672.00	300.17	
584	466	627	128	4739.00	459.52	59.00
820	670	1452	762	9291.00	2705.00	1070.00
242	215	151	1	1322.45	94.80	16.00
712	652	1158	312	6728.94	752.85	
10357	9715	5807	984	18416.64	3567.31	1346.20
60	60			944.13	347.51	13.91
1780	1654	1895	682	4812.80	1070.40	191.00
				1113.00	335.00	22.00
541	440	660	45	5015.00	408.00	35.00
433	408		664	780.81	120.78	12.50
370	350	102		470.00	190.00	55.00
379	314	200	120	1367.99	258.91	37.11
605	465	211	53	2808.00	925.00	219.00
150	30	120		1510.00	755.00	100.50
107	60	80		2324.00	200.00	100.00

职业高中学校
Condition of Fixed Assets and Teaching Resources

地区 Region	学校占地面积(平方米) Area of School Sites (m^2) 计 Total	其中:绿化用地面积 of Which: Green Areas	其中:运动场地面积 of Which: Sports Areas	图书(册) Books (volume) 计 Total	当年新增 New Added in Current Year
合　计 Total	**223533185**	**49777959**	**34114452**	**128853258**	**9719525**
北　京 Beijing	3332761	440738	571354	2706482	38690
天　津 Tianjin	953914	67096	155959	1633931	66525
河　北 Hebei	13670575	2312548	2723870	9208484	535842
山　西 Shanxi	7180292	1004751	1120409	3078951	302600
内蒙古 Inner Mongolia	6211524	826642	1143350	2034051	170397
辽　宁 Liaoning	6370368	680241	1385532	4180684	247400
吉　林 Jilin	3622661	635397	908029	2044084	66965
黑龙江 Heilongjiang	5330215	699303	993661	1596756	49534
上　海 Shanghai	1222210	410041	281987	2001651	79855
江　苏 Jiangsu	8637903	2384142	1441381	6451277	273053
浙　江 Zhejiang	15367546	4280248	2895515	10890644	491838
安　徽 Anhui	17728489	3757892	2270910	11100766	1102153
福　建 Fujian					
江　西 Jiangxi	18320962	6920786	1763877	7047963	551453
山　东 Shandong	17277234	4837612	2719854	10134125	1019385
河　南 henan	19252644	3354195	2891606	13939859	902029
湖　北 Hubei	4447714	1621421	407274	1864946	48261
湖　南 Hunan	18184540	3910327	2308109	9543344	555231
广　东 Guangdong	6538490	1548256	1022918	3949316	285812
广　西 Guangxi					
海　南 Hainan	1704776	395847	311328	738586	93040
重　庆 Chongqing	6886517	2037630	1132395	3332695	517795
四　川 Sichuan	10992360	2294001	1850255	6902479	1030778
贵　州 guizhou	3862849	807994	463854	1791888	227131
云　南 Yunnan	6816053	1524441	871444	2693286	241496
西　藏 Tibet					
陕　西 Shaanxi	11897255	1567453	1463038	7560448	560798
甘　肃 Gansu	2537034	360773	489243	1337518	148159
青　海 Qinghai	137660	1050	15867	18786	5500
宁　夏 Ningxia	1848589	425745	137646	328866	76500
新　疆 Xinjiang	3200050	671389	373787	741392	31305

资产情况(学校产权)
in Vocational High Schools(Owned by VHSs)

计算机数(台) PC (set)		多媒体教室座位数(个) No. of Seats in Multimedia Class Rooms (seat)	语音实验室座位数(个) No. of Seats in Audio-Labs (seat)	固定资产值(万元) Fixed Assets (10,000 yuan)		
计 Total	其中:教学用计算机 of Which: No. of Computers Used of Instruction			计 Total	其中:教学、科研仪器设备资产值 of Which: Teaching Equipment & Instruments 小计 Subtotal	当年新增 New Added in Current Year
1157576	**967760**	**1268420**	**240533**	**8958504. 45**	**1713205. 61**	**261866. 06**
28785	23423	55164	3674	198045. 56	62886. 55	8163. 17
10599	9498	2388	917	33794. 41	13064. 55	543. 99
68721	59996	88712	10961	526532. 16	97717. 29	10971. 09
30948	27475	36211	11083	199205. 22	37422. 65	9434. 78
19749	15942	25451	5633	177135. 27	29360. 73	7743. 34
43846	36117	31688	10009	326969. 58	70576. 53	9456. 37
25279	20338	23555	3766	227305. 40	40330. 92	6686. 29
21589	17587	13276	6978	127238. 68	26482. 62	3799. 67
25340	20214	6600	2139	216892. 58	52093. 04	3191. 35
46258	38708	57707	6999	413695. 84	93464. 21	8868. 15
114889	94167	226443	11390	955938. 05	197756. 54	30323. 47
59175	49945	49622	13873	630005. 42	117975. 47	17254. 85
45317	37974	43436	10969	379598. 36	64435. 25	13786. 19
74575	59947	79980	16659	840082. 66	126347. 71	16987. 00
97107	79993	90679	22926	583329. 68	106386. 40	16190. 38
21191	16321	22905	4271	128896. 05	23271. 91	2836. 66
123859	101934	114257	35205	804145. 25	145287. 93	20745. 04
50459	40676	51154	12460	249604. 00	75744. 00	12301. 00
7150	6076	10906	1086	92374. 44	14138. 12	2784. 20
43125	37967	57758	8936	417766. 76	59637. 91	9138. 70
64358	56914	45969	11475	538795. 83	83087. 23	17560. 88
22238	18603	21401	2981	109022. 02	24953. 83	5419. 16
32934	28973	28949	4599	216098. 78	35741. 50	7420. 06
54285	45755	49666	16935	357506. 44	75153. 81	11837. 69
14592	13240	19887	2027	97689. 59	17402. 34	3691. 08
192	185	354	0	2972. 65	454. 00	114. 00
4648	4268	6439	350	34123. 12	8098. 86	2304. 76
6368	5524	7863	2232	73740. 67	13933. 70	2312. 74

职业高中学校资产情况

Condition of Fixed Assets and Teaching Resources

地 区 Region	学校占地面积(平方米) Area of School Sites (m^2)			图书(册) Books (volume)	
	计 Total	其中:绿化用地面积 of Which: Green Areas	其中:运动场地面积 of Which: Sports Areas	计 Total	当年新增 New Added in Current Year
合 计 Total	**26091701**	**6174826**	**4388850**	**6913044**	**655626**
北 京 Beijing	417312	63421	71678	200580	30964
天 津 Tianjin	307139	26272	73326	110142	
河 北 Hebei	739728	58600	161155	224472	13450
山 西 Shanxi	1168376	151380	241246	382850	78910
内蒙古 Inner Mongolia	310613	88449	140120	200000	
辽 宁 Liaoning	785820	148059	199046	51998	1366
吉 林 Jilin	527148	88803	140555	198310	3800
黑龙江 Heilongjiang	627245	38616	116285	146853	2500
上 海 Shanghai	4500	260	947	10000	
江 苏 Jiangsu	213602	20523	14561	4000	
浙 江 Zhejiang	1496501	464510	254335	315323	14353
安 徽 Anhui	1059674	249153	170788	322468	20140
福 建 Fujian					
江 西 Jiangxi	3177497	1439949	488222	711948	87897
山 东 Shandong	2150234	444565	257011	254717	51000
河 南 henan	2867222	518845	439398	996725	97789
湖 北 Hubei	236780	49698	29654	105950	19000
湖 南 Hunan	2531528	600862	388440	623334	42012
广 东 Guangdong	229105	52857	49265	21060	900
广 西 Guangxi					
海 南 Hainan	140019	19518	23150	29228	3250
重 庆 Chongqing	889326	155297	116480	112698	9550
四 川 Sichuan	556730	86005	110773	286378	16800
贵 州 guizhou	832072	185519	108672	314346	51597
云 南 Yunnan	1951598	570710	210895	159909	14504
西 藏 Tibet					
陕 西 Shaanxi	1952444	383537	378519	970620	88594
甘 肃 Gansu	542841	58907	121307	81071	5250
青 海 Qinghai					
宁 夏 Ningxia	104560	21504	17300	78064	2000
新 疆 Xinjiang	272087	189007	65722		

（非学校产权中独立使用）

in Vocational High Schools（Not Owned by VHSs）

计算机数（台）PC（set）		多媒体教室座位数（个）No. of Seats in Multimedia Class Rooms（seat）	语音实验室座位数（个）No. of Seats in Audio-Labs（seat）	固定资产值（万元）Fixed Assets（10,000 yuan）		
计 Total	其中：教学用计算机 of Which: No. of Computers Used of Instruction			计 Total	其中：教学、科研仪器设备资产值 of Which: Teaching Equipment & Instruments	
					小计 Subtotal	当年新增 New Added in Current Year
74655	**59971**	**60248**	**17247**	**471941.06**	**74583.55**	**16568.95**
1976	1313	2300	286	15191.00	4729.50	80.00
1074	1043	165	240	4055.63	631.45	94.00
1380	1232	588	284	8801.18	1788.14	128.00
2593	2106	1334	334	18798.86	3310.50	2073.00
				2500.00	100.00	
1431	1208	1143	282	13305.56	865.30	35.30
2591	1508	2841	820	23488.96	2454.04	555.53
2246	1897	1898	502	14994.01	2042.47	349.60
130	90	32		15.26	7.10	3.35
180	170	1		6272.38	169.00	
4433	3913	7083	265	44327.25	6128.14	1934.04
3093	2764	2525	547	27025.00	5935.60	878.00
6975	6001	5475	2892	45208.30	8272.26	1287.34
2585	2110	5650	1920	39141.72	5832.70	948.33
9664	8370	6241	2570	37885.58	6990.34	919.26
346	248	260	80	3815.00	840.60	209.40
13780	8446	8700	2649	36062.80	6198.22	1073.12
259	239	384	42	2999.00	1133.00	7.00
359	307	446	30	629.80	188.00	40.00
3765	3054	1242	352	43113.44	2578.69	564.97
1881	1730	558	267	10811.29	1358.13	181.00
3175	2819	3230	304	13542.58	2252.89	495.88
2330	2088	2258	269	20916.94	4261.93	2444.93
6574	5537	5141	1902	27120.43	4886.92	1284.33
1344	1293	577	370	9011.86	596.28	90.00
407	407	176		2654.48	971.20	875.90
84	78		40	252.75	61.15	16.67

其他机构资产

Condition of Fixed Assets and Teaching Resources in Other

地 区 Region	学校占地面积(平方米) Area of School Sites (m^2)			图书(册) Books (volume)	
	计 Total	其中:绿化用地面积 of Which: Green Areas	其中:运动场地面积 of Which: Sports Areas	计 Total	当年新增 New Added in Current Year
合 计 Total	**12584578**	**3023192**	**2020731**	**8811721**	**718760**
北 京 Beijing					
天 津 Tianjin					
河 北 Hebei	1452144	239481	223115	1011291	104560
山 西 Shanxi	99762	14160	7900	100317	76300
内蒙古 Inner Mongolia	48400	3600	14800	36000	2400
辽 宁 Liaoning					
吉 林 Jilin	468989	151182	117025	699653	5500
黑龙江 Heilongjiang	5484	5484		11812	
上 海 Shanghai					
江 苏 Jiangsu	1920648	458754	513639	1857943	232627
浙 江 Zhejiang	846717	175265	113568	357814	3048
安 徽 Anhui	1233334	358313	208532	1391832	48730
福 建 Fujian					
江 西 Jiangxi	75682	23056	13430	128000	11500
山 东 Shandong	2188231	758201	120182	300308	6178
河 南 henan	638548	60444	71853	462595	37993
湖 北 Hubei	432447	88016	93460	225942	5800
湖 南 Hunan	655536	231923	196403	541871	32320
广 东 Guangdong	468402	135215	94882	794993	70603
广 西 Guangxi	93274	1820	810	10120	
海 南 Hainan	12370		380	1000	
重 庆 Chongqing	389511	78312	87313	274266	10720
四 川 Sichuan	609740	127831	50659	149880	60406
贵 州 guizhou	25000	200	15000	12500	
云 南 Yunnan	662635	60554	38017	264398	9400
西 藏 Tibet					
陕 西 Shaanxi	24988	4300	6250	18860	325
甘 肃 Gansu	43956	1200	8243	45326	
青 海 Qinghai					
宁 夏 Ningxia	188780	45881	25270	115000	350
新 疆 Xinjiang					

情况(学校产权)

Institutions(Owned by SVSs)

计算机数(台) PC (set)		多媒体教室座位数(个) No. of Seats in Multimedia Class Rooms (seat)	语音实验室座位数(个) No. of Seats in Audio-Labs (seat)	固定资产值(万元) Fixed Assets (10,000 yuan)		
计 Total	其中:教学用计算机 of Which: No. of Computers Used of Instruction			计 Total	其中:教学、科研仪器设备资产值 of Which: Teaching Equipment & Instruments	
					小计 Subtotal	当年新增 New Added in Current Year
57559	**46832**	**96425**	**21515**	**648287.22**	**106105.64**	**16262.11**
3684	3003	9794	1187	148118.58	16202.29	694.89
292	247	389	80	3192.00	611.94	549.00
156	139	398	48	1070.90	208.20	34.00
2186	1554	4580	924	29628.88	6874.28	52.43
120	100	70		208.00	88.00	39.00
11527	9485	21004	1968	80515.82	11587.61	1595.01
5913	5131	10004	894	53415.36	5900.55	333.36
5568	4745	11877	2572	66820.94	14568.12	5572.46
602	555	975	222	3506.00	754.00	50.00
2969	2241	4061	1089	41486.72	4226.66	620.17
3204	2084	5667	433	31220.09	4687.94	643.15
2655	2194	2005	661	21442.26	3599.21	1093.30
4600	3920	5229	1939	50199.90	8612.10	1165.00
6003	4901	12722	2113	33860.00	5262.00	492.00
170	150	860		9888.00	9838.00	
68	40	68		1765.00	883.00	
2751	2386	1951	3436	30760.14	4295.25	177.00
2668	2031	1868	1102	12511.82	2693.99	2355.14
50	25	1		40.00		
1607	1267	2356	556	23705.00	4035.00	726.00
134	124	272		440.81	24.50	3.20
260	240	110		2725.00	303.00	67.00
372	270	164	2291	1766.00	850.00	

地　区 Region	学校占地面积（平方米） Area of School Sites（m^2）			图书（册） Books（volume）	
	计 Total	其中：绿化用地面积 of Which：Green Areas	其中：运动场地面积 of Which：Sports Areas	计 Total	当年新增 New Added in Current Year
合　计 Total	**1669636**	**747491**	**240904**	**648878**	**31070**
北　京 Beijing					
天　津 Tianjin					
河　北 Hebei	13920	7820	6100	10000	
山　西 Shanxi	52806	260	5400	1500	1500
内蒙古 Inner Mongolia	59386		31680		
辽　宁 Liaoning					
吉　林 Jilin	10000	1000	2330		
黑龙江 Heilongjiang	34300				
上　海 Shanghai					
江　苏 Jiangsu	123814	31066	26021	43267	7120
浙　江 Zhejiang	87950	12150	22600	16616	500
安　徽 Anhui	54730	19891	24802	288060	50
福　建 Fujian					
江　西 Jiangxi					
山　东 Shandong	663686	532078	25781	90625	
河　南 henan	155080	21920	31580	108860	18500
湖　北 Hubei	184054	60937	22408	35010	
湖　南 Hunan					
广　东 Guangdong					
广　西 Guangxi					
海　南 Hainan					
重　庆 Chongqing	54399	12669	9272	10540	
四　川 Sichuan	260				
贵　州 guizhou	4207	300	2940	1000	
云　南 Yunnan	166064	43920	29090	43400	3400
西　藏 Tibet					
陕　西 Shaanxi					
甘　肃 Gansu	2000	1000	400		
青　海 Qinghai					
宁　夏 Ningxia	2980	2480	500		
新　疆 Xinjiang					

（非学校产权中独立使用）
in Other Institutions (Not Owned by SVSs)

计算机数(台) PC (set)		多媒体教室座位数(个) No. of Seats in Multimedia Class Rooms (seat)	语音实验室座位数(个) No. of Seats in Audio-Labs (seat)	固定资产值(万元) Fixed Assets (10,000 yuan)		
计 Total	其中:教学用计算机 of Which: No. of Computers Used of Instruction			计 Total	其中:教学、科研仪器设备资产值 of Which: Teaching Equipment & Instruments 小计 Subtotal	当年新增 New Added in Current Year
5783	**3183**	**5374**	**231**	**34056. 50**	**4081. 13**	**201. 20**
360	320	1991		4283. 00	185. 00	
57	52			41. 00	20. 50	6. 00
4	2			26. 60	3. 20	
2319	288	1242	81	2266. 20	732. 00	122. 80
648	612	352		2753. 00	1201. 00	20. 00
127	110	5				
490	310	750	40	15150. 00	211. 83	
554	388	220	110	1828. 00	374. 00	16. 00
452	390	360		2885. 40	262. 60	1. 40
54	54	4		560. 00	80. 00	10. 00
218	210	50		425. 00	61. 00	5. 00
52	49					
298	248	400		3238. 30	950. 00	20. 00
150	150			600. 00		

中等职业学校(机构)校舍情况(总计)
Conditions of School Buidings in Secondary Vocational Schools (Institutions)(Regional Aggregates)

单位:平方米
unit:m²

	学校产权建筑面积 Floor Area of School Building Owned by SVSs				正在施工校舍建筑面积 Floor Area Under Construction	独立使用非学校产权校舍建筑面积 Floor Area of School Building Not Owned by SVSs
	计 Total	其中:危房 of Which: Dilapidated Buildings	其中:当年新增 of Which: Newly Added in Current Year	其中:被外单位借用 of Which: Floor Space Hired by Other Schools or Units		
合　计 Total	**204590061**	**4906042**	**7968575**	**486145**	**11045689**	**21374056**
北　京 Beijing	2250220	7546	14579	24222	93509	365491
天　津 Tianjin	1894145		3775	1226	118185	423768
河　北 Hebei	10812169	243599	337656	37268	486253	1253933
山　西 Shanxi	6027453	130223	326833	8147	365883	683980
内蒙古 Inner Mongolia	3101162	195522	192568	3620	314561	386337
辽　宁 Liaoning	5411646	24920	219994	6632	452501	649221
吉　林 Jilin	3034107	88200	172468	1275	131884	557901
黑龙江 Heilongjiang	2889788	102140	52073	3000	191246	565153
上　海 Shanghai	2582790		36615	39416	144888	281605
江　苏 Jiangsu	15586754	9160	309271	45024	707284	372776
浙　江 Zhejiang	9570473	11614	157318	17318	301771	798273
安　徽 Anhui	12580832	219594	532349	99593	872654	644160
福　建 Fujian	5053801	53917	112137	3021	516392	704917
江　西 Jiangxi	7779839	187441	881461	5374	141695	551303
山　东 Shandong	16269847	96216	461902	7443	682817	958821
河　南 henan	16772909	319826	423726	15492	605696	1590140
湖　北 Hubei	8523951	161529	173961	5247	92716	902028
湖　南 Hunan	9625833	194836	354784	4520	461780	1145392
广　东 Guangdong	14860653	94969	655949	15482	674836	1662308
广　西 Guangxi	7834685	139836	368476	2592	531624	1019240
海　南 Hainan	1448124	39948	73281	9161	75273	179323
重　庆 Chongqing	5329767	21855	141388	13962	335016	392159
四　川 Sichuan	10828503	281218	800921	37832	857190	2732701
贵　州 guizhou	3269354	49389	174040	13957	475589	551434
云　南 Yunnan	5228953	1038164	346006	26389	264000	709995
西　藏 Tibet	267183	8629	7554			
陕　西 Shaanxi	6272925	105713	199020	9700	249975	882597
甘　肃 Gansu	4100769	863939	236000	10336	232197	316209
青　海 Qinghai	711176	71896	31600		40618	9530
宁　夏 Ningxia	1119694	8779	39576		82918	42499
新　疆 Xinjiang	3550556	135424	131294	18896	544738	40862

成人中专学校校舍情况

Conditions of School Buidings in Adults Specialized Sec. Schools

单位:平方米

unit:m^2

	学校产权建筑面积 Floor Area of School Building Owned by SVSs				正在施工校舍建筑面积 Floor Area Under Construction	独立使用非学校产权校舍建筑面积 Floor Area of School Building Not Owned by SVSs
	计 Total	其中:危房 of Which: Dilapidated Buildings	其中:当年新增 of Which: Newly Added in Current Year	其中:被外单位借用 of Which: Floor Space Hired by Other Schools or Units		
合　计 Total	**107575693**	**2311035**	**3483510**	**227335**	**6802207**	**10339506**
北　京 Beijing	956040	7546	12027	783	60856	94477
天　津 Tianjin	1486583		3775		42733	163441
河　北 Hebei	4603354	102621	229204	2701	198101	913237
山　西 Shanxi	3180697	72936	54768	4722	91606	195315
内蒙古 Inner Mongolia	1253734	143203	50026		154438	200653
辽　宁 Liaoning	2871227	17459	131278		377727	248796
吉　林 Jilin	1008631	26993	26530		74007	38602
黑龙江 Heilongjiang	1156473	15787	25292		153104	332472
上　海 Shanghai	1637586		11761	22157	144888	213374
江　苏 Jiangsu	10379406		256504	37109	604539	145406
浙　江 Zhejiang	1653617		25857		68422	227787
安　徽 Anhui	5118999	115203	262544	88152	558556	178846
福　建 Fujian	5053801	53917	112137	3021	516392	704917
江　西 Jiangxi	2697164	48206	44116	1880	79224	70671
山　东 Shandong	8678011	30081	152186	3743	487499	346925
河　南 henan	6862854	99782	216376	5440	270139	125004
湖　北 Hubei	6621256	82758	120493	3047	84691	693283
湖　南 Hunan	1603351	37421	32713	788	134376	22000
广　东 Guangdong	11815107	89831	467396	10988	542565	1483683
广　西 Guangxi	7792493	139836	368476	2592	531624	1019240
海　南 Hainan	865204	16612	39511		62588	44831
重　庆 Chongqing	958915	4938	38085		63446	58911
四　川 Sichuan	5402092	48894	252607	15442	522926	2185417
贵　州 guizhou	1904405	15222	82487	5917	100993	125257
云　南 Yunnan	2616552	375442	101047		184939	248799
西　藏 Tibet	267183	8629	7554			
陕　西 Shaanxi	2155849	24814	77272	6960	71053	72298
甘　肃 Gansu	3059670	531906	187868	10336	218477	138312
青　海 Qinghai	666124	65025	30206		40618	7686
宁　夏 Ningxia	578755	8779	7316		76545	38966
新　疆 Xinjiang	2670560	127194	56098	1557	285135	900

普通中专学校校舍情况

Conditions of School Buidings in Regular Specialized Sec. Schools

单位:平方米

unit:m^2

	学校产权建筑面积 Floor Area of School Building Owned by SVSs				正在施工校舍建筑面积 Floor Area Under Construction	独立使用非学校产权校舍建筑面积 Floor Area of School Building Not Owned by SVSs
	计 Total	其中:危房 of Which: Dilapidated Buildings	其中:当年新增 of Which: Newly Added in Current Year	其中:被外单位借用 of Which: Floor Space Hired by Other Schools or Units		
合 计 Total	**10271214**	**341612**	**429985**	**52737**	**236405**	**2000794**
北 京 Beijing	99038			18492	1675	8046
天 津 Tianjin	53068			224		17969
河 北 Hebei	534852	20984	5162	9267		81459
山 西 Shanxi	184098	9418	60			80771
内蒙古 Inner Mongolia	171559	15704	4200		312	6736
辽 宁 Liaoning	25402					22630
吉 林 Jilin	350583	17564	2960			40090
黑龙江 Heilongjiang	448067	9139	1350		5200	44450
上 海 Shanghai	84736					6231
江 苏 Jiangsu	724228		7874		36336	20125
浙 江 Zhejiang	338677		6880	3773	8951	11041
安 徽 Anhui	564648	6445	18514			136960
福 建 Fujian						
江 西 Jiangxi	251081	9912		1494		8207
山 东 Shandong	1080749	19463	24398	3700		147068
河 南 henan	1796175	20261	16112	8892	109720	764778
湖 北 Hubei	187171	666	1059	2200		8663
湖 南 Hunan	1005714	26036	149768		23409	105356
广 东 Guangdong	283785		81750			10023
广 西 Guangxi						
海 南 Hainan	42293	12795		480		
重 庆 Chongqing	587698	4802	4938		26787	113904
四 川 Sichuan	264087	4850	97536		2900	250453
贵 州 guizhou	330372				8100	25370
云 南 Yunnan	388323	141239	3000	2715		13912
西 藏 Tibet						
陕 西 Shaanxi	176595		1244			32397
甘 肃 Gansu	150570	21234	3180		7000	40849
青 海 Qinghai	9486	500				1558
宁 夏 Ningxia	17390					1053
新 疆 Xinjiang	120769	600		1500	6015	695

职业高中学校校舍情况
Conditions of School Buidings in Vocational High Schools

单位:平方米
unit:m^2

	学校产权建筑面积 Floor Area of School Building Owned by SVSs				正在施工校舍建筑面积 Floor Area Under Construction	独立使用非学校产权校舍建筑面积 Floor Area of School Building Not Owned by SVSs
	计 Total	其中:危房 of Which: Dilapidated Buildings	其中:当年新增 of Which: Newly Added in Current Year	其中:被外单位借用 of Which: Floor Space Hired by Other Schools or Units		
合　计 Total	**81139359**	**2218413**	**3923831**	**204992**	**3901928**	**8367507**
北　京 Beijing	1195142		2552	4947	30978	262968
天　津 Tianjin	354494			1002	75452	242358
河　北 Hebei	5056524	119994	88074	25300	283492	198583
山　西 Shanxi	2610392	47869	236525	3425	238837	391526
内蒙古 Inner Mongolia	1667810	34806	138342	3620	159811	134317
辽　宁 Liaoning	2515017	7461	88716	6632	74774	377795
吉　林 Jilin	1438749	43643	142978	1275	57877	475909
黑龙江 Heilongjiang	1270922	77214	25431	3000	32942	153931
上　海 Shanghai	860468		24854	17259		62000
江　苏 Jiangsu	3636207	5566	33704	6834	49909	47521
浙　江 Zhejiang	7147291	11614	116234	13545	224398	501745
安　徽 Anhui	6148614	92118	223359	11441	277501	286056
福　建 Fujian						
江　西 Jiangxi	4772702	129323	837345	2000	62471	472425
山　东 Shandong	5891328	46545	281318		195318	431100
河　南 henan	7801022	197942	191238	1160	213885	677125
湖　北 Hubei	1456317	72499	40559		8025	139037
湖　南 Hunan	6693263	127126	172033	3732	303995	1013786
广　东 Guangdong	2361753	5138	92738	4494	132271	166298
广　西 Guangxi						
海　南 Hainan	538249	10541	33770	8681	12685	134492
重　庆 Chongqing	3548158	10487	98365	13962	244783	177866
四　川 Sichuan	4991363	222967	450778	22390	331364	295451
贵　州 guizhou	1030477	34167	91553	8040	366496	384039
云　南 Yunnan	2109746	520830	239059	23674	79061	386676
西　藏 Tibet						
陕　西 Shaanxi	3927575	75903	120504	2740	178922	777902
甘　肃 Gansu	849486	310659	44952		6720	137048
青　海 Qinghai	35566	6371	1394			286
宁　夏 Ningxia	471497		32260		6373	
新　疆 Xinjiang	759227	7630	75196	15839	253588	39267

Conditions of School Buidings

	学校产权 Floor Area of School	
	计 Total	其中:危房 of Which: Dilapidated Buildings
合　计 Total	**5603795**	**34982**
北　京 Beijing		
天　津 Tianjin		
河　北 Hebei	617439	
山　西 Shanxi	52266	
内蒙古 Inner Mongolia	8059	1809
辽　宁 Liaoning		
吉　林 Jilin	236144	
黑龙江 Heilongjiang	14326	
上　海 Shanghai		
江　苏 Jiangsu	846913	3594
浙　江 Zhejiang	430888	
安　徽 Anhui	748571	5828
福　建 Fujian		
江　西 Jiangxi	58892	
山　东 Shandong	619759	127
河　南 henan	312858	1841
湖　北 Hubei	259207	5606
湖　南 Hunan	323505	4253
广　东 Guangdong	400008	
广　西 Guangxi	42192	
海　南 Hainan	2378	
重　庆 Chongqing	234996	1628
四　川 Sichuan	170961	4507
贵　州 guizhou	4100	
云　南 Yunnan	114332	653
西　藏 Tibet		
陕　西 Shaanxi	12906	4996
甘　肃 Gansu	41043	140
青　海 Qinghai		
宁　夏 Ningxia	52052	
新　疆 Xinjiang		

校舍情况

in Other Institutions

单位:平方米

unit: m²

建筑面积 Building Owned by SVSs		正在施工校舍建筑面积 Floor Area Under Construction	独立使用非学校产权校舍建筑面积 Floor Area of School Building Not Owned by SVSs
其中:当年新增 of Which: Newly Added in Current Year	其中:被外单位借用 of Which: Floor Space Hired by Other Schools or Units		
131249	**1081**	**105149**	**666249**
15216		4660	60654
35480		35440	16368
			44631
			3300
			34300
11189	1081	16500	159724
8347			57700
27932		36597	42298
4000			33728
		11952	23233
11850			61045
270			4250
14065			2304
			41478
			1380
			16768
2900			60608
			2480

职业技术培训
Basic Statistics of Vocational-Technical

地　区 Region	学校数 (所) Schools	教学班(点) (个) External Teaching Sites (class)	结业生数 Graduates 计 Total	 其中:女 of Which: Female
合　计 Total	**129530**	**549298**	**51465876**	**24526961**
北　京 Beijing	3494	41232	2686645	1417326
天　津 Tianjin	3218	25793	1080884	533839
河　北 Hebei	5036	22417	2188760	1087350
山　西 Shanxi	7026	23992	2136134	882703
内蒙古 Inner Mongolia	2235	4369	437945	185981
辽　宁 Liaoning	6779	40691	1950911	915392
吉　林 Jilin	2559	7527	445310	205273
黑龙江 Heilongjiang	2272	7687	630896	283900
上　海 Shanghai	843	39221	1800816	1033245
江　苏 Jiangsu	8450	60882	8130876	3655666
浙　江 Zhejiang	4753	39218	3289197	1571099
安　徽 Anhui	366	2242	276547	138829
福　建 Fujian	1926	9271	878544	446529
江　西 Jiangxi	1119	1992	157707	78219
山　东 Shandong	10088	25904	3113877	1450803
河　南 henan	14685	24329	3688169	1747795
湖　北 Hubei	2022	5175	473343	210636
湖　南 Hunan	741	1987	298747	97883
广　东 Guangdong	3879	31023	1660894	846764
广　西 Guangxi	377	2369	153123	71181
海　南 Hainan	243	2297	55009	36262
重　庆 Chongqing	4266	13298	1509391	699589
四　川 Sichuan	6162	25195	3027242	1434620
贵　州 guizhou	8202	14960	2195836	1075676
云　南 Yunnan	10701	31004	4778998	2383007
西　藏 Tibet				
陕　西 Shaanxi	10336	23670	1822265	896381
甘　肃 Gansu	3962	7005	552156	252167
青　海 Qinghai	1858	5129	453176	216593
宁　夏 Ningxia	124	643	80889	31871
新　疆 Xinjiang	1808	8776	1511589	640382

机构基本情况(总计)
Training Institutions (Total)

单位:人次
unit:person

注册学生数 Enrolment		教职工数 Educational Personnel		聘请校外教师 Part-time Teachers
计 Total	其中:女 of Which: Female	计 Total	其中:专任教师 of Which: Full-time Teacher	
50211202	**23858071**	**521758**	**298332**	**318448**
2429965	1325544	42303	21126	27053
867781	444374	19716	7018	11690
2025572	1044138	23547	12890	10329
2339621	997073	23402	9913	13470
450745	195648	7394	5320	2477
2459523	1232452	53865	32227	19081
626817	277873	11115	7398	3267
576280	255715	13561	9591	2402
1745724	1024839	16134	7243	14961
7943797	3083223	39474	26096	37425
3188707	1540416	21549	13915	26535
303536	166334	1667	1184	3761
844629	437832	9839	4610	7479
181268	91148	3265	2109	1739
2561767	1190478	50583	41668	17159
3472793	1652646	41055	24291	17613
466262	210886	8853	6464	3057
212275	75252	3291	2162	1182
1813377	945424	27346	16562	15041
162355	63964	1327	370	1369
46440	33315	905	148	789
1392198	641526	6496	3373	6045
2762549	1330755	17623	10643	11813
2180591	1090802	21582	5515	11794
4375931	2175859	6988	2785	19909
1918923	952446	29243	14511	18510
606739	286716	11402	6221	4054
443748	208192	2399	453	2289
86478	35232	853	562	186
1724811	847969	4981	1964	5969

职业技术培训

Basic Statistics of Vocational-Technical

地 区 Region	学校数（所） Schools	教学班(点)（个） External Teaching Sites (class)	结业生数 Graduates	
			计 Total	其中:女 of Which: Female
合 计 Total	**3049**	**41683**	**3302902**	**1488349**
北 京 Beijing	83	2409	86811	31429
天 津 Tianjin	24	542	20260	10614
河 北 Hebei	76	1070	84041	41067
山 西 Shanxi	184	9738	674101	204754
内蒙古 Inner Mongolia	94	489	47382	23290
辽 宁 Liaoning	63	385	24308	11198
吉 林 Jilin	53	492	49094	18244
黑龙江 Heilongjiang	73	444	30316	13569
上 海 Shanghai	22	1563	99853	64225
江 苏 Jiangsu	560	9776	589093	294746
浙 江 Zhejiang	196	2709	180970	86457
安 徽 Anhui	25	173	27637	13202
福 建 Fujian	83	1157	146779	84117
江 西 Jiangxi	51	360	31510	16242
山 东 Shandong	131	708	117248	53331
河 南 henan	479	1646	226161	101502
湖 北 Hubei	76	645	94824	42356
湖 南 Hunan	36	97	14665	6285
广 东 Guangdong	58	428	13744	8098
广 西 Guangxi	1	4	331	62
海 南 Hainan	27	187	14404	8386
重 庆 Chongqing	52	471	21049	9783
四 川 Sichuan	154	2999	408680	207910
贵 州 guizhou	31	158	42808	13105
云 南 Yunnan	17	83	14861	6576
西 藏 Tibet				
陕 西 Shaanxi	200	1551	126469	66513
甘 肃 Gansu	127	900	70655	28776
青 海 Qinghai	34	126	9562	5349
宁 夏 Ningxia	21	131	19565	8167
新 疆 Xinjiang	18	242	15721	8996

学校基本情况
Training Schools

单位：人次
unit：person

注册学生数 Enrolment		教职工数 Educational Personnel		聘请校外教师 Part-time Teachers
计 Total	其中：女 of Which：Female	计 Total	其中：专任教师 of Which：Full-time Teacher	
3365040	**1552893**	**67470**	**47898**	**18451**
46907	27859	1072	648	472
12498	6107	611	551	284
99627	48656	4113	3074	167
682949	208546	3907	2593	1613
39331	19674	1399	1107	144
26497	12791	1234	904	145
80090	33697	1268	930	216
42697	17924	1875	1457	212
101694	65551	1617	1158	544
590986	297053	9282	6571	5526
188900	91790	3222	2493	1748
25352	13347	153	132	176
134801	75687	2342	1991	729
44468	23665	1518	1185	190
107948	50437	3407	2811	358
216035	103779	12499	7691	1343
116566	51319	2632	1797	749
13627	6321	887	633	43
21264	11815	615	292	301
85	40	83	76	187
8704	6790	147	133	22
20955	10036	522	263	185
420979	221396	5347	4121	755
42808	13105	247	126	37
12256	5831	175	142	289
127439	67648	2969	1952	878
87480	35152	3172	2315	671
20301	11907	175	95	102
15501	6143	282	161	58
16295	8827	698	496	307

农村成人文化技术

Basic Statistics of Technical

地　区 Region	学校数 （所） Schools	教学班（点） （个） External Teaching Sites （class）	结业生数 Graduates	
			计 Total	其中：女 of Which：Female
合　计 Total	**103420**	**299562**	**37946868**	**17762413**
北　京 Beijing	1888	8668	756949	384842
天　津 Tianjin	2537	6356	527288	265813
河　北 Hebei	4182	17413	1905827	941115
山　西 Shanxi	6249	11480	1296148	586347
内蒙古 Inner Mongolia	1902	2906	352945	144027
辽　宁 Liaoning	2065	7095	1061437	451641
吉　林 Jilin	1307	2232	298171	133895
黑龙江 Heilongjiang	1332	2129	391122	201063
上　海 Shanghai	124	6404	631222	381462
江　苏 Jiangsu	6170	39050	5913956	2572783
浙　江 Zhejiang	3370	28280	2550377	1190697
安　徽 Anhui	269	1653	208436	107501
福　建 Fujian	1577	5574	580060	270486
江　西 Jiangxi	1016	1470	107498	53158
山　东 Shandong	7580	17038	2157118	986825
河　南 henan	13670	21421	3276014	1552980
湖　北 Hubei	1802	3248	315698	135198
湖　南 Hunan	604	1361	239449	67862
广　东 Guangdong	842	6905	907113	443485
广　西 Guangxi	371	2324	151403	70236
海　南 Hainan	216	2100	40243	27731
重　庆 Chongqing	3994	11142	1412973	649640
四　川 Sichuan	5669	20607	2506466	1169684
贵　州 guizhou	7659	12750	2005754	989849
云　南 Yunnan	10559	29950	4721758	2354538
西　藏 Tibet				
陕　西 Shaanxi	9298	13149	1358052	652125
甘　肃 Gansu	3657	4905	394579	181028
青　海 Qinghai	1816	4955	442374	210616
宁　夏 Ningxia	45	160	30248	10997
新　疆 Xinjiang	1650	6837	1406190	574789

培训学校基本情况
Training Schools for Peasants

单位：人次
unit：person

注册学生数 Enrolment		教职工数 Educational Personnel		聘请校外教师 Part-time Teachers
计 Total	其中：女 of Which：Female	计 Total	其中：专任教师 of Which：Full-time Teacher	
34969530	**16464466**	**188523**	**94474**	**181180**
447076	243341	1708	874	2619
412429	214157	2549	886	3530
1723945	890815	8825	5391	8067
1426900	664068	11196	2639	8102
381981	160818	4875	3405	2067
1313796	557365	6112	3872	2513
351250	144993	2777	1619	1926
313921	144285	5611	3569	1334
448782	276731	999	636	2061
4869653	2007487	12161	7994	21555
2448931	1155657	9239	5720	19724
238282	134787	523	336	3285
561672	272848	3527	494	5266
109689	55262	1452	727	1064
1616850	733159	16073	12347	8692
3060226	1445126	24719	13864	15030
286804	127032	4107	3206	1768
169529	54551	1297	729	783
873968	427946	4807	3097	3423
160810	63019	1214	274	1172
37374	26380	758	15	757
1302099	597372	4059	1947	5026
2198843	1038030	8956	4526	10076
1991202	1004132	18566	3989	10554
4309103	2140922	5924	2111	19066
1400402	671917	15263	6152	11735
418452	202947	6729	2910	3077
422207	195657	2166	358	2117
26190	9375	278	222	39
1647164	804287	2053	565	4752

地区 Region	学校数（所）Schools	教学班(点)（个）External Teaching Sites (class)	结业生数 Graduates	
			计 Total	其中:女 of Which: Female
合　计 Total	**23061**	**208053**	**10216106**	**5276199**
北　京 Beijing	1523	30155	1842885	1001055
天　津 Tianjin	657	18895	533336	257412
河　北 Hebei	778	3934	198892	105168
山　西 Shanxi	593	2774	165885	91602
内蒙古 Inner Mongolia	239	974	37618	18664
辽　宁 Liaoning	4651	33211	865166	452553
吉　林 Jilin	1199	4803	98045	53134
黑龙江 Heilongjiang	867	5114	209458	69268
上　海 Shanghai	697	31254	1069741	587558
江　苏 Jiangsu	1720	12056	1627827	788137
浙　江 Zhejiang	1187	8229	557850	293945
安　徽 Anhui	72	416	40474	18126
福　建 Fujian	266	2540	151705	91926
江　西 Jiangxi	52	162	18699	8819
山　东 Shandong	2377	8158	839511	410647
河　南 henan	536	1262	185994	93313
湖　北 Hubei	144	1282	62821	33082
湖　南 Hunan	101	529	44633	23736
广　东 Guangdong	2979	23690	740037	395181
广　西 Guangxi	5	41	1389	883
海　南 Hainan		10	362	145
重　庆 Chongqing	220	1685	75369	40166
四　川 Sichuan	339	1589	112096	57026
贵　州 guizhou	512	2052	147274	72722
云　南 Yunnan	125	971	42379	21893
西　藏 Tibet				
陕　西 Shaanxi	838	8970	337744	177743
甘　肃 Gansu	178	1200	86922	42363
青　海 Qinghai	8	48	1240	628
宁　夏 Ningxia	58	352	31076	12707
新　疆 Xinjiang	140	1697	89678	56597

基本情况
of Others

单位:人次
unit:person

注册学生数 Enrolment		教职工数 Educational Personnel		聘请校外教师 Part-time Teachers
计 Total	其中:女 of Which: Female	计 Total	其中:专任教师 of Which: Full-time Teacher	
11876632	**5840712**	**265765**	**155960**	**118817**
1935982	1054344	39523	19604	23962
442854	224110	16556	5581	7876
202000	104667	10609	4425	2095
229772	124459	8299	4681	3755
29433	15156	1120	808	266
1119230	662296	46519	27451	16423
195477	99183	7070	4849	1125
219662	93506	6075	4565	856
1195248	682557	13518	5449	12356
2483158	778683	18031	11531	10344
550876	292969	9088	5702	5063
39902	18200	991	716	300
148156	89297	3970	2125	1484
27111	12221	295	197	485
836969	406882	31103	26510	8109
196532	103741	3837	2736	1240
62892	32535	2114	1461	540
29119	14380	1107	800	356
918145	505663	21924	13173	11317
1460	905	30	20	10
362	145			10
69144	34118	1915	1163	834
142727	71329	3320	1996	982
146581	73565	2769	1400	1203
54572	29106	889	532	554
391082	212881	11011	6407	5897
100807	48617	1501	996	306
1240	628	58		70
44787	19714	293	179	89
61352	34855	2230	903	910

Condition of Fixed Assets and Teaching Resources

地　　区 Region	占地面积 （平方米） Area of School Sites（m^2）	教学行政用房 建筑面积 （平方米） Administritive （m^2）	图书（册） Books （volume）
合　计 Total	**140676002**	**47584549**	**133109599**
北　京 Beijing	5565873	1456358	29047430
天　津 Tianjin	1881526	724564	4668982
河　北 Hebei	7897879	1765856	4566226
山　西 Shanxi	3503482	1458960	5192025
内蒙古 Inner Mongolia	2176740	693507	1342272
辽　宁 Liaoning	9785360	4959268	7425451
吉　林 Jilin	2036778	601455	1000893
黑龙江 Heilongjiang	2558029	709279	1553018
上　海 Shanghai	2031699	1070751	2655936
江　苏 Jiangsu	14883911	4608512	20143031
浙　江 Zhejiang	7354257	3016924	6801554
安　徽 Anhui	1774135	686730	876723
福　建 Fujian	1244384	683546	3254357
江　西 Jiangxi	1415889	299903	1020606
山　东 Shandong	7422843	2047339	4172617
河　南 henan	8000266	2913468	7913660
湖　北 Hubei	17776271	7031153	2145631
湖　南 Hunan	6517880	521144	1487983
广　东 Guangdong	4339965	1790451	7680189
广　西 Guangxi	429953	51069	220418
海　南 Hainan	116122	89985	158589
重　庆 Chongqing	910955	457076	883674
四　川 Sichuan	2635401	1119106	3338620
贵　州 guizhou	4226699	730648	2560266
云　南 Yunnan	9571750	5282262	2028548
西　藏 Tibet			
陕　西 Shaanxi	4139979	1273070	3562071
甘　肃 Gansu	4614908	917475	2698405
青　海 Qinghai	172401	38774	345712
宁　夏 Ningxia	195766	48239	136400
新　疆 Xinjiang	5494901	537677	4228312

构资产情况
in Vocational-Technical Training Institutions

教学用计算机（台）No. of Computers Used for Instruction (set)	多媒体教室座位数（个）No. of Seats in Multimedia Class Rooms (seat)	语音实验室座位数（个）No. of Seats in Audio-Labs (seat)	固定资产总值(万元) Fixed Assets (10,000 yuan)	
			计 Total	其中:教学、实习仪器设备资产值 of Which: Teaching Equipment & Instruments
729593	**1132142**	**772617**	**5220786.92**	**1619865.37**
44034	54817	45417	279447.47	95584.06
36542	19086	9669	49828.05	20432.63
25203	23825	14911	322927.32	47489.72
24682	54606	25025	498964.70	93360.05
8210	11159	6318	67960.19	14867.49
64690	80638	55334	553424.70	195285.60
10277	11735	11604	65656.61	15363.59
14980	19366	15989	55973.65	17637.87
28255	53808	14203	142306.94	57604.81
108071	182993	50971	1186185.88	593918.49
52968	85069	41097	290983.03	68281.30
6607	8411	4773	40053.60	8265.78
15219	36384	11176	76944.98	19283.72
6989	10032	4241	44117.11	10175.63
35312	36652	23945	270512.81	46402.61
28190	180453	173412	205343.11	50823.67
22297	24925	15077	130233.48	22238.04
9141	7909	5848	46999.41	8478.53
83490	59813	133091	177663.99	70667.53
411	898	655	4245.60	1047.20
927	1444	940	6092.00	569.00
7739	7341	13286	74096.68	33490.34
21942	24072	17081	133126.29	23362.46
11422	33367	25593	65569.14	7900.10
5928	16350	6794	122670.69	6705.90
30511	26354	16637	103976.12	40048.86
15411	23127	5982	159574.01	35860.94
555	2832	871	3812.25	1350.46
574	805	931	9126.00	5539.72
9016	33871	21746	32971.12	7829.27

地　　区 Region	占地面积 （平方米） Area of School Sites（m^2）	教学行政用房 建筑面积 （平方米） Administritive （m^2）	图书（册） Books （volume）
合　计 Total	**24185533**	**7511539**	**18697363**
北　京 Beijing	210155	58596	1800944
天　津 Tianjin	367678	88664	140970
河　北 Hebei	1802548	478147	1439304
山　西 Shanxi	978674	520215	1518068
内蒙古 Inner Mongolia	733368	159600	465887
辽　宁 Liaoning	673071	205179	272122
吉　林 Jilin	455972	157205	278393
黑龙江 Heilongjiang	830897	121705	232719
上　海 Shanghai	160964	119609	738613
江　苏 Jiangsu	2627775	1217585	2020472
浙　江 Zhejiang	1449417	502606	756691
安　徽 Anhui	521145	485264	403386
福　建 Fujian	595646	264886	1256386
江　西 Jiangxi	853541	182411	407459
山　东 Shandong	840750	273186	430920
河　南 henan	1864740	625487	1827565
湖　北 Hubei	2060864	392272	699104
湖　南 Hunan	723222	158139	475370
广　东 Guangdong	142593	47395	139865
广　西 Guangxi	23450	5027	13000
海　南 Hainan	81414	46418	78093
重　庆 Chongqing	71999	68770	38708
四　川 Sichuan	952710	466738	938964
贵　州 guizhou	1166987	49431	120117
云　南 Yunnan	60129	12750	54060
西　藏 Tibet			
陕　西 Shaanxi	877307	242974	780714
甘　肃 Gansu	1275310	373583	930707
青　海 Qinghai	49102	15972	60000
宁　夏 Ningxia	132490	30274	103980
新　疆 Xinjiang	1601615	141451	274782

学校资产情况
Resources in Technical Training Schools

教学用计算机（台）No. of Computers Used for Instruction (set)	多媒体教室座位数（个）No. of Seats in Multimedia Class Rooms (seat)	语音实验室座位数（个）No. of Seats in Audio-Labs (seat)	固定资产总值（万元）Fixed Assets (10,000 yuan)	
			计 Total	其中：教学、实习仪器设备资产值 of Which: Teaching Equipment & Instruments
133480	**294169**	**216638**	**1174395.56**	**258265.12**
5303	3088	660	13295.87	5028.65
1154	580	380	10220.00	2014.00
7612	7240	2557	56822.02	9904.50
7068	4112	9635	85718.55	11538.07
3466	2891	1637	37247.16	9105.80
3216	1403	2397	82485.00	11015.50
2508	1428	1137	10695.34	2785.40
2521	2782	1689	18829.86	5261.86
3810	5974	863	41098.92	16018.30
21870	23106	5891	226454.15	54664.39
8900	9531	5181	72984.28	21046.43
2982	2109	937	21616.50	4259.90
5606	20077	2411	35094.40	9739.19
3139	3806	2040	28032.23	7437.71
4127	4375	2694	24955.85	5160.58
7582	147787	143989	75066.80	23129.40
6003	11886	4140	86110.70	12521.50
4223	4778	2519	26117.40	4857.60
2090	1142	6566	2587.16	975.14
50	320	110	707.00	375.00
802	1314	810	3745.00	305.00
2261	265	3485	3511.20	1400.80
9844	10896	6750	71577.97	11449.69
419	526	246	7145.67	497.12
385	530	308	1013.00	234.20
5609	6152	3087	30154.71	7497.98
7900	12373	2773	84282.63	15592.94
325	761	95	2102.51	1036.16
178	70	105	2058.70	1226.42
2527	2867	1546	12664.98	2185.89

农村成人文化技术

Condition of Fixed Assets and Teaching Resources

地　　区 Region	占地面积 （平方米） Area of School Sites（m^2）	教学行政用房 建筑面积 （平方米） Administritive （m^2）	图书(册) Books (volume)
合　计 Total	**77249023**	**23389246**	**46674497**
北　京 Beijing	1512139	322631	1435726
天　津 Tianjin	571514	165364	473323
河　北 Hebei	4687791	827145	2488085
山　西 Shanxi	1934129	636243	2378314
内蒙古 Inner Mongolia	1195136	425600	725822
辽　宁 Liaoning	5824192	1321377	2398167
吉　林 Jilin	1214435	180137	337098
黑龙江 Heilongjiang	1216209	280944	896800
上　海 Shanghai	426288	212803	438795
江　苏 Jiangsu	5163186	2035905	4003434
浙　江 Zhejiang	4946929	1849885	3564566
安　徽 Anhui	1142750	148621	264962
福　建 Fujian	208054	139349	466032
江　西 Jiangxi	221979	83655	514762
山　东 Shandong	4694760	1161475	2402240
河　南 henan	5406438	1912513	5370612
湖　北 Hubei	15113245	6445167	703816
湖　南 Hunan	3555336	280159	684087
广　东 Guangdong	2205603	668082	3147414
广　西 Guangxi	399003	42492	202418
海　南 Hainan	34508	43367	80496
重　庆 Chongqing	746749	330095	746732
四　川 Sichuan	1080475	380185	1653481
贵　州 guizhou	2850924	603633	2200963
云　南 Yunnan	2309278	1521808	1825774
西　藏 Tibet			
陕　西 Shaanxi	2326562	621886	2018809
甘　肃 Gansu	2701493	407005	1481012
青　海 Qinghai	113648	19842	270112
宁　夏 Ningxia	38520	6656	15520
新　疆 Xinjiang	3407750	315222	3485125

培训学校资产情况
in Technical Training Schools for Peasants

教学用计算机（台） No. of Computers Used for Instruction (set)	多媒体教室座位数（个） No. of Seats in Multimedia Class Rooms (seat)	语音实验室座位数（个） No. of Seats in Audio-Labs (seat)	固定资产总值(万元) Fixed Assets (10,000 yuan)	
			计 Total	其中:教学、实习仪器设备资产值 of Which:Teaching Equipment & Instruments
223510	**371316**	**256506**	**1675743.12**	**260539.86**
7164	8111	11853	28421.73	8383.70
2343	1532	920	8192.30	1402.12
8293	9512	6502	205914.88	11594.28
9565	36221	9960	268916.84	4097.53
2081	5346	2868	20270.89	3823.60
15485	22244	18974	111617.10	17107.40
1971	3292	4439	16431.20	2615.54
5316	7282	4718	9543.74	2498.40
5496	8608	1847	21506.75	6777.92
27736	34372	13893	171220.00	37063.60
25521	55597	17455	135449.88	26142.69
1160	4858	2575	7654.78	854.62
2362	6293	1812	13497.77	1825.57
2722	4519	1629	10343.88	1308.92
11127	12013	10398	91331.36	17297.61
12906	25836	21003	95914.24	20914.74
8788	4984	5601	23080.40	4537.10
3140	1109	875	8271.51	1546.53
28913	16178	51935	60249.22	18754.82
352	443	410	3538.60	672.20
125	80	80	2267.00	264.00
3509	5004	8574	65421.78	30124.54
7551	8568	6864	25957.90	5852.60
9122	29542	23290	49938.33	5045.95
3952	14263	4310	116045.69	3835.57
8609	6209	3224	24310.81	4934.32
4828	8298	1800	63547.66	17164.18
133	2018	201	1304.74	281.00
135	81	76	1442.70	721.30
3105	28903	18420	14139.44	3097.50

其他培训机构

Condition of Fixed Assets and

地　　区 Region	占地面积 （平方米） Area of School Sites（m^2）	教学行政用房建筑面积 （平方米） Administritive（m^2）	图书（册） Books （volume）
合　计 Total	**39241446**	**16683764**	**67737739**
北　京 Beijing	3843579	1075131	25810760
天　津 Tianjin	942334	470536	4054689
河　北 Hebei	1407540	460564	638837
山　西 Shanxi	590679	302502	1295643
内蒙古 Inner Mongolia	248236	108307	150563
辽　宁 Liaoning	3288097	3432712	4755162
吉　林 Jilin	366371	264113	385402
黑龙江 Heilongjiang	510923	306630	423499
上　海 Shanghai	1444447	738339	1478528
江　苏 Jiangsu	7092950	1355022	14119125
浙　江 Zhejiang	957911	664433	2480297
安　徽 Anhui	110240	52845	208375
福　建 Fujian	440684	279311	1531939
江　西 Jiangxi	340369	33837	98385
山　东 Shandong	1887333	612678	1339457
河　南 henan	729088	375468	715483
湖　北 Hubei	602162	193714	742711
湖　南 Hunan	2239322	82846	328526
广　东 Guangdong	1991769	1074974	4392910
广　西 Guangxi	7500	3550	5000
海　南 Hainan	200	200	
重　庆 Chongqing	92207	58211	98234
四　川 Sichuan	602216	272183	746175
贵　州 guizhou	208788	77584	239186
云　南 Yunnan	7202343	3747704	148714
西　藏 Tibet			
陕　西 Shaanxi	936110	408210	762548
甘　肃 Gansu	638105	136887	286686
青　海 Qinghai	9651	2960	15600
宁　夏 Ningxia	24756	11309	16900
新　疆 Xinjiang	485536	81004	468405

资产情况

Teaching Resources in Others

教学用计算机（台）No. of Computers Used for Instruction (set)	多媒体教室座位数（个）No. of Seats in Multimedia Class Rooms (seat)	语音实验室座位数（个）No. of Seats in Audio-Labs (seat)	固定资产总值（万元）Fixed Assets (10,000 yuan)	
			计 Total	其中：教学、实习仪器设备资产值 of Which: Teaching Equipment & Instruments
372603	**466657**	**299473**	**2370648.24**	**1101060.39**
31567	43618	32904	237729.87	82171.71
33045	16974	8369	31415.75	17016.51
9298	7073	5852	60190.42	25990.94
8049	14273	5430	144329.31	77724.45
2663	2922	1813	10442.14	1938.09
45989	56991	33963	359322.60	167162.70
5798	7015	6028	38530.07	9962.65
7143	9302	9582	27600.05	9877.61
18949	39226	11493	79701.26	34808.58
58465	125515	31187	788511.73	502190.50
18547	19941	18461	82548.87	21092.18
2465	1444	1261	10782.32	3151.26
7251	10014	6953	28352.81	7718.96
1128	1707	572	5741.00	1429.00
20058	20264	10853	154225.60	23944.42
7702	6830	8420	34362.07	6779.53
7506	8055	5336	21042.38	5179.44
1778	2022	2454	12610.50	2074.40
52487	42493	74590	114827.61	50937.57
9	135	135		
	50	50	80.00	
1969	2072	1227	5163.70	1965.00
4547	4608	3467	35590.42	6060.17
1881	3299	2057	8485.14	2357.03
1591	1557	2176	5612.00	2636.13
16293	13993	10326	49510.60	27616.56
2683	2456	1409	11743.72	3103.82
97	53	575	405.00	33.30
261	654	750	5624.60	3592.00
3384	2101	1780	6166.70	2545.88

初中校

Number of Schools, Classes of

	学校数(所) Schools			
	合计 Total	初级中学 Regular Junior Secondary Schools	九年一贯制学校 9-year Schools	职业初中 Vocational Junior Secondary Schools
合　计 Total	**54117**	**40759**	**13304**	**54**
北　京 Beijing	342	267	75	
天　津 Tianjin	316	280	36	
河　北 Hebei	2534	2165	369	
山　西 Shanxi	2093	1625	467	1
内蒙古 Inner Mongolia	808	569	239	
辽　宁 Liaoning	1637	1028	609	
吉　林 Jilin	1230	919	299	12
黑龙江 Heilongjiang	1685	1296	385	4
上　海 Shanghai	507	358	149	
江　苏 Jiangsu	2100	1769	331	
浙　江 Zhejiang	1745	1345	400	
安　徽 Anhui	2962	2370	591	1
福　建 Fujian	1271	1107	164	
江　西 Jiangxi	2117	1591	525	1
山　东 Shandong	3004	2527	477	
河　南 Henan	4596	4075	521	
湖　北 Hubei	2122	1750	372	
湖　南 Hunan	3310	2309	1001	
广　东 Guangdong	3316	2350	966	
广　西 Guangxi	1939	1722	217	
海　南 Hainan	406	236	170	
重　庆 Chongqing	996	770	226	
四　川 Sichuan	3964	1921	2040	3
贵　州 Guizhou	2194	1615	559	20
云　南 Yunnan	1711	1486	214	11
西　藏 Tibet	93	91	2	
陕　西 Shaanxi	1819	1421	398	
甘　肃 Gansu	1577	1057	519	1
青　海 Qinghai	304	101	203	
宁　夏 Ningxia	262	183	79	
新　疆 Xinjiang	1157	456	701	

数、班数(总计)

Junior Secondary Schools(Regional Aggregates)

班数(个) Classes				
合计 Total	一年级 Grade 1	二年级 Grade 2	三年级 Grade 3	四年级 Grade 4
977596	**320729**	**323792**	**322053**	**11022**
9176	3048	3050	3051	27
6944	2219	2176	2221	328
41707	14071	14022	13614	
30613	9838	10260	10480	35
16546	5455	5554	5456	81
26117	8516	8665	8782	154
16754	5524	5618	5600	12
26904	7754	7999	8249	2902
12181	3107	3132	3035	2907
46757	14830	15589	16310	28
36450	12089	12104	12215	42
46953	14972	15709	16206	66
25514	8257	8385	8868	4
37429	12719	12494	12168	48
66184	20613	21089	20664	3818
77948	27064	25842	24779	263
36818	11722	12263	12774	59
40468	13714	13544	13147	63
86394	28684	29107	28555	48
34000	11880	11319	10737	64
7366	2511	2474	2376	5
23185	7457	7779	7937	12
61237	20074	20562	20593	8
37717	13035	12742	11940	
36551	12343	12321	11879	8
2715	882	911	918	4
28848	9158	9681	10001	8
25082	8104	8376	8582	20
4516	1513	1541	1462	
5412	1856	1798	1750	8
23110	7720	7686	7704	

初中校数、班数(城区)
Number of Schools, Classes of Junior Secondary Schools (Urban Area)

	学校数(所) Schools				班数(个) Classes				
	合计 Total	初级中学 Regular Junior Secondary Schools	九年一贯制学校 9-year Schools	职业初中 Vocational Junior Secondary Schools	合计 Total	一年级 Grade 1	二年级 Grade 2	三年级 Grade 3	四年级 Grade 4
合　计 Total	**10758**	**7433**	**3321**	**4**	**285742**	**94308**	**93450**	**91846**	**6138**
北　京 Beijing	189	143	46		7055	2375	2342	2311	27
天　津 Tianjin	130	112	18		3880	1276	1253	1243	108
河　北 Hebei	368	282	86		10823	3668	3639	3516	
山　西 Shanxi	333	252	81		8566	2780	2874	2909	3
内蒙古 Inner Mongolia	219	166	53		5990	1974	2003	1959	54
辽　宁 Liaoning	626	486	140		12608	4114	4118	4228	148
吉　林 Jilin	284	229	52	3	6685	2183	2244	2246	12
黑龙江 Heilongjiang	468	377	91		10378	2943	2965	3122	1348
上　海 Shanghai	386	285	101		9975	2561	2537	2478	2399
江　苏 Jiangsu	690	568	122		19831	6527	6594	6682	28
浙　江 Zhejiang	559	402	157		14384	4859	4767	4716	42
安　徽 Anhui	334	233	100	1	8997	2988	3012	2974	23
福　建 Fujian	213	163	50		8115	2707	2686	2722	
江　西 Jiangxi	218	116	102		6720	2313	2243	2159	5
山　东 Shandong	742	551	191		20695	6355	6396	6229	1715
河　南 Henan	787	627	160		16867	5846	5607	5259	155
湖　北 Hubei	507	384	123		10602	3497	3545	3557	3
湖　南 Hunan	321	206	115		8672	3024	2890	2738	20
广　东 Guangdong	1338	710	628		37966	12998	12735	12222	11
广　西 Guangxi	302	179	123		6397	2254	2101	2023	19
海　南 Hainan	77	30	47		2497	862	820	815	
重　庆 Chongqing	143	104	39		5830	1936	1940	1954	
四　川 Sichuan	381	193	188		12273	4130	4136	3999	8
贵　州 Guizhou	286	131	155		4956	1747	1652	1557	
云　南 Yunnan	151	90	61		4365	1487	1476	1394	8
西　藏 Tibet	11	10	1		271	94	91	86	
陕　西 Shaanxi	256	185	71		7197	2383	2403	2411	
甘　肃 Gansu	132	69	63		4124	1369	1371	1382	2
青　海 Qinghai	29	11	18		853	286	293	274	
宁　夏 Ningxia	59	55	4		1944	663	644	637	
新　疆 Xinjiang	219	84	135		6226	2109	2073	2044	

初中校数、班数(城乡结合区)

Number of Schools, Classes of Junior Secondary Schools (Urban-rural Transitional Area)

	学校数(所) Schools				班数(个) Classes				
	合计 Total	初级中学 Regular Junior Secondary Schools	九年一贯制学校 9-year Schools	职业初中 Vocational Junior Secondary Schools	合计 Total	一年级 Grade 1	二年级 Grade 2	三年级 Grade 3	四年级 Grade 4
合　计 Total	**2388**	**1545**	**843**		**49421**	**16625**	**16350**	**15821**	**625**
北　京 Beijing	33	27	6		641	221	216	204	
天　津 Tianjin	19	15	4		329	114	110	105	
河　北 Hebei	110	82	28		2237	760	753	724	
山　西 Shanxi	68	54	14		1001	320	317	361	3
内蒙古 Inner Mongolia	24	11	13		420	134	145	141	
辽　宁 Liaoning	63	45	18		1151	388	377	382	4
吉　林 Jilin	25	16	9		384	121	132	131	
黑龙江 Heilongjiang	48	34	14		849	230	232	256	131
上　海 Shanghai	23	18	5		709	190	188	174	157
江　苏 Jiangsu	116	84	32		2389	794	786	809	
浙　江 Zhejiang	183	118	65		3620	1240	1214	1166	
安　徽 Anhui	60	39	21		1135	374	383	378	
福　建 Fujian	65	52	13		1954	661	649	644	
江　西 Jiangxi	48	32	16		1076	389	361	326	
山　东 Shandong	197	145	52		4387	1357	1374	1337	319
河　南 Henan	233	188	45		3583	1261	1207	1114	1
湖　北 Hubei	81	60	21		1286	424	427	435	
湖　南 Hunan	80	52	28		1828	638	617	571	2
广　东 Guangdong	486	230	256		12316	4271	4139	3906	
广　西 Guangxi	63	34	29		1120	392	361	359	8
海　南 Hainan	5	4	1		135	47	44	44	
重　庆 Chongqing	32	26	6		825	266	285	274	
四　川 Sichuan	80	32	48		1781	607	601	573	
贵　州 Guizhou	80	33	47		881	320	294	267	
云　南 Yunnan	29	23	6		878	295	301	282	
西　藏 Tibet									
陕　西 Shaanxi	74	58	16		1150	362	382	406	
甘　肃 Gansu	22	11	11		463	150	158	155	
青　海 Qinghai	5	1	4		121	42	40	39	
宁　夏 Ningxia	10	9	1		276	93	91	92	
新　疆 Xinjiang	26	12	14		496	164	166	166	

初中校数、班数(镇区)
Number of Schools, Classes of Junior Secondary Schools (Counties & Towns Area)

	学校数(所) Schools				班数(个) Classes				
	合计 Total	初级中学 Regular Junior Secondary Schools	九年一贯制学校 9-year Schools	职业初中 Vocational Junior Secondary Schools	合计 Total	一年级 Grade 1	二年级 Grade 2	三年级 Grade 3	四年级 Grade 4
合　计 Total	**22362**	**18214**	**4121**	**27**	**459447**	**150745**	**152946**	**152532**	**3224**
北　京 Beijing	84	68	16		1403	449	467	487	
天　津 Tianjin	102	92	10		1987	620	607	630	130
河　北 Hebei	1139	981	158		20752	7017	6994	6741	
山　西 Shanxi	853	708	145		14760	4782	4939	5017	22
内蒙古 Inner Mongolia	398	302	96		8814	2919	2944	2928	23
辽　宁 Liaoning	608	342	266		9551	3126	3219	3200	6
吉　林 Jilin	470	371	94	5	6132	2044	2064	2024	
黑龙江 Heilongjiang	615	469	143	3	10458	3082	3216	3246	914
上　海 Shanghai	96	59	37		1858	458	506	471	423
江　苏 Jiangsu	1154	994	160		23616	7288	7896	8432	
浙　江 Zhejiang	807	700	107		17482	5733	5821	5928	
安　徽 Anhui	1020	861	159		22246	7135	7430	7668	13
福　建 Fujian	492	460	32		11712	3790	3853	4069	
江　西 Jiangxi	920	735	184	1	19641	6658	6571	6371	41
山　东 Shandong	1473	1286	187		32303	10189	10464	10261	1389
河　南 Henan	1899	1663	236		35983	12585	11904	11415	79
湖　北 Hubei	929	819	110		17370	5473	5758	6101	38
湖　南 Hunan	1201	940	261		18356	6207	6167	5948	34
广　东 Guangdong	1331	1117	214		37332	12094	12626	12575	37
广　西 Guangxi	971	927	44		20015	7032	6666	6278	39
海　南 Hainan	263	169	94		4354	1479	1480	1390	5
重　庆 Chongqing	579	495	84		14308	4563	4803	4930	12
四　川 Sichuan	1685	1089	595	1	33877	11095	11322	11460	
贵　州 Guizhou	755	659	87	9	18508	6367	6251	5890	
云　南 Yunnan	622	565	50	7	17237	5842	5805	5590	
西　藏 Tibet	60	59	1		1691	546	571	570	4
陕　西 Shaanxi	868	726	142		14904	4691	5022	5189	2
甘　肃 Gansu	392	323	68	1	10138	3243	3367	3521	7
青　海 Qinghai	110	50	60		2327	773	786	768	
宁　夏 Ningxia	93	68	25		2282	782	752	742	6
新　疆 Xinjiang	373	117	256		8050	2683	2675	2692	

初中校数、班数(镇乡结合区)
Number of Schools, Classes of Junior Secondary Schools (County-town Transitional Area)

	学校数(所) Schools				班数(个) Classes				
	合计 Total	初级中学 Regular Junior Secondary Schools	九年一贯制学校 9-year Schools	职业初中 Vocational Junior Secondary Schools	合计 Total	一年级 Grade 1	二年级 Grade 2	三年级 Grade 3	四年级 Grade 4
合　计 Total	**6184**	**5044**	**1131**	**9**	**123215**	**40817**	**40942**	**40622**	**834**
北　京 Beijing	25	22	3		445	142	147	156	
天　津 Tianjin	40	38	2		718	228	211	216	63
河　北 Hebei	480	419	61		8941	3019	3007	2915	
山　西 Shanxi	252	195	57		4845	1579	1648	1610	8
内蒙古 Inner Mongolia	44	34	10		925	296	316	313	
辽　宁 Liaoning	88	45	43		1336	438	453	445	
吉　林 Jilin	63	42	20	1	649	233	209	207	
黑龙江 Heilongjiang	60	51	8	1	975	298	305	292	80
上　海 Shanghai	28	18	10		502	127	130	127	118
江　苏 Jiangsu	320	274	46		5780	1806	1937	2037	
浙　江 Zhejiang	302	264	38		6489	2154	2163	2172	
安　徽 Anhui	304	252	52		6046	1950	2017	2071	8
福　建 Fujian	164	156	8		3943	1280	1298	1365	
江　西 Jiangxi	210	160	49	1	3739	1256	1253	1215	15
山　东 Shandong	585	493	92		13116	4162	4249	4205	500
河　南 Henan	819	695	124		13809	4850	4532	4420	7
湖　北 Hubei	237	199	38		4254	1346	1418	1490	
湖　南 Hunan	441	354	87		6317	2144	2120	2034	19
广　东 Guangdong	407	333	74		11689	3824	3941	3912	12
广　西 Guangxi	193	184	9		3975	1401	1319	1255	
海　南 Hainan	26	12	14		620	215	212	193	
重　庆 Chongqing	121	100	21		3182	1046	1043	1089	4
四　川 Sichuan	323	184	139		5447	1793	1820	1834	
贵　州 Guizhou	181	139	37	5	4476	1569	1513	1394	
云　南 Yunnan	133	119	13	1	3937	1358	1320	1259	
西　藏 Tibet	5	4	1		166	53	55	58	
陕　西 Shaanxi	203	172	31		3906	1250	1313	1343	
甘　肃 Gansu	51	37	14		1169	383	396	390	
青　海 Qinghai	22	9	13		341	114	113	114	
宁　夏 Ningxia	19	14	5		482	166	154	162	
新　疆 Xinjiang	38	26	12		996	337	330	329	

初中校数、班数(乡村)
Number of Schools,Classes of Junior Secondary Schools (Rural Area)

	学校数(所) Schools				班数(个) Classes				
	合计 Total	初级中学 Regular Junior Secondary Schools	九年一贯制学校 9-year Schools	职业初中 Vocational Junior Secondary Schools	合计 Total	一年级 Grade 1	二年级 Grade 2	三年级 Grade 3	四年级 Grade 4
合　计 Total	**20997**	**15112**	**5862**	**23**	**232407**	**75676**	**77396**	**77675**	**1660**
北　京 Beijing	69	56	13		718	224	241	253	
天　津 Tianjin	84	76	8		1077	323	316	348	90
河　北 Hebei	1027	902	125		10132	3386	3389	3357	
山　西 Shanxi	907	665	241	1	7287	2276	2447	2554	10
内蒙古 Inner Mongolia	191	101	90		1742	562	607	569	4
辽　宁 Liaoning	403	200	203		3958	1276	1328	1354	
吉　林 Jilin	476	319	153	4	3937	1297	1310	1330	
黑龙江 Heilongjiang	602	450	151	1	6068	1729	1818	1881	640
上　海 Shanghai	25	14	11		348	88	89	86	85
江　苏 Jiangsu	256	207	49		3310	1015	1099	1196	
浙　江 Zhejiang	379	243	136		4584	1497	1516	1571	
安　徽 Anhui	1608	1276	332		15710	4849	5267	5564	30
福　建 Fujian	566	484	82		5687	1760	1846	2077	4
江　西 Jiangxi	979	740	239		11068	3748	3680	3638	2
山　东 Shandong	789	690	99		13186	4069	4229	4174	714
河　南 Henan	1910	1785	125		25098	8633	8331	8105	29
湖　北 Hubei	686	547	139		8846	2752	2960	3116	18
湖　南 Hunan	1788	1163	625		13440	4483	4487	4461	9
广　东 Guangdong	647	523	124		11096	3592	3746	3758	
广　西 Guangxi	666	616	50		7588	2594	2552	2436	6
海　南 Hainan	66	37	29		515	170	174	171	
重　庆 Chongqing	274	171	103		3047	958	1036	1053	
四　川 Sichuan	1898	639	1257	2	15087	4849	5104	5134	
贵　州 Guizhou	1153	825	317	11	14253	4921	4839	4493	
云　南 Yunnan	938	831	103	4	14949	5014	5040	4895	
西　藏 Tibet	22	22			753	242	249	262	
陕　西 Shaanxi	695	510	185		6747	2084	2256	2401	6
甘　肃 Gansu	1053	665	388		10820	3492	3638	3679	11
青　海 Qinghai	165	40	125		1336	454	462	420	
宁　夏 Ningxia	110	60	50		1186	411	402	371	2
新　疆 Xinjiang	565	255	310		8834	2928	2938	2968	

初中学生数(总计)

Number of Students in Junior Secondary Schools(Regional Aggregates)

单位:人

unit:person

	毕业生数 Graduates	招生数 Entrants	在校生数 Enrolment						预计毕业生数 Estimated Graduates for Next Year
			合计 Total	其中:女 of Which: Female	一年级 Grade 1	二年级 Grade 2	三年级 Grade 3	四年级 Grade 4	
合　计 Total	**17366786**	**16347296**	**50668024**	**23877419**	**16367223**	**16916682**	**16912985**	**471134**	**16904257**
北　京 Beijing	97587	100636	302269	142632	100794	100764	99837	874	99789
天　津 Tianjin	90486	82553	261954	123866	83047	82840	84782	11285	85383
河　北 Hebei	752512	727190	2150335	1048254	727190	719833	703312		703312
山　西 Shanxi	555758	509272	1643113	800475	510317	559924	572872		572872
内蒙古 Inner Mongolia	259992	256646	791411	380965	256646	270535	260890	3340	261733
辽　宁 Liaoning	435895	376932	1195997	567861	377284	397550	414231	6932	413974
吉　林 Jilin	285578	232122	751532	361553	232244	254664	263914	710	263920
黑龙江 Heilongjiang	398552	335172	1223979	592322	335172	365392	387239	136176	390286
上　海 Shanghai	96244	116210	430585	203518	116477	111369	105388	97351	97351
江　苏 Jiangsu	838269	649616	2111249	964668	649656	703802	757270	521	757321
浙　江 Zhejiang	575871	499789	1546002	720204	499863	520977	523610	1552	523567
安　徽 Anhui	922116	760861	2498800	1157315	761217	835755	899986	1842	900101
福　建 Fujian	463505	363390	1157266	524037	363673	378351	415242		415242
江　西 Jiangxi	631353	675593	2009641	917309	678174	679526	651941		651634
山　东 Shandong	1076260	1057830	3451577	1632869	1057836	1113144	1087082	193515	1085032
河　南 Henan	1554530	1616241	4679780	2214280	1617913	1542433	1504914	14520	1503606
湖　北 Hubei	771362	619213	2040702	928450	620714	690390	728111	1487	727606
湖　南 Hunan	692709	734924	2163402	1016508	734927	734673	693802		693802
广　东 Guangdong	1619069	1540940	4790565	2211593	1541416	1622595	1626453	101	1626505
广　西 Guangxi	624461	688646	2008317	946865	689395	671726	647196		647196
海　南 Hainan	141635	125529	392397	180687	129616	134158	128623		128623
重　庆 Chongqing	428823	372073	1190197	568176	372366	403818	413828	185	413808
四　川 Sichuan	1153686	1058072	3266108	1564904	1059165	1106250	1100328	365	1100333
贵　州 Guizhou	650596	745660	2138054	1026214	745685	729237	663132		663132
云　南 Yunnan	670529	687209	2052586	972931	689719	693132	669357	378	669229
西　藏 Tibet	44370	44567	136371	65180	44567	45253	46551		46551
陕　西 Shaanxi	586760	458592	1498841	696638	459476	508737	530628		530623
甘　肃 Gansu	458253	406700	1285392	614992	406931	434587	443874		443134
青　海 Qinghai	63632	76548	223398	107227	76682	76275	70441		70441
宁　夏 Ningxia	97927	102617	299635	147281	102969	100238	96428		96428
新　疆 Xinjiang	328466	325953	976569	477645	326092	328754	321723		321723

初中学生数(城区)

Number of Students in Junior Secondary Schools (Urban Area)

单位:人
unit:person

	毕业生数 Graduates	招生数 Entrants	在校生数 Enrolment						预计毕业生数 Estimated Graduates for Next Year
			合计 Total	其中:女 of Which: Female	一年级 Grade 1	二年级 Grade 2	三年级 Grade 3	四年级 Grade 4	
合　计 Total	**4640192**	**4693012**	**14363980**	**6684307**	**4697988**	**4759064**	**4641655**	**265273**	**4626015**
北　京 Beijing	74322	80922	239240	113100	80995	79659	77712	874	77664
天　津 Tianjin	47572	47129	145574	70002	47139	47523	46958	3954	46722
河　北 Hebei	190021	198580	582271	281679	198580	197671	186020		186020
山　西 Shanxi	166327	155094	494423	241006	155225	168574	170624		170624
内蒙古 Inner Mongolia	98179	101878	311821	149920	101878	105472	102011	2460	102012
辽　宁 Liaoning	197350	183875	572815	272206	183928	188285	193889	6713	193612
吉　林 Jilin	126850	105101	337961	160966	105111	114710	117430	710	117436
黑龙江 Heilongjiang	156329	138249	512563	246177	138249	148307	159216	66791	156901
上　海 Shanghai	79556	95557	353325	167542	95756	90120	86362	81087	81087
江　苏 Jiangsu	311822	285112	878682	405605	285123	293828	299210	521	299261
浙　江 Zhejiang	215647	206929	622907	288123	206942	209669	204744	1552	204701
安　徽 Anhui	170374	152953	473723	214595	152973	157377	163283	90	163280
福　建 Fujian	130552	125628	379612	169171	125707	125587	128318		128318
江　西 Jiangxi	111371	123098	360420	157620	123773	121535	115112		115112
山　东 Shandong	323051	326056	1080546	506869	326060	336321	327829	90336	321315
河　南 Henan	285877	335964	967417	450147	337203	324061	296924	9229	296009
湖　北 Hubei	203090	179751	561141	251777	179825	190988	190216	112	190215
湖　南 Hunan	143115	164202	473485	219893	164202	161816	147467		147467
广　东 Guangdong	640157	668604	1986792	884797	668827	670864	647000	101	647052
广　西 Guangxi	107991	122617	351678	159419	122625	116593	112460		112460
海　南 Hainan	48002	44968	138908	58576	46775	46386	45747		45747
重　庆 Chongqing	94189	96518	292323	140015	96593	97545	98185		98185
四　川 Sichuan	210852	216907	653472	314034	216921	223550	212636	365	212641
贵　州 Guizhou	81778	100460	285492	136536	100462	97188	87842		87842
云　南 Yunnan	72041	81187	240254	117598	81347	84010	74519	378	74391
西　藏 Tibet	4570	4378	13178	6350	4378	4523	4277		4277
陕　西 Shaanxi	133188	124819	380403	174989	124821	129075	126507		126507
甘　肃 Gansu	74978	72999	222986	103967	72999	74921	75066		75066
青　海 Qinghai	12583	15335	44011	21338	15335	15257	13419		13419
宁　夏 Ningxia	34542	38094	112520	54865	38183	37683	36654		36654
新　疆 Xinjiang	93916	100048	294037	145425	100053	99966	94018		94018

初中学生数(城乡结合区)

Number of Students in Junior Secondary Schools (Urban-rural Transitional Area)

单位:人
unit:person

	毕业生数 Graduates	招生数 Entrants	在校生数 Enrolment						预计毕业生数 Estimated Graduates for Next Year
			合计 Total	其中:女 of Which: Female	一年级 Grade 1	二年级 Grade 2	三年级 Grade 3	四年级 Grade 4	
合　计 Total	**799986**	**828823**	**2486827**	**1133441**	**829824**	**828838**	**799277**	**28888**	**798301**
北　京 Beijing	6247	7408	21103	9708	7427	7068	6608		6608
天　津 Tianjin	4351	4220	12388	6116	4221	4217	3950		3950
河　北 Hebei	39126	38738	111917	53602	38738	38132	35047		35047
山　西 Shanxi	19323	16523	55057	26343	16598	17662	20797		20797
内蒙古 Inner Mongolia	5901	6442	19793	8947	6442	6870	6481		6481
辽　宁 Liaoning	18641	16979	51890	24563	16979	17180	17458	273	17525
吉　林 Jilin	6560	4905	16986	7998	4905	6114	5967		5967
黑龙江 Heilongjiang	12269	10970	41703	19944	10970	11190	12867	6676	12979
上　海 Shanghai	5255	7430	26184	12041	7449	7043	6103	5589	5589
江　苏 Jiangsu	38260	34082	104010	46942	34084	34423	35503		35503
浙　江 Zhejiang	51537	51728	152317	68870	51730	52206	48381		48381
安　徽 Anhui	19118	17991	56699	25551	17995	19193	19511		19511
福　建 Fujian	31534	29415	88722	40046	29417	29426	29879		29879
江　西 Jiangxi	15141	20524	57092	24084	20725	19239	17128		17128
山　东 Shandong	67067	65978	216849	101595	65978	66741	67792	16338	67139
河　南 Henan	60001	72655	203269	92831	72936	68245	62076	12	62088
湖　北 Hubei	25341	23561	71272	31356	23576	23501	24195		24195
湖　南 Hunan	28740	34098	96920	43342	34098	33053	29769		29769
广　东 Guangdong	208077	224043	658245	290442	224224	223499	210522		210522
广　西 Guangxi	20840	21768	64956	28936	21768	21682	21506		21506
海　南 Hainan	2409	2689	7840	3079	2839	2483	2518		2518
重　庆 Chongqing	12731	13700	41814	19932	13705	14369	13740		13740
四　川 Sichuan	28590	29432	89351	41841	29432	30785	29134		29134
贵　州 Guizhou	13213	18159	49726	23654	18159	16775	14792		14792
云　南 Yunnan	16614	16438	49806	24504	16479	17181	16146		16146
西　藏 Tibet									
陕　西 Shaanxi	21609	16390	53741	24260	16392	18217	19132		19132
甘　肃 Gansu	8307	7540	22912	11221	7540	7656	7716		7716
青　海 Qinghai	1546	2019	5623	2828	2019	1946	1658		1658
宁　夏 Ningxia	5057	5651	16638	8017	5651	5478	5509		5509
新　疆 Xinjiang	6581	7347	22004	10848	7348	7264	7392		7392

初中学生数(镇区)

Number of Students in Junior Secondary Schools (Counties & Towns Area)

单位:人
unit:person

	毕业生数 Graduates	招生数 Entrants	在校生数 Enrolment						预计毕业生数 Estimated Graduates for Next Year
			合计 Total	其中:女 of Which: Female	一年级 Grade 1	二年级 Grade 2	三年级 Grade 3	四年级 Grade 4	
合　计 Total	**8553130**	**7939411**	**24674229**	**11661906**	**7950387**	**8268211**	**8321236**	**134395**	**8326542**
北　京 Beijing	15286	13491	42585	20040	13554	14107	14924		14924
天　津 Tianjin	28655	23629	76992	35996	23886	23656	25005	4445	25786
河　北 Hebei	384129	375231	1104894	540923	375231	369754	359909		359909
山　西 Shanxi	268257	252720	808296	394446	253572	276160	278564		278564
内蒙古 Inner Mongolia	137141	133265	412155	199341	133265	142053	136047	790	136799
辽　宁 Liaoning	172007	142380	456573	216674	142556	153406	160392	219	160412
吉　林 Jilin	101548	81583	265077	128856	81617	90864	92596		92596
黑龙江 Heilongjiang	156493	132779	470239	229023	132779	145602	150226	41632	153844
上　海 Shanghai	14044	17282	65398	30563	17344	18094	16201	13759	13759
江　苏 Jiangsu	464737	323116	1088757	493267	323142	362310	403305		403305
浙　江 Zhejiang	289990	237192	747754	350840	237241	252800	257713		257713
安　徽 Anhui	438862	377719	1233742	565484	377980	413589	441894	279	441890
福　建 Fujian	220636	168137	538050	245032	168310	175939	193801		193801
江　西 Jiangxi	339540	360284	1080167	491188	361761	367050	351356		351049
山　东 Shandong	537977	531848	1706596	812993	531850	560586	546259	67901	549996
河　南 Henan	745322	779017	2244447	1052364	779128	731017	730492	3810	730198
湖　北 Hubei	381043	295975	994830	456438	296954	334841	361660	1375	361689
湖　南 Hunan	323192	345747	1017948	477384	345748	345923	326277		326277
广　东 Guangdong	759936	677637	2175998	1028191	677642	739529	758827		758827
广　西 Guangxi	378312	425301	1233475	587658	425629	412607	395239		395239
海　南 Hainan	85372	73529	231263	111577	75663	80113	75487		75487
重　庆 Chongqing	277919	229700	746770	356538	229857	254083	262645	185	262625
四　川 Sichuan	662430	600771	1858347	892416	601756	627240	629351		629351
贵　州 Guizhou	330234	377340	1082446	517625	377360	368331	336755		336755
云　南 Yunnan	319734	330802	988143	473104	332217	332669	323257		323257
西　藏 Tibet	27176	28042	85781	41112	28042	28469	29270		29270
陕　西 Shaanxi	314316	241701	801260	374249	242458	272636	286166		286161
甘　肃 Gansu	187261	166531	530843	252232	166762	177999	186082		185523
青　海 Qinghai	34113	39226	117290	56606	39340	39530	38420		38420
宁　夏 Ningxia	41307	43484	126077	62098	43721	42143	40213		40213
新　疆 Xinjiang	116161	113952	342036	167648	114022	115111	112903		112903

初中学生数(镇乡结合区)

Number of Students in Junior Secondary Schools (County-town Transitional Area)

单位:人
unit:person

	毕业生数 Graduates	招生数 Entrants	在校生数 Enrolment						预计毕业生数 Estimated Graduates for Next Year
			合计 Total	其中:女 of Which: Female	一年级 Grade 1	二年级 Grade 2	三年级 Grade 3	四年级 Grade 4	
合　计 Total	**2259560**	**2159786**	**6645298**	**3115156**	**2161344**	**2225686**	**2222726**	**35542**	**2224675**
北　京 Beijing	4612	3846	12402	5804	3890	4127	4385		4385
天　津 Tianjin	10176	8390	27073	12809	8646	7974	8189	2264	8590
河　北 Hebei	163848	164846	482067	235733	164846	160778	156443		156443
山　西 Shanxi	90379	84657	266544	128876	84672	92736	89136		89136
内蒙古 Inner Mongolia	13233	13695	43528	20606	13695	15135	14698		14698
辽　宁 Liaoning	23330	19310	62568	29434	19338	20950	22280		22280
吉　林 Jilin	10431	8431	27612	13324	8435	9171	10006		10006
黑龙江 Heilongjiang	15578	13056	45198	22408	13056	14815	13928	3399	14015
上　海 Shanghai	3955	4675	17508	8422	4677	4514	4325	3992	3992
江　苏 Jiangsu	109392	78234	261912	115184	78241	87830	95841		95841
浙　江 Zhejiang	104902	89029	275476	128100	89047	93580	92849		92849
安　徽 Anhui	115131	100576	331105	146770	100611	112323	118171		118171
福　建 Fujian	73089	58390	183202	82482	58416	59700	65086		65086
江　西 Jiangxi	64619	67634	202990	91975	67993	68124	66873		66873
山　东 Shandong	216136	218904	698364	327316	218904	229392	224676	25392	226572
河　南 Henan	271651	287170	830294	387996	287222	270570	272192	310	272110
湖　北 Hubei	91354	72541	245150	112546	72720	83993	88437		88437
湖　南 Hunan	110529	119044	350654	163637	119044	119873	111737		111737
广　东 Guangdong	233873	215229	683874	321794	215229	231483	237162		237162
广　西 Guangxi	76498	87618	254064	122380	87677	85282	81105		81105
海　南 Hainan	13405	11767	36890	16797	11921	12701	12268		12268
重　庆 Chongqing	59769	52377	166054	79049	52400	55469	58000	185	57980
四　川 Sichuan	101409	91945	284170	136430	92010	96498	95662		95662
贵　州 Guizhou	77474	94284	263076	124345	94292	89152	79632		79632
云　南 Yunnan	71446	75116	222222	106154	75138	75367	71717		71717
西　藏 Tibet	2551	2871	8244	4148	2871	2713	2660		2660
陕　西 Shaanxi	81493	66825	215584	99738	66951	72350	76283		76283
甘　肃 Gansu	22524	19867	62479	29680	19867	21046	21566		21566
青　海 Qinghai	4444	5906	16599	8016	5911	5300	5388		5388
宁　夏 Ningxia	9248	9793	28046	13595	9854	9292	8900		8900
新　疆 Xinjiang	13081	13760	40349	19608	13770	13448	13131		13131

初中学生数(乡村)
Number of Students in Junior Secondary Schools (Rural Area)

单位:人
unit:person

	毕业生数 Graduates	招生数 Entrants	在校生数 Enrolment						预计毕业生数 Estimated Graduates for Next Year
			合计 Total	其中:女 of Which: Female	一年级 Grade 1	二年级 Grade 2	三年级 Grade 3	四年级 Grade 4	
合　计 Total	**4173464**	**3714873**	**11629815**	**5531206**	**3718848**	**3889407**	**3950094**	**71466**	**3951700**
北　京 Beijing	7979	6223	20444	9492	6245	6998	7201		7201
天　津 Tianjin	14259	11795	39388	17868	12022	11661	12819	2886	12875
河　北 Hebei	178362	153379	463170	225652	153379	152408	157383		157383
山　西 Shanxi	121174	101458	340394	165023	101520	115190	123684		123684
内蒙古 Inner Mongolia	24672	21503	67435	31704	21503	23010	22832	90	22922
辽　宁 Liaoning	66538	50677	166609	78981	50800	55859	59950		59950
吉　林 Jilin	57180	45438	148494	71731	45516	49090	53888		53888
黑龙江 Heilongjiang	85730	64144	241177	117122	64144	71483	77797	27753	79541
上　海 Shanghai	2644	3371	11862	5413	3377	3155	2825	2505	2505
江　苏 Jiangsu	61710	41388	143810	65796	41391	47664	54755		54755
浙　江 Zhejiang	70234	55668	175341	81241	55680	58508	61153		61153
安　徽 Anhui	312880	230189	791335	377236	230264	264789	294809	1473	294931
福　建 Fujian	112317	69625	239604	109834	69656	76825	93123		93123
江　西 Jiangxi	180442	192211	569054	268501	192640	190941	185473		185473
山　东 Shandong	215232	199926	664435	313007	199926	216237	212994	35278	213721
河　南 Henan	523331	501260	1467916	711769	501582	487355	477498	1481	477399
湖　北 Hubei	187229	143487	484731	220235	143935	164561	176235		175702
湖　南 Hunan	226402	224975	671969	319231	224977	226934	220058		220058
广　东 Guangdong	218976	194699	627775	298605	194947	212202	220626		220626
广　西 Guangxi	138158	140728	423164	199788	141141	142526	139497		139497
海　南 Hainan	8261	7032	22226	10534	7178	7659	7389		7389
重　庆 Chongqing	56715	45855	151104	71623	45916	52190	52998		52998
四　川 Sichuan	280404	240394	754289	358454	240488	255460	258341		258341
贵　州 Guizhou	238584	267860	770116	372053	267863	263718	238535		238535
云　南 Yunnan	278754	275220	824189	382229	276155	276453	271581		271581
西　藏 Tibet	12624	12147	37412	17718	12147	12261	13004		13004
陕　西 Shaanxi	139256	92072	317178	147400	92197	107026	117955		117955
甘　肃 Gansu	196014	167170	531563	258793	167170	181667	182726		182545
青　海 Qinghai	16936	21987	62097	29283	22007	21488	18602		18602
宁　夏 Ningxia	22078	21039	61038	30318	21065	20412	19561		19561
新　疆 Xinjiang	118389	111953	340496	164572	112017	113677	114802		114802

初中女学生数

Number of Female Students in Junior Secondary Schools

单位:人
unit:person

	毕业生数 Graduates	招生数 Entrants	在校生数 Enrolment					预计毕业生数 Estimated Graduates for Next Year
			合计 Total	一年级 Grade 1	二年级 Grade 2	三年级 Grade 3	四年级 Grade 4	
合 计 Total	**8272642**	**7661189**	**23877419**	**7668948**	**7955527**	**8024827**	**228117**	**7946855**
北 京 Beijing	46886	47238	142632	47270	47324	47633	405	47597
天 津 Tianjin	44032	38964	123866	39181	39029	40354	5302	39417
河 北 Hebei	369546	352324	1048254	352324	349718	346212		345499
山 西 Shanxi	270950	248167	800475	248379	273175	278921		274274
内蒙古 Inner Mongolia	126207	122812	380965	122812	129480	127024	1649	126803
辽 宁 Liaoning	209901	178093	567861	178424	187944	198030	3463	198008
吉 林 Jilin	139735	110530	361553	110578	122582	128033	360	127974
黑龙江 Heilongjiang	194582	162346	592322	162346	176164	187201	66611	187830
上 海 Shanghai	47117	54329	203518	54375	52306	49782	47055	47055
江 苏 Jiangsu	384173	297461	964668	297467	320397	346548	256	345359
浙 江 Zhejiang	272283	231467	720204	231494	242824	245125	761	244983
安 徽 Anhui	435087	348877	1157315	349050	386392	420961	912	412122
福 建 Fujian	213103	165489	524037	165563	171831	186643		185678
江 西 Jiangxi	288594	308490	917309	309692	309337	298280		282011
山 东 Shandong	510549	499516	1632869	499525	523412	516527	93405	515684
河 南 Henan	740347	759784	2214280	760307	730598	716665	6710	706295
湖 北 Hubei	350520	284020	928450	285321	311511	330896	722	322185
湖 南 Hunan	327263	342982	1016508	342984	344842	328682		328682
广 东 Guangdong	768388	699022	2211593	699167	747407	764963	56	759056
广 西 Guangxi	304975	321458	946865	321936	318832	306097		303252
海 南 Hainan	65893	57401	180687	58164	61413	61110		61110
重 庆 Chongqing	208785	175811	568176	175903	191783	200392	98	192670
四 川 Sichuan	558797	503072	1564904	503432	528985	532327	160	532313
贵 州 Guizhou	313740	354139	1026214	354145	349576	322493		322493
云 南 Yunnan	318816	325917	972931	327014	327412	318313	192	318259
西 藏 Tibet	20992	21635	65180	21635	21238	22307		22307
陕 西 Shaanxi	278082	212190	696638	212448	235415	248775		248213
甘 肃 Gansu	221118	193503	614992	193598	208505	212889		208634
青 海 Qinghai	30580	36299	107227	36351	36498	34378		33826
宁 夏 Ningxia	48909	49723	147281	49863	48992	48426		48426
新 疆 Xinjiang	162692	158130	477645	158200	160605	158840		158840

初中专任教师学历、

Number of Full-time Teachers in Junior Secondary Schools by

	合计 Total	其中:女 of Which: Female	按学历分 By Educational Attainment			
			研究生毕业 Graduate	本科毕业 Under-graduate	专科毕业 Associate Bachelor	高中阶段毕业 High School Graduate
合　计 Total	**3524517**	**1766987**	**30237**	**2374096**	**1081867**	**37429**
北　京 Beijing	30539	22679	2088	27213	1165	65
天　津 Tianjin	25860	16949	822	21956	2741	334
河　北 Hebei	172505	111008	997	119666	50539	1293
山　西 Shanxi	119314	74551	624	73478	43830	1365
内蒙古 Inner Mongolia	62565	38807	652	45048	16306	540
辽　宁 Liaoning	101483	65957	953	73664	26053	753
吉　林 Jilin	67090	42681	1054	51409	14201	403
黑龙江 Heilongjiang	100563	62355	353	70786	28347	1058
上　海 Shanghai	34506	24480	1271	31702	1505	25
江　苏 Jiangsu	185110	88834	2405	148789	32618	1273
浙　江 Zhejiang	119270	65731	1205	102522	15008	520
安　徽 Anhui	161604	56833	1073	104835	54193	1483
福　建 Fujian	97795	42435	696	76019	20341	715
江　西 Jiangxi	122811	44998	695	70461	49819	1798
山　东 Shandong	263333	128919	2634	194384	63831	2424
河　南 henan	282202	149326	1720	155046	122407	3015
湖　北 Hubei	154295	58033	1164	86099	63004	3963
湖　南 Hunan	173343	75540	1192	104267	65029	2755
广　东 Guangdong	268008	141169	3345	168410	93392	2810
广　西 Guangxi	119248	56497	690	78679	38201	1645
海　南 Hainan	25104	10957	66	16216	8587	234
重　庆 Chongqing	76717	35082	568	59047	16522	563
四　川 Sichuan	202987	88690	817	128104	71494	2511
贵　州 guizhou	111173	41010	296	64963	44717	1169
云　南 Yunnan	119266	54494	408	83757	33722	1299
西　藏 Tibet	9121	4334	81	7093	1833	103
陕　西 Shaanxi	115434	61804	1395	78762	33749	1499
甘　肃 Gansu	84462	33675	369	55264	27701	1109
青　海 Qinghai	14720	7317	167	9753	4636	163
宁　夏 Ningxia	18846	9125	153	15081	3481	129
新　疆 Xinjiang	85243	52717	284	51623	32895	413

职称情况（总计）

Educational Attainment and Professional Rank（Regional Aggregates）

单位：人

unit：person

高中阶段毕业以下 Below High School Graduate	按职称分 By Professional Rank				
	中学高级 Senior Secondary	中学一级 1st Grade	中学二级 2st Grade	中学三级 3st Grade	未定职级 No-ranking
888	**487588**	**1506197**	**1209665**	**92278**	**228789**
8	5283	12523	10680	88	1965
7	7841	12584	4802	31	602
10	21853	79910	58804	3042	8896
17	8478	39637	53130	5837	12232
19	17648	24950	15487	956	3524
60	39194	39058	17799	1404	4028
23	8592	32925	21619	952	3002
19	20755	48480	27366	1188	2774
3	3971	18476	10590	67	1402
25	31564	90676	54413	1338	7119
15	19785	56866	36224	1003	5392
20	23793	62590	54005	6650	14566
24	15109	42823	34832	1511	3520
38	26799	45877	38864	3480	7791
60	36649	120116	91691	3547	11330
14	38541	107559	107348	10034	18720
65	23093	85881	38092	3120	4109
100	16184	96331	50055	2209	8564
51	19670	129836	73181	9092	36229
33	8882	60970	40712	3007	5677
1	2979	8897	10407	611	2210
17	7603	28147	34442	1739	4786
61	24026	79614	82756	3802	12789
28	8275	34700	51098	6253	10847
80	16424	44945	45019	5443	7435
11	240	2247	5165	220	1249
29	9649	35632	56178	5800	8175
19	5006	25447	41034	4748	8227
1	3560	6420	4093	74	573
2	3315	6554	5768	290	2919
28	12827	25526	34011	4742	8137

初中专任教师学历、

Number of Full-time Teachers in Junior Secondary Schools by

	合计 Total	其中:女 of Which: Female	按学历分 By Educational Attainment			
			研究生毕业 Graduate	本科毕业 Under-graduate	专科毕业 Associate Bachelor	高中阶段毕业 High School Graduate
合　计 Total	**992318**	**619534**	**21237**	**792241**	**174231**	**4485**
北　京 Beijing	22422	17331	1908	19681	784	41
天　津 Tianjin	13934	10557	739	11950	1153	87
河　北 Hebei	42950	31833	493	34757	7556	143
山　西 Shanxi	32198	22770	302	24831	6922	139
内蒙古 Inner Mongolia	21283	14893	530	16602	4071	79
辽　宁 Liaoning	48782	36095	846	39905	7841	177
吉　林 Jilin	25975	18997	893	21480	3460	141
黑龙江 Heilongjiang	39920	28482	286	31175	8249	209
上　海 Shanghai	27791	20379	1024	25636	1121	10
江　苏 Jiangsu	74007	42317	1852	63207	8576	359
浙　江 Zhejiang	46124	28576	780	40566	4666	112
安　徽 Anhui	30225	14308	427	22123	7489	184
福　建 Fujian	27329	16026	444	23090	3699	92
江　西 Jiangxi	21622	11125	393	15072	5983	172
山　东 Shandong	77143	46328	1637	65160	10013	330
河　南 henan	61250	38098	965	44531	15536	209
湖　北 Hubei	43589	21176	955	30480	11638	505
湖　南 Hunan	31151	17886	657	23732	6674	88
广　东 Guangdong	115858	68453	2948	89201	23248	445
广　西 Guangxi	21366	12850	424	15570	5204	159
海　南 Hainan	7857	4375	44	6303	1498	12
重　庆 Chongqing	19517	11168	296	17186	1970	63
四　川 Sichuan	40201	22681	506	31187	8250	248
贵　州 guizhou	14988	8775	124	10907	3837	118
云　南 Yunnan	14035	8655	280	11754	1929	72
西　藏 Tibet	1087	568	18	841	212	16
陕　西 Shaanxi	24078	15818	866	19491	3610	108
甘　肃 Gansu	14382	7817	279	11035	3004	63
青　海 Qinghai	2925	1885	48	2269	587	21
宁　夏 Ningxia	6007	3573	88	5124	772	23
新　疆 Xinjiang	22322	15739	185	17395	4679	60

职称情况(城区)

Educational Attainment and Professional Rank (Urban Area)

单位:人
unit:person

	按职称分 By Professional Rank				
高中阶段毕业以下 Below High School Graduate	中学高级 Senior Secondary	中学一级 1st Grade	中学二级 2st Grade	中学三级 3st Grade	未定职级 No-ranking
124	**203853**	**437893**	**279396**	**12228**	**58948**
8	4229	9219	7429	52	1493
5	4506	6183	2764	17	464
1	8659	20646	10793	555	2297
4	4417	12199	11809	848	2925
1	7382	7426	4574	225	1676
13	18802	19672	8003	409	1896
1	4760	12831	7044	279	1061
1	11263	18376	8948	324	1009
	3382	15365	7958	44	1042
13	17138	34891	19431	261	2286
	10278	21274	12172	269	2131
2	6095	11266	9440	790	2634
4	5724	11286	8627	284	1408
2	6275	8018	5913	274	1142
3	13221	35092	25086	638	3106
9	12985	24376	19754	1095	3040
11	11394	21712	9048	466	969
	5647	16827	6836	256	1585
16	13647	54358	31047	2677	14129
9	3572	10929	5274	412	1179
	1307	2791	2907	96	756
2	3129	7950	7459	71	908
10	6973	17180	13552	338	2158
2	2622	5263	4628	338	2137
	2846	6177	4022	133	857
	99	502	406	10	70
3	3684	8660	9734	487	1513
1	2195	5888	5296	202	801
	904	1141	666	7	207
	1526	2508	1471	50	452
3	5192	7887	7305	321	1617

初中专任教师学历、

Number of Full-time Teachers in Junior Secondary Schools by Educational

	合计 Total	其中：女 of Which: Female	按学历分 By Educational Attainment			
			研究生毕业 Graduate	本科毕业 Under-graduate	专科毕业 Associate Bachelor	高中阶段毕业 High School Graduate
合　计 Total	**170894**	**96642**	**2109**	**127034**	**40604**	**1125**
北　京 Beijing	2088	1481	89	1898	99	2
天　津 Tianjin	1038	744	31	938	66	3
河　北 Hebei	9014	6527	53	6436	2466	59
山　西 Shanxi	3872	2687	22	2717	1130	3
内蒙古 Inner Mongolia	1347	891	25	1024	293	4
辽　宁 Liaoning	4431	3114	38	3511	856	25
吉　林 Jilin	1579	1070	54	1248	276	1
黑龙江 Heilongjiang	3557	2486	18	2414	1080	45
上　海 Shanghai	1914	1318	64	1785	65	
江　苏 Jiangsu	9297	4581	121	7710	1407	59
浙　江 Zhejiang	11465	6718	196	9771	1447	51
安　徽 Anhui	4074	1566	43	2712	1248	70
福　建 Fujian	6910	3517	33	5684	1152	39
江　西 Jiangxi	3304	1442	23	2134	1121	25
山　东 Shandong	16711	9028	236	13564	2790	121
河　南 henan	13347	7916	174	9065	4045	63
湖　北 Hubei	5756	2397	47	3375	2221	113
湖　南 Hunan	6853	3638	134	4682	1996	41
广　东 Guangdong	36632	20020	502	26219	9711	190
广　西 Guangxi	3795	2132	17	2484	1269	23
海　南 Hainan	451	169	0	330	120	1
重　庆 Chongqing	2338	1213	32	1966	323	17
四　川 Sichuan	6002	3201	41	4275	1627	58
贵　州 guizhou	2500	1361	9	1593	859	39
云　南 Yunnan	2927	1711	36	2373	504	14
西　藏 Tibet						
陕　西 Shaanxi	4556	2741	43	3658	820	34
甘　肃 Gansu	1794	881	8	1149	627	10
青　海 Qinghai	405	257	9	313	83	
宁　夏 Ningxia	938	517	4	770	156	8
新　疆 Xinjiang	1999	1318	7	1236	747	7

职称情况(城乡结合区)

Attainment and Professional Rank (Urban-rural Transitional Area)

单位:人
unit:person

高中阶段毕业以下 Below High School Graduate	按职称分 By Professional Rank				
	中学高级 Senior Secondary	中学一级 1st Grade	中学二级 2st Grade	中学三级 3st Grade	未定职级 No-ranking
22	**25061**	**75769**	**52174**	**3262**	**14628**
	303	815	793	14	163
	298	413	266	2	59
	1304	4361	2587	88	674
	247	1492	1678	80	375
1	428	525	227	11	156
1	1870	1773	560	39	189
	263	763	410	15	128
	1047	1657	730	50	73
	200	935	660	1	118
	1690	4495	2701	28	383
	1756	5561	3292	100	756
1	666	1519	1346	112	431
2	1432	2972	2108	63	335
1	708	1221	1066	62	247
	2249	7672	5834	233	723
	2089	5192	4985	392	689
	1157	3031	1390	60	118
	925	3688	1591	66	583
10	2549	17148	9771	1211	5953
2	454	1897	1025	116	303
	44	112	233	8	54
	417	874	882	19	146
1	776	2280	2382	61	503
	254	751	807	75	613
	605	1286	859	28	149
1	502	1619	1990	156	289
	174	621	818	41	140
	124	160	100	3	18
	237	400	204		97
2	293	536	879	128	163

初中专任教师学历、

Number of Full-time Teachers in Junior Secondary Schools by

	合计 Total	其中:女 of Which: Female	按学历分 By Educational Attainment			
			研究生毕业 Graduate	本科毕业 Under-graduate	专科毕业 Associate Bachelor	高中阶段毕业 High School Graduate
合　计 Total	**1675519**	**791930**	**6416**	**1081377**	**568371**	**18865**
北　京 Beijing	5163	3440	116	4829	206	12
天　津 Tianjin	7681	4362	54	6445	1032	149
河　北 Hebei	85262	54374	409	57113	27132	602
山　西 Shanxi	57085	35350	247	32861	23313	657
内蒙古 Inner Mongolia	33669	19975	109	23699	9543	304
辽　宁 Liaoning	37562	21804	62	24224	12883	367
吉　林 Jilin	25076	15051	125	18196	6571	163
黑龙江 Heilongjiang	38626	23156	53	26089	12102	376
上　海 Shanghai	5671	3492	220	5119	318	12
江　苏 Jiangsu	96969	40717	498	75061	20611	787
浙　江 Zhejiang	58001	29658	290	49368	8032	299
安　徽 Anhui	74622	26131	394	48051	25583	581
福　建 Fujian	46122	18330	113	35014	10601	378
江　西 Jiangxi	64736	23071	224	36653	26951	889
山　东 Shandong	132620	59767	711	92450	37964	1456
河　南 henan	130118	69706	590	67567	60669	1288
湖　北 Hubei	75088	26130	93	38101	34686	2169
湖　南 Hunan	80117	34867	292	47507	31146	1121
广　东 Guangdong	118246	56244	241	62522	53785	1676
广　西 Guangxi	70325	32663	135	45835	23301	1038
海　南 Hainan	15264	5920	22	8924	6142	175
重　庆 Chongqing	47534	20167	258	35208	11657	398
四　川 Sichuan	112065	47397	259	70812	39577	1388
贵　州 guizhou	55491	19835	100	32373	22447	557
云　南 Yunnan	57062	25956	73	40393	15904	636
西　藏 Tibet	5662	2662	48	4408	1142	54
陕　西 Shaanxi	61193	31960	407	40811	19202	755
甘　肃 Gansu	33700	13985	55	22429	10882	325
青　海 Qinghai	6997	3608	81	4507	2334	74
宁　夏 Ningxia	8172	3682	59	6419	1645	47
新　疆 Xinjiang	29620	18470	78	18389	11010	132

职称情况(镇区)

Educational Attainment and Professional Rank(Counties & Towns Area)

单位:人

unit:person

高中阶段毕业以下 Below High School Graduate	按职称分 By Professional Rank				
	中学高级 Senior Secondary	中学一级 1st Grade	中学二级 2st Grade	中学三级 3st Grade	未定职级 No-ranking
490	**205500**	**727066**	**594779**	**45851**	**102323**
0	660	2158	2016	24	305
1	2268	4062	1267	11	73
6	9657	39016	30368	1710	4511
7	3180	18465	27238	2705	5497
14	8613	14136	8847	591	1482
26	14932	14115	6548	588	1379
21	2682	12238	8556	432	1168
6	6802	19561	10695	508	1060
2	509	2617	2202	17	326
12	13017	48704	30094	875	4279
12	8176	28388	18484	530	2423
13	10890	28933	24370	3541	6888
16	6448	20892	16685	722	1375
19	13938	25308	20577	1686	3227
39	17262	60537	46893	2139	5789
4	15972	48814	50628	5319	9385
39	8473	43781	19243	1764	1827
51	7000	45130	23562	1097	3328
22	5008	59853	32690	4922	15773
16	4181	36214	24951	1848	3131
1	1528	5470	6573	419	1274
13	4018	17282	22241	1165	2828
29	13106	44273	46530	2141	6015
14	4429	18354	25774	2802	4132
56	9072	22779	20927	1848	2436
10	105	1303	3256	125	873
18	4419	18439	30964	3316	4055
9	1673	10343	17124	1562	2998
1	1757	2994	1960	50	236
2	1291	2905	2587	142	1247
11	4434	10002	10929	1252	3003

初中专任教师学历、

Number of Full-time Teachers in Junior Secondary Schools by Educational

	合计 Total	其中:女 of Which: Female	按学历分 By Educational Attainment			
			研究生毕业 Graduate	本科毕业 Under-graduate	专科毕业 Associate Bachelor	高中阶段毕业 High School Graduate
合　计 Total	**452909**	**221284**	**2083**	**292548**	**153054**	**5143**
北　京 Beijing	1694	1137	46	1572	73	3
天　津 Tianjin	2760	1567	18	2291	384	67
河　北 Hebei	36351	23432	227	24149	11682	292
山　西 Shanxi	18491	12128	62	10179	8066	184
内蒙古 Inner Mongolia	3626	2199	31	2688	879	27
辽　宁 Liaoning	5122	3012	10	3326	1734	50
吉　林 Jilin	2858	1573	34	1924	874	26
黑龙江 Heilongjiang	3923	2259	3	2667	1179	73
上　海 Shanghai	1673	1022	34	1530	103	6
江　苏 Jiangsu	23847	10148	132	18672	4800	237
浙　江 Zhejiang	21459	10923	131	18182	3024	117
安　徽 Anhui	20479	7084	110	13036	7162	170
福　建 Fujian	15106	5769	24	11421	3535	123
江　西 Jiangxi	12215	4293	31	6701	5286	192
山　东 Shandong	53038	24276	308	37533	14564	627
河　南 henan	50100	27450	340	25977	23250	532
湖　北 Hubei	18113	6432	20	9244	8328	507
湖　南 Hunan	27687	12005	96	16487	10774	320
广　东 Guangdong	36567	18298	73	20208	15815	466
广　西 Guangxi	13764	6607	38	9170	4355	201
海　南 Hainan	2094	882	4	1338	703	49
重　庆 Chongqing	10588	4526	71	7856	2535	125
四　川 Sichuan	18623	8448	65	12187	6167	203
贵　州 guizhou	13299	5213	21	7601	5505	168
云　南 Yunnan	12548	6160	16	9423	3020	87
西　藏 Tibet	573	254	1	449	114	9
陕　西 Shaanxi	15744	8833	102	10007	5454	178
甘　肃 Gansu	3852	1598	9	2515	1279	49
青　海 Qinghai	1220	606	6	837	358	19
宁　夏 Ningxia	1704	796	17	1276	403	8
新　疆 Xinjiang	3791	2354	3	2102	1649	28

职称情况(镇乡结合区)
Attainment and Professional Rank(County-town Transitional Area)

单位:人
unit:person

	按职称分 By Professional Rank				
高中阶段毕业以下 Below High School Graduate	中学高级 Senior Secondary	中学一级 1st Grade	中学二级 2st Grade	中学三级 3st Grade	未定职级 No-ranking
81	**51867**	**197808**	**161597**	**12020**	**29617**
	197	694	707	6	90
	800	1454	475	2	29
1	3985	15945	13666	710	2045
	955	6017	8997	806	1716
1	852	1557	972	35	210
2	2032	1922	913	55	200
	228	1389	1033	41	167
1	635	1994	1173	37	84
	196	807	613	5	52
6	3475	11843	7052	223	1254
5	2744	10386	7160	234	935
1	2792	7689	6518	923	2557
3	2021	6693	5672	213	507
5	2446	4603	3899	476	791
6	6739	23832	18664	1024	2779
1	5824	19023	19613	2297	3343
14	2164	10200	4810	449	490
10	2226	15715	8115	326	1305
5	1593	18462	9887	1206	5419
	882	7265	4757	294	566
	234	778	908	27	147
1	916	3730	4989	239	714
1	2179	7557	7562	261	1064
4	1111	4378	6199	668	943
2	2258	5469	4282	187	352
	10	114	339	19	91
3	1176	4889	8060	848	771
	167	1099	1988	187	411
	257	559	367	2	35
	239	620	577	44	224
9	534	1125	1630	176	326

初中专任教师学历、

Number of Full-time Teachers in Junior Secondary Schools by

	合计 Total	其中:女 of Which: Female	按学历分 By Educational Attainment			
			研究生毕业 Graduate	本科毕业 Under-graduate	专科毕业 Associate Bachelor	高中阶段毕业 High School Graduate
合 计 Total	**856680**	**355523**	**2584**	**500478**	**339265**	**14079**
北 京 Beijing	2954	1908	64	2703	175	12
天 津 Tianjin	4245	2030	29	3561	556	98
河 北 Hebei	44293	24801	95	27796	15851	548
山 西 Shanxi	30031	16431	75	15786	13595	569
内蒙古 Inner Mongolia	7613	3939	13	4747	2692	157
辽 宁 Liaoning	15139	8058	45	9535	5329	209
吉 林 Jilin	16039	8633	36	11733	4170	99
黑龙江 Heilongjiang	22017	10717	14	13522	7996	473
上 海 Shanghai	1044	609	27	947	66	3
江 苏 Jiangsu	14134	5800	55	10521	3431	127
浙 江 Zhejiang	15145	7497	135	12588	2310	109
安 徽 Anhui	56757	16394	252	34661	21121	718
福 建 Fujian	24344	8079	139	17915	6041	245
江 西 Jiangxi	36453	10802	78	18736	16885	737
山 东 Shandong	53570	22824	286	36774	15854	638
河 南 henan	90834	41522	165	42948	46202	1518
湖 北 Hubei	35618	10727	116	17518	16680	1289
湖 南 Hunan	62075	22787	243	33028	27209	1546
广 东 Guangdong	33904	16472	156	16687	16359	689
广 西 Guangxi	27557	10984	131	17274	9696	448
海 南 Hainan	1983	662		989	947	47
重 庆 Chongqing	9666	3747	14	6653	2895	102
四 川 Sichuan	50721	18612	52	26105	23667	875
贵 州 guizhou	40694	12400	72	21683	18433	494
云 南 Yunnan	48169	19883	55	31610	15889	591
西 藏 Tibet	2372	1104	15	1844	479	33
陕 西 Shaanxi	30163	14026	122	18460	10937	636
甘 肃 Gansu	36380	11873	35	21800	13815	721
青 海 Qinghai	4798	1824	38	2977	1715	68
宁 夏 Ningxia	4667	1870	6	3538	1064	59
新 疆 Xinjiang	33301	18508	21	15839	17206	221

职称情况(乡村)

Educational Attainment and Professional Rank(Rural Area)

单位:人

unit:person

	按职称分 By Professional Rank				
高中阶段毕业以下 Below High School Graduate	中学高级 Senior Secondary	中学一级 1st Grade	中学二级 2st Grade	中学三级 3st Grade	未定职级 No-ranking
274	**78235**	**341238**	**335490**	**34199**	**67518**
	394	1146	1235	12	167
1	1067	2339	771	3	65
3	3537	20248	17643	777	2088
6	881	8973	14083	2284	3810
4	1653	3388	2066	140	366
21	5460	5271	3248	407	753
1	1150	7856	6019	241	773
12	2690	10543	7723	356	705
1	80	494	430	6	34
	1409	7081	4888	202	554
3	1331	7204	5568	204	838
5	6808	22391	20195	2319	5044
4	2937	10645	9520	505	737
17	6586	12551	12374	1520	3422
18	6166	24487	19712	770	2435
1	9584	34369	36966	3620	6295
15	3226	20388	9801	890	1313
49	3537	34374	19657	856	3651
13	1015	15625	9444	1493	6327
8	1129	13827	10487	747	1367
	144	636	927	96	180
2	456	2915	4742	503	1050
22	3947	18161	22674	1323	4616
12	1224	11083	20696	3113	4578
24	4506	15989	20070	3462	4142
1	36	442	1503	85	306
8	1546	8533	15480	1997	2607
9	1138	9216	18614	2984	4428
	899	2285	1467	17	130
	498	1141	1710	98	1220
14	3201	7637	15777	3169	3517

初中办

Condition of School Buildings in Junior Secondary

	校舍建筑面积 Floor Space	教学及辅助用房 Teaching & Assistant Buildings						
		计 Total	其中 of Which					
			教室 Classroom	实验室 Laboratory	图书室 Library	微机室 PC-room	语音室 Linguistic	体育馆 Gymnasium
合　计 Total	**455463050**	**190393144**	**137875420**	**26037714**	**9191863**	**8513366**	**3004362**	**5770418**
北　京 Beijing	3234436	1261746	777081	219148	78005	64543	13877	109092
天　津 Tianjin	2209751	1081274	742362	156172	57654	47804	23241	54042
河　北 Hebei	20194191	9116564	6206904	1690374	480344	405839	213358	119745
山　西 Shanxi	13683478	5385093	3978870	627286	277720	256261	107561	137395
内蒙古 Inner Mongolia	7644186	3227658	2299544	420897	168882	141328	74566	122441
辽　宁 Liaoning	12303847	5735448	3968720	818400	279174	301052	133852	234250
吉　林 Jilin	6592136	3161718	2219984	439559	134242	192730	91887	83316
黑龙江 Heilongjiang	9621447	5029310	3722906	609313	183117	213543	119647	180784
上　海 Shanghai	5972054	2744257	1571349	485133	186452	126905	47846	326572
江　苏 Jiangsu	28878265	12749467	8478776	2032233	854561	611993	151200	620704
浙　江 Zhejiang	22531342	9372631	5874843	1459225	577368	401991	147623	911582
安　徽 Anhui	18691654	8308056	6283271	933086	348788	439858	101307	201747
福　建 Fujian	10353547	4156464	2823016	731277	283408	172450	50431	95883
江　西 Jiangxi	15927228	6277758	4901439	673953	280695	261436	105732	54503
山　东 Shandong	32297098	13421264	9229458	2193869	679847	595847	247897	474347
河　南 Henan	35132080	14067709	10703340	1786341	624475	608775	168773	176005
湖　北 Hubei	22593281	7644596	5759763	996147	337277	335434	121945	94031
湖　南 Hunan	26277012	10500247	8003569	1209865	470293	396849	166473	253198
广　东 Guangdong	38870288	16777543	11954973	2223939	825373	603157	299820	870281
广　西 Guangxi	17802088	5819389	4509347	672761	223855	262462	55972	94992
海　南 Hainan	3170775	1144786	895017	114219	54405	55255	15834	10056
重　庆 Chongqing	10074994	3895247	3128805	401893	131851	142961	40742	48997
四　川 Sichuan	28505450	12088427	9494789	1329426	490150	522550	149697	101815
贵　州 Guizhou	12065252	5454766	4169338	694528	234866	255537	53521	46976
云　南 Yunnan	14747549	5674200	4278572	771761	225751	251876	63970	82270
西　藏 Tibet	1756024	515892	401714	62544	19644	16264	8742	6984
陕　西 Shaanxi	12880464	5674994	4037748	905303	232527	277611	103910	117895
甘　肃 Gansu	8256680	3872979	3021168	432748	157987	198130	33790	29155
青　海 Qinghai	2068721	951001	764853	95179	34135	43683	11328	1823
宁　夏 Ningxia	2453528	1200249	800857	228794	59407	73799	23127	14265
新　疆 Xinjiang	8674205	4082409	2873044	622343	199611	235444	56694	95273

学条件(一)(总计)

Schools (1) (Regional Aggregates)

单位:平方米

unit:m^2

行政办公用房 Administritive		生活用房 Residential and Welfare							其他用房 Rooms for Other Purposes	校舍面积中 of the Floor Space	
计 Total	其中:教师办公室 of Which: for Teachers	计 Total	教工宿舍 Apartments for Single 小计 Subtotal	其中:教师周转宿舍 of Which: Accommodation for Circulation of Teachers	学生宿舍 Students' Dormitories	食堂 Dining Halls	厕所 Toilet	其他 Others		危房面积 Floor Space of Dilapidated Buildings	当年新增 New Added in Current Year
43025288	**28750180**	**187787684**	**51312139**	**6371890**	**82806052**	**30237051**	**12105299**	**11327143**	**34256934**	**32588184**	**15036083**
470571	235801	694846	120080	8815	146977	160155	116750	150883	807273	14462	55788
339668	214885	394470	49658	4330	64372	72795	75637	132008	394339	20913	150181
2105987	1561341	7612705	1175720	123790	4124841	1272138	538671	501335	1358935	1236858	733476
1633746	1198348	5569361	907944	55091	2923232	996089	374684	367411	1095278	196770	631174
955998	709380	2870327	125098	18983	1601627	584216	237865	321521	590203	425077	545807
1751224	1114400	2903024	125210	14061	1142557	769726	381997	483534	1914151	216421	219316
1016059	663679	1775791	39621	5027	817627	404508	226185	287850	638568	566005	213147
1376773	979794	2291843	70125	13640	1173723	479585	296261	272149	923521	887301	294229
711994	365295	1109869	69403	3185	129378	396004	216558	298526	1405934		91667
2966417	1769282	10822271	2045989	255644	4809463	2582656	670421	713742	2340110		925019
2080004	1270299	8592609	1482413	194080	3762994	2144987	582447	619768	2486098	14340	610730
1677429	1175706	7899066	2754822	203757	3196354	1121041	493950	332899	807103	935939	616397
869900	449838	4466105	1687109	166311	1625792	676293	219867	257045	861078	305800	364960
1186944	717741	7642796	2455710	185565	3321080	1166816	369542	329648	819730	2613653	311381
3754510	2323801	12145566	3201034	426618	4893445	2162739	1080484	807863	2975758	723205	938795
4096766	3181459	15340100	3583235	307862	7445600	2556947	1082813	671505	1627506	2336463	1017328
1701093	1106223	11748731	5424711	429349	3931186	1442947	450473	499414	1498860	2788116	234281
1922173	1372705	12178041	4402049	495498	4400294	1918233	657878	799587	1676551	2463530	438737
2955811	1793441	15099143	5897281	633130	5445285	1930027	856326	970224	4037792	419838	819349
886499	622085	10466264	3417761	465779	5231098	1091956	335048	390401	629936	3139111	495463
161909	97027	1737993	768249	111716	666072	181520	67279	54873	126087	173811	86128
694096	413756	4910977	1325762	205805	2463217	713132	208437	200429	574674	752172	396286
1970634	1300564	13204887	4011100	929628	6110418	1814442	795291	473636	1241502	2159201	1774170
792167	513849	5221383	872230	89883	3109535	716742	324481	198395	596936	59194	371728
713407	469644	7936601	2232568	395709	4108181	983763	345025	267064	423342	5652342	760215
97093	81315	1046676	430970	300088	462629	109068	18129	25880	96363	8557	32007
1737893	1300650	4817225	1491238	146213	2009610	698013	371202	247161	650352	420247	448305
948645	767889	3042241	657600	68775	1492817	324507	306040	261277	392815	3784208	615942
157191	123189	853628	159415	36949	412118	135794	81491	64810	106901	102751	176654
304400	240649	799622	99940	14330	438948	133005	69511	58218	149257	47415	215470
988287	616145	2593526	228094	62279	1345583	497206	254557	268086	1009983	124484	451953

Condition of School Buildings in Junior Secondary

	校舍建筑面积 Floor Space	教学及辅助用房 Teaching & Assistant Buildings						
		计 Total	其中 of Which					
			教室 Classroom	实验室 Laboratory	图书室 Library	微机室 PC-room	语音室 Linguistic	体育馆 Gymnasium
合　计 Total	**120170523**	**56115921**	**37890893**	**8001412**	**3178806**	**2392921**	**947475**	**3704413**
北　京 Beijing	1917234	751799	451781	117863	49504	35870	8752	88029
天　津 Tianjin	1076005	524725	343360	70505	30099	24757	10906	45098
河　北 Hebei	3898824	1878835	1325756	304774	107023	79239	37603	24440
山　西 Shanxi	2940099	1342409	925322	177343	84019	57257	28741	69727
内蒙古 Inner Mongolia	2207471	1068033	719626	144745	57555	45883	24006	76218
辽　宁 Liaoning	5260918	2498190	1645281	358559	135718	124480	49254	184898
吉　林 Jilin	2610933	1280988	922659	147964	47243	71645	31123	60354
黑龙江 Heilongjiang	3550641	1892920	1316991	241189	66755	73395	44322	150268
上　海 Shanghai	4626211	2099468	1199423	355839	141014	94242	41243	267707
江　苏 Jiangsu	11684229	5546574	3528169	872389	422534	249600	49617	424265
浙　江 Zhejiang	8903147	4071101	2399850	616916	283113	162241	61180	547802
安　徽 Anhui	3173304	1714638	1204901	243021	86987	78882	24560	76287
福　建 Fujian	2362598	1075496	677943	185657	89216	46583	18147	57950
江　西 Jiangxi	2217288	1005199	749334	110892	53049	40202	21869	29853
山　东 Shandong	9746447	4339979	2848552	667324	240120	193729	83915	306339
河　南 Henan	7659704	3585904	2557294	549851	168289	140965	47154	122351
湖　北 Hubei	5319587	2301964	1646575	337806	116068	95561	39048	66907
湖　南 Hunan	3666139	1655205	1158414	206767	84283	57657	26909	121175
广　东 Guangdong	18625370	8562132	5815712	1144683	472779	323847	161319	643792
广　西 Guangxi	2520152	1145127	834467	131144	47477	47477	13892	70670
海　南 Hainan	709513	244827	191889	22910	11834	10985	3732	3477
重　庆 Chongqing	1922663	878038	679544	85466	37595	33964	12659	28812
四　川 Sichuan	4239957	2014941	1511957	240060	101103	76971	37818	47032
贵　州 Guizhou	1436540	734104	551998	91127	36019	34007	9464	11489
云　南 Yunnan	1292140	648042	435667	88182	42288	30676	10762	40467
西　藏 Tibet	142172	50747	33480	6898	6188	3652	529	0
陕　西 Shaanxi	2124503	1030764	698611	158185	49322	51549	18116	54981
甘　肃 Gansu	1106974	588558	438107	66711	32649	27092	8304	15695
青　海 Qinghai	256076	146563	108874	21706	5397	7593	2948	45
宁　夏 Ningxia	710173	385260	240601	84263	23927	19376	7219	9874
新　疆 Xinjiang	2263511	1053390	728756	150673	49641	53545	12363	58412

条件(一)(城区)

Schools (1) (Urban Area)

单位:平方米

unit:m^2

行政办公用房 Administritive		生活用房 Residential and Welfare							其他用房 Rooms for Other Purposes	校舍面积中 of the Floor Space	
			教工宿舍 Apartments for Single								
计 Total	其中:教师办公室 of Which: for Teachers	计 Total	小计 Subtotal	其中:教师周转宿舍 of Which: Accommodation for Circulation of Teachers	学生宿舍 Students' Dormitories	食堂 Dining Halls	厕所 Toilet	其他 Others		危房面积 Floor Space of Dilapidated Buildings	当年新增 New Added in Current Year
14201674	**8850145**	**34609108**	**6985157**	**767182**	**13739703**	**6844835**	**3418204**	**3621210**	**15243820**	**3583748**	**3692880**
298018	142289	342870	42753	2894	67723	84984	65602	81808	524547	7670	35013
172547	103375	196043	20629	1324	17043	41376	37406	79589	182690	20193	39557
503569	361247	1137521	87716	6495	669244	176494	94097	109970	378899	120223	57215
454175	305068	813325	123721	8209	395972	135605	79841	78186	330190	19475	139693
332959	243532	561340	39542	1935	229693	92311	79073	120721	245139	32195	152574
800790	465153	884949	53081	941	207138	236915	166802	221013	1076989	49774	89113
427547	257365	552412	16327	676	196938	136175	91256	111716	349986	177977	98859
594889	390638	530739	17513	3798	170962	93679	118332	130253	532093	417729	107524
549150	281165	833039	47404	1215	86359	279069	169903	250304	1144554		53224
1400321	806020	3474649	396015	58165	1520305	962730	295632	299967	1262685		458501
908331	561661	2814324	364226	38777	1176024	805010	241942	227122	1109391	5834	271651
411369	277826	731268	153678	17114	308263	120313	94830	54184	316029	39106	72071
254306	126258	693900	208980	37407	241268	108034	53245	82373	338897	52228	92855
222481	129911	694512	200234	19385	243023	141336	63604	46315	295096	98257	51610
1301142	774376	2800995	525085	67594	1048740	599357	313780	314033	1304330	28447	291516
1004624	752217	2500352	464993	33423	1201446	448307	216256	169350	568824	395797	285978
576887	369845	1796033	746116	52802	552389	252937	113306	131285	644702	355186	52052
324031	215209	1365356	346769	40985	526991	255649	108208	127739	321547	125135	93692
1633303	929859	5910359	1863937	222560	2125014	943999	463371	514038	2519576	97290	383811
196114	133756	1041043	302504	33371	501379	122189	54196	60775	137868	267220	60773
47516	26607	371215	160091	19005	133877	35337	21110	20800	45955	13731	17577
192541	116511	635381	98369	6986	331952	109145	46617	49298	216703	59941	73530
402791	267740	1472644	232697	19163	743431	279583	137894	79039	349581	126865	282836
167909	100194	382614	86750	3293	173950	47921	46615	27378	151913	12166	58815
104851	68740	443088	101462	11399	190730	70751	32367	47779	96159	434601	48680
14430	11384	67823	35403	15625	20630	4312	2185	5293	9172		378
296154	216965	590515	177606	21354	198163	88404	66807	59535	207070	52638	43762
166128	123811	253235	17506	4877	111136	31814	51354	41425	99053	523588	64799
34716	24408	37983	7588	1295	8718	4519	10012	7146	36814	11281	6295
99175	73800	159242	4359	646	96755	30832	16755	10541	66496	30153	62205
308910	193216	520339	42102	14469	244447	105748	65807	62235	380872	9048	146722

初中办

Condition of School Buildings in Junior Secondary

	校舍建筑面积 Floor Space	教学及辅助用房 Teaching & Assistant Buildings						
		计 Total	其中 of Which					
			教室 Classroom	实验室 Laboratory	图书室 Library	微机室 PC-room	语音室 Linguistic	体育馆 Gymnasium
合　计 Total	**25165037**	**11194852**	**7741809**	**1563356**	**592477**	**465283**	**193763**	**638163**
北　京 Beijing	393133	159240	84282	21453	9452	7190	1596	35267
天　津 Tianjin	194707	80828	53014	11517	4715	3019	1449	7114
河　北 Hebei	1036037	471690	326210	82462	27328	20670	10226	4794
山　西 Shanxi	468416	211782	160641	21753	9992	9022	4031	6343
内蒙古 Inner Mongolia	215931	97597	64105	16390	4935	4420	2697	5050
辽　宁 Liaoning	478910	240513	169409	30926	11296	12164	4759	11959
吉　林 Jilin	160990	71280	54186	9110	2306	3814	1864	
黑龙江 Heilongjiang	329036	166341	120396	23373	6415	7200	4057	4900
上　海 Shanghai	301125	148423	79065	30797	8672	7202	3069	19618
江　苏 Jiangsu	1444260	665725	434091	115418	42321	32681	7956	33258
浙　江 Zhejiang	2618959	1143266	675045	167545	90942	52174	20973	136587
安　徽 Anhui	555856	321233	198554	60586	26035	13299	5457	17302
福　建 Fujian	678286	282822	195539	41580	17858	11984	5700	10161
江　西 Jiangxi	517352	210625	167493	21727	7824	7167	3123	3291
山　东 Shandong	2345560	954521	615217	153305	49940	45444	20293	70322
河　南 Henan	1976099	860936	650593	108116	36910	34099	11629	19589
湖　北 Hubei	771380	267106	196973	35423	10222	13235	3950	7303
湖　南 Hunan	822288	336147	222717	40594	15438	10604	6757	40037
广　东 Guangdong	6630737	3053288	2165271	393960	152640	101180	54290	185947
广　西 Guangxi	418328	158216	125848	16229	5108	6870	1073	3088
海　南 Hainan	48171	12782	9146	1387	1044	709		496
重　庆 Chongqing	347629	151758	126273	13068	5507	5071	1839	
四　川 Sichuan	798754	366591	298339	31454	15635	11950	6304	2909
贵　州 Guizhou	334451	164950	122050	19849	7697	8007	1906	5441
云　南 Yunnan	256970	116412	88713	16353	3685	5808	1853	
西　藏 Tibet								
陕　西 Shaanxi	531753	248621	172785	40916	10187	16811	3981	3941
甘　肃 Gansu	170675	81391	59923	12778	3416	4179	711	384
青　海 Qinghai	56274	30491	25443	2504	768	1168	563	45
宁　夏 Ningxia	83976	38560	25553	6378	1665	1645	878	2441
新　疆 Xinjiang	178994	81716	54934	16405	2525	6497	779	576

学条件(一)(城乡结合区)

Schools (1) (Urban-rural Transitional Area)

单位:平方米

unit:m²

行政办公用房 Administritive		生活用房 Residential and Welfare							其他用房 Rooms for Other Purposes	校舍面积中 of the Floor Space	
			教工宿舍 Apartments for Single								
计 Total	其中:教师办公室 of Which: for Teachers	计 Total	小计 Subtotal	其中:教师周转宿舍 of Which: Accommodation for Circulation of Teachers	学生宿舍 Students' Dormitories	食堂 Dining Halls	厕所 Toilet	其他 Others		危房面积 Floor Space of Dilapidated Buildings	当年新增 New Added in Current Year
2472872	**1533304**	**8854214**	**2049684**	**210176**	**3688106**	**1712635**	**704223**	**699567**	**2643099**	**606319**	**711412**
70557	28176	76978	9485	224	18893	22802	11808	13990	86358		17288
27370	17998	53533	3577	432	2661	12863	6339	28093	32976	7524	16014
106269	82102	367933	38158	1158	201628	62001	28027	38119	90145	32009	15823
66538	46599	162464	20450	1075	89843	27319	12348	12504	27632	5421	18647
21289	17737	77311	4935	350	31673	14729	12717	13257	19734	3520	9422
81190	43256	97229	3981	120	27858	28617	16717	20056	59978	15896	600
20387	11667	46425	75		24699	9937	6754	4960	22898	5339	
46520	31468	58877	871		24319	12140	8847	12700	57298	30947	7781
30975	17805	69121	2643			30445	12237	23796	52606		20061
164491	98026	493603	69283	7234	223004	132913	36515	31888	120441		33710
242801	139439	919417	131518	17681	382933	266985	67031	70950	313475	1685	115245
47101	33815	153949	33314	7510	64076	37198	14305	5056	33573	3943	15229
72382	39631	262968	99482	19840	91110	35338	13249	23789	60114	5761	11307
42135	23253	214252	56548	3166	93598	35812	13191	15103	50340	16996	25263
268059	159481	761164	152022	23953	314177	160769	77780	56416	361815	5482	93602
206435	164097	779430	118000	8626	412483	154762	61983	32202	129298	68979	69833
60498	42996	411627	191837	11238	128310	51337	14560	25583	32149	50860	12925
61914	43663	333684	77969	8754	125883	75704	22346	31782	90543	29862	12514
535977	287482	2293253	766168	70168	856293	351139	160550	159103	748218	21621	68150
23781	17013	217417	49577	1914	126168	21765	8177	11730	18914	102690	5181
2160	1081	32128	10818	1833	14847	4159	2168	136	1101	58	
32879	20249	139771	26648	1700	76585	25376	6467	4695	23221	1531	13089
63424	44815	329227	57577	11097	167875	61981	29447	12347	39512	9308	59515
28208	18671	101607	23843	831	43835	14145	12627	7157	39686	3410	27215
16657	12511	111822	28917	3011	48851	17229	7019	9807	12079	101033	4854
71665	46146	156926	63017	7930	40002	21690	15256	16961	54541	21321	11057
24288	18157	46961	3244	233	18608	5566	11337	8206	18035	60841	22620
5827	3958	12715	1600		4475	2810	2842	988	7241		
15209	8721	10849	120		4079	1609	2952	2089	19358	282	2038
15886	13292	61573	4007	98	29340	13495	8627	6104	19819		2429

Condition of School Buildings in Junior Secondary

	校舍建筑面积 Floor Space	教学及辅助用房 Teaching & Assistant Buildings						
		计 Total	其中 of Which					
			教室 Classroom	实验室 Laboratory	图书室 Library	微机室 PC-room	语音室 Linguistic	体育馆 Gymnasium
合　计 Total	**214859531**	**85177864**	**62965158**	**11626763**	**3830338**	**3736127**	**1390263**	**1629216**
北　京 Beijing	765931	291475	181339	58359	16074	16125	3020	16557
天　津 Tianjin	704544	355125	259419	51830	18360	14447	7517	3552
河　北 Hebei	10622107	4603718	3153550	826486	233112	200090	107181	83299
山　西 Shanxi	6833607	2606619	1987361	289176	116241	121080	51027	41734
内蒙古 Inner Mongolia	4370204	1710552	1238771	223549	89479	75017	42332	41404
辽　宁 Liaoning	4848596	2222647	1607713	310474	96605	118518	55307	34030
吉　林 Jilin	2377861	1101124	770680	164438	47040	70668	36585	11713
黑龙江 Heilongjiang	3962230	1996104	1531876	237592	70693	78394	50375	27174
上　海 Shanghai	1104028	535760	307066	108162	37500	27856	5673	49503
江　苏 Jiangsu	14835642	6213356	4253930	998625	376394	310192	90938	183277
浙　江 Zhejiang	10589694	4105568	2659000	662194	230081	183683	68672	301938
安　徽 Anhui	7799363	3295133	2498419	358251	125771	165729	42910	104053
福　建 Fujian	4400823	1730383	1198993	308628	112502	67155	20560	22545
江　西 Jiangxi	8113619	3205685	2528977	333123	140150	127276	55805	20354
山　东 Shandong	16129720	6463243	4563280	1072403	301225	274825	114851	136660
河　南 Henan	15921290	6064068	4732632	710125	258766	253427	76717	32401
湖　北 Hubei	11244616	3414651	2638076	410550	135663	153290	56658	20414
湖　南 Hunan	11663491	4529089	3438090	540475	204462	169214	80266	96582
广　东 Guangdong	15454063	6121848	4546625	816982	266678	209420	105407	176736
广　西 Guangxi	10530745	3208585	2539241	363534	115698	140599	31213	18300
海　南 Hainan	2114840	764476	595412	77839	36522	38054	11070	5579
重　庆 Chongqing	6319674	2323182	1862565	264757	73523	84557	24255	13525
四　川 Sichuan	14733969	6004114	4667154	705409	244255	262334	77867	47095
贵　州 Guizhou	5532334	2352284	1799606	298983	95531	104271	26231	27662
云　南 Yunnan	6831919	2601249	1999124	343606	92511	107047	30640	28321
西　藏 Tibet	1185963	335438	267257	37601	9297	9350	6119	5814
陕　西 Shaanxi	7053838	3031591	2184852	498571	117651	136778	53846	39893
甘　肃 Gansu	3121566	1428906	1110506	170414	52824	71463	14329	9370
青　海 Qinghai	1055124	437881	354244	44294	16379	17133	4814	1017
宁　夏 Ningxia	1096685	501553	337615	94860	21150	33439	10843	3646
新　疆 Xinjiang	3541446	1622456	1151784	245473	78200	94696	27235	25068

学条件(一)(镇区)
Schools (1) (Counties & Towns Area)

单位:平方米
unit:m^2

行政办公用房 Administritive		生活用房 Residential and Welfare							其他用房 Rooms for Other Purposes	校舍面积中 of the Floor Space	
计 Total	其中:教师办公室 of Which: for Teachers	计 Total	教工宿舍 Apartments for Single 小计 Subtotal	其中:教师周转宿舍 of Which: Accommodation for Circulation of Teachers	学生宿舍 Students' Dormitories	食堂 Dining Halls	厕所 Toilet	其他 Others		危房面积 Floor Space of Dilapidated Buildings	当年新增 New Added in Current Year
18629731	**12629543**	**98354586**	**27296666**	**3431852**	**45305115**	**15387663**	**5322956**	**5042186**	**12697350**	**15254471**	**7582076**
96500	51312	209169	40285	988	47396	40155	33086	48247	168786	6792	11827
108888	70556	117109	16473	1155	28864	21236	23033	27503	123422	720	70830
1002899	747058	4380110	657508	72773	2414475	775579	276398	256150	635380	628181	399265
761329	570669	2971908	447306	19030	1645943	526630	173455	178574	493751	118934	303287
499907	369323	1876539	58320	11793	1136824	402379	123005	156011	283206	212597	356038
653928	444171	1432278	47864	9550	694118	370025	148365	171906	539743	125862	75479
343409	235804	753380	12421	2925	401301	157125	75560	106973	179948	222382	60182
509071	368512	1173950	30109	6855	690462	255126	109420	88833	283105	274497	117347
138496	70983	218508	15766	1200	33526	96777	38769	33670	211264		25686
1362273	839764	6316158	1376489	164176	2867423	1409355	317379	345512	943855		400519
912719	557191	4503781	840481	127706	2023986	1065032	263326	310956	1067626	5237	280190
636328	440979	3618529	1155245	98827	1592806	527434	191737	151307	249373	326666	298773
341927	184200	2018736	769639	69509	759589	296172	95572	97765	309776	135450	156283
609883	373216	3967435	1235197	97893	1805958	601262	173982	151036	330616	1168377	129398
1760246	1096616	6730741	1964002	253804	2766354	1123531	532479	344375	1175490	470001	438036
1753679	1337866	7495220	1734627	147429	3745101	1217311	483181	315000	608324	888544	453084
728685	472862	6527205	3147582	211737	2174969	766948	204729	232977	574075	1614595	139071
826098	590246	5635364	2050672	232129	2095766	870847	265539	352540	672940	1113136	178756
960174	620542	7225841	3126463	317455	2673919	783606	281807	360046	1146200	258631	357272
489253	356267	6504230	2164213	250273	3265751	656045	192765	225456	328677	1883896	321430
96981	59193	1184051	523341	73214	465098	124578	40763	30271	69332	137361	58436
384382	231987	3356167	949343	166542	1698543	464194	121133	122954	255943	498821	288989
1017821	669468	7081794	1990106	492179	3455652	996493	380628	258915	630240	1039691	1029597
345436	219125	2582560	422078	44531	1571602	348766	130281	109833	252054	23354	207089
345013	225790	3693128	988735	178680	1948013	473097	161197	122085	192530	2474906	378665
64235	52990	702540	300597	214561	301149	71963	11030	17801	83750	8557	18949
948126	704756	2772775	813368	88148	1235649	403783	187232	132742	301346	229026	249079
338255	271091	1210768	227082	36358	629343	141020	102995	110328	143637	1262138	324059
70330	52309	500717	72211	22081	247736	90996	48484	41290	46196	56910	132391
141308	115344	402693	38002	4982	230941	69915	32459	31376	51131	7123	126868
382152	229354	1191204	81142	13369	656859	240282	103167	109754	345634	62086	195201

初中办

Condition of School Buildings in Junior Secondary

	校舍建筑面积 Floor Space	教学及辅助用房 Teaching & Assistant Buildings						
		计 Total	其中 of Which					
			教室 Classroom	实验室 Laboratory	图书室 Library	微机室 PC-room	语音室 Linguistic	体育馆 Gymnasium
合　计 Total	**59274476**	**23751183**	**17505518**	**3273331**	**1107597**	**1026456**	**378971**	**459310**
北　京 Beijing	232792	74671	46087	18015	4367	4620	1114	468
天　津 Tianjin	234546	121559	89957	17603	4853	4632	2442	2072
河　北 Hebei	4549571	1952256	1340538	354825	104979	85221	43449	23244
山　西 Shanxi	2088853	825406	635497	84401	36787	37415	15082	16224
内蒙古 Inner Mongolia	503332	211263	143030	29600	18312	7635	4744	7942
辽　宁 Liaoning	719419	315830	226752	43164	12324	17201	7807	8582
吉　林 Jilin	274977	130190	91072	19323	4918	8363	3685	2829
黑龙江 Heilongjiang	373561	193451	148608	23981	6659	7100	3588	3515
上　海 Shanghai	308420	144512	87162	32485	8600	8943	1809	5513
江　苏 Jiangsu	3783691	1603909	1074801	282936	104202	84328	21565	36077
浙　江 Zhejiang	3819861	1459319	969485	240246	73947	64175	22970	88496
安　徽 Anhui	2285194	943591	748278	92689	33789	43836	12300	12699
福　建 Fujian	1544975	626323	421732	116002	47784	24002	7979	8824
江　西 Jiangxi	1844722	747046	586525	73772	35413	30265	12488	8583
山　东 Shandong	6410765	2561629	1780428	438898	125121	109234	47044	60904
河　南 Henan	6612729	2529209	1985514	279889	104930	107441	35805	15630
湖　北 Hubei	2702429	845660	661324	91789	34080	38738	15831	3898
湖　南 Hunan	4161985	1582198	1211250	180111	70104	58389	26600	35744
广　东 Guangdong	4580987	1972546	1460390	250496	98072	70217	29853	63518
广　西 Guangxi	2081839	628604	496580	69889	22689	31918	4951	2577
海　南 Hainan	257480	98099	74235	10292	4278	4648	1646	3000
重　庆 Chongqing	1342635	492011	385627	63181	14912	18413	4426	5452
四　川 Sichuan	2621944	1160890	913813	121150	46912	49087	15368	14560
贵　州 Guizhou	1409136	584623	435146	72667	23786	26443	9367	17214
云　南 Yunnan	1574294	615565	488223	70750	18413	23668	7534	6977
西　藏 Tibet	103921	28009	22990	3503	690	443	383	
陕　西 Shaanxi	1819270	814114	602428	128581	28317	36181	14458	4149
甘　肃 Gansu	386335	188512	152958	19743	5617	8582	1517	95
青　海 Qinghai	162858	77949	62936	9428	1942	2993	650	
宁　夏 Ningxia	179862	83142	60879	12611	2999	5041	1232	380
新　疆 Xinjiang	302093	139097	101273	21311	7801	7284	1284	144

学条件(一)(镇乡结合区)

Schools (1) (County – town Transitional Area)

单位:平方米

unit:m²

行政办公用房 Administritive		生活用房 Residential and Welfare							其他用房 Rooms for Other Purposes	校舍面积中 of the Floor Space	
			教工宿舍 Apartments for Single								
计 Total	其中:教师办公室 of Which: for Teachers	计 Total	小计 Subtotal	其中:教师周转宿舍 of Which: Accommodation for Circulation of Teachers	学生宿舍 Students' Dormitories	食堂 Dining Halls	厕所 Toilet	其他 Others		危房面积 Floor Space of Dilapidated Buildings	当年新增 New Added in Current Year
5306215	**3539438**	**26652664**	**6994468**	**768381**	**12349822**	**4364335**	**1489642**	**1454397**	**3564414**	**3701437**	**2228919**
26493	14089	75839	11986	610	19323	16524	8453	19553	55789	1432	4793
40221	23600	37703	5776	109	4218	4791	7346	15572	35063	720	10470
421510	323853	1935987	310104	29239	1068919	324008	118079	114877	239818	324663	236391
216666	161732	907630	118169	4341	516144	170671	54523	48123	139151	49125	132632
51904	42286	225463	7823	5679	150293	40155	12442	14750	14702	16452	21660
93090	57994	205446	4361	700	94718	55928	20058	30381	105053	11208	7987
38437	24751	79737	2745	114	43320	16585	9251	7836	26613	22984	9374
50412	34643	108018	1233	96	61988	24440	11708	8649	21680	46074	19192
42276	19142	51302	2701	455	1421	25084	10457	11639	70330		15321
359718	217882	1546205	357389	44025	646517	368980	73826	99493	273859		52862
322193	198410	1635862	299695	45960	724195	381087	89047	141838	402487	801	104983
180066	132842	1090073	292003	28885	488607	171544	56117	81802	71464	77923	97594
133120	63846	699088	278954	26357	248677	101259	36762	33437	86444	67358	52528
124746	70717	900870	233892	14373	455269	139279	43243	29187	72060	242794	37471
661089	399041	2753481	794707	96634	1170226	462562	205685	120301	434566	182434	239908
751980	554990	3077231	606352	58536	1606931	514232	204124	145592	254310	376779	217740
194835	112218	1525094	678682	41757	548636	189355	52679	55742	136840	413382	48541
299025	216301	2025993	718640	76528	775417	323079	90200	118657	254769	366883	75047
320947	217484	1905195	784212	60232	700748	236386	94137	89712	382299	86790	153780
96473	75970	1288165	385425	38199	686456	134959	38455	42870	68597	388366	55348
12975	7198	136308	64568	6421	48844	13332	4026	5538	10098	11238	
82090	50251	712358	169094	26667	392015	105018	25385	20846	56176	91523	68740
202743	128507	1153292	304613	70504	546810	184870	74659	42340	105019	189357	246761
98973	59009	651231	90796	13039	392507	86373	32324	49231	74309	1301	67517
96587	66142	816802	204448	32805	434975	112761	37935	26683	45340	512367	89431
3561	2579	62485	34545	18338	20267	5440	869	1364	9866		1913
271213	186603	677574	175086	23841	310185	104299	48464	39540	56369	63037	87496
45447	31775	138203	32392	1132	68482	14468	11876	10985	14173	148670	44424
11089	9988	71365	13133	1845	34150	9985	4133	9964	2455	6106	7627
21111	14066	66946	5579	470	42208	10029	4988	4142	8663	750	12417
35225	21530	91719	5366	490	47357	16852	8391	13753	36052	920	8971

初中办

Condition of School Buildings in Junior Secondary

	校舍建筑面积 Floor Space	教学及辅助用房 Teaching & Assistant Buildings						
		计 Total	其中 of Which					
			教室 Classroom	实验室 Laboratory	图书室 Library	微机室 PC-room	语音室 Linguistic	体育馆 Gymnasium
合　计 Total	**120432997**	**49099360**	**37019369**	**6409540**	**2182719**	**2384318**	**666625**	**436789**
北　京 Beijing	551271	218472	143961	42925	12427	12548	2105	4506
天　津 Tianjin	429202	201424	139583	33837	9195	8600	4818	5392
河　北 Hebei	5673260	2634011	1727598	559114	140209	126510	68574	12006
山　西 Shanxi	3909772	1436065	1066187	160767	77460	77924	27793	25934
内蒙古 Inner Mongolia	1066511	449073	341147	52603	21848	20428	8228	4819
辽　宁 Liaoning	2194333	1014611	715726	149367	46851	58054	29291	15322
吉　林 Jilin	1603342	779606	526645	127157	39959	50417	24179	11249
黑龙江 Heilongjiang	2108576	1140286	874039	130532	45669	61754	24950	3342
上　海 Shanghai	241815	109029	64860	21132	7938	4807	930	9362
江　苏 Jiangsu	2358394	989537	696677	161219	55633	52201	10645	13162
浙　江 Zhejiang	3038501	1195962	815993	180115	64174	56067	17771	61842
安　徽 Anhui	7718987	3298285	2579951	331814	136030	195247	33837	21407
福　建 Fujian	3590126	1350585	946080	236992	81690	58712	11723	15388
江　西 Jiangxi	5596321	2066874	1623128	229938	87496	93958	28058	4296
山　东 Shandong	6420931	2618042	1817626	454142	138502	127293	49131	31348
河　南 Henan	11551086	4417737	3413414	526365	197420	214383	44902	21253
湖　北 Hubei	6029078	1927981	1475112	247791	85546	86583	26239	6710
湖　南 Hunan	10947382	4315953	3407065	462623	181548	169978	59298	35441
广　东 Guangdong	4790856	2093563	1592636	262274	85916	69890	33094	49753
广　西 Guangxi	4751191	1465677	1135639	178083	60680	74386	10867	6022
海　南 Hainan	346422	135483	107716	13470	6049	6216	1032	1000
重　庆 Chongqing	1832657	694027	586696	51670	20733	24440	3828	6660
四　川 Sichuan	9531524	4069372	3315678	383957	144792	183245	34012	7688
贵　州 Guizhou	5096378	2368378	1817734	304418	103316	117259	17826	7825
云　南 Yunnan	6623490	2424909	1843781	339973	90952	114153	22568	13482
西　藏 Tibet	427889	129707	100977	18045	4159	3262	2094	1170
陕　西 Shaanxi	3702123	1612639	1154285	248547	65554	89284	31948	23021
甘　肃 Gansu	4028140	1855514	1472555	195623	72514	99575	11157	4090
青　海 Qinghai	757521	366557	301735	29179	12359	18957	3566	761
宁　夏 Ningxia	646670	313436	222641	49671	14330	20984	5065	745
新　疆 Xinjiang	2869248	1406563	992504	226197	71770	87203	17096	11793

学条件(一)(乡村)
Schools (1) (Rural Area)

单位:平方米
unit:m^2

行政办公用房 Administrative		生活用房 Residential and Welfare							其他用房 Rooms for Other Purposes	校舍面积中 of the Floor Space	
计 Total	其中:教师办公室 of Which: for Teachers	计 Total	教工宿舍 Apartments for Single 小计 Subtotal	教工宿舍 Apartments for Single 其中:教师周转宿舍 of Which: Accommodation for Circulation of Teachers	学生宿舍 Students' Dormitories	食堂 Dining Halls	厕所 Toilet	其他 Others		危房面积 Floor Space of Dilapidated Buildings	当年新增 New Added in Current Year
10193883	**7270492**	**54823990**	**17030316**	**2172856**	**23761234**	**8004553**	**3364139**	**2663747**	**6315764**	**13749965**	**3761127**
76053	42200	142807	37042	4933	31858	35017	18062	20828	113939		8948
58233	40954	81318	12556	1851	18465	10183	15198	24916	88227		39794
599519	453036	2095074	430496	44522	1041122	320065	168176	135215	344656	488454	276996
418242	322611	1784128	336917	27852	881317	333854	121388	110651	271337	58361	188194
123132	96525	432448	27236	5255	235110	89526	35787	44789	61858	180285	37195
296506	205076	585797	24265	3570	241301	162786	66830	90615	297419	40785	54724
245103	170510	469999	10873	1426	219388	111208	59369	69161	108634	165646	54106
272813	220644	587154	22503	2987	312299	130780	68509	53063	108323	195075	69358
24348	13147	58322	6233	770	9493	20158	7886	14552	50116		12757
203823	123498	1031464	273485	33303	421735	210571	57410	68263	133570		65999
258954	151447	1274504	277706	27597	562984	274945	77179	81690	309081	3269	58889
629732	456901	3549269	1445899	87816	1295285	473294	207383	127408	241701	570167	245553
273667	139381	1753469	708490	59395	624935	272087	71050	76907	212405	118122	115822
354580	214614	2980849	1020279	68287	1272099	424218	131956	132297	194018	1347019	130373
693122	452809	2613830	711947	105220	1078351	439852	234225	149455	495938	224757	209243
1338463	1091376	5344528	1383615	127010	2499053	891329	383376	187155	450358	1052122	278266
395521	263516	3425493	1531013	164810	1203828	423062	132438	135152	280083	818335	43158
772044	567250	5177321	2004608	222384	1777537	791737	284131	319308	682064	1225259	166289
362334	243041	1962943	906881	93115	646353	202421	111148	96140	372016	63917	78266
201132	132062	2920991	951044	182135	1463968	313722	88087	104170	163391	987995	113260
17412	11227	182727	84817	19497	67097	21605	5406	3802	10800	22719	10115
117173	65258	919429	278050	32277	432722	139793	40687	28177	102028	193410	33767
550022	363356	4650449	1788297	418286	1911335	538366	276769	135682	261681	992645	461737
278822	194530	2256209	363402	42059	1363983	320055	147585	61184	192969	23674	105824
263543	175114	3800385	1142371	205630	1969438	439915	151461	97200	134653	2742835	332870
18428	16941	276313	94970	69902	140850	32793	4914	2786	3441	0	12680
493613	378929	1453935	500264	36711	575798	205826	117163	54884	141936	138583	155464
444263	372988	1578238	413012	27540	752338	151673	151691	109524	150125	1998482	227084
52145	46472	314928	79616	13573	155664	40279	22995	16374	23891	34560	37968
63917	51505	237687	57579	8702	111252	32258	20297	16301	31630	10139	26397
297225	193575	881983	104850	34441	444277	151176	85583	96098	283477	53350	110030

初中办

Condition of School Buildings in Junior Secondary

	占地面积(平方米) Areas of School Sites(m^2)			图书(册) Books & Magazines in Libraries (Volume)
	计 Total	其中 of Which		
		绿化用地面积 Green Areas	运动场地面积 Sports Areas	
合　计 Total	**1495069443**	**268289582**	**389146325**	**1071130962**
北　京 Beijing	9456818	1726764	3589556	9163929
天　津 Tianjin	7909004	741701	3026980	6961934
河　北 Hebei	75734685	7603094	23131715	66032006
山　西 Shanxi	41982408	3621364	11135418	28568324
内蒙古 Inner Mongolia	36759065	4527158	10513174	15763349
辽　宁 Liaoning	47294128	6234270	19015295	35510119
吉　林 Jilin	33527885	5896403	11539422	14888492
黑龙江 Heilongjiang	47315627	6504704	18376028	17987469
上　海 Shanghai	11252268	3107063	3498635	16938252
江　苏 Jiangsu	86679979	23393519	22869477	69356443
浙　江 Zhejiang	54023914	13161656	15861215	54103964
安　徽 Anhui	77848175	11164630	16797457	38405102
福　建 Fujian	31904287	7005671	9447123	26039552
江　西 Jiangxi	54739248	9566350	11906967	33565259
山　东 Shandong	127640881	26951896	38887426	79784656
河　南 Henan	110785948	12190603	25417052	89359858
湖　北 Hubei	63033705	12565929	14857788	37814815
湖　南 Hunan	85095625	14417575	17186436	62653618
广　东 Guangdong	105317013	28980539	25492178	96269459
广　西 Guangxi	53254937	9442960	9449259	30917136
海　南 Hainan	16518708	4102110	3167759	6200954
重　庆 Chongqing	22199495	4288808	5409015	12474714
四　川 Sichuan	66616073	11383771	17034465	62607797
贵　州 Guizhou	39615348	7119449	8603920	36178069
云　南 Yunnan	48993846	9997000	7906976	26630327
西　藏 Tibet	5835721	509220	777748	2512284
陕　西 Shaanxi	36721053	4539949	9766405	38873677
甘　肃 Gansu	29736656	3871921	8185625	23872533
青　海 Qinghai	7626110	755247	1673897	4939677
宁　夏 Ningxia	9753920	1576314	2879788	5468572
新　疆 Xinjiang	49896912	11341944	11742127	21288622

学条件(二)(总计)

Schools (2) (Regional Aggregates)

计算机数(台) PC (Set)		多媒体教室座位数(个) No. of Seats in Multi-media Classrooms	固定资产总值(万元) Total Value of Fixed Asset (10 thousand yuan)		
计 Total	其中:教学用计算机 of Which: No. of Computers Used for Instruction		计 Total	其中:教学仪器设备资产值 of Which: Total Value of Equip & Instru.	
				小计 Subtotal	其中:实验设备 of Which: For Prefession
4537210	**3524985**	**8675900**	**40086706.45**	**4094031.28**	**1993806.47**
64789	48337	242030	535043.50	82033.68	17682.14
31216	21766	45756	243327.57	40748.96	17511.07
201415	164928	482687	1570509.58	170991.35	103328.46
115372	98482	228178	1092486.76	93646.70	53878.81
58862	45039	107950	721452.55	53799.59	26118.08
185512	130608	287461	1097661.23	147695.74	68929.12
84450	64276	121853	551849.92	73555.81	37326.09
114751	92148	131510	978643.72	89920.32	43775.66
131761	103887	68412	1032388.73	188130.78	73445.12
394561	289399	976935	3725535.86	360012.97	144049.98
299016	229236	1056594	2542868.99	238684.25	94647.77
178607	147206	250617	1574528.70	106156.53	55202.63
101773	77004	282991	870010.79	85259.18	55848.27
109089	87545	200389	913522.76	82051.89	44809.75
430503	300452	867300	3100237.95	322489.54	118823.14
245702	202078	383474	2191988.64	186067.16	101598.60
137134	110193	257722	1626774.86	155562.97	80983.83
176452	148282	287201	1634098.71	161405.16	88438.03
418209	314341	758887	4143572.33	521996.16	335006.76
115223	90892	240889	1059961.42	104063.47	56037.94
24753	19721	47085	289591.83	28010.98	14282.61
78109	58666	173998	687431.14	65454.38	24776.69
234373	182728	296063	2564221.75	227040.23	91859.72
96713	75129	145266	844800.77	82041.78	47539.66
116509	98250	171651	1209351.42	73763.57	33679.32
8580	6858	6652	210954.16	8045.58	3300.85
132643	113849	206374	1069183.69	123844.35	73400.11
99952	82944	150884	751153.40	79565.78	36121.15
24331	19535	25174	217231.23	17834.62	7932.37
32870	25973	50776	231398.60	28495.07	11480.04
93980	75233	123141	804923.88	95662.74	31992.70

Condition of School Buildings in Junior Secondary

	占地面积(平方米) Areas of School Sites(m^2)			图书(册) Books & Magazines in Libraries (Volume)
	计 Total	其中 of Which		
		绿化用地面积 Green Areas	运动场地面积 Sports Areas	
合　计 Total	**292855698**	**58075322**	**85447786**	**278623396**
北　京 Beijing	4306049	657883	1723605	5318627
天　津 Tianjin	2828645	217972	1083345	3259345
河　北 Hebei	10475995	1197717	3278579	10795427
山　西 Shanxi	7300837	668175	2127593	6556416
内蒙古 Inner Mongolia	6719596	763123	2307342	5285199
辽　宁 Liaoning	14640992	1637733	6023495	17031994
吉　林 Jilin	6594889	966064	2621517	5488335
黑龙江 Heilongjiang	10370503	1357543	4273302	5686517
上　海 Shanghai	7434848	1889899	2318575	12635695
江　苏 Jiangsu	27921553	7891910	7270110	25726427
浙　江 Zhejiang	18408141	4796315	5169637	18507165
安　徽 Anhui	9162692	1584923	2179700	5986590
福　建 Fujian	5652133	1146156	1679072	6397751
江　西 Jiangxi	5788365	949366	1386415	4864427
山　东 Shandong	29291365	6194530	9494776	25837628
河　南 Henan	18705541	2566674	5019383	16534816
湖　北 Hubei	12061980	2637907	3317944	10470909
湖　南 Hunan	9798725	1652215	2174170	7060223
广　东 Guangdong	39240082	10684442	9875627	43574798
广　西 Guangxi	6927152	1273229	1519071	4726322
海　南 Hainan	1691294	283388	364988	1271349
重　庆 Chongqing	3784118	789641	923509	2799175
四　川 Sichuan	8198483	1673410	2234038	7956617
贵　州 Guizhou	2847190	360464	845689	4427894
云　南 Yunnan	3160307	783265	837208	3161232
西　藏 Tibet	489865	110523	71605	174449
陕　西 Shaanxi	4882719	650346	1447676	6366429
甘　肃 Gansu	2970285	461045	952046	3064931
青　海 Qinghai	881809	139390	303060	876619
宁　夏 Ningxia	2614750	492260	700250	1486752
新　疆 Xinjiang	7704795	1597815	1924460	5293338

学条件(二)(城区)

Schools (2) (Urban Area)

计算机数(台) PC (Set)		多媒体教室座位数(个) No. of Seats in Multi-media Classrooms	固定资产总值(万元) Total Volue of Fixed Asset (10 thousand yuan)		
计 Total	其中:教学用计算机 of Which: No. of Computers Used for Instruction		计 Total	其中:教学仪器设备资产值 of Which: Total Volue of Equip & Instru. 小计 Subtotal	其中:实验设备 of Which: For Prefession
1597880	**1180090**	**3415527**	**13905133.98**	**1624203.05**	**685280.68**
39586	29314	147728	292164.30	45133.68	10784.45
15674	10614	20431	117099.30	21860.79	7638.77
48043	38373	155905	343483.71	39275.59	20806.62
25865	21013	51403	271153.36	29324.05	15732.30
22043	16843	48584	223420.81	20791.45	9577.81
92881	62078	161017	506667.05	81933.97	33590.64
35082	25836	69730	269080.98	37516.08	18169.62
48520	37313	52635	296895.22	39003.95	16742.76
105009	82786	52869	830874.70	146008.26	52738.76
168460	118455	498031	1899840.03	177469.47	65882.42
123484	92523	402407	1103063.22	104577.62	38213.15
37939	29292	54786	421348.07	27641.29	14164.93
30744	22439	118201	289399.51	24126.42	13099.48
20745	16016	35799	204378.78	21106.04	10537.67
165058	112214	362915	1213392.54	145405.41	44029.81
69379	52572	138275	608701.83	62968.47	28654.74
48056	36306	100441	478993.62	52558.93	26769.90
30717	24156	63085	354849.44	32820.83	15161.28
255115	187063	482896	2294310.76	296898.94	162790.75
25188	18349	53922	182111.45	21334.65	11525.89
5824	4855	14869	70648.91	4720.31	2531.82
21035	15140	67634	194731.18	21918.34	6189.19
42852	32048	60598	465778.72	47636.46	15164.67
17689	13231	26014	145716.87	18253.43	7006.19
14200	11663	29631	135254.91	14389.80	4661.09
885	647	329	15970.55	1704.77	245.13
26099	21682	57829	204074.90	25171.27	12433.92
15753	12050	21970	137669.00	19927.58	6010.66
6148	4812	3964	38701.70	4119.66	1836.34
11089	8496	20516	77969.54	11717.47	4436.58
28718	21911	41113	217389.02	26888.08	8153.35

Condition of School Buildings in Junior Secondary

	占地面积(平方米) Areas of School Sites(m^2)			图书(册) Books & Magazines in Libraries (Volume)
	计 Total	其中 of Which		
		绿化用地面积 Green Areas	运动场地面积 Sports Areas	
合　计 Total	**71249915**	**15235425**	**19490834**	**55406706**
北　京 Beijing	1125881	210781	403894	883870
天　津 Tianjin	462375	35259	161605	331482
河　北 Hebei	3144152	336896	1058142	2984275
山　西 Shanxi	1439320	131255	406414	1126342
内蒙古 Inner Mongolia	1005139	128956	222148	314404
辽　宁 Liaoning	1676093	178719	711120	1667846
吉　林 Jilin	652488	86449	213643	212599
黑龙江 Heilongjiang	1239833	175350	447375	531679
上　海 Shanghai	702860	219735	190022	668310
江　苏 Jiangsu	4654519	1384264	1186820	3567334
浙　江 Zhejiang	5884419	1383631	1498795	4734316
安　徽 Anhui	2251869	389347	448160	892928
福　建 Fujian	2014415	412451	598406	1715610
江　西 Jiangxi	1676494	159152	397477	874259
山　东 Shandong	9350374	2174300	2965301	6059192
河　南 Henan	5873812	843932	1554808	4399659
湖　北 Hubei	2088818	505020	506496	1197942
湖　南 Hunan	2458338	393746	484091	1739483
广　东 Guangdong	15214983	4465443	3833117	14499931
广　西 Guangxi	1090112	166226	261685	711820
海　南 Hainan	248436	51606	49233	73037
重　庆 Chongqing	776965	150430	183678	462265
四　川 Sichuan	1925245	517934	500284	1426103
贵　州 Guizhou	681761	81723	211941	867709
云　南 Yunnan	656233	146229	179621	654084
西　藏 Tibet				
陕　西 Shaanxi	1333142	178769	405775	1644454
甘　肃 Gansu	449264	46114	126735	454759
青　海 Qinghai	156839	41982	54036	160473
宁　夏 Ningxia	304903	63377	94384	183557
新　疆 Xinjiang	710833	176349	135628	366984

学条件(二)(城乡结合区)
Schools (2) (Urban-rural Transitional Area)

计算机数(台) PC (Set)		多媒体教室座位数(个) No. of Seats in Multi-media Classrooms	固定资产总值(万元) Total Volue of Fixed Asset (10 thousand yuan)		
计 Total	其中:教学用计算机 of Which: No. of Computers Used for Instruction		计 Total	其中:教学仪器设备资产值 of Which: Total Volue of Equip & Instru. 小计 Subtotal	其中:实验设备 of Which: For Prefession
289139	**218632**	**634712**	**2819971.87**	**300563.27**	**150245.34**
5627	4131	23800	52535.19	7477.83	2836.23
1851	1313	2057	24652.11	3107.27	1203.62
12342	10174	39522	93370.60	10135.25	5522.78
4053	3449	8150	44833.82	3641.37	1684.79
1278	939	1160	19445.50	794.94	336.20
8040	5660	11014	52379.37	7548.89	4684.58
2205	1309	5186	16809.00	5267.28	4349.88
3686	2868	3442	23145.00	2981.69	1819.71
5661	4611	2583	50394.65	9583.80	3407.93
21266	14819	63419	194574.06	17395.30	6939.02
31033	24316	109434	341637.22	23664.00	9251.34
4950	3733	9936	78829.25	5282.47	2033.62
7611	5598	24582	73458.90	6185.08	3438.10
3274	2665	6506	60367.36	6951.94	4184.97
33730	23969	62366	270075.68	31307.60	12616.89
13985	10935	24715	171800.61	10935.11	6201.66
5024	4027	11561	49276.68	5732.38	2752.74
6145	4874	9958	68450.96	7106.77	2671.90
84594	63222	154099	809001.16	102785.72	62595.97
3638	2759	12156	29657.66	2427.68	1348.45
245	156	530	13849.20	174.60	166.87
2943	2246	3469	21734.60	2161.21	673.83
7210	5637	10358	102154.12	9000.89	2096.68
3683	2978	5745	30313.36	2475.63	1492.77
2393	1916	8854	21095.43	1960.84	738.43
6166	5270	10930	47621.54	5307.87	2709.99
1991	1579	2024	26507.86	1988.00	759.36
1195	855	783	9610.07	1067.91	385.21
1524	1148	2369	7637.08	3037.67	425.23
1796	1476	4004	14753.84	3076.28	916.60

初中办

Condition of School Buildings in Junior Secondary

	占地面积(平方米) Areas of School Sites(m^2)			图书(册) Books & Magazines in Libraries (Volume)
	计 Total	其中 of Which		
		绿化用地面积 Green Areas	运动场地面积 Sports Areas	
合　计 Total	**718199564**	**130930653**	**182946542**	**495770006**
北　京 Beijing	2839400	624258	1051701	2394704
天　津 Tianjin	2878607	312267	1144269	2282475
河　北 Hebei	38038899	3710937	11326328	32827624
山　西 Shanxi	19413774	1670061	5138947	13480932
内蒙古 Inner Mongolia	21259036	2495503	5833163	8436051
辽　宁 Liaoning	21052598	2787405	8306126	12550588
吉　林 Jilin	13929143	2572282	4903604	5402566
黑龙江 Heilongjiang	20965186	2979126	7809751	8055529
上　海 Shanghai	3097815	982832	963480	3515787
江　苏 Jiangsu	49506505	13196799	13012254	37490195
浙　江 Zhejiang	27077314	6551401	8002757	27451234
安　徽 Anhui	30027425	4089760	6558942	15799774
福　建 Fujian	13798665	3061540	3954667	11080633
江　西 Jiangxi	27137969	4879955	5858649	17347173
山　东 Shandong	67079613	13957407	19864920	37905199
河　南 Henan	48593652	5408831	11100441	40493313
湖　北 Hubei	32195514	6521873	6969295	17707878
湖　南 Hunan	37838978	6598110	7454062	27383129
广　东 Guangdong	47888083	13413511	11358093	39971129
广　西 Guangxi	31588858	5638491	5459953	18135058
海　南 Hainan	12290726	3188013	2325602	4269231
重　庆 Chongqing	13897725	2740366	3413784	7407734
四　川 Sichuan	34892495	6607197	8944059	31867404
贵　州 Guizhou	18897977	3714632	3894469	16537748
云　南 Yunnan	21853544	4371759	3576857	12098855
西　藏 Tibet	3681732	282347	545895	1725266
陕　西 Shaanxi	19086461	2290243	5058048	21287675
甘　肃 Gansu	10038113	1515607	2744395	8522182
青　海 Qinghai	3881519	356995	692145	1869172
宁　夏 Ningxia	4175750	557490	1234715	2295733
新　疆 Xinjiang	19296489	3853655	4445172	8178035

学条件(二)(镇区)

Schools (2) (Counties & Towns Area)

计算机数(台) PC (Set)		多媒体教室座位数(个) No. of Seats in Multi-media Classrooms	固定资产总值(万元) Total Value of Fixed Asset (10 thousand yuan)		
				其中:教学仪器设备资产值 of Which: Total Value of Equip & Instru.	
计 Total	其中:教学用计算机 of Which: No. of Computers Used for Instruction		计 Total	小计 Subtotal	其中:实验设备 of Which: For Prefession
1879411	**1484316**	**3701749**	**18045305.26**	**1678228.67**	**891352.42**
15558	12012	57913	169390.96	23894.59	4179.80
8718	6606	15792	77261.82	11924.44	5923.01
97241	79760	236083	868832.22	84513.22	51175.30
54343	46939	127516	544578.23	42125.95	24015.11
29426	22665	52870	420751.69	26969.61	13321.41
62986	46380	90636	402257.95	44407.13	23044.94
27949	21407	33474	168952.72	23176.42	11696.22
42076	34043	53545	531901.25	38124.72	18951.51
22069	17318	12364	169412.68	34223.13	16476.03
194183	146133	411319	1638060.64	158739.19	66995.71
137585	108271	534927	1136466.55	109380.30	46975.91
69572	57782	98946	647590.31	44412.49	22829.95
39235	30228	98872	341029.94	41205.62	30156.57
51685	41862	103713	443044.50	38728.66	22025.67
187278	133863	387499	1369429.93	131583.99	54441.08
102163	86464	154907	992559.97	75713.72	44238.25
56060	46519	109963	787929.67	51108.49	28815.22
71817	60414	125059	729586.15	71336.17	40470.17
119779	92643	208481	1431951.09	190229.58	152066.25
59758	47868	126190	605313.88	49308.65	29723.56
16037	12537	28001	195324.16	20426.16	10688.25
43575	32938	84117	385992.28	34278.89	14968.44
114364	88437	152179	1430734.78	118678.76	48277.93
37541	29116	65688	381101.56	32341.60	20081.03
50724	42501	72494	571516.11	32222.88	14537.03
5629	4544	5123	140084.76	4749.87	2295.89
68565	58703	105201	615010.91	64703.46	41658.59
34465	28877	67744	287008.39	23012.86	11926.39
9553	7749	12062	110861.62	7410.65	3233.05
13329	10401	20802	104873.05	11992.92	5165.81
36148	29336	48269	346495.49	37304.54	10998.32

初中办

Condition of School Buildings in Junior Secondary

	占地面积(平方米) Areas of School Sites(m^2)			图书(册) Books & Magazines in Libraries (Volume)
	计 Total	其中 of Which		
		绿化用地面积 Green Areas	运动场地面积 Sports Areas	
合　计 Total	**194121347**	**35631388**	**49176437**	**138499496**
北　京 Beijing	816785	187170	304597	659235
天　津 Tianjin	1025813	121886	388835	829482
河　北 Hebei	16424685	1561731	4786197	13850602
山　西 Shanxi	5545453	475686	1560524	4364092
内蒙古 Inner Mongolia	2429517	375166	646610	943083
辽　宁 Liaoning	2815742	353923	1155227	1961840
吉　林 Jilin	1796171	403455	630006	709717
黑龙江 Heilongjiang	1835981	233007	766988	656429
上　海 Shanghai	824720	249888	275319	1085181
江　苏 Jiangsu	12650194	3397747	3340663	9570155
浙　江 Zhejiang	9986970	2302932	2948624	9713528
安　徽 Anhui	8375080	1156307	1931219	4629528
福　建 Fujian	5285383	1050920	1528860	3837457
江　西 Jiangxi	5917042	1010204	1266783	3306459
山　东 Shandong	26018087	5602010	7635693	14958691
河　南 Henan	20458287	2300615	4577203	15488669
湖　北 Hubei	7770692	1329657	1704279	4176782
湖　南 Hunan	13495951	2478002	2742884	10307608
广　东 Guangdong	14154720	3983793	3215899	11604376
广　西 Guangxi	6934358	1223932	1169537	3813960
海　南 Hainan	1314499	368852	255828	565727
重　庆 Chongqing	2991942	640071	728592	1479285
四　川 Sichuan	6578424	1401451	1658622	5345067
贵　州 Guizhou	4864178	1247214	856937	4005827
云　南 Yunnan	4742596	843085	834452	2967796
西　藏 Tibet	275663	32477	37984	165842
陕　西 Shaanxi	5054197	687894	1297058	5063883
甘　肃 Gansu	1028434	139696	288264	1041218
青　海 Qinghai	474348	51640	88937	298273
宁　夏 Ningxia	759675	58240	198158	400946
新　疆 Xinjiang	1475760	362736	355658	698758

学条件(二)(镇乡结合区)

Schools (2) (County-town Transitional Area)

计算机数(台) PC (Set)		多媒体教室座位数(个) No. of Seats in Multi-media Classrooms	固定资产总值(万元) Total Value of Fixed Asset (10 thousand yuan)		
计 Total	其中:教学用计算机 of Which: No. of Computers Used for Instruction		计 Total	其中:教学仪器设备资产值 of Which: Total Value of Equip & Instru. 小计 Subtotal	其中:实验设备 of Which: For Prefession
521633	**409607**	**1073751**	**5034176.90**	**460997.46**	**234375.80**
4413	3219	18102	76436.13	7281.40	1310.13
3141	2473	4919	23492.50	3443.87	1610.54
41324	33783	99878	371201.05	38459.15	22063.03
16876	14579	42209	161973.72	11827.25	6697.03
3246	2646	7780	58176.48	4520.47	2099.59
9910	7014	12109	66781.92	7598.97	5021.57
3698	3014	2891	17143.90	2695.11	1299.99
3625	3169	3452	29010.96	2311.76	1404.32
6750	5462	3550	56134.39	9524.68	5019.10
50634	36962	119768	386143.92	40024.54	16463.53
47019	38113	188599	420222.79	41085.73	15270.79
19868	16168	29810	203313.23	17598.23	8486.06
13569	10595	31668	125201.34	18750.83	14911.37
11383	8801	16723	125066.09	11665.69	7107.68
74158	52506	145176	529831.99	51887.29	20229.00
40736	34530	63053	431221.56	31839.56	18653.76
14724	11917	26786	218226.57	12070.11	7022.06
25376	21332	38591	265769.83	25464.57	14394.93
37493	28085	64035	383055.10	33885.07	22409.98
12204	9774	26513	132853.73	11445.46	7816.27
1835	1356	2951	24695.30	2348.31	1361.88
9300	6932	18792	90410.65	6880.56	3291.18
21900	16878	33399	327378.72	26665.27	8260.58
8637	6726	16321	93178.89	8924.95	5732.63
11063	9412	15766	147029.42	7438.53	2740.42
636	388	1069	13451.00	776.00	319.00
17507	15006	26678	162172.85	14752.08	9172.97
3801	3313	7129	38043.45	3240.08	1546.78
1450	1253	1205	17429.22	2559.24	1058.79
2462	1893	1362	15034.59	1186.44	690.04
2895	2308	3467	24095.61	2846.26	910.80

Condition of School Buildings in Junior Secondary

	占地面积(平方米) Areas of School Sites(m^2)			图书(册) Books & Magazines in Libraries (Volume)
	计 Total	其中 of Which		
		绿化用地面积 Green Areas	运动场地面积 Sports Areas	
合　计 Total	**484014180**	**79283606**	**120751997**	**296737560**
北　京 Beijing	2311369	444623	814250	1450598
天　津 Tianjin	2201752	211462	799366	1420114
河　北 Hebei	27219791	2694440	8526808	22408955
山　西 Shanxi	15267797	1283128	3868878	8530976
内蒙古 Inner Mongolia	8780433	1268532	2372669	2042099
辽　宁 Liaoning	11600538	1809132	4685674	5927537
吉　林 Jilin	13003853	2358057	4014301	3997591
黑龙江 Heilongjiang	15979938	2168035	6292975	4245423
上　海 Shanghai	719605	234332	216580	786770
江　苏 Jiangsu	9251921	2304810	2587113	6139821
浙　江 Zhejiang	8538459	1813940	2688821	8145565
安　徽 Anhui	38658058	5489947	8058815	16618738
福　建 Fujian	12453490	2797975	3813384	8561168
江　西 Jiangxi	21812914	3737029	4661903	11353659
山　东 Shandong	31269903	6799959	9527730	16041829
河　南 Henan	43486755	4215098	9297228	32331729
湖　北 Hubei	18776211	3406149	4570549	9636028
湖　南 Hunan	37457922	6167250	7558204	28210266
广　东 Guangdong	18188848	4882587	4258459	12723532
广　西 Guangxi	14738927	2531240	2470235	8055756
海　南 Hainan	2536688	630709	477169	660374
重　庆 Chongqing	4517652	758801	1071722	2267805
四　川 Sichuan	23525095	3103164	5856368	22783776
贵　州 Guizhou	17870181	3044353	3863762	15212427
云　南 Yunnan	23979995	4841976	3492911	11370240
西　藏 Tibet	1664124	116350	160248	612569
陕　西 Shaanxi	12751873	1599360	3260681	11219573
甘　肃 Gansu	16728258	1895269	4489184	12285420
青　海 Qinghai	2862782	258862	678692	2193886
宁　夏 Ningxia	2963420	526564	944823	1686087
新　疆 Xinjiang	22895628	5890474	5372495	7817249

学条件(二)(乡村)

Schools (2) (Rural Area)

计算机数(台) PC (Set)		多媒体教室座位数(个) No. of Seats in Multi-media Classrooms	固定资产总值(万元) Total Volue of Fixed Asset (10 thousand yuan)		
计 Total	其中:教学用计算机 of Which: No. of Computers Used for Instruction		计 Total	其中:教学仪器设备资产值 of Which: Total Volue of Equip & Instru. 小计 Subtotal	其中:实验设备 of Which: For Prefession
1059919	**860579**	**1558624**	**8136267.21**	**791599.57**	**417173.37**
9645	7011	36389	73488.24	13005.41	2717.89
6824	4546	9533	48966.45	6963.73	3949.29
56131	46795	90699	358193.66	47202.54	31346.54
35164	30530	49259	276755.17	22196.70	14131.40
7393	5531	6496	77280.06	6038.53	3218.86
29645	22150	35808	188736.23	21354.64	12293.53
21419	17033	18649	113816.23	12863.31	7460.25
24155	20792	25330	149847.25	12791.65	8081.39
4683	3783	3179	32101.35	7899.39	4230.33
31918	24811	67585	187635.19	23804.31	11171.85
37947	28442	119260	303339.22	24726.33	9458.71
71096	60132	96885	505590.32	34102.75	18207.76
31794	24337	65918	239581.33	19927.13	12592.23
36659	29667	60877	266099.48	22217.19	12246.40
78167	54375	116886	517415.48	45500.13	20352.25
74160	63042	90292	590726.84	47384.98	28705.62
33018	27368	47318	359851.57	51895.55	25398.71
73918	63712	99057	549663.11	57248.17	32806.58
43315	34635	67510	417310.48	34867.64	20149.76
30277	24675	60777	272536.08	33420.17	14788.48
2892	2329	4215	23618.76	2864.52	1062.54
13499	10588	22247	106707.68	9257.15	3619.06
77157	62243	83286	667708.26	60725.01	28417.12
41483	32782	53564	317982.34	31446.75	20452.44
51585	44086	69526	502580.40	27150.89	14481.19
2066	1667	1200	54898.85	1590.94	759.83
37979	33464	43344	250097.89	33969.62	19307.60
49734	42017	61170	326476.02	36625.34	18184.11
8630	6974	9148	67667.91	6304.30	2862.97
8452	7076	9458	48556.01	4784.69	1877.65
29114	23986	33759	241039.37	31470.12	12841.03

小学校数、

Number of Schools, Extemal Teaching Sites &

	学校数(所) Schools	教学点数(个) Extemal Teaching Sites	班数(个)	
			计 Total	一年级 Grade 1
合　计 Total	**241249**	**67422**	**2579093**	**478646**
北　京 Beijing	1090	0	21282	3934
天　津 Tianjin	874	0	14973	2860
河　北 Hebei	13274	3841	146023	28680
山　西 Shanxi	10936	1156	82155	13707
内蒙古 Inner Mongolia	2613	375	37180	6742
辽　宁 Liaoning	5118	221	61323	10553
吉　林 Jilin	5600	131	48654	8678
黑龙江 Heilongjiang	5620	399	55621	10105
上　海 Shanghai	764	0	19406	4275
江　苏 Jiangsu	4325	904	93787	17722
浙　江 Zhejiang	3818	407	81000	14749
安　徽 Anhui	13343	3060	119457	22587
福　建 Fujian	5947	2287	67723	12804
江　西 Jiangxi	11633	5048	113303	23157
山　东 Shandong	12047	993	153248	29204
河　南 Henan	27793	5667	252339	47417
湖　北 Hubei	7415	1909	84884	16459
湖　南 Hunan	10824	5612	113574	22585
广　东 Guangdong	15148	2655	204988	36500
广　西 Guangxi	13789	8732	126707	24465
海　南 Hainan	2210	505	22312	4286
重　庆 Chongqing	5248	690	49228	8963
四　川 Sichuan	8847	8848	139774	25369
贵　州 Guizhou	12008	3404	108012	18562
云　南 Yunnan	13320	4726	118798	20853
西　藏 Tibet	860	614	8718	1746
陕　西 Shaanxi	8867	775	71059	12430
甘　肃 Gansu	10907	3165	77747	14029
青　海 Qinghai	1533	188	13788	2539
宁　夏 Ningxia	1942	288	16583	3211
新　疆 Xinjiang	3536	822	55447	9475

教学点数及班数（总计）
Classes in Primary Schools（Regional Aggregates）

Classes

二年级 Grade 2	三年级 Grade 3	四年级 Grade 4	五年级 Grade 5	六年级 Grade 6	复式班 Multiple-grade Classes
450550	**422557**	**414139**	**407134**	**385372**	**20695**
3559	3340	3514	3483	3452	
2485	2435	2535	2519	2137	2
26149	23666	23526	22153	20792	1057
13356	12682	12850	13246	13103	3211
6270	5973	6098	6097	5955	45
10223	9850	10427	10250	9987	33
8367	7833	8103	8009	7625	39
10066	9584	9794	9676	6274	122
3886	3721	3732	3643	149	
16642	15291	14844	14722	14557	9
13903	13150	13234	13092	12835	37
20858	19551	18601	18231	17788	1841
11899	10955	10577	10645	10390	453
20768	18740	17494	16253	14828	2063
26999	25099	25181	25564	21141	60
44958	42829	41104	38964	36280	787
15327	14148	13349	12716	12407	478
21195	18552	17628	16799	15680	1135
34660	32847	32482	33541	34705	253
22222	20579	19541	18959	18236	2705
3897	3689	3496	3490	3427	27
8470	8062	7892	7917	7879	45
24455	23029	22458	22027	22008	428
17956	17521	17413	17839	17716	1005
20351	19934	19502	18946	18410	802
1713	1555	1259	1214	1217	14
12046	11361	11326	11232	11278	1386
13291	12383	12149	11924	11695	2276
2391	2259	2229	2230	1978	162
2947	2764	2619	2536	2388	118
9241	9175	9182	9217	9055	102

小学校数、

Number of Schools, Extemal Teaching Sites &

	学校数(所) Schools	教学点数(个) Extemal Teaching Sites	班数(个) 计 Total	一年级 Grade 1
合　计 Total	**26227**	**820**	**553645**	**101521**
北　京 Beijing	671		16299	3051
天　津 Tianjin	390		8372	1568
河　北 Hebei	1335	38	21813	4058
山　西 Shanxi	892	2	15686	2662
内蒙古 Inner Mongolia	488		10698	1866
辽　宁 Liaoning	1235	5	24157	4177
吉　林 Jilin	563	2	12126	2199
黑龙江 Heilongjiang	795	5	14739	2757
上　海 Shanghai	584		15116	3325
江　苏 Jiangsu	1261	45	37793	6936
浙　江 Zhejiang	989	40	30233	5612
安　徽 Anhui	827	12	15187	2728
福　建 Fujian	1016	25	18183	3420
江　西 Jiangxi	709	37	13808	2542
山　东 Shandong	1761	41	36266	7122
河　南 Henan	2149	75	34258	6193
湖　北 Hubei	1015	24	20061	3673
湖　南 Hunan	939	67	17522	3247
广　东 Guangdong	3391	56	83809	15340
广　西 Guangxi	736	59	13965	2683
海　南 Hainan	215	6	4654	819
重　庆 Chongqing	468	5	10344	1841
四　川 Sichuan	750	179	21192	3742
贵　州 Guizhou	611	6	10229	1740
云　南 Yunnan	545	52	9955	1802
西　藏 Tibet	22		581	100
陕　西 Shaanxi	868	17	13251	2314
甘　肃 Gansu	393	10	7284	1263
青　海 Qinghai	73	1	1703	283
宁　夏 Ningxia	159		3291	586
新　疆 Xinjiang	377	11	11070	1872

教学点数及班数(城区)
Classes in Primary Schools (Urban Area)

Classes

二年级 Grade 2	三年级 Grade 3	四年级 Grade 4	五年级 Grade 5	六年级 Grade 6	复式班 Multiple-grade Classes
94951	**89641**	**91213**	**91524**	**84579**	**216**
2738	2550	2692	2653	2615	
1359	1334	1395	1416	1300	
3676	3395	3633	3548	3481	22
2612	2476	2626	2661	2642	7
1721	1738	1813	1818	1742	
4012	3755	4149	4077	3982	5
1996	1842	2034	2040	1993	22
2686	2500	2703	2722	1366	5
3022	2895	2934	2887	53	
6534	6156	6131	6071	5964	1
5220	4951	4944	4832	4672	2
2607	2479	2434	2442	2487	10
3189	2959	2891	2903	2814	7
2399	2251	2225	2187	2178	26
6505	5964	6108	6162	4397	8
5858	5614	5605	5590	5390	8
3469	3256	3221	3209	3223	10
3064	2845	2814	2817	2722	13
14279	13378	13377	13671	13755	9
2367	2252	2209	2263	2164	27
761	738	774	787	774	1
1719	1643	1664	1723	1752	2
3627	3369	3395	3473	3585	1
1671	1649	1683	1747	1739	
1688	1648	1627	1635	1555	
101	98	96	93	93	
2228	2133	2168	2190	2211	7
1183	1151	1222	1221	1233	11
279	282	282	285	280	12
564	535	529	534	543	
1817	1805	1835	1867	1874	

小学校数、

Number of Schools, Extemal Teaching Sites &

	学校数(所) Schools	教学点数(个) Extemal Teaching Sites	班数(个)	
			计 Total	一年级 Grade 1
合　计 Total	**8900**	**626**	**122179**	**22655**
北　京 Beijing	97		1551	286
天　津 Tianjin	76		1146	225
河　北 Hebei	616	36	6548	1186
山　西 Shanxi	332	2	3081	507
内蒙古 Inner Mongolia	77		871	152
辽　宁 Liaoning	256	5	3014	503
吉　林 Jilin	113	2	1010	181
黑龙江 Heilongjiang	142	3	1580	288
上　海 Shanghai	73		1631	382
江　苏 Jiangsu	236	25	4625	892
浙　江 Zhejiang	345	27	8621	1648
安　徽 Anhui	225	7	2274	397
福　建 Fujian	513	21	5663	1066
江　西 Jiangxi	333	26	3347	654
山　东 Shandong	679	32	9237	1803
河　南 Henan	1047	62	10146	1893
湖　北 Hubei	277	14	2984	551
湖　南 Hunan	304	51	3390	670
广　东 Guangdong	1565	43	31029	5733
广　西 Guangxi	258	49	3301	612
海　南 Hainan	48	5	476	82
重　庆 Chongqing	134	4	1713	300
四　川 Sichuan	133	150	3386	619
贵　州 Guizhou	204	4	2500	427
云　南 Yunnan	203	30	2438	440
西　藏 Tibet				
陕　西 Shaanxi	393	14	3587	641
甘　肃 Gansu	80	4	857	147
青　海 Qinghai	16	1	261	41
宁　夏 Ningxia	36		543	98
新　疆 Xinjiang	89	9	1369	231

教学点数及班数（城乡结合区）
Classes in Primary Schools（Urban-rural Transitional Area）

Classes

二年级 Grade 2	三年级 Grade 3	四年级 Grade 4	五年级 Grade 5	六年级 Grade 6	复式班 Multiple-grade Classes
21086	**19853**	**19779**	**19814**	**18928**	**64**
267	251	262	251	234	
186	181	184	190	180	
1090	1074	1095	1051	1051	1
500	499	509	536	526	4
135	139	146	151	148	
499	480	511	507	512	2
162	157	157	173	176	4
281	269	287	296	159	
332	302	299	284	32	
815	749	722	732	714	1
1525	1409	1391	1346	1300	2
388	373	360	369	385	2
997	911	900	909	880	
595	563	535	517	466	17
1616	1502	1525	1550	1239	2
1784	1680	1649	1596	1541	3
529	487	477	467	471	2
611	545	533	531	498	2
5320	4955	4935	5020	5066	
556	542	520	528	539	4
78	76	81	80	79	
290	269	270	286	298	
587	555	544	542	538	1
402	402	410	433	426	
426	398	394	391	389	
602	588	591	580	580	5
140	135	144	144	143	4
44	45	40	42	41	8
95	87	86	88	89	
234	230	222	224	228	

小学校数、

Number of Schools, Extemal Teaching Sites &

	学校数(所) Schools	教学点数(个) Extemal Teaching Sites	班数(个)	
			计 Total	一年级 Grade 1
合　计 Total	**45977**	**5630**	**713236**	**126388**
北　京 Beijing	150		2576	457
天　津 Tianjin	168		2995	576
河　北 Hebei	3327	324	43150	8148
山　西 Shanxi	1857	41	23446	3926
内蒙古 Inner Mongolia	758	10	15073	2632
辽　宁 Liaoning	764	8	14898	2488
吉　林 Jilin	693	13	11533	2081
黑龙江 Heilongjiang	867	15	15945	2844
上　海 Shanghai	116		3139	691
江　苏 Jiangsu	1698	201	39444	7389
浙　江 Zhejiang	1270	71	31408	5688
安　徽 Anhui	2450	291	31241	5648
福　建 Fujian	1569	92	21636	3851
江　西 Jiangxi	2397	473	35602	6632
山　东 Shandong	2733	120	44221	8244
河　南 Henan	5628	659	65520	11494
湖　北 Hubei	1636	131	24918	4611
湖　南 Hunan	2152	324	33685	5975
广　东 Guangdong	2963	279	47641	7990
广　西 Guangxi	1907	919	27407	4924
海　南 Hainan	565	61	7993	1451
重　庆 Chongqing	1238	63	20286	3603
四　川 Sichuan	2124	899	47954	8366
贵　州 Guizhou	1586	149	22067	3509
云　南 Yunnan	1597	282	22313	3689
西　藏 Tibet	132	6	1773	275
陕　西 Shaanxi	1785	56	21686	3612
甘　肃 Gansu	982	72	12598	2090
青　海 Qinghai	176	1	3699	578
宁　夏 Ningxia	222	20	3529	611
新　疆 Xinjiang	467	50	13860	2315

教学点数及班数(镇区)

Classes in Primary Schools（Counties & Towns Area）

Classes

二年级 Grade 2	三年级 Grade 3	四年级 Grade 4	五年级 Grade 5	六年级 Grade 6	复式班 Multiple-grade Classes
119531	**114854**	**115644**	**118305**	**117372**	**1142**
424	404	428	427	436	
504	499	510	497	409	
7536	6920	7035	6909	6506	96
3830	3684	3791	4071	4065	79
2460	2407	2508	2538	2528	
2409	2390	2537	2541	2525	8
1991	1851	1900	1879	1822	9
2821	2723	2752	2753	2040	12
630	613	589	558	58	
6965	6402	6212	6208	6267	1
5373	5094	5130	5094	5028	1
5268	5016	4929	5024	5232	124
3666	3501	3456	3598	3551	13
5980	5545	5530	5729	5974	212
7613	7135	7194	7482	6524	29
11032	10820	10727	10694	10725	28
4335	4133	3900	3934	3935	70
5641	5502	5468	5544	5490	65
7602	7302	7588	8208	8923	28
4567	4343	4305	4518	4609	141
1290	1277	1273	1330	1367	5
3374	3264	3297	3347	3394	7
7941	7702	7833	7933	8165	14
3424	3557	3635	3908	4005	29
3609	3601	3677	3838	3873	26
271	297	308	302	320	
3565	3469	3529	3666	3765	80
2000	1966	2040	2178	2277	47
574	602	651	671	621	2
587	571	573	580	603	4
2249	2264	2339	2346	2335	12

小学校数、

Number of Schools, Extemal Teaching Sites &

	学校数(所) Schools	教学点数(个) Extemal Teaching Sites	班数(个)	
			计 Total	一年级 Grade 1
合　计 Total	**22687**	**4206**	**260645**	**47370**
北　京 Beijing	46		634	112
天　津 Tianjin	91		1300	246
河　北 Hebei	2272	288	24724	4707
山　西 Shanxi	976	32	9642	1615
内蒙古 Inner Mongolia	116	5	1888	330
辽　宁 Liaoning	294	3	3365	559
吉　林 Jilin	208	12	2013	352
黑龙江 Heilongjiang	167	12	2192	370
上　海 Shanghai	39		912	207
江　苏 Jiangsu	683	131	11424	2203
浙　江 Zhejiang	617	58	13424	2484
安　徽 Anhui	1151	187	10591	1943
福　建 Fujian	841	72	8924	1595
江　西 Jiangxi	1264	359	11538	2298
山　东 Shandong	1534	103	20946	3888
河　南 Henan	3891	586	36399	6710
湖　北 Hubei	686	90	7700	1450
湖　南 Hunan	1131	254	13124	2417
广　东 Guangdong	1796	232	22577	3831
广　西 Guangxi	909	608	10314	1950
海　南 Hainan	172	26	1662	296
重　庆 Chongqing	437	51	4727	868
四　川 Sichuan	534	780	11037	2020
贵　州 Guizhou	685	78	7236	1167
云　南 Yunnan	712	137	7834	1299
西　藏 Tibet	9	2	181	28
陕　西 Shaanxi	804	44	7840	1325
甘　肃 Gansu	335	32	2728	476
青　海 Qinghai	54		716	112
宁　夏 Ningxia	89	5	948	162
新　疆 Xinjiang	144	19	2105	350

教学点数及班数(镇乡结合区)

Classes in Primary Schools (County-town Transitional Area)

Classes

二年级 Grade 2	三年级 Grade 3	四年级 Grade 4	五年级 Grade 5	六年级 Grade 6	复式班 Multiple-grade Classes
44729	**42401**	**42030**	**42171**	**41279**	**665**
108	96	107	108	103	
218	225	231	217	163	
4396	4013	4022	3890	3650	46
1576	1515	1555	1659	1660	62
300	296	302	331	329	
538	546	574	566	580	2
351	314	337	331	328	
386	378	376	381	301	
183	175	166	155	26	
2036	1867	1763	1773	1781	1
2317	2171	2185	2159	2107	1
1815	1710	1659	1665	1740	59
1535	1468	1430	1468	1422	6
2049	1856	1798	1738	1641	158
3617	3361	3381	3491	3185	23
6347	6085	5930	5756	5546	25
1373	1299	1204	1179	1168	27
2294	2168	2113	2104	1999	29
3690	3509	3580	3808	4133	26
1778	1659	1618	1622	1615	72
279	261	269	275	279	3
787	758	749	772	786	7
1940	1878	1821	1706	1658	14
1137	1173	1183	1267	1294	15
1286	1281	1301	1322	1336	9
30	30	31	31	31	
1305	1250	1280	1313	1318	49
446	440	431	439	470	26
115	118	128	127	114	2
153	153	152	157	168	3
344	348	354	361	348	

小学校数、

Number of Schools, Extemal Teaching Sites &

	学校数(所) Schools	教学点数(个) Extemal Teaching Sites	班数(个) 计 Total	一年级 Grade 1
合 计 Total	**169045**	**60972**	**1312212**	**250737**
北 京 Beijing	269		2407	426
天 津 Tianjin	316		3606	716
河 北 Hebei	8612	3479	81060	16474
山 西 Shanxi	8187	1113	43023	7119
内蒙古 Inner Mongolia	1367	365	11409	2244
辽 宁 Liaoning	3119	208	22268	3888
吉 林 Jilin	4344	116	24995	4398
黑龙江 Heilongjiang	3958	379	24937	4504
上 海 Shanghai	64		1151	259
江 苏 Jiangsu	1366	658	16550	3397
浙 江 Zhejiang	1559	296	19359	3449
安 徽 Anhui	10066	2757	73029	14211
福 建 Fujian	3362	2170	27904	5533
江 西 Jiangxi	8527	4538	63893	13983
山 东 Shandong	7553	832	72761	13838
河 南 Henan	20016	4933	152561	29730
湖 北 Hubei	4764	1754	39905	8175
湖 南 Hunan	7733	5221	62367	13363
广 东 Guangdong	8794	2320	73538	13170
广 西 Guangxi	11146	7754	85335	16858
海 南 Hainan	1430	438	9665	2016
重 庆 Chongqing	3542	622	18598	3519
四 川 Sichuan	5973	7770	70628	13261
贵 州 Guizhou	9811	3249	75716	13313
云 南 Yunnan	11178	4392	86530	15362
西 藏 Tibet	706	608	6364	1371
陕 西 Shaanxi	6214	702	36122	6504
甘 肃 Gansu	9532	3083	57865	10676
青 海 Qinghai	1284	186	8386	1678
宁 夏 Ningxia	1561	268	9763	2014
新 疆 Xinjiang	2692	761	30517	5288

教学点数及班数(农村)

Classes in Primary Schools (Rural Area)

Classes

二年级 Grade 2	三年级 Grade 3	四年级 Grade 4	五年级 Grade 5	六年级 Grade 6	复式班 Multiple-grade Classes
236068	**218062**	**207282**	**197305**	**183421**	**19337**
397	386	394	403	401	
622	602	630	606	428	2
14937	13351	12858	11696	10805	939
6914	6522	6433	6514	6396	3125
2089	1828	1777	1741	1685	45
3802	3705	3741	3632	3480	20
4380	4140	4169	4090	3810	8
4559	4361	4339	4201	2868	105
234	213	209	198	38	
3143	2733	2501	2443	2326	7
3310	3105	3160	3166	3135	34
12983	12056	11238	10765	10069	1707
5044	4495	4230	4144	4025	433
12389	10944	9739	8337	6676	1825
12881	12000	11879	11920	10220	23
28068	26395	24772	22680	20165	751
7523	6759	6228	5573	5249	398
12490	10205	9346	8438	7468	1057
12779	12167	11517	11662	12027	216
15288	13984	13027	12178	11463	2537
1846	1674	1449	1373	1286	21
3377	3155	2931	2847	2733	36
12887	11958	11230	10621	10258	413
12861	12315	12095	12184	11972	976
15054	14685	14198	13473	12982	776
1341	1160	855	819	804	14
6253	5759	5629	5376	5302	1299
10108	9266	8887	8525	8185	2218
1538	1375	1296	1274	1077	148
1796	1658	1517	1422	1242	114
5175	5106	5008	5004	4846	90

小学学生

Number of Students in Primary

	毕业生数 Graduates	招生数 Entrants		在校学生数	
		合计 Total	其中:受过学前教育 of Which: Those Received the Pre-school Education	合计 Total	其中:女 of Which: Female
合 计 Total	**16628054**	**17367980**	**16113967**	**99263674**	**45893652**
北 京 Beijing	101678	132719	130881	680457	314310
天 津 Tianjin	84602	100097	95740	518531	240077
河 北 Hebei	732753	1038453	976966	5410910	2544309
山 西 Shanxi	527818	440802	427990	2771927	1321814
内蒙古 Inner Mongolia	254920	246419	236698	1405322	665296
辽 宁 Liaoning	377227	370138	355524	2168074	1018839
吉 林 Jilin	226712	250353	243803	1439237	683799
黑龙江 Heilongjiang	336006	333945	326647	1874996	898073
上 海 Shanghai	130857	169430	167006	731131	332920
江 苏 Jiangsu	649684	761815	756886	4095995	1857731
浙 江 Zhejiang	517786	628821	618628	3440635	1580374
安 徽 Anhui	769388	791856	666163	4435804	2011652
福 建 Fujian	371976	447904	411925	2460858	1123657
江 西 Jiangxi	667802	777955	716910	4340255	1950753
山 东 Shandong	1068186	1193990	1176262	6440742	3011888
河 南 Henan	1676067	1934351	1918192	10928960	5026352
湖 北 Hubei	583417	692317	641481	3773446	1708697
湖 南 Hunan	730155	869687	852835	4903095	2261213
广 东 Guangdong	1619684	1408922	1316472	8220577	3649308
广 西 Guangxi	702614	726689	687644	4270002	1979576
海 南 Hainan	131762	123955	102410	765619	332224
重 庆 Chongqing	363073	338693	322216	1954818	918579
四 川 Sichuan	1042069	996827	883695	5798017	2743668
贵 州 Guizhou	773003	626379	474191	4087382	1913008
云 南 Yunnan	729118	653821	532938	4240837	1992374
西 藏 Tibet	48319	49536	11824	294725	142403
陕 西 Shaanxi	464579	407696	397332	2535962	1159706
甘 肃 Gansu	426257	338176	237771	2200743	1034275
青 海 Qinghai	80162	82562	58330	511867	245309
宁 夏 Ningxia	112676	111236	89289	643293	306958
新 疆 Xinjiang	327704	322436	279318	1919457	924510

数(总计)

Schools (Regional Aggregates)

单位:人
unit:person

Enrolment						预计毕业生数 Estimated Graduates for Next Year
一年级 Grade 1	二年级 Grade 2	三年级 Grade 3	四年级 Grade 4	五年级 Grade 5	六年级 Grade 6	
17512453	**16702129**	**16016748**	**16327996**	**16676183**	**16028165**	**16483498**
132997	113961	103581	111787	109608	108523	109520
100144	82758	82588	89579	88533	74929	85756
1038459	942274	864128	900971	867029	798049	798109
441529	450281	420712	457195	504385	497825	497825
246419	216817	219360	237665	243755	241306	243149
371100	342803	329468	379546	376349	368808	372784
250501	246112	221823	243715	246033	231053	232114
333947	340215	310289	335792	338794	215959	334839
169640	148224	138522	136969	130617	7159	129258
761823	727764	665200	645266	650394	645548	645977
629054	598679	552431	561594	558352	540525	541814
794343	741759	730982	714571	723960	730189	731364
450359	426341	397206	389299	404309	393344	393344
830490	756763	701921	696751	689045	665285	666105
1194002	1115154	1029597	1059271	1118598	924120	1097090
1941039	1875103	1840255	1809553	1771009	1692001	1706982
695081	668170	631071	602890	593539	582695	584085
869738	847571	802032	806343	810760	766651	766651
1409035	1333523	1267465	1298666	1414040	1497848	1498033
748980	729884	697875	693628	712026	687609	687609
139941	123727	121396	123686	129244	127625	127625
339230	319443	310162	319241	328607	338135	338135
1006277	949131	912929	944854	978712	1006114	1006114
626409	619578	652400	688366	747346	753283	753283
663187	676262	701946	727952	744605	726885	727353
49541	49641	51399	49104	47429	47611	47658
413148	412063	406626	420433	436649	447043	447043
341845	353613	348964	368975	386573	400773	400773
84143	81517	85791	87906	91330	81180	83016
114203	105009	105273	104677	106367	107764	107764
325849	307989	313356	321751	328186	322326	322326

小学学生

Number of Students in Primary

	毕业生数 Graduates	招生数 Entrants		在校学生数	
		合计 Total	其中:受过学前教育 of Which: Those Received the Pre-school Education	合计 Total	其中:女 of Which: Female
合　计 Total	**4219876**	**4691107**	**4545131**	**26069589**	**11880737**
北　京 Beijing	79802	106452	104749	541373	249343
天　津 Tianjin	48316	56954	53229	296559	138704
河　北 Hebei	158899	195162	185437	1055900	490851
山　西 Shanxi	135641	128655	126586	785242	372752
内蒙古 Inner Mongolia	89337	89490	86352	511599	242725
辽　宁 Liaoning	177042	176125	167183	1011389	477356
吉　林 Jilin	88182	88173	86429	528280	249297
黑龙江 Heilongjiang	122457	118661	116951	654532	310187
上　海 Shanghai	102820	128785	127361	553332	253918
江　苏 Jiangsu	253952	309731	307859	1680255	763053
浙　江 Zhejiang	192858	246898	242160	1330968	605753
安　徽 Anhui	127273	130158	121898	758783	340967
福　建 Fujian	118941	166587	154867	876652	392538
江　西 Jiangxi	107741	119080	113007	673377	292887
山　东 Shandong	284787	340222	338264	1719916	801639
河　南 Henan	278022	323390	321632	1829077	827068
湖　北 Hubei	162925	179176	171864	1005861	452584
湖　南 Hunan	142522	163266	161011	942047	425289
广　东 Guangdong	665320	723424	685113	3974891	1719743
广　西 Guangxi	101241	124284	121730	688342	306954
海　南 Hainan	37745	35332	32522	236819	96398
重　庆 Chongqing	83536	79261	75127	466761	221661
四　川 Sichuan	184079	173778	171315	1048468	496668
贵　州 Guizhou	91983	89400	86617	545054	251018
云　南 Yunnan	75871	91211	90109	521847	247191
西　藏 Tibet	3904	4912	4307	27464	12986
陕　西 Shaanxi	107204	110371	109535	646146	294966
甘　肃 Gansu	64593	60576	58514	377405	175184
青　海 Qinghai	14775	15246	13412	91814	43721
宁　夏 Ningxia	31641	30903	30338	181343	85198
新　疆 Xinjiang	86467	85444	79653	508093	242138

数(城区)

Schools (Urban Area)

单位:人

unit:person

Enrolment						预计毕业生数 Estimated Graduates for Next Year
一年级 Grade 1	二年级 Grade 2	三年级 Grade 3	四年级 Grade 4	五年级 Grade 5	六年级 Grade 6	
4702886	**4420883**	**4126309**	**4325712**	**4400266**	**4093533**	**4359578**
106547	90642	82285	89076	87132	85691	86688
56968	47124	46459	50424	50680	44904	49317
195162	178000	155906	179535	176151	171146	171206
128792	129845	116731	132990	140449	136435	136435
89490	75476	78135	88880	91278	88340	90130
176154	162157	145604	179089	176238	172147	176123
88174	86109	77058	92520	94197	90222	91283
118663	119514	105498	122666	125323	62868	122853
128835	111493	104452	105000	101079	2473	100560
309734	292380	271472	271175	270679	264815	265244
246980	232930	214990	218292	214214	203562	204851
130193	127550	121217	123742	126549	129532	129532
166772	155846	141996	138339	140733	132966	132966
120884	114283	106136	109309	109980	112785	113103
340224	305794	275244	291047	297629	209978	294303
323581	310707	298936	302623	302760	290470	298968
179206	175457	162075	162754	162338	164031	164195
163269	161296	151180	154619	158485	153198	153198
723480	673955	628218	631799	657135	660304	660489
124851	117740	112338	110773	114265	108375	108375
41828	38107	36793	39169	40931	39991	39991
79291	75823	72078	76553	79958	83058	83058
173813	170303	160996	169709	182678	190969	190969
89401	85009	86047	91302	96633	96662	96662
91391	87144	84884	87932	88354	82142	82610
4912	4731	4592	4577	4468	4184	4184
110383	106528	101558	107108	109487	111082	111082
62176	61339	58235	64245	65635	65775	65775
15254	14670	15023	15744	15647	15476	15476
30915	29030	28318	30136	31245	31699	31699
85563	79901	81855	84585	87936	88253	88253

小学学生

Number of Students in Primary

	毕业生数 Graduates	招生数 Entrants 合计 Total	其中:受过学前教育 of Which: Those Received the Pre-school Education	在校学生数 合计 Total	其中:女 of Which: Female
合　计 Total	**823846**	**955092**	**926160**	**5170275**	**2314720**
北　京 Beijing	6433	9941	9777	49123	22288
天　津 Tianjin	6259	8206	7642	39925	18597
河　北 Hebei	35614	44929	43801	246037	113560
山　西 Shanxi	20961	18433	18221	115164	55116
内蒙古 Inner Mongolia	5620	5394	5233	29268	13892
辽　宁 Liaoning	18632	17962	17295	106886	49998
吉　林 Jilin	4771	4428	4341	26084	12207
黑龙江 Heilongjiang	11583	10545	10396	58430	27739
上　海 Shanghai	12636	17284	16884	73345	31994
江　苏 Jiangsu	30369	38100	37942	193668	86659
浙　江 Zhejiang	51149	73134	70859	379547	168577
安　徽 Anhui	15969	15017	13934	87772	39479
福　建 Fujian	33318	48396	45255	247711	110922
江　西 Jiangxi	21582	26187	24656	136664	58556
山　东 Shandong	64276	75637	74759	386230	179618
河　南 Henan	60323	79053	78595	425907	191875
湖　北 Hubei	19775	23632	23039	129258	58419
湖　南 Hunan	21051	27922	27614	151846	69014
广　东 Guangdong	236925	262378	251944	1416654	604662
广　西 Guangxi	23709	25756	25121	147245	64443
海　南 Hainan	2656	2532	2383	16700	6988
重　庆 Chongqing	13251	12321	11825	70350	33350
四　川 Sichuan	23766	23799	23410	137310	63968
贵　州 Guizhou	20886	19413	18836	119455	55610
云　南 Yunnan	18089	20510	19828	117689	55825
西　藏 Tibet					
陕　西 Shaanxi	22584	22913	22531	134419	60619
甘　肃 Gansu	5961	5475	5220	34076	16010
青　海 Qinghai	1788	2086	1986	12407	5921
宁　夏 Ningxia	5244	4870	4819	28986	13755
新　疆 Xinjiang	8666	8839	8014	52119	25059

数(城乡结合区)

Schools (Urban-rural Transitional Area)

单位:人
unit:person

Enrolment						预计毕业生数 Estimated Graduates for Next Year
一年级 Grade 1	二年级 Grade 2	三年级 Grade 3	四年级 Grade 4	五年级 Grade 5	六年级 Grade 6	
957658	**890463**	**827638**	**837919**	**848811**	**807786**	**838549**
9972	8658	7794	8062	7554	7083	7083
8214	6512	6253	6474	6448	6024	6240
44929	40843	37996	41569	41052	39648	39648
18469	18321	17618	18694	21762	20300	20300
5394	4165	4485	4911	5251	5062	5457
17983	16831	16536	18581	18480	18475	18475
4428	4203	3743	4061	4918	4731	4731
10545	11281	9770	10907	10883	5044	10966
17292	15119	13810	13262	12349	1513	12145
38100	35168	30908	29916	30056	29520	29520
73165	69197	62063	61183	58829	55110	55110
15033	14333	13850	13731	14883	15942	15942
48501	44541	40046	39167	39108	36348	36348
27089	23842	21977	21689	21083	20984	21150
75638	66687	61784	63922	65691	52508	65405
79198	75376	70430	68639	67250	65014	65549
23651	22850	20951	20733	20591	20482	20482
27924	26773	23934	24481	25256	23478	23478
262382	242631	224443	224832	230359	232007	232007
26267	24862	24129	23569	24167	24251	24251
2901	2671	2549	2761	2980	2838	2838
12328	11603	10626	11366	11816	12611	12611
23803	22706	21410	22198	23103	24090	24090
19414	18050	18956	19883	21549	21603	21603
20585	19735	19222	19823	19423	18901	18901
22925	22272	21512	22337	22544	22829	22829
5680	5703	5330	5796	5795	5772	5772
2086	2083	2166	2054	2012	2006	2006
4878	4749	4673	4834	4892	4960	4960
8884	8698	8674	8484	8727	8652	8652

小学学生

Number of Students in Primary

	毕业生数 Graduates	招生数 Entrants		在校学生数	
		合计 Total	其中:受过学前教育 of Which: Those Received the Pre-school Education	合计 Total	其中:女 of Which: Female
合 计 Total	**5596606**	**5517580**	**5249227**	**32542101**	**14929808**
北 京 Beijing	12183	14782	14691	78284	36553
天 津 Tianjin	17366	20832	20587	109456	50129
河 北 Hebei	247585	344778	318850	1841024	858742
山 西 Shanxi	188599	158633	153825	1009301	477667
内蒙古 Inner Mongolia	115501	107851	103801	626804	297434
辽 宁 Liaoning	103833	99623	97167	597209	278209
吉 林 Jilin	67480	79514	77286	444812	211323
黑龙江 Heilongjiang	115404	121340	119084	681016	326221
上 海 Shanghai	20261	29735	29035	129392	57674
江 苏 Jiangsu	300269	331932	330327	1809952	817024
浙 江 Zhejiang	213844	255530	251732	1411327	648745
安 徽 Anhui	260294	244897	222197	1430975	629391
福 建 Fujian	139957	159605	147488	909783	412812
江 西 Jiangxi	290586	278439	262648	1672260	739508
山 东 Shandong	343222	364594	358413	2038850	944329
河 南 Henan	532647	533161	529827	3225398	1449845
湖 北 Hubei	201483	228466	215751	1273914	579835
湖 南 Hunan	279985	296746	292224	1789647	822340
广 东 Guangdong	448727	337226	313813	2074266	923452
广 西 Guangxi	202092	193784	190161	1178511	534403
海 南 Hainan	57850	49177	42828	322571	139543
重 庆 Chongqing	173644	162034	154156	941295	439399
四 川 Sichuan	445235	405499	378906	2392649	1135517
贵 州 Guizhou	204492	160459	140985	1084793	497128
云 南 Yunnan	164323	145422	135150	957151	453402
西 藏 Tibet	13089	11922	3446	79312	38005
陕 西 Shaanxi	179662	152876	149187	991951	452046
甘 肃 Gansu	102957	81553	70462	534046	245353
青 海 Qinghai	28862	27449	17068	180212	86714
宁 夏 Ningxia	31705	29793	26600	178060	83989
新 疆 Xinjiang	93469	89928	81532	547880	263076

数(镇区)

Schools (Counties & Towns Area)

单位:人

unit:person

Enrolment						预计毕业生数 Estimated Graduates for Next Year
一年级 Grade 1	二年级 Grade 2	三年级 Grade 3	四年级 Grade 4	五年级 Grade 5	六年级 Grade 6	
5563832	**5345108**	**5182587**	**5329754**	**5571375**	**5549445**	**5650831**
14854	13167	11758	12849	12672	12984	12984
20835	17391	17634	18976	18754	15866	18125
344784	319204	292463	306060	301110	277403	277403
158938	163051	151848	165317	187393	182754	182754
107851	96348	98806	105887	108978	108934	108987
99881	91693	93049	103709	104925	103952	103952
79595	77116	69774	74146	73768	70413	70413
121340	124148	112670	117426	117721	87711	116873
29812	26707	25096	23419	21462	2896	20933
331935	322074	293446	283222	287838	291437	291437
255632	245157	227030	230063	229347	224098	224098
245340	231861	230478	229073	240020	254203	254310
160599	154151	146201	145664	153329	149839	149839
297922	274583	257162	264192	279983	298418	298544
364597	346548	322022	333275	356192	316216	362806
535253	526049	530167	534434	546243	553252	556978
229567	222324	213605	200355	205262	202801	203988
296767	291979	290139	298534	309887	302341	302341
337242	320016	309592	329475	371296	406645	406645
198282	193605	188218	189720	202798	205888	205888
55647	50336	50606	52994	56265	56723	56723
162265	153454	149612	153596	158545	163823	163823
408653	381716	371391	390771	410410	429708	429708
160462	158941	173280	182273	201909	207928	207928
147869	147126	152976	162772	173393	173015	173015
11923	11920	13740	14100	13292	14337	14337
154551	158425	159350	164823	174639	180163	180163
82199	83382	83044	88889	96287	100245	100245
28051	27383	29481	31839	33131	30327	30466
30269	28715	28923	29453	29831	30869	30869
90917	86538	89026	92448	94695	94256	94256

小学学生

Number of Students in Primary

	毕业生数 Graduates	招生数 Entrants		在校学生数	
		合计 Total	其中:受过学前教育 of Which: Those Received the Pre-school Education	合计 Total	其中:女 of Which: Female
合　计 Total	**1800223**	**1853993**	**1766702**	**10674101**	**4902061**
北　京 Beijing	2679	3410	3372	17752	8229
天　津 Tianjin	7275	8639	8626	44343	20367
河　北 Hebei	127281	181971	168257	968127	453332
山　西 Shanxi	70037	56471	55129	364992	172558
内蒙古 Inner Mongolia	13292	12118	11563	70984	32750
辽　宁 Liaoning	19388	19249	18882	113170	52467
吉　林 Jilin	10264	11016	10862	63508	29864
黑龙江 Heilongjiang	15222	14676	14425	86567	41345
上　海 Shanghai	5995	8726	8530	37859	16935
江　苏 Jiangsu	80540	90463	90029	481168	216451
浙　江 Zhejiang	89083	111705	109951	600845	273261
安　徽 Anhui	72943	68719	62138	390367	173191
福　建 Fujian	50852	61042	53918	336303	153982
江　西 Jiangxi	72458	78885	74413	442050	200515
山　东 Shandong	156898	164566	161742	915872	423134
河　南 Henan	247520	274568	272322	1570441	711769
湖　北 Hubei	54954	64643	60141	356282	163771
湖　南 Hunan	93428	105921	104255	614788	282628
广　东 Guangdong	202093	149479	137987	917464	413695
广　西 Guangxi	63619	62714	61212	373247	172749
海　南 Hainan	10423	8916	7962	57809	24360
重　庆 Chongqing	37155	34407	33180	199076	92160
四　川 Sichuan	78707	77519	73259	445318	210718
贵　州 Guizhou	60917	46234	38577	316739	146916
云　南 Yunnan	52869	46891	44138	305294	143597
西　藏 Tibet	1180	1025	147	7425	3661
陕　西 Shaanxi	58641	52352	50933	337403	153939
甘　肃 Gansu	18348	14034	10987	90054	42334
青　海 Qinghai	5571	4982	3625	33986	16415
宁　夏 Ningxia	8396	6565	5442	41409	19655
新　疆 Xinjiang	12195	12087	10698	73459	35313

数(镇乡结合区)
Schools (County-town Transitional Area)

单位:人
unit:person

Enrolment						预计毕业生数 Estimated Graduates for Next Year
一年级 Grade 1	二年级 Grade 2	三年级 Grade 3	四年级 Grade 4	五年级 Grade 5	六年级 Grade 6	
1865411	**1783133**	**1712431**	**1739733**	**1800112**	**1773281**	**1798183**
3437	3019	2670	2861	2968	2797	2797
8641	7026	7382	7811	7420	6063	7357
181971	169524	155131	161090	156579	143832	143832
56513	58202	54701	59785	68627	67164	67164
12118	10798	10713	11708	12622	13025	13025
19331	17169	17682	19308	19683	19997	19997
11046	10956	9771	10599	10783	10353	10353
14676	15383	14216	14814	15242	12236	14980
8787	7683	7199	6675	6251	1264	5996
90465	86224	78614	74352	75355	76158	76158
111752	105865	97085	97295	96518	92330	92330
68830	63366	63058	62095	64373	68645	68661
61503	57662	54458	53016	55612	54052	54052
83429	75664	68939	69797	72053	72168	72168
164567	157568	143477	147463	157609	145188	160982
276135	264251	261510	259221	257961	251363	251636
64862	63364	60705	55794	56720	54837	54837
105923	102587	100901	101999	104673	98705	98705
149480	143184	138579	145420	161838	178963	178963
63947	62288	60410	60401	63140	63061	63061
9860	9199	8773	9650	10190	10137	10137
34502	31988	31302	32093	33892	35299	35299
77785	73247	71655	73222	73979	75430	75430
46235	46241	50192	53233	59705	61133	61133
47434	47514	49689	52344	54190	54123	54123
1025	1113	1270	1306	1301	1410	1410
52875	54794	53838	56221	59194	60481	60481
14144	14337	14010	14774	15638	17151	17151
5068	5158	5683	6239	6281	5557	5606
6827	6229	6671	6739	6952	7991	7991
12243	11530	12147	12408	12763	12368	12368

小学学生

Number of Students in Primary

	毕业生数 Graduates	招生数 Entrants		在校学生数	
		合计 Total	其中:受过学前教育 of Which: Those Received the Pre-school Education	合计 Total	其中:女 of Which: Female
合　计 Total	**6811572**	**7159293**	**6319609**	**40651984**	**19083107**
北　京 Beijing	9693	11485	11441	60800	28414
天　津 Tianjin	18920	22311	21924	112516	51244
河　北 Hebei	326269	498513	472679	2513986	1194716
山　西 Shanxi	203578	153514	147579	977384	471395
内蒙古 Inner Mongolia	50082	49078	46545	266919	125137
辽　宁 Liaoning	96352	94390	91174	559476	263274
吉　林 Jilin	71050	82666	80088	466145	223179
黑龙江 Heilongjiang	98145	93944	90612	539448	261665
上　海 Shanghai	7776	10910	10610	48407	21328
江　苏 Jiangsu	95463	120152	118700	605788	277654
浙　江 Zhejiang	111084	126393	124736	698340	325876
安　徽 Anhui	381821	416801	322068	2246046	1041294
福　建 Fujian	113078	121712	109570	674423	318307
江　西 Jiangxi	269475	380436	341255	1994618	918358
山　东 Shandong	440177	489174	479585	2681976	1265920
河　南 Henan	865398	1077800	1066733	5874485	2749439
湖　北 Hubei	219009	284675	253866	1493671	676278
湖　南 Hunan	307648	409675	399600	2171401	1013584
广　东 Guangdong	505637	348272	317546	2171420	1006113
广　西 Guangxi	399281	408621	375753	2403149	1138219
海　南 Hainan	36167	39446	27060	206229	96283
重　庆 Chongqing	105893	97398	92933	546762	257519
四　川 Sichuan	412755	417550	333474	2356900	1111483
贵　州 Guizhou	476528	376520	246589	2457535	1164862
云　南 Yunnan	488924	417188	307679	2761839	1291781
西　藏 Tibet	31326	32702	4071	187949	91412
陕　西 Shaanxi	177713	144449	138610	897865	412694
甘　肃 Gansu	258707	196047	108795	1289292	613738
青　海 Qinghai	36525	39867	27850	239841	114874
宁　夏 Ningxia	49330	50540	32351	283890	137771
新　疆 Xinjiang	147768	147064	118133	863484	419296

数(乡村)

Schools (Rural Area)

单位:人
unit:person

Enrolment						预计毕业生数 Estimated Graduates for Next Year
一年级 Grade 1	二年级 Grade 2	三年级 Grade 3	四年级 Grade 4	五年级 Grade 5	六年级 Grade 6	
7245735	**6936138**	**6707852**	**6672530**	**6704542**	**6385187**	**6473089**
11596	10152	9538	9862	9804	9848	9848
22341	18243	18495	20179	19099	14159	18314
498513	445070	415759	415376	389768	349500	349500
153799	157385	152133	158888	176543	178636	178636
49078	44993	42419	42898	43499	44032	44032
95065	88953	90815	96748	95186	92709	92709
82732	82887	74991	77049	78068	70418	70418
93944	96553	92121	95700	95750	65380	95113
10993	10024	8974	8550	8076	1790	7765
120154	113310	100282	90869	91877	89296	89296
126442	120592	110411	113239	114791	112865	112865
418810	382348	379287	361756	357391	346454	347522
122988	116344	109009	105296	110247	110539	110539
411684	367897	338623	323250	299082	254082	254458
489181	462812	432331	434949	464777	397926	439981
1082205	1038347	1011152	972496	922006	848279	851036
286308	270389	255391	239781	225939	215863	215902
409702	394296	360713	353190	342388	311112	311112
348313	339552	329655	337392	385609	430899	430899
425847	418539	397319	393135	394963	373346	373346
42466	35284	33997	31523	32048	30911	30911
97674	90166	88472	89092	90104	91254	91254
423811	397112	380542	384374	385624	385437	385437
376546	375628	393073	414791	448804	448693	448693
423927	441992	464086	477248	482858	471728	471728
32706	32990	33067	30427	29669	29090	29137
148214	147110	145718	148502	152523	155798	155798
197470	208892	207685	215841	224651	234753	234753
40838	39464	41287	40323	42552	35377	37074
53019	47264	48032	45088	45291	45196	45196
149369	141550	142475	144718	145555	139817	139817

五年制小

Number of Students in

	招生数 Entrants		在校生数	
	合计 Total	其中:受过学前教育 of Which: Received The Pre-school Education	合计 Total	其中:女 of Which: Female
合　计 Total	**492584**	**487530**	**2283977**	**1069423**
北　京 Beijing	1300	1300	5336	2531
天　津 Tianjin	11703	11437	52351	23947
河　北 Hebei	120	120	444	165
山　西 Shanxi			2	
内蒙古 Inner Mongolia	1681	1681	8662	4139
辽　宁 Liaoning	3646	3601	17953	8589
吉　林 Jilin	1	1	2095	937
黑龙江 Heilongjiang	114468	113428	571898	271435
上　海 Shanghai	157820	155663	673623	308753
江　苏 Jiangsu	394	394	2074	947
浙　江 Zhejiang	3487	3487	11781	4837
安　徽 Anhui	1520	1176	6525	2937
福　建 Fujian	61		70	
江　西 Jiangxi	23	23	1976	423
山　东 Shandong	177944	177912	837275	398154
河　南 Henan	14993	14839	73885	33287
湖　北 Hubei	1253	1249	6752	3217
湖　南 Hunan				
广　东 Guangdong			185	
广　西 Guangxi	14	10	65	27
海　南 Hainan				
重　庆 Chongqing			32	
四　川 Sichuan				
贵　州 Guizhou				
云　南 Yunnan	524	524	2284	1063
西　藏 Tibet			47	
陕　西 Shaanxi				
甘　肃 Gansu	37	14	71	21
青　海 Qinghai	1595	671	8588	4014
宁　夏 Ningxia			3	
新　疆 Xinjiang				

学学生数
5-year Primary Schools

单位：人
unit：person

Enrolment

一年级 Grade 1	二年级 Grade 2	三年级 Grade 3	四年级 Grade 4	五年级 Grade 5
493358	**454673**	**429701**	**450912**	**455333**
1301	1066	896	1076	997
11718	9805	9510	10491	10827
120	136	66	62	60
	2			
1681	1846	1487	1805	1843
3667	3528	3066	3716	3976
1	2	2	1029	1061
114487	117429	105830	115272	118880
157956	137393	128447	127728	122099
394	444	392	415	429
3487	3083	1916	2006	1289
1520	1396	1271	1163	1175
61	9			
304	238	273	341	820
177975	160221	158707	167402	172970
15074	14539	14310	14981	14981
1253	1409	1355	1345	1390
				185
14	19	20	12	
	32			
549	378	429	460	468
				47
51	12	5	3	
1745	1683	1719	1605	1836
	3			

小学女

Number of Female Students

	毕业生数 Graduates	招生数 Entrants		在校学生数
		合计 Total	其中:受过学前教育 of Which: Those Received the Pre-school Education	合　计 Total
合　计 Total	**7733422**	**8058992**	**7414157**	**45893652**
北　京 Beijing	48057	61130	60327	314310
天　津 Tianjin	39402	46094	44111	240077
河　北 Hebei	348019	490222	459081	2544309
山　西 Shanxi	253155	210781	203512	1321814
内蒙古 Inner Mongolia	120481	116732	112297	665296
辽　宁 Liaoning	175334	172417	165380	1018839
吉　林 Jilin	107014	117985	113818	683799
黑龙江 Heilongjiang	161564	160938	156629	898073
上　海 Shanghai	60740	77093	76189	332920
江　苏 Jiangsu	295008	344889	341113	1857731
浙　江 Zhejiang	238403	288335	282003	1580374
安　徽 Anhui	353574	360276	296595	2011652
福　建 Fujian	168821	205437	187084	1123657
江　西 Jiangxi	303280	354970	321604	1950753
山　东 Shandong	502514	557321	544719	3011888
河　南 Henan	775902	894542	877512	5026352
湖　北 Hubei	262236	317507	289402	1708697
湖　南 Hunan	338016	404544	393458	2261213
广　东 Guangdong	730091	633940	584452	3649308
广　西 Guangxi	326074	338683	318152	1979576
海　南 Hainan	58042	57481	46976	332224
重　庆 Chongqing	171360	159573	149724	918579
四　川 Sichuan	495181	472725	420473	2743668
贵　州 Guizhou	369904	288387	216703	1913008
云　南 Yunnan	344031	307275	250178	1992374
西　藏 Tibet	23542	24270	5711	142403
陕　西 Shaanxi	210423	189103	183550	1159706
甘　肃 Gansu	202782	159794	110593	1034275
青　海 Qinghai	37943	39361	27687	245309
宁　夏 Ningxia	54381	52968	42264	306958
新　疆 Xinjiang	158148	154219	132860	924510

学生数
in Primary Schools

单位:人
unit:person

Enrolment						预计毕业生数 Estimated Graduates for Next Year
一年级 Grade 1	二年级 Grade 2	三年级 Grade 3	四年级 Grade 4	五年级 Grade 5	六年级 Grade 6	
8116002	**7736611**	**7366108**	**7537528**	**7699720**	**7437683**	**7618634**
61235	52639	47089	51768	50575	51004	51477
46106	38509	37681	41518	41241	35022	39423
490224	445472	402441	422903	406542	376727	376559
211128	215366	200278	218451	238527	238064	235736
116732	103652	102874	112304	115090	114644	115500
172751	163318	152182	179220	177128	174240	176133
118044	117284	104906	116314	116891	110360	110848
160939	163333	146403	161566	162057	103775	159162
77158	67457	62593	62624	60083	3005	59511
344891	330398	300345	292654	295499	293944	293353
288428	274935	252648	258179	256589	249595	250134
361332	335989	329623	324431	328216	332061	329471
206412	195107	181016	176782	183863	180477	180218
375123	338767	312934	312565	309825	301539	295162
557328	523038	479470	495300	524447	432305	513542
897365	863968	843039	830846	810335	780799	780173
318595	303838	286109	271476	265819	262860	259482
404565	391580	368236	369636	372199	354997	354997
633994	595312	558875	570518	621351	669258	668680
348602	338293	323089	320400	330144	319048	317628
62705	53721	51978	53218	55747	54855	54830
159775	150022	145042	149819	154945	158976	157046
477014	450820	431347	445597	462393	476497	476500
288393	287439	303121	322382	352941	358732	358732
310700	318006	328660	342251	350304	342453	342661
24272	24184	24910	23632	22592	22813	22813
191110	189794	184534	192219	198814	203235	202761
161240	165992	162955	172378	182263	189447	188701
40098	39432	41205	41862	44160	38552	39002
54252	49847	49867	49914	50856	52222	52222
155491	149099	150658	154801	158284	156177	156177

小学教职工

Number of Educational Personnel

	教职工数		
	合计 Total	专任教师 Full-time Teachers	行政人员 Adm. Personnel
合　计 Total	**5584868**	**5163882**	**201018**
北　京 Beijing	54781	45684	4586
天　津 Tianjin	41825	35941	3783
河　北 Hebei	325542	303585	12066
山　西 Shanxi	190646	176341	4749
内蒙古 Inner Mongolia	126569	103378	5865
辽　宁 Liaoning	137851	118317	16747
吉　林 Jilin	132521	111487	10009
黑龙江 Heilongjiang	152915	134479	8294
上　海 Shanghai	48151	38958	3805
江　苏 Jiangsu	253834	231621	7207
浙　江 Zhejiang	169565	158643	4995
安　徽 Anhui	237290	228781	4488
福　建 Fujian	158592	149520	5194
江　西 Jiangxi	195620	190482	2099
山　东 Shandong	393612	366938	9368
河　南 Henan	504697	479717	9882
湖　北 Hubei	197395	184454	4620
湖　南 Hunan	235769	222626	5203
广　东 Guangdong	430652	385860	29505
广　西 Guangxi	235149	213168	13976
海　南 Hainan	49546	46007	1032
重　庆 Chongqing	116397	108075	4867
四　川 Sichuan	264869	247928	7274
贵　州 Guizhou	195168	186320	6043
云　南 Yunnan	238762	227955	3962
西　藏 Tibet	19200	18912	54
陕　西 Shaanxi	173769	160643	6824
甘　肃 Gansu	135559	131538	1750
青　海 Qinghai	20916	20271	140
宁　夏 Ningxia	32179	31532	172
新　疆 Xinjiang	115527	104721	2459

数(总计)

in Primary Schools (Regional Aggregates)

单位：人

unit: person

Educational Personnel			代课教师 Substitute Teachers	兼任教师 Part-time Teachers
教辅人员 Supporting Staff	工勤人员 Workers	校办企业职工 Employees in School-run Factories & Farms		
93050	**125429**	**1489**	**187701**	**17471**
2648	1847	16	821	140
1111	975	15	591	72
4918	4961	12	17539	541
3947	5502	107	20014	854
7799	9117	410	3426	210
1182	1579	26	944	54
7471	3548	6	1163	360
5317	4792	33	506	358
2441	2907	40	447	108
9045	5847	114	4466	98
1942	3920	65		1378
1114	2897	10	7671	388
2064	1809	5	5499	318
1050	1937	52	9763	782
10177	7078	51	3951	1159
4855	10190	53	14439	2159
3300	4988	33	12526	330
3385	4526	29	6461	709
3959	11124	204	5363	1099
3317	4676	12	13045	1496
504	1976	27	1022	543
777	2643	35	2105	626
1716	7909	42	13011	936
1215	1588	2	7526	610
1755	5090		10799	525
30	204		355	3
2382	3868	52	5053	207
846	1421	4	9104	737
78	423	4	3218	104
149	325	1	1569	172
2556	5762	29	5304	395

小学教职工

Number of Educational Personnel

	教职工数		
	合计 Total	专任教师 Full-time Teachers	行政人员 Adm. Personnel
合　计 Total	**1346951**	**1216744**	**63261**
北　京 Beijing	39852	34198	3130
天　津 Tianjin	25805	21584	2508
河　北 Hebei	57767	53148	2388
山　西 Shanxi	43959	39747	1553
内蒙古 Inner Mongolia	30021	26890	1652
辽　宁 Liaoning	65643	55407	8595
吉　林 Jilin	37819	31253	2784
黑龙江 Heilongjiang	46481	39600	3200
上　海 Shanghai	37548	30759	2795
江　苏 Jiangsu	96646	89957	2611
浙　江 Zhejiang	61197	57325	1547
安　徽 Anhui	36299	34701	784
福　建 Fujian	41404	39111	1176
江　西 Jiangxi	27559	26473	550
山　东 Shandong	92645	85132	3214
河　南 Henan	86805	80863	2377
湖　北 Hubei	51939	47925	1966
湖　南 Hunan	42508	39367	1196
广　东 Guangdong	174839	153812	10327
广　西 Guangxi	29796	26994	1297
海　南 Hainan	10880	9551	243
重　庆 Chongqing	26614	24644	942
四　川 Sichuan	49015	44381	1647
贵　州 Guizhou	20691	19379	750
云　南 Yunnan	22360	20911	589
西　藏 Tibet	1696	1616	19
陕　西 Shaanxi	34500	30505	2337
甘　肃 Gansu	18722	17866	400
青　海 Qinghai	3342	3263	26
宁　夏 Ningxia	8695	8565	36
新　疆 Xinjiang	23904	21817	622

数(城区)

in Primary Schools (Urban Area)

单位 :人

unit: person

Educational Personnel			代课教师 Substitute Teachers	兼任教师 Part-time Teachers
教辅人员 Supporting Staff	工勤人员 Workers	校办企业职工 Employees in School-run Factories & Farms		
26756	**39691**	**499**	**33964**	**4401**
1466	1045	13	765	128
883	817	13	163	59
1018	1208	5	1964	78
1080	1569	10	3269	158
821	642	16	1414	114
732	895	14	234	3
2589	1193		395	242
1915	1760	6	138	204
1978	1988	28	355	94
2167	1871	40	1792	81
692	1594	39		448
243	569	2	1757	129
286	830	1	2336	30
138	395	3	865	20
2323	1937	39	985	208
1192	2368	5	2527	191
864	1169	15	2091	125
630	1303	12	1998	359
2580	7962	158	4014	689
454	1051		823	240
209	861	16	235	32
267	749	12	307	371
632	2333	22	1679	164
204	356	2	374	48
235	625		27	49
21	40			
433	1214	11	904	57
104	351	1	45	54
12	41		439	
23	71		328	1
565	884	16	1741	25

小学教职工
Number of Educational Personnel

	教职工数		
	合计 Total	专任教师 Full-time Teachers	行政人员 Adm. Personnel
合　计 Total	**268063**	**243586**	**11751**
北　京 Beijing	3546	3011	324
天　津 Tianjin	3364	2756	371
河　北 Hebei	15714	14634	614
山　西 Shanxi	8287	7711	245
内蒙古 Inner Mongolia	2289	1930	138
辽　宁 Liaoning	7306	6305	910
吉　林 Jilin	3165	2699	242
黑龙江 Heilongjiang	5480	4529	426
上　海 Shanghai	3830	2979	306
江　苏 Jiangsu	11771	10711	347
浙　江 Zhejiang	14890	13962	410
安　徽 Anhui	4862	4643	73
福　建 Fujian	12094	11472	388
江　西 Jiangxi	5938	5748	104
山　东 Shandong	23473	21810	607
河　南 Henan	22684	21446	429
湖　北 Hubei	7441	6953	204
湖　南 Hunan	7153	6712	159
广　东 Guangdong	59017	51676	3619
广　西 Guangxi	6697	6139	299
海　南 Hainan	1239	1143	26
重　庆 Chongqing	4385	4003	184
四　川 Sichuan	6280	5626	194
贵　州 Guizhou	4564	4269	177
云　南 Yunnan	5747	5417	149
西　藏 Tibet			
陕　西 Shaanxi	9547	8436	712
甘　肃 Gansu	2275	2166	28
青　海 Qinghai	400	399	1
宁　夏 Ningxia	1311	1291	7
新　疆 Xinjiang	3314	3010	58

数(城乡结合区)
in Primary Schools (Urban-rural Transitional Area)

单位 :人
unit: person

Educational Personnel			代课教师 Substitute Teachers	兼任教师 Part-time Teachers
教辅人员 Supporting Staff	工勤人员 Workers	校办企业职工 Employees in School-run Factories & Farms		
3886	**8743**	**97**	**6434**	**832**
96	115		47	19
175	52	10	7	
201	265		375	26
142	188	1	630	4
105	116		80	2
39	48	4	56	
108	116		4	2
219	306		11	
95	450		40	
325	385	3	413	37
83	434	1		212
84	60	2	172	9
65	168	1	999	11
10	76		143	1
636	416	4	141	79
225	581	3	452	87
152	132		383	15
67	214	1	387	32
630	3043	49	1213	152
45	214		132	69
3	67		26	
46	145	7	23	
90	370		226	5
42	76		66	17
48	133		19	39
77	311	11	203	11
26	55		5	
			53	
4	9		64	
48	198		64	3

小学教职工

Number of Educational Personnel

	教职工数		
	合计 Total	专任教师 Full-time Teachers	行政人员 Adm. Personnel
合　计 Total	**1795275**	**1644012**	**63961**
北　京 Beijing	7907	5813	806
天　津 Tianjin	7494	6686	582
河　北 Hebei	103496	95683	3740
山　西 Shanxi	62013	57112	1413
内蒙古 Inner Mongolia	56456	45042	2581
辽　宁 Liaoning	31222	26457	4030
吉　林 Jilin	37743	30084	3340
黑龙江 Heilongjiang	48801	42083	2571
上　海 Shanghai	7691	6027	709
江　苏 Jiangsu	114114	101859	3617
浙　江 Zhejiang	70258	65409	2324
安　徽 Anhui	72337	69064	1735
福　建 Fujian	59344	55231	2482
江　西 Jiangxi	72283	70035	806
山　东 Shandong	123311	113662	3134
河　南 Henan	146678	136254	3315
湖　北 Hubei	64920	60684	1065
湖　南 Hunan	85037	79574	1987
广　东 Guangdong	117949	106769	8113
广　西 Guangxi	67334	60157	3629
海　南 Hainan	20143	18658	416
重　庆 Chongqing	52970	48938	2455
四　川 Sichuan	110260	103529	2947
贵　州 Guizhou	53171	50328	1658
云　南 Yunnan	57943	54214	1200
西　藏 Tibet	5428	5317	15
陕　西 Shaanxi	62866	58004	2042
甘　肃 Gansu	32930	31423	580
青　海 Qinghai	6950	6619	82
宁　夏 Ningxia	8673	8409	55
新　疆 Xinjiang	27553	24888	532

数(镇区)

in Primary Schools (Counties & Towns Area)

单位 :人

unit: person

Educational Personnel			代课教师 Substitute Teachers	兼任教师 Part-time Teachers
教辅人员 Supporting Staff	工勤人员 Workers	校办企业职工 Employees in School-run Factories & Farms		
39348	**47251**	**703**	**40769**	**4839**
795	493		23	7
153	73		213	
1904	2165	4	4346	80
1495	1900	93	6554	203
4166	4409	258	1098	25
306	419	10	139	35
3052	1263	4	218	55
1893	2227	27	180	118
361	586	8	67	4
5427	3141	70	1375	11
942	1559	24		481
345	1191	2	1545	105
1057	570	4	1198	177
600	839	3	2492	272
3866	2647	2	1464	295
2098	4966	45	5522	801
1340	1819	12	2529	129
1771	1699	6	913	140
1004	2038	25	456	108
1746	1792	10	1581	333
259	800	10	267	244
392	1162	23	852	127
695	3073	16	2557	350
537	648		546	257
798	1731		667	82
3	93		18	
1149	1640	31	1494	99
412	512	3	898	103
39	208	2	779	18
73	135	1	218	31
670	1453	10	560	149

小学教职工
Number of Educational Personnel

	教职工数		
	合计 Total	专任教师 Full-time Teachers	行政人员 Adm. Personnel
合　计 Total	**605082**	**562887**	**19600**
北　京 Beijing	1971	1513	217
天　津 Tianjin	3035	2694	273
河　北 Hebei	56817	53142	1828
山　西 Shanxi	23103	21668	480
内蒙古 Inner Mongolia	6445	5200	252
辽　宁 Liaoning	7015	5984	897
吉　林 Jilin	6359	5220	525
黑龙江 Heilongjiang	6952	6317	330
上　海 Shanghai	2124	1695	180
江　苏 Jiangsu	32379	28970	970
浙　江 Zhejiang	29533	27427	946
安　徽 Anhui	22152	21207	488
福　建 Fujian	21291	20029	808
江　西 Jiangxi	21360	20935	120
山　东 Shandong	55597	51597	1194
河　南 Henan	74420	70637	1382
湖　北 Hubei	18606	17552	262
湖　南 Hunan	31093	29378	623
广　东 Guangdong	54271	49095	3989
广　西 Guangxi	21868	20008	1120
海　南 Hainan	3755	3552	47
重　庆 Chongqing	11482	10620	505
四　川 Sichuan	21786	20416	637
贵　州 Guizhou	15521	14823	470
云　南 Yunnan	18490	17667	299
西　藏 Tibet	500	487	
陕　西 Shaanxi	21790	20507	586
甘　肃 Gansu	6451	6178	68
青　海 Qinghai	1225	1219	1
宁　夏 Ningxia	2237	2190	13
新　疆 Xinjiang	5454	4960	90

数(镇乡结合区)
in Primary Schools (County-town Transitional Area)

单位：人
unit: person

Educational Personnel			代课教师 Substitute Teachers	兼任教师 Part-time Teachers
教辅人员 Supporting Staff	工勤人员 Workers	校办企业职工 Employees in School-run Factories & Farms		
9718	**12620**	**257**	**15622**	**1937**
116	125		8	7
37	31		113	
766	1077	4	2163	17
439	505	11	2337	79
484	406	103	49	1
72	61	1	50	20
407	207		22	8
182	122	1	24	
66	182	1	1	2
1544	847	48	646	3
378	775	7	0	357
71	384	2	410	83
293	159	2	814	65
153	149	3	708	63
1554	1251	1	870	69
589	1772	40	2259	366
320	470	2	917	64
573	519		390	47
381	793	13	244	91
366	372	2	932	131
45	111		108	147
87	270		251	31
120	610	3	710	78
89	139		280	67
141	383		195	26
	13		4	
233	451	13	468	61
118	87		365	16
	5		132	
5	29		39	4
89	315		113	34

小学教职工
Number of Educational Personnel

	教职工数		
	合计 Total	专任教师 Full-time Teachers	行政人员 Adm. Personnel
合　计 Total	**2442642**	**2303126**	**73796**
北　京 Beijing	7022	5673	650
天　津 Tianjin	8526	7671	693
河　北 Hebei	164279	154754	5938
山　西 Shanxi	84674	79482	1783
内蒙古 Inner Mongolia	40092	31446	1632
辽　宁 Liaoning	40986	36453	4122
吉　林 Jilin	56959	50150	3885
黑龙江 Heilongjiang	57633	52796	2523
上　海 Shanghai	2912	2172	301
江　苏 Jiangsu	43074	39805	979
浙　江 Zhejiang	38110	35909	1124
安　徽 Anhui	128654	125016	1969
福　建 Fujian	57844	55178	1536
江　西 Jiangxi	95778	93974	743
山　东 Shandong	177656	168144	3020
河　南 Henan	271214	262600	4190
湖　北 Hubei	80536	75845	1589
湖　南 Hunan	108224	103685	2020
广　东 Guangdong	137864	125279	11065
广　西 Guangxi	138019	126017	9050
海　南 Hainan	18523	17798	373
重　庆 Chongqing	36813	34493	1470
四　川 Sichuan	105594	100018	2680
贵　州 Guizhou	121306	116613	3635
云　南 Yunnan	158459	152830	2173
西　藏 Tibet	12076	11979	20
陕　西 Shaanxi	76403	72134	2445
甘　肃 Gansu	83907	82249	770
青　海 Qinghai	10624	10389	32
宁　夏 Ningxia	14811	14558	81
新　疆 Xinjiang	64070	58016	1305

（乡村）

in Primary Schools（Rural Area）

单位：人
unit：person

Educational Personnel			代课教师 Substitute Teachers	兼任教师 Part-time Teachers
教辅人员 Supporting Staff	工勤人员 Workers	校办企业职工 Employees in School-run Factories & Farms		
26946	**38487**	**287**	**112968**	**8231**
387	309	3	33	5
75	85	2	215	13
1996	1588	3	11229	383
1372	2033	4	10191	493
2812	4066	136	914	71
144	265	2	571	16
1830	1092	2	550	63
1509	805		188	36
102	333	4	25	10
1451	835	4	1299	6
308	767	2		449
526	1137	6	4369	154
721	409		1965	111
312	703	46	6406	490
3988	2494	10	1502	656
1565	2856	3	6390	1167
1096	2000	6	7906	76
984	1524	11	3550	210
375	1124	21	893	302
1117	1833	2	10641	923
36	315	1	520	267
118	732		946	128
389	2503	4	8775	422
474	584		6606	305
722	2734		10105	394
6	71		337	3
800	1014	10	2655	51
330	558		8161	580
27	174	2	2000	86
53	119		1023	140
1321	3425	3	3003	221

小学教职工总数

Number of Primary Schools Educational

	教职工数		
	合计 Total	专任教师 Full-time Teachers	行政人员 Adm. Personnel
合　计 Total	**186026**	**134809**	**10873**
北　京 Beijing	1195	816	134
天　津 Tianjin	213	116	29
河　北 Hebei	11106	7747	685
山　西 Shanxi	9649	6369	440
内蒙古 Inner Mongolia	1225	894	121
辽　宁 Liaoning	839	733	72
吉　林 Jilin	1215	899	84
黑龙江 Heilongjiang	489	372	35
上　海 Shanghai	8391	6207	686
江　苏 Jiangsu	4404	3508	137
浙　江 Zhejiang	8227	6368	408
安　徽 Anhui	5831	4180	285
福　建 Fujian	2828	2045	173
江　西 Jiangxi	2072	1435	163
山　东 Shandong	10383	7641	605
河　南 Henan	38497	28136	1963
湖　北 Hubei	2483	1726	122
湖　南 Hunan	4981	3211	292
广　东 Guangdong	39541	29023	2401
广　西 Guangxi	4587	3305	373
海　南 Hainan	2710	1724	153
重　庆 Chongqing	2408	1734	173
四　川 Sichuan	7690	5396	324
贵　州 Guizhou	4770	3928	325
云　南 Yunnan	2494	1949	210
西　藏 Tibet	42	24	3
陕　西 Shaanxi	6715	4599	403
甘　肃 Gansu	142	113	12
青　海 Qinghai	91	51	7
宁　夏 Ningxia	305	196	10
新　疆 Xinjiang	503	364	45

中民办教职工数
Personnel Maintained by Communities

单位：人
unit：person

Educational Personnel			代课教师 Substitute Teachers	兼任教师 Part-time Teachers
教辅人员 Supporting Staff	工勤人员 Workers	校办企业职工 Employees in School-run Factories & Farms		
7482	**32428**	**434**	**11754**	**2244**
54	185	6		9
22	46		144	9
650	2019	5	742	23
668	2077	95	1357	167
39	171		137	18
9	25			
45	185	2	3	6
15	67		2	
252	1244	2	132	65
109	642	8	104	2
259	1176	16		969
127	1235	4	228	101
68	541	1	425	33
131	342	1	99	9
429	1708		1392	33
1605	6745	48	5138	253
122	513		235	44
421	1056	1	30	169
1280	6672	165	782	148
148	757	4	21	93
70	740	23	2	
92	390	19	170	3
269	1691	10	231	75
123	394		30	7
83	252		57	2
1	14			
320	1369	24	231	3
5	12			
6	27		47	
38	61		1	
22	72		14	3

小学女教

Number of Female Educational

	教职工数		
	合计 Total	专任教师 Full-time Teachers	行政人员 Adm. Personnel
合　计 Total	**3151810**	**3005012**	**55244**
北　京 Beijing	40603	35852	2516
天　津 Tianjin	28507	25653	1777
河　北 Hebei	220382	212772	3204
山　西 Shanxi	135719	129313	1490
内蒙古 Inner Mongolia	72690	65887	1819
辽　宁 Liaoning	93794	84354	8237
吉　林 Jilin	83009	74626	3663
黑龙江 Heilongjiang	92839	85251	3492
上　海 Shanghai	36285	31104	2220
江　苏 Jiangsu	145048	138542	1606
浙　江 Zhejiang	112484	108361	1120
安　徽 Anhui	102040	99946	574
福　建 Fujian	91849	89548	813
江　西 Jiangxi	95842	94099	458
山　东 Shandong	195249	187622	2252
河　南 Henan	286823	277054	2612
湖　北 Hubei	94683	90424	1248
湖　南 Hunan	124309	120345	1043
广　东 Guangdong	274804	260252	5921
广　西 Guangxi	127882	122598	2149
海　南 Hainan	23687	22161	143
重　庆 Chongqing	59821	57912	806
四　川 Sichuan	135868	130568	1610
贵　州 Guizhou	87362	85430	875
云　南 Yunnan	113713	110143	619
西　藏 Tibet	9655	9546	15
陕　西 Shaanxi	101126	96463	1775
甘　肃 Gansu	61014	59946	261
青　海 Qinghai	10805	10515	40
宁　夏 Ningxia	16788	16597	26
新　疆 Xinjiang	77130	72128	860

职工数

Personnel in Primary Schools

单位 :人

unit: person

Educational Personnel			代课教师 Substitute Teachers	兼任教师 Part-time Teachers
教辅人员 Supporting Staff	工勤人员 Workers	校办企业职工 Employees in School-run Factories & Farms		
40613	**50326**	**615**	**129494**	**10423**
1539	690	6	642	111
718	356	3	545	51
2276	2129	1	15140	342
2077	2763	76	16547	636
2742	2116	126	2650	118
761	437	5	886	47
3633	1087		921	290
2523	1554	19	342	268
1673	1268	20	322	75
2852	2025	23	3870	49
1071	1914	18		912
303	1216	1	5133	195
732	754	2	4570	174
492	764	29	6983	409
3370	1980	25	3114	539
2481	4637	39	11553	1176
1254	1743	14	6943	185
1350	1560	11	4850	504
2667	5873	91	3664	618
1053	2076	6	8590	995
226	1147	10	617	307
333	749	21	1531	432
721	2955	14	7431	523
356	701		3015	261
461	2490		5394	235
14	80		108	
1172	1687	29	3190	132
235	568	4	3867	410
40	208	2	1909	40
69	96		1107	112
1419	2703	20	4060	277

小学专任教师学历、
Number of Full-time Teacher in Primary Schools by

	合 计 Total	其中:女 of Which: Female	按学历分 By Educational Attainment			
			研究生毕业 Graduate	本科毕业 Under-graduate	专科毕业 Associate Bachelor	高中阶段毕业 High School Graduate
合 计 Total	**5604861**	**3288726**	**10729**	**1584930**	**3003101**	**990413**
北 京 Beijing	50867	40076	608	40259	8210	1736
天 津 Tianjin	37457	26822	212	20733	11846	4607
河 北 Hebei	316537	222863	456	88890	180904	45986
山 西 Shanxi	188820	138994	159	52577	108363	27410
内蒙古 Inner Mongolia	113734	72701	248	43983	56000	13265
辽 宁 Liaoning	145457	102383	359	46097	76584	22146
吉 林 Jilin	121854	81712	459	49633	57379	14149
黑龙江 Heilongjiang	147697	94534	131	43055	81463	22716
上 海 Shanghai	46254	36729	508	28575	14873	2228
江 苏 Jiangsu	250123	150281	888	118188	99729	31123
浙 江 Zhejiang	174379	119249	522	92586	63300	17726
安 徽 Anhui	243319	107966	266	52438	131637	58717
福 建 Fujian	155337	93279	234	36665	84169	33831
江 西 Jiangxi	204248	102547	224	44379	100287	58356
山 东 Shandong	386280	200494	1226	144637	163186	76556
河 南 henan	495824	289629	689	110261	289478	95274
湖 北 Hubei	194851	96864	395	44093	105637	43954
湖 南 Hunan	250333	135356	379	53134	145114	51239
广 东 Guangdong	432451	293322	1079	113553	256639	60467
广 西 Guangxi	218967	126895	239	40779	129690	47580
海 南 Hainan	51583	25771	44	5921	34416	11071
重 庆 Chongqing	115343	61644	160	30617	69178	15123
四 川 Sichuan	305508	159507	299	59664	187350	57601
贵 州 guizhou	197094	91253	82	27945	126312	39791
云 南 Yunnan	234758	114380	181	50910	136638	44319
西 藏 Tibet	19077	9651	7	3238	13342	2283
陕 西 Shaanxi	171011	103183	368	51979	91504	26803
甘 肃 Gansu	141324	64889	140	38220	69518	32804
青 海 Qinghai	25897	13673	78	8501	14178	3091
宁 夏 Ningxia	33295	17470	28	9022	17252	6916
新 疆 Xinjiang	135182	94609	61	34398	78925	21545

职称情况(总计)

Educational Attainment and Prefession Rank (Regional Aggregates)

单位:人

unit: person

高中阶段毕业以下 Below High School Graduate	按职称分 By Professional Rank					
	中学高级 Senior Secondary	小学高级 Senior Primary	小学一级 1st Grade Primary	小学二级 2st Grade Primary	小学三级 3st Grade Primary	未定职级 No-ranking
15688	**99452**	**2943986**	**1955379**	**199980**	**18510**	**387554**
54	391	28213	17921	317	37	3988
59	992	29445	5701	91	5	1223
301	3757	160558	128375	5926	811	17110
311	1272	70815	90780	9208	1097	15648
238	20719	58781	25009	1528	129	7568
271	5656	108081	24571	1865	157	5127
234	1706	65461	46914	3357	245	4171
332	7176	82303	52641	1788	288	3501
70	884	24293	14756	360	33	5928
195	6902	158007	68347	3032	251	13584
245	3407	94317	58186	2201	364	15904
261	2886	142800	75143	6882	835	14773
438	1602	93148	47592	5497	229	7269
1002	3265	104193	67081	12154	729	16826
675	8924	203247	143570	8349	673	21517
122	6528	228599	201095	19271	1622	38709
772	4861	132958	48739	3082	425	4786
467	3839	162560	64749	4024	494	14667
713	2631	264138	82968	15898	4872	61944
679	1041	122931	73979	9360	769	10887
131	292	22408	21120	5111	118	2534
265	655	46390	57696	4686	185	5731
594	3858	139047	136338	6453	594	19218
2964	763	82258	76802	18572	971	17728
2710	654	116509	86884	15844	1126	13741
207	201	4334	9751	1967	53	2771
357	1001	58599	88995	11415	727	10274
642	934	52928	62274	11479	273	13436
49	747	16660	6741	524	47	1178
77	421	16961	12541	417	33	2922
253	1487	53044	58120	9322	318	12891

小学专任教师学历、

Number of Full-time Teacher in Primary Schools by

	合 计 Total	其中：女 of Which: Female	按学历分 By Educational Attainment			
			研究生毕业 Graduate	本科毕业 Under-graduate	专科毕业 Associate Bachelor	高中阶段毕业 High School Graduate
合 计 Total	**1365852**	**1057479**	**7738**	**669563**	**590266**	**97172**
北 京 Beijing	38134	31684	545	31016	5623	912
天 津 Tianjin	22671	18408	190	13621	6991	1851
河 北 Hebei	57307	48741	293	26620	26547	3794
山 西 Shanxi	43333	37068	85	19719	20916	2576
内蒙古 Inner Mongolia	28997	23188	139	16652	10805	1394
辽 宁 Liaoning	60952	49935	316	27778	28396	4416
吉 林 Jilin	33750	28363	336	19851	11457	2068
黑龙江 Heilongjiang	42671	34623	83	19946	19513	3101
上 海 Shanghai	35885	30041	402	23322	10727	1383
江 苏 Jiangsu	98313	71937	726	58580	31864	7086
浙 江 Zhejiang	65080	50159	404	40695	20024	3930
安 徽 Anhui	38248	26149	91	14214	19629	4296
福 建 Fujian	41459	32373	177	18506	18774	3952
江 西 Jiangxi	30205	22222	138	12963	13808	3246
山 东 Shandong	93824	67835	656	56939	29835	6320
河 南 henan	87031	68208	515	37230	43489	5788
湖 北 Hubei	52716	38150	345	21451	25239	5591
湖 南 Hunan	44270	34497	237	18989	22037	2981
广 东 Guangdong	187296	143332	988	82453	93235	10542
广 西 Guangxi	30554	24337	140	11015	16284	3085
海 南 Hainan	11285	7841	33	2791	7557	902
重 庆 Chongqing	26199	18654	128	13350	11171	1538
四 川 Sichuan	52812	38352	219	20817	27450	4285
贵 州 guizhou	22412	17178	33	6390	13100	2801
云 南 Yunnan	23157	17168	134	10518	10166	2280
西 藏 Tibet	1706	1144	4	477	1065	150
陕 西 Shaanxi	33549	26777	226	16785	14674	1844
甘 肃 Gansu	19845	14780	83	8166	9823	1756
青 海 Qinghai	4160	3210	23	1976	1728	428
宁 夏 Ningxia	8653	6716	14	3976	3985	673
新 疆 Xinjiang	29378	24409	35	12757	14354	2203

职称情况(城区)

Educational Attainment and Prefession Rank (Urban Area)

单位:人

unit: person

高中阶段毕业以下 Below High School Graduate	按职称分 By Professional Rank					
	中学高级 Senior Secondary	小学高级 Senior Primary	小学一级 1st Grade Primary	小学二级 2st Grade Primary	小学三级 3st Grade Primary	未定职级 No-ranking
1113	**32396**	**767658**	**421054**	**32261**	**5952**	**106531**
38	360	21251	13595	228	21	2679
18	496	17394	3737	79	3	962
53	764	32718	18516	1462	243	3604
37	233	18421	19400	1813	215	3251
7	5871	14028	5931	377	21	2769
46	2209	45848	10380	505	40	1970
38	719	19121	12227	744	34	905
28	3181	25507	12619	381	23	960
51	733	19692	11616	186	24	3634
57	3695	61859	27308	714	28	4709
27	2073	34803	20827	635	152	6590
18	430	23485	11571	882	118	1762
50	667	23508	12575	1486	117	3106
50	777	16049	10091	1263	94	1931
74	2398	46606	37401	2022	143	5254
9	1430	43054	32079	3017	269	7182
90	1729	35781	12907	637	83	1579
26	935	29634	10654	556	88	2403
78	1080	104716	39683	8033	3108	30676
30	250	19482	6757	1154	334	2577
2	82	4903	4281	963	13	1043
12	273	12335	12368	265	14	944
41	776	26612	22048	725	123	2528
88	74	10121	6713	692	176	4636
59	64	12665	7253	804	242	2129
10	53	753	772	35		93
20	260	14336	15273	1469	73	2138
17	217	10298	7744	420	11	1155
5	95	2610	999	53	5	398
5	85	4978	2904	119	3	564
29	387	15090	10825	542	134	2400

小学专任教师学历、

Number of Full-time Teacher in Primary Schools by

	合　计 Total	其中:女 of Which: Female	按学历分 By Educational Attainment			
			研究生毕业 Graduate	本科毕业 Under-graduate	专科毕业 Associate Bachelor	高中阶段毕业 High School Graduate
合　计 Total	**280738**	**198631**	**798**	**110864**	**139350**	**29408**
北　京 Beijing	3599	2814	39	2630	742	175
天　津 Tianjin	2878	2080	21	1836	738	280
河　北 Hebei	16386	13386	29	6115	8688	1505
山　西 Shanxi	7979	6613	7	3020	4335	614
内蒙古 Inner Mongolia	2324	1734	3	1059	1092	170
辽　宁 Liaoning	7302	5528	6	2749	3686	850
吉　林 Jilin	2928	2146	8	1423	1246	251
黑龙江 Heilongjiang	5013	3894	13	1830	2549	619
上　海 Shanghai	3462	2593	32	1434	1613	371
江　苏 Jiangsu	12236	7424	30	6123	4724	1342
浙　江 Zhejiang	16799	12157	44	9047	6313	1389
安　徽 Anhui	5307	2826	3	1476	2861	962
福　建 Fujian	11987	8703	12	4846	5502	1606
江　西 Jiangxi	6378	4135	7	2082	3184	1092
山　东 Shandong	23623	14502	89	11775	8985	2742
河　南 henan	23128	16412	107	8063	12595	2360
湖　北 Hubei	7503	4300	14	1969	4043	1457
湖　南 Hunan	7799	5591	39	2982	3874	903
广　东 Guangdong	66048	47946	188	24731	36474	4620
广　西 Guangxi	7017	5210	10	1896	4191	911
海　南 Hainan	1179	694	1	181	811	185
重　庆 Chongqing	4193	2577	11	1556	2216	408
四　川 Sichuan	7637	5007	18	2454	4130	1026
贵　州 guizhou	5112	3688	8	1231	3020	831
云　南 Yunnan	5745	4022	7	1993	2856	878
西　藏 Tibet						
陕　西 Shaanxi	9092	6703	41	3935	4394	710
甘　肃 Gansu	2489	1738	3	785	1343	358
青　海 Qinghai	552	377	4	230	232	86
宁　夏 Ningxia	1317	928	4	402	740	171
新　疆 Xinjiang	3726	2903		1011	2173	536

职称情况(城乡结合区)

Educational Attainment and Prefession Rank (Urban-rural Transitional Area)

单位:人

unit: person

	按职称分 By Professional Rank					
高中阶段毕业以下 Below High School Graduate	中学高级 Senior Secondary	小学高级 Senior Primary	小学一级 1st Grade Primary	小学二级 2st Grade Primary	小学三级 3st Grade Primary	未定职级 No-ranking
318	**4284**	**144156**	**88282**	**9025**	**2317**	**32674**
13	23	1727	1346	36	5	462
3	27	2126	562	6	1	156
49	231	8623	5806	363	110	1253
3	47	3140	4046	291	63	392
	422	999	379	45	2	477
11	271	5644	1079	87	1	220
	42	1528	1157	111	1	89
2	366	2967	1514	74	3	89
12	28	970	754	48	1	1661
17	301	7541	3692	105	4	593
6	266	7359	5882	192	112	2988
5	58	3158	1646	133	24	288
21	156	6864	3490	537	66	874
13	77	3350	2237	298	10	406
32	616	12245	9076	485	58	1143
3	332	10602	9353	867	56	1918
20	159	5044	1924	126	6	244
1	165	5083	1873	90	28	560
35	308	32074	14503	3449	1508	14206
9	47	4142	1776	296	128	628
1	12	597	375	125	1	69
2	34	2253	1707	42		157
9	78	3455	3228	149	20	707
22	11	2043	1430	179	33	1416
11	20	3416	1814	126	29	340
12	98	3306	4480	568	14	626
	15	1171	1080	51		172
	12	351	147	13		29
	17	744	448	25	1	82
6	45	1634	1478	108	32	429

小学专任教师学历、

Number of Full-time Teacher in Primary Schools by

	合 计 Total	其中:女 of Which: Female	按学历分 By Educational Attainment			
			研究生毕业 Graduate	本科毕业 Under-graduate	专科毕业 Associate Bachelor	高中阶段毕业 High School Graduate
合 计 Total	**1795625**	**1159254**	**1572**	**483356**	**1043557**	**264217**
北 京 Beijing	6636	4657	40	5037	1278	275
天 津 Tianjin	6929	4615	13	3419	2353	1137
河 北 Hebei	101655	78054	77	29614	60305	11568
山 西 Shanxi	61572	50145	28	17221	37238	6998
内蒙古 Inner Mongolia	49534	33236	77	18290	26024	5036
辽 宁 Liaoning	39691	27456	28	9929	22707	6931
吉 林 Jilin	33324	23791	48	13542	16153	3542
黑龙江 Heilongjiang	48044	33239	18	12760	28909	6247
上 海 Shanghai	7812	5075	83	4104	3056	564
江 苏 Jiangsu	110271	62306	139	47999	47658	14419
浙 江 Zhejiang	69903	46797	84	35562	26985	7170
安 徽 Anhui	73841	40149	78	16526	43911	13283
福 建 Fujian	56396	36346	45	10720	34924	10624
江 西 Jiangxi	75214	45729	48	17916	41643	15431
山 东 Shandong	121041	69741	243	45384	56188	19038
河 南 henan	143511	100736	71	31800	91912	19719
湖 北 Hubei	63542	34458	20	12815	38418	12093
湖 南 Hunan	87880	55222	73	17859	55209	14636
广 东 Guangdong	115536	79192	46	17855	78772	18613
广 西 Guangxi	61466	43852	63	12800	39193	9297
海 南 Hainan	21570	11629	9	2082	15178	4246
重 庆 Chongqing	51575	28537	24	11320	33947	6206
四 川 Sichuan	124537	70206	54	22300	80924	21111
贵 州 guizhou	52294	31590	23	6975	36392	8601
云 南 Yunnan	55726	35546	23	13396	33429	8614
西 藏 Tibet	5392	3147	2	964	3747	655
陕 西 Shaanxi	62056	42799	61	18734	35942	7252
甘 肃 Gansu	33189	20877	20	10257	18062	4807
青 海 Qinghai	8742	5627	27	2939	5073	691
宁 夏 Ningxia	9088	5759	2	2636	5144	1303
新 疆 Xinjiang	37658	28741	5	10601	22883	4110

职称情况(镇区)

Educational Attainment and Prefession Rank (Counties & Towns Area)

单位:人

unit: person

	按职称分 By Professional Rank					
高中阶段毕业以下 Below High School Graduate	中学高级 Senior Secondary	小学高级 Senior Primary	小学一级 1st Grade Primary	小学二级 2st Grade Primary	小学三级 3st Grade Primary	未定职级 No-ranking
2923	**36214**	**967760**	**623332**	**53940**	**5605**	**108774**
6	23	3624	2195	53	16	725
7	316	5609	892	4	1	107
91	1270	51674	40342	2017	259	6093
87	448	22538	30293	2574	321	5398
107	9234	25232	11559	728	92	2689
96	1871	29271	6674	508	60	1307
39	435	17287	13182	992	93	1335
110	2386	26585	16673	682	174	1544
5	117	3709	2536	97	5	1348
56	2734	69682	29690	1667	178	6320
102	1133	39395	22960	843	152	5420
43	871	43508	22457	1808	260	4937
83	538	34968	17157	1635	45	2053
176	1257	38926	25545	4172	274	5040
188	3244	60300	46115	3388	321	7673
9	1845	61958	58625	6664	974	13445
196	1686	43232	15827	1214	191	1392
103	1394	56597	24026	1286	235	4342
250	582	80563	18180	3176	885	12150
113	378	39510	17182	1812	123	2461
55	133	10060	8393	2053	30	901
78	249	21292	26223	1546	83	2182
148	1878	59494	55897	1710	244	5314
303	248	26934	19542	2959	95	2516
264	115	34146	18209	1780	92	1384
24	124	1664	2501	507	14	582
67	343	20260	33458	4136	243	3616
43	260	12589	15997	2166	38	2139
12	332	5820	2087	171	19	313
3	204	4346	3636	106	8	788
59	566	16987	15279	1486	80	3260

小学专任教师学历、

Number of Full-time Teacher in Primary Schools by Educational

	合 计 Total	其中:女 of Which: Female	按学历分 By Educational Attainment			
			研究生毕业 Graduate	本科毕业 Under-graduate	专科毕业 Associate Bachelor	高中阶段毕业 High School Graduate
合　计 Total	**601774**	**381224**	**551**	**151585**	**347308**	**101236**
北　京 Beijing	1698	1153	5	1243	351	96
天　津 Tianjin	2757	1775	7	1252	946	551
河　北 Hebei	55408	42009	42	14112	34327	6903
山　西 Shanxi	23644	19277	13	6229	14408	2918
内蒙古 Inner Mongolia	5748	3993	3	2264	2877	598
辽　宁 Liaoning	8136	5576	5	2094	4597	1426
吉　林 Jilin	5744	3819	16	2091	3005	622
黑龙江 Heilongjiang	6615	4238	2	1665	3863	1063
上　海 Shanghai	2226	1425	22	1013	1002	189
江　苏 Jiangsu	31228	17026	47	12531	14030	4600
浙　江 Zhejiang	28842	19312	44	14329	11338	3075
安　徽 Anhui	22934	11421	12	4381	13574	4952
福　建 Fujian	20398	12817	19	3948	11955	4436
江　西 Jiangxi	22119	11682	7	4058	11703	6261
山　东 Shandong	54736	30062	124	19494	25181	9853
河　南 henan	74756	48428	52	16050	46634	12012
湖　北 Hubei	18642	9063	4	3144	11062	4339
湖　南 Hunan	32011	19015	23	6123	19358	6469
广　东 Guangdong	52017	35877	24	8119	34877	8897
广　西 Guangxi	20234	14078	6	3820	12733	3630
海　南 Hainan	3944	2021	3	528	2654	746
重　庆 Chongqing	11230	6067	5	2113	7609	1483
四　川 Sichuan	24947	13878	14	4316	15771	4816
贵　州 guizhou	15643	9103	9	2058	10613	2824
云　南 Yunnan	18038	11779	10	4361	10646	2927
西　藏 Tibet	562	344		95	381	84
陕　西 Shaanxi	21510	15391	27	6223	12585	2644
甘　肃 Gansu	6441	3848	1	1682	3477	1269
青　海 Qinghai	1641	1069	3	546	928	162
宁　夏 Ningxia	2330	1464	1	597	1318	414
新　疆 Xinjiang	5595	4214	1	1106	3505	977

职称情况(镇乡结合区)

Attainment and Prefession Rank (County-town Transitional Area)

单位:人

unit: person

	按职称分 By Professional Rank					
高中阶段毕业以下 Below High School Graduate	中学高级 Senior Secondary	小学高级 Senior Primary	小学一级 1st Grade Primary	小学二级 2st Grade Primary	小学三级 3st Grade Primary	未定职级 No-ranking
1094	**8771**	**320164**	**213791**	**18432**	**2312**	**38304**
3	5	936	546	8		203
1	95	2233	384	1		44
24	718	27691	22692	987	138	3182
76	124	8473	12207	1044	178	1618
6	1007	3102	1301	55	7	276
14	382	6107	1264	73	15	295
10	39	2794	2396	234	20	261
22	277	3671	2498	67	11	91
	39	1004	596	42		545
20	674	19700	8502	502	43	1807
56	316	15273	10165	345	108	2635
15	363	13068	7042	569	104	1788
40	202	11752	7065	602	21	756
90	362	11529	7381	1269	81	1497
84	1311	27932	20563	1495	158	3277
8	929	32652	31474	3283	610	5808
93	423	12678	4730	402	45	364
38	415	21091	8320	462	108	1615
100	234	34908	8564	1483	363	6465
45	58	12643	6245	553	20	715
13	48	1589	1846	323	7	131
20	38	4364	5741	387	51	649
30	310	12404	10586	355	40	1252
139	111	7275	6302	1166	53	736
94	32	11121	6244	329	22	290
2	4	174	289	52	4	39
31	112	7030	11736	1505	79	1048
12	43	2354	3171	425	15	433
2	53	1175	354	26		33
	19	1130	994	37	4	146
6	28	2311	2593	351	7	305

小学专任教师学历、
Number of Full-time Teacher in Primary Schools by

	合 计 Total	其中:女 of Which: Female	按学历分 By Educational Attainment			
			研究生毕业 Graduate	本科毕业 Under-graduate	专科毕业 Associate Bachelor	高中阶段毕业 High School Graduate
合 计 Total	**2443384**	**1071993**	**1419**	**432011**	**1369278**	**629024**
北 京 Beijing	6097	3735	23	4206	1309	549
天 津 Tianjin	7857	3799	9	3693	2502	1619
河 北 Hebei	157575	96068	86	32656	94052	30624
山 西 Shanxi	83915	51781	46	15637	50209	17836
内蒙古 Inner Mongolia	35203	16277	32	9041	19171	6835
辽 宁 Liaoning	44814	24992	15	8390	25481	10799
吉 林 Jilin	54780	29558	75	16240	29769	8539
黑龙江 Heilongjiang	56982	26672	30	10349	33041	13368
上 海 Shanghai	2557	1613	23	1149	1090	281
江 苏 Jiangsu	41539	16038	23	11609	20207	9618
浙 江 Zhejiang	39396	22293	34	16329	16291	6626
安 徽 Anhui	131230	41668	97	21698	68097	41138
福 建 Fujian	57482	24560	12	7439	30471	19255
江 西 Jiangxi	98829	34596	38	13500	44836	39679
山 东 Shandong	171415	62918	327	42314	77163	51198
河 南 henan	265282	120685	103	41231	154077	69767
湖 北 Hubei	78593	24256	30	9827	41980	26270
湖 南 Hunan	118183	45637	69	16286	67868	33622
广 东 Guangdong	129619	70798	45	13245	84632	31312
广 西 Guangxi	126947	58706	36	16964	74213	35198
海 南 Hainan	18728	6301	2	1048	11681	5923
重 庆 Chongqing	37569	14453	8	5947	24060	7379
四 川 Sichuan	128159	50949	26	16547	78976	32205
贵 州 guizhou	122388	42485	26	14580	76820	28389
云 南 Yunnan	155875	61666	24	26996	93043	33425
西 藏 Tibet	11979	5360	1	1797	8530	1478
陕 西 Shaanxi	75406	33607	81	16460	40888	17707
甘 肃 Gansu	88290	29232	37	19797	41633	26241
青 海 Qinghai	12995	4836	28	3586	7377	1972
宁 夏 Ningxia	15554	4995	12	2410	8123	4940
新 疆 Xinjiang	68146	41459	21	11040	41688	15232

职称情况（乡村）

Educational Attainment and Prefession Rank（Rural Area）

单位：人

unit：person

	按职称分 By Professional Rank					
高中阶段毕业以下 Below High School Graduate	中学高级 Senior Secondary	小学高级 Senior Primary	小学一级 1st Grade Primary	小学二级 2st Grade Primary	小学三级 3st Grade Primary	未定职级 No-ranking
11652	**30842**	**1208568**	**910993**	**113779**	**6953**	**172249**
10	8	3338	2131	36		584
34	180	6442	1072	8	1	154
157	1723	76166	69517	2447	309	7413
187	591	29856	41087	4821	561	6999
124	5614	19521	7519	423	16	2110
129	1576	32962	7517	852	57	1850
157	552	29053	21505	1621	118	1931
194	1609	30211	23349	725	91	997
14	34	892	604	77	4	946
82	473	26466	11349	651	45	2555
116	201	20119	14399	723	60	3894
200	1585	75807	41115	4192	457	8074
305	397	34672	17860	2376	67	2110
776	1231	49218	31445	6719	361	9855
413	3282	96341	60054	2939	209	8590
104	3253	123587	110391	9590	379	18082
486	1446	53945	20005	1231	151	1815
338	1510	76329	30069	2182	171	7922
385	969	78859	25105	4689	879	19118
536	413	63939	50040	6394	312	5849
74	77	7445	8446	2095	75	590
175	133	12763	19105	2875	88	2605
405	1204	52941	58393	4018	227	11376
2573	441	45203	50547	14921	700	10576
2387	475	69698	61422	13260	792	10228
173	24	1917	6478	1425	39	2096
270	398	24003	40264	5810	411	4520
582	457	30041	38533	8893	224	10142
32	320	8230	3655	300	23	467
69	132	7637	6001	192	22	1570
165	534	20967	32016	7294	104	7231

	校舍建筑面积 Floor Space	教学及辅助用房 Teaching & Assistant Buildings						
		计 Total	其中 of Which					
			教室 Classroom	实验室 Laboratory	图书室 Library	微机室 PC-room	语音室 Linguistic	体育馆 Gymnasium
合　计 Total	**569131054**	**322287290**	**275628520**	**14766354**	**13332221**	**10739399**	**2973267**	**4847529**
北　京 Beijing	5672914	2554071	2003018	146881	117265	121141	17247	148519
天　津 Tianjin	3712178	1938332	1570120	86232	86287	86042	38662	70989
河　北 Hebei	29001962	17907401	14487886	1232310	943277	825934	300530	117464
山　西 Shanxi	17343953	9063772	7692558	406269	416368	365503	109486	73588
内蒙古 Inner Mongolia	9660609	4726806	3856607	262367	219062	184778	89686	114307
辽　宁 Liaoning	10759142	6133463	4938314	377365	299319	305864	84973	127629
吉　林 Jilin	8429130	5165031	4296711	283045	211300	236992	79567	57416
黑龙江 Heilongjiang	10107743	6324008	5251069	353641	243631	235652	91885	148130
上　海 Shanghai	4859657	2349397	1621295	246894	137134	103405	34615	206054
江　苏 Jiangsu	27268589	15517310	12420753	832715	770268	735673	136321	621580
浙　江 Zhejiang	22670410	11051693	8614972	632892	501596	468953	146040	687241
安　徽 Anhui	22756274	14877617	13391812	338918	539081	467352	77496	62957
福　建 Fujian	18433440	9970073	8383329	483401	496732	357411	80862	168339
江　西 Jiangxi	21532139	13540890	12279974	407887	419354	273534	97649	62492
山　东 Shandong	30117208	17580644	14262187	1140778	852025	802921	232400	290333
河　南 Henan	48213321	29644677	25961296	1145913	1366433	966985	160547	43503
湖　北 Hubei	24960070	12365845	10590771	687649	515212	413316	95470	63427
湖　南 Hunan	29792791	16253402	14276227	706362	564850	355847	117835	232281
广　东 Guangdong	58207715	30731073	26136248	1252150	1254738	735894	406938	945104
广　西 Guangxi	27534812	16202032	14791698	469267	532779	272706	46093	89489
海　南 Hainan	4882906	2597817	2327888	81763	102772	59557	17153	8684
重　庆 Chongqing	15998278	8953885	8052831	300985	237285	222439	48820	91525
四　川 Sichuan	29646397	16320977	14417418	640837	536597	483940	130300	111885
贵　州 Guizhou	16885674	11324252	9907702	537839	475584	328788	44970	29369
云　南 Yunnan	24852963	13741294	12246035	590065	453585	349394	70913	31302
西　藏 Tibet	2576298	836016	732762	23186	36546	28237	13218	2068
陕　西 Shaanxi	16586368	9073186	7804822	425161	333694	348139	95282	66088
甘　肃 Gansu	12914105	7837274	7005130	239592	291304	244563	30599	26087
青　海 Qinghai	2428143	1306691	1149621	31526	47850	58216	15811	3667
宁　夏 Ningxia	3209945	1943329	1615095	93559	85876	99328	21292	28179
新　疆 Xinjiang	8115921	4455032	3542370	308907	244419	200896	40608	117833

学条件(一)(总计)

Schools (1) (Regional Aggregates)

单位:平方米

unit:m^2

行政办公用房 Administritive		生活用房 Residential and Welfare							其他用房 Rooms for Other Purposes	校舍面积中 of the Floor Space	
计 Total	其中:教师办公室 of Which: for Teachers	计 Total	教工宿舍 Apartments for Single: 小计 Subtotal	教工宿舍 Apartments for Single: 其中:教师周转宿舍 of Which: Accommodation for Circulation of Teachers	学生宿舍 Students' Dormitories	食堂 Dining Halls	厕所 Toilet	其他 Others		危房面积 Floor Space of Dilapidated Buildings	当年新增 New Added in Current Year
57488756	**42093282**	**133851532**	**49932158**	**5512875**	**27757534**	**19455211**	**22043862**	**14662767**	**55503476**	**57142487**	**16793654**
683537	393535	1003253	115554	7909	122159	212420	232856	320265	1432052	7362	164348
510276	346388	496101	25181	1538	20258	89502	162241	198920	767469	18213	204608
3225548	2602066	4839574	934983	92085	1384990	541415	1152295	825891	3029439	2544073	957967
2454135	1942146	3999184	881273	50595	1318872	689110	640969	468959	1826862	355440	757584
1283880	1007537	2812563	149678	11700	1281328	542965	399497	439095	837360	731569	937311
1417486	938888	1311606	64554	6140	130928	297591	410343	408190	1896588	464987	175735
1223118	834699	1123804	48037	4187	122695	191612	396507	364953	917177	937121	231079
1339082	997662	1406838	45962	5890	412175	206476	419950	322275	1037815	1131848	193806
584592	321017	767285	16158	1234	31345	305087	189925	224770	1158383		115938
2979701	1757356	5235108	960402	122500	844342	1751424	874752	804188	3536470		842880
2177537	1361926	5782229	1466924	196074	1040042	1842446	763219	669597	3658952	36385	505303
2437520	1899463	4165745	1922333	107165	407948	449294	963374	422796	1275392	1215594	663104
1438798	923126	4568565	2296959	232563	699677	497646	614990	459293	2456004	498792	720957
1723036	1237595	5113000	2245373	112179	820582	810487	829465	407093	1155214	4999953	457790
3832608	2619336	5021972	1343032	190598	653116	740816	1577200	707808	3681984	777982	795574
6713057	5528958	9123619	2635455	208682	2067236	986938	2601524	832466	2731968	4000672	1251935
1950620	1385598	8934660	4273821	281609	1907928	1275475	773351	704085	1708945	4321264	254808
2631635	2028219	8331460	3147978	293018	1745166	1619040	1042434	776842	2576294	3283091	577877
4651719	3193802	13646229	7800045	707728	1381645	1295479	1543322	1625738	9178694	855689	720262
1680244	1380196	7671332	3907430	442166	1612095	625937	805603	720268	1981203	5351527	753713
305156	220118	1751433	1291826	168590	246168	79783	83191	50465	228500	414561	138307
1330757	863563	4414967	2032153	271936	839392	628911	534474	380037	1298668	1250492	380141
2261540	1553906	9285684	3711888	877813	2374379	1286408	1259365	653644	1778196	2917549	1241805
1370291	1014551	3150553	1284654	124122	542108	280828	782305	260658	1040578	128281	413997
1235473	883034	9011777	3652681	333951	3124966	938579	869370	426181	864419	11945551	1271015
175039	141856	1472597	676538	416253	482540	201315	64170	48034	92646	18432	238810
2533502	2041910	3918045	1367694	99177	958290	544186	716251	331623	1061636	684856	473038
1763377	1545889	2715749	1020809	40564	449824	185984	735551	323582	597704	7682006	615585
183353	142594	788870	268571	58929	259506	94007	86724	80061	149230	265500	199594
416924	331818	565633	202566	16864	59182	59405	169625	74855	284059	84259	246705
975215	654530	1422098	141646	29116	416651	184646	349021	330134	1263576	219439	292077

小学办

Condition of School Buildings in Primary

	校舍建筑面积 Floor Space	教学及辅助用房 Teaching & Assistant Buildings						
		计 Total	其中 of Which					
			教室 Classroom	实验室 Laboratory	图书室 Library	微机室 PC-room	语音室 Linguistic	体育馆 Gymnasium
合　计 Total	**136069064**	**73013426**	**59139145**	**3661897**	**3142022**	**2927876**	**1022458**	**3120029**
北　京 Beijing	4250638	1889451	1507476	100118	86368	86454	13244	95791
天　津 Tianjin	2033656	998670	790810	41313	43775	43469	16148	63155
河　北 Hebei	4872865	2812313	2320776	145087	137545	122107	58303	28495
山　西 Shanxi	3546697	1936242	1643964	77502	76104	79085	30843	28744
内蒙古 Inner Mongolia	2667045	1436967	1162050	68425	57979	57690	27604	63220
辽　宁 Liaoning	5273258	2807646	2255980	142048	126574	134983	46737	101324
吉　林 Jilin	2754672	1577248	1307077	60351	58284	81607	32612	37317
黑龙江 Heilongjiang	3350205	1983114	1593786	80268	64563	76089	43224	125184
上　海 Shanghai	3924958	1854896	1277050	207007	110517	81124	29078	150120
江　苏 Jiangsu	11548263	6434235	5030835	329747	306508	270443	50389	446313
浙　江 Zhejiang	8286264	4103327	3003682	233174	197086	161849	55544	451991
安　徽 Anhui	3379917	2101384	1793633	75899	79075	95784	22974	34019
福　建 Fujian	4474927	2325453	1859338	109884	127881	100754	31043	96554
江　西 Jiangxi	2538164	1529783	1306208	54730	53637	51700	27508	36000
山　东 Shandong	7960132	4311643	3464521	245111	196949	186839	80974	137249
河　南 Henan	7896777	4512496	3932823	181079	164551	160208	44000	29835
湖　北 Hubei	5054662	2771451	2359315	141562	102272	99068	28834	40400
湖　南 Hunan	4517121	2481399	2049121	112206	96914	75947	34857	112354
广　东 Guangdong	23587297	11530135	9030205	651670	529416	419820	185366	713658
广　西 Guangxi	2898096	1621744	1377918	64849	59371	61283	12646	45677
海　南 Hainan	914814	479836	419731	14198	19170	16266	6442	4029
重　庆 Chongqing	3757961	2066924	1762291	82754	68105	64799	17407	71568
四　川 Sichuan	4934052	2817760	2362494	132757	117863	107813	32739	64094
贵　州 Guizhou	1617638	976073	815196	47491	43687	42121	9960	17618
云　南 Yunnan	2115369	1282688	1091086	61686	47520	50166	16119	16111
西　藏 Tibet	155734	79020	72056	1801	1660	1992	1431	80
陕　西 Shaanxi	3053756	1674128	1424311	80129	60543	69928	25924	13294
甘　肃 Gansu	1475767	880525	762521	24854	30443	39156	10775	12776
青　海 Qinghai	341370	204321	168710	8643	8042	12082	5814	1030
宁　夏 Ningxia	840921	487651	394090	27299	20580	26232	9308	10142
新　疆 Xinjiang	2046070	1044903	800092	58255	49040	51018	14611	71887

学条件(一)(城区)
Schools (1) (Urban Area)

单位:平方米
unit:m²

行政办公用房 Administritive		生活用房 Residential and Welfare							其他用房 Rooms for Other Purposes	校舍面积中 of the Floor Space	
			教工宿舍 Apartments for Single								
计 Total	其中:教师办公室 of Which: for Teachers	计 Total	小计 Subtotal	其中:教师周转宿舍 of Which: Accommodation for Circulation of Teachers	学生宿舍 Students' Dormitories	食堂 Dining Halls	厕所 Toilet	其他 Others		危房面积 Floor Space of Dilapidated Buildings	当年新增 New Added in Current Year
15663122	**10167167**	**23635561**	**5925496**	**682152**	**3606527**	**4583544**	**4790533**	**4729461**	**23756955**	**5091995**	**3904553**
500296	294875	708127	50270	2563	78146	154896	172021	252793	1152765	5021	121309
290173	200395	278481	3545	151	17388	62374	88503	106671	466332	13953	70163
643964	463860	622923	75813	7067	171224	68354	157577	149955	793665	238045	101196
575531	400800	470097	84624	4412	95736	49606	129041	111090	564827	42977	175707
411150	295854	465320	34586	765	120194	55015	100669	154856	353608	67546	180198
732713	434867	574131	8133	1128	30149	138325	193311	204213	1158768	89257	94958
411232	252117	348005	2581	240	25872	77083	101143	141326	418187	232823	93546
531928	352718	337670	7362	710	45778	43762	112660	128108	497493	405580	31175
461878	260485	599269	6676	128	22615	227055	154579	188344	1008915		86930
1345736	743946	1901771	148101	17095	232748	760857	360415	399650	1866521		306375
848920	525067	1760979	236912	50663	292285	669614	296200	265968	1573039	10499	180829
444384	315499	427480	142763	9234	32734	40706	123557	87720	406669	66545	106696
402540	249066	695718	233756	27473	75891	87374	172985	125712	1051215	61079	233111
257911	175571	426947	130275	12301	66784	73377	92674	63837	323523	200977	58256
1109269	662111	1109963	165306	18302	164707	228197	340292	211462	1429256	75479	225878
1153085	857761	1426697	383770	45852	345410	169940	315654	211923	804499	327189	248816
557388	367669	1121196	503936	19717	135750	169292	140688	171530	604627	493912	45752
398181	289694	949721	264257	30019	239444	181948	139685	124387	687820	257363	185701
1798639	1119777	4933651	2088203	285722	631334	687272	713583	813258	5324872	197355	304728
252577	194997	696867	319638	28238	120673	79885	94668	82003	326908	299479	102785
70928	49084	294076	198644	27891	46321	16338	22525	10248	69974	39131	21866
392908	256483	715451	167962	9957	143362	159492	118674	125961	582678	78192	153844
529637	350357	1026117	230907	15400	223007	209327	204172	158704	560538	155238	268400
176862	118564	217097	56395	6638	30664	30292	63292	36454	247606	6380	42566
206099	140904	407372	152502	19705	55411	40939	71079	87441	219210	829936	130903
23294	17905	39639	29707	24121	643	1151	4518	3620	13781	161	1214
437315	292867	514344	157603	14282	92302	57147	119825	87467	427969	76627	83368
218721	163702	170158	17946	1274	10686	8794	65628	67103	206364	767270	87479
45948	29351	40739	3167	0	2419	1362	14267	19524	50362	24832	5649
145725	101080	64940	3768	233	0	3736	36786	20650	142605	19459	89625
288191	189742	290617	16387	871	56850	30035	69863	117482	422359	9690	65530

小学办

Condition of School Buildings in Primary

	校舍建筑面积 Floor Space	教学及辅助用房 Teaching & Assistant Buildings						
		计 Total	其中 of Which					
			教室 Classroom	实验室 Laboratory	图书室 Library	微机室 PC-room	语音室 Linguistic	体育馆 Gymnasium
合　计 Total	**30346176**	**16394034**	**13411845**	**834534**	**725523**	**627404**	**212362**	**582365**
北　京 Beijing	349472	168651	124690	9162	8382	9253	1219	15944
天　津 Tianjin	299822	154363	116494	6862	7899	6118	2488	14502
河　北 Hebei	1389622	807595	652148	49426	42596	42434	15500	5491
山　西 Shanxi	806561	429406	355348	19996	20670	20915	8465	4012
内蒙古 Inner Mongolia	213116	119099	95290	5230	8171	4392	1183	4833
辽　宁 Liaoning	627751	328306	267067	18445	16033	18471	5242	3048
吉　林 Jilin	240164	134490	106800	7645	6834	7611	3160	2440
黑龙江 Heilongjiang	423498	263118	195754	12409	9358	10233	5055	30309
上　海 Shanghai	290047	150494	111823	8351	8676	6124	2273	13247
江　苏 Jiangsu	1387905	782610	622489	35439	36156	33311	7077	48138
浙　江 Zhejiang	2029427	991978	768600	49332	40989	37646	10290	85120
安　徽 Anhui	447781	281973	246475	8632	11662	11017	1772	2415
福　建 Fujian	1487963	801353	656570	38662	40810	32339	9251	23721
江　西 Jiangxi	634600	421200	367103	14591	13610	10869	4122	10905
山　东 Shandong	2068909	1112970	885521	79620	58361	56536	21942	10990
河　南 Henan	2246712	1340883	1153879	65367	61792	47409	10088	2348
湖　北 Hubei	873521	492071	417743	28042	19724	15978	5602	4982
湖　南 Hunan	966110	533969	429376	26947	19780	13573	6807	37486
广　东 Guangdong	8961929	4402828	3534669	232759	192089	145930	64841	232541
广　西 Guangxi	678368	394104	350714	11208	12908	10407	2134	6733
海　南 Hainan	120913	60782	51305	2602	3279	1233	763	1600
重　庆 Chongqing	626886	345237	304446	13894	10400	10267	2316	3914
四　川 Sichuan	726522	422772	360411	18581	16810	14956	3244	8770
贵　州 Guizhou	403024	252171	208959	12385	13216	11003	3391	3217
云　南 Yunnan	565618	344590	303175	14614	12718	11125	2834	124
西　藏 Tibet								
陕　西 Shaanxi	947460	544367	465023	26584	18298	23649	7466	3347
甘　肃 Gansu	179171	104649	91924	3237	3681	4143	738	926
青　海 Qinghai	41254	23224	19367	1182	1151	1029	495	0
宁　夏 Ningxia	117356	67016	54850	3803	3133	3620	1346	264
新　疆 Xinjiang	194696	117765	93833	9527	6336	5813	1258	998

学条件(一)(城乡结合区)

Schools (1) (Urban-rural Transitional Area)

单位:平方米
unit:m^2

行政办公用房 Administritive		生活用房 Residential and Welfare							其他用房 Rooms for Other Purposes	校舍面积中 of the Floor Space	
计 Total	其中:教师办公室 of Which: for Teachers	计 Total	教工宿舍 Apartments for Single 小计 Subtotal	教工宿舍 Apartments for Single 其中:教师周转宿舍 of Which: Accommodation for Circulation of Teachers	学生宿舍 Students' Dormitories	食堂 Dining Halls	厕所 Toilet	其他 Others		危房面积 Floor Space of Dilapidated Buildings	当年新增 New Added in Current Year
3087765	**2064357**	**6094002**	**2032388**	**250424**	**911481**	**1073935**	**1112627**	**963571**	**4770376**	**1296516**	**934565**
45157	23652	54774	8607	350	1206	8737	13613	22610	80891		25415
40745	27560	50896	1169	15	60	13604	11082	24981	53818	4006	19750
158674	124938	216633	38508	4752	53025	19779	55791	49530	206720	100687	30525
125763	83801	121099	29021	2709	21156	15353	31702	23867	130293	7983	41136
28604	20258	47347	5095	300	13164	6643	8360	14085	18066	10321	11273
73009	42183	72037	1367	203	1660	17172	25437	26401	154399	8421	8302
35364	21592	44881	957		7830	10367	8546	17181	25429	20938	10305
63620	44720	46725	1962		7428	5211	14728	17396	50035	22645	400
37356	20635	48764	3549	128		21358	14353	9504	53433		14752
151512	84218	252009	31488	3380	38183	103103	45815	33420	201774		27553
193372	118748	529115	83799	12837	91694	206261	68645	78716	314962	4024	58048
50915	37075	75454	28255	1797	10119	9986	16876	10218	39439	13902	35419
115348	71438	277144	131903	13456	18189	31861	59006	36185	294118	9881	98463
58534	37704	103947	34360	7672	7745	21995	28680	11167	50919	67186	36837
281953	177719	323746	61675	8298	48022	53290	107782	52978	350240	37661	76393
320693	257424	436921	80871	9468	129006	58225	117620	51199	148215	136210	51153
76789	54311	241291	110821	3952	41799	37571	27260	23840	63370	141061	5744
76484	54212	230624	69554	9444	52925	51356	31438	25351	125033	70285	61042
669133	413172	1968502	988036	141803	165788	238347	252657	323675	1921465	53364	119557
47550	39050	168162	55107	7930	44853	24630	22361	21211	68552	134317	27811
8471	6751	46315	28237	5302	10302	3348	2655	1773	5345	20529	
55943	39139	147418	57750	2281	25872	27590	17837	18369	78288	15491	8079
60262	42628	175270	40743	3336	45636	42314	31370	15207	68218	52556	54211
42889	27662	55027	14455	1190	10583	8078	16212	5699	52937	1406	17768
53196	38699	123970	59291	4619	23696	13675	20402	6906	43862	200358	48383
142238	105275	164665	55341	4787	29239	18433	40052	21600	96190	51450	27540
24220	17771	27839	4212	220	5404	2164	8681	7378	22463	97946	7352
4809	3755	6138	1455		1999	441	1176	1067	7083	7926	
18637	12731	13712	1836			860	4818	6198	17991	4726	4458
26524	15535	23579	2964	195	4898	2184	7673	5860	26828	1236	6896

小学办

Condition of School Buildings in Primary

	校舍建筑面积 Floor Space	教学及辅助用房 Teaching & Assistant Buildings						
		计 Total	其中 of Which					
			教室 Classroom	实验室 Laboratory	图书室 Library	微机室 PC-room	语音室 Linguistic	体育馆 Gymnasium
合　计 Total	**166516202**	**91517796**	**78503184**	**4139486**	**3550663**	**3253079**	**1073637**	**997747**
北　京 Beijing	666834	288173	234308	18569	12694	14959	2267	5376
天　津 Tianjin	722821	415330	350148	17093	17091	17160	9521	4317
河　北 Hebei	8641573	5183485	4209407	354063	252075	233567	98572	35801
山　西 Shanxi	5217659	2670037	2274205	117270	114329	103390	38373	22471
内蒙古 Inner Mongolia	4309964	2021162	1653470	102577	91794	82399	47868	43054
辽　宁 Liaoning	2139852	1205402	1008299	67708	50820	55194	17778	5603
吉　林 Jilin	2038607	1195485	986952	60558	48773	56854	28218	14131
黑龙江 Heilongjiang	2925661	1724733	1471979	80005	56706	63888	32591	19564
上　海 Shanghai	677785	362403	252840	30992	19857	15711	3301	39702
江　苏 Jiangsu	11234946	6227355	5083392	338336	297251	301586	63229	143561
浙　江 Zhejiang	8814517	4307435	3430743	247237	185638	190614	63442	189760
安　徽 Anhui	6213237	3934037	3520738	97838	133125	136051	31409	14876
福　建 Fujian	5859838	3117721	2629739	154405	147189	117533	28043	40811
江　西 Jiangxi	7023821	4284939	3857372	128765	125079	106383	46190	21150
山　东 Shandong	9008423	5077428	4166679	323528	229873	221991	74079	61278
河　南 Henan	13175149	7741482	6789719	298641	336410	256757	50497	9458
湖　北 Hubei	7277535	3337118	2885108	172813	123768	111593	31951	11885
湖　南 Hunan	8991366	4654677	4022288	218462	166986	130338	47497	69106
广　东 Guangdong	14039035	7451186	6473638	270115	273148	187530	135235	111521
广　西 Guangxi	6698082	3665725	3322985	120663	112224	80693	14372	14788
海　南 Hainan	1791196	897624	799175	31409	32767	25031	6933	2309
重　庆 Chongqing	6546126	3686247	3347692	113899	93831	91903	23103	15819
四　川 Sichuan	11103552	5997412	5267885	239368	193343	198841	61255	36720
贵　州 Guizhou	4024712	2573639	2251016	117368	95351	85730	19538	4636
云　南 Yunnan	5253374	2979836	2622463	128071	100737	94232	25805	8528
西　藏 Tibet	671661	220346	196068	5215	6641	8512	2318	1592
陕　西 Shaanxi	5180815	2769059	2361652	131108	100231	112879	35391	27798
甘　肃 Gansu	2721029	1624619	1441527	54763	56414	59714	8557	3644
青　海 Qinghai	751544	384442	333583	11085	14146	18098	7530	
宁　夏 Ningxia	797476	490264	402176	26204	17820	23254	6440	14370
新　疆 Xinjiang	1998014	1028995	855939	61359	44552	50694	12334	4118

学条件(一)(镇区)

Schools (1) (Counties & Towns Area)

单位:平方米

unit:m^2

行政办公用房 Administritive		生活用房 Residential and Welfare							其他用房 Rooms for Other Purposes	校舍面积中 of the Floor Space	
			教工宿舍 Apartments for Single								
计 Total	其中:教师办公室 of Which: for Teachers	计 Total	小计 Subtotal	其中:教师周转宿舍 of Which: Accommodation for Circulation of Teachers	学生宿舍 Students' Dormitories	食堂 Dining Halls	厕所 Toilet	其他 Others		危房面积 Floor Space of Dilapidated Buildings	当年新增 New Added in Current Year
17142374	**12246963**	**43334395**	**16088569**	**1954149**	**10743616**	**6617885**	**5765847**	**4118478**	**14521637**	**13720776**	**6174568**
86413	48339	148152	30139	1534	24957	28573	30024	34460	144096	151	14754
101444	65502	93733	7680	643	1886	19429	29456	35282	112314	1688	41059
960883	776250	1604125	270700	28383	556954	194727	325089	256655	893080	724461	365944
734186	572754	1276079	231997	17020	490069	231097	190405	132512	537356	77495	275489
530066	415131	1419218	51608	7062	759037	290321	158334	159918	339518	169687	602602
296831	208818	327374	11810	1097	65302	85782	72536	91944	310245	127961	52236
306081	208629	314505	12317	1429	68699	63164	84961	85364	222536	186312	47397
366892	274790	555100	12716	2185	239454	97994	104740	100196	278936	212187	108996
92211	43660	113886	5806	36		57517	25884	24679	109285		26683
1205210	718262	2540905	590882	79102	503011	803457	344833	298722	1261476		373427
857199	528022	2253553	573798	67246	418140	719293	296393	245929	1396330	9538	253394
687786	495989	1269630	641880	26642	172106	137792	217444	100408	321784	311480	179810
513184	304872	1569553	767625	91605	313998	156164	184330	147436	659380	182059	302391
655843	445277	1729047	750075	45452	371759	251540	226676	128997	353992	1360840	162747
1118581	770245	1831233	619038	92285	303032	269303	430665	209195	981181	204106	278716
1735176	1416215	3023425	783859	60174	996683	401926	622486	218471	675066	932960	371856
532933	374197	3040454	1625907	102520	620797	400552	197296	195902	367030	1248904	108784
806460	591528	2811758	1091384	114095	662431	542766	278073	237104	718471	850804	197895
1176145	807276	3658073	2183813	196986	518680	286992	335555	333033	1753632	230464	195050
447295	345873	2110061	1098938	125128	462876	179347	181343	187557	475001	1287364	262539
117120	77478	697487	478149	70079	129136	37216	32388	20598	78965	150965	62391
547897	349065	1888782	921772	150022	361034	255384	204281	146311	423200	516604	161431
894614	595232	3557007	1429659	358194	974875	482682	416499	253292	654519	964128	510977
369933	251483	800690	334407	29346	171671	69481	154435	70696	280450	31420	134051
390301	272200	1632550	682534	85148	541068	153331	159230	96387	250687	2266311	320671
51273	37474	375289	196064	125058	109598	43736	11250	14641	24753	7687	63674
785086	646741	1336504	426529	39137	410594	193116	197841	108424	290167	160533	221488
377576	310895	559879	143850	5411	163556	50069	121570	80835	158954	1382169	201794
55395	43732	269298	57700	15526	130028	37519	21412	22639	42409	74731	105314
112113	92012	126566	25480	4297	27105	19955	37437	16589	68533	12422	70273
230247	159021	400480	30454	11307	175080	57662	72983	64301	338292	35345	100735

小学办

Condition of School Buildings in Primary

	校舍建筑面积 Floor Space	教学及辅助用房 Teaching & Assistant Buildings						
		计 Total	其中 of Which					
			教室 Classroom	实验室 Laboratory	图书室 Library	微机室 PC-room	语音室 Linguistic	体育馆 Gymnasium
合　计 Total	**59652825**	**34197130**	**29280405**	**1576392**	**1427096**	**1186404**	**356437**	**370397**
北　京 Beijing	180187	77054	62618	6151	3494	4507	284	
天　津 Tianjin	328120	190405	156816	9372	8645	8836	5121	1615
河　北 Hebei	4835567	2963230	2399361	200575	150571	139165	51937	21621
山　西 Shanxi	2088014	1109170	941989	46484	48354	46216	14615	11512
内蒙古 Inner Mongolia	514511	250977	196888	16281	14226	11666	6086	5830
辽　宁 Liaoning	526631	301377	248640	18438	15513	14592	3514	680
吉　林 Jilin	354083	210417	173184	12444	8671	10187	4991	940
黑龙江 Heilongjiang	400730	240440	202646	12464	9079	10402	4638	1211
上　海 Shanghai	176184	86807	69031	4884	5308	4256	553	2775
江　苏 Jiangsu	3319990	1872806	1510061	94911	98938	96904	19637	52355
浙　江 Zhejiang	3719684	1880850	1512463	105299	78030	79286	23931	81841
安　徽 Anhui	2022749	1324296	1202702	25958	45640	38777	8407	2812
福　建 Fujian	2483555	1357802	1143019	68912	64171	48218	13287	20194
江　西 Jiangxi	2279597	1445037	1303786	46896	46213	31415	10662	6065
山　东 Shandong	4343961	2482336	2024050	161975	114363	108297	34069	39582
河　南 Henan	6992813	4300650	3740352	171141	210744	146728	24067	7618
湖　北 Hubei	2269467	1082241	920106	64356	45004	36510	10859	5406
湖　南 Hunan	3564060	1863099	1632655	83754	67462	46239	14676	18313
广　东 Guangdong	6778168	3730986	3264324	126030	135446	83969	56600	64617
广　西 Guangxi	2270514	1393079	1273704	44210	43699	23971	3725	3770
海　南 Hainan	363238	196821	177111	6866	7485	4244	453	662
重　庆 Chongqing	1432428	801311	725146	27216	20993	20271	4715	2970
四　川 Sichuan	2397344	1343979	1180906	56717	45924	41904	11012	7516
贵　州 Guizhou	1205729	830748	724510	40496	33407	27182	4475	678
云　南 Yunnan	1752666	1085886	964777	45074	35518	30140	7161	3216
西　藏 Tibet	58806	19955	18122	218	792	503	145	175
陕　西 Shaanxi	1812549	1040273	896154	46492	39966	41417	10537	5707
甘　肃 Gansu	534704	335127	296227	11508	12772	12310	1850	460
青　海 Qinghai	131644	78243	68672	1521	2348	3794	1908	
宁　夏 Ningxia	187465	118286	98613	7031	5469	6153	920	100
新　疆 Xinjiang	327669	183444	151773	12718	8851	8345	1602	156

学条件(一)(镇乡结合区)

Schools (1) (County-town Transitional Area)

单位:平方米
unit:m^2

行政办公用房 Administritive		生活用房 Residential and Welfare							其他用房 Rooms for Other Purposes	校舍面积中 of the Floor Space	
计 Total	其中:教师办公室 of Which: for Teachers	计 Total	教工宿舍 Apartments for Single 小计 Subtotal	其中:教师周转宿舍 of Which: Accommodation for Circulation of Teachers	学生宿舍 Students' Dormitories	食堂 Dining Halls	厕所 Toilet	其他 Others		危房面积 Floor Space of Dilapidated Buildings	当年新增 New Added in Current Year
6264172	**4601260**	**13846510**	**5130388**	**534360**	**2847248**	**2139895**	**2261671**	**1467308**	**5345013**	**5204480**	**1761583**
23409	10881	41860	6179	75	10977	8016	8575	8113	37864		3088
52992	29893	45734	5386	524	456	10942	14168	14782	38989		10329
521077	424069	857119	155230	13728	275786	88719	194198	143186	494141	435691	157915
294610	230049	463703	93306	4396	156882	81252	77088	55176	220532	34227	76304
63155	51439	157499	7977	463	80459	31344	19187	18532	42880	35095	78848
81594	58542	70658	3071	465	9843	13741	18525	25478	73002	18169	2223
48511	33363	55444	4139	587	11359	10546	16165	13235	39711	53005	2099
50145	37612	65806	444	154	24684	9049	16683	14946	44339	43218	10982
22457	11376	28118	2721			13087	6648	5662	38802		5005
361743	221239	697484	186471	22837	74138	240518	106089	90268	387957		80327
360513	220541	925709	250174	31072	152770	304310	121456	96999	552612	4810	115795
213182	163836	403080	165724	8603	65852	55662	79968	35874	82191	128357	43747
198423	119156	620087	334031	42714	86418	56732	83164	59742	307243	56141	127303
200556	142461	537356	212337	7715	98384	94027	86787	45821	96648	522032	50098
558580	393329	834503	270432	52585	137974	120632	215624	89840	468542	107744	116088
963976	794892	1373393	359433	25408	370673	159773	369641	113873	354794	572732	224395
169556	123837	896956	438970	29436	193482	130786	69144	64574	120714	439615	25301
326115	244093	1071921	381342	40120	253724	227575	114221	95059	302925	356943	78217
600983	419584	1605541	969405	68223	156608	124550	173268	181710	840659	135127	65613
155684	125578	560778	268702	27735	99909	47631	69835	74701	160973	563716	66227
24609	16673	131419	99990	11659	15128	5934	6393	3974	10389	33389	8699
114902	75959	413067	184161	37973	91849	59053	50711	27293	103148	149085	20112
190347	131891	716610	241089	56570	193757	111282	102556	67926	146408	317157	100966
110205	74522	183909	79783	5257	17945	13440	51513	21228	80867	5185	62173
122710	88344	464145	215971	18731	112614	44052	57009	34499	79925	827329	100321
4633	3320	34198	14264	11673	11398	4277	859	3400	20	1961	54
282267	235316	381175	124214	11603	97708	51920	75807	31527	108834	84386	56551
72827	64735	96619	33384	1601	15723	6418	29254	11840	30131	255409	36218
10336	9013	33642	11719	1692	12069	2487	4708	2659	9423	16438	1585
23221	19542	33368	7727	379	5414	5481	9433	5313	12590	540	27478
40855	26176	45610	2612	382	13266	6660	12995	10077	57760	6979	7522

小学办
Condition of School Buildings in Primary

	校舍建筑面积 Floor Space	教学及辅助用房 Teaching & Assistant Buildings						
		计 Total	其中 of Which					
			教室 Classroom	实验室 Laboratory	图书室 Library	微机室 PC-room	语音室 Linguistic	体育馆 Gymnasium
合 计 Total	**266545788**	**157756068**	**137986191**	**6964972**	**6639537**	**4558444**	**877172**	**729753**
北 京 Beijing	755442	376447	261234	28194	18203	19729	1736	47352
天 津 Tianjin	955701	524332	429162	27826	25421	25413	12993	3517
河 北 Hebei	15487524	9911603	7957703	733160	553657	470260	143655	53168
山 西 Shanxi	8579597	4457493	3774389	211497	225936	183028	40270	22373
内蒙古 Inner Mongolia	2683600	1268677	1041087	91365	69289	44689	14214	8033
辽 宁 Liaoning	3346032	2120415	1674035	167609	121925	115687	20458	20702
吉 林 Jilin	3635850	2392297	2002682	162136	104243	98531	18737	5968
黑龙江 Heilongjiang	3831877	2616161	2185304	193368	122362	95675	16070	3382
上 海 Shanghai	256914	132098	91405	8895	6760	6570	2236	16232
江 苏 Jiangsu	4485380	2855720	2306526	164632	166509	163644	22703	31706
浙 江 Zhejiang	5569629	2640931	2180547	152480	118871	116490	27053	45490
安 徽 Anhui	13163120	8842196	8077441	165181	326881	235517	23113	14062
福 建 Fujian	8098676	4526899	3894252	219112	221662	139123	21776	30974
江 西 Jiangxi	11970155	7726168	7116394	224392	240638	115451	23951	5342
山 东 Shandong	13148653	8191572	6630986	572139	425203	394091	77346	91806
河 南 Henan	27141396	17390699	15238754	666193	865472	550020	66050	4210
湖 北 Hubei	12627874	6257276	5346348	373274	289172	202655	34685	11142
湖 南 Hunan	16284304	9117326	8204818	375694	300950	149562	35481	50821
广 东 Guangdong	20581384	11749752	10632406	330365	452174	128545	86337	119925
广 西 Guangxi	17938634	10914563	10090795	283755	361184	130730	19075	29024
海 南 Hainan	2176896	1220357	1108982	36156	50835	18260	3778	2346
重 庆 Chongqing	5694191	3200715	2942849	104332	75349	65737	8310	4138
四 川 Sichuan	13608793	7505805	6787039	268712	225391	177286	36306	11071
贵 州 Guizhou	11243324	7774540	6841490	372980	336546	200937	15472	7115
云 南 Yunnan	17484220	9478770	8532486	400308	305328	204996	28989	6663
西 藏 Tibet	1748903	536650	464638	16170	28245	17733	9469	396
陕 西 Shaanxi	8351797	4629999	4018860	213924	172920	165332	33967	24996
甘 肃 Gansu	8717309	5332130	4801083	159975	204447	145693	11267	9667
青 海 Qinghai	1335229	717928	647328	11798	25662	28036	2467	2637
宁 夏 Ningxia	1571548	965414	818829	40056	47476	49842	5544	3667
新 疆 Xinjiang	4071837	2381134	1886340	189293	150827	99184	13663	41828

学条件(一)(乡村)

Schools (1) (Rural Area)

单位:平方米

unit:m²

行政办公用房 Administritive		生活用房 Residential and Welfare							其他用房 Rooms for Other Purposes	校舍面积中 of the Floor Space	
计 Total	其中:教师办公室 of Which: for Teachers	计 Total	教工宿舍 Apartments for Single 小计 Subtotal	教工宿舍 其中:教师周转宿舍 of Which: Accommodation for Circulation of Teachers	学生宿舍 Students' Dormitories	食堂 Dining Halls	厕所 Toilet	其他 Others		危房面积 Floor Space of Dilapidated Buildings	当年新增 New Added in Current Year
24683260	**19679152**	**66881576**	**27918093**	**2876574**	**13407391**	**8253783**	**11487481**	**5814828**	**17224884**	**38329717**	**6714533**
96828	50321	146975	35145	3812	19056	28951	30812	33011	135192	2190	28285
118659	80491	123887	13956	744	984	7699	44282	56967	188823	2572	93386
1620701	1361956	2612526	588470	56635	656812	278334	669629	419281	1342694	1581567	490827
1144418	968592	2253008	564652	29163	733067	408408	321523	225357	724679	234968	306388
342664	296552	928025	63484	3873	402097	197629	140494	124321	144234	494336	154511
387942	295203	410101	44611	3915	35477	73484	144496	112033	427575	247769	28541
505805	373953	461294	33139	2518	28124	51365	210403	138263	276454	517986	90136
440262	370154	514068	25884	2995	126943	64720	202550	93971	261386	514081	53635
30503	16872	54130	3676	1070	8730	20515	9462	11747	40183		2325
428755	295148	792432	221419	26303	108583	187110	169504	105816	408473		163078
471419	308836	1767697	656214	78165	329617	453540	170626	157700	689583	16348	71080
1305350	1087975	2468635	1137690	71289	203108	270796	622373	234668	546939	837569	376598
523074	369188	2303293	1295578	113485	309788	254108	257675	186145	745409	255654	185455
809282	616747	2957007	1365023	54426	382039	485570	510116	214259	477699	3438136	236787
1604758	1186981	2080776	558688	80011	185377	243316	806243	287151	1271547	498397	290980
3824796	3254983	4673497	1467826	102656	725143	415072	1663384	402072	1252403	2740523	631263
860299	643732	4773011	2143978	159372	1151381	705631	435367	336653	737288	2578448	100272
1426994	1146997	4569981	1792337	148904	843291	894326	624676	415351	1170003	2174924	194281
1676935	1266748	5054506	3528029	225020	231631	321216	494184	479447	2100191	427870	220484
980372	839326	4864404	2488854	288800	1028546	366705	529592	450708	1179294	3764684	388389
117108	93556	759870	615033	70620	70711	26229	28278	19619	79561	224465	54050
389952	258015	1810735	942419	111957	334996	214036	211519	107765	292790	655696	64866
837289	608317	4702560	2051322	504219	1176497	594399	638694	241648	563139	1798183	462428
823496	644504	2132766	893852	88138	339773	181055	564578	153508	512522	90481	237380
639073	469930	6971855	2817645	229098	2528487	744309	639061	242353	394522	8849304	819441
100472	86478	1057669	450767	267074	372300	156427	48402	29773	54112	10584	173922
1311101	1102302	2067197	783562	45758	455394	293924	398585	135732	343500	447696	168182
1167081	1071293	1985712	859012	33879	275582	127121	548353	175644	232386	5532567	326312
82010	69511	478833	207704	43403	127059	55126	51045	37898	56459	165937	88631
159086	138726	374127	173318	12334	32077	35714	95402	37616	72921	52378	86807
456777	305766	731001	94805	16938	184721	96949	206175	148351	502925	174404	125812

	占地面积(平方米) Areas of School Sites(m^2)			图书(册) Books & Magazines in Libraries (Volume)
	计 Total	其中 of Which		
		绿化用地面积 Green Areas	运动场地面积 Sports Areas	
合　计 Total	**2255707648**	**346461072**	**652166056**	**1516907237**
北　京 Beijing	13752579	1941948	5422374	24285849
天　津 Tianjin	11510013	1089876	4426687	12755319
河　北 Hebei	143885889	12972719	47870493	109687996
山　西 Shanxi	61901141	5403003	18646630	40636105
内蒙古 Inner Mongolia	58433419	7692672	17981423	21602631
辽　宁 Liaoning	53238743	5342340	26032579	37899685
吉　林 Jilin	64390434	11420178	25825410	23172815
黑龙江 Heilongjiang	71784881	8517864	32645990	20848302
上　海 Shanghai	8916707	2259140	2887576	17766844
江　苏 Jiangsu	97611702	23696648	27999947	88763281
浙　江 Zhejiang	57503318	11563142	19392070	79803796
安　徽 Anhui	116133618	13976657	28649675	52658578
福　建 Fujian	51122976	8660367	19711901	52267729
江　西 Jiangxi	74543192	9255938	22504676	45318475
山　东 Shandong	155380914	31410713	56250729	97365707
河　南 Henan	195164232	22689821	45498538	135269554
湖　北 Hubei	92402774	16726998	23974346	47441255
湖　南 Hunan	95467842	12802906	22047046	72959028
广　东 Guangdong	173441996	40875132	48216865	163842252
广　西 Guangxi	102417287	16071553	20968090	48325814
海　南 Hainan	39220685	8577818	7330447	10079754
重　庆 Chongqing	42077467	6264232	11689605	23817339
四　川 Sichuan	77879067	10505056	21722227	70452059
贵　州 Guizhou	60013693	8344436	15531113	43103120
云　南 Yunnan	86190769	13545955	13728789	49045938
西　藏 Tibet	14391733	1225803	1416270	4536651
陕　西 Shaanxi	60357238	6484427	18028520	52053191
甘　肃 Gansu	68816645	7327148	19786469	34023705
青　海 Qinghai	13005927	1098116	2655565	6874060
宁　夏 Ningxia	19602040	2923278	5774564	9513559
新　疆 Xinjiang	75148729	15795187	17549442	20736846

学条件(二)(总计)

Schools (2) (Regional Aggregates)

计算机数(台) PC (Set)		多媒体教室座位数(个) No. of Seats in Multi-media Classrooms	固定资产总值(万元) Total Volue of Fixed Asset (10 thousand yuan)		
计 Total	其中:教学用计算机 of Which: No. of Computers Used for Instruction		计 Total	其中:教学仪器设备资产值 of Which: Total Volue of Equip & Instru. 小计 Subtotal	其中:实验设备 of Which: For Prefession
5479869	**4192743**	**10691299**	**49804460.76**	**5351024.02**	**2293409.02**
158553	121816	622770	981732.82	224044.10	23762.05
67508	49195	106010	393738.36	59124.09	16132.65
340666	283876	543268	2031398.85	251761.33	137161.06
134662	110928	270898	1467317.11	105757.37	50132.15
74699	58391	157660	871329.66	62353.92	27825.07
186984	132251	204420	874414.56	122730.97	50933.46
90155	69906	106151	601866.91	65411.80	29133.56
112771	91623	103882	723690.46	83212.64	36513.35
125664	95106	72235	878873.95	167111.89	45431.85
511123	394462	1302905	3560720.53	420189.22	135026.10
392708	303623	1513543	2535434.12	274370.37	75580.52
151107	115581	213989	1673589.84	90221.17	32601.78
218380	168448	600155	2056163.03	247504.28	145827.07
115221	86316	208864	1005270.20	75728.15	32141.91
514689	371030	789115	4893822.12	731870.05	449337.97
220587	169193	463710	2590441.84	199677.67	97186.85
121029	96586	245741	1435324.55	138895.86	66287.78
171442	138429	245214	1635628.25	146624.03	71334.71
596700	441984	1117356	5480335.89	583575.59	264053.87
98197	66354	204888	1501096.03	105197.33	47913.81
28861	21034	44648	442481.84	30175.85	11766.28
122208	90847	263902	1338502.78	95138.29	26922.72
238971	179246	305209	2838573.16	231362.50	78516.52
96560	61700	136902	1039269.47	74993.93	39637.65
146046	117098	190158	1896506.77	101760.98	38110.36
24049	19934	23795	370958.19	14091.76	3511.92
153192	127755	262824	2221388.11	436662.55	199067.52
111935	88375	158083	1207287.21	85093.36	29296.12
27694	21202	46068	226785.18	16484.66	2847.05
45686	37857	65858	263031.81	28229.33	8397.12
81822	62597	101079	767487.17	81669.01	21018.20

Condition of School Buildings in Primary

	占地面积(平方米) Areas of School Sites(m^2)			图书(册) Books & Magazines in Libraries (Volume)
	计 Total	其中 of Which		
		绿化用地面积 Green Areas	运动场地面积 Sports Areas	
合　计 Total	**321961671**	**58759009**	**105569952**	**445957098**
北　京 Beijing	7699002	1014378	2921214	18177870
天　津 Tianjin	4501202	357033	1603149	7141600
河　北 Hebei	14236509	1454388	4891121	21816467
山　西 Shanxi	8420210	777128	2651138	10557311
内蒙古 Inner Mongolia	8111689	1036951	2968732	7751794
辽　宁 Liaoning	14876582	1638232	7215338	22107140
吉　林 Jilin	6765111	843874	3186515	8849875
黑龙江 Heilongjiang	9725948	1075922	4654038	7842045
上　海 Shanghai	6497705	1609173	2100269	14022999
江　苏 Jiangsu	26491306	6680017	7613258	35665868
浙　江 Zhejiang	17031340	3890865	5432547	27967642
安　徽 Anhui	9459484	1487248	2593068	9518485
福　建 Fujian	9548912	1893322	3509911	16580290
江　西 Jiangxi	5918420	859923	1734734	7559775
山　东 Shandong	25698555	4979688	9693953	30307490
河　南 Henan	20258833	2430253	5757699	23868115
湖　北 Hubei	11702245	2208924	3544255	13347550
湖　南 Hunan	10008591	1831178	2695312	15251998
广　东 Guangdong	48626537	12812279	14327398	75120187
广　西 Guangxi	7180506	1290887	1921561	8168970
海　南 Hainan	2872336	549072	585817	2481169
重　庆 Chongqing	7012211	1388684	1854940	6818461
四　川 Sichuan	9316941	1695621	2704367	12238729
贵　州 Guizhou	3334055	421160	1154446	6116024
云　南 Yunnan	4827605	1046922	1215847	7069059
西　藏 Tibet	588454	59441	85630	430032
陕　西 Shaanxi	7188923	963096	2511925	12298344
甘　肃 Gansu	3486209	461730	1294151	5802548
青　海 Qinghai	857082	99340	309249	1728368
宁　夏 Ningxia	3019847	599756	920892	2654641
新　疆 Xinjiang	6699323	1302525	1917479	6696252

学条件(二)(城区)
Schools (2) (Urban Area)

计算机数(台) PC (Set)		多媒体教室座位数(个) No. of Seats in Multi-media Classrooms	固定资产总值(万元) Total Value of Fixed Asset (10 thousand yuan)		
计 Total	其中:教学用计算机 of Which: No. of Computers Used for Instruction		计 Total	其中:教学仪器设备资产值 of Which: Total Volue of Equip & Instru. 小计 Subtotal	其中:实验设备 of Which: For Prefession
2272158	**1698372**	**5135265**	**16186324. 09**	**2174076. 06**	**735996. 39**
122481	94130	484449	768633. 11	177167. 74	17692. 73
39691	27120	64061	188444. 03	36705. 01	7153. 13
80629	64997	226385	410358. 12	62215. 55	27765. 46
40217	32609	77332	278942. 42	32949. 63	15017. 89
29078	22225	75895	231644. 10	23710. 54	9695. 03
114410	78427	144219	506335. 43	76875. 07	29220. 61
41341	31018	56949	255357. 69	31217. 23	12506. 42
55270	43532	46795	275079. 97	44813. 37	15874. 46
105782	80422	60166	736888. 51	137708. 75	36070. 67
222055	164978	741179	1735686. 62	216495. 65	63181. 18
153071	114993	589721	1064720. 10	119769. 24	30201. 29
52535	42283	60663	402930. 62	29220. 77	11388. 26
82926	61603	326898	812246. 14	157262. 90	89105. 97
31075	24800	54179	203559. 70	22449. 75	8552. 32
181315	120418	331013	1197212. 46	132508. 20	30275. 49
76831	59138	158858	585724. 57	62559. 75	28731. 93
56046	44332	98692	486380. 31	64567. 00	24704. 73
52763	41008	88247	421873. 84	48989. 09	22917. 53
382943	278480	735660	2984075. 26	401816. 64	168597. 73
35074	25821	70754	229800. 41	28415. 44	10678. 35
9347	7513	14340	116529. 59	10843. 13	4055. 22
48328	37614	147642	458468. 57	36915. 28	10093. 32
71027	53317	112302	576869. 81	67700. 72	19861. 05
23106	16933	29766	179697. 04	16293. 13	6465. 00
30912	24772	45462	212618. 32	24087. 29	6988. 54
1965	1673	6552	22125. 05	1782. 15	594. 60
48024	38924	137980	344279. 09	46223. 82	14798. 02
26930	20734	46602	145997. 09	17958. 53	4615. 99
9404	6788	25609	46350. 92	6582. 87	675. 67
15069	12598	27333	82803. 90	12623. 28	3158. 02
32513	25172	49562	224691. 29	25648. 55	5359. 80

	占地面积(平方米) Areas of School Sites(m^2)			图书(册) Books & Magazines in Libraries (Volume)
	计 Total	其中 of Which		
		绿化用地面积 Green Areas	运动场地面积 Sports Areas	
合　计 Total	**99621310**	**19672206**	**32103296**	**86196969**
北　京 Beijing	1247735	154521	564367	1532294
天　津 Tianjin	1045364	76484	405790	1002977
河　北 Hebei	6171757	667154	2210179	5575119
山　西 Shanxi	2581751	279582	804643	1965801
内蒙古 Inner Mongolia	1022210	143811	402115	426496
辽　宁 Liaoning	3060117	390022	1633873	2084392
吉　林 Jilin	1380310	208121	619016	453589
黑龙江 Heilongjiang	1878359	253372	870653	734659
上　海 Shanghai	624479	132339	227859	1355332
江　苏 Jiangsu	4747450	1267998	1427072	4300254
浙　江 Zhejiang	5321465	1098359	1783573	6419670
安　徽 Anhui	2159677	363811	551320	1065559
福　建 Fujian	4470336	789257	1575369	4404764
江　西 Jiangxi	1954065	248039	635805	1417012
山　东 Shandong	10342070	2218648	3806156	7481975
河　南 Henan	7950032	976661	2281212	5881942
湖　北 Hubei	3258011	684576	902246	1721410
湖　南 Hunan	2716300	528769	720473	2422545
广　东 Guangdong	23200737	6697347	6630866	24674650
广　西 Guangxi	2115200	325883	519326	1432367
海　南 Hainan	821090	152058	147960	143343
重　庆 Chongqing	1522799	265628	399848	1084300
四　川 Sichuan	1946032	397766	524752	1471191
贵　州 Guizhou	992357	122535	333039	1014243
云　南 Yunnan	1567965	355613	327636	1529827
西　藏 Tibet				
陕　西 Shaanxi	2976261	424628	1043270	3132457
甘　肃 Gansu	561719	70030	190823	476327
青　海 Qinghai	152333	14471	57446	163406
宁　夏 Ningxia	517027	92323	165625	340028
新　疆 Xinjiang	1316303	272401	340983	489040

学条件(二)(城乡结合区)
Schools (2) (Urban-rural Transitional Area)

计算机数(台) PC (Set)		多媒体教室座位数(个) No. of Seats in Multi-media Classrooms	固定资产总值(万元) Total Value of Fixed Asset (10 thousand yuan)		
计 Total	其中:教学用计算机 of Which: No. of Computers Used for Instruction		计 Total	其中:教学仪器设备资产值 of Which: Total Value of Equip & Instru. 小计 Subtotal	其中:实验设备 of Which: For Prefession
404899	**304633**	**878869**	**3311368.27**	**381871.19**	**156718.26**
9846	7349	41093	51108.55	13732.60	1025.37
5604	3863	9967	32075.19	6710.75	1616.54
20582	16796	40206	103907.68	13968.27	7848.05
7424	6166	14739	76828.47	6623.96	3133.95
2038	1566	4735	17125.78	1960.31	491.24
11176	7591	11427	57856.29	7271.07	3001.38
2724	1964	2143	19121.73	1689.94	559.23
5333	4462	4682	29000.66	3546.91	1893.20
5573	4519	3376	37222.78	8309.63	1994.44
23625	17422	67259	195638.12	20661.52	5878.42
35745	27050	117623	242628.35	22389.32	5765.85
4685	3856	5230	46477.23	2438.80	1027.42
22499	17307	71313	366560.84	53147.39	31371.03
4490	3570	7952	41367.11	2784.53	1056.93
42014	28848	67795	270804.71	26788.99	9813.25
15188	12329	34136	147708.26	12106.26	4947.64
5460	4481	13298	75257.14	12473.19	3424.30
8797	6850	12652	81665.98	9100.80	4528.01
122445	89209	258627	1021861.48	121933.16	55494.17
5345	3749	20826	49854.74	3733.09	1858.82
868	766	1805	6683.73	369.56	198.30
6227	5196	7050	45374.15	3784.27	1041.42
7481	5809	12581	76585.76	5795.30	1614.52
4685	3556	6381	48653.18	2867.93	1554.25
6127	4986	8303	49704.68	2753.96	1024.79
11216	9397	16604	69015.95	8610.26	2812.00
2259	1694	6386	16794.75	1625.19	365.70
991	712	2317	3017.86	722.53	45.46
2068	1687	3478	8913.06	1057.06	250.55
2384	1883	4885	22554.07	2914.64	1082.04

	占地面积(平方米) Areas of School Sites(m^2)			图书(册) Books & Magazines in Libraries (Volume)
	计 Total	其中 of Which		
		绿化用地面积 Green Areas	运动场地面积 Sports Areas	
合 计 Total	**588720865**	**92729932**	**170304214**	**477015648**
北 京 Beijing	2404649	424177	915105	2732596
天 津 Tianjin	2605396	270829	1027678	2669430
河 北 Hebei	39219192	3519167	12914963	32728029
山 西 Shanxi	15573479	1449416	4573904	13084844
内蒙古 Inner Mongolia	20513748	2202723	6757059	9170695
辽 宁 Liaoning	10437098	1005888	5141664	7597010
吉 林 Jilin	11245984	1876362	4475273	5793936
黑龙江 Heilongjiang	14997635	1721704	6475272	6379711
上 海 Shanghai	1677843	460812	547908	2663322
江 苏 Jiangsu	43205647	10920001	12352823	37949513
浙 江 Zhejiang	23218903	4642416	7600658	33757584
安 徽 Anhui	26726082	3244640	6672554	16921022
福 建 Fujian	15858791	2768384	6044300	18891442
江 西 Jiangxi	22411354	3085053	6269134	17951842
山 东 Shandong	43460445	8714434	15245695	29001791
河 南 Henan	46975204	5019904	10765883	38293878
湖 北 Hubei	24931461	4591191	6223370	14616506
湖 南 Hunan	27672992	3958186	6474930	24673636
广 东 Guangdong	42942925	9984680	11933954	40899088
广 西 Guangxi	21008674	2997217	4480300	14282873
海 南 Hainan	12165437	2119300	2302508	4163372
重 庆 Chongqing	16950581	2470668	4732654	9880038
四 川 Sichuan	26298353	4105849	7377841	29805511
贵 州 Guizhou	12957681	1773251	3381156	12513002
云 南 Yunnan	16008497	2943013	2804907	12635410
西 藏 Tibet	3287005	350333	325444	1139610
陕 西 Shaanxi	15184602	1518493	4624763	18206856
甘 肃 Gansu	10127942	1202314	3143491	8593919
青 海 Qinghai	3353994	273837	749695	2044794
宁 夏 Ningxia	3867904	634685	1220614	2096029
新 疆 Xinjiang	11431366	2481005	2748715	5878359

学条件(二)(镇区)

Schools (2) (Counties & Towns Area)

计算机数(台) PC (Set)		多媒体教室座位数(个) No. of Seats in Multi-media Classrooms	固定资产总值(万元) Total Value of Fixed Asset (10 thousand yuan)		
计 Total	其中:教学用计算机 of Which: No. of Computers Used for Instruction		计 Total	其中:教学仪器设备资产值 of Which: Total Value of Equip & Instru. 小计 Subtotal	其中:实验设备 of Which: For Prefession
1668611	**1310023**	**3457515**	**15547180.94**	**1676887.25**	**785265.75**
18159	14378	75663	115554.64	24476.31	2690.35
12258	9613	24526	96760.28	10191.74	4004.18
100692	82627	160684	648003.29	66280.47	37057.37
42671	35969	119905	434022.40	36421.04	14240.34
32649	25554	72042	457611.03	26204.28	11362.59
35044	26160	34904	173779.20	22719.54	10149.30
24470	19100	34532	164161.08	19504.39	9046.28
32764	27269	38850	238141.34	23531.72	12039.68
15023	11097	8479	95627.27	20300.56	6906.24
210485	164910	449333	1286818.20	155772.19	52862.42
154310	121968	641200	960234.60	103181.31	29692.33
52853	42337	85345	516906.44	30447.52	10877.01
69923	54101	173089	666202.38	55241.01	35833.18
47562	37178	111310	353704.21	32769.81	12838.76
140699	104488	266047	2070117.65	348415.93	283638.62
70055	55006	140165	784134.20	60260.59	27944.67
33814	27764	77085	405512.80	32785.63	17638.97
60140	51216	97799	568732.31	49991.26	23825.06
124483	98034	244838	1154729.80	102903.67	54840.39
29880	21108	72351	398070.83	31629.39	15860.97
11292	8673	23098	172414.57	12948.54	4647.12
47933	34919	86075	596873.68	37576.08	10150.78
96335	73154	120767	1048855.60	90301.55	32648.36
29003	20045	52316	268160.88	20328.89	10694.52
40357	32709	64745	454304.51	23010.43	8515.29
7076	5817	4170	136896.97	4303.75	1031.71
55259	46091	80135	701899.46	187716.02	31184.04
31200	25474	44187	244301.87	19128.77	6130.51
8351	6366	10517	82576.97	3683.00	670.37
12122	9853	19191	77416.23	5764.65	1849.50
21749	17045	24167	174656.26	19097.21	4394.84

小学办

Condition of School Buildings in Primary

	占地面积(平方米) Areas of School Sites(m^2)			图书(册) Books & Magazines in Libraries (Volume)
	计 Total	其中 of Which		
		绿化用地面积 Green Areas	运动场地面积 Sports Areas	
合　计 Total	**231010831**	**36285054**	**67749996**	**164312005**
北　京 Beijing	818102	152564	290503	714995
天　津 Tianjin	1315843	129754	510854	1083919
河　北 Hebei	23771288	2184814	7861452	18009296
山　西 Shanxi	6409877	591510	1952921	5159403
内蒙古 Inner Mongolia	2649297	289336	797246	890339
辽　宁 Liaoning	3244261	329176	1606261	1529121
吉　林 Jilin	2764623	415611	1069355	944277
黑龙江 Heilongjiang	2461818	293054	1112907	677711
上　海 Shanghai	467799	116958	149858	728269
江　苏 Jiangsu	14772110	3622627	4229579	11042600
浙　江 Zhejiang	10129076	1927331	3249805	13261965
安　徽 Anhui	10019895	1219566	2568610	4441506
福　建 Fujian	7269817	1288767	2968628	6821429
江　西 Jiangxi	8051789	1083240	2466085	4675425
山　东 Shandong	21568799	4349318	7700055	13351921
河　南 Henan	28209010	3184119	6533696	19627943
湖　北 Hubei	9205412	1831533	2217868	4220346
湖　南 Hunan	11595782	1652784	2775180	9092529
广　东 Guangdong	22138213	5135937	6148799	18954122
广　西 Guangxi	7929321	1177577	1731214	4079778
海　南 Hainan	2890668	502590	540160	768042
重　庆 Chongqing	4064766	536095	1191001	2060832
四　川 Sichuan	6897552	1046024	1958222	5175973
贵　州 Guizhou	4060577	616758	1162459	3278859
云　南 Yunnan	5716345	1026897	1065390	3935481
西　藏 Tibet	219462	12498	25595	93833
陕　西 Shaanxi	5856972	600312	1898934	6348673
甘　肃 Gansu	2428172	263083	805367	1493203
青　海 Qinghai	520110	20097	104501	482661
宁　夏 Ningxia	1074038	167850	363469	499297
新　疆 Xinjiang	2490037	517274	694021	868257

学条件(二)(镇乡结合区)
Schools (2) (County-town Transitional Area)

计算机数(台) PC (Set)		多媒体教室座位数(个) No. of Seats in Multi-media Classrooms	固定资产总值(万元) Total Value of Fixed Asset (10 thousand yuan)		
计 Total	其中:教学用计算机 of Which: No. of Computers Used for Instruction		计 Total	其中:教学仪器设备资产值 of Which: Total Value of Equip & Instru. 小计 Subtotal	其中:实验设备 of Which: For Prefession
552138	**430999**	**1082180**	**5491714.53**	**569208.43**	**329910.00**
4697	3651	17206	32033.59	6478.68	699.51
5390	4130	8153	47829.18	4013.70	1615.52
56324	45558	71751	333900.33	33891.79	20055.63
17477	14626	35949	162945.11	19890.27	5970.41
3304	2715	7513	55791.35	2953.91	1307.28
7729	5776	6709	35550.98	4608.13	1828.03
3703	2956	2690	23027.50	2127.61	919.19
4110	3546	6307	36392.67	3053.13	1534.46
3959	3164	2469	24647.32	5329.31	1962.06
61007	47451	125481	347805.34	45250.21	15658.72
63155	50045	236120	418321.68	40389.90	12590.62
12976	10309	17390	179613.23	7835.54	2917.36
27223	21666	62191	187168.80	17384.89	9386.01
9321	7402	18920	92297.51	6464.17	2588.92
64824	48430	113501	1286963.28	185994.90	165980.59
30659	22407	73060	368267.09	30569.33	14748.30
8098	6812	19155	111645.02	9909.10	6016.96
21370	18123	28139	209176.98	18255.75	8129.46
55356	42646	96285	548944.88	46746.08	25075.27
6961	4696	15489	125111.56	8072.78	4070.35
2178	1659	3278	31495.50	2285.63	641.78
9911	7130	12822	87885.56	6367.49	2126.11
20811	14301	28880	241164.58	18929.97	7770.76
8350	6041	13126	74083.87	5862.85	3184.94
12624	10192	18356	137796.22	6694.17	2962.29
585	436	334	10217.04	196.08	46.06
17487	15066	26077	167711.64	20489.71	7601.65
5303	4194	5773	52744.65	3862.81	1036.85
1338	1157	1913	15039.32	755.57	125.83
2783	2266	3702	18027.82	1302.14	560.94
3125	2448	3441	28114.93	3242.84	798.11

Condition of School Buildings in Primary

	占地面积(平方米) Areas of School Sites(m^2)			图书(册) Books & Magazines in Libraries (Volume)
	计 Total	其中 of Which		
		绿化用地面积 Green Areas	运动场地面积 Sports Areas	
合　计 Total	**1345025112**	**194972131**	**376291890**	**593934491**
北　京 Beijing	3648928	503393	1586055	3375383
天　津 Tianjin	4403415	462014	1795860	2944289
河　北 Hebei	90430188	7999164	30064409	55143500
山　西 Shanxi	37907452	3176459	11421588	16993950
内蒙古 Inner Mongolia	29807982	4452998	8255632	4680142
辽　宁 Liaoning	27925063	2698220	13675577	8195535
吉　林 Jilin	46379339	8699942	18163622	8529004
黑龙江 Heilongjiang	47061298	5720238	21516680	6626546
上　海 Shanghai	741159	189155	239399	1080523
江　苏 Jiangsu	27914749	6096630	8033866	15147900
浙　江 Zhejiang	17253075	3029861	6358865	18078570
安　徽 Anhui	79948052	9244769	19384053	26219071
福　建 Fujian	25715273	3998661	10157690	16795997
江　西 Jiangxi	46213418	5310962	14500808	19806858
山　东 Shandong	86221915	17716590	31311081	38056426
河　南 Henan	127930195	15239664	28974956	73107561
湖　北 Hubei	55769068	9926883	14206722	19477199
湖　南 Hunan	57786259	7013542	12876804	33033394
广　东 Guangdong	81872534	18078174	21955514	47822977
广　西 Guangxi	74228107	11783449	14566229	25873971
海　南 Hainan	24182912	5909446	4442122	3435213
重　庆 Chongqing	18114675	2404880	5102011	7118840
四　川 Sichuan	42263773	4703586	11640019	28407819
贵　州 Guizhou	43721957	6150025	10995511	24474094
云　南 Yunnan	65354667	9556020	9708035	29341469
西　藏 Tibet	10516274	816030	1005196	2967009
陕　西 Shaanxi	37983713	4002838	10891832	21547991
甘　肃 Gansu	55202493	5663105	15348828	19627238
青　海 Qinghai	8794851	724939	1596621	3100898
宁　夏 Ningxia	12714289	1688837	3633058	4762889
新　疆 Xinjiang	57018040	12011657	12883248	8162235

学条件(二)(乡村)
Schools (2) (Rural Area)

计算机数(台) PC (Set)		多媒体教室座位数(个) No. of Seats in Multi-media Classrooms	固定资产总值(万元) Total Volue of Fixed Asset (10 thousand yuan)		
计 Total	其中:教学用计算机 of Which: No. of Computers Used for Instruction		计 Total	其中:教学仪器设备资产值 of Which: Total Volue of Equip & Instru.	
				小计 Subtotal	其中:实验设备 of Which: For Prefession
1539100	**1184348**	**2098520**	**18070955.73**	**1500060.71**	**772146.88**
17913	13308	62658	97545.07	22400.06	3378.97
15559	12462	17423	108534.05	12227.35	4975.34
159345	136252	156199	973037.44	123265.30	72338.23
51774	42350	73661	754352.29	36386.70	20873.92
12972	10612	9723	182074.52	12439.10	6767.45
37530	27664	25297	194299.92	23136.36	11563.55
24344	19788	14670	182348.14	14690.18	7580.86
24737	20822	18237	210469.15	14867.55	8599.21
4859	3587	3590	46358.17	9102.58	2454.94
78583	64574	112393	538215.70	47921.37	18982.50
85327	66662	282622	510479.42	51419.83	15686.91
45719	30961	67981	753752.79	30552.88	10336.51
65531	52744	100168	577714.50	35000.37	20887.92
36584	24338	43375	448006.29	20508.60	10750.83
192675	146124	192055	1626492.01	250945.92	135423.86
73701	55049	164687	1220583.07	76857.34	40510.26
31169	24490	69964	543431.45	41543.23	23944.07
58539	46205	59168	645022.09	47643.68	24592.13
89274	65470	136858	1341530.83	78855.28	40615.75
33243	19425	61783	873224.79	45152.49	21374.49
8222	4848	7210	153537.68	6384.18	3063.94
25947	18314	30185	283160.53	20646.93	6678.62
71609	52775	72140	1212847.76	73360.23	26007.11
44451	24722	54820	591411.55	38371.91	22478.13
74777	59617	79951	1229583.94	54663.25	22606.53
15008	12444	13073	211936.17	8005.85	1885.61
49909	42740	44709	1175209.55	202722.71	153085.46
53805	42167	67294	816988.25	48006.05	18549.62
9939	8048	9942	97857.29	6218.78	1501.00
18495	15406	19334	102811.69	9841.40	3389.60
27560	20380	27350	368139.62	36923.25	11263.56

工读学校

Basic Statistics of Correctional

	学校数(所) Schools	班数(个) Classes	离校人数 Sclools Leavers
合　计 Total	**76**	**391**	**4378**
北　京 Beijing	6	36	303
天　津 Tianjin	3		
河　北 Hebei			
山　西 Shanxi	2	9	37
内蒙古 Inner Mongolia			
辽　宁 Liaoning	10	82	766
吉　林 Jilin	4	4	113
黑龙江 Heilongjiang	1	1	
上　海 Shanghai	13	104	715
江　苏 Jiangsu			
浙　江 Zhejiang	1	11	64
安　徽 Anhui	3	3	20
福　建 Fujian			
江　西 Jiangxi	1		
山　东 Shandong			
河　南 Henan	3	9	54
湖　北 Hubei	2	9	171
湖　南 Hunan	1	6	62
广　东 Guangdong	2	11	117
广　西 Guangxi	3	3	8
海　南 Hainan			
重　庆 Chongqing	4	7	61
四　川 Sichuan	6	31	545
贵　州 Guizhou	4	14	652
云　南 Yunnan	1	6	57
西　藏 Tibet			
陕　西 Shaanxi	1	4	20
甘　肃 Gansu			
青　海 Qinghai			
宁　夏 Ningxia			
新　疆 Xinjiang	5	41	613

基本情况

Work-study Schools

单位:人
unit: person

入校人数 No. of Persons Enrolled	在校生数 Enrolment	教职工数 Educational Personnel 计 Total	其中:专任教师 of Which: Full-time Teachers
5664	**8976**	**2573**	**1764**
281	725	328	210
		121	45
107	285	91	72
836	2279	347	238
42	104	124	99
	7	25	21
827	1804	519	389
62	138	56	44
18	18	70	41
		4	
43	214	62	51
208	135	53	40
70	238	57	43
109	200	77	54
11	20	34	18
41	70	56	42
1142	877	146	99
660	400	91	65
63	118	48	39
20	51	45	27
1124	1293	219	127

特殊教育基本
Basic Statistics of Special Education

	学校数（所） Schools	班数（个） Classes	毕业生数 Graduates	招生数 Entrants	在校生数				
					合计 Total	其中：女 of Which: Female	小学阶段		
							一年级 Grade 1	二年级 Grade 2	三年级 Grade 3
合　计 Total	**1767**	**17005**	**44194**	**64086**	**398736**	**135397**	**46805**	**45483**	**46344**
北　京 Beijing	21	313	1691	1049	8037	2860	495	585	732
天　津 Tianjin	20	169	270	333	2647	885	325	278	323
河　北 Hebei	148	1068	1183	1982	12566	4581	2126	1884	1730
山　西 Shanxi	51	579	805	1339	8311	3416	1102	1076	1009
内蒙古 Inner Mongolia	34	351	292	879	4286	1492	754	505	554
辽　宁 Liaoning	74	722	926	1069	8935	3137	1094	930	937
吉　林 Jilin	46	460	547	887	6015	2311	822	771	648
黑龙江 Heilongjiang	73	772	821	1736	12963	4963	1248	1488	1417
上　海 Shanghai	29	462	1505	1178	8260	2940	404	389	702
江　苏 Jiangsu	108	1286	3270	3693	25517	8645	2687	2695	2762
浙　江 Zhejiang	78	778	1544	2174	13048	4628	1527	1415	1412
安　徽 Anhui	63	550	1244	1701	12635	3750	1412	1240	1233
福　建 Fujian	71	749	3649	4570	28738	9266	2836	3054	3544
江　西 Jiangxi	75	544	1917	3593	22577	6643	3388	3079	2910
山　东 Shandong	146	1626	2463	3387	21745	7681	2789	2693	2402
河　南 Henan	127	1070	1697	3151	19463	6541	2944	2594	2596
湖　北 Hubei	76	696	1535	1622	12893	4563	1519	1488	1458
湖　南 Hunan	58	511	1049	2358	12673	4129	1977	1769	1787
广　东 Guangdong	80	838	3212	3581	25022	7872	2553	2504	2742
广　西 Guangxi	60	620	1129	2411	13861	4659	2370	2006	1892
海　南 Hainan	3	60	206	336	1678	547	206	227	196
重　庆 Chongqing	36	327	1585	3485	16978	6001	1527	1382	1447
四　川 Sichuan	107	793	5486	6767	40898	13499	3697	4544	4854
贵　州 Guizhou	52	363	1244	2858	14474	4910	1983	2063	1981
云　南 Yunnan	30	334	2563	3736	19329	6611	1952	1957	2256
西　藏 Tibet	2	21	20	63	485	219	98	78	59
陕　西 Shaanxi	44	409	665	1309	6837	2194	933	822	736
甘　肃 Gansu	22	205	708	1457	9455	3205	886	1142	1107
青　海 Qinghai	11	95	230	247	2142	796	292	278	315
宁　夏 Ningxia	7	68	86	196	1535	639	244	168	204
新　疆 Xinjiang	15	166	652	939	4733	1814	615	379	399

情况(总计)
(Regional Aggregates)

单位:人
unit:person

Enrolment									
Primary Education			初中阶段 Junior Secondary Education				高中阶段 Senior Secondary Educationl		
四年级 Grade 4	五年级 Grade 5	六年级 Grade 6	一年级 Grade 1	二年级 Grade 2	三年级 Grade 3	四年级 Grade 4	一年级 Grade 1	二年级 Grade 2	三年级及以上 Grade 3
46930	**46517**	**44724**	**36664**	**37474**	**35780**	**2134**	**4019**	**3081**	**2781**
905	993	1248	764	867	1038	39	140	114	117
315	376	345	179	195	192	51	53	15	
1556	1276	1322	882	729	694	15	130	127	95
997	1105	971	701	648	495	3	102	44	58
466	394	426	363	262	320	1	112	77	52
985	873	889	852	899	763	120	245	172	176
664	706	609	470	561	451	19	145	88	61
1437	1437	1371	1330	1408	1430	151	113	75	58
846	914	39	1057	1128	1120	1102	278	111	170
2962	3018	3097	2196	2483	2346	101	417	388	365
1642	1447	1642	1093	1186	1202		235	113	134
1171	1219	1306	1552	1644	1263	28	288	175	104
3709	3824	3771	2396	2461	2592	8	228	122	193
2653	2643	2477	1913	1693	1526	18	101	124	52
2468	2276	1997	2038	1834	1808	313	390	391	346
2363	2080	1934	1628	1646	1246	20	176	167	69
1332	1363	1258	1406	1266	1404	81	117	115	86
1644	1433	1298	944	862	830		51	36	42
2804	2939	2918	2579	2742	2655		224	189	173
1841	1655	1672	804	778	637	48	63	37	58
210	213	214	128	117	113		18	22	14
1734	1505	1679	2294	2513	2728		55	54	60
4903	5232	4998	3780	4269	4329	10	104	108	70
1904	1978	1820	1047	859	651		95	52	41
2460	2578	2314	2028	1902	1853	1		7	21
49	34	50	28	30	22		8	23	6
817	808	865	543	630	553	5	48	73	4
1183	1193	1217	810	1025	845		21	26	
229	296	216	178	185	112		6	13	22
167	211	167	104	126	100		25	12	7
514	498	594	577	526	462		31	11	127

	学校数（所）Schools	班数（个）Classes	毕业生数 Graduates	招生数 Entrants	在校生数				
					合计 Total	其中:女 of Which: Female	小学阶段		
							一年级 Grade 1	二年级 Grade 2	三年级 Grade 3
合　计 Total	**907**	**10417**	**19585**	**22913**	**154619**	**56621**	**18444**	**16559**	**16987**
北　京 Beijing	18	285	1365	851	6411	2260	431	470	585
天　津 Tianjin	17	150	232	266	2154	746	242	235	239
河　北 Hebei	46	493	598	790	5575	2077	794	690	631
山　西 Shanxi	28	309	513	545	4354	1889	442	468	489
内蒙古 Inner Mongolia	18	245	181	412	2570	909	422	282	334
辽　宁 Liaoning	53	571	805	777	6739	2396	852	584	674
吉　林 Jilin	36	386	411	542	4336	1746	489	583	447
黑龙江 Heilongjiang	38	447	507	520	5029	1939	543	634	569
上　海 Shanghai	26	405	1274	999	6976	2463	352	328	615
江　苏 Jiangsu	79	923	1589	1756	12729	4655	1421	1282	1269
浙　江 Zhejiang	51	546	961	1272	7599	2783	950	855	779
安　徽 Anhui	18	236	629	582	3524	1327	387	377	371
福　建 Fujian	36	444	1060	1199	7898	2788	781	759	932
江　西 Jiangxi	23	228	445	811	4364	1461	588	512	577
山　东 Shandong	84	1005	1519	1746	11981	4475	1315	1267	1299
河　南 Henan	55	521	767	974	6761	2422	1011	777	909
湖　北 Hubei	41	398	625	761	5672	2034	702	722	667
湖　南 Hunan	23	282	389	710	4565	1664	767	591	620
广　东 Guangdong	54	745	2069	1998	13837	4366	1685	1466	1538
广　西 Guangxi	19	233	471	547	3990	1499	671	553	460
海　南 Hainan	2	56	138	206	803	279	111	96	79
重　庆 Chongqing	15	154	429	645	3700	1390	325	348	369
四　川 Sichuan	40	340	698	1005	7217	2657	730	886	857
贵　州 Guizhou	16	156	186	598	2381	938	394	287	195
云　南 Yunnan	17	225	560	948	4199	1731	640	488	475
西　藏 Tibet	1	6	7	36	155	73	60	40	14
陕　西 Shaanxi	19	205	364	483	2730	981	398	292	316
甘　肃 Gansu	13	164	287	397	2772	1148	314	333	336
青　海 Qinghai	2	39	121	48	611	224	56	65	67
宁　夏 Ningxia	5	61	60	90	833	396	155	81	96
新　疆 Xinjiang	14	159	325	399	2154	905	416	208	179

情况(城区)
(Urban Area)

单位:人
unit:person

Enrolment									
Primary Education			初中阶段 Junior Secondary Education				高中阶段 Senior Secondary Educationl		
四年级 Grade 4	五年级 Grade 5	六年级 Grade 6	一年级 Grade 1	二年级 Grade 2	三年级 Grade 3	四年级 Grade 4	一年级 Grade 1	二年级 Grade 2	三年级及以上 Grade 3
17365	**17190**	**15995**	**14035**	**13862**	**13214**	**1734**	**3685**	**2912**	**2637**
715	759	940	609	672	820	39	140	114	117
237	300	277	155	183	168	50	53	15	
604	562	603	501	408	415	15	130	127	95
516	526	482	416	455	356		102	44	58
229	236	235	223	154	218	1	107	77	52
716	688	680	610	692	574	112	209	172	176
457	478	441	382	436	321	19	134	88	61
560	481	411	515	523	500	81	87	67	58
735	739	11	894	965	913	918	250	97	159
1387	1421	1378	1079	1148	1137	93	402	368	344
830	757	898	677	673	729		204	113	134
325	353	364	299	266	276		259	147	100
996	992	993	656	629	661	2	205	114	178
478	439	437	445	334	266	18	94	124	52
1260	1253	981	1216	1078	1041	248	339	370	314
771	630	730	588	527	421	1	176	151	69
591	704	624	452	415	420	78	105	106	86
593	478	442	326	295	338		46	33	36
1639	1686	1527	1244	1244	1222		224	189	173
521	431	431	227	275	215	48	63	37	58
86	87	64	82	70	74		18	22	14
464	375	348	365	421	516		55	54	60
886	983	897	596	595	546	10	84	89	58
211	266	229	263	223	142		78	52	41
481	537	430	437	399	304	1		7	
14	8	10	3	3	3				
321	320	362	214	216	180		38	73	
358	341	357	220	251	215		21	26	
76	86	50	60	86	36		6	13	10
67	91	96	67	83	53		25	12	7
241	183	267	214	143	134		31	11	127

特殊教育基本

Basic Statistics of Special Education

	学校数（所）Schools	班数（个）Classes	毕业生数 Graduates	招生数 Entrants	在校生数				
					合计 Total	其中:女 of Which: Female	小学阶段		
							一年级 Grade 1	二年级 Grade 2	三年级 Grade 3
合　计 Total	**133**	**1510**	**2719**	**3704**	**25281**	**8791**	**3393**	**2966**	**2911**
北　京 Beijing	1	7	78	51	442	137	17	39	44
天　津 Tianjin			44	11	141	52	3	12	16
河　北 Hebei	13	128	82	196	1088	383	255	177	122
山　西 Shanxi	2	14	16	29	199	69	32	26	48
内蒙古 Inner Mongolia	1	17	6	24	124	48	22	21	16
辽　宁 Liaoning	3	67	141	77	893	326	91	87	82
吉　林 Jilin	3	30	14	54	274	90	54	27	24
黑龙江 Heilongjiang	4	58	22	107	794	312	176	75	56
上　海 Shanghai			29	19	165	58	8	11	14
江　苏 Jiangsu	5	62	141	169	1285	428	98	135	151
浙　江 Zhejiang	11	113	230	228	1522	550	162	150	135
安　徽 Anhui	2	30	52	68	517	217	45	55	62
福　建 Fujian	8	107	242	287	2060	733	196	190	245
江　西 Jiangxi	4	20	15	77	521	128	81	106	67
山　东 Shandong	19	274	317	521	3413	1272	441	409	426
河　南 Henan	8	84	184	175	1313	486	197	173	177
湖　北 Hubei	8	70	58	72	835	334	110	82	80
湖　南 Hunan	5	34	16	124	602	217	113	60	94
广　东 Guangdong	9	132	522	435	3851	998	543	469	442
广　西 Guangxi	1	1	41	37	318	97	30	50	43
海　南 Hainan	1	47	125	156	608	237	84	72	57
重　庆 Chongqing	3	30	64	100	582	243	85	89	75
四　川 Sichuan	7	55	102	207	1321	453	166	193	170
贵　州 Guizhou	2	11	11	97	271	85	55	23	24
云　南 Yunnan	3	27	48	183	682	244	101	78	79
西　藏 Tibet									
陕　西 Shaanxi	5	31	57	63	461	174	73	68	45
甘　肃 Gansu	1	6	25	37	234	105	29	31	31
青　海 Qinghai				5	29	7	2	3	7
宁　夏 Ningxia	2	24	9	30	338	168	92	23	53
新　疆 Xinjiang	2	31	28	65	398	140	32	32	26

情况（城乡结合区）
（Urban-rural Transitional Area）

单位：人
unit：person

Enrolment									
Primary Education			初中阶段 Junior Secondary Education				高中阶段 Senior Secondary Educationl		
四年级 Grade 4	五年级 Grade 5	六年级 Grade 6	一年级 Grade 1	二年级 Grade 2	三年级 Grade 3	四年级 Grade 4	一年级 Grade 1	二年级 Grade 2	三年级及以上 Grade 3
2981	**3125**	**2844**	**2144**	**2036**	**2021**	**89**	**381**	**251**	**139**
54	50	66	47	63	62				
17	37	41	8	3	4				
148	112	124	84	21	39		6		
25	24	19	3	13	9				
15	12	14	10	11	3				
95	105	84	101	65	82		39	49	13
27	25	32	23	35	27				
92	58	55	73	103	91	4	6		5
25	20	1	11	30	27	18			
126	157	159	124	127	95		39	42	32
184	163	214	141	148	140		41	10	34
69	58	64	45	45	36		18	20	
270	280	279	174	151	197		52	10	16
66	74	55	33	26	13				
332	419	304	335	265	289	44	64	60	25
160	148	117	96	109	68		41	27	
85	144	148	58	58	57	13			
55	90	40	51	25	46		19	9	
497	512	396	272	339	353		26	2	
57	37	38	13	15	35				
64	66	45	54	58	54		18	22	14
80	68	75	54	21	35				
147	157	182	83	97	116	10			
33	46	27	42	12	9				
94	90	62	84	51	43				
55	60	63	25	49	23				
32	35	28	16	24	8				
1	6	3	3	3	1				
21	29	35	20	30	23		12		
55	43	74	61	39	36				

特殊教育基本
Basic Statistics of Special Education

	学校数(所) Schools	班数(个) Classes	毕业生数 Graduates	招生数 Entrants	在校生数				
					合计 Total	其中:女 of Which: Female	小学阶段		
							一年级 Grade 1	二年级 Grade 2	三年级 Grade 3
合　计 Total	**771**	**5888**	**16462**	**26712**	**150588**	**50899**	**17525**	**16669**	**16266**
北　京 Beijing	1	14	197	144	1039	387	50	64	89
天　津 Tianjin	3	19	22	52	330	99	69	27	47
河　北 Hebei	90	514	455	835	5281	2004	1043	934	846
山　西 Shanxi	18	185	210	491	2453	1013	411	429	326
内蒙古 Inner Mongolia	14	95	85	389	1419	489	286	167	174
辽　宁 Liaoning	19	137	111	236	1791	631	208	307	191
吉　林 Jilin	9	74	107	293	1297	441	286	121	143
黑龙江 Heilongjiang	34	322	295	1119	7098	2723	636	739	713
上　海 Shanghai	3	56	197	166	1109	419	50	54	78
江　苏 Jiangsu	26	335	1475	1549	10520	3350	948	1118	1158
浙　江 Zhejiang	21	197	437	671	4026	1381	432	403	421
安　徽 Anhui	39	246	333	667	5845	1353	640	491	457
福　建 Fujian	32	276	1552	2035	11959	3728	1228	1266	1409
江　西 Jiangxi	51	302	893	1606	9041	2806	1386	1205	1017
山　东 Shandong	60	607	774	1241	7676	2708	1149	1105	829
河　南 Henan	69	525	704	1342	8308	3195	1296	1161	1075
湖　北 Hubei	29	246	683	620	5211	1873	542	518	535
湖　南 Hunan	32	210	503	977	4844	1649	757	713	688
广　东 Guangdong	21	63	753	1095	7054	2263	473	524	570
广　西 Guangxi	40	374	445	1158	5053	1699	884	667	620
海　南 Hainan	1	4	33	91	500	135	56	67	52
重　庆 Chongqing	20	165	911	2231	9965	3560	781	660	653
四　川 Sichuan	59	405	3370	4002	21325	7003	2015	2120	2296
贵　州 Guizhou	33	199	499	1009	4561	1599	635	646	630
云　南 Yunnan	10	95	879	1343	5917	2042	440	442	517
西　藏 Tibet			4	12	86	35	7	5	13
陕　西 Shaanxi	17	122	179	546	2312	687	333	257	209
甘　肃 Gansu	8	32	165	410	2378	785	188	248	202
青　海 Qinghai	9	55	85	146	968	398	161	122	169
宁　夏 Ningxia	2	7	13	66	398	143	54	32	66
新　疆 Xinjiang	1	7	93	170	824	301	81	57	73

情况(镇区)

(Counties & Towns Area)

单位:人

unit:person

Enrolment									
Primary Education			初中阶段 Junior Secondary Education				高中阶段 Senior Secondary Educationl		
四年级 Grade 4	五年级 Grade 5	六年级 Grade 6	一年级 Grade 1	二年级 Grade 2	三年级 Grade 3	四年级 Grade 4	一年级 Grade 1	二年级 Grade 2	三年级及以上 Grade 3
16225	**16162**	**16182**	**16659**	**17326**	**16730**	**319**	**277**	**118**	**130**
100	153	190	105	140	148				
48	47	39	23	10	19	1			
725	516	517	290	233	177				
289	301	277	163	143	111	3			
193	121	155	120	100	98		5		
209	138	158	203	182	161	8	26		
142	173	121	78	106	116		11		
766	819	811	786	848	881	65	26	8	
91	147	17	149	152	173	145	28	14	11
1231	1252	1385	1029	1232	1103	8	15	20	21
572	476	505	346	429	411		31		
412	416	422	1069	1179	759				
1452	1526	1504	1109	1192	1221	6	23	8	15
932	1111	1111	860	746	666		7		
898	760	730	730	640	670	61	51	21	32
987	898	761	758	688	649	19		16	
464	398	421	749	711	849	3	12	9	
565	560	523	359	372	293		5	3	6
588	614	722	1104	1247	1212				
549	535	620	444	400	334				
54	65	86	41	44	35				
833	688	834	1682	1882	1952				
2303	2452	2381	2369	2587	2751		20	19	12
531	572	482	429	354	265		17		
571	617	571	957	842	939				21
16	8	16	7	6	8				
237	253	312	198	267	246				
260	238	285	286	367	304				
74	118	95	95	73	49				12
47	86	35	26	21	31				
86	104	96	95	133	99				

特殊教育基本
Basic Statistics of Special Education

	学校数（所）Schools	班数（个）Classes	毕业生数 Graduates	招生数 Entrants	在校生数				
					合计 Total	其中：女 of Which: Female	小学阶段		
							一年级 Grade 1	二年级 Grade 2	三年级 Grade 3
合　计 Total	**264**	**2067**	**4307**	**8159**	**47504**	**15609**	**6062**	**5714**	**5373**
北　京 Beijing			50	51	214	63	21	6	10
天　津 Tianjin			2	5	68	10	4	5	14
河　北 Hebei	53	295	286	442	2797	1070	577	493	475
山　西 Shanxi	6	54	58	201	728	282	105	149	96
内蒙古 Inner Mongolia	1	8	23	33	157	31	26	13	20
辽　宁 Liaoning	1	8	15	29	172	62	23	38	20
吉　林 Jilin			8	5	71	13	5	16	11
黑龙江 Heilongjiang	3	34	49	209	1397	582	109	142	107
上　海 Shanghai	1	25	63	49	414	153	24	33	43
江　苏 Jiangsu	7	85	343	420	2912	872	236	322	372
浙　江 Zhejiang	11	113	163	334	2090	726	235	204	204
安　徽 Anhui	17	112	137	245	3519	508	212	228	201
福　建 Fujian	14	128	508	726	4575	1421	464	479	518
江　西 Jiangxi	11	54	204	281	2152	618	347	305	224
山　东 Shandong	24	281	306	638	3441	1195	683	562	399
河　南 Henan	28	182	272	648	3427	1297	643	516	448
湖　北 Hubei	11	103	197	192	1622	569	228	253	227
湖　南 Hunan	7	40	89	242	1205	410	172	179	199
广　东 Guangdong	6	16	248	315	3133	1116	166	230	246
广　西 Guangxi	14	159	114	561	1784	599	447	225	199
海　南 Hainan	1	4	15	26	133	35	18	16	12
重　庆 Chongqing	9	66	298	679	2843	1158	233	179	188
四　川 Sichuan	11	72	297	671	3529	1087	386	451	471
贵　州 Guizhou	9	71	167	282	1508	515	212	250	254
云　南 Yunnan	4	39	272	432	1861	620	210	185	180
西　藏 Tibet					8	3	1		4
陕　西 Shaanxi	9	84	54	315	810	258	169	144	94
甘　肃 Gansu	2	20	45	67	528	183	41	63	69
青　海 Qinghai	3	9	9	14	127	50	29	15	19
宁　夏 Ningxia	1	5	2	22	119	46	22	4	31
新　疆 Xinjiang			13	25	160	57	14	9	18

情况(镇乡结合区)
(County-town Transitional Area)

单位:人
unit:person

Enrolment									
Primary Education			初中阶段 Junior Secondary Education				高中阶段 Senior Secondary Educationl		
四年级 Grade 4	五年级 Grade 5	六年级 Grade 6	一年级 Grade 1	二年级 Grade 2	三年级 Grade 3	四年级 Grade 4	一年级 Grade 1	二年级 Grade 2	三年级及以上 Grade 3
5186	**5113**	**4942**	**4998**	**5248**	**4648**	**90**	**69**	**29**	**32**
14	25	27	30	36	45				
15	17	8	1	1	3				
352	319	275	132	98	76				
93	109	63	47	40	26				
24	18	12	29	5	10				
18	28	7	6	15	17				
18	9	11			1				
164	155	201	156	161	202				
43	55	2	48	38	50	67	11		
328	349	398	301	325	281				
305	256	281	159	199	216		31		
158	153	150	863	979	575		0		
598	664	620	413	413	389	6	11		
258	315	325	141	154	83				
341	308	343	254	271	219	17	16	13	15
448	393	266	271	227	199			16	
182	162	141	146	145	138				
167	112	118	93	87	78				
231	282	296	471	619	592				
190	171	222	133	115	82				
13	15	21	14	11	13				
239	176	216	528	531	553				
383	401	329	350	361	385				12
179	206	159	90	100	58				
213	182	195	217	220	254				5
1	1	1							
108	103	126	23	15	28				
60	67	80	56	49	43				
14	22	19	3	2	4				
6	25	8	12	3	8				
23	15	22	11	28	20				

特殊教育基本
Basic Statistics of Special Education

	学校数（所）Schools	班数（个）Classes	毕业生数 Graduates	招生数 Entrants	在校生数				
					合计 Total	其中:女 of Which: Female	小学阶段		
							一年级 Grade 1	二年级 Grade 2	三年级 Grade 3
合　计 Total	**89**	**700**	**8147**	**14461**	**93529**	**27877**	**10836**	**12255**	**13091**
北　京 Beijing	2	14	129	54	587	213	14	51	58
天　津 Tianjin			16	15	163	40	14	16	37
河　北 Hebei	12	61	130	357	1710	500	289	260	253
山　西 Shanxi	5	85	82	303	1504	514	249	179	194
内蒙古 Inner Mongolia	2	11	26	78	297	94	46	56	46
辽　宁 Liaoning	2	14	10	56	405	110	34	39	72
吉　林 Jilin	1		29	52	382	124	47	67	58
黑龙江 Heilongjiang	1	3	19	97	836	301	69	115	135
上　海 Shanghai		1	34	13	175	58	2	7	9
江　苏 Jiangsu	3	28	206	388	2268	640	318	295	335
浙　江 Zhejiang	6	35	146	231	1423	464	145	157	212
安　徽 Anhui	6	68	282	452	3266	1070	385	372	405
福　建 Fujian	3	29	1037	1336	8881	2750	827	1029	1203
江　西 Jiangxi	1	14	579	1176	9172	2376	1414	1362	1316
山　东 Shandong	2	14	170	400	2088	498	325	321	274
河　南 Henan	3	24	226	835	4394	924	637	656	612
湖　北 Hubei	6	52	227	241	2010	656	275	248	256
湖　南 Hunan	3	19	157	671	3264	816	453	465	479
广　东 Guangdong	5	30	390	488	4131	1243	395	514	634
广　西 Guangxi	1	13	213	706	4818	1461	815	786	812
海　南 Hainan			35	39	375	133	39	64	65
重　庆 Chongqing	1	8	245	609	3313	1051	421	374	425
四　川 Sichuan	8	48	1418	1760	12356	3839	952	1538	1701
贵　州 Guizhou	3	8	559	1251	7532	2373	954	1130	1156
云　南 Yunnan	3	14	1124	1445	9213	2838	872	1027	1264
西　藏 Tibet	1	15	9	15	244	111	31	33	32
陕　西 Shaanxi	8	82	122	280	1795	526	202	273	211
甘　肃 Gansu	1	9	256	650	4305	1272	384	561	569
青　海 Qinghai		1	24	53	563	174	75	91	79
宁　夏 Ningxia			13	40	304	100	35	55	42
新　疆 Xinjiang			234	370	1755	608	118	114	147

情况(乡村)
(Rural Area)

单位:人
unit:person

Enrolment									
Primary Education			初中阶段 Junior Secondary Education				高中阶段 Senior Secondary Educationl		
四年级 Grade 4	五年级 Grade 5	六年级 Grade 6	一年级 Grade 1	二年级 Grade 2	三年级 Grade 3	四年级 Grade 4	一年级 Grade 1	二年级 Grade 2	三年级及以上 Grade 3
13340	**13165**	**12547**	**5970**	**6286**	**5836**	**81**	**57**	**51**	**14**
90	81	118	50	55	70				
30	29	29	1	2	5				
227	198	202	91	88	102				
192	278	212	122	50	28				
44	37	36	20	8	4				
60	47	51	39	25	28		10		
65	55	47	10	19	14				
111	137	149	29	37	49	5			
20	28	11	14	11	34	39			
344	345	334	88	103	106				
240	214	239	70	84	62				
434	450	520	184	199	228	28	29	28	4
1261	1306	1274	631	640	710				
1243	1093	929	608	613	594				
310	263	286	92	116	97	4			
605	552	443	282	431	176				
277	261	213	205	140	135				
486	395	333	259	195	199				
577	639	669	231	251	221				
771	689	621	133	103	88				
70	61	64	5	3	4				
437	442	497	247	210	260				
1714	1797	1720	815	1087	1032				
1162	1140	1109	355	282	244				
1408	1424	1313	634	661	610				
19	18	24	18	21	11		8	23	6
259	235	191	131	147	127	5	10		4
565	614	575	304	407	326				
79	92	71	23	26	27				
53	34	36	11	22	16				
187	211	231	268	250	229				

Number of Female Students

	毕业生数 Graduates	招生数 Entrants	在校生数				
			合 计 Total	小学阶段 Primary Education			
				一年级 Grade 1	二年级 Grade 2	三年级 Grade 3	四年级 Grade 4
合 计 Total	**14348**	**21994**	**135397**	**16492**	**15536**	**15415**	**15701**
北 京 Beijing	634	383	2860	173	185	271	334
天 津 Tianjin	87	108	885	109	77	103	103
河 北 Hebei	509	722	4581	777	716	594	586
山 西 Shanxi	317	527	3416	446	443	448	404
内蒙古 Inner Mongolia	95	326	1492	266	179	171	165
辽 宁 Liaoning	351	341	3137	377	316	314	355
吉 林 Jilin	216	350	2311	326	303	221	278
黑龙江 Heilongjiang	283	644	4963	470	517	519	555
上 海 Shanghai	582	413	2940	130	124	249	291
江 苏 Jiangsu	1042	1226	8645	958	937	939	957
浙 江 Zhejiang	559	779	4628	531	500	482	569
安 徽 Anhui	351	584	3750	531	459	465	406
福 建 Fujian	1161	1414	9266	896	1012	1164	1194
江 西 Jiangxi	568	1071	6643	1106	938	865	754
山 东 Shandong	908	1189	7681	1006	970	777	855
河 南 Henan	631	1075	6541	1006	861	885	804
湖 北 Hubei	424	553	4563	573	540	462	472
湖 南 Hunan	339	791	4129	691	617	566	496
广 东 Guangdong	1089	1158	7872	738	723	785	847
广 西 Guangxi	336	872	4659	901	662	640	599
海 南 Hainan	74	95	547	65	83	74	70
重 庆 Chongqing	562	1213	6001	533	464	480	615
四 川 Sichuan	1163	2337	13499	1300	1519	1599	1530
贵 州 Guizhou	440	990	4910	695	649	624	668
云 南 Yunnan	831	1312	6611	725	704	754	815
西 藏 Tibet	12	24	219	50	30	29	20
陕 西 Shaanxi	215	463	2194	319	274	230	239
甘 肃 Gansu	196	510	3205	317	399	356	390
青 海 Qinghai	83	86	796	94	99	121	89
宁 夏 Ningxia	36	82	639	107	72	91	59
新 疆 Xinjiang	254	356	1814	276	164	137	182

女学生数
in Special Education

单位:人
unit: person

Enrolment

五年级 Grade 5	六年级 Grade 6	初中阶段 Junior Secondary Education 一年级 Grade 1	二年级 Grade 2	三年级 Grade 3	四年级 Grade 4	高中阶段 Senior Secondary Educationl 一年级 Grade 1	二年级 Grade 2	三年级及以上 Grade 3
15297	**14726**	**12615**	**12499**	**12261**	**789**	**1690**	**1274**	**1102**
342	446	275	304	357	21	58	49	45
147	115	58	77	58	16	18	4	
461	478	336	247	234	4	62	57	29
439	386	294	264	194	2	40	28	28
144	136	131	94	127		44	21	14
304	304	292	315	302	38	100	66	54
227	222	186	216	179	7	71	44	31
526	573	508	565	568	50	52	35	25
313	13	381	397	416	417	97	44	68
1018	1009	753	798	726	41	180	170	159
519	562	395	414	450		104	47	55
413	406	290	282	263	9	118	71	37
1232	1276	773	724	779	3	92	51	70
713	640	590	510	417	12	39	42	17
760	667	741	647	694	119	157	148	140
639	614	587	530	451	10	59	70	25
496	438	466	433	516	26	51	53	37
447	340	346	302	264		31	10	19
917	914	867	932	921		99	70	59
502	531	273	238	229	10	26	22	26
67	65	31	38	36		3	7	8
490	522	856	958	1012		25	28	18
1666	1601	1286	1369	1487	4	52	55	31
667	639	379	293	215		46	17	18
834	780	706	663	619			1	10
14	22	11	16	10		4	9	4
234	241	198	233	187		18	20	1
406	421	283	321	282		14	16	
104	82	64	71	54		1	7	10
82	62	42	62	41		13	7	1
174	221	217	186	173		16	5	63

特殊教育学校教职工数(总计)
Number of Educational Personnel in Special Education Schools (Regional Aggregates)

单位:人
unit: person

	教职工数 Educational Personnel					代课教师 Substitute Teachers	兼任教师 Part-time Teachers
	合计 Total	专任教师 Full-time Teachers	行政人员 Adm. Personnel	教辅人员 Supporting Staf	工勤人员 Workers		
合　计 Total	**51189**	**41311**	**3612**	**2285**	**3981**	**1142**	**227**
北　京 Beijing	1159	862	135	80	82	1	
天　津 Tianjin	710	535	88	40	47	4	
河　北 Hebei	3444	2800	268	115	261	36	2
山　西 Shanxi	1580	1300	82	59	139	94	3
内蒙古 Inner Mongolia	1183	982	76	68	57	73	3
辽　宁 Liaoning	2642	1965	446	92	139		
吉　林 Jilin	1752	1316	186	112	138	5	
黑龙江 Heilongjiang	2308	1872	174	89	173	30	11
上　海 Shanghai	1577	1158	168	89	162	6	5
江　苏 Jiangsu	3844	3036	210	199	399	49	18
浙　江 Zhejiang	2095	1794	80	65	156		14
安　徽 Anhui	1480	1239	73	43	125	77	10
福　建 Fujian	1762	1554	74	30	104	88	12
江　西 Jiangxi	990	885	40	23	42	54	43
山　东 Shandong	5731	4585	309	374	463	46	16
河　南 Henan	3547	2961	217	157	212	83	
湖　北 Hubei	1811	1527	81	66	137	88	4
湖　南 Hunan	1656	1325	142	91	98	18	8
广　东 Guangdong	2902	2158	218	262	264	48	19
广　西 Guangxi	1447	1138	95	87	127	58	5
海　南 Hainan	153	110	12	9	22	34	
重　庆 Chongqing	895	763	67	12	53	15	2
四　川 Sichuan	2036	1784	100	26	126	56	44
贵　州 Guizhou	1026	901	61	21	43	43	
云　南 Yunnan	955	772	30	16	137		5
西　藏 Tibet	64	55	4	1	4		
陕　西 Shaanxi	1007	777	101	22	107	73	3
甘　肃 Gansu	586	484	19	12	71	2	
青　海 Qinghai	171	140	9	9	13	10	
宁　夏 Ningxia	245	217	14	0	14	11	
新　疆 Xinjiang	431	316	33	16	66	40	

特殊教育学校女教职工数

Number of Female Educational Personnel in Special Education Schools

单位:人
unit: person

	教职工数 Educational Personnel					代课教师 Substitute Teachers	兼任教师 Part-time Teachers
	合计 Total	专任教师 Full-time Teachers	行政人员 Adm. Personnel	教辅人员 Supporting Staf	工勤人员 Workers		
合　计 Total	**34642**	**29755**	**1751**	**1391**	**1745**	**772**	**135**
北　京 Beijing	814	673	80	41	20		
天　津 Tianjin	493	406	53	23	11	2	
河　北 Hebei	2572	2238	126	81	127	23	2
山　西 Shanxi	1134	986	45	40	63	64	3
内蒙古 Inner Mongolia	760	685	30	33	12	11	3
辽　宁 Liaoning	1949	1565	288	55	41		
吉　林 Jilin	1215	1025	90	60	40	3	
黑龙江 Heilongjiang	1458	1292	85	43	38	17	
上　海 Shanghai	1199	951	110	63	75	4	2
江　苏 Jiangsu	2472	2115	77	125	155	41	14
浙　江 Zhejiang	1507	1328	32	48	99		13
安　徽 Anhui	912	805	22	24	61	52	2
福　建 Fujian	1293	1170	31	24	68	72	10
江　西 Jiangxi	689	637	14	15	23	50	34
山　东 Shandong	3352	2938	105	177	132	36	3
河　南 Henan	2466	2180	100	90	96	27	
湖　北 Hubei	1100	976	34	32	58	68	3
湖　南 Hunan	1036	889	55	52	40	12	1
广　东 Guangdong	2112	1602	129	201	180	42	15
广　西 Guangxi	1052	837	51	70	94	48	3
海　南 Hainan	114	75	10	9	20	21	
重　庆 Chongqing	582	534	27	3	18	11	
四　川 Sichuan	1342	1231	41	19	51	45	26
贵　州 Guizhou	714	656	25	14	19	20	
云　南 Yunnan	657	548	13	13	83		
西　藏 Tibet	34	32	1	1	0		
陕　西 Shaanxi	654	557	42	11	44	50	1
甘　肃 Gansu	375	325	6	8	36	1	
青　海 Qinghai	107	94	3	4	6	7	
宁　夏 Ningxia	173	165	5	0	3	10	
新　疆 Xinjiang	305	240	21	12	32	35	

特殊教育学校专任教师
Number of Full-time Teachers in Special Education Schools

	合计 Total	其中：女 of Which: Female	按学历分 By Educational Attainment			
			研究生毕业 Graduate	本科毕业 Under-graduate	专科毕业 Associate Bachelor	高中阶段毕业 High School Graduate
合　计 Total	**41311**	**29755**	**482**	**20012**	**17335**	**3340**
北　京 Beijing	862	673	48	629	151	32
天　津 Tianjin	535	406	9	325	157	42
河　北 Hebei	2800	2238	17	1323	1283	173
山　西 Shanxi	1300	986	2	619	535	142
内蒙古 Inner Mongolia	982	685	11	470	381	110
辽　宁 Liaoning	1965	1565	10	1108	757	84
吉　林 Jilin	1316	1025	9	751	425	131
黑龙江 Heilongjiang	1872	1292	4	766	902	191
上　海 Shanghai	1158	951	61	833	231	33
江　苏 Jiangsu	3036	2115	20	1572	1200	240
浙　江 Zhejiang	1794	1328	34	914	682	152
安　徽 Anhui	1239	805	6	631	522	79
福　建 Fujian	1554	1170	7	614	767	164
江　西 Jiangxi	885	637	3	393	406	77
山　东 Shandong	4585	2938	49	2704	1500	322
河　南 Henan	2961	2180	9	1076	1586	287
湖　北 Hubei	1527	976	11	659	708	142
湖　南 Hunan	1325	889	5	474	699	140
广　东 Guangdong	2158	1602	116	1142	723	164
广　西 Guangxi	1138	837	11	401	576	121
海　南 Hainan	110	75		51	50	9
重　庆 Chongqing	763	534	2	347	371	42
四　川 Sichuan	1784	1231	11	556	1042	172
贵　州 Guizhou	901	656	5	299	504	91
云　南 Yunnan	772	548	6	444	277	44
西　藏 Tibet	55	32	2	23	26	4
陕　西 Shaanxi	777	557	9	295	392	77
甘　肃 Gansu	484	325	1	243	196	42
青　海 Qinghai	140	94	1	67	62	10
宁　夏 Ningxia	217	165	2	104	92	19
新　疆 Xinjiang	316	240	1	179	132	4

学历、职称情况
by Educational Attainment and Professional Rank

单位：人
unit：person

	按职称分 By Professional Rank					
高中阶段以下毕业 Below High School Graduate	中学高级 Senior Secondary	小学高级 Senior Primary	小学一级 1st Grade Primary	小学二级 2st Grade Primary	小学三级 3st Grade Primary	未定职级 No-ranking
142	**3099**	**21041**	**12791**	**1280**	**108**	**2992**
2	48	406	318	5		85
2	51	399	61	2		22
4	188	1518	890	30	8	166
2	20	471	558	76	4	171
10	163	397	280	31	3	108
6	143	1326	375	62	6	53
	124	741	393	26	1	31
9	275	1063	479	16	4	35
	39	624	416	14		65
4	241	1723	812	71	4	185
12	129	804	505	53	2	301
1	79	598	346	58	12	146
2	23	894	448	85	7	97
6	92	364	251	62	5	111
10	501	2214	1477	127	10	256
3	285	1459	994	104		119
7	120	958	374	25	1	49
7	121	756	327	28	5	88
13	78	1002	659	73	18	328
29	16	561	372	108		81
	7	50	39	5	2	7
1	26	348	301	19	1	68
3	96	801	746	35	1	105
2	30	433	344	31	13	50
1	73	319	275	47	1	57
	3	12	34			6
4	31	283	311	30		122
2	22	197	191	32		42
	26	80	28			6
	3	116	75	17		6
	46	124	112	8		26

	校舍建筑面积 Floor Space	教学及辅助用房 Teaching & Assistant Buildings				
		计 Total	其中 of Which			
			普通教室 General Classroom	专用教室 Special Classroom	实验室 Laboratory	微机室 PC-room
合　计 Total	**5744129**	**2595833**	**1568665**	**689265**	**115733**	**107580**
北　京 Beijing	127996	52906	27282	19212	1214	3123
天　津 Tianjin	70017	32828	18891	9798	688	1318
河　北 Hebei	335841	168261	90500	52027	9669	8193
山　西 Shanxi	146629	49525	32468	10813	908	2141
内蒙古 Inner Mongolia	130011	57315	38467	11966	2517	2356
辽　宁 Liaoning	185992	80483	41923	27268	3173	4391
吉　林 Jilin	152256	70403	42071	19012	3406	3177
黑龙江 Heilongjiang	171383	80418	45066	24860	3161	3646
上　海 Shanghai	155627	67859	26437	32975	2730	2260
江　苏 Jiangsu	467506	210181	112452	68293	11198	8288
浙　江 Zhejiang	311371	133178	73898	45018	4620	4790
安　徽 Anhui	290612	161533	87185	42146	13069	8654
福　建 Fujian	212520	92008	54308	26163	3625	3302
江　西 Jiangxi	149372	73131	41993	20194	3591	3748
山　东 Shandong	522098	212077	121811	56391	13486	9330
河　南 Henan	320208	144716	96192	30197	5349	6608
湖　北 Hubei	256744	119860	86836	20464	3924	3901
湖　南 Hunan	240663	95159	62006	21896	3145	4153
广　东 Guangdong	347465	143542	89249	37250	5550	5870
广　西 Guangxi	141151	67518	43366	18466	2231	1607
海　南 Hainan	11682	5924	5304	325		30
重　庆 Chongqing	142805	69437	47809	14163	2306	2608
四　川 Sichuan	267863	121715	84010	25057	3887	4556
贵　州 Guizhou	125297	58733	43856	8752	1857	2127
云　南 Yunnan	140401	70719	49494	14012	3138	1953
西　藏 Tibet	9381	3648	2700	655	55	119
陕　西 Shaanxi	93652	45134	29957	9091	1746	1773
甘　肃 Gansu	96462	52393	36996	8960	3937	1420
青　海 Qinghai	24629	10664	7697	1720	300	647
宁　夏 Ningxia	26060	15596	13066	1209	464	539
新　疆 Xinjiang	70435	28969	15375	10912	789	952

办学条件(一)
in Special Education Schools (1)

单位：平方米
unit：m^2

	行政办公用房 Administritive		生活用房 Residential and Welfare	其他用房 Rooms for Other Purposes	校舍面积中 of the Floor Space	
图书室 Library	计 Total	其中：教师办公室 of Which：for Teachers			危房面积 Floor Space of Dilapidated Buildings	当年新增 New Added in Current Year
114590	**657598**	**400760**	**1650159**	**840540**	**234022**	**407933**
2075	14550	7250	21730	38810		21947
2133	9027	5711	14617	13545		2036
7872	50714	30280	77547	39319	17007	17429
3195	22498	15292	52009	22597	9212	23787
2009	12125	9326	46008	14563	3842	5996
3728	26619	17038	41672	37218	6642	2193
2737	20036	12559	39867	21950	6112	11597
3685	27097	17375	42591	21277	21109	13277
3457	20403	9736	26246	41119		2264
9950	47950	28288	125891	83484		6807
4852	29268	18040	93570	55355	670	13804
10479	29644	19245	77193	22242	1526	12675
4610	26885	16453	69098	24529	570	17526
3605	16571	9636	42385	17285	8910	14933
11059	75226	39441	150108	84687	18952	11891
6370	48271	33057	88568	38653	29456	36511
4735	26615	15843	78351	31918	32682	20051
3959	21042	14575	82808	41654	13097	41590
5623	31506	15858	107886	64531	3069	4157
1848	8301	6293	51601	13731	2407	19540
265	1285	330	4141	332		
2551	13815	8747	46467	13086	1046	11910
4205	22091	12811	99433	24624	16711	30770
2141	11440	8557	42030	13094		16223
2122	11544	5518	39532	18606	27391	17921
119	510	337	4987	236		
2567	13365	8047	26393	8760	361	340
1080	8507	7477	25130	10432	11797	22438
300	2001	1515	6477	5487	1453	1320
318	2898	2230	4995	2571		3916
941	5793	3896	20828	14845		3084

特殊教育学校办学条件(二)

Condition of School Buildings in Special Education Schools (2)

	占地面积(平方米) Areas of School Sites(m^2)			图书(册) Books & Magazines in Libraries (volume)	数字资源 (GB) Digital resources
	计 Total	其中 of Which			
		绿化用地面积 Green Areas	运动场地面积 Sports Areas		
合　计 Total	**13732677**	**2661632**	**2943121**	**6022592**	**248728**
北　京 Beijing	166920	30603	33558	271924	5070
天　津 Tianjin	121207	9440	37784	43352	42226
河　北 Hebei	946293	116648	212585	381349	5023
山　西 Shanxi	300130	34887	45202	105121	1773
内蒙古 Inner Mongolia	337383	43518	80505	72563	787
辽　宁 Liaoning	505661	66527	138302	331017	15812
吉　林 Jilin	535334	76739	114695	108271	1886
黑龙江 Heilongjiang	525198	55223	126296	143193	32512
上　海 Shanghai	279395	102371	53736	244124	35976
江　苏 Jiangsu	1051399	293942	246325	775250	19079
浙　江 Zhejiang	672930	180477	154955	230321	4547
安　徽 Anhui	591554	145008	122281	183415	2023
福　建 Fujian	510867	138897	131117	237906	6712
江　西 Jiangxi	361659	94455	90567	101772	3861
山　东 Shandong	1638809	342116	415592	601417	5565
河　南 Henan	732003	97954	132692	412372	8937
湖　北 Hubei	630543	104745	116519	144453	3806
湖　南 Hunan	543144	147377	91803	346700	6585
广　东 Guangdong	663309	148099	130491	260779	16663
广　西 Guangxi	423123	52055	48419	141943	4954
海　南 Hainan	51246	10120	3120	15350	100
重　庆 Chongqing	261994	53168	49641	57905	4278
四　川 Sichuan	503787	87368	102539	257336	5600
贵　州 Guizhou	320805	45233	56773	108938	1850
云　南 Yunnan	262533	72236	49019	129940	662
西　藏 Tibet	46570	1408	100	5450	
陕　西 Shaanxi	200411	28277	52588	131241	923
甘　肃 Gansu	187420	32943	44531	83778	9690
青　海 Qinghai	66405	10608	17024	17039	10
宁　夏 Ningxia	113175	10358	11690	24751	92
新　疆 Xinjiang	181470	28832	32672	53622	1726

幼儿园基本情况(总计)
Basic Statistics of Kindergartens (Regional Aggregates)

	园数(所) Kindergartens		班数(个) Classes	入园(班)人数(人) Entrants	在园(班)人数(人) Enrolment	离园(班)人数(人) Leavers
	计 Total	其中:少数民族幼儿园 of Which: Minorities				
合　计 Total	**166750**	**3419**	**1255816**	**18273104**	**34244456**	**11847124**
北　京 Beijing	1305	9	11213	115539	311417	76790
天　津 Tianjin	1455	9	7737	91052	226073	75656
河　北 Hebei	8183	71	77274	976322	1834639	785960
山　西 Shanxi	4908	2	37686	367521	820608	266916
内蒙古 Inner Mongolia	2197	139	17161	229573	448202	173008
辽　宁 Liaoning	8661	53	36253	354701	861961	267333
吉　林 Jilin	3432	48	22606	283083	460407	160836
黑龙江 Heilongjiang	4504	24	23027	335414	561714	316886
上　海 Shanghai	1337	2	14780	156915	444177	125499
江　苏 Jiangsu	4250		61535	811842	2174832	692259
浙　江 Zhejiang	9649	2	63850	602523	1871437	596588
安　徽 Anhui	4613	39	43537	660850	1168051	400023
福　建 Fujian	6820	22	45401	594699	1319223	405977
江　西 Jiangxi	9430	52	58336	894559	1455161	400046
山　东 Shandong	18455	43	94205	1156228	2420034	865680
河　南 Henan	10304	57	109189	1755564	2822098	983092
湖　北 Hubei	4670	17	38882	807017	1324714	364048
湖　南 Hunan	9496	125	63344	1035162	1637340	516802
广　东 Guangdong	11785	18	116130	1485321	3078104	981433
广　西 Guangxi	6208	34	61802	965624	1442530	546021
海　南 Hainan	1020	11	7498	100647	209445	65945
重　庆 Chongqing	4112	2	28808	481486	842650	298999
四　川 Sichuan	10162	338	59768	1212746	2110148	798987
贵　州 Guizhou	2677	19	28014	632789	877824	365936
云　南 Yunnan	4257	13	36281	725360	1085874	493679
西　藏 Tibet	198	4	1563	27984	41729	8381
陕　西 Shaanxi	5310	4	41064	607168	1027839	288706
甘　肃 Gansu	2457	27	17672	231830	432181	168594
青　海 Qinghai	980	332	7071	83605	134022	47510
宁　夏 Ningxia	440	19	4283	90318	148917	71723
新　疆 Xinjiang	3475	1884	19846	399662	651105	237811

幼儿园基本情况(城区)
Basic Statistics of Kindergartens(Urban Area)

	园数(所) Kindergartens		班数(个) Classes	入园(班)人数(人) Entrants	在园(班)人数(人) Enrolment	离园(班)人数(人) Leavers
	计 Total	其中:少数民族幼儿园 of Which: Minorities				
合　计 Total	**53547**	**317**	**411873**	**4805332**	**11471472**	**3458585**
北　京 Beijing	919	8	9113	90761	256765	60058
天　津 Tianjin	657	7	4094	45458	117915	35073
河　北 Hebei	1425	51	13135	155034	346860	130738
山　西 Shanxi	1244		8796	96495	241717	75595
内蒙古 Inner Mongolia	818	22	6116	61720	160459	55513
辽　宁 Liaoning	4365	27	20804	154567	454483	121961
吉　林 Jilin	1728	36	9897	102083	207186	68321
黑龙江 Heilongjiang	1931	6	8945	103409	214161	118390
上　海 Shanghai	1096	2	12054	123678	356600	99656
江　苏 Jiangsu	2007		25371	328407	868906	271710
浙　江 Zhejiang	3197		26665	254926	774651	231826
安　徽 Anhui	1223	11	10890	122974	275914	82008
福　建 Fujian	2274	1	16316	203190	494115	143604
江　西 Jiangxi	1685	3	11730	131461	285774	73303
山　东 Shandong	4877	13	31714	351681	849404	265899
河　南 Henan	2716	20	25393	303235	670403	186515
湖　北 Hubei	1738	1	13759	229067	452323	123402
湖　南 Hunan	2558	5	15404	205657	400109	105591
广　东 Guangdong	6911	14	63275	642195	1710499	489554
广　西 Guangxi	1559	2	13685	162482	335279	96852
海　南 Hainan	452		3119	36969	91367	23214
重　庆 Chongqing	1354	1	9243	137711	250117	74042
四　川 Sichuan	2242	2	15631	233534	522475	157114
贵　州 Guizhou	781	2	6044	92477	171055	52597
云　南 Yunnan	783	6	6909	110492	228137	78561
西　藏 Tibet	36		233	3719	9220	3043
陕　西 Shaanxi	1282	3	10734	140743	319474	86063
甘　肃 Gansu	588	6	4908	56652	136316	50641
青　海 Qinghai	170	3	1274	15576	37100	12356
宁　夏 Ningxia	228	6	1689	29274	61058	24437
新　疆 Xinjiang	703	59	4933	79705	171630	60948

幼儿园基本情况(城乡结合区)

Basic Statistics of Kindergartens (Urban-rural Transitional Area)

	园数(所) Kindergartens		班数(个) Classes	入园(班)人数(人) Entrants	在园(班)人数(人) Enrolment	离园(班)人数(人) Leavers
	计 Total	其中:少数民族幼儿园 of Which: Minorities				
合　计 Total	**11324**	**60**	**78361**	**926682**	**2112653**	**664716**
北　京 Beijing	123		627	5910	16256	4837
天　津 Tianjin	202	1	680	5487	16049	6025
河　北 Hebei	373	2	3592	37967	76163	30313
山　西 Shanxi	271		1569	15484	39881	12693
内蒙古 Inner Mongolia	62		391	4517	9486	2706
辽　宁 Liaoning	580	2	2041	16715	43672	13091
吉　林 Jilin	124	3	559	4325	10284	3229
黑龙江 Heilongjiang	130		669	7955	16089	10345
上　海 Shanghai	69		722	8864	23895	5996
江　苏 Jiangsu	228		2336	32118	80577	26952
浙　江 Zhejiang	1086		7797	73398	223704	67555
安　徽 Anhui	181		1145	15810	33013	10328
福　建 Fujian	697	1	4688	59761	138341	39631
江　西 Jiangxi	324	1	1971	22508	45313	11938
山　东 Shandong	1544	2	8188	80673	194514	65252
河　南 Henan	600	5	5522	71018	138524	39745
湖　北 Hubei	302		2077	34960	64396	17008
湖　南 Hunan	451		2579	37700	63368	17872
广　东 Guangdong	2170		18074	201719	528513	160280
广　西 Guangxi	318	1	3022	31653	61687	23142
海　南 Hainan	26		136	1286	3737	854
重　庆 Chongqing	239		1507	22992	40573	12621
四　川 Sichuan	396		2106	30158	64461	19391
贵　州 Guizhou	133		896	17978	26521	9872
云　南 Yunnan	163		1756	26391	47077	18414
西　藏 Tibet	0					
陕　西 Shaanxi	360		2580	38710	70078	19283
甘　肃 Gansu	26	1	269	3595	7677	2997
青　海 Qinghai	28		157	1602	4353	1475
宁　夏 Ningxia	31	1	252	5784	9426	5018
新　疆 Xinjiang	87	40	453	9644	15025	5853

幼儿园基本情况(镇区)
Basic Statistics of Kindergartens (Counties & Towns Area)

	园数(所) Kindergartens		班数(个) Classes	入园(班)人数(人) Entrants	在园(班)人数(人) Enrolment	离园(班)人数(人) Leavers
	计 Total	其中:少数民族幼儿园 of Which: Minorities				
合 计 Total	**54519**	**664**	**420164**	**7021200**	**12835047**	**4393228**
北 京 Beijing	188	1	1269	15657	35711	10934
天 津 Tianjin	314		1695	20806	50702	19182
河 北 Hebei	2353	10	22051	319838	595366	266599
山 西 Shanxi	1450	2	12153	149135	323759	105131
内蒙古 Inner Mongolia	1000	86	7524	120039	214154	84225
辽 宁 Liaoning	2174	18	8828	110385	236388	83658
吉 林 Jilin	1142	11	7182	103805	152667	52122
黑龙江 Heilongjiang	1551	4	8623	147017	223301	125469
上 海 Shanghai	198		2349	28710	74792	22104
江 苏 Jiangsu	1686		28207	381998	1029293	331551
浙 江 Zhejiang	3220	2	23744	234604	745777	245691
安 徽 Anhui	1983	16	15513	264626	499919	158028
福 建 Fujian	2426		16362	231032	499464	151504
江 西 Jiangxi	3706	19	25086	452366	726368	191045
山 东 Shandong	4275	13	26528	364181	731827	268320
河 南 Henan	3365	31	31674	566425	919180	302978
湖 北 Hubei	1553	8	13067	323987	495959	129883
湖 南 Hunan	3542	87	24809	451114	708957	222283
广 东 Guangdong	3317	1	31279	488623	865256	278385
广 西 Guangxi	2531	3	20429	358346	554614	205184
海 南 Hainan	465	10	2908	48730	96538	32584
重 庆 Chongqing	1694	1	12608	231961	417846	151219
四 川 Sichuan	3799	43	25398	583050	1000994	374823
贵 州 Guizhou	1251	10	10061	249353	360128	139879
云 南 Yunnan	1528	1	11821	229188	380800	150375
西 藏 Tibet	78	4	711	13591	18326	3516
陕 西 Shaanxi	1989	1	15012	275296	434471	120566
甘 肃 Gansu	682	20	4953	85760	160166	57700
青 海 Qinghai	206	62	1818	26417	44385	14244
宁 夏 Ningxia	137	4	1278	31164	50884	22844
新 疆 Xinjiang	716	196	5224	113996	187055	71202

幼儿园基本情况(镇乡结合区)

Basic Statistics of Kindergartens (County-town Transitional Area)

	园数(所) Kindergartens		班数(个) Classes	入园(班)人数(人) Entrants	在园(班)人数(人) Enrolment	离园(班)人数(人) Leavers
	计 Total	其中:少数民族幼儿园 of Which: Minorities				
合　计 Total	**17869**	**135**	**132779**	**2034347**	**3722633**	**1303362**
北　京 Beijing	55		346	4061	8155	2509
天　津 Tianjin	158		799	9885	25585	9847
河　北 Hebei	1299	2	12099	167018	307238	135582
山　西 Shanxi	611		4616	53942	118153	36996
内蒙古 Inner Mongolia	118	8	721	11332	19361	7156
辽　宁 Liaoning	439		1440	15589	35219	11972
吉　林 Jilin	115	3	832	11531	17424	6070
黑龙江 Heilongjiang	217	2	829	15213	23207	15338
上　海 Shanghai	51		551	7455	17818	4855
江　苏 Jiangsu	502		6873	81287	227356	78587
浙　江 Zhejiang	1608		10396	100641	320839	106057
安　徽 Anhui	410	2	3318	56996	98562	29812
福　建 Fujian	902		5622	79695	175055	54197
江　西 Jiangxi	918	2	5580	92966	146150	42065
山　东 Shandong	2379	10	12986	174058	343418	124791
河　南 Henan	1509	9	14867	241608	377837	130331
湖　北 Hubei	397	3	3354	83008	122251	35152
湖　南 Hunan	1173	10	8023	140014	218734	67963
广　东 Guangdong	1300		11201	176249	320702	110801
广　西 Guangxi	470		5633	86770	122733	50302
海　南 Hainan	78		393	5586	12292	3893
重　庆 Chongqing	467		3026	52279	92285	32732
四　川 Sichuan	979	7	5411	102868	180914	67056
贵　州 Guizhou	277	1	2592	59009	78613	32037
云　南 Yunnan	495		3823	71440	111179	47804
西　藏 Tibet	9	1	169	1343	1594	280
陕　西 Shaanxi	653		5204	91084	136265	36771
甘　肃 Gansu	107	2	817	10291	18881	6904
青　海 Qinghai	29	5	230	4651	7736	2864
宁　夏 Ningxia	21	1	219	6379	8391	3685
新　疆 Xinjiang	123	67	809	20099	28686	8953

幼儿园基本情况(乡村)
Basic Statistics of Kindergartens (Rural Area)

	园数(所) Kindergartens		班数(个) Classes	入园(班)人数(人) Entrants	在园(班)人数(人) Enrolment	离园(班)人数(人) Leavers
	计 Total	其中:少数民族幼儿园 of Which: Minorities				
合 计 Total	**58684**	**2438**	**423779**	**6446572**	**9937937**	**3995311**
北 京 Beijing	198		831	9121	18941	5798
天 津 Tianjin	484	2	1948	24788	57456	21401
河 北 Hebei	4405	10	42088	501450	892413	388623
山 西 Shanxi	2214		16737	121891	255132	86190
内蒙古 Inner Mongolia	379	31	3521	47814	73589	33270
辽 宁 Liaoning	2122	8	6621	89749	171090	61714
吉 林 Jilin	562	1	5527	77195	100554	40393
黑龙江 Heilongjiang	1022	14	5459	84988	124252	73027
上 海 Shanghai	43		377	4527	12785	3739
江 苏 Jiangsu	557		7957	101437	276633	88998
浙 江 Zhejiang	3232		13441	112993	351009	119071
安 徽 Anhui	1407	12	17134	273250	392218	159987
福 建 Fujian	2120	21	12723	160477	325644	110869
江 西 Jiangxi	4039	30	21520	310732	443019	135698
山 东 Shandong	9303	17	35963	440366	838803	331461
河 南 Henan	4223	6	52122	885904	1232515	493599
湖 北 Hubei	1379	8	12056	253963	376432	110763
湖 南 Hunan	3396	33	23131	378391	528274	188928
广 东 Guangdong	1557	3	21576	354503	502349	213494
广 西 Guangxi	2118	29	27688	444796	552637	243985
海 南 Hainan	103	1	1471	14948	21540	10147
重 庆 Chongqing	1064		6957	111814	174687	73738
四 川 Sichuan	4121	293	18739	396162	586679	267050
贵 州 Guizhou	645	7	11909	290959	346641	173460
云 南 Yunnan	1946	6	17551	385680	476937	264743
西 藏 Tibet	84		619	10674	14183	1822
陕 西 Shaanxi	2039		15318	191129	273894	82077
甘 肃 Gansu	1187	1	7811	89418	135699	60253
青 海 Qinghai	604	267	3979	41612	52537	20910
宁 夏 Ningxia	75	9	1316	29880	36975	24442
新 疆 Xinjiang	2056	1629	9689	205961	292420	105661

幼儿教育中女儿童数
Number of Female Children in Kindergartens

	入园(班)人数(人) Entrants	在园(班)人数(人) Enrolment	离园(班)人数(人) Leavers
合　计 Total	**8186698**	**15788962**	**5490086**
北　京 Beijing	54268	147969	36965
天　津 Tianjin	41149	105254	35986
河　北 Hebei	438492	857163	372181
山　西 Shanxi	168904	391988	124531
内蒙古 Inner Mongolia	107020	210389	82190
辽　宁 Liaoning	155560	396547	125671
吉　林 Jilin	127160	211604	70296
黑龙江 Heilongjiang	154362	266728	149996
上　海 Shanghai	73518	208025	60299
江　苏 Jiangsu	360922	1000983	312321
浙　江 Zhejiang	269383	860177	282658
安　徽 Anhui	289396	530712	177385
福　建 Fujian	256951	594621	180092
江　西 Jiangxi	388583	650575	171276
山　东 Shandong	515465	1125608	409141
河　南 Henan	791407	1309266	459947
湖　北 Hubei	345854	602000	164384
湖　南 Hunan	464163	758984	228545
广　东 Guangdong	664199	1386638	436087
广　西 Guangxi	430036	648836	254402
海　南 Hainan	43272	90740	29880
重　庆 Chongqing	214418	394038	146355
四　川 Sichuan	570320	1003183	386151
贵　州 Guizhou	274482	396999	171580
云　南 Yunnan	332091	505621	234871
西　藏 Tibet	13015	19980	3930
陕　西 Shaanxi	268727	472537	132525
甘　肃 Gansu	104139	197865	79789
青　海 Qinghai	38403	63189	22284
宁　夏 Ningxia	41847	69435	34810
新　疆 Xinjiang	189192	311308	113558

幼儿园教职工数(总计)

Number of Educational Personnel in Kindergarten (Regional Aggregates)

单位:人

unit: person

	教职工数 Educational Personnel						代课教师 Substitute Teachers	兼任教师 Part-time Teachers
	合计 Total	园长 Kindergarten Heads	专任教师 Full-time Teachers	保健医 Health Physician	保育员 Caretaker	其他 Other		
合 计 Total	**2204367**	**180357**	**1315634**	**58875**	**344799**	**304702**	**146588**	**25928**
北 京 Beijing	44458	1777	24170	1615	7677	9219	667	462
天 津 Tianjin	17374	1257	10519	548	2437	2613	1541	234
河 北 Hebei	88621	8139	59116	1996	10225	9145	9198	659
山 西 Shanxi	51472	4357	33294	1278	5962	6581	11106	1578
内蒙古 Inner Mongolia	34600	2806	21785	922	4379	4708	2734	426
辽 宁 Liaoning	64742	7219	40447	1109	7098	8869	2302	2515
吉 林 Jilin	36783	3951	22397	1280	4869	4286	997	511
黑龙江 Heilongjiang	39417	4673	22696	1711	5552	4785	822	391
上 海 Shanghai	45794	1790	29221	1599	6253	6931	1320	138
江 苏 Jiangsu	140636	6705	89447	3754	25038	15692	19615	962
浙 江 Zhejiang	168497	9763	100019	4629	27468	26618		2495
安 徽 Anhui	58928	5490	36161	1779	9090	6408	5607	601
福 建 Fujian	92980	7093	53216	2329	16735	13607	7831	609
江 西 Jiangxi	86222	10073	52895	2230	11768	9256	2946	1084
山 东 Shandong	167592	17423	112648	3122	14887	19512	17986	1777
河 南 Henan	151007	12064	93588	4550	22711	18094	15337	1406
湖 北 Hubei	79659	6162	43141	2435	15804	12117	7722	741
湖 南 Hunan	107361	10315	56530	3370	22677	14469	2447	1948
广 东 Guangdong	269963	17091	149764	7466	49115	46527	5101	1220
广 西 Guangxi	66844	7085	37616	1563	11358	9222	2320	984
海 南 Hainan	16209	1427	8484	594	3425	2279	160	115
重 庆 Chongqing	43672	4337	22783	1167	8496	6889	2983	1030
四 川 Sichuan	101712	10130	57528	2164	18036	13854	5131	1340
贵 州 Guizhou	31657	2912	18120	796	5549	4280	2644	272
云 南 Yunnan	54417	4575	32718	1424	7691	8009	1709	334
西 藏 Tibet	1769	170	1121	19	263	196	92	64
陕 西 Shaanxi	72360	6124	41919	2109	11361	10847	6732	451
甘 肃 Gansu	22374	1924	15009	442	2503	2496	2516	973
青 海 Qinghai	7334	791	4051	158	1003	1331	1352	71
宁 夏 Ningxia	8361	546	5283	179	993	1360	1132	28
新 疆 Xinjiang	31552	2188	19948	538	4376	4502	4538	509

幼儿园教职工数(城区)

Number of Educational Personnel in Kindergarten (Urban Area)

单位:人

unit: person

	教职工数 Educational Personnel						代课教师 Substitute Teachers	兼任教师 Part-time Teachers
	合计 Total	园长 Kindergarten Heads	专任教师 Full-time Teachers	保健医 Health Physician	保育员 Caretaker	其他 Other		
合　计 Total	**1165407**	**75289**	**660689**	**34512**	**208636**	**186281**	**40668**	**11631**
北　京 Beijing	39195	1465	20994	1454	7060	8222	486	298
天　津 Tianjin	13417	914	7769	460	2061	2213	321	214
河　北 Hebei	33989	2172	20264	963	5487	5103	1980	161
山　西 Shanxi	25992	1652	15587	746	3710	4297	2853	1085
内蒙古 Inner Mongolia	17125	1257	10051	579	2521	2717	1265	275
辽　宁 Liaoning	46832	4511	27538	933	6275	7575	745	1382
吉　林 Jilin	23012	2202	13326	782	3545	3157	590	347
黑龙江 Heilongjiang	22471	2208	12168	1036	3603	3456	310	211
上　海 Shanghai	38159	1454	23995	1391	5297	6022	1026	102
江　苏 Jiangsu	79179	3755	46847	2339	15701	10537	4135	399
浙　江 Zhejiang	80469	3723	46873	2351	14876	12646		1206
安　徽 Anhui	25418	1852	14901	825	4598	3242	2211	113
福　建 Fujian	47313	3056	25764	1424	9795	7274	2099	336
江　西 Jiangxi	26878	2356	15416	856	4816	3434	562	345
山　东 Shandong	86557	6533	54822	2041	10037	13124	4222	607
河　南 Henan	66629	4015	39678	1939	11461	9536	5575	473
湖　北 Hubei	41715	2900	21679	1254	9030	6852	2710	250
湖　南 Hunan	43869	3530	21202	1442	10767	6928	159	695
广　东 Guangdong	197541	11073	107048	5707	38298	35415	2727	861
广　西 Guangxi	28247	2212	15846	791	5355	4043	523	356
海　南 Hainan	9014	704	4781	361	1897	1271	66	77
重　庆 Chongqing	23681	1839	11784	763	5247	4048	588	511
四　川 Sichuan	46745	3364	24459	1198	9847	7877	1202	265
贵　州 Guizhou	14400	1075	7536	402	3091	2296	298	74
云　南 Yunnan	20333	1173	11664	640	3366	3490	192	81
西　藏 Tibet	678	62	368	15	135	98	25	13
陕　西 Shaanxi	31757	1919	17710	933	5655	5540	1636	130
甘　肃 Gansu	11783	803	7358	297	1660	1665	520	496
青　海 Qinghai	3267	261	1805	87	446	668	176	20
宁　夏 Ningxia	4967	309	3135	121	546	856	674	21
新　疆 Xinjiang	14775	940	8321	382	2453	2679	792	227

幼儿园教职工数(城乡结合区)

Number of Educational Personnel in Kindergarten (Urban-rural Transitional Area)

单位:人
unit: person

	教职工数 Educational Personnel						代课教师 Substitute Teachers	兼任教师 Part-time Teachers
	合计 Total	园长 Kindergarten Heads	专任教师 Full-time Teachers	保健医 Health Physician	保育员 Caretaker	其他 Other		
合　计 Total	**182443**	**13657**	**104080**	**5069**	**30848**	**28789**	**6819**	**2040**
北　京 Beijing	2048	134	1078	77	358	401	29	12
天　津 Tianjin	1456	195	719	88	236	218	55	54
河　北 Hebei	4717	413	2892	123	718	571	472	50
山　西 Shanxi	3155	265	2138	80	305	367	688	84
内蒙古 Inner Mongolia	932	80	485	33	138	196	13	43
辽　宁 Liaoning	3235	489	1974	45	313	414	110	52
吉　林 Jilin	969	141	580	27	105	116	11	13
黑龙江 Heilongjiang	1320	142	652	59	169	298	5	5
上　海 Shanghai	2352	82	1351	83	426	410	49	8
江　苏 Jiangsu	5954	321	3664	173	1045	751	464	58
浙　江 Zhejiang	20060	1188	11685	603	3376	3208		589
安　徽 Anhui	2085	206	1241	64	310	264	349	15
福　建 Fujian	10844	825	5913	296	2077	1733	564	94
江　西 Jiangxi	3434	387	2018	100	482	447	20	11
山　东 Shandong	16332	1662	10966	286	1436	1982	910	217
河　南 Henan	10872	779	6567	324	1875	1327	598	83
湖　北 Hubei	4635	394	2285	160	1120	676	604	40
湖　南 Hunan	5969	532	2889	203	1410	935	3	175
广　东 Guangdong	55759	3203	30740	1486	10171	10159	988	114
广　西 Guangxi	4403	416	2582	118	684	603	42	130
海　南 Hainan	369	39	189	19	82	40		
重　庆 Chongqing	2891	273	1445	70	623	480	80	64
四　川 Sichuan	5428	522	2678	157	1111	960	78	40
贵　州 Guizhou	1964	161	949	60	451	343		10
云　南 Yunnan	3194	209	1821	83	529	552	23	9
西　藏 Tibet								
陕　西 Shaanxi	5940	438	3249	190	1045	1018	381	24
甘　肃 Gansu	365	25	258	10	32	40	7	24
青　海 Qinghai	377	39	201	16	53	68	15	5
宁　夏 Ningxia	514	30	338	15	47	84	174	
新　疆 Xinjiang	870	67	533	21	121	128	87	17

幼儿园教职工数(镇区)
Number of Educational Personnel in Kindergarten
(Counties & Towns Area)

单位:人
unit: person

	教职工数 Educational Personnel						代课教师 Substitute Teachers	兼任教师 Part-time Teachers
	合计 Total	园长 Kindergarten Heads	专任教师 Full-time Teachers	保健医 Health Physician	保育员 Caretaker	其他 Other		
合 计 Total	**713631**	**59772**	**453224**	**16762**	**99742**	**84131**	**69224**	**8664**
北 京 Beijing	3757	189	2192	121	479	776	109	119
天 津 Tianjin	2047	178	1341	51	212	265	697	16
河 北 Hebei	31829	2603	22094	705	3441	2986	2976	182
山 西 Shanxi	17807	1430	12617	359	1738	1663	5052	307
内蒙古 Inner Mongolia	14800	1202	10075	296	1535	1692	1334	123
辽 宁 Liaoning	11620	1676	8216	135	631	962	944	721
吉 林 Jilin	9950	1204	6573	356	977	840	295	123
黑龙江 Heilongjiang	12731	1596	7881	541	1602	1111	347	127
上 海 Shanghai	6580	289	4541	168	823	759	273	35
江 苏 Jiangsu	52002	2451	35933	1203	8011	4404	12931	499
浙 江 Zhejiang	62020	3506	37809	1585	9307	9813		975
安 徽 Anhui	23998	2340	15585	652	3207	2214	2448	273
福 建 Fujian	32858	2492	19976	667	5293	4430	4095	214
江 西 Jiangxi	41385	4287	26580	980	5388	4150	1653	408
山 东 Shandong	41745	4198	29960	684	3036	3867	6862	551
河 南 Henan	47773	3904	31264	1317	6388	4900	6425	424
湖 北 Hubei	24508	1910	14198	730	4403	3267	3255	290
湖 南 Hunan	42011	3827	23622	1232	8228	5102	1429	946
广 东 Guangdong	55596	4395	32867	1339	8523	8472	1972	260
广 西 Guangxi	27534	2902	15973	566	4426	3667	1240	426
海 南 Hainan	6146	602	3190	201	1303	850	92	38
重 庆 Chongqing	16214	1739	9103	336	2739	2297	1899	385
四 川 Sichuan	41096	3945	25528	715	6355	4553	3228	413
贵 州 Guizhou	13861	1311	8636	315	2016	1583	1603	146
云 南 Yunnan	23506	1643	14977	519	3063	3304	724	124
西 藏 Tibet	759	80	558	1	64	56	31	46
陕 西 Shaanxi	26914	2265	16687	665	3802	3495	4095	208
甘 肃 Gansu	7365	606	5585	103	546	525	1030	176
青 海 Qinghai	2481	209	1466	45	353	408	397	20
宁 夏 Ningxia	2795	175	1814	47	351	408	377	6
新 疆 Xinjiang	9943	618	6383	128	1502	1312	1411	83

幼儿园教职工数(镇乡结合区)
Number of Educational Personnel in Kindergarten (County-town Transitional Area)

单位:人
unit: person

	教职工数 Educational Personnel						代课教师 Substitute Teachers	兼任教师 Part-time Teachers
	合计 Total	园长 Kindergarten Heads	专任教师 Full-time Teachers	保健医 Health Physician	保育员 Caretaker	其他 Other		
合 计 Total	**201546**	**18270**	**125828**	**4906**	**27833**	**24709**	**20114**	**2237**
北 京 Beijing	758	54	435	21	89	159	53	3
天 津 Tianjin	678	65	498	19	39	57	274	15
河 北 Hebei	14202	1298	10034	321	1389	1160	1584	67
山 西 Shanxi	5712	527	3925	127	601	532	1769	141
内蒙古 Inner Mongolia	1335	134	901	25	135	140	60	9
辽 宁 Liaoning	1708	305	1123	25	99	156	112	83
吉 林 Jilin	1065	123	745	32	113	52	22	10
黑龙江 Heilongjiang	1346	213	814	68	178	73	61	11
上 海 Shanghai	1651	72	1049	44	253	233	82	18
江 苏 Jiangsu	11793	638	7840	289	1890	1136	3175	79
浙 江 Zhejiang	26046	1694	15623	689	3846	4194		417
安 徽 Anhui	4417	480	2775	142	594	426	246	33
福 建 Fujian	10288	831	6092	188	1708	1469	1627	52
江 西 Jiangxi	7243	922	4607	185	791	738	269	107
山 东 Shandong	18811	2092	13286	333	1339	1761	3569	203
河 南 Henan	18003	1657	11270	551	2562	1963	2475	159
湖 北 Hubei	5704	460	3264	161	1001	818	886	19
湖 南 Hunan	12121	1199	6872	337	2255	1458	447	346
广 东 Guangdong	19981	1640	11907	496	2878	3060	448	72
广 西 Guangxi	4785	529	2724	103	758	671	151	77
海 南 Hainan	942	104	484	33	213	108	1	4
重 庆 Chongqing	3801	473	2015	88	644	581	320	65
四 川 Sichuan	8816	975	4863	180	1565	1233	545	79
贵 州 Guizhou	2932	287	1666	71	547	361	363	22
云 南 Yunnan	6338	512	3926	154	962	784	134	18
西 藏 Tibet	70	5	40		1	24	1	40
陕 西 Shaanxi	8290	747	5221	188	1073	1061	945	41
甘 肃 Gansu	805	102	576	7	62	58	86	29
青 海 Qinghai	379	37	191	11	59	81	49	
宁 夏 Ningxia	319	24	222	7	31	35	72	
新 疆 Xinjiang	1207	71	840	11	158	127	288	18

幼儿园教职工数(乡村)
Number of Educational Personnel in Kindergarten (Rural Area)

单位:人
unit: person

	教职工数 Educational Personnel						代课教师 Substitute Teachers	兼任教师 Part-time Teachers
	合计 Total	园长 Kindergarten Heads	专任教师 Full-time Teachers	保健医 Health Physician	保育员 Caretaker	其他 Other		
合　计 Total	**325329**	**45296**	**201721**	**7601**	**36421**	**34290**	**36696**	**5633**
北　京 Beijing	1506	123	984	40	138	221	72	45
天　津 Tianjin	1910	165	1409	37	164	135	523	4
河　北 Hebei	22803	3364	16758	328	1297	1056	4242	316
山　西 Shanxi	7673	1275	5090	173	514	621	3201	186
内蒙古 Inner Mongolia	2675	347	1659	47	323	299	135	28
辽　宁 Liaoning	6290	1032	4693	41	192	332	613	412
吉　林 Jilin	3821	545	2498	142	347	289	112	41
黑龙江 Heilongjiang	4215	869	2647	134	347	218	165	53
上　海 Shanghai	1055	47	685	40	133	150	21	1
江　苏 Jiangsu	9455	499	6667	212	1326	751	2549	64
浙　江 Zhejiang	26008	2534	15337	693	3285	4159		314
安　徽 Anhui	9512	1298	5675	302	1285	952	948	215
福　建 Fujian	12809	1545	7476	238	1647	1903	1637	59
江　西 Jiangxi	17959	3430	10899	394	1564	1672	731	331
山　东 Shandong	39290	6692	27866	397	1814	2521	6902	619
河　南 Henan	36605	4145	22646	1294	4862	3658	3337	509
湖　北 Hubei	13436	1352	7264	451	2371	1998	1757	201
湖　南 Hunan	21481	2958	11706	696	3682	2439	859	307
广　东 Guangdong	16826	1623	9849	420	2294	2640	402	99
广　西 Guangxi	11063	1971	5797	206	1577	1512	557	202
海　南 Hainan	1049	121	513	32	225	158	2	
重　庆 Chongqing	3777	759	1896	68	510	544	496	134
四　川 Sichuan	13871	2821	7541	251	1834	1424	701	662
贵　州 Guizhou	3396	526	1948	79	442	401	743	52
云　南 Yunnan	10578	1759	6077	265	1262	1215	793	129
西　藏 Tibet	332	28	195	3	64	42	36	5
陕　西 Shaanxi	13689	1940	7522	511	1904	1812	1001	113
甘　肃 Gansu	3226	515	2066	42	297	306	966	301
青　海 Qinghai	1586	321	780	26	204	255	779	31
宁　夏 Ningxia	599	62	334	11	96	96	81	1
新　疆 Xinjiang	6834	630	5244	28	421	511	2335	199

幼儿园女
Number of Female Educational

	教职工数 Educational Personnel		
	合计 Total	园长 Kindergarten Heads	专任教师 Full-time Teachers
合 计 Total	**2007004**	**164217**	**1283522**
北 京 Beijing	40688	1704	23688
天 津 Tianjin	15400	1117	9703
河 北 Hebei	78483	6118	55507
山 西 Shanxi	47752	3923	32764
内蒙古 Inner Mongolia	31103	2526	20847
辽 宁 Liaoning	60453	6761	39798
吉 林 Jilin	33675	3653	21797
黑龙江 Heilongjiang	35810	4288	21929
上 海 Shanghai	43359	1769	28922
江 苏 Jiangsu	133333	6465	88511
浙 江 Zhejiang	156113	9413	99267
安 徽 Anhui	53542	4955	35125
福 建 Fujian	84497	6879	52212
江 西 Jiangxi	78775	9399	51530
山 东 Shandong	151278	15120	109176
河 南 Henan	134819	10285	90921
湖 北 Hubei	70687	5485	41713
湖 南 Hunan	95816	9480	55310
广 东 Guangdong	247075	16611	147940
广 西 Guangxi	61624	6722	37015
海 南 Hainan	14823	1364	8300
重 庆 Chongqing	38749	3953	21947
四 川 Sichuan	92925	9556	56600
贵 州 Guizhou	29009	2647	17669
云 南 Yunnan	49032	3962	31470
西 藏 Tibet	1485	136	986
陕 西 Shaanxi	63905	5286	40535
甘 肃 Gansu	20430	1664	14405
青 海 Qinghai	6253	551	3851
宁 夏 Ningxia	7464	457	5062
新 疆 Xinjiang	28647	1968	19022

教职工数
Personnel in Kindergarten

单位：人
unit：person

保健医 Health Physician	保育员 Caretaker	其他 Other	代课教师 Substitute Teachers	兼任教师 Part-time Teachers
51843	**332034**	**175388**	**133564**	**21323**
1568	7541	6187	532	386
503	2293	1784	1452	162
1732	9658	5468	8578	532
1111	5798	4156	10522	1328
799	4128	2803	2442	323
1033	6981	5880	2231	2291
1071	4614	2540	831	384
1527	5065	3001	769	278
1576	6173	4919	1243	88
3634	24646	10077	18390	850
4338	26779	16316	10787	2278
1472	8675	3315	5016	393
2023	16405	6978	7082	522
1788	11044	5014	2716	842
2722	14042	10218	16444	1413
3593	21363	8657	13664	1059
2103	15119	6267	6799	588
2807	21467	6752	2233	1636
6908	48214	27402	4025	912
1365	10881	5641	2127	816
533	3304	1322	146	81
1045	8154	3650	2806	831
1860	17428	7481	4743	1066
702	5337	2654	2431	229
1249	7343	5008	1547	256
15	253	95	76	53
1591	10755	5738	6115	314
390	2407	1564	2363	900
121	972	758	1070	52
161	958	826	1035	15
503	4237	2917	4136	445

幼儿园园长、专任教师

Number of Kindergarten Heads ,Full-time Teachers by Educational

	合计 Total	按学历分 By Educational Attainment			
		研究生毕业 Graduate	本科毕业 Under-graduate	专科毕业 Associate Bachelor	高中阶段毕业 High School Graduate
合 计 Total	**1495991**	**2962**	**207454**	**742087**	**496757**
北 京 Beijing	25947	318	7726	12921	4734
天 津 Tianjin	11776	90	4226	5045	2040
河 北 Hebei	67255	97	10770	37588	17526
山 西 Shanxi	37651	56	6367	19439	10781
内蒙古 Inner Mongolia	24591	70	6010	13408	4768
辽 宁 Liaoning	47666	164	6606	24928	14054
吉 林 Jilin	26348	163	6442	12821	6275
黑龙江 Heilongjiang	27369	44	4694	15079	6692
上 海 Shanghai	31011	149	15998	13069	1709
江 苏 Jiangsu	96152	161	22284	54518	18305
浙 江 Zhejiang	109782	89	15454	52813	39930
安 徽 Anhui	41651	86	4645	25110	10832
福 建 Fujian	60309	50	6476	23969	27634
江 西 Jiangxi	62968	68	4525	24428	28436
山 东 Shandong	130071	247	15869	57311	52416
河 南 Henan	105652	143	10683	55914	34769
湖 北 Hubei	49303	92	5398	23305	18734
湖 南 Hunan	66845	109	5301	35718	23737
广 东 Guangdong	166855	260	11361	74077	74797
广 西 Guangxi	44701	66	3760	22266	16060
海 南 Hainan	9911	2	642	5110	3773
重 庆 Chongqing	27120	29	3090	13193	10115
四 川 Sichuan	67658	77	5746	34229	25393
贵 州 Guizhou	21032	18	2342	11495	6510
云 南 Yunnan	37293	52	6222	17734	11841
西 藏 Tibet	1291	15	170	682	346
陕 西 Shaanxi	48043	142	6175	27096	13060
甘 肃 Gansu	16933	43	3379	8960	4181
青 海 Qinghai	4842	16	614	2422	1609
宁 夏 Ningxia	5829	14	927	3522	1286
新 疆 Xinjiang	22136	32	3552	13917	4414

学历、职称情况(总计)
Attainment and Professional Rank (Regional Aggregates)

单位:人
unit:person

高中阶段以下毕业 Below High School Graduate	按职称分 By Professional Rank					
	中学高级 Senior Secondary	小学高级 Senior Primary	小学一级 1st Grade Primary	小学二级 2st Grade Primary	小学三级 3st Grade Primary	未定职级 No-ranking
46731	**11674**	**190721**	**212668**	**66637**	**15910**	**998381**
248	207	4968	5299	1769	269	13435
375	334	4884	1698	160	35	4665
1274	474	18119	17513	2099	457	28593
1008	108	5486	7778	2571	463	21245
335	1536	4431	3633	738	138	14115
1914	807	6441	3768	1052	855	34743
647	337	5154	4071	874	846	15066
860	611	4351	3477	835	299	17796
86	490	9140	10339	2336	236	8470
884	1004	16966	19832	4280	437	53633
1496	494	8587	20444	6126	697	73434
978	135	6411	4728	1677	287	28413
2180	372	8139	5294	2118	383	44003
5511	356	3757	4620	2185	793	51257
4228	826	11524	15927	4257	1026	96511
4143	712	10433	13771	4684	1047	75005
1774	360	7393	7716	2611	768	30455
1980	317	4249	6454	3105	721	51999
6360	664	12280	14074	8634	3038	128165
2549	157	4490	4080	2795	868	32311
384	39	715	1158	875	165	6959
693	169	2281	2824	836	227	20783
2213	300	7063	9286	2788	622	47599
667	54	3335	3392	735	173	13343
1444	108	7328	5334	1692	234	22597
78	4	224	379	139	24	521
1570	294	4135	7204	2533	325	33552
370	155	3352	3897	1068	123	8338
181	62	977	480	159	63	3101
80	72	1135	1012	171	10	3429
221	116	2973	3186	735	281	14845

幼儿园园长、专任教师

Number of Kindergarten Heads ,Full-time Teachers by Educational

	合计 Total	按学历分 By Educational Attainment			
		研究生毕业 Graduate	本科毕业 Under-graduate	专科毕业 Associate Bachelor	高中阶段毕业 High School Graduate
合 计 Total	**735978**	**2504**	**131654**	**396359**	**194494**
北 京 Beijing	22459	299	6466	11700	3849
天 津 Tianjin	8683	85	3582	3904	984
河 北 Hebei	22436	68	4363	13073	4696
山 西 Shanxi	17239	42	3706	9412	3894
内蒙古 Inner Mongolia	11308	52	2937	6621	1627
辽 宁 Liaoning	32049	147	5333	18577	7498
吉 林 Jilin	15528	141	3983	7952	3200
黑龙江 Heilongjiang	14376	37	3225	8099	2736
上 海 Shanghai	25449	135	12889	11057	1317
江 苏 Jiangsu	50602	141	14970	30353	5022
浙 江 Zhejiang	50596	81	9401	25598	15196
安 徽 Anhui	16753	55	2443	11087	3045
福 建 Fujian	28820	44	3905	12405	11841
江 西 Jiangxi	17772	38	2242	9093	5821
山 东 Shandong	61355	201	10146	32825	17143
河 南 Henan	43693	116	6098	24864	11754
湖 北 Hubei	24579	85	3758	13357	6991
湖 南 Hunan	24732	93	2986	15167	6118
广 东 Guangdong	118121	241	9675	55355	50116
广 西 Guangxi	18058	56	2163	10790	4640
海 南 Hainan	5485	2	433	3102	1846
重 庆 Chongqing	13623	26	2163	7277	4047
四 川 Sichuan	27823	57	3288	16689	7445
贵 州 Guizhou	8611	12	1146	4994	2295
云 南 Yunnan	12837	39	2988	6978	2663
西 藏 Tibet	430		84	163	124
陕 西 Shaanxi	19629	123	3157	12031	3984
甘 肃 Gansu	8161	38	1678	4667	1658
青 海 Qinghai	2066	11	234	1055	737
宁 夏 Ningxia	3444	13	617	2075	681
新 疆 Xinjiang	9261	26	1595	6039	1526

学历、职称情况(城区)
Attainment and Professional Rank (Urban Area)

单位:人
unit:person

	按职称分 By Professional Rank					
高中阶段以下毕业 Below High School Graduate	中学高级 Senior Secondary	小学高级 Senior Primary	小学一级 1st Grade Primary	小学二级 2st Grade Primary	小学三级 3st Grade Primary	未定职级 No-ranking
10967	**7454**	**98063**	**106214**	**38473**	**9016**	**476758**
145	191	4116	4556	1569	238	11789
128	243	3652	1496	152	33	3107
236	227	4532	3919	642	253	12863
185	81	2795	3195	1303	199	9666
71	615	1772	1605	341	57	6918
494	545	4130	2695	649	539	23491
252	247	2411	1673	437	558	10202
279	373	2511	1535	557	139	9261
51	412	7978	8183	1790	188	6898
116	720	10267	12730	2760	282	23843
320	360	5261	11047	2603	296	31029
123	92	2632	1972	1063	173	10821
625	271	3281	2378	1373	252	21265
578	205	1550	2066	1087	270	12594
1040	504	5744	6683	2440	496	45488
861	476	5232	5340	2540	519	29586
388	226	4202	4105	1541	248	14257
368	220	1679	2730	1481	366	18256
2734	534	8319	11109	6779	2289	89091
409	93	1993	1769	1290	432	12481
102	27	449	578	397	55	3979
110	120	1194	1223	521	129	10436
344	169	2973	4318	1636	335	18392
164	9	1066	1081	329	91	6035
169	47	2743	1945	896	89	7117
59		85	96	8	11	230
334	174	1696	2491	1121	147	14000
120	134	1486	1466	579	85	4411
29	14	214	232	94	47	1465
58	48	607	567	101	10	2111
75	77	1493	1431	394	190	5676

幼儿园园长、专任教师

Number of Kindergarten Heads ,Full-time Teachers by Educational

	合计 Total	按学历分 By Educational Attainment			
		研究生毕业 Graduate	本科毕业 Under-graduate	专科毕业 Associate Bachelor	高中阶段毕业 High School Graduate
合　计 Total	**117737**	**174**	**10799**	**56079**	**47633**
北　京 Beijing	1212	4	245	613	313
天　津 Tianjin	914	1	73	385	361
河　北 Hebei	3305	4	540	1833	897
山　西 Shanxi	2403	3	362	1263	740
内蒙古 Inner Mongolia	565		76	349	138
辽　宁 Liaoning	2463	6	228	1178	979
吉　林 Jilin	721	2	138	335	231
黑龙江 Heilongjiang	794		186	402	179
上　海 Shanghai	1433	3	610	602	211
江　苏 Jiangsu	3985	5	751	2532	684
浙　江 Zhejiang	12873	9	1304	5572	5847
安　徽 Anhui	1447		143	834	449
福　建 Fujian	6738	12	418	2346	3689
江　西 Jiangxi	2405	3	142	990	1128
山　东 Shandong	12628	16	1294	6117	4897
河　南 Henan	7346	13	690	3876	2514
湖　北 Hubei	2679	4	203	1291	1099
湖　南 Hunan	3421	12	325	2004	1030
广　东 Guangdong	33943	41	1524	14472	16866
广　西 Guangxi	2998	5	207	1758	960
海　南 Hainan	228		4	102	109
重　庆 Chongqing	1718	1	142	790	767
四　川 Sichuan	3200	7	251	1763	1099
贵　州 Guizhou	1110	5	94	604	381
云　南 Yunnan	2030	4	267	1004	671
西　藏 Tibet					
陕　西 Shaanxi	3687	12	340	2256	977
甘　肃 Gansu	283	2	51	156	68
青　海 Qinghai	240		14	92	126
宁　夏 Ningxia	368		77	205	85
新　疆 Xinjiang	600		100	355	138

学历、职称情况(城乡结合区)
Attainment and Professional Rank (Urban-rural Transitional Area)

单位:人
unit:person

高中阶段以下毕业 Below High School Graduate	按职称分 By Professional Rank					
	中学高级 Senior Secondary	小学高级 Senior Primary	小学一级 1st Grade Primary	小学二级 2st Grade Primary	小学三级 3st Grade Primary	未定职级 No-ranking
3052	**484**	**6711**	**10373**	**4030**	**1252**	**94887**
37	2	101	137	43	13	916
94	4	83	25	1		801
31	23	674	629	30	10	1939
35	5	240	443	112	9	1594
2	7	29	19	2	6	502
72	25	179	117	26	61	2055
15	3	59	62	12	27	558
27	11	206	68	18	4	487
7	20	251	407	43	23	689
13	26	502	882	130	9	2436
141	20	462	1556	383	57	10395
21	4	168	68	62	6	1139
273	17	289	245	183	27	5977
142	27	33	104	80	21	2140
304	45	807	1275	420	140	9941
253	42	410	533	299	56	6006
82	16	181	271	96	38	2077
50	20	128	367	118	18	2770
1040	87	968	1950	1425	566	28947
68	19	187	187	153	63	2389
13	3	9	4	7		205
18	17	139	115	40	19	1388
80	2	75	181	135	14	2793
26	1	47	43	12		1007
84	11	216	207	64	3	1529
102	18	103	279	109	24	3154
6		61	79	10	6	127
8		4	10	3	5	218
1	2	72	60	1	1	232
7	7	28	50	13	26	476

幼儿园园长、专任教师

Number of Kindergarten Heads ,Full-time Teachers by Educational

	合计 Total	按学历分 By Educational Attainment			
		研究生毕业 Graduate	本科毕业 Under-graduate	专科毕业 Associate Bachelor	高中阶段毕业 High School Graduate
合　计 Total	**512996**	**390**	**60987**	**249223**	**184196**
北　京 Beijing	2381	17	871	905	529
天　津 Tianjin	1519	4	420	613	381
河　北 Hebei	24697	23	4176	13825	6163
山　西 Shanxi	14047	14	2357	7389	3931
内蒙古 Inner Mongolia	11277	18	2784	5805	2491
辽　宁 Liaoning	9892	13	946	4368	3821
吉　林 Jilin	7777	17	1751	3471	2257
黑龙江 Heilongjiang	9477	6	1212	5237	2659
上　海 Shanghai	4830	12	2774	1699	312
江　苏 Jiangsu	38384	18	6627	20448	10657
浙　江 Zhejiang	41315	8	4943	20252	15624
安　徽 Anhui	17925	30	1831	10503	5123
福　建 Fujian	22468	4	2280	8754	10615
江　西 Jiangxi	30867	28	1971	11820	14694
山　东 Shandong	34158	30	4136	14180	14763
河　南 Henan	35168	24	3435	19338	11094
湖　北 Hubei	16108	4	1211	6955	7215
湖　南 Hunan	27449	14	1821	14468	10287
广　东 Guangdong	37262	16	1450	14906	18363
广　西 Guangxi	18875	7	1343	8684	7661
海　南 Hainan	3792		180	1704	1660
重　庆 Chongqing	10842	3	829	5019	4629
四　川 Sichuan	29473	20	2279	14475	11808
贵　州 Guizhou	9947	6	1007	5338	3234
云　南 Yunnan	16620	12	2860	7951	5268
西　藏 Tibet	638	14	61	414	139
陕　西 Shaanxi	18952	17	2485	10758	5115
甘　肃 Gansu	6191	3	1356	3252	1468
青　海 Qinghai	1675	2	278	910	435
宁　夏 Ningxia	1989	1	279	1236	460
新　疆 Xinjiang	7001	5	1034	4546	1340

学历、职称情况(镇区)

Attainment and Professional Rank (Counties & Towns Area)

单位:人

unit:person

	按职称分 By Professional Rank					
高中阶段以下毕业 Below High School Graduate	中学高级 Senior Secondary	小学高级 Senior Primary	小学一级 1st Grade Primary	小学二级 2st Grade Primary	小学三级 3st Grade Primary	未定职级 No-ranking
18200	**3457**	**70533**	**77481**	**20572**	**4781**	**336172**
59	13	531	525	127	19	1166
101	36	499	122	7	2	853
510	137	6551	6605	811	129	10464
356	26	2256	3627	840	140	7158
179	803	2294	1798	358	78	5946
744	182	1674	641	215	195	6985
281	84	1899	1685	368	169	3572
363	199	1451	1388	172	130	6137
33	67	1021	1901	472	41	1328
634	272	5940	6170	1249	150	24603
488	126	2796	7367	2617	310	28099
438	33	3181	2137	394	72	12108
815	98	3870	2396	566	101	15437
2354	139	1943	2104	858	449	25374
1049	270	3551	4932	1029	282	24094
1277	181	4013	5549	1468	278	23679
723	105	2495	2663	767	345	9733
859	73	1922	2670	1192	192	21400
2527	97	3470	2521	1480	566	29128
1180	52	2235	1830	1029	325	13404
248	11	257	506	401	91	2526
362	41	954	1316	277	87	8167
891	116	3892	4349	929	212	19975
362	37	1938	1906	319	77	5670
529	50	4064	2858	632	118	8898
10	4	123	225	120	13	153
577	100	2063	3754	1084	108	11843
112	20	1403	1998	404	26	2340
50	30	545	190	64	15	831
13	23	453	382	68		1063
76	32	1249	1366	255	61	4038

幼儿园园长、专任教师

Number of Kindergarten Heads ,Full-time Teachers by Educational

	合计 Total	按学历分 By Educational Attainment			
		研究生毕业 Graduate	本科毕业 Under-graduate	专科毕业 Associate Bachelor	高中阶段毕业 High School Graduate
合 计 Total	**144098**	**91**	**14203**	**67111**	**56892**
北 京 Beijing	489	9	189	168	106
天 津 Tianjin	563		89	176	215
河 北 Hebei	11332	4	1621	6410	3012
山 西 Shanxi	4452	3	702	2248	1333
内蒙古 Inner Mongolia	1035		244	488	282
辽 宁 Liaoning	1428	4	106	603	619
吉 林 Jilin	868	4	259	397	178
黑龙江 Heilongjiang	1027		116	573	315
上 海 Shanghai	1121	6	543	439	131
江 苏 Jiangsu	8478	2	1594	4798	2019
浙 江 Zhejiang	17317	3	1410	7734	7912
安 徽 Anhui	3255	7	276	1797	1078
福 建 Fujian	6923	3	645	2473	3491
江 西 Jiangxi	5529	3	236	1978	2837
山 东 Shandong	15378	13	1508	6228	7070
河 南 Henan	12927	7	1030	6673	4684
湖 北 Hubei	3724	1	220	1437	1928
湖 南 Hunan	8071	4	536	4246	3021
广 东 Guangdong	13547	9	404	4931	6904
广 西 Guangxi	3253		204	1557	1307
海 南 Hainan	588		22	293	213
重 庆 Chongqing	2488	1	127	1194	1061
四 川 Sichuan	5838	2	356	2658	2580
贵 州 Guizhou	1953	1	153	1066	650
云 南 Yunnan	4438	4	589	2054	1628
西 藏 Tibet	45		5	36	4
陕 西 Shaanxi	5968	1	724	3340	1702
甘 肃 Gansu	678		73	340	244
青 海 Qinghai	228		17	102	99
宁 夏 Ningxia	246		38	133	68
新 疆 Xinjiang	911		167	541	201

学历、职称情况(镇乡结合区)

Attainment and Professional Rank (County-town Transitional Area)

单位:人

unit:person

高中阶段以下毕业 Below High School Graduate	按职称分 By Professional Rank					
	中学高级 Senior Secondary	小学高级 Senior Primary	小学一级 1st Grade Primary	小学二级 2st Grade Primary	小学三级 3st Grade Primary	未定职级 No-ranking
5801	**599**	**14875**	**19643**	**5710**	**1278**	**101993**
17	2	104	101	25		257
83	5	144	28			386
285	70	2947	3243	455	58	4559
166	4	613	1181	299	40	2315
21	96	254	114	7	1	563
96	22	148	123	38	27	1070
30	4	244	263	29	52	276
23	7	115	117	23	26	739
2	17	184	341	101	1	477
65	49	1337	1575	251	44	5222
258	13	635	2233	849	104	13483
97	3	331	319	88	15	2499
311	19	848	635	158	65	5198
475	5	184	201	96	92	4951
559	103	1305	2126	572	109	11163
533	52	967	1638	457	95	9718
138	19	462	601	259	95	2288
264	13	409	801	428	67	6353
1299	34	727	788	431	177	11390
185	3	298	307	229	94	2322
60		11	63	62	8	444
105	8	139	199	51	13	2078
242	6	379	429	123	15	4886
83	2	305	258	41	4	1343
163	7	911	604	121	48	2747
		4	11	9	6	15
201	32	482	959	423	16	4056
21	2	120	164	43	4	345
10	1	19	5	7		196
7	1	84	47	8		106
2		165	169	27	2	548

幼儿园园长、专任教师

Number of Kindergarten Heads ,Full-time Teachers by Educational

	合计 Total	按学历分 By Educational Attainment			
		研究生毕业 Graduate	本科毕业 Under-graduate	专科毕业 Associate Bachelor	高中阶段毕业 High School Graduate
合　计 Total	**247017**	**68**	**14813**	**96505**	**118067**
北　京 Beijing	1107	2	389	316	356
天　津 Tianjin	1574	1	224	528	675
河　北 Hebei	20122	6	2231	10690	6667
山　西 Shanxi	6365		304	2638	2956
内蒙古 Inner Mongolia	2006		289	982	650
辽　宁 Liaoning	5725	4	327	1983	2735
吉　林 Jilin	3043	5	708	1398	818
黑龙江 Heilongjiang	3516	1	257	1743	1297
上　海 Shanghai	732	2	335	313	80
江　苏 Jiangsu	7166	2	687	3717	2626
浙　江 Zhejiang	17871		1110	6963	9110
安　徽 Anhui	6973	1	371	3520	2664
福　建 Fujian	9021	2	291	2810	5178
江　西 Jiangxi	14329	2	312	3515	7921
山　东 Shandong	34558	16	1587	10306	20510
河　南 Henan	26791	3	1150	11712	11921
湖　北 Hubei	8616	3	429	2993	4528
湖　南 Hunan	14664	2	494	6083	7332
广　东 Guangdong	11472	3	236	3816	6318
广　西 Guangxi	7768	3	254	2792	3759
海　南 Hainan	634		29	304	267
重　庆 Chongqing	2655		98	897	1439
四　川 Sichuan	10362		179	3065	6140
贵　州 Guizhou	2474		189	1163	981
云　南 Yunnan	7836	1	374	2805	3910
西　藏 Tibet	223	1	25	105	83
陕　西 Shaanxi	9462	2	533	4307	3961
甘　肃 Gansu	2581	2	345	1041	1055
青　海 Qinghai	1101	3	102	457	437
宁　夏 Ningxia	396		31	211	145
新　疆 Xinjiang	5874	1	923	3332	1548

学历、职称情况(乡村)
Attainment and Professional Rank (Rural Area)

单位:人
unit: person

高中阶段以下毕业 Below High School Graduate	按职称分 By Professional Rank					
	中学高级 Senior Secondary	小学高级 Senior Primary	小学一级 1st Grade Primary	小学二级 2st Grade Primary	小学三级 3st Grade Primary	未定职级 No-ranking
17564	**763**	**22125**	**28973**	**7592**	**2113**	**185451**
44	3	321	218	73	12	480
146	55	733	80	1		705
528	110	7036	6989	646	75	5266
467	1	435	956	428	124	4421
85	118	365	230	39	3	1251
676	80	637	432	188	121	4267
114	6	844	713	69	119	1292
218	39	389	554	106	30	2398
2	11	141	255	74	7	244
134	12	759	932	271	5	5187
688	8	530	2030	906	91	14306
417	10	598	619	220	42	5484
740	3	988	520	179	30	7301
2579	12	264	450	240	74	13289
2139	52	2229	4312	788	248	26929
2005	55	1188	2882	676	250	21740
663	29	696	948	303	175	6465
753	24	648	1054	432	163	12343
1099	33	491	444	375	183	9946
960	12	262	481	476	111	6426
34	1	9	74	77	19	454
221	8	133	285	38	11	2180
978	15	198	619	223	75	9232
141	8	331	405	87	5	1638
746	11	521	531	164	27	6582
9		16	58	11		138
659	20	376	959	328	70	7709
138	1	463	433	85	12	1587
102	18	218	58	1	1	805
9	1	75	63	2		255
70	7	231	389	86	30	5131

幼儿园校舍及其他
Statistics of Kindergarten Buildings

	校舍建筑面积 Floor Space	教学及辅助用房 Teaching & Assistant Buildings				
		计 Total	其中 of Which			
			活动室 Recreational	洗手间 Toilet	睡眠室 Bed Room	保健室 Health Care
合　计 Total	**150059974**	**103019276**	**61247133**	**7355124**	**27100709**	**3391710**
北　京 Beijing	2686827	1586249	817166	156836	526319	38640
天　津 Tianjin	1081719	698576	408005	65633	180119	22123
河　北 Hebei	5825912	3998595	2511961	209413	911980	176724
山　西 Shanxi	3619901	2358381	1532285	136077	502158	84477
内蒙古 Inner Mongolia	2275145	1452211	854644	108777	395317	41963
辽　宁 Liaoning	4288261	3070286	1768728	268049	799799	110284
吉　林 Jilin	1770660	1266865	711911	97842	362860	46289
黑龙江 Heilongjiang	2133028	1475551	826106	106023	413904	66173
上　海 Shanghai	4566861	2578196	1665509	228315	561053	60802
江　苏 Jiangsu	12976070	8835838	5401425	691930	2189193	230270
浙　江 Zhejiang	11247706	7527622	4339810	615936	2163025	179588
安　徽 Anhui	3568096	2567190	1647626	172492	547717	89975
福　建 Fujian	5664029	3917329	2474521	308568	930502	99432
江　西 Jiangxi	5579632	4176088	2415528	294355	1151322	144063
山　东 Shandong	11645288	8111924	5262466	525174	1739073	253767
河　南 Henan	8907194	6450260	3872663	463997	1586884	239793
湖　北 Hubei	5276538	3707905	2026817	293670	1089398	150235
湖　南 Hunan	7741087	5533269	2950734	400009	1637526	282732
广　东 Guangdong	18099107	11992447	7195136	830680	3170171	330099
广　西 Guangxi	4292622	3105965	1720570	213164	969257	100373
海　南 Hainan	851077	594075	335595	45735	165985	21406
重　庆 Chongqing	2737475	1991865	1187704	141991	517900	68245
四　川 Sichuan	6686286	4830476	2897372	299045	1287780	163797
贵　州 Guizhou	2018890	1424355	788262	93042	439037	51885
云　南 Yunnan	3833793	2604288	1487409	123821	806732	89711
西　藏 Tibet	172818	98623	58343	4669	27078	4809
陕　西 Shaanxi	4071186	2794558	1632207	193524	750951	100376
甘　肃 Gansu	1564797	1043790	684324	55301	231479	32477
青　海 Qinghai	517017	335996	200895	19946	94164	10578
宁　夏 Ningxia	544784	378289	230716	29325	97291	9154
新　疆 Xinjiang	3816170	2512215	1340695	161785	854736	91471

情况(总计)(一)
and Others (Regional Aggregates) (1)

单位: 平方米
unit: m^2

图书室 Pictare Books	行政办公用房 Administritive 计 Total	其中:教师办公室 of Which: Office	生活用房 Residential and Welfare 计 Total	其中:厨房 of Which: Kitchen	其他用房 For other Purposes	校舍面积中 of the Floor Space 危房面积 Floor Space of Dilapidated Buildings	当年新增 New Added in Current Year
3924600	**11039829**	**6927335**	**16427815**	**7265329**	**19573054**	**1831129**	**5048261**
47288	221510	100854	360542	150971	518526	17334	84603
22695	85081	46798	120105	54250	177957	6315	21996
188518	548161	388477	541535	221270	737621	150472	145930
103383	409017	275873	384541	139337	467963	58658	98641
51510	204213	129879	302523	120958	316198	77257	174221
123425	292311	177197	458208	266111	467457	9672	66994
47963	124988	78037	181906	89655	196901	20612	32389
63345	164231	99785	258156	117592	235090	23834	64448
62517	342266	149381	626405	197441	1019994		175706
323020	882096	491994	1224733	572178	2033403		479690
229263	762537	442698	1224859	581311	1732688	6246	312137
109381	291633	191361	357200	158086	352073	78321	92250
104308	376596	239454	594289	260410	775814	25254	190110
170820	365251	243564	558984	263158	479309	62878	85564
331444	974305	684554	1087217	507946	1471843	44504	240990
286924	809487	536382	834424	410443	813022	56850	242183
147785	354805	221434	658726	288400	555102	116648	106916
262268	597844	407142	862196	372308	747778	80371	107304
466362	977665	566766	2152152	858954	2976842	31159	301312
102601	223686	154756	536302	261440	426669	86740	65468
25354	51019	32505	115651	48781	90332	10096	10447
76025	180183	116519	290050	126604	275377	34253	51196
182482	424132	271601	750684	330269	680994	66815	521453
52129	152053	93489	225724	102708	216758	7876	149908
96614	280804	164688	541214	187803	407487	491738	160562
3724	13920	9681	35250	8733	25025	1574	5067
117500	425449	281784	426301	215365	424878	30395	157242
40210	162940	117853	173617	70126	184451	180524	56963
10412	43329	29269	75881	24226	61811	26902	26048
11803	52057	35127	55484	30069	58954	9732	22132
63529	246260	148433	412957	228425	644736	18099	798392

幼儿园校舍及其他
Statistics of Kindergarten Buildings

	校舍建筑面积 Floor Space	教学及辅助用房 Teaching & Assistant Buildings				
		计 Total	其中 of Which			
			活动室 Recreational	洗手间 Toilet	睡眠室 Bed Room	保健室 Health Care
合　计 Total	**73359829**	**49859086**	**28798999**	**3966038**	**14200687**	**1271853**
北　京 Beijing	2268466	1350862	690627	133118	455297	32330
天　津 Tianjin	751639	477516	268838	48066	132715	12477
河　北 Hebei	1860942	1277942	709637	93444	399809	33048
山　西 Shanxi	1571341	1015096	581222	73913	298427	28595
内蒙古 Inner Mongolia	1031507	680737	380668	59318	200737	17580
辽　宁 Liaoning	2858238	2023492	1145183	194553	547014	65612
吉　林 Jilin	1096971	778682	431700	68292	225041	25826
黑龙江 Heilongjiang	1169280	792662	425103	65146	234865	35843
上　海 Shanghai	3710257	2097284	1360426	184665	451685	49196
江　苏 Jiangsu	6549899	4377704	2635336	357612	1165668	86349
浙　江 Zhejiang	5116557	3443803	1997578	296153	988052	67628
安　徽 Anhui	1518182	1082036	626059	84022	306820	27864
福　建 Fujian	2701516	1867932	1138855	151779	489053	41846
江　西 Jiangxi	1633568	1231000	673656	89273	393135	31876
山　东 Shandong	5495033	3793745	2225781	301697	1028897	100464
河　南 Henan	3745611	2688900	1510979	197765	816868	71693
湖　北 Hubei	2462009	1751274	974415	145386	525234	49228
湖　南 Hunan	2816978	2068530	1095688	170506	635652	83660
广　东 Guangdong	12780126	8366229	5053807	608962	2219497	190948
广　西 Guangxi	1692662	1227004	686242	95207	377852	32230
海　南 Hainan	453511	310185	172388	25031	90165	9768
重　庆 Chongqing	1270533	938346	519324	76668	285733	25332
四　川 Sichuan	2733741	2002578	1131302	139339	624137	46780
贵　州 Guizhou	793429	574152	313751	39975	185942	16025
云　南 Yunnan	1302150	892474	512958	50027	283119	19873
西　藏 Tibet	54289	29398	16623	2042	9497	627
陕　西 Shaanxi	1666578	1190727	672172	91180	361633	29220
甘　肃 Gansu	700811	492129	286436	34058	143605	12095
青　海 Qinghai	180160	123408	64039	10896	41920	3310
宁　夏 Ningxia	300755	210337	122954	18086	58306	4691
新　疆 Xinjiang	1073090	702920	375252	59860	224313	19840

情况(城区)(一)

and Others (Urban Area) (1)

单位:平方米
unit: m^2

图书室 Pictare Books	行政办公用房 Administritive		生活用房 Residential and Welfare		其他用房 For other Purposes	校舍面积中 of the Floor Space	
	计 Total	其中:教师办公室 of Which: Office	计 Total	其中:厨房 of Which: Kitchen		危房面积 Floor Space of Dilapidated Buildings	当年新增 New Added in Current Year
1621508	**4848873**	**2592669**	**7952174**	**3585538**	**10699697**	**519261**	**1712117**
39490	184542	79440	300416	124735	432646	17064	56622
15420	57663	28258	89006	40939	127453	5829	8248
42004	151224	82892	179760	85941	252016	15326	40194
32939	156513	77737	183365	70702	216367	9924	43757
22434	78395	43613	129591	57955	142784	36323	31854
71129	178317	95278	310033	179548	346397	3130	38975
27823	71642	42243	113344	57516	133303	7615	18208
31705	85781	44418	133902	68667	156935	16964	13332
51312	276025	122651	518265	159632	818683		121785
132739	426678	209364	656686	296624	1088831		238408
94392	344783	182290	523233	250067	804738	3246	111625
37272	110585	59261	145828	74679	179733	19622	21042
46401	168182	96579	264316	120636	401085	6846	100260
43060	90555	53223	131776	64602	180237	7705	23757
136906	396745	240207	546302	291673	758243	9030	88696
91596	291147	156358	342205	162948	423358	16148	75927
57011	155884	83043	272052	120882	282799	41054	40683
83024	187106	108108	257540	123677	303802	13682	33603
293016	654956	355978	1533207	610318	2225734	24580	168196
35473	85282	52651	200218	98676	180158	33113	14232
12833	25917	15873	64161	25113	53248	5963	3507
31289	69771	39880	121996	59186	140420	9644	22876
61020	155969	85973	279769	136753	295425	14951	200183
18459	56604	30439	78003	39160	84670		30629
26497	86559	44041	182402	61793	140715	139994	37141
609	3042	1675	7428	1888	14421		
36522	130732	65556	155953	81578	189166	8026	42875
15935	56467	35015	73263	37237	78952	40147	14091
3243	13066	7669	19700	8034	23986		5356
6300	26149	15093	29813	16928	34456	7656	12995
23655	72592	37862	108642	57452	188936	5679	53061

幼儿园校舍及其他
Statistics of Kindergarten Buildings

	校舍建筑面积 Floor Space	教学及辅助用房 Teaching & Assistant Buildings				
		计 Total	其中 of Which			
			活动室 Recreational	洗手间 Toilet	睡眠室 Bed Room	保健室 Health Care
合　计 Total	**12244058**	**8250629**	**4800487**	**642267**	**2254108**	**243733**
北　京 Beijing	124211	74021	38511	6627	24160	2464
天　津 Tianjin	60878	46046	26097	4225	12011	1742
河　北 Hebei	280325	195861	116747	12073	51283	7747
山　西 Shanxi	218337	144323	89415	9309	34491	5261
内蒙古 Inner Mongolia	51460	36883	20522	3266	10916	1075
辽　宁 Liaoning	230526	161086	90947	14477	40263	7468
吉　林 Jilin	54213	37027	20282	2990	10808	1725
黑龙江 Heilongjiang	73801	50195	26719	4291	15101	2125
上　海 Shanghai	241560	138251	85655	12756	33041	3270
江　苏 Jiangsu	592725	385455	234771	31301	95226	10400
浙　江 Zhejiang	1293940	888799	514293	78240	248361	21024
安　徽 Anhui	129703	93402	58677	5585	21323	3481
福　建 Fujian	669639	457319	276242	37710	120491	11032
江　西 Jiangxi	222126	164236	89513	13203	49682	4927
山　东 Shandong	1194867	814361	498285	62268	194909	25209
河　南 Henan	623328	439220	251938	31189	120484	16240
湖　北 Hubei	281767	207200	114310	15215	58945	8719
湖　南 Hunan	371405	270651	143110	22460	79816	12252
广　东 Guangdong	3937569	2490187	1461732	195425	673438	62278
广　西 Guangxi	280702	206791	115268	13808	67559	4846
海　南 Hainan	13482	10077	5365	769	2774	538
重　庆 Chongqing	174133	125617	65379	8486	42551	4132
四　川 Sichuan	308590	230981	129471	17195	70713	6369
贵　州 Guizhou	108522	79149	41128	6098	25284	3490
云　南 Yunnan	194150	137659	75362	7094	45022	4326
西　藏 Tibet						
陕　西 Shaanxi	326050	236870	134379	15943	70355	7345
甘　肃 Gansu	29311	18348	12385	1003	4161	413
青　海 Qinghai	21092	14824	7595	1299	4742	574
宁　夏 Ningxia	42376	28565	18754	2537	5599	898
新　疆 Xinjiang	93271	67226	37635	5425	20599	2363

情况(城乡结合区)(一)

and Others (Urban-rural Transitional Area)((1)

单位:平方米

unit: m^2

	行政办公用房 Administritive		生活用房 Residential and Welfare		其他用房 For other Purposes	校舍面积中 of the Floor Space	
图书室 Pictare Books	计 Total	其中:教师办公室 of Which: Office	计 Total	其中:厨房 of Which: Kitchen		危房面积 Floor Space of Dilapidated Buildings	当年新增 New Added in Current Year
310035	**794222**	**466738**	**1412695**	**613010**	**1786512**	**51053**	**433557**
2259	11059	5674	14892	8045	24239		3791
1971	3263	2175	6862	4548	4707	1153	280
8011	27455	16846	23890	10490	33119	1596	11921
5847	25821	16481	18100	9233	30093	713	8401
1104	3769	2079	5583	2757	5225	5164	1005
7931	14331	9350	26082	14515	29027		1540
1222	3833	2749	5438	2615	7915	850	381
1959	5741	2794	8010	4333	9855	270	140
3529	17324	5947	35460	10174	50525		38965
13757	41737	20056	74930	29398	90603		31188
26881	83111	45355	135552	66269	186478		34415
4336	10158	6724	13858	6281	12285	1246	4227
11844	39847	25948	70138	29981	102335	1000	36049
6911	15042	10625	19984	9405	22864	700	4156
33690	89501	58098	116720	58926	174284	1708	31607
19369	55223	33898	61238	29263	67647	4286	24120
10011	17502	11073	30332	15236	26733	5963	12804
13013	25815	16542	33201	17489	41738	1782	3399
97314	199617	113403	542918	200797	704847	5517	61996
5310	12972	8567	34656	17852	26283	3593	5891
631	505	341	1722	853	1178		
5069	8961	5791	20267	7095	19288		4212
7233	17890	10811	30591	18538	29128	140	36455
3149	7603	4745	10669	5968	11101		18281
5855	13289	7062	23936	8162	19266	11787	17169
8848	28968	15128	28396	15402	31816	600	10184
386	2755	1794	3495	1569	4713		2542
614	1743	1180	2157	1055	2368		1340
777	4222	2318	4256	2268	5333	2985	3370
1204	5164	3183	9362	4492	11519		23728

幼儿园校舍及其他
Statistics of Kindergarten Buildings

	校舍建筑面积 Floor Space	教学及辅助用房 Teaching & Assistant Buildings				
		计 Total	其中 of Which			
			活动室 Recreational	洗手间 Toilet	睡眠室 Bed Room	保健室 Health Care
合　计 Total	**50829116**	**35294467**	**21239311**	**2365853**	**9008126**	**1271244**
北　京 Beijing	290245	167795	87626	18100	52552	3995
天　津 Tianjin	185655	123247	70411	10933	33654	4835
河　北 Hebei	1998376	1377007	851675	77346	330793	55640
山　西 Shanxi	1291149	839430	576687	45360	146363	31143
内蒙古 Inner Mongolia	1030142	639753	388577	41259	167133	19754
辽　宁 Liaoning	867171	637139	375539	47951	158955	26161
吉　林 Jilin	497824	358912	205706	23093	101662	14299
黑龙江 Heilongjiang	732556	510442	293642	33509	137511	22331
上　海 Shanghai	750265	421994	267126	39070	95824	10054
江　苏 Jiangsu	5386551	3710042	2310138	279168	860617	108725
浙　江 Zhejiang	4318243	2851849	1635062	228060	830387	70528
安　徽 Anhui	1417998	1042441	720125	63161	171051	40030
福　建 Fujian	2044319	1430826	926328	112757	319289	35131
江　西 Jiangxi	2627365	1979294	1152358	139392	541859	68124
山　东 Shandong	3107101	2145143	1427143	127186	424117	74092
河　南 Henan	2935256	2158181	1340914	152351	470903	91073
湖　北 Hubei	1825278	1274865	690877	98007	371600	60778
湖　南 Hunan	3121283	2225222	1187419	147885	665097	119508
广　东 Guangdong	4094817	2795245	1644453	170538	749269	103496
广　西 Guangxi	1807485	1303081	717308	83505	416689	43219
海　南 Hainan	339572	244005	142753	17665	63892	9370
重　庆 Chongqing	1170675	849396	534344	51693	196830	32262
四　川 Sichuan	2916034	2094460	1293727	119345	514831	83539
贵　州 Guizhou	923501	646943	359143	39813	197451	26458
云　南 Yunnan	1631057	1119849	636911	48294	360388	36372
西　藏 Tibet	77640	48370	27093	1738	13765	3803
陕　西 Shaanxi	1558882	1053126	619618	69949	276123	40832
甘　肃 Gansu	523741	339109	241840	15623	57665	10689
青　海 Qinghai	157112	107602	66895	4778	31376	2219
宁　夏 Ningxia	190694	135085	87475	9475	30969	3255
新　疆 Xinjiang	1011130	664615	360397	48849	219511	19530

情况（镇区）（一）

and Others (Counties & Towns Area) (1)

单位：平方米
unit：m^2

图书室 Pictare Books	行政办公用房 Administritive 计 Total	其中：教师办公室 of Which: Office	生活用房 Residential and Welfare 计 Total	其中：厨房 of Which: Kitchen	其他用房 For other Purposes	校舍面积中 of the Floor Space 危房面积 Floor Space of Dilapidated Buildings	当年新增 New Added in Current Year
1409934	**3898539**	**2615639**	**5481338**	**2346241**	**6154772**	**784117**	**2048647**
5522	24590	13551	40090	17829	57770		15053
3414	13026	7762	19887	8130	29495	486	7707
61553	184138	131554	184549	77186	252682	38043	71947
39876	149221	114128	125239	42997	177260	31246	44922
23030	102451	70210	140276	51825	147662	25806	107507
28533	64860	46767	88262	50748	76910	5146	20633
14152	37842	24628	52857	23858	48213	10107	7857
23449	59786	40483	93992	35307	68336	4686	39923
9920	58432	23269	96175	32586	173664		47892
151394	381576	234988	468069	228424	826864		202755
87812	293982	176378	470841	218440	701571	2650	171374
48074	121901	85506	137972	51610	115684	44590	45797
37321	139389	91015	218715	95867	255389	8219	53843
77561	172903	114388	267855	123209	207313	33285	45781
92606	269239	196732	286584	118091	406135	16310	99854
102940	281247	203331	266286	127661	229542	22324	82910
53603	126143	84669	249578	103698	174692	58426	43419
105313	249832	177431	362069	144585	284160	39961	52720
127488	242975	154532	467854	185785	588744	5314	102386
42360	94468	67715	232756	105021	177180	37572	35084
10325	21074	13895	42278	19161	32215	4133	3762
34267	84301	56361	129228	50438	107750	21729	23950
83018	188170	125419	327391	132999	306013	41310	257341
24078	68168	43835	107643	45811	100747	6760	81395
37884	120761	70507	217761	75507	172686	215019	86438
1971	7687	5666	15642	3907	5941		3127
46605	179813	129975	165526	81303	160417	15828	76414
13293	60672	45625	58229	20862	65731	79562	34727
2333	12396	7625	19285	7538	17830	6203	7436
3911	20258	15669	18599	9652	16752	1000	6866
16327	67238	42025	109853	56207	169424	8402	167829

幼儿园校舍及其他
Statistics of Kindergarten Buildings

	校舍建筑面积 Floor Space	教学及辅助用房 Teaching & Assistant Buildings				
		计 Total	其中 of Which			
			活动室 Recreational	洗手间 Toilet	睡眠室 Bed Room	保健室 Health Care
合　计 Total	**14635520**	**10116678**	**6103677**	**686473**	**2500629**	**391948**
北　京 Beijing	62710	34232	17764	3860	10449	949
天　津 Tianjin	63155	43664	28239	3178	9585	1755
河　北 Hebei	903516	622156	397666	30779	132306	28529
山　西 Shanxi	467878	303153	202303	18563	52052	14638
内蒙古 Inner Mongolia	88688	54479	37424	2007	11992	1710
辽　宁 Liaoning	133148	97258	56431	7946	22812	5185
吉　林 Jilin	47662	35917	22525	1885	8552	1524
黑龙江 Heilongjiang	73714	53392	31471	3269	14576	2340
上　海 Shanghai	156945	95246	62513	6920	21613	2281
江　苏 Jiangsu	1289864	881577	539305	72493	207826	26890
浙　江 Zhejiang	1768826	1166099	658662	92517	343351	31651
安　徽 Anhui	259340	189784	126673	10990	33499	8691
福　建 Fujian	679424	474450	295683	41013	112610	12860
江　西 Jiangxi	487380	366864	218915	26287	90482	14438
山　东 Shandong	1446341	1010163	676282	59947	189581	37972
河　南 Henan	1154916	839377	511719	59577	184484	40508
湖　北 Hubei	429454	298198	162961	26717	83619	13638
湖　南 Hunan	975292	685535	369293	46520	195295	39991
广　东 Guangdong	1523963	1033231	620691	61549	264958	38152
广　西 Guangxi	332824	238481	127528	17187	76060	8634
海　南 Hainan	50923	38371	23132	2772	9307	1470
重　庆 Chongqing	251076	180167	108632	11925	44185	7584
四　川 Sichuan	604748	431927	253405	27050	116652	16598
贵　州 Guizhou	199066	131768	73547	8162	40950	4399
云　南 Yunnan	447314	303646	170394	11402	96236	11721
西　藏 Tibet	8568	5321	3671	170	1163	144
陕　西 Shaanxi	472976	329646	201210	21663	79465	12827
甘　肃 Gansu	55839	34980	25582	1262	5017	1212
青　海 Qinghai	18150	14645	10299	615	3253	191
宁　夏 Ningxia	25148	18204	11632	1104	4182	461
新　疆 Xinjiang	156671	104747	58125	7144	34517	3005

情况(镇乡结合区)(一)
and Others (County-town Transitional Area)(1)

单位：平方米
unit：m²

图书室 Pictare Books	行政办公用房 Administritive 计 Total	其中：教师办公室 of Which：Office	生活用房 Residential and Welfare 计 Total	其中：厨房 of Which：Kitchen	其他用房 For other Purposes	校舍面积中 of the Floor Space 危房面积 Floor Space of Dilapidated Buildings	当年新增 New Added in Current Year
433952	**1152789**	**785520**	**1563518**	**679625**	**1802534**	**168707**	**561341**
1210	6096	4090	8447	4551	13935		6162
907	4498	2955	6590	2812	8403		929
32876	92162	67925	85058	34190	104140	19001	32091
15597	55215	42307	49175	15147	60335	13387	23989
1346	9435	5985	11011	4658	13763	5811	14385
4884	9708	6814	12902	7618	13280	345	968
1431	3575	2580	4640	2650	3530	2200	1488
1736	5120	4142	9734	3448	5468	351	951
1919	11367	5143	20710	7864	29622		8517
35064	83668	53809	120039	62043	204580		32199
39918	118205	70940	204711	88968	279811		49727
9931	20939	15191	24921	9871	23696	4208	11743
12284	47551	30950	71539	32888	85884	2265	27278
16742	32310	21548	50187	24791	38019	3903	3306
46381	130907	95443	129663	53559	175609	8189	40716
43089	112714	81183	105394	51891	97431	5085	32644
11263	30276	21863	57458	25180	43522	13058	10752
34436	80160	58927	118239	47311	91358	17530	13079
47882	97981	58725	169821	68265	222930	775	39161
9072	18104	13173	39938	17802	36301	5479	2696
1690	2627	1744	5838	2714	4087	240	708
7841	20199	12449	28826	12483	21884	84	4442
18222	38382	25097	68008	32991	66431	1216	87579
4710	14735	9334	25239	9129	27324		15932
13893	33405	21469	57397	21224	52866	59054	32331
173	808	371	1875	192	564		
14481	50434	36370	50361	24161	42535	1589	24931
1907	7884	5809	5280	1553	7696	3533	4071
287	971	609	2045	908	489	30	450
825	2098	1609	3005	1317	1841	1000	720
1955	11256	6966	15468	7446	25200	374	37397

幼儿园校舍及其他

Statistics of Kindergarten Buildings

	校舍建筑面积 Floor Space	教学及辅助用房 Teaching & Assistant Buildings				
		计 Total	其中 of Which			
			活动室 Recreational	洗手间 Toilet	睡眠室 Bed Room	保健室 Health Care
合　计 Total	**25871029**	**17865723**	**11208823**	**1023233**	**3891896**	**848613**
北　京 Beijing	128116	67592	38913	5618	18470	2315
天　津 Tianjin	144425	97812	68756	6634	13750	4812
河　北 Hebei	1966594	1343646	950648	38623	181378	88036
山　西 Shanxi	757411	503855	374376	16804	57368	24739
内蒙古 Inner Mongolia	213496	131721	85399	8200	27447	4629
辽　宁 Liaoning	562852	409655	248006	25545	93830	18511
吉　林 Jilin	175865	129271	74505	6457	36157	6164
黑龙江 Heilongjiang	231192	172447	107361	7368	41528	7999
上　海 Shanghai	106339	58918	37957	4580	13544	1552
江　苏 Jiangsu	1039620	748092	455951	55151	162908	35197
浙　江 Zhejiang	1812906	1231970	707170	91723	344586	41432
安　徽 Anhui	631916	442713	301442	25309	69846	22081
福　建 Fujian	918194	618571	409338	44032	122160	22455
江　西 Jiangxi	1318699	965794	589514	65690	216328	44063
山　东 Shandong	3043153	2173036	1609543	96291	286060	79211
河　南 Henan	2226327	1603179	1020770	113881	299113	77027
湖　北 Hubei	989251	681766	361525	50277	192564	40229
湖　南 Hunan	1802826	1239517	667627	81618	336777	79564
广　东 Guangdong	1224164	830973	496876	51180	201405	35654
广　西 Guangxi	792475	575880	317020	34452	174716	24924
海　南 Hainan	57994	39885	20454	3039	11928	2268
重　庆 Chongqing	296267	204123	134036	13630	35337	10651
四　川 Sichuan	1036511	733438	472343	40361	148812	33478
贵　州 Guizhou	301960	203260	115368	13254	55644	9402
云　南 Yunnan	900585	591964	337540	25500	163225	33466
西　藏 Tibet	40889	20855	14627	889	3816	379
陕　西 Shaanxi	845726	550705	340417	32395	113195	30325
甘　肃 Gansu	340246	212552	156048	5620	30209	9693
青　海 Qinghai	179745	104986	69960	4272	20868	5049
宁　夏 Ningxia	53335	32867	20287	1764	8016	1208
新　疆 Xinjiang	1731950	1144680	605045	53076	410912	52100

情况（乡村）（一）
and Others（Rural Area）(1)

单位：平方米
unit：m^2

图书室 Pictare Books	行政办公用房 Administritive		生活用房 Residential and Welfare		其他用房 For other Purposes	校舍面积中 of the Floor Space	
	计 Total	其中：教师办公室 of Which：Office	计 Total	其中：厨房 of Which：Kitchen		危房面积 Floor Space of Dilapidated Buildings	当年新增 New Added in Current Year
893159	**2292417**	**1719028**	**2994303**	**1333550**	**2718586**	**527751**	**1287496**
2276	12378	7863	20036	8407	28110	270	12928
3861	14392	10778	11212	5181	21009		6041
84961	212799	174031	177226	58143	232923	97103	33789
30568	103283	84008	75937	25638	74336	17488	9962
6046	23367	16056	32656	11178	25752	15128	34860
23763	49134	35152	59913	35815	44150	1396	7386
5988	15504	11166	15705	8281	15385	2890	6324
8191	18664	14884	30262	13618	9819	2184	11193
1285	7809	3461	11965	5223	27647		6029
38886	73842	47643	99978	47130	117708		38527
47059	123772	84030	230785	112804	226379	350	29138
24035	59147	46594	73400	31797	56656	14109	25411
20586	69025	51860	111258	43907	119340	10189	36007
50199	101793	75953	159353	75347	91759	21888	16026
101932	308321	247615	254331	98182	307466	19164	52440
92388	237093	176693	225933	119834	160122	18378	83346
37171	72778	53722	137096	63820	97611	17168	22814
73931	160906	121603	242587	104046	159816	26728	20981
45858	79735	56256	151092	62852	162365	1265	30730
24768	43936	34390	103328	57743	69331	16055	16152
2196	4028	2737	9212	4507	4869		3178
10469	26111	20278	38826	16980	27207	2880	4370
38444	79993	60209	143524	60517	79556	10554	63929
9592	27281	19215	40078	17737	31341	1116	37884
32233	73484	50140	141051	50503	94086	136725	36983
1144	3191	2340	12180	2938	4663	1574	1940
34373	114904	86253	104822	52484	75295	6541	37953
10982	45801	37213	42125	12027	39768	60815	8145
4836	17867	13975	36897	8655	19995	20699	13256
1592	5650	4365	7072	3489	7746	1076	2271
23547	106431	68546	194463	114767	286377	4018	577503

幼儿园办学条件(总计)(二)
Statistics of Kindergarten Buildings and Others (Regional Aggregates) (2)

	占地面积(平方米) Areas of School Sites(m^2)			图书(册) Books & Magazines in Libraries (volume)	数字资源 (GB) Digital resources
	计 Total	其中 of Which			
		绿化用地面积 Green Areas	运动场地面积 Sports Areas		
合　计 Total	**303498854**	**46452849**	**100327082**	**148815959**	**15960890**
北　京 Beijing	4560607	681067	1628834	3207147	375029
天　津 Tianjin	2243735	262642	872016	828777	62601
河　北 Hebei	18914834	2015670	6916770	8450842	394539
山　西 Shanxi	7915426	740598	2858753	4048001	196463
内蒙古 Inner Mongolia	5632404	606396	1814926	1540997	117303
辽　宁 Liaoning	10607400	1254126	4252008	4691478	653261
吉　林 Jilin	4013109	496070	1527127	1536745	296731
黑龙江 Heilongjiang	5471171	655355	2030771	1463228	121025
上　海 Shanghai	6962263	1888812	1891818	2418173	961513
江　苏 Jiangsu	24737115	5372700	8807453	17106846	503788
浙　江 Zhejiang	18093481	3216674	6249942	12403758	580198
安　徽 Anhui	8046239	1145298	2403340	3775243	324552
福　建 Fujian	9176128	1383100	3352048	3605413	416719
江　西 Jiangxi	9391562	1145222	2689099	4076563	402959
山　东 Shandong	32998698	5432796	12651376	11306640	1163836
河　南 Henan	20804029	2756741	6715645	9487665	2879434
湖　北 Hubei	10007511	1537858	2877728	4090041	516271
湖　南 Hunan	13907511	1902098	3461507	7614890	490019
广　东 Guangdong	25823493	5158493	8473088	16743331	2150219
广　西 Guangxi	6476786	841235	1962515	3004806	239777
海　南 Hainan	1623809	275332	473611	1060320	46897
重　庆 Chongqing	4622201	639778	1555363	2515452	602657
四　川 Sichuan	11202240	1417291	3503401	8817545	621657
贵　州 Guizhou	3635979	395805	1121731	1898461	163439
云　南 Yunnan	6966731	1077306	1984903	3865372	361452
西　藏 Tibet	639106	95157	77872	74057	3508
陕　西 Shaanxi	8427496	957659	2731876	4528700	544897
甘　肃 Gansu	4037967	437368	1410405	2198724	383133
青　海 Qinghai	2516405	208922	501321	414447	50510
宁　夏 Ningxia	1259975	179185	464317	475205	39749
新　疆 Xinjiang	12783443	2276097	3065518	1567092	296756

幼儿园办学条件(城区)(二)
Statistics of Kindergarten Buildings and Others (Urban Area) (2)

	占地面积(平方米) Areas of School Sites(m^2)			图书(册) Books & Magazines in Libraries (volume)	数字资源 (GB) Digital resources
	计 Total	其中 of Which			
		绿化用地面积 Green Areas	运动场地面积 Sports Areas		
合　计 Total	**118163046**	**19491089**	**39207630**	**73528172**	**11138458**
北　京 Beijing	3606319	508176	1265482	2797022	329623
天　津 Tianjin	1279628	155024	458712	525155	54573
河　北 Hebei	3973638	345913	1254383	2501152	170784
山　西 Shanxi	2637364	258151	932894	1552015	103272
内蒙古 Inner Mongolia	1865313	236660	677497	809436	82531
辽　宁 Liaoning	5858488	721735	2020375	3003755	405906
吉　林 Jilin	2059448	268132	710712	917842	128666
黑龙江 Heilongjiang	2276641	272550	782554	703576	82325
上　海 Shanghai	5577728	1485612	1504884	1993646	793968
江　苏 Jiangsu	10550483	2357798	3818598	8126548	333808
浙　江 Zhejiang	7377570	1374556	2472859	5738584	275932
安　徽 Anhui	2523714	422677	794423	1645159	151062
福　建 Fujian	3782785	577180	1385700	1799734	217003
江　西 Jiangxi	2358922	324218	684895	1176692	150622
山　东 Shandong	11240157	1717177	4007939	5617292	953025
河　南 Henan	6815235	964369	2323884	3899480	2308339
湖　北 Hubei	3883374	634076	1159598	1919576	386706
湖　南 Hunan	4224110	561922	1072725	3367182	329772
广　东 Guangdong	16969992	3402246	5761887	11407390	1866040
广　西 Guangxi	2439223	395940	788353	1406924	138614
海　南 Hainan	748585	116280	224928	580384	15689
重　庆 Chongqing	1878325	267936	592882	1260829	457824
四　川 Sichuan	4127691	602957	1253183	3550078	311723
贵　州 Guizhou	1177136	131230	386876	997712	112913
云　南 Yunnan	1932314	337159	551646	1737747	234978
西　藏 Tibet	118619	16252	27560	37129	185
陕　西 Shaanxi	2614492	346877	886015	2002130	351317
甘　肃 Gansu	1193671	138431	438874	1095609	87276
青　海 Qinghai	322287	50684	91212	226099	38210
宁　夏 Ningxia	535416	74354	198610	239251	24888
新　疆 Xinjiang	2214379	424818	677490	893044	240884

幼儿园办学条件(城乡结合区)(二)
Statistics of Kindergarten Buildings and Others (Urban-rural Transitional Area) (2)

	占地面积(平方米) Areas of School Sites(m^2)			图书(册) Books & Magazines in Libraries (volume)	数字资源 (GB) Digital resources
	计 Total	其中 of Which			
		绿化用地面积 Green Areas	运动场地面积 Sports Areas		
合 计 Total	**21412099**	**3551427**	**7171622**	**11213879**	**1555869**
北 京 Beijing	243389	32099	82835	110030	11914
天 津 Tianjin	105927	7820	36046	37111	3838
河 北 Hebei	808658	79108	272291	444472	13115
山 西 Shanxi	426343	48890	164287	244189	14038
内蒙古 Inner Mongolia	85117	4551	28493	32866	375
辽 宁 Liaoning	524294	63682	202359	216981	82529
吉 林 Jilin	93407	9061	34685	27021	3386
黑龙江 Heilongjiang	169220	15049	61456	37505	2800
上 海 Shanghai	404013	93970	106572	111107	53112
江 苏 Jiangsu	1099445	270073	395704	674275	16597
浙 江 Zhejiang	1884874	295328	589949	1367783	61285
安 徽 Anhui	255946	35369	81435	123097	13375
福 建 Fujian	1023019	145820	374549	351382	55698
江 西 Jiangxi	319758	37583	89425	102002	13040
山 东 Shandong	2941820	474368	1140817	998694	77841
河 南 Henan	1421525	198645	442987	731781	226755
湖 北 Hubei	488848	63758	155879	155748	21924
湖 南 Hunan	568698	70084	159852	445658	50527
广 东 Guangdong	5806750	1228823	1918664	3254461	572571
广 西 Guangxi	390753	49627	121168	259428	32565
海 南 Hainan	24112	3120	7120	7298	610
重 庆 Chongqing	248547	37565	81987	166754	77393
四 川 Sichuan	584366	91715	165522	422561	49835
贵 州 Guizhou	166151	15144	54883	121038	45602
云 南 Yunnan	426485	52687	90207	347853	13754
西 藏 Tibet					
陕 西 Shaanxi	512434	74291	180293	342166	24479
甘 肃 Gansu	61090	2648	27812	14707	1066
青 海 Qinghai	28756	2560	8838	8043	6521
宁 夏 Ningxia	75832	8145	29752	20174	5003
新 疆 Xinjiang	222522	39844	65755	37694	4321

幼儿园办学条件(镇区)(二)

Statistics of Kindergarten Buildings and Others (Counties & Towns Area) (2)

	占地面积(平方米) Areas of School Sites(m^2)			图书(册) Books & Magazines in Libraries (volume)	数字资源 (GB) Digital resources
	计 Total	其中 of Which			
		绿化用地面积 Green Areas	运动场地面积 Sports Areas		
合　计 Total	**105346716**	**15681155**	**34440974**	**51290273**	**3518750**
北　京 Beijing	605327	108908	243147	308208	36247
天　津 Tianjin	417341	41686	181954	117655	3692
河　北 Hebei	5567282	598866	2084546	2697762	158855
山　西 Shanxi	2762938	243906	1001066	1597225	54619
内蒙古 Inner Mongolia	2805710	291814	841316	627073	31307
辽　宁 Liaoning	2318221	253160	1054543	995403	198248
吉　林 Jilin	1275568	131816	518174	435781	159668
黑龙江 Heilongjiang	1956003	212600	735868	558081	29722
上　海 Shanghai	1193945	348801	330741	376575	135779
江　苏 Jiangsu	11516953	2489793	4010351	7372972	147010
浙　江 Zhejiang	7269318	1306448	2504506	4753841	228831
安　徽 Anhui	3558629	454593	1038027	1566474	133703
福　建 Fujian	3441174	493814	1252364	1279343	180594
江　西 Jiangxi	4401679	536937	1251473	2049421	196829
山　东 Shandong	9576923	1644379	3602502	2949581	108275
河　南 Henan	6901040	899224	2213994	3141880	318402
湖　北 Hubei	3712553	530977	1035280	1464095	82880
湖　南 Hunan	5754456	781845	1409460	2908208	111871
广　东 Guangdong	6501636	1283918	1967353	4193319	244456
广　西 Guangxi	2610521	291154	763262	1175539	76001
海　南 Hainan	703978	119443	208091	405811	25605
重　庆 Chongqing	2098774	288738	705505	1013711	116658
四　川 Sichuan	4806208	577386	1502086	3982888	266734
贵　州 Guizhou	1698457	179688	494951	721182	44108
云　南 Yunnan	2806276	390591	807830	1434504	99636
西　藏 Tibet	240826	40871	25199	19407	431
陕　西 Shaanxi	3388733	323915	1037213	1671017	120464
甘　肃 Gansu	1255590	122862	448466	755029	167435
青　海 Qinghai	641557	37592	111389	75305	5157
宁　夏 Ningxia	483827	65459	175357	203201	9734
新　疆 Xinjiang	3075274	589973	884960	439782	25799

幼儿园办学条件(镇乡结合区)(二)

Statistics of Kindergarten Buildings and Others (County-town Transitional Area) (2)

	占地面积(平方米) Areas of School Sites(m^2)			图书(册) Books & Magazines in Libraries (volume)	数字资源 (GB) Digital resources
	计 Total	其中 of Which			
		绿化用地面积 Green Areas	运动场地面积 Sports Areas		
合 计 Total	**31685233**	**4818835**	**10643666**	**15116992**	**952894**
北 京 Beijing	142894	24128	59223	64851	2802
天 津 Tianjin	186686	20158	87203	54733	1402
河 北 Hebei	2856496	302866	1050324	1315220	63663
山 西 Shanxi	980963	79938	372931	688773	20417
内蒙古 Inner Mongolia	264848	25209	79584	42346	2642
辽 宁 Liaoning	371585	47685	176226	125719	12233
吉 林 Jilin	141868	17955	58244	58655	4466
黑龙江 Heilongjiang	225798	22580	102565	42344	1884
上 海 Shanghai	245198	58279	69953	87959	23802
江 苏 Jiangsu	2916052	665830	1025725	1778613	40184
浙 江 Zhejiang	2894295	481721	1018257	2007133	99049
安 徽 Anhui	646911	81674	195456	317440	38383
福 建 Fujian	1177138	162531	430501	445252	46573
江 西 Jiangxi	916269	104899	258170	329206	33696
山 东 Shandong	4748271	841376	1817589	1368486	50585
河 南 Henan	2752553	360711	923186	1185080	118378
湖 北 Hubei	873889	124429	237841	380894	12606
湖 南 Hunan	1907163	268052	459086	812446	21474
广 东 Guangdong	2404559	503166	729515	1529594	127031
广 西 Guangxi	490873	55358	148503	226859	22007
海 南 Hainan	108998	15222	30077	47561	2159
重 庆 Chongqing	446790	67859	156186	203103	24136
四 川 Sichuan	1047581	138206	321349	773832	39975
贵 州 Guizhou	386760	44685	119781	155793	13552
云 南 Yunnan	763118	82347	218742	389504	23612
西 藏 Tibet	23024	920	2962	1680	20
陕 西 Shaanxi	1016617	102520	302984	516306	38145
甘 肃 Gansu	145320	17397	53497	87135	61821
青 海 Qinghai	58712	2876	16797	9180	239
宁 夏 Ningxia	72266	13421	26951	14654	1337
新 疆 Xinjiang	471738	84838	94259	56641	4623

幼儿园办学条件(乡村)(二)

Statistics of Kindergarten Buildings and Others (Rural Area)(2)

	占地面积(平方米) Areas of School Sites(m^2)			图书(册) Books & Magazines in Libraries (volume)	数字资源 (GB) Digital resources
	计 Total	其中 of Which			
		绿化用地面积 Green Areas	运动场地面积 Sports Areas		
合 计 Total	**79989093**	**11280605**	**26678478**	**23997514**	**1303682**
北 京 Beijing	348961	63983	120205	101917	9160
天 津 Tianjin	546766	65932	231350	185967	4336
河 北 Hebei	9373914	1070891	3577841	3251928	64901
山 西 Shanxi	2515124	238541	924793	898761	38573
内蒙古 Inner Mongolia	961381	77922	296113	104488	3464
辽 宁 Liaoning	2430692	279232	1177090	692320	49106
吉 林 Jilin	678093	96122	298241	183122	8397
黑龙江 Heilongjiang	1238527	170205	512349	201571	8977
上 海 Shanghai	190590	54399	56193	47952	31766
江 苏 Jiangsu	2669679	525109	978504	1607326	22970
浙 江 Zhejiang	3446593	535670	1272577	1911333	75436
安 徽 Anhui	1963896	268028	570890	563610	39786
福 建 Fujian	1952169	312106	713984	526336	19122
江 西 Jiangxi	2630961	284067	752731	850450	55507
山 东 Shandong	12181617	2071240	5040935	2739767	102535
河 南 Henan	7087754	893148	2177767	2446305	252693
湖 北 Hubei	2411584	372805	682850	706370	46684
湖 南 Hunan	3928945	558331	979322	1339500	48377
广 东 Guangdong	2351865	472329	743847	1142622	39723
广 西 Guangxi	1427042	154141	410900	422343	25163
海 南 Hainan	171246	39609	40592	74125	5604
重 庆 Chongqing	645102	83104	256976	240912	28175
四 川 Sichuan	2268341	236948	748132	1284579	43200
贵 州 Guizhou	760386	84887	239904	179567	6418
云 南 Yunnan	2228142	349556	625427	693121	26838
西 藏 Tibet	279661	38034	25113	17521	2892
陕 西 Shaanxi	2424272	286867	808648	855553	73116
甘 肃 Gansu	1588706	176075	523065	348086	128423
青 海 Qinghai	1552561	120646	298720	113043	7143
宁 夏 Ningxia	240732	39372	90350	32753	5127
新 疆 Xinjiang	7493790	1261307	1503069	234266	30072

第二部分
Part Ⅱ

办 学 条 件
PHYSICAL FACILITIES

一、教育经费
Public Expenditure on Education

全国教育经费来源和支出情况

Sources of Educational Funds and Expenditure for Education

单位：万元

unit:10,000 yuan

年份 Year	合计 Total	国家财政性教育经费 Government Appropriation for Education	#预算内教育经费 Budgetary Educational Funds	民办学校办学经费 School Funding for private Schools	社会捐赠经费 Donor Funding for the Community	事业收入 Income from Teaching Research and Other Auxiliary Activity	学杂费 Tuition	其他教育经费 Other Educational Funds
1992	8670490.5	7287505.8	5387381.7		696285.2		439319.3	
1993	10599374.4	8677618.3	6443914.0	33322.7	701856.1		871476.9	
1994	14887812.6	11747395.6	8839794.7	107795.2	974487.1		1469228.1	
1995	18779501.1	14115233.3	10283930.0	203671.5	1628414.0		2012422.5	
1996	22623393.5	16717045.5	12119133.6	261998.9	1884189.5		2610361.2	
1997	25317325.7	18625416.3	13577262.1	301746.4	1706587.6		3260792.0	
1998	29490592.0	20324526.0	15655917.0	480314.0	1418537.0	6091514.9	3697474.0	1175699.9
1999	33490416.4	22871756.1	18157597.3	628957.1	1258694.2	7497173.7	4636107.9	1233835.3
2000	38490805.8	25626055.7	20856792.0	858537.2	1139556.9	9382716.7	5948304.3	1483939.3
2001	46376626.2	30570099.5	25823761.9	1280895.2	1128851.8	11575137.1	7456013.5	1821642.6
2002	54800277.6	34914047.5	31142383.3	1725548.7	1272791.0	14609168.8	9227791.7	2278721.6
2003	62082653.0	38506236.6	34538582.6	2590147.8	1045926.9	17218399.1	11214984.7	2721942.6
2004	72425989.2	44658574.8	40278158.0	3478528.8	934203.8	20114268.0	13465517.3	3240413.8
2005	84188390.5	51610759.3	46656939.0	4522185.0	931612.9	23399990.9	15530544.6	3723842.4
2006	98153086.5	63483647.5	57956138.0	5490583.0	899077.6	24073042.2	15523301.0	4206736.2
2007	121480663.0	82802142.1	76549081.9	809337.4	930583.9	31772357.3	21309082.2	5166242.3
2008	145007374.2	104496295.6	96855601.9	698479.3	1026663.3	33670710.7	23492982.8	5115225.3
2009	165027065.0	122310935.4	114193032.4	749829.1	1254990.5	35275939.1	25155982.6	5435370.9
2010	195618470.7	146700669.6	134895628.5	1054253.6	1078839.4	41060663.5	30155593.4	5724044.6

注:2007 年对部分教育经费统计指标进行了修订,表中 1992－2006 年“民办学校办学经费”是指社会团体和公民个人办学总经费,2007 年及以后年份是指民办学校中举办者投入。

地　区 Region	合　计 Total	国家财政性教育经费 Government Appropriation for Education	#预算内教育经费 Budgetary Educational Funds
中　央 Central Government	21583466.7	14920947.0	14035055.3
地　方 Local Government	174035004.0	131779722.6	120860573.2
北　京 Beijing	6134448.4	5136580.1	4693181.9
天　津 Tianjin	2920970.1	2270774.4	2103847.1
河　北 Hebei	7192734.4	5647496.7	5178040.8
山　西 Shanxi	4508195.1	3529543.9	3193060.3
内蒙古 Inner Mongolia	4143731.4	3584765.3	3344758.3
辽　宁 Liaoning	6242614.6	4834719.6	4367510.9
吉　林 Jilin	3445611.4	2747076.5	2605372.9
黑龙江 Heilongjiang	4048565.2	3183149.9	2901742.3
上　海 Shanghai	5582736.4	4407376.0	3935044.5
江　苏 Jiangsu	13146233.0	9234608.1	8142865.9
浙　江 Zhejiang	10625687.5	7336560.7	5884177.0
安　徽 Anhui	5990867.5	4488332.4	4172045.6
福　建 Fujian	5341118.1	3913350.2	3603658.3
江　西 Jiangxi	4494596.7	3175331.2	2984350.3
山　东 Shandong	10395900.0	8029725.2	7180596.0
河　南 Henan	9111163.8	6800264.6	6481600.6
湖　北 Hubei	5869163.8	3838174.6	3584632.5
湖　南 Hunan	6497607.5	4585047.8	4227051.6
广　东 Guangdong	15327347.7	10440230.2	9808383.3
广　西 Guangxi	4941415.8	3990785.9	3739829.4
海　南 Hainan	1422673.1	1133239.1	1045955.9
重　庆 Chongqing	4068437.2	2893208.2	2687127.0
四　川 Sichuan	8951780.7	6816497.2	6355855.2
贵　州 Guizhou	3669549.8	3139156.7	2954220.1
云　南 Yunnan	5336316.5	4480462.6	4226246.7
西　藏 Tibet	662292.6	641638.4	625958.5
陕　西 Shaanxi	5143635.1	3766663.1	3516783.8
甘　肃 Gansu	3106736.1	2648616.0	2532465.9
青　海 Qinghai	1062206.0	985919.2	949171.5
宁　夏 Ningxia	994670.8	843802.4	789384.6
新　疆 Xinjiang	3655997.7	3256626.4	3045654.5

和支出情况(2010 年)
for Education by Region (2010)

单位：万元
unit：10,000 yuan

民办学校办学经费 School Funding for Private Schools	社会捐赠经费 Donor Funding for the Community	事业收入 Income from Teaching Research and Other Auxiliary Activity	学杂费 Tuition	其他教育经费 Other Educational Funds
	150934.4	5347866.1	2595393.0	1163719.2
1054253.6	927905.0	35712797.4	27560200.4	4560325.4
6529.2	48389.0	807999.7	578990.9	134950.4
1163.4	6218.4	553129.0	364134.4	89684.9
14598.0	8284.7	1422725.8	1211145.2	99629.2
26046.1	9294.7	854277.1	699278.9	89033.3
4754.9	2016.7	487251.2	395818.2	64943.3
40605.2	1677.1	1261638.1	1019217.2	103974.6
7689.5	4102.8	652270.6	537994.4	34472.0
17050.7	2738.8	823011.8	735479.8	22614.0
7583.1	9541.1	901393.1	736561.7	256843.1
14590.9	169548.0	3117809.7	2312624.6	609676.3
33771.8	147052.7	2486977.1	1919051.5	621325.2
63061.4	21938.2	1305908.1	995547.4	111627.4
100519.9	36972.7	1189237.1	903344.9	101038.2
65599.7	20595.2	1070546.7	878067.3	162523.9
29560.5	33419.8	2161674.0	1677026.1	141520.5
99621.3	8250.1	1980532.7	1581738.0	222495.1
31095.0	16254.0	1698149.1	1282738.4	285491.1
33199.5	16086.8	1655954.0	1288148.3	207319.4
216727.5	106776.0	4234065.4	3310218.4	329548.6
23755.0	10619.8	847218.4	673104.5	69036.7
15426.2	13628.4	234577.3	185043.0	25802.1
61406.1	42149.9	841897.9	587058.7	229775.1
70443.3	111230.7	1850013.9	1127334.8	103595.6
15860.5	6826.9	452054.0	327349.1	55651.7
17630.6	23498.6	671820.6	533736.2	142904.1
677.7	1154.5	18641.6	15583.3	180.4
14463.8	8756.6	1241636.1	989372.8	112115.5
7953.3	18744.7	401238.8	331816.0	30183.3
1484.7	2595.6	59363.2	45325.7	12843.3
9119.2	4946.8	115952.8	90675.4	20849.6
2265.6	14595.7	313832.5	226675.3	68677.5

学校类别 Type of Schools	合　计 Total	国家财政性教育经费 Government Appropriation for Education	# 预算内教育经费 Budgetary Educational Funds
全国总计 National Total	**195618470.7**	**146700669.6**	**134895628.5**
中 央 Central Government	21583466.7	14920947.0	14035055.3
地 方 Local Government	174035004.0	131779722.6	120860573.2
按学校类别分组 Grouped by Type of Schools			
高等学校 HEIs	56290770.6	29653206.4	27777956.2
普通高等学校 Regular HEIs	54978648.9	29018025.6	27188006.4
成人高等学校 Adult HEIs	1312121.7	635180.8	589949.8
中等职业学校 Secondary Vocational Schools	13573099.0	9682825.8	8325193.5
普通中专 Regular Specialized Secondary Schools	6065511.5	4151335.8	3694266.0
成人中专 Adult Specialized Secondary Schools	5092958.1	3927610.9	3181529.2
职业高中 Vocational High Schools	1696443.6	1070922.1	964151.2
技工学校 Skilled Workers Schools	718185.8	532957.0	485247.1
中 学 Secondary Schools	54210867.7	44774411.6	41159888.0
普通中学 Regular Secondary Schools	54164955.2	44742043.7	41131372.9
普通高中 Regular Senior Secondary Schools	20033460.0	13218350.1	11758579.6
普通初中 Regular Junior Secondary Schools	34131495.2	31523693.6	29372793.3
#农村 Rural	19009184.5	18421822.3	17469914.9
成人中学 Adult Secondary Schools	45912.5	32367.9	28515.1
小学 Primary Schools	48874754.9	46429953.1	43896248.6
普通小学 Regular Primary Schools	48870719.0	46425984.2	43892286.6
#农 村 Rural	31165811.2	30419739.6	29227117.4
成人小学 Adult Primary Schools	4035.9	3968.9	3962.0
特殊教育学校 Special Education Schools	719082.9	683804.5	619898.6
幼儿园 Kindergartens	7280142.5	2443526.4	2187410.5
教育行政单位 Education Administrative Department	2906046.4	2605377.7	2258371.1
教育事业单位 Education Public Institutions	6269454.7	5200421.2	4313650.0
其　它 Others	5494252.0	5227142.9	4357012.0

来源和支出情况（2010 年）

for Education in Various School（2010）

单位：万元

unit：10,000 yuan

民办学校办学经费 School Funding for Private Schools	社会捐赠经费 Donor Funding for the Community	事业收入 Income from Teaching Research and Other Auxiliary Activity		其他教育经费 Other Educational Funds
			学杂费 Tuition	
1054253.6	**1078839.4**	**41060663.5**	**30155593.4**	**5724044.6**
	150934.4	5347866.1	2595393.0	1163719.2
1054253.6	927905.0	35712797.4	27560200.4	4560325.4
269646.9	299817.5	22767732.9	17245423.1	3300366.9
269646.9	296356.5	22165552.0	16760755.9	3229067.9
	3461.0	602180.9	484667.2	71299.0
129023.1	25514.8	3320022.0	2765576.8	415713.3
56022.4	8990.7	1629680.1	1381849.1	219482.5
56105.8	14477.6	998792.8	844424.2	95971.0
10522.0	461.4	537845.9	447770.9	76692.2
6372.9	1585.1	153703.2	91532.6	23567.6
244849.7	406118.8	7918406.7	5356601.3	867080.9
244849.7	406099.6	7908922.1	5354370.7	863040.1
98709.5	181845.8	6105257.5	4357490.9	429297.1
146140.2	224253.8	1803664.6	996879.8	433743.0
18327.5	87611.6	303436.1	144593.9	177987.0
	19.2	9484.6	2230.6	4040.8
129501.9	260262.1	1529019.6	896042.3	526018.2
129501.9	260262.1	1528954.2	896042.3	526016.6
36080.6	118664.6	346471.1	166854.1	244855.3
		65.4		1.6
112.0	6423.9	10308.4	561.3	18434.1
281120.0	50213.9	4342065.1	3841974.9	163217.1
	13959.3	177991.7		108717.7
	15895.2	780769.5		272368.8
	633.9	214347.6	49413.7	52127.6

二、教育基本建设投资
Capital Construction Investment in the Educational Sector

教育基本建设

Data on the Completion of Capital Construction

学校类别 Type of School	投资合计 Total Investment Completed in the Curent year (10 thousand yuan)	本年完成投资按 Investment by Source of			
		国家预算内 Budgetary Allocation			
		计 Total	中央 Central	省级 Local	计 Total
总　计 Total	**27913919**	**18787195**	**3023041**	**15764153**	**7916737**
高等教育学校 Higher Education Schools	7492662	1593143	277450	1315693	5623309
中等职业学校 Secondary Vocational Schools	1867711	1390986	172137	1218849	410913
普通中学 Regular Secondary Schools	10075533	8504105	1210308	7293797	1152929
职业初中 Vocational Junior Secondary Schools	61643	32563	2740	29823	3300
小学 Primary Schools	6466198	5700702	999837	4700865	445207
特殊教育学校 Special Education Schools	233161	222998	123945	99053	5103
幼儿园 Kindergartens	1156784	879205	175698	703507	186101
其他 Other	560227	463494	60927	402567	89876

投资完成情况(总计)
Investment in the Educational Sector(Total)

资金来源分(万元) Fund (10 thousand yuan)			本年竣工建筑面积(平方米) Building Floor Area Completed (m^2)			
自筹资金 Self-raised Fund		其他 Other Sources	合计 Total	教学及辅助用房 Teaching and Administrative	行政办公用房 Adm. Building Rooms for other Purpose	其他用房 Others
其中 of Which						
学校自筹 Raised by School	个人捐资 Individual Donations					
7622607	**294130**	**1209988**	**136541079**	**88169448**	**5617238**	**42754393**
5413954	209355	276210	26020080	13193024	842663	11984393
389105	21808	65812	8967751	5369061	467553	3131137
1103658	49270	418499	54221092	33409679	2227903	18583510
3300		25780	154376	104958	3428	45990
439139	6067	320290	37789969	28963273	1582406	7244290
5103		5061	1193965	837129	50211	306625
180870	5231	91478	5596738	4606459	209190	781089
87478	2398	6857	2597108	1685865	233884	677359

学校类别 Type of School	投资合计 （万人） Total Investment Completed in the Curent year (10 thousand yuan)	本年完成投资按 Investment by Source of 国家预算内 Budgetary Allocation 计 Total	 中央 Central	 省级 Local	 计 Total
合　计 Total	**27913919**	**18787195**	**3023041**	**15764153**	**7916737**
北　京 Beijing	1034905	951505	114	951391	83090
天　津 Tianjin	369211	123103	1200	121903	227172
河　北 Hebei	1123447	794311	165231	629080	278049
山　西 Shanxi	400404	280718	40679	240039	97646
内蒙古 Inner Mongolia	1134894	763764	65439	698325	274080
辽　宁 Liaoning	517175	287368	13469	273900	221993
大连 Dalian	123893	110274		110274	289
吉　林 Jilin	481216	376816	82546	294270	82551
黑龙江 Heilongjiang	1558214	1456660	61089	1395572	75821
上　海 Shanghai	637806	246163		246163	220463
江　苏 Jiangsu	1887367	1388665	40119	1348547	412141
浙　江 Zhejiang	1346627	1110995	9021	1101974	200564
宁波 Ningbo	260724	258124	600	257524	2600
安　徽 Anhui	1211729	831936	142956	688980	324527
福　建 Fujian	629485	392728	45924	346804	155347
厦门 Xiamen	72978	65163		65163	7815
江　西 Jiangxi	500556	323455	81083	242372	151746
山　东 Shandong	1414628	810469	45710	764759	527777
青岛 Qingdao	242314	207924		207924	14086
河　南 henan	1254158	562815	161977	400838	673034
湖　北 Hubei	743558	426273	77470	348803	274309
湖　南 Hunan	694987	539732	82902	456830	151185
广　东 Guangdong	1640339	1015351	7771	1007580	541611
深圳 Shenzhen	377309	376253	740	375513	1056
广　西 Guangxi	948676	455741	129915	325827	461374
海　南 Hainan	283850	201213	47231	153982	82263
重　庆 Chongqing	568297	272449	45445	227004	259228
四　川 Sichuan	1412577	776558	397110	379448	595573
贵　州 guizhou	771397	498450	115101	383349	261009
云　南 Yunnan	1165628	748661	310671	437989	377760
西　藏 Tibet	158763	156734	121161	35573	2029
陕　西 Shaanxi	956911	522503	93053	429451	393373
甘　肃 Gansu	642781	514157	164038	350119	114904
青　海 Qinghai	414558	222323	88001	134322	192235
宁　夏 Ningxia	259251	222639	122317	100322	36612
新　疆 Xinjiang	605273	443609	218419	225190	124983
新疆生产建设兵团 Xinjiang Construction Corps	68036	51593	44543	7050	16443

投资完成情况
Investment in the Educational Sector

资金来源分(万元) Fund (10 thousand yuan)			本年竣工建筑面积(平方米) Building Floor Area Completed (m^2)			
自筹资金 Self-raised Fund		其他 Other Sources	合计 Total	教学及辅助用房 Teaching and Administrative	行政办公用房 Adm. Building Rooms for other Purpose	其他用房 Others
其中 of Which						
学校自筹 Raised by School	个人捐资 Individual Donations					
7622607	**294130**	**1209988**	**136541079**	**88169448**	**5617238**	**42754393**
83090		310	3248727	2757378	207266	284083
227172		18936	2222675	1213864	155707	853104
269702	8347	51087	6668169	4465737	345044	1857388
90167	7479	22040	1509413	1020160	53063	436190
263780	10300	97050	6674688	3920594	422428	2331666
221928	65	7813	2271458	1726297	70213	474948
289		13330	987872	894372	14804	78696
82551		21849	4256053	3297531	221076	737446
75721	100	25734	2557225	1849241	103214	604770
220463		171180	1093913	946617	8932	138364
404172	7969	86561	7479390	5143628	399930	1935832
200564		35068	4267631	2658994	240224	1368413
1000	1600		823689	532706	74852	216131
321835	2693	55265	9571224	7029966	211822	2329436
155347		81411	4000330	3144131	72544	783655
7815			429238	326766	18830	83642
148917	2830	25355	2937294	1925177	75715	936402
525914	1863	76383	8438467	5760375	496956	2181136
14086		20305	1457834	1039832	177755	240247
582029	91005	18309	7657942	4445383	407191	2805368
272803	1506	42976	4016324	2425359	107764	1483201
149932	1253	4069	4018880	2600416	109623	1308841
529836	11776	83377	8515604	4808146	311086	3396372
1056			1172033	566118	49741	556174
443246	18128	31561	4860375	2637533	133364	2089478
81970	293	374	1267296	809249	30631	427416
246332	12896	36621	2591510	1217611	140256	1233643
577158	18415	40446	6778644	3935271	228808	2614565
261009		11938	5245136	3277079	90656	1877401
377150	610	39207	5835311	3177110	114938	2543263
2029			585929	313506	7106	265317
345413	47960	41034	4092120	2226504	166504	1699112
114874	30	13720	3762194	2648353	174444	939397
183449	8786		878472	501844	27101	349527
36612			728727	593353	12492	122882
86956	38026	36681	3158471	2004829	120209	1033433
16243	200		480821	328418	14949	137454

第三部分
Part Ⅲ

科学研究活动及其他
Scientific Research Activites & Other

一、自然科学与技术
Natural Science and Technology

	教学与科研人员 Personnel Engaged in S&T Activities		研究与发展人员 R & D Personnel	
	计 Total	其中:科学家和工程师 of Which: Scientists & Engineers	计 Total	其中:科学家和工程师 of Which: Scientists & Engineers
合　计 Total	**835802**	**802657**	**338629**	**331918**
按学校规格分 Breakdown by Category of HEIs				
"211"及省部共建高等学校 Key HEIs	297899	282930	150815	146603
其他本科院校 Ordinary Degree Level HEIs	470172	454646	178527	176099
高等专科学校 Short – cycle HEIs	67731	65081	9287	9216
按学校隶属分 Breakdown by Control				
部委院校 HEIs under Other Central Ministries	30241	29215	18424	18068
教育部直属院校 HEIs under Ministry of Education	217111	205192	111263	107843
地方院校 HEIs under Local Govermments	588450	568250	208942	206007
按学校类型分 Breakdown by Type of HEIs				
综合大学 Comprehensive Universities	257310	244750	112992	109904
工科院校 Engineering	263356	255627	114507	113022
农林院校 Agriculture	46405	44185	20148	19653
医药院校 Medicine & Pharmacy	197387	188651	61966	60679
师范院校 Teachers Training	57575	56121	23828	23496
其他院校 Others	13769	13323	5188	5164

科技人力情况
in Regular HEIs

单位:人
unit: person

研究与发展全时人员 R & D FTEs (Full-time Equivalents)		R&D 成果应用及科技服务人员 R & D Personnel		R&D 成果应用及科技服务全时人员 R & D FTEs (Full-time Equivalents)	
计 Total	其中:科学家和工程师 of Which: Scientists & Engineers	计 Total	其中:科学家和工程师 of Which: Scientists & Engineers	计 Total	其中:科学家和工程师 of Which: Scientists & Engineers
203139	**199111**	**39685**	**38938**	**23792**	**23341**
90483	87958	21152	20643	12685	12381
107088	105630	17421	17190	10441	10300
5568	5523	1112	1105	666	660
11053	10841	1966	1946	1176	1164
66754	64700	15778	15367	9466	9219
125332	123570	21941	21625	13150	12958
67790	65944	13099	12696	7856	7615
68697	67804	19979	19773	11984	11857
12080	11785	3161	3089	1894	1850
37168	36391	1145	1117	683	667
14297	14092	1785	1747	1067	1044
3107	3095	516	516	308	308

	拨入 Revenues			
	合计 Total	政府资金 Government Funds	企事业单位委托 Contract Research Fund	其他 Others
合计 Total	**103022142**	**60244950**	**36738006**	**6039186**
按学校规格分 Breakdown by Category of HEIs				
"211"及省部共建高等学校 Key HEIs	72033436	43472073	25970166	2591197
其他本科院校 Ordinary Degree Level HEIs	30309834	16401569	10572854	3335411
高等专科学校 Short – cycle HEIs	678872	371308	194986	112578
按学校隶属分 Breakdown by Control				
部委院校 HEIs under Other Central Ministries	11724716	6998414	4507222	219080
教育部直属院校 HEIs under Ministry of Education	54484083	33151555	19274844	2057684
地方院校 HEIs under Local Govermments	36813343	20094981	12955940	3762422
按学校类型分 Breakdown by Type of HEIs				
综合大学 Comprehensive Universities	34617370	22410045	10531413	1675912
工科院校 Engineering	52229879	25434260	24126291	2669328
农林院校 Agriculture	6132834	4924679	895493	312662
医药院校 Medicine & Pharmacy	4852715	4000307	257231	595177
师范院校 Teachers Training	4469097	3012987	778736	677374
其他院校 Others	720247	462672	148842	108733

科技经费情况
in Regular HEIs

单位:千元
unit: 1,000 yuan

支出 Expenditures				
合计 Total	劳务费 Personnel Costs	业务费 Non-Personnel Expenses	转拨外单位经费 Expenses on Extermal Services	其他 Others
93006274	**2029833**	**2659401**	**7742223**	**77321440**
64905967	1715243	2020733	6316592	52713630
27482038	306246	633914	1407586	24065965
618269	8344	4754	18045	541845
10174573	146131	440797	1396393	7995141
49324758	1445557	1540522	4628313	39874179
33506943	438145	678082	1717517	29452120
31326368	987808	462967	2435205	25989772
46756344	713183	2010366	4228672	38376728
6020228	187859	133863	660223	4953357
4138437	86776	31032	252106	3668775
4156355	53269	20225	139415	3783478
608542	938	948	26602	549330

普通高等学校研究与
Statistics of R & D Projects and

	科技课题 R & D Projects			出版科技专著(部) No. of Mono-graphs Published
	课题数（项） No. of projects	投入人数 No. of Input of S&D Manpower	实际支出 Actual Exp.	
合　计 Total	**395613**	**252112**	**64870736**	**11090**
按学校规格分 Breakdown by Category of HEIs				
“211”及省部共建高等学校 Key HEIs	200568	114633	46240239	3151
其他本科院校 Ordinary Degree Level HEIs	186219	130564	18302072	5732
高等专科学校 Short - cycle HEIs	8826	6915	328425	2207
按学校隶属分 Breakdown by Control				
部委院校 HEIs under Other Central Ministries	24332	13590	7210437	407
教育部直属院校 HEIs under Ministry of Education	150467	84689	35126849	2236
地方院校 HEIs under Local Governments	220814	153832	22533450	8447
按学校类型分 Breakdown by Type of HEIs				
综合大学 Comprehensive Universities	122259	84045	20746556	2421
工科院校 Engineering	166178	89637	35211099	4667
农林院校 Agriculture	28292	15530	4098040	1058
医药院校 Medicine & Pharmacy	43762	42055	1988280	2026
师范院校 Teachers Training	29816	17047	2506792	700
其他院校 Others	5306	3797	319969	218

发展课题、成果情况
Achievements in Regular HEIs

单位:千元
unit: 1,000 yuan

发表学士论文（篇） No. of Papers Published	成果获奖 Achieverment Awards		技术转让 Techonlogical Transfer		知识产权授权数 No. of Awarded	专利出售 Income from License Arrangements	
	合计 Total	其中:国家奖 of Which: National Awards	合同数 No. of Contracts	收入 Actual Revenues		项数 No. of Items	实现金额 Income
786812	**5259**	**338**	**10550**	**2409798**	**49436**	**2143**	**822901**
366559	2632	244	5391	1596390	27485	1143	597698
388520	2550	94	5135	810893	20730	990	224507
31733	77		24	2515	1221	10	696
48566	332	31	763	101460	4095	144	31053
269297	2041	206	3776	1261043	20892	847	478100
468949	2886	101	6011	1047295	24449	1152	313748
249564	1571	113	3437	886673	16079	630	238528
308675	2187	171	5074	1301871	26908	1217	507914
46769	401	35	1336	95433	2623	112	23563
111444	790	13	169	63158	984	26	32900
57275	215	6	318	41137	2159	90	13470
13085	95		216	21526	683	68	6526

二、社会科学
Social Science

普通高等学校人文、

Professional Manpower in Regular HEIs in the

		学校数（所）No. of HEIs	社科活动人员（人）Personnel Engaged in Social Science Research (person)				
			合计 Total	高级 Senior	中级 Middle	初级 Junior	其他人员 Others
合计 Total		**997**	**457664**	**173656**	**197704**	**80764**	**5540**
按学校隶属关系分 Breakdown by Control	教育部直属院校 HEIs under Ministry of Education	73	61216	32187	23780	4720	529
	其他部委院校 HEIs under Other Central Ministries	30	14318	6232	6014	1991	81
	地方院校 HEIs under Local Govermments	894	382130	135237	167910	74053	4930
按学校规格分 Breakdown by Category of HEIs	本科院校 Regular HEIs	757	416081	161987	180408	69212	4474
	专科院校 Short-cycle HEIs	240	41583	11669	17296	11552	1066
按学校类型分 Breakdown by Type of HEIs	综合大学 Comprehensive Universities	211	129185	52467	53819	21177	1722
	理工农医院校 HEIs Science and Technology, Agriculture and Medicine	416	134968	46797	62680	23817	1674
	师范院校 Teachers Training	155	92867	35289	39222	17492	864
	语文院校 Languages	23	13041	4552	5781	2596	112
	财经院校 Finance and Economics	88	47661	18841	19919	8422	479
	政法院校 Political Science & Law	39	12776	5401	5426	1798	151
	体育院校 Physical Culture	18	6140	2436	2470	1148	86
	艺术院校 Art	33	12511	4532	5034	2687	258
	民族院校 Minorities	14	8515	3341	3353	1627	194

社会科学人力情况

Fields of the Humanities and Social Science

研究与发展人员(人) R & D Personnel (person)						研究与发展人员(人年) R & D Personnel (man/year)					
合 计 Total	高 级 Senior	中 级 Middle	初 级 Junior	其他人员 Others	研究生 Postgraduates	合 计 Total	高 级 Senior	中 级 Middle	初 级 Junior	其他人员 Others	研究生 Postgraduates
293128	**121886**	**96749**	**26874**	**3144**	**44475**	**73620**	**34379.6**	**23500.1**	**5788.8**	**581.4**	**9370.1**
63664	25362	12610	1742	496	23454	17893.7	8744	3703.5	412.8	107.1	4926.3
9955	4332	3250	634	129	1610	2863.8	1330.1	860.9	141.8	29.2	501.8
219509	92192	80889	24498	2519	19411	52862.5	24305.5	18935.7	5234.2	445.1	3942
278056	115916	90274	24437	2955	44474	70503.6	33054.8	22205.4	5327.3	546.2	9369.9
15072	5970	6475	2437	189	1	3116.4	1324.8	1294.7	461.5	35.2	0.2
89014	37427	26114	6455	1066	17952	22895.5	11186.4	6500.5	1380.5	195.8	3632.3
82009	31916	29647	7775	497	12174	19764.5	8346.1	6880.9	1608.6	99.2	2829.7
61037	25636	19969	6653	583	8196	15291.9	7188.6	4933.6	1503.5	116.5	1549.7
8165	3483	2903	737	76	966	1994.4	985.2	656.1	133.8	14.3	205
31092	13793	11101	3103	470	2625	7889.9	3866.3	2748.4	657.2	73.7	544.3
8574	4109	2713	588	245	919	2026.4	1088.7	616.2	110.8	37.4	173.3
3852	1701	1220	376	28	527	1117.2	556.6	342.5	98.8	4.8	114.5
4879	1889	1560	693	108	629	1541	641.6	476.9	192.1	30.5	199.9
4506	1932	1522	494	71	487	1099.2	520.1	345	103.5	9.2	121.4

普通高等学校人文、社会科
Humanities and Social Sciences R & D

		学校数（所）No. Of HEIs	拨 入 Revenues						
			合计 Total	科研活动经费 Funds for R&D	科技活动人员工资 Personnel Costs	科研基建费 Capital Constr-uction Funds for R&D	企事业单位委托项目经费 Contract Research Funds Provided by Ent. & Inst.	金融机构贷款 Loans Provided by Financial Inst.	自筹经费 Self-raised Fubds
合 计 Total		**997**	**88304729.64**	**36572336.31**	**13041961.99**	**328957.95**	**23786392.52**	**150255**	**10635276.34**
按学校隶属关系分 Breakdown by Control	教育部直属院校 HEIs under Ministry of Education	73	39018028.97	17228712.51	2941950.63		12947055.69		3396165.68
	其他部委院校 HEIs under Other Central Ministries	30	3535167.56	1854258.20	541124.44	2800.00	774126.53		316836.07
	地方院校 HEIs under Local Govermments	894	45751533.11	17489365.60	9558886.92	326157.95	10065210.30	150255	6922274.59
按学校规格分 Breakdown by Category of HEIs	本科院校 Regular HEIs	757	86812756.66	36219945.00	12448231.02	327204.00	23647964.43	150255	10288354.65
	专科院校 Short-cycle HEIs	240	1491972.98	352391.31	593730.97	1753.95	138428.09		346921.69
按学校类型分 Breakdown by Type of HEIs	综合大学 Comprehensive Universities	211	32844849.19	13324532.07	4178298.05	5506.00	9959745.36		3616043.88
	理工农医院校 HEIs Science and Technology, Agriculture and Medicine	416	21660314.88	7870598.81	3287851.91	5094.00	7933330.34		1737704.02
	师范院校 Teachers Training	155	14971072.85	6163887.14	2734363.05	69415.00	2763138.58		2492122.07
	语文院校 Languages	23	2406090.29	930681.88	352472.26	20000.00	385865.07		657657.93
	财经院校 Finance and Economics	88	9402676.63	4350692.40	1428480.17	93643.00	1930312.88	255	1441670.02
	政法院校 Political Science & Law	39	2188827.79	1130415.14	370692.14	48150.00	205487.56		286154.38
	体育院校 Physical Culture	18	1218580.94	840998.88	202090.80	14199.95	58106.31		85199.00
	艺术院校 Art	33	2629331.18	1439605.38	260126.01	72950.00	472177.63	150000	172430.15
	民族院校 Minorities	14	982985.89	520924.61	227587.60		78228.79		146294.89

学研究与发展经费情况
Expenditure in Regular HEIs

单位:百元
unit: 100 Yuan

		支出 Expenditures									
			内部支出 Intramural Expenditures								转拨给外单位经费 Extra-mural Exp.
国外资金 Foreign Funds	其他收入 Others Revenues	合计 Total	小计 Subtotal	科研人员费 Personnel Costs	业务费 Non-Personnel Expenses	科研基建费 Capital Constr-uction Funds for R&D	仪器设备费 Instruments and Equipment	图书资料费 Books and Infor-mation	管理费 Manage-ment	其他 Others	
1400389.26	**2389340.27**	**81243053.39**	**80251251.23**	**17574984.35**	**36761305.91**	**290737.72**	**6423521.70**	**9197142.53**	**2856775.30**	**7149403.72**	**988962.16**
1187172.63	1316971.83	35746410.98	35111664.74	4662733.64	17865972.87	3707.00	2708829.95	4102971.60	1538000.02	4229449.66	634746.24
11460.36	34561.96	3186300.10	3166085.30	592817.36	1653417.58	280.00	208495.50	372708.40	127270.57	211095.89	20214.80
201756.27	1037806.48	42310342.31	41973501.19	12319433.35	17241915.46	286750.72	3506196.25	4721462.53	1191504.71	2708858.17	334001.12
1400389.26	2330413.30	79834622.41	78863949.00	16861059.98	36408568.45	285379.60	6326226.07	9089468.06	2822609.05	7070637.79	970673.41
	58926.97	1408430.98	1387302.23	713924.37	352737.46	5358.12	97295.63	107674.47	34166.25	78765.93	18288.75
650129.01	1110594.82	30702647.10	30366309.73	5821627.62	13670714.54	7198.20	2284142.24	3825224.92	1144216.74	3613185.47	336337.37
370127.47	455788.33	19153398.76	18735858.86	4257999.32	9111957.00	12060.00	1057372.47	5626522.53	2082802.67	5172392.00	414699.90
211595.93	536551.08	13792023.56	13654531.55	3325223.86	5387570.09	55375.00	1617373.93	7639658.85	2423186.99	6087860.03	137492.01
3689.40	55723.75	2238489.32	2232582.32	616837.17	942281.66	21370.00	185491.19	7857331.27	2483771.30	6276205.60	5907.00
45537.38	112085.78	8613313.77	8548530.69	2040779.76	4159126.56	55722.57	719858.70	8685070.98	2712917.38	6792362.91	64783.08
110669.07	37259.50	2035145.48	2019530.68	465620.32	1147919.51	59155.00	66037.02	8857162.73	2751646.16	6862341.21	15614.80
4591.00	13395.00	1154834.79	1140776.79	245432.40	485630.86	13699.95	134290.94	8947996.51	2792157.57	6992718.66	14058.00
4050.00	57992.01	2606283.18	2606213.18	532241.30	1408650.75	47567.00	315239.21	9093326.59	2826074.35	7115986.72	70.00
	9950.00	946917.43	946917.43	269222.60	447454.94	18590.00	43716.00	9197142.53	2856775.30	7149403.72	

		课题数（项）No. of Projects	当年投入人数（人年）Input of Man-year (man/year)	其中：研究生 of Which: Graduate Students	当年拨入经费（百元）Revenues (100 yuan)	当年支出经费（百元）Expenditures (100 yuan)
合 计 Total		**260905**	**73337.3**	**9434.5**	**56325098.43**	**47468108.23**
按学校隶属关系分 Breakdown by Control	教育部直属院校 HEIs under Ministry of Education	73726	17860.2	4929.3	29264475	24698253.88
	其他部委院校 HEIs under Other Central Ministries	8655	2852.3	501.8	2694153.54	2294982.03
	地方院校 HEIs under Local Govermments	178524	52624.8	4003.4	24366469.89	20474872.32
按学校规格分 Breakdown by Category of HEIs	本科院校 Regular HEIs	250680	70222.7	9434.3	55804319.64	47043206.91
	专科院校 Short-cycle HEIs	10225	3114.6	0.2	520778.79	424901.32
按学校类型分 Breakdown by Type of HEIs	综合大学 Comprehensive Universities	87333	22787.3	3690.2	22568858.2	19045181.99
	理工农医院校 HEIs Science and Technology, Agriculture and Medicine	68632	19688.6	2829.2	16571029.38	13743763.15
	师范院校 Teachers Training	52120	15245.3	1549.7	7995570.42	6873524.98
	语文院校 Languages	6374	1990.7	205	911569.84	828829.01
	财经院校 Finance and Economics	26974	7862.6	544.3	5071569.78	4004544.01
	政法院校 Political Science & Law	7729	2013.7	173.3	982055.95	767619.44
	体育院校 Physical Culture	3264	1113.5	114.5	646241.39	649782.87
	艺术院校 Art	4455	1537.1	206.9	986819.18	1051217.65
	民族院校 Minorities	4024	1098.5	121.4	591384.29	503645.13

究与发展课题、成果情况
R & D and Achievements in Regular HEIs

出版专著（部）Monographs Published (titles)	发表论文（篇）No. of Papers Published				研究与咨询报告 Research and Consulting Report	
	合计 Total	国内学术刊物 In Domestic Journals	国外学术刊物 In Foreignal Journals	港澳台刊物 In Hong Kong and Macao Journals	合计 Total	其中：被采纳数 of Which: Accepted Number
11592	**323153**	**313299**	**9029**	**825**	**8166**	**4562**
3935	72833	68192	4217	424	2970	2167
556	11796	11299	440	57	345	71
7101	238524	233808	4372	344	4851	2324
11395	304682	294918	8950	814	7762	4464
197	18471	18381	79	11	404	98
4191	101181	97439	3414	328	3317	2404
2132	84033	81194	2718	121	1844	880
2456	70417	69327	957	133	1213	712
419	8876	8525	306	45	191	134
1246	33911	32733	1113	65	1045	297
452	10347	10034	223	90	148	42
98	3775	3537	221	17	218	29
339	4865	4829	24	12	60	38
259	5748	5681	53	14	130	26

附　　表

Appendixes

（摘自国家统计局《2011 年中国统计年鉴》）

Data from "2011 China Statisical Yearbook"

国内生产总值

Gross Domestic Product

单位:亿元

unit: 100 million yuan

年份 Year	国民生产总值 Gross National Product	国内生产总值 Gross Domestic Product								人均国内生产总值(元) Per Capita GDP (yuan)
		合计 Total	第一产业 Primary Industry	第二产业 Secondary Industry			第三产业 Tertiary Industry			
				小计 Subtotal	工业 Industry	建筑业 Construction	小计 Subtotal	交通运输仓储邮电通信业 Transportation, Post and Telecommunications	批发和零售贸易餐饮业 Wholesale, Retail & Catering Trade	
1952	679.0	679.0	342.9	141.8	119.8	22.0	194.3	29.0	80.3	119
1953	824.0	824.0	378.0	192.5	163.5	29.0	253.5	35.0	115.5	142
1954	859.0	859.0	392.0	211.7	184.7	27.0	255.3	38.0	120.3	144
1955	910.0	910.0	421.0	222.2	191.2	31.0	266.8	39.0	119.8	150
1956	1028.0	1028.0	443.9	280.7	224.7	56.0	303.4	46.0	131.4	165
1957	1068.0	1068.0	430.0	317.0	271.0	46.0	321.0	49.0	133.0	168
1958	1307.0	1307.0	445.9	483.5	414.5	69.0	377.6	71.0	136.6	200
1959	1439.0	1439.0	383.8	615.5	538.5	77.0	439.7	94.0	145.7	216
1960	1457.0	1457.0	340.7	648.2	568.2	80.0	468.1	104.0	133.1	218
1961	1220.0	1220.0	441.1	388.9	362.1	26.8	390.0	69.2	110.8	185
1962	1149.3	1149.3	453.1	359.3	325.4	33.9	336.9	57.4	80.5	173
1963	1233.3	1233.3	497.5	407.6	365.6	42.0	328.2	55.0	76.1	181
1964	1454.0	1454.0	559.0	513.5	161.1	52.4	381.5	58.4	94.0	208
1965	1716.1	1716.1	651.1	602.2	546.5	55.7	462.8	77.4	118.3	240
1966	1868.0	1868.0	702.2	709.5	648.6	60.9	456.3	85.1	148.1	254
1967	1773.9	1773.9	714.2	602.8	544.9	57.9	456.9	72.3	153.5	235
1968	1723.1	1723.1	726.3	537.3	190.3	47.0	459.5	70.5	138.9	222
1969	1937.9	1937.9	736.2	689.1	626.1	63.0	512.6	84.9	163.6	243
1970	2252.7	2252.7	793.3	912.2	828.1	84.1	547.2	100.2	178.1	275
1971	2426.4	2426.4	826.3	1022.8	926.6	96.2	577.3	108.4	178.3	288
1972	2518.1	2518.1	827.4	1084.2	989.9	94.3	606.5	118.0	194.3	292
1973	2720.9	2720.9	907.5	1173.0	1072.5	100.5	640.4	125.5	211.0	309
1974	2789.9	2789.9	945.2	1192.0	1083.6	108.4	652.7	126.1	206.6	310
1975	2997.3	2997.3	971.1	1370.5	1244.9	125.6	655.7	141.6	175.8	327
1976	2943.7	2943.7	967.0	1337.2	1204.6	132.6	639.5	139.6	147.2	316
1977	3201.9	3201.9	942.1	1509.1	1372.4	136.7	750.7	156.9	213.8	339
1978	3645.2	3645.2	1027.5	1745.2	1607.0	138.2	872.5	182.0	242.3	381
1979	4062.6	4062.6	1270.2	1913.5	1769.7	143.8	878.9	193.7	200.9	419
1980	4545.6	4545.6	1371.6	2192.0	1996.5	195.5	982.0	213.4	193.8	463
1981	4889.5	4891.6	1559.5	2255.5	2048.4	207.1	1076.6	220.7	231.1	492
1982	5330.5	5323.4	1777.4	2383.0	2162.3	220.7	1163.0	246.9	171.4	528
1983	5985.6	5962.7	1978.4	2646.2	2375.6	270.6	1338.1	274.9	198.7	583
1984	7243.8	7208.1	2316.1	3105.7	2789.0	316.7	1786.3	338.5	363.5	695
1985	9040.7	9016.0	2564.4	3866.6	3448.7	417.9	2585.0	421.7	802.4	858
1986	10274.4	10275.2	2788.7	4492.7	3967.0	525.7	2993.8	498.8	852.6	963
1987	12050.6	12058.6	3233.0	5251.6	4585.8	665.8	3574.0	568.3	1059.6	1112
1988	15036.8	15042.8	3865.4	6587.2	5777.2	810.0	4590.3	685.7	1483.4	1366
1989	17000.9	16992.3	4265.9	7278.0	6484.0	794.0	5448.4	812.7	1536.2	1519
1990	18718.3	18667.8	5062.0	7717.4	6858.0	859.4	5888.4	1167.0	1268.9	1644
1991	21826.2	21781.5	5342.2	9102.2	8087.1	1015.1	7337.1	1420.3	1834.6	1893
1992	26937.3	26923.5	5866.6	11699.5	10284.5	1415.0	9357.4	1689.0	2405.0	2311
1993	35260.0	35333.9	6963.8	16454.4	14188.0	2266.5	11915.7	2174.0	2816.6	2998
1994	48108.5	48197.9	9572.7	22445.4	19480.7	2964.7	16179.8	2787.9	3773.4	4044
1995	59810.5	60793.7	12135.8	28679.5	24950.6	3728.8	19978.5	3244.3	4778.6	5046
1996	70142.5	71176.6	14015.4	33835.0	29447.6	4387.4	23326.2	3782.2	5599.7	5846
1997	78060.8	78973.0	14441.9	37543.0	32921.4	4621.6	26988.1	4148.6	6327.4	6420
1998	83024.3	84402.3	14817.6	39004.2	34018.4	4985.8	30580.5	4660.9	6913.2	6796
1999	88479.2	89677.1	14770.0	41033.6	35861.5	5172.1	33873.4	5175.2	7491.1	7159
2000	98000.5	99214.6	14944.7	45555.9	40033.6	5522.3	38714.0	6161.0	8158.6	7858
2001	108068.2	109655.2	15781.3	49512.3	43580.6	5931.7	44361.6	6870.3	9119.4	8622
2002	119095.7	120332.7	16537.0	53896.8	47431.3	6465.5	49898.9	7492.9	9995.4	9398
2003	135174.0	135822.8	17381.7	62436.3	54945.5	7490.8	56004.7	7913.2	11169.5	10542
2004	159586.7	159878.3	21412.7	73904.3	65210.0	8694.3	64561.3	9304.4	12453.8	12336
2005	183618.5	184937.4	22420.0	87598.1	77230.8	10367.3	74919.3	10666.2	13966.2	14185
2006	215883.9	216314.4	24040.0	103719.5	91310.9	12408.6	88554.9	12183.0	16530.7	16500
2007	266411.0	265810.3	28627.0	125831.4	110534.9	15296.5	111351.9	14601.0	20937.8	20169
2008	315274.7	314045.4	33702.0	149003.4	130260.2	18743.2	131340.0	16362.5	26182.3	23708
2009	341401.5	340902.8	35226.0	157638.8	135239.9	22398.8	148038.0	16727.1	28984.5	25608
2010	403260.0	401202.0	40533.6	187581.4	160867.0	26714.4	173087.0	18968.5	35746.1	29992

注:本表按当年价格计算。

Note: The data in Value terms in this table are calculated at current prices.

各地区国内生产总值(2010 年)

Gross Domestic Product by Region (2010)

单位:亿元

unit: 100 million yuan

地　区 Region	国内生产总值 Gross Domestic Product						人均国内生产总值(元) Per Capita GDP (yuan)
	合　计 Total	第一产业 Primary Industry	第二产业 Secondary Industry			第三产业 Tertiary Industry	
			小　计 Subtotal	工　业 Industry	建筑业 Construction		
北　京 Beijing	14113.58	124.36	3388.38	2763.99	624.39	10600.84	75943
天　津 Tianjin	9224.46	145.58	4840.23	4410.85	429.38	4238.65	72994
河　北 Hebei	20394.26	2562.81	10707.68	9554.03	1153.65	7123.77	28668
山　西 Shanxi	9200.86	554.48	5234.00	4657.97	576.03	3412.38	26283
内蒙古 Inner Mongolia	11672.00	1095.28	6367.69	5618.40	749.29	4209.02	47347
辽　宁 Liaoning	18457.27	1631.08	9976.82	8789.27	1187.55	6849.37	42355
吉　林 Jilin	8667.58	1050.15	4506.31	3929.31	577.00	3111.12	31599
黑龙江 Heilongjiang	10368.60	1302.90	5204.11	4608.27	595.84	3861.59	27076
上　海 Shanghai	17165.98	114.15	7218.32	6536.21	682.11	9833.51	76074
江　苏 Jiangsu	41425.48	2540.10	21753.93	19277.65	2476.28	17131.45	52840
浙　江 Zhejiang	27722.31	1360.56	14297.93	12657.78	1640.15	12063.82	51711
安　徽 Anhui	12359.33	1729.02	6436.62	5407.40	1029.22	4193.68	20888
福　建 Fujian	14737.12	1363.67	7522.83	6397.71	1125.12	5850.62	40025
江　西 Jiangxi	9451.26	1206.98	5122.88	4286.76	836.12	3121.40	21253
山　东 Shandong	39169.92	3588.28	21238.49	18861.45	2377.04	14343.14	41106
河　南 Henan	23092.36	3258.09	13226.38	11950.88	1275.50	6607.89	24446
湖　北 Hubei	15967.61	2147.00	7767.24	6726.53	1040.71	6053.37	27906
湖　南 Hunan	16037.96	2325.50	7343.19	6305.11	1038.08	6369.27	24719
广　东 Guangdong	46013.06	2286.98	23014.53	21462.72	1551.81	20711.55	44736
广　西 Guangxi	9569.85	1675.06	4511.68	3860.46	651.22	3383.11	20219
海　南 Hainan	2064.50	539.83	571.00	385.21	185.79	953.67	23831
重　庆 Chongqing	7925.58	685.38	4359.12	3697.83	661.29	2881.08	27596
四　川 Sichuan	17185.48	2482.89	8672.18	7431.45	1240.73	6030.41	21182
贵　州 Guizhou	4602.16	625.03	1800.06	1516.87	283.19	2177.07	13119
云　南 Yunnan	7224.18	1108.38	3223.49	2604.07	619.42	2892.31	15752
西　藏 Tibet	507.46	68.72	163.92	39.73	124.19	274.82	17319
陕　西 Shaanxi	10123.48	988.45	5446.10	4558.97	887.13	3688.93	27133
甘　肃 Gansu	4120.75	599.28	1984.97	1602.87	382.10	1536.50	16113
青　海 Qinghai	1350.43	134.92	744.63	613.65	130.98	470.88	24115
宁　夏 Ningxia	1689.65	159.29	827.91	643.05	184.86	702.45	26860
新　疆 Xinjiang	5437.47	1078.63	2592.15	2161.39	430.76	1766.69	25034

注:本表绝对数按当年价格计算,指数按可比价格计算。

Note: Absolute figures in this table are calculated at current prices while indices are calculated at comparable prices.

国家财政收支总额及增长速度

Total Government Revenue and Expenditures and Their Increase Rate

年 份 Year	财政收入 （亿元） Revenue （100 million yuan）	财政支出 （亿元） Expenditures （100 million yuan）	增长速度 Increase Rate（%）	
			财政收入 Revenue	财政支出 Expenditures
1978	1132.26	1122.09	29.5	33.0
1980	1159.93	1228.83	1.2	-4.1
1985	2004.82	2004.25	22.0	17.8
1990	2937.10	3083.59	10.2	9.2
1991	3149.48	3386.62	7.2	9.8
1992	3483.37	3742.20	10.6	10.5
1993	4348.95	4642.30	24.8	24.1
1994	5218.10	5792.62	20.0	24.8
1995	6242.20	6823.72	19.6	17.8
1996	7407.99	7937.55	18.7	16.3
1997	8651.14	9233.56	16.8	16.3
1998	9875.95	10798.18	14.2	16.9
1999	11444.08	13187.67	15.9	22.1
2000	13395.23	15886.50	17.0	20.5
2001	16386.04	18902.58	22.3	19.0
2002	18903.64	22053.15	15.4	16.7
2003	21715.25	24649.95	14.9	11.8
2004	26396.47	28486.89	21.6	15.6
2005	31649.29	33930.28	19.9	19.1
2006	38760.20	40422.73	22.5	19.1
2007	51321.78	49781.35	32.4	23.2
2008	61330.35	62592.66	19.5	25.7
2009	68518.30	76299.93	11.7	21.9
2010	83101.51	89874.16	21.3	17.8

中央财政和地方财政收支总额

Total Revenue and Expenditures of Central and Local Governments

单位:亿元

unit: 100 million yuan

年 份 Year	财政收入 Revenue			财政支出 Expenditures		
	合 计 Total	中 央 Central Government	地 方 Local Government	合 计 Total	中 央 Central Government	地 方 Local Government
1978	1132.26	175.77	956.49	1122.09	532.12	589.97
1980	1159.93	284.45	875.48	1228.83	666.81	562.02
1985	2004.82	769.63	1235.19	2004.25	795.25	1209.00
1990	2937.10	992.42	1944.68	3083.59	1004.47	2079.12
1991	3149.48	938.25	2211.23	3386.62	1090.81	2295.81
1992	3483.37	979.51	2503.86	3742.20	1170.44	2571.76
1993	4348.95	957.51	3391.44	4642.30	1312.06	3330.24
1994	5218.10	2906.50	2311.60	5792.62	1754.43	4038.19
1995	6242.20	3256.62	2985.58	6823.72	1995.39	4828.33
1996	7407.99	3661.07	3746.92	7937.55	2151.27	5786.28
1997	8651.14	4226.92	4424.22	9233.56	2532.50	6701.06
1998	9875.95	4892.00	4983.95	10798.18	3125.60	7672.58
1999	11444.08	5849.21	5594.87	13187.67	4152.33	9035.34
2000	13395.23	6989.17	6406.06	15886.50	5519.85	10366.65
2001	16386.04	8582.74	7803.30	18902.58	5768.02	13134.56
2002	18903.64	10388.64	8515.00	22053.15	6771.70	15281.45
2003	21715.25	11865.27	9849.98	24649.95	7420.10	17229.85
2004	26396.47	14503.10	11893.37	28486.89	7894.08	20592.81
2005	31649.29	16548.53	15100.76	33930.28	8775.97	25154.31
2006	38760.20	20456.62	18303.58	40422.73	9991.40	30431.33
2007	51321.78	27749.16	23572.62	49781.35	11442.06	38339.29
2008	61330.35	32680.56	28649.79	62592.66	13344.17	49248.49
2009	68518.30	35915.71	32602.59	76299.93	15255.79	61044.14
2010	83101.51	42488.47	40613.04	89874.16	15989.73	73884.43

人口数及构成
Population and Its Composition

单位:万人
unit:10 thousand persons

年 份 Year	年底总人口 Population (year-end)	按性别分 By Sex				按城乡分 By Residence			
		男 Male		女 Female		城镇总人口 Urban		农村总人口 Rural	
		人口数 Population	比重(%) Proportion	人口数 Population	比重(%) Proportion	人口数 Population	比重(%) Proportion	人口数 Population	比重(%) Proportion
1978	96259	49567	51.49	46692	48.51	17245	17.92	79014	82.08
1979	97542	50192	51.63	47350	48.37	18495	36.22	79047	63.78
1980	98705	50785	51.45	47920	48.55	19140	19.39	79565	80.61
1981	100072	51519	51.47	48553	48.53	20171	39.09	79901	60.91
1982	101654	52352	51.50	49302	48.50	21480	40.53	80174	59.47
1983	103008	53152	51.52	49856	48.48	22274	41.76	80734	58.24
1984	104357	53848	51.53	50509	48.47	24017	42.99	80340	57.01
1985	105851	54725	51.70	51126	48.30	25094	23.71	80757	76.29
1986	107507	55581	51.50	51926	48.50	26366	45.89	81141	54.11
1987	109300	56290	51.47	53010	48.53	27674	46.99	81626	53.01
1988	111026	57201	45.89	53825	43.91	28661	48.34	82365	51.66
1989	112704	58099	46.09	54605	44.23	29540	49.95	83164	50.05
1990	114333	58904	51.52	55429	48.48	30195	26.41	84138	73.59
1991	115823	59466	51.34	56357	48.66	31203	26.94	84620	73.06
1992	117171	59811	51.05	57360	48.95	32175	27.46	84996	72.54
1993	118517	60472	51.02	58045	48.98	33173	27.99	85344	72.01
1994	119850	61246	51.10	58604	48.90	34169	28.51	85681	71.49
1995	121121	61808	51.03	59313	48.97	35174	29.04	85947	70.96
1996	122389	62200	50.82	60189	49.18	37304	30.48	85085	69.52
1997	123626	63131	51.07	60495	48.93	39449	31.91	84177	68.09
1998	124761	63940	51.25	60821	48.75	41608	33.35	83153	66.65
1999	125786	64692	51.43	61094	48.57	43748	34.78	82038	65.22
2000	126743	65437	51.63	61306	48.37	45906	36.22	80837	63.78
2001	127627	65672	51.46	61955	48.54	48064	37.66	79563	62.34
2002	128453	66115	51.47	62338	48.53	50212	39.09	78241	60.91
2003	129227	66556	51.52	62671	48.48	52376	25.81	76851	74.19
2004	129988	66976	51.55	63012	48.45	54283	26.21	75705	73.79
2005	130756	67375	51.52	63381	48.48	56212	26.41	74544	73.59
2006	131448	67728	51.52	63720	48.48	58288	44.34	73160	55.66
2007	132129	68048	51.50	64081	48.50	60633	45.89	71496	54.11
2008	132802	68357	51.47	64445	48.53	62403	46.99	70399	53.01
2009	133450	61243	51.44	58604	48.90	64512	48.34	68938	51.66
2010	134091	61808	51.27	59313	48.73	66978	49.95	67113	50.05

注:总人口和城镇人口中包括中国人民解放军现役军人。

Note: Urban Population include the military personnel of Chinese People's Liberation Army.

各地区文盲人口比较
Comparison of Illiterate Population by Region

单位:万人,%

unit:10,000 persons,%

地　区 Region	文盲、半文盲人口 Illiterate and Semi-literate		文盲半文盲占15岁及以上人口比例 Percentage to total Population Aged 15 and Over(%)	
	2000	2010	2000	2010
合　计 Total	**8507**	**5466**	**6.72**	**4.08**
北　京 Beijing	59	33	4.23	1.70
天　津 Tianjin	49	27	4.93	2.10
河　北 Hebei	448	188	6.65	2.61
山　西 Shanxi	138	76	4.18	2.13
内蒙古 Inner Mongolia	217	101	9.12	4.07
辽　宁 Liaoning	202	84	4.76	1.93
吉　林 Jilin	125	53	4.57	1.92
黑龙江 Heilongjiang	188	79	5.10	2.06
上　海 Shanghai	90	63	5.40	2.74
江　苏 Jiangsu	469	300	6.31	3.81
浙　江 Zhejiang	330	306	7.06	5.62
安　徽 Anhui	602	497	10.06	8.34
福　建 Fujian	250	90	7.20	2.44
江　西 Jiangxi	214	139	5.16	3.13
山　东 Shandong	768	476	8.46	4.97
河　南 Henan	543	399	5.87	4.25
湖　北 Hubei	431	262	7.15	4.58
湖　南 Hunan	299	175	4.65	2.67
广　东 Guangdong	332	204	3.84	1.96
广　西 Guangxi	170	125	3.79	2.71
海　南 Hainan	55	35	6.98	4.08
重　庆 Chongqing	215	124	6.95	4.30
四　川 Sichuan	636	438	7.64	5.44
贵　州 Guizhou	490	304	13.89	8.74
云　南 Yunnan	488	277	11.39	6.03
西　藏 Tibet	85	73	32.50	24.42
陕　西 Shaanxi	263	140	7.29	3.74
甘　肃 Gansu	367	222	14.34	8.69
青　海 Qinghai	93	58	18.03	10.23
宁　夏 Ningxia	75	39	13.40	6.22
新　疆 Xinjiang	107	52	5.56	2.36

注:2000年数据取自《2000年第五次全国人口普查主要数据》,国务院人口普查办公室编。2010年数据是2010年第六次全国人口普查初步汇总的11月1日零时数(下表同)。

Note:Date in 2000 come from Major Figures of The 5th National Population Census in 2000, which is compiled by Population Census Office under the State Council. Date in 2010 are obtained from the advance tabulation of the 6th National Population Census ,with zero hour of Novermber 1st,2010 as the reference time. The same applies to the next tables following.

各地区每十万人拥有的各种受教育程度人口比较
Comparison of Population with Various Education Attainment Per 100,000 Persons by Region

单位:人
unit: person

地区 Region	小学 Primary School		初中 Junior Secondary School		高中 Senior Secondary School		大专以上 College and Higher Level	
	2000	2010	2000	2010	2000	2010	2000	2010
全国 National Total	**35701**	**26779**	**33961**	**38788**	**11146**	**14032**	**3611**	**8930**
北京 Beijing	16956	9956	34391	31396	23151	21220	16843	31499
天津 Tianjin	25031	17049	34590	38150	20851	20654	9007	17480
河北 Hebei	33760	24661	39075	44400	10717	12709	2698	7296
山西 Shanxi	31761	21855	38928	45126	11562	15733	3423	8721
内蒙古 Inner Mongolia	31134	25418	34798	39218	13760	15125	3803	10208
辽宁 Liaoning	29771	21407	40082	45328	13205	14788	6182	11965
吉林 Jilin	33598	24059	35687	42069	15076	16866	4926	9890
黑龙江 Heilongjiang	31253	24078	38863	45081	13866	14991	4797	9067
上海 Shanghai	18934	13535	36803	36461	23018	20966	10940	21952
江苏 Jiangsu	32881	24176	36372	38670	13039	16143	3917	10815
浙江 Zhejiang	36622	28819	33336	36681	10758	13562	3189	9330
安徽 Anhui	37342	27948	32780	38014	7625	10774	2297	6697
福建 Fujian	38317	29801	33708	37886	10602	13876	2967	8361
江西 Jiangxi	38902	30007	33219	37789	9819	12326	2576	6847
山东 Shandong	32736	24963	36634	40158	11036	13908	3331	8694
河南 Henan	33196	24108	39392	42460	10031	13212	2674	6398
湖北 Hubei	35416	22871	34311	39618	12595	16602	3898	9533
湖南 Hunan	38328	26785	35656	39528	11125	15420	2927	7595
广东 Guangdong	33145	22956	36690	42913	12880	17072	3560	8214
广西 Guangxi	42176	31680	32339	38764	9554	11033	2389	5977
海南 Hainan	34404	22736	32502	41741	12491	14666	3167	7768
重庆 Chongqing	43386	33790	29413	32982	8596	13213	2802	8643
四川 Sichuan	42960	34627	29358	34889	7587	11247	2470	6675
贵州 Guizhou	43595	39373	20480	29789	5626	7282	1902	5292
云南 Yunnan	44768	43388	21233	27480	6563	8376	2013	5778
西藏 Tibet	30615	36589	6136	12850	3395	4364	1262	5507
陕西 Shaanxi	34475	23417	33203	40135	12246	15773	4138	10556
甘肃 Gansu	36907	32504	23925	31213	9863	12687	2665	7520
青海 Qinghai	30944	35265	21661	25374	10431	10427	3299	8616
宁夏 Ningxia	31770	29826	27830	33654	10910	12451	3690	9152
新疆 Xinjiang	37950	30075	27528	36096	12089	11582	5141	10635